吉林省矿产资源潜力评价系列成果，

是所有在白山松水间

辛勤耕耘的几代地质工作者

集体智慧的结晶。

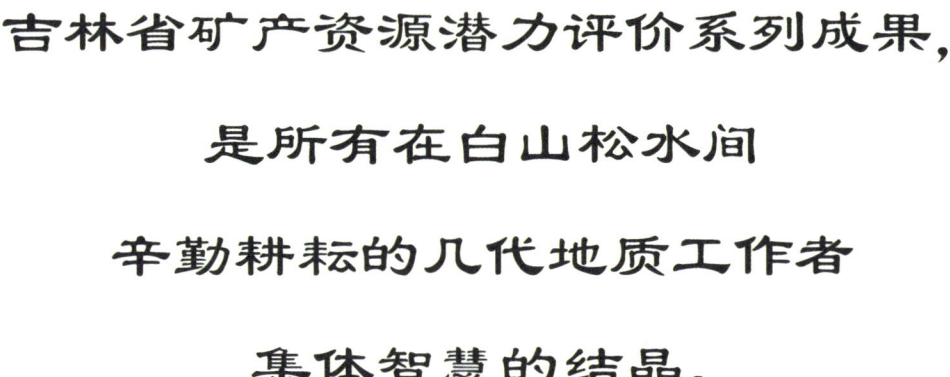

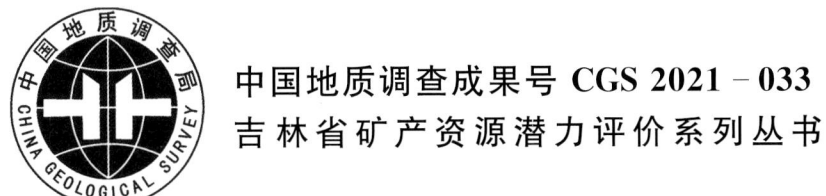

中国地质调查成果号 CGS 2021-033

吉林省矿产资源潜力评价系列丛书

吉林省重要矿产资源预测研究

JILIN SHENG ZHONGYAO KUANGCHAN ZIYUAN YUCE YANJIU

于 城 松权衡 庄毓敏 李德洪 等编著

中国地质大学出版社

图书在版编目(CIP)数据

吉林省重要矿产资源预测研究/于城等编著. —武汉:中国地质大学出版社,2021.9
(吉林省矿产资源潜力评价系列丛书)
ISBN 978-7-5625-5079-2

Ⅰ.①吉…
Ⅱ.①于…
Ⅲ.①矿产资源-资源预测-研究-吉林
Ⅳ.①F426.1

中国版本图书馆 CIP 数据核字(2021)第 170177 号

吉林省重要矿产资源预测研究		于 城 松权衡 庄毓敏 李德洪 等编著
责任编辑:郑济飞	策划编辑:毕克成 段 勇 张 旭	责任校对:何澍语

出版发行:中国地质大学出版社(武汉市洪山区鲁磨路 388 号) 邮编:430074
电 话:(027)67883511 传 真:(027)67883580 E-mail:cbb@cug.edu.cn
经 销:全国新华书店 http://cugp.cug.edu.cn

开本:880 毫米×1230 毫米 1/16 字数:690 千字 印张:21.75
版次:2021 年 9 月第 1 版 印次:2021 年 9 月第 1 次印刷
印刷:武汉中远印务有限公司

ISBN 978-7-5625-5079-2 定价:268.00 元

如有印装质量问题请与印刷厂联系调换

吉林省矿产资源潜力评价系列丛书编委会

主　任：林绍宇
副主任：李国栋
主　编：松权衡
委　员：赵　志　赵　明　松权衡　邵建波　王永胜
　　　　　于　城　周晓东　吴克平　刘颖鑫　闫喜海

《吉林省重要矿产资源预测研究》

编著者：于　城　松权衡　庄毓敏　李德洪　杨复顶
　　　　　王　信　张廷秀　段建祥　李春霞　李任时
　　　　　王立民　徐　曼　张　敏　袁　平　马　晶
　　　　　崔　丹　张红红　苑德生　宋小磊　崔亚茹
　　　　　黄　健　杨正萌　李玉鹏　齐　岩　王晓志
　　　　　曲洪晔　刘　爱　崔德荣

前 言

《吉林省重要矿产资源预测研究》是吉林省矿产资源潜力评价系列丛书中的一种。该书是在吉林省矿产资源潜力评价项目中的矿产资源预测专题的工作成果基础上修编而成。

该书对吉林省铁、铬、铜、铅、锌、镍、钨、钼、锑、金、银、稀土、萤石、磷、硫铁矿、硼矿、煤炭17个矿种进行了系统研究，从重要的73个矿床中选取了29个作为典型矿床，对成矿地质背景、成矿要素、物探、化探、遥感、自然重砂、预测要素等方面进行了详细的综合分析研究，总结归纳出58个矿产预测类型，建立了吉林省重要矿种预测谱系。

在地质矿产、物探、化探、遥感、自然重砂等基础编图数据资料基础上，对吉林省区域预测要素进行综合研究，并在全省成矿体系认识的基础上，在全省范围内划分了116个预测工作区，共圈定出609个最小预测区，利用地质体积法进行了单矿种的资源潜力评价，使用MRAS软件进行最小预测区圈定和资源量估算。对单矿种不同预测类型的预测成果进行汇总，形成单矿种综合预测成果，使用综合地质构造底图进行成果表达。依据单矿种综合预测区已有地质工作程度、地区找矿条件、预测区级别和资源量等信息，进一步圈定出53个综合预测区，其中A类综合预测区16个，B类综合预测区15个，C类综合预测区22个。编制了吉林省矿产资源预测成果图以及勘查开发部署建议图，为国家、地方矿产资源规划和经济建设安排提供了翔实的数据基础。

本书是吉林省地质工作者集体劳动智慧的结晶，在编研过程中，省内及全国专家对单矿种潜力评价成果和汇总成果提出了很多宝贵的意见，参考和援引了大量前人的科研成果，在此一并表示感谢！

编著者
2020年10月

目 录

第一章 概 论 ··· (1)
    第一节 项目概况 ··· (1)
    第二节 工作情况 ··· (2)
    第三节 综合研究工作思路及方法 ··· (12)
    第四节 Ⅳ级成矿(区)带划分 ·· (14)
    第五节 矿产预测类型谱系确定 ·· (16)

第二章 矿产预测成果 ··· (30)
    第一节 矿产预测类型 ·· (30)
    第二节 矿产预测区 ··· (35)
    第三节 成矿系列矿产预测成果 ·· (50)
    第四节 综合预测区矿产预测成果 ··· (68)

第三章 小兴安岭-张广才岭成矿(区)带预测成果 ··· (79)
    第一节 兰家-上河湾成矿带 ··· (79)
    第二节 福安堡-塔东成矿带 ··· (86)

第四章 吉中-延边成矿(区)带预测成果 ·· (99)
    第一节 山门-乐山成矿带 ·· (99)
    第二节 那丹伯--座营成矿带 ··· (116)
    第三节 山河-榆木桥子成矿带 ·· (122)
    第四节 红旗岭-漂河川成矿带 ·· (141)
    第五节 海沟-红太平成矿带 ··· (156)
    第六节 五凤-百草沟成矿带 ··· (176)
    第七节 天宝山-开山屯成矿带 ·· (184)

第五章 佳木斯-兴凯湖成矿(区)带预测成果 ··· (202)

第六章 辽东(隆起)成矿(区)带预测成果 ··· (219)
    第一节 铁岭-靖宇成矿带 ··· (219)
    第二节 营口-长白成矿带 ··· (257)

第七章 煤炭成矿预测 ·· (297)
    第一节 煤炭成矿地质 ··· (297)
    第二节 吉林省煤炭矿产预测 ··· (300)

第八章　重要矿产勘查建议部署 (304)

第一节　小兴安岭-张广才岭 Fe、Pb、Zn、Cu、Mo、W 成矿带 (304)
第二节　Ⅲ-55 吉中-延边（活动陆缘）Mo、Au、As、Cu、Zn、Fe、Ni 成矿带 (307)
第三节　Ⅲ-53 佳木斯-兴凯（地块）Fe、Au、P、石墨、夕线石成矿带 (317)
第四节　Ⅲ-56 辽东 Fe、Cu、Pb、Zn、Au、U、B、菱镁矿、滑石、石墨、金刚石成矿带 (319)

第九章　结　语 (327)

第一节　主要成果 (327)
第二节　质量评述 (327)
第三节　存在的问题及建议 (327)

主要参考文献 (329)

第一章 概 论

第一节 项目概况

一、项目来源

为了贯彻落实《国务院关于加强地质工作的决定》提出的"积极开展矿产远景调查和综合研究,科学评估区域矿产资源潜力,为科学部署矿产资源勘查提供依据"的要求和精神,国土资源部(现自然资源部)部署了全国矿产资源潜力评价工作。吉林省矿产资源潜力评价与综合为全国矿产资源潜力评价的省级工作项目,工作项目下设9个课题,吉林省重要矿种区域矿产预测是其中的一个课题,由吉林省地质调查院承担。

二、目标任务和预期成果

1. 目标任务

在现有地质工作基础上,充分利用我国基础地质调查及矿产勘查工作成果及资料,充分应用现代矿产资源预测评价的理论方法和 GIS 评价技术,开展吉林省煤炭、铁、铜、铅、锌、镍、钨、金、铬、钼、锑、稀土、银、硼、磷、硫、萤石预测矿种的资源潜力评价,基本摸清矿产资源潜力及其空间分布;开展吉林省成矿地质背景、成矿规律、物探、化探、遥感、自然重砂、矿产预测等研究,编制各项工作的基础和成果图件,建立吉林省矿产资源潜力评价相关的地质、矿产、物探、化探、遥感、重砂空间数据库;培养一批综合型地质矿产人才。

2. 预期成果

完成吉林省煤炭、铁、铜、铅、锌、镍、钨、金、铬、钼、锑、稀土、银、硼、磷、硫、萤石预测矿种的资源潜力评价成果报告;经汇总后,完成吉林省重要矿种区域矿产预测成果报告;完成吉林省重要矿种预测成果图(1∶50万)及数据库;完成吉林省重要矿种勘查部署建议图(1∶50万)及数据库。

第二节 工作情况

一、矿产预测工作的技术路线

1. 基础数据准备

依据项目的总体要求,首先建立地质、物探、化探、遥感、矿产等基础数据库,根据不同矿种和矿床模型的数据需求,对区域基础地质编图成果、区域物探和化探综合解释成果、成矿规律成果等进行数据整合。检查多学科专业数据坐标是否统一,检查数据是否准确,检查数据属性是否一致,检查数据在预测区范围是否能够对接、是否满足预测要求,检查建立的图形空间数据库是否能够方便检索查询。

(1)划分数据类别,根据预测矿种和矿床类型,确定需要的数据资料。

(2)将数字、文本、图形的资料按不同矿种不同矿床类型的预测工作区整合为一体。

(3)根据预测工作的要求,检查并整理各类专题研究信息数据,按照本次预测的具体要求进行修改补充。

2. 综合地质信息预测系列图件编制

在地质构造、成矿规律、物探、化探、遥感等专题图件基础上,以区域矿床类型(矿床式)成矿模型为基础,开展重要矿种矿床类型的区域地质构造背景、地球化学场、地球物理场及遥感信息等特征和要素的归纳总结,将多学科解释成果进行关联,形成区域综合信息成矿规律研究的成果,按照不同矿种(组)、矿床类型编制相关的原始预测工作底图。

(1)矿产预测底图比例尺要求。

按照矿种编制吉林省成矿(区)带的预测成果底图(工作比例尺1:20万、1:25万;表达比例尺1:50万)。要求矿产预测采用不小于1:5万比例尺的原始底图,针对不同矿床类型和使用资料精度的不同,如一些沉积型矿产、岩浆型矿产应尽可能使用大于1:5万的底图,预测结果表达在1:5万比例尺的地质底图上。

(2)编制矿产预测系列图件的基本内容要求。

按照不同的矿种(组)、矿床类型,对基础地质、物探、化探、遥感、重砂及成矿规律等专题研究的成果进行筛选,选择出与成矿有关的要素表达于图面。

(3)矿产预测成果图件。

编制吉林省单矿种矿产预测成果图与吉林省单矿种矿产勘查工作建议部署图,对研究成果予以表达。

3. 区域矿产预测评价模型

在综合地质信息编图和区域矿床模型基础上,开展矿产预测要素信息提取,并与相应模型类比后,建立区域矿产预测评价模型。

通过成矿规律总结,确定预测矿种主要矿床类型及代表性矿床,以典型矿床成矿模式图为底图叠加重力、磁法、化探、遥感、自然重砂模式图,建立综合信息矿产预测模型,可以剖面图或平面图形式表示预测要素内容及其相关关系和空间变化特征,建立典型矿床矿产预测模型图。

综合研究预测工作区内的同类型已知矿床地质特征、成矿地质环境、成矿机制及地质矿床模型,与全国标准模型进行对比,修正和补充评价矿床模型,建立区域地质模型,内容包括成矿地质建造、成矿构造、矿床特征、成矿作用特征、化探、物探、遥感、重砂等异常特征,形成综合方法区域找矿模型。

以区域综合信息编图成果为基础,对矿床综合方法找矿模型进行信息转换,建立区域综合信息评价模型。采用定性与定量结合的方法进行对比关联,划分预测评价要素的类型(必要因素、重要因素和次要因素变量),总结圈定不同级别预测区标志组合,进行预测区优选,估计矿床数和资源量估算的定量指标。

4. 预测区圈定、优选及资源量估算

预测评价模型区选择:对区域同类型的矿床(点)所在单元进行对比,选择研究程度较高、资源量较大的区域作为预测评价模型区。

预测要素赋值及优选:以预测评价区为基础,对区域矿床类型的重要和次要评价要素进行信息提取,使用 MRAS 软件,进行要素信息赋值,形成定量预测评价数据;使用匹配系数和有序变量选择等方法,优选预测评价变量。

预测区圈定:根据评价模型的矿床类型存在的必要条件,使用编图方法或计算机交互搜索模型圈定最小预测区。

预测评价区优选和资源量估算:建立预测区优选和资源量估算的定量指标,进行预测区的变量选择。采用特征分析、证据权、神经网络等优选方法进行优选排序并划分类型。根据不同矿种、矿床类型选择不同的定量预测方法,预测矿床数并估算资源量。

5. 成果汇总、表达及找矿工作部署建议

对单矿种不同类型的预测区及预测资源量进行汇总,形成单矿种预测成果图,进一步汇总研究单矿种预测成果,形成综合单矿种预测成果图,表达在综合地质构造底图上。根据地区找矿工作和矿业经济战略,编制找矿工作部署建议图。

二、矿产预测所涉及的矿种及预测工作区范围

吉林省矿产预测所涉及的矿种有金矿、银矿、铜矿、铅矿、锌矿、锑矿、铁矿、铬铁矿、钨矿、镍矿、钼矿、稀土矿、硫铁矿、磷矿、硼矿、萤石矿共 16 个。预测工作区编图比例尺均为 1:5 万。预测工作区范围见表 1-2-1,吉林省黑色金属矿产预测工作区分布见图 1-2-1,有色金属及稀土矿预测工作区分布见图 1-2-2,贵金属金、银矿预测工作区分布见图 1-2-3,非金属矿预测工作区分布见图 1-2-4。

表 1-2-1 矿产预测所涉及矿种及预测工作区范围

矿种	预测工作区名称	预测工作区面积/km²
硫铁矿	放牛沟放牛沟式海相火山岩型	518.92
	西台子西台子式湖相沉积型	346.83
	倒木河-头道沟头道沟式矽卡岩型	863.94
	热闹-青石狼山式沉积变质型	3 097.28
	上甸子-七道岔狼山式沉积变质型	2 055.55

续表 1-2-1

矿种	预测工作区名称	预测工作区面积 /km²
镍矿	红旗岭红旗岭式基性—超基性岩浆熔离-贯入型	2 515.29
	双凤山红旗岭式基性—超基性岩浆熔离-贯入型	432.60
	川连沟-二道岭子红旗岭式基性—超基性岩浆熔离-贯入型	125.62
	漂河川红旗岭式基性—超基性岩浆熔离-贯入型	3 453.02
	大山咀子红旗岭式基性—超基性岩浆熔离-贯入型	1 590.87
	六颗松-长仁红旗岭式基性—超基性岩浆熔离-贯入型	3 073.76
	赤柏松-金斗赤柏松式基性—超基性岩浆熔离-贯入型	1 178.63
	大肚川-露水河赤柏松式基性—超基性岩浆熔离-贯入型	3 596.42
	荒沟山-南岔杉松岗式沉积变质型	2 499.57
钼矿	前撮落-火龙岭大黑山式斑岩型	8 107.50
	西苇大黑山式斑岩型	289.21
	天合兴天合兴式斑岩型	248.50
	季德屯-福安堡大黑山式斑岩型	1 075.50
	大石河-尔站大石河式斑岩型	2 924.37
	刘生店-天宝山大黑山式斑岩型	9 877.61
	六道沟-八道沟铜山式矽卡岩型	898.62
银矿	山门山门式热液型	1 503.30
	民主屯民主屯式火山热液型	4 081.90
	热闹-青石西岔式热液改造型	3 097.27
	梨树沟-红太平红太平式火山岩型	4 390.33
	天宝山红太平式火山岩型	9 877.61
	西林河西林河式岩浆热液型	629.90
	百里坪百里坪式岩浆热液型	1 543.12
	上甸子-七道岔刘家堡子-狼洞沟式热液充填型	2 055.55
	八台岭-孤店子八台岭式构造蚀变岩型	2 309.71
铬铁矿	小绥河小绥河式侵入岩浆型	329.37
	开山屯小绥河式侵入岩浆型	800.84
	头道沟小绥河式侵入岩浆型	567.83
硼矿	高台沟高台沟式沉积变质型	2 758.93
萤石矿	一拉溪金家屯式热液充填交代型	1 004.90
	其塔木牛头山式火山热液型	883.29
	明城南梨树式热液充填交代型	830.45

续表1-2-1

矿种	预测工作区名称	预测工作区面积/km²
金矿	冰湖沟荒沟山式岩浆热液改造型	399.98
	长白-十六道沟荒沟山式岩浆热液改造型	428.92
	古马岭-活龙荒沟山式岩浆热液改造型	739.76
	荒沟山-南岔荒沟山式岩浆热液改造型	2 516.40
	六道沟-八道沟荒沟山式岩浆热液改造型	898.77
	刺猬沟-九三沟刺猬沟式火山热液型	934.86
	杜荒岭刺猬沟式火山热液型	935.54
	地局子-倒木河刺猬沟式火山热液型	1 095.85
	金谷山-后底洞刺猬沟式火山热液型	806.77
	闹枝-棉田刺猬沟式火山热液型	504.72
	五凤刺猬沟式火山热液型	391.84
	浑北金英式热液改造型	966.35
	海沟海沟式岩浆热液型	683.42
	农坪-前山海沟式岩浆热液型	1 264.10
	安口镇夹皮沟式绿岩型	799.88
	金城洞-木兰屯夹皮沟式绿岩型	779.94
	夹皮沟-溜河夹皮沟式绿岩型	1 475.90
	四方山-板石夹皮沟式绿岩型	600.58
	石棚沟-石道河夹皮沟式绿岩型	589.13
	兰家兰家式矽卡岩型	577.91
	山门兰家式矽卡岩型	1 014.74
	万宝兰家式矽卡岩型	741.23
	漂河川二道甸子式变质火山岩型	808.85
	石咀-官马头道川式火山热液型	690.00
	头道沟-吉昌头道川式火山热液型	2 221.23
	香炉碗子-山城镇香炉碗子式火山热液型	1 056.86
	小西南岔-杨金沟小西南岔式岩浆热液型	1 043.39
	正岔-复兴屯西岔式岩浆热液改造型	964.13
	珲春河珲春河式沉积型	548.78
	黄松甸子黄松甸子式砾岩型	401.81

续表 1-2-1

矿种	预测工作区名称	预测工作区面积 /km²
铜矿	石咀-官马红太平式火山岩型	681.93
	大梨树沟-红太平红太平式火山岩型	934.36
	大黑山-锅盔顶子闹枝式火山岩型	1 006.85
	地局子-倒木河闹枝式火山岩型	1 095.85
	闹枝-棉田闹枝式火山岩型	504.72
	刺猬沟-九三沟闹枝式火山岩型	934.86
	杜荒岭闹枝式火山岩型	935.54
	荒沟山-南岔大横路式沉积变质型	2 516.40
	兰家六道沟式矽卡岩型	596.24
	万宝六道沟式矽卡岩型	741.23
	大营-万良六道江式矽卡岩型	1 093.27
	红旗岭红旗岭式基性—超基性岩浆熔离-贯入型	1 331.85
	漂河川红旗岭式基性—超基性岩浆熔离-贯入型	808.85
	长仁-獐项红旗岭式基性—超基性岩浆熔离-贯入型	535.68
	小西南岔-杨金沟杨金沟式岩浆热液型	1 043.39
	农坪-前山小西南岔式斑岩型	1 264.10
	正岔-复兴屯二密式斑岩型	964.13
	天合兴-那尔轰二密式斑岩型	1 095.68
	二密-老岭沟二密式斑岩型	551.84
	赤板松-金斗赤柏松式铜镍硫化物型	455.42
	安口红透山式沉积变质改造型	799.88
	夹皮沟-溜河红透山式沉积变质改造型	1 475.90
	金城洞-木兰屯红透山式沉积变质改造型	779.94
铅锌矿	放牛沟放牛沟式火山热液型	518.92
	地局子-倒木河放牛沟式火山热液型	1 095.85
	梨树沟-红太平红太平式火山热液型	934.36
	天宝山天宝山式海相火山沉积型	701.11
	大营-万良万宝式矽卡岩型	1 093.26
	矿洞子-青石镇万宝式矽卡岩型	987.88
	正岔-复兴屯正岔式沉积-改造型	964.13
	荒沟山-南岔青城子式沉积-改造型	2 516.40
锑矿	石咀-官马青沟子式岩浆热液型	681.93
	荒沟山-南岔青沟子式岩浆热液型	2 516.40

续表 1-2-1

矿种	预测工作区名称	预测工作区面积/km²
钨矿	小西南岔-杨金沟杨金沟式岩浆热液型	1 043.39
稀土矿	西北岔东清式风化壳型	332.74
磷矿	鸭园-六道江水洞式沉积型	1 038.87
铁矿	安口镇鞍山式沉积变质型	973.60
铁矿	金城洞-木兰屯鞍山式沉积变质型	2 583.82
铁矿	海沟鞍山式沉积变质型	683.42
铁矿	夹皮沟-溜河鞍山式沉积变质型	1 630.62
铁矿	四方山-板石沟鞍山式沉积变质型	1 354.33
铁矿	石棚沟-石道河子鞍山式沉积变质型	691.52
铁矿	天合兴-那尔轰鞍山式沉积变质型	1 636.73
铁矿	荒沟山-南岔大栗子式沉积变质型	1 218.07
铁矿	六道沟-八道沟大栗子式沉积变质型	649.60
铁矿	塔东塔东式沉积变质型	387.20
铁矿	浑江北浑江式沉积型	1 401.18
铁矿	浑江南浑江式沉积型	3 684.44
铁矿	头道沟-吉昌吉昌式矽卡岩型	2 221.23

三、用于汇总、综合研究的数据基础和数据质量

（一）数据基础

（1）吉林省铁矿、铬矿、铜矿、铅矿、锌矿、镍矿、钨矿、钼矿、锑矿、金矿、银矿、稀土矿、硫铁矿、磷矿、硼矿、萤石矿、煤炭等重要矿种的典型矿床、预测工作区及地质背景、成矿规律、成矿预测成果图。

（2）吉林省铁矿、铬矿、铜矿、铅矿、锌矿、镍矿、钨矿、钼矿、锑矿、金矿、银矿、稀土矿、硫铁矿、磷矿、硼矿、萤石矿、煤炭等重要矿种资源潜力评价成果报告，包括成矿规律、成矿预测、地质背景成果报告及说明书，物探、化探、遥感、重砂资料应用研究报告及说明书。

（3）吉林省铁矿、铬矿、铜矿、铅矿、锌矿、镍矿、钨矿、钼矿、锑矿、金矿、银矿、稀土矿、硫铁矿、磷矿、硼矿、萤石矿等重要矿种矿产预测类型分布图

（4）吉林省铁矿、铬矿、铜矿、铅矿、锌矿、镍矿、钨矿、钼矿、锑矿、金矿、银矿、稀土矿、硫铁矿、磷矿、硼矿、萤石矿等重要矿种的物探、化探、遥感、重砂异常图及工作程度图等各类图件，重要矿种矿产勘查工作部署建议图。

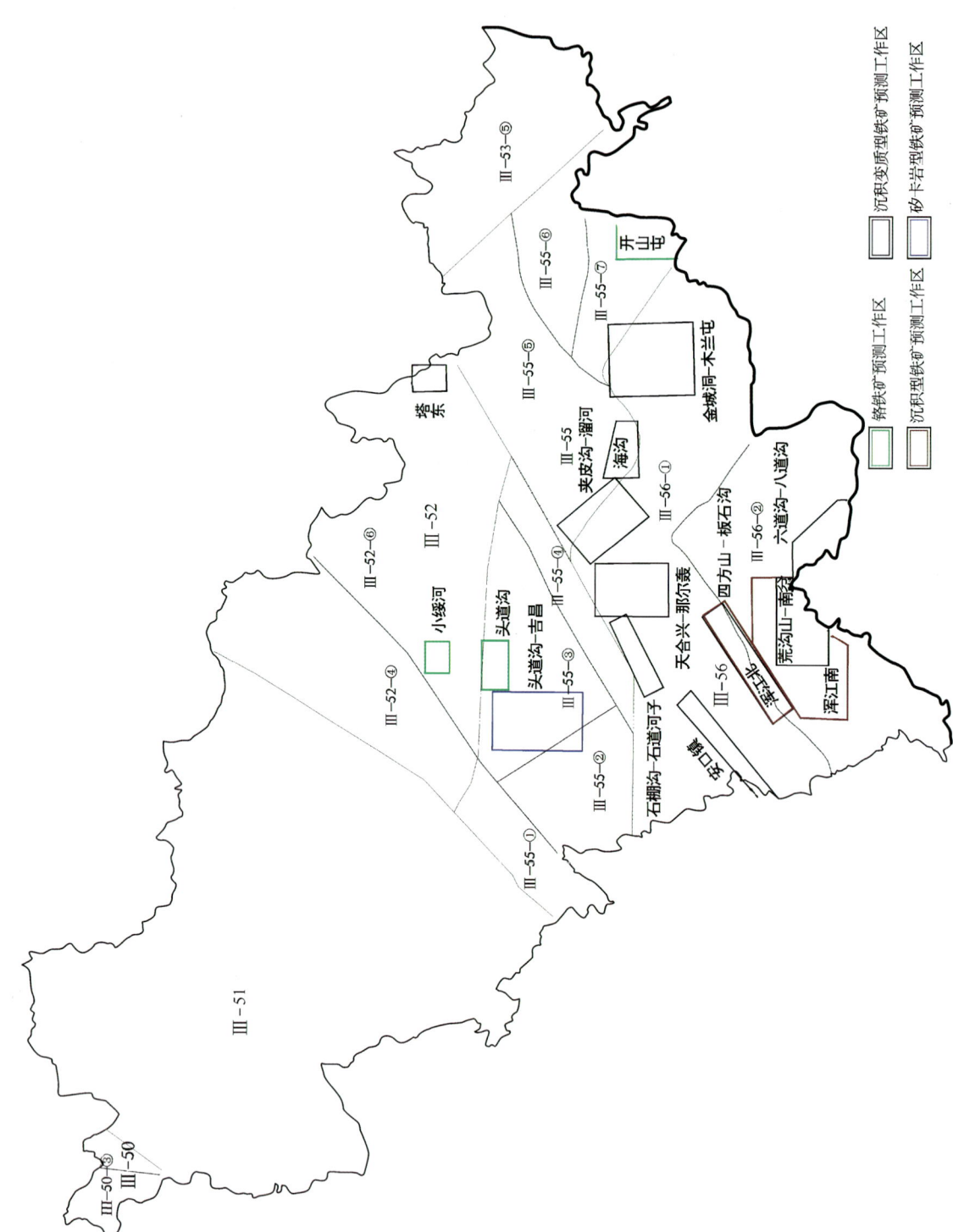

图1-2-1 吉林省黑色金属矿产预测工作区分布示意图

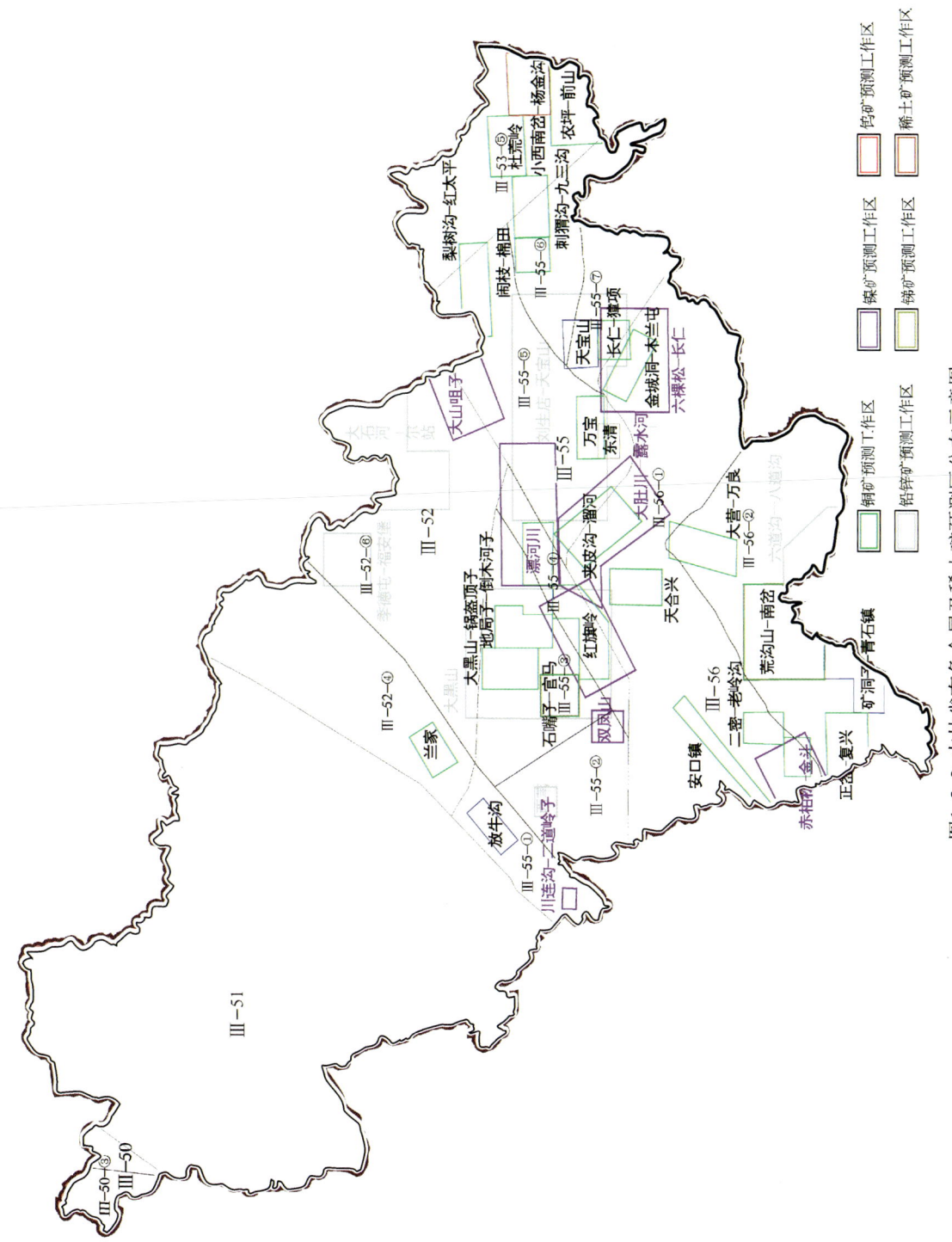

图1-2-2 吉林省有色金属及稀土矿预测区分布示意图

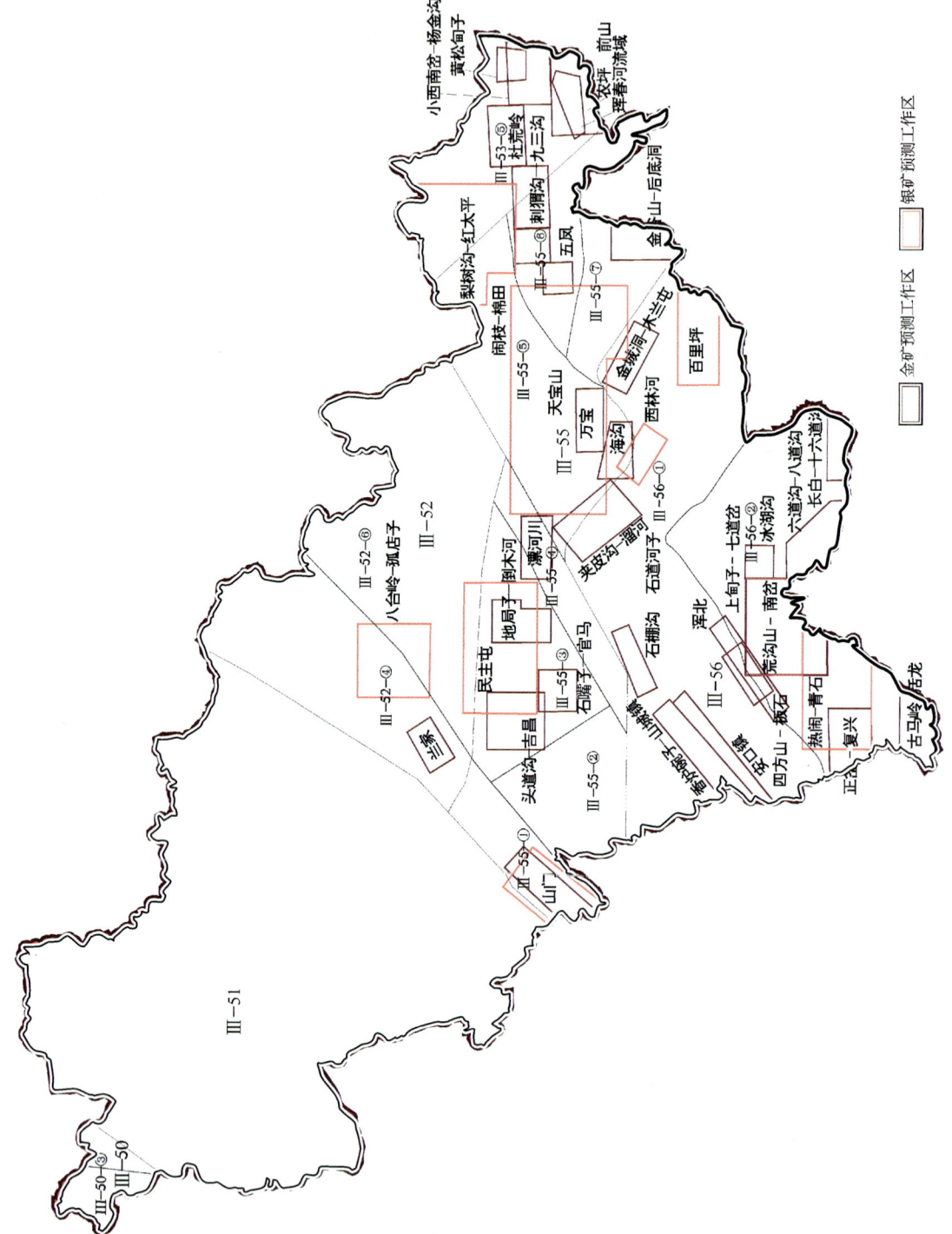

图1-2-3 吉林省贵金属金、银矿预测工作区分布示意图

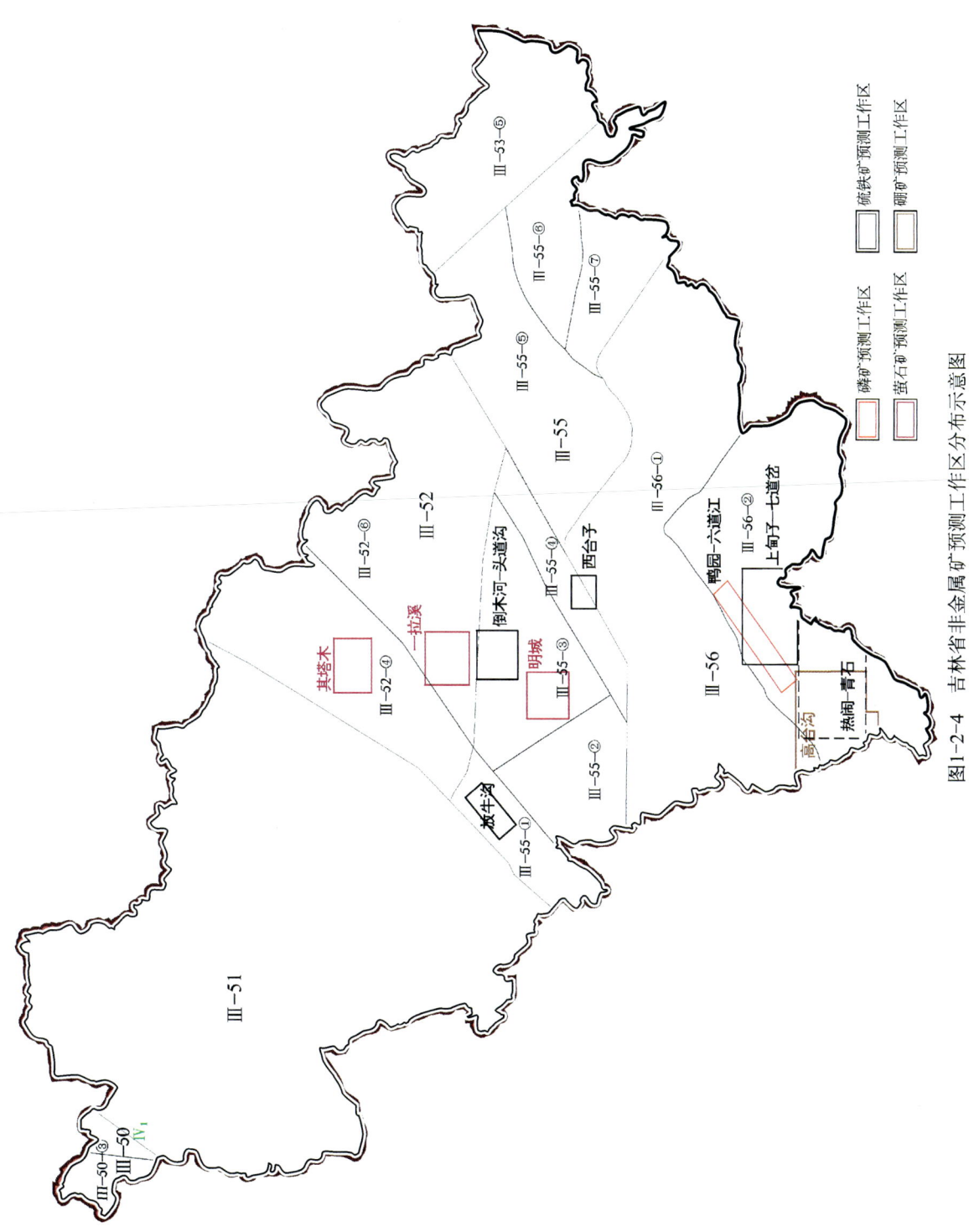

图1-2-4 吉林省非金属矿预测工作区分布示意图

（二）数据质量

由重要矿种预测资源量数据质量（表 1-2-2）可知，吉林省矿产资源潜力评价项目数据质量均在优良级以上，可用于矿产预测汇总及综合研究工作。

表 1-2-2　吉林省重要矿种矿产资源潜力评价数据质量表

序号	矿种	总体	背景	规律	预测	成果报告	重力	磁法	化探	遥感	自然重砂
1	银	89 良好	86 良好	89 良好	90 优秀	88 良好	92 优秀	优秀	92.5 优秀	91.5 优秀	91.75 优秀
2	镍	90 优秀	88 良好	92 优秀	88 良	85 良好	92 优秀	优秀	93 优秀	91.5 优秀	91.25 优秀
3	钼	91.1 优秀	87 良好	93 优秀	92 优秀	91 优秀	92 优秀	优秀	93 优秀	91.5 优秀	91 优秀
4	铬铁矿	90 优秀	88 良好	85 良好	93 优	88 良好	92 优秀	优秀	93 优秀	91.5 优秀	91.75 优秀
5	萤石	88 良好	87 良好	87 良好	87 良好	87 良好	92 优秀	优秀	93 优秀	91.5 优秀	未开展
6	硫铁矿	89 良好	89 良好	88 良好	88 良好	88 良好	92 优秀	优秀	未开展	91.5 优秀	91.75 优秀
7	硼	90 优秀	88 良好	90 优秀	90 优秀	90 优秀	92 优秀	优秀	93 优秀	91.5 优秀	91 优秀
8	铜	未评分	未评分	未评分	90 优秀	87 良好	未评分	未评分	未评分	92 优秀	良好
9	钨	未评分	未评分	未评分	85 良好	75 良好	未评分	未评分	未评分	92 优秀	83.5 良好
10	稀土	未评分	未评分	未评分	85 良好	78 良好	未评分	未评分	未评分	92 优秀	未评分
11	磷	未评分	未评分	未评分	未评分	未评分	未评分	未评分	未评分	92 优秀	未评分
12	金	未评分	未评分	未评分	91 优秀	89 良好	未评分	未评分	未评分	92 优秀	90 优秀
13	锑	未评分	未评分	未评分	86 良好	75 良好	未评分	未评分	未评分	92 优秀	未评分
14	铅锌	未评分	未评分	未评分	未评分	88 良好	未评分	未评分	未评分	92 优秀	88 良好
15	铁	88 良好	70 合格	89.07 良好	未评分	未评分	91.67 优秀	90.9 优秀	83.8 良好	92 优秀	未评分

第三节　综合研究工作思路及方法

一、成果汇总流程

吉林省重要矿种矿产预测流程见图 1-3-1。

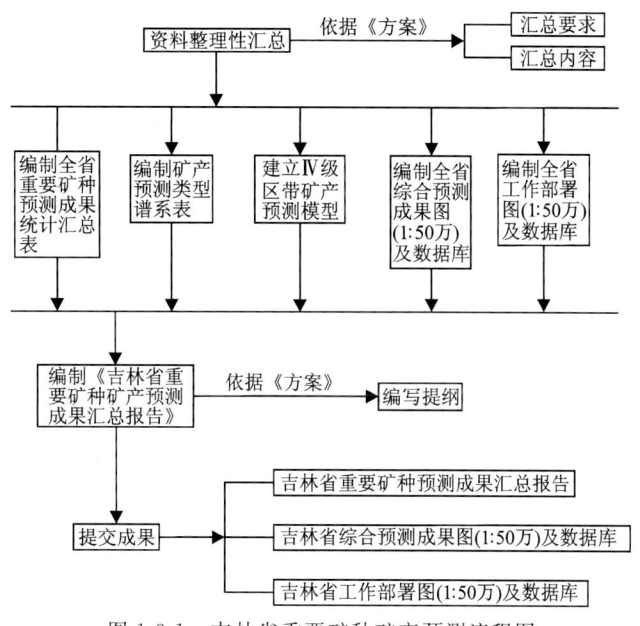

图 1-3-1 吉林省重要矿种矿产预测流程图

注:《方案》指《全国矿产资源潜力评价工作方案》。

二、综合研究的思路和方法

1. 资料整理性汇总

依据汇总要求对地质、物探、化探、遥感、矿产等基础数据资料进行汇总,综合研究区域地质编图成果、区域物化探综合解释成果、成矿规律和成矿预测成果。

2. 编制吉林省重要矿种预测成果统计汇总表

将吉林省矿产资源潜力评价所预测的铁矿、铬矿、铜矿、铅矿、锌矿、镍矿、钨矿、钼矿、锑矿、金矿、银矿、稀土矿、萤石、磷矿、硫铁矿、硼矿共计16种矿种汇总,形成包括矿产预测资源量、矿产预测类型、成矿区带等信息的综合汇总表,对吉林省重要矿种矿产预测类型及资源量进行统计分析。

3. 编制吉林省矿产预测类型谱系表

以矿产预测类型为主线,以Ⅳ级成矿(区)带、成矿时代等时空分布为构架,形成表达主要预测要素、全国评价模型、预测矿种等要素的矿产预测谱系。

4. 建立Ⅳ级成矿(区)带矿产预测模型

首先选择具代表性的典型矿床矿产预测模型,在此基础上建立典型矿床所在区域矿产预测模型,最后形成Ⅳ级成矿(区)带区域矿产预测模型。

5. 编制吉林省重要矿种预测成果图

综合研究:在地质构造、成矿规律、物探、化探、遥感等专题图件基础上,以区域矿床类型(矿床式)成矿模型为基础,开展重要矿种矿床类型的区域地质构造背景、地球化学场特征、地球物理场及遥感信息等特征和要素的总结归纳,将多学科解释成果进行关联。

综合预测区圈定:对各矿种最小预测区集中分布地区进行圈定,形成综合预测区。圈定区域要满足最小面积和最大含矿率原则,所包含的最小预测区应由同一成矿地质作用控制,隶属于同一成矿系列。

6. 编制吉林省重要矿种矿产勘查建议部署图

对单矿种预测成果进行汇总,形成综合预测成果。根据地区找矿条件、预测资源量和矿业经济战略圈定勘查建议部署区,并对综合预测区进行分级。以综合地质构造为底图编制吉林省重要矿种矿产勘查部署建议图。

第四节　Ⅳ级成矿(区)带划分

一、成矿(区)带划分原则

成矿(区)带是一个地质区域概念,是经长期地史演化的一个或几个地质体组成的复杂的地质系统(翟裕生,1999)。原来认为无矿区或少矿区经过预测和勘查,发现新的一系列矿床,再参照新认识,在条件可类比的新区,它能区别于一般的地质体而被升级为成矿区带。

吉林省Ⅰ、Ⅱ、Ⅲ级成矿(区)带的划分是采用中国成矿区带划分方案(徐志刚等,2008),结合实际情况略有改动。Ⅳ、Ⅴ级成矿(区)带及找矿远景区的划分是在大地构造演化与区域矿产时空分布的关系,区域控矿因素,区域成矿特征,矿床成矿系列,区域成矿规律,地球物理、地球化学、遥感信息特征研究的基础上进行的。

Ⅳ级成矿(区)带划分原则:

(1)基本与大地构造单元一致,即相同级别大地构造单元控制相同级别成矿(区)带。

(2)同一Ⅳ级成矿(区)带控矿地质条件相同或相似。

(3)同一Ⅳ级成矿(区)带成矿作用相同或相近。

(4)在1:5万~1:20万重力场上连续重力高、重力低或梯度带为同一Ⅳ级成矿(区)带。

(5)在1:5万~1:20万磁场上连续的正场或负场(局部见有零星的不同场分布区)为同一Ⅳ级成矿(区)带。

(6)Ⅲ级复杂组分含量富集的地球化学场区或较复杂组分含量富集的地球化学场区相当于Ⅳ级成矿(区)带,也可以是一个Ⅳ级成矿(区)带。中大比例尺的连续化探异常(区)带也往往与Ⅳ级成矿(区)带相吻合。

(7)遥感、自然重砂异常集中区。

(8)同一Ⅳ级成矿(区)带的边界一般在地质变化最大的突变带上,即Ⅳ级大地构造单元的边界上。

(9)Ⅳ级成矿(区)带无间隙划分。

二、Ⅳ级成矿(区)带划分方案

根据上述原则,吉林省共划分出13个Ⅳ级成矿(区)带(Ⅲ-51松辽盆地未划分Ⅳ级成矿带),其中Ⅲ-50-③万宝-那金Pb、Zn、Ag、Au、Cu、Mo成矿带资源前景不明确,没有进行预测。具体划分方案及成矿带内相关代表性典型矿床分布见表1-4-1,吉林省成矿(区)带划分见图1-4-1。

表 1-4-1 吉林省成矿(区)带划分及典型矿床分布

I	II	III	IV	代表性矿床(点)
I-4 滨太平洋成矿域	II-12 大兴安岭成矿省	III-50 突泉-翁牛特 Pb、Zn、Fe、Sn、REE 成矿带	III-50-③万宝-那金 Pb、Zn、Ag、Au、Cu、Mo 成矿带	东升铜矿
	II-13 吉黑成矿省	III-51 松辽盆地石油、天然气、铀成矿区		
		III-52 小兴安岭-张广才岭(造山带)Fe、Pb、Zn、Cu、Mo、W 成矿带	III-52-④兰家-上河湾 Au、Fe、Cu、Ag 成矿带	兰家金矿、东风硫铁矿
				八台岭银金矿、牛头山萤石矿
				小绥河铬铁矿、金家屯萤石矿
			III-52-⑥福安堡-塔东 Mo、Fe、W、Cu、Au、Pb、Zn、Ag 成矿带	季德屯钼矿、大石河钼矿、福安堡钼矿
				塔东铁矿
		III-55 吉中-延边(活动陆缘)Mo、Au、As、Cu、Zn、Fe、Ni 成矿带	III-55-①山门-乐山 Ag、Au、Cu、Fe、Pb、Zn、Ni 成矿带	山门银矿、山门镍矿、大顶子多金属矿
				放牛沟多金属硫铁矿、孟家沟多金属矿
			III-55-②那丹伯--座营 Au、Mo、Ag、Pb、Zn、Cu、Ni 成矿带	弯月金矿、西苇钼矿、弯月铅锌矿、青堆子萤石矿、二道岭金矿
			III-55-③山河-榆木桥子 Au、Ag、Mo、Ni、Cu、Fe、Pb、Zn 成矿带	吉昌铁矿、石咀铜矿、民主屯银矿、头道沟硫铁矿、南梨树萤石矿、头道川金矿
				大黑山钼矿、四方甸子钼矿、倒木河铜矿、兴隆钼矿、向阳铜矿、新立屯多金属矿
			III-55-④红旗岭-漂河川 Ni、Au、Cu 成矿带	红旗岭铜镍矿、漂河川铜镍矿、二道甸子金矿、西台子硫铁矿、火龙岭钼矿
				海沟金矿、四岔子铁矿
			III-55-⑤海沟-红太平 Au、Fe、Cu、Pb、Zn、Ag、Mo、Ni 成矿带	刘生店钼矿、东清独居石砂矿、三岔子钼矿、官瞎沟铜钼矿、双山多金属(钼、铜)矿
				红太平多金属矿
			III-55-⑥五凤-百草沟 Au、Cu、Ag、Pb、Zn、Fe 成矿带	五凤金矿、刺猬沟金矿、闹枝金矿
			III-55-⑦天宝山-开山屯 Pb、Zn、Au、Ag、Ni、Mo、Cu、Fe 成矿带	天宝山多金属矿、天宝山东风北山钼矿、长仁铜镍矿、金谷山金矿
		III-53 佳木斯-兴凯(地块)Fe、Au、P、石墨、夕线石成矿带	III-53-⑤新华村-小西南岔 Au、Cu、W、Pb、Zn、Ag、Fe、Mo、Pt、Pd 成矿带	九三沟金矿、杜荒岭金矿
				小西南岔铜金矿、杨金沟金矿、黄松甸子金矿、珲春河砂金矿、杨金沟钨矿
	II-14 华北(陆块)成矿省	III-56 辽东(隆起)Fe、Cu、Pb、Zn、Au、U、B、菱镁矿、滑石、石墨、金刚石成矿带	III-56-①铁岭-靖宇(次级隆起)Fe、Au、Ag、Cu、Pb、Zn 成矿带	香炉碗子金矿、鲜光金矿
				安口金矿
				天合兴铜钼矿、那尔轰铜矿、王家店金矿
				夹皮沟金矿、六匹叶金矿、二道沟金矿、老牛沟铁矿
				西林河银矿、官地铁矿、金城洞金矿
				百里坪银矿、石人沟钼矿
				二密铜矿、赤柏松铜镍矿、新安铜镍矿
				四方山铁矿、板石沟铁矿
			III-56-②营口-长白(次级隆起、Pt₁裂谷)Pb、Zn、Fe、Au、Ag、U、B、菱镁矿、滑石成矿带	正岔铅锌矿、高台沟硼矿、西岔金矿、金厂沟金矿、矿洞子铅锌、爱国铅锌矿
				金英金矿、刘家堡子-狼洞沟金银矿、水洞磷矿
				大营铅锌矿
				古马岭金矿、下活龙金矿
				荒沟山金矿、南岔金矿、荒沟山铅锌矿、大横路铜钴矿、大栗子铁矿、青沟铁矿、七道沟铁矿、白房子铁矿、杉松岗铜钴矿、荒沟山硫铁矿、郭家岭铅锌矿、青沟子锑矿
				临江铜山铜钼矿、乱泥塘铁矿

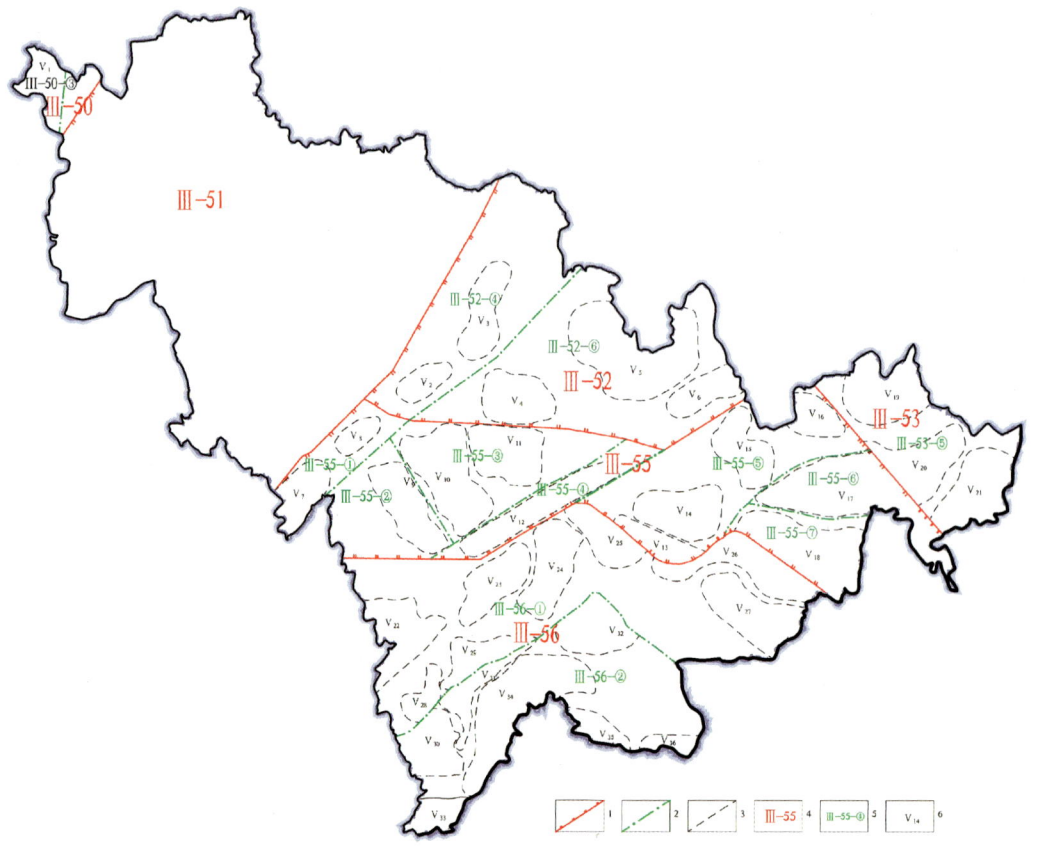

图 1-4-1 吉林省成矿(区)带划分图

1.Ⅲ级成矿(区)带边界;2.Ⅳ级成矿(区)带边界;3.Ⅴ级成矿(区)带边界;4.Ⅲ级成矿(区)带编号;
5.Ⅳ级成矿(区)带编号;6.Ⅴ级成矿(区)带编号

第五节　矿产预测类型谱系确定

一、代表性典型矿床确定

本次工作选择了73个(按单个矿床统计)矿床作为典型矿床重点研究,其中金属矿产典型矿床65个,非金属矿产典型矿床8个。

二、矿床式与矿床模型确定

矿床式属于矿床成矿系列和亚系列之下一组相同类型的矿床,是一定区域内有成因联系的同类矿床类型的代表(陈毓川等,2010)。矿床式即代表了典型矿床,亦代表了这类矿床的共性,同时也反映了这类矿床形成的共同地质环境及物理化学条件,代表了成矿的一定阶段。

矿床模型确定是在矿床式基础上的模式化表示,目的是为了揭示矿床形成的本质原因、宏观特征及主要找矿标志(陈毓川等,2010)。

本次工作共划分出 58 个矿床式,其中 22 个属吉林省优势矿种且具代表性的矿床式,代表性矿床分别为:鞍山式沉积变质型板石沟铁矿、老牛沟铁矿;大栗子式沉积变质型大栗子铁矿;塔东式沉积变质型塔东铁矿;夹皮沟式绿岩型夹皮沟金矿;荒沟山式岩浆热液改造型荒沟山金矿;刺猬沟式火山热液型五凤金矿;金英式热液改造型金英金矿;海沟式岩浆热液型海沟金矿;二道甸子式变质火山岩型二道甸子金矿;兰家式矽卡岩型兰家金矿、弯月金矿;小西南岔式斑岩型小西南岔铜金矿;山门式热液型山门银矿;西岔式热液改造型西岔金银矿;大黑山式斑岩型季德屯钼矿、大黑山钼矿、刘生店钼矿;红旗岭式基性—超基性岩浆熔离-贯入型红旗岭铜镍矿、长仁铜镍矿;赤柏松式基性—超基性岩浆熔离-贯入型赤柏松铜镍矿;大横路式沉积变质型大横路铜钴矿;二密式斑岩型二密铜矿;放牛沟式火山热液型放牛沟多金属硫铁矿、红太平多金属矿、天宝山多金属矿;青城子式沉积-改造型荒沟山铅锌矿;头道沟式矽卡岩型头道沟硫铁矿;高台沟式沉积变质型硼矿。

三、矿床成矿系列的厘定依据及特征

矿床成矿系列是与同一建造有成因联系的各种成因类型矿床构成的思维整体(翟裕生,1999),程裕淇等(1983)提出,矿床成矿系列是在一定地质时期和一定地质环境中,在一定的主导地质作用下形成的,在时间、空间和成因上都有密切的联系,但其具体生成条件是有差别的一组(两个以上)矿床类型组合。

依据成矿时代、成矿地质及构造环境、主要的成矿作用、形成的矿床组合(分为主要矿种、次要矿种及伴生矿种)、矿床的时空分布规律及演化规律,吉林省共划分 16 个矿床成矿系列。

四、吉林省矿产预测类型谱系确定

在吉林省矿床成矿系列基础上,以Ⅳ级成矿(区)带为主,成矿时间为辅,将矿产预测类型、主要预测要素、全国评价模型、矿种、成矿主要地质特征等作为主要表达内容,编制吉林省Ⅳ级成矿(区)带矿产预测类型谱系(表 1-5-1)和吉林省重要矿种矿产预测类型分布图(图 1-5-1)。

由图和表可知,夹皮沟式绿岩型、荒沟山式岩浆热液改造型金矿主要分布于吉南地区,海沟式岩浆热液型金矿主要分布于吉中地区,刺猬沟式火山热液型金矿主要分布于杜荒岭—五凤地区,金英式热液改造型金矿主要分布于浑北地区,鞍山式沉积变质型铁矿主要分布于吉南地区,浑江式沉积型铁矿主要分布于浑江地区,闹枝式火山岩型铜矿主要分布于吉中和延边地区,小西南岔式斑岩型铜矿主要分布于大蒲柴河—杨金沟地区,二密式斑岩型铜矿主要分布于吉南地区,红旗岭式基性—超基性岩浆熔离-贯入型铜矿主要分布于红旗岭—漂河川、长仁—獐项地区,山门式热液型银矿主要分布于山门地区,狼洞沟式热液充填型银矿主要分布于吉南地区,赤柏松式基性—超基性岩浆熔离-贯入型镍矿主要分布于赤柏松地区,青城子式沉积-改造型铅锌矿主要分布于吉南地区;放牛沟式火山热液型铅锌多金属矿主要分布于吉中地区,天宝山式海相火山沉积型铅锌多金属矿主要分布于吉中地区,大黑山式斑岩型钼矿主要分布于吉中地区,高台沟式沉积变质型硼矿主要分布于集安地区。金银、铅锌、钼矿成矿主要集中在中生代成矿。铁、铜钴矿、硼矿主要在新太古代—新元古代成矿,铜镍矿主要在古元古代—中生代早期成矿。

表 1-5-1 吉林省Ⅳ级成矿（区）带矿产预测类型谱系表

Ⅳ级成矿（区）带	编号	吉林省矿产预测类型	全国评价模型	矿种	主要预测要素	构造旋回	成矿时代	典型矿床	构造分区
Ⅲ-52-④	1	兰家式砂卡岩型	14	金	中二叠统范家屯组砂岩、粉砂岩、板岩、厚层生物屑灰岩透镜体、凝灰质砂岩和石英闪长岩、北北东向褶皱；磁异常；化探异常	燕山期	早侏罗世	兰家金矿	晚三叠世—新生代
	2	六道沟式砂卡岩型	14	铜	中二叠统范家屯组砂岩、粉砂岩、板岩、厚层生物屑灰岩透镜体、凝灰质砂岩和石英闪长岩、东西向断裂构造及北东向断裂构造；化探异常；重砂异常	燕山期	侏罗纪		
	3	八台岭式构造蚀变岩型	8	银	上二叠统杨家沟组变安山岩人体及泥质板岩粉砂质板岩为主要含矿围岩、燕山期中酸性侵入体人体石英闪长岩、石英二长岩、闪长岩断裂及劳侧的次级北东向、北西向构造裂隙带、片理化带为导矿及容矿构造；Ag、Pb、As、Hg、Au元素异常是寻找含矿的化探标志；北西向低磁异常应为断裂构造及矿化蚀变带的反映	燕山期	侏罗纪—白垩纪	八台岭银矿	
	4	牛头山火山热液型	24	萤石	营城组火山熔岩夹砂岩、页岩为成矿提供热能，受深大断裂、营城期次级的次一级南北向断裂控制，营城组火山岩地层破碎带为高磁异常带	燕山期	侏罗纪—白垩纪	牛头山萤石矿	
	5	小绥河式侵入岩体型	3	铬铁矿	海西期粗粒叶蛇纹岩、致密块状蛇纹岩，受伊—舒深大断裂控制，北东向构造分叉、膨大部位为容矿，深大断裂与铬铁矿有关	海西期	石炭纪	小绥河铬铁矿	
	6	大黑山式斑岩型	32	钼	燕山期二长花岗岩、二长花岗斑岩和花岗闪长岩与斑状二长花岗岩，北东向断裂构造及岩体冷凝时产生的节理裂隙等控矿；水系沉积物Mo元素异常区	燕山期	中侏罗世	季德屯钼矿	
	7	大石河式斑岩型	32	钼	燕山期花岗闪长岩和二长花岗岩、花岗斑岩、深大断裂、岩石的极化率和电阻率变化较大，反映矿区内岩性不同和矿化蚀变强度变化较大	燕山期	早侏罗世	大石河钼矿	晚三叠世—新生代
Ⅲ-52-⑥	8	塔东式沉积变质岩型	80	铁	中元古界塔东岩群拉沟岩组黑云斜长片岩、斜长角闪片岩；磁铁矿化、黄铁矿化蚀变强度变化较大	晋宁期	新元古代	塔东铁矿	
	9	金家屯式热液充填交代型	24	萤石	西别河组砂岩、页岩夹泥灰岩沟岩组灰岩、燕山期花岗闪长岩，层间破碎带、不同岩性交接带、地球物理电测异常与高阻带	燕山期	侏罗纪—白垩纪	金家屯萤石	

续表1-5-1

IV级成矿(区)带	编号	吉林省矿产预测类型	全国评价模型	矿种	主要预测要素	构造旋回	成矿时代	典型矿床	构造分区
	10	杨金沟式岩浆热液型	17	钨	五道沟群W元素含量较高的斜长角闪片岩,斜长角闪岩建造和后期侵入的花岗斑岩体;北东向与北西向构造发育部位;水系沉积物中W,Au等元素异常;重磁异常;重砂异常	燕山期	侏罗纪—早白垩世	杨金沟钨矿	
	11	黄松甸子式砾岩型	43	金	土门子组巨-中粗砾岩,中细砾岩;重砂异常;化探异常	喜马拉雅期	古近纪	黄松甸子金矿	
	12	珲春河式沉积型	65	金	现代河床冲积砂及砾石间夹有中细砂岩、粗砂岩透镜体;重砂异常;化探异常	喜马拉雅期	第四纪	珲春河金矿	晚三叠世—新生代
	13	杨金沟式岩浆热液型	17	金	青龙村岩群和五道沟群斜长角闪片麻岩、黑云母片岩、石墨岩、二云片岩、红柱石、夕线石、闪长岩类;五道沟-大城断裂带的杨金沟向斜内北北东向构造或构造的交会部位;化探异常;物探异常	燕山早期	早侏罗世		
III-53-⑤	14	刺猬沟式火山热液型	35	金、铜	屯田营组安山岩,英安岩,含角砾安山岩及火山口附近的北北东向断裂构造控制;化探异常	燕山期	侏罗纪		
	15	小西南岔式斑岩型	29	金、铜	燕山期闪长岩,花岗岩斑及次火山岩与北东向断裂交会处;化探异常;磁异常	燕山期	早侏罗世—早白垩世	杨金沟金矿、小西南岔金矿	
	16	闹枝式火山岩型	35	铜	下白垩统金沟岭组安山质角砾岩,安山质凝灰岩及火山岩为主要含矿层位;闪长岩控矿、北西向挤压破碎带和北西向扭性断层;化探异常;重磁异常	燕山期	早白垩世		
	17	红太平式火山岩型	36	银	二叠系庙岭组火山碎屑岩夹灰岩,凝灰岩,蚀变灰岩,二叠纪北东向展布的粉砂岩、泥灰岩为主要含矿层位;硅化、绿泥石化、绢云母化及其金属矿化;裂陷槽,构造盆地;化探异常;磁异常	海西晚期	晚二叠世		
III-55-①	18	兰家式夕卡岩型	14	金	二叠系范家屯组二云母石英变粒岩,石榴石红柱石变粒岩,千枚岩,夹状板岩、夹大理岩、变质粉砂岩、杂砂岩、泥质粉砂岩;燕山期花岗闪长岩(石英闪长岩);化探异常;磁异常	燕山期	晚侏罗世		

续表 1-5-1

IV级成矿（区）带	编号	吉林省矿产预测类型	全国评价模型	矿种	主要预测要素	构造旋回	成矿时代	典型矿床	构造分区
	19	红旗岭式基性—超基性岩浆熔离—贯入型	1	镍	辉长岩—辉石角闪岩；与伊舒断裂带有成因联系的次一级近东西向—北西向断裂；存在中等强度磁异常，地球化学场，Cu、Ni、Co高异常	海西期	石炭纪		
	20	放牛沟式火山热液型	36	铅锌、硫铁矿	上奥陶统石缝组白色大理岩夹条带状大理岩，片理化安山岩；海西早期庙岭花岗岩；近东西向斜冲断裂带及其两侧次级层间构造破碎带、裂隙带；矿化蚀变、物探异常、化探异常	海西中期	石炭纪	放牛沟多金属矿	晚三叠世—新生代，南华—中三叠世
III-55-①	21	山门式热液型	9	银	奥陶系黄莺屯组变质粉砂岩、泥质、钙质板岩，大理岩为赋矿层位。燕山期早中酸性侵入岩为主要的控矿体及深大断裂西侧断裂隆起边缘北东向次级平行断裂带及北西向断裂交会部位黄铁矿化、强硅化蚀变破碎带，含硫化物石英脉、含黄铁矿、方铅矿、闪锌矿的蚀变含矿体是矿产赋存部位的指示标志。线性低缓负磁场带，水系沉积物化探高激化含矿区、土壤Au、Ag、Cu、Pb、Zn综合异常化探Ag、Pb、Co异常区	燕山晚期	白垩纪	山门银矿	
	22	大黑山式斑岩型	32	钼	燕山期花岗闪长岩、二长花岗岩，北东向与北西向廉棱岩化带交会部位；次级北西向断裂构造；化探异常；低缓负磁异常和重力低异常	燕山期	侏罗纪—白垩纪	（弯月火山热液金）	晚三叠世—新生代
III-55-②	23	红旗岭式基性—超基性岩浆熔离—贯入型	1	镍	含矿岩体为辉长岩—辉石橄榄岩型的基性—超基性岩—橄榄辉石岩型有成因联系的次一级近东西向—北西向断裂；辉发河—古洞河超岩石圈断裂；地球物理场有线状梯度带，中等强度磁异常；地球化学场，Cu、Ni、Co高异常	印支期	三叠纪		
	24	小绥河式侵入岩体型	3	铬铁矿	晚二叠世橄榄岩、伊舒大断裂控制，北东向高异常或其梯度带上，同时表现为高磁异常；超基性岩分布在重力高异常及其梯度带上，同时表现为高磁异常；化探数据圈出具有清晰III级分带和明显浓集中心的Cr元素异常	海西期	石炭纪		
III-55-③	25	刺猬沟式火山热液型	35	金	石炭纪与侏罗纪的安山岩和凝灰岩，燕山期闪长岩；断裂活动时及破火山口所形成的次一级裂隙构造中；化探异常；重磁异常	燕山期	中侏罗世	倒木河金矿	晚三叠世—新生代，南华—中三叠世

续表 1-5-1

IV级成矿(区)带	编号	吉林省矿产预测类型	全国评价模型	矿种	主要预测要素	构造旋回	成矿时代	典型矿床	构造分区
	26	头道川式火山热液型	36	金	石炭系余富屯岩组(黄莺屯岩组)海相火山-沉积岩系的细碧角斑岩组合,以及灰岩、页岩及砂岩,挤压断裂带;化探异常、重磁异常	海西期	泥盆纪—二叠纪	头道川金矿	
	27	头道沟式砂卡岩型	15	硫铁矿	燕山晚期中酸性侵入岩主要的控矿岩体;下古生界寒武系头道沟岩组火山沉积碎屑岩-泥质岩控矿;物探异常、重砂异常	燕山期	白垩纪	头道沟硫铁矿	
	28	大黑山斑岩型钼	32	钼	燕山期花岗闪长岩、二长花岗岩和中生代北北东向断裂;东西向基底断裂带内Mo元素主成矿岩控矿;原生晕异常最强烈、次生晕异常;高磁异常	燕山期	中侏罗世	永吉大黑山特大型钼矿	
	29	四方甸子式石英脉型	23	钼	燕山期细粒花岗岩、细粒黑云母花岗岩;北西向大断裂次级构造;土壤、岩石测量异常	燕山期	中侏罗世	桦甸四方甸子钼矿	晚三叠世—新生代,南华纪—中三叠世
III-55-③	30	红旗岭式基性-超基性岩浆熔离-贯入型	1	镍	辉长岩-辉石岩-橄榄岩型与斜方辉石-苏长岩型;与辉发河-古洞河超岩石圈断裂有成因联系的次一级北西向断裂控矿;地球物理场重力线状梯度带、中等强度磁异常、Cu、Ni、Co高异常区	印支中期	三叠纪		
	31	放牛沟式火山热液型	36	铅锌	早侏罗世南楼山岩组流纹岩、安山岩、英安质含角砾山角砾岩、英安质凝灰岩;早侏罗世兴屯安山质火山岩因断裂形成的次一级北西向、北北西向断裂控矿;矿化蚀变;化探异常	燕山期	侏罗纪		
	32	青沟子式浆热液型	49	锑	主要矿体赋存在临江岩组、大栗子岩组、千枚岩中,印支期大栗子岩组泥质岩中浅变质岩系的云母片岩、石英岩为主控矿;北东向深大断裂导矿构造,次级构造储矿构造;高电阻率是寻找块状锑矿体标志;砷锑重砂、化探异常	燕山期	侏罗纪—早白垩世		
	33	吉昌式砂卡岩型	15	铁	泥盆纪—二叠纪灰岩、大理岩与燕山期花岗岩;砂卡岩化、磁铁矿化、重磁异常	燕山期	侏罗纪—白垩纪	吉昌铁矿	

续表 1-5-1

IV级成矿（区）带	编号	吉林省矿产预测类型	全国评价模型	矿种	主要预测要素	构造旋回	成矿时代	典型矿床	构造分区
Ⅲ-55-③	34	闹枝式火山岩型	35	铜	石咀子组的矽岩与页岩互层夹灰岩；窝瓜组酸性火山熔岩夹灰岩；南楼山组火山碎屑岩、安山质角砾岩、凝灰岩为含矿层位和控矿层位；明城-石咀子向斜的东翼；重磁地球物理异常；原生地球化学异常	海西中期—印支期	二叠纪—三叠纪	石咀铜矿	晚三叠世—新生代，南华纪—中三叠世
	35	民主屯式火山热液型	33	银	石炭系余富屯组中酸性火山岩-碳酸岩建造为容矿（金）的矿源层；海西期中细粒花岗岩为主要的控矿岩体；韧性剪切带；Ag元素土壤化探异常，尤其是与 Au、As、Sb、Hg、Pb 元素套合异常；高激电异常带则是金属矿化带标志	海西中期	石炭纪	民主屯银矿	
	36	南梨树式热液充填交代型	24	萤石矿	磨盘山组大理岩化灰岩、燕山期花岗闪长岩和二长花岗岩，构造运动产生的次一级北西向、北东向的构造破碎带既为容矿构造，也是控矿构造；硅化与萤石矿关系密切；高磁异常	燕山期	侏罗纪—白垩纪	南梨树萤石矿	
Ⅲ-55-④	37	二道甸子式变质火山岩型	36	金	寒武纪—奥陶纪变质岩系黑云母片麻岩、黑云母片岩、碳质云母石英角页岩、长石石英角闪石角岩石英薄层石英夹页岩互层组合；北西向冲断层；物探异常；重砂异常	燕山期	中侏罗世	二道甸子金矿	晚三叠世—新生代，南华纪—中三叠世
	38	西台子式湖相沉积型	61	硫铁矿	桦甸组（含油）页岩地层；矿化蚀变；物探异常	燕山晚期	白垩纪	西台子硫铁矿	
	39	红旗岭式基性—超基性岩浆熔离贯入型	1	镍、铜	辉长岩-辉石岩-橄榄岩型方辉石岩-苏长岩型建造，与辉发河-古洞河超岩石圈断裂有成因联系的次一级北西向断裂；地球物理场重力线状梯度异常带，中等强度磁异常，地球化学场 Cu、Ni、Co 元素高异常区	海西晚期—印支中期	二叠纪—三叠纪	红旗岭、漂河川铜镍矿	
Ⅲ-55-⑤	40	海沟式岩浆热液型	7	金	元古宙色洛河群红光岩组斜长角闪岩、二云片岩；燕山期二长花岗岩、闪长岩岩成带；槽台边界石圈断裂与北东向深断裂交会处；化探异常；重砂异常	燕山期	晚侏罗世	安图县海沟金矿	

第一章 概 论

续表1-5-1

IV级成矿（区）带	编号	吉林省矿产预测类型	全国评价模型	矿种	主要预测要素	构造旋回	成矿时代	典型矿床	构造分区
	41	兰家式砂卡岩型	14	金	新元古界万宝岩组变质细砂岩、粉砂岩互层夹大理岩透镜体、红柱石二云片岩岩组；燕山期花岗岩；化探异常	燕山期	白垩纪		
	42	大黑山式斑岩型	32	钼	燕山期花岗闪长岩、二长花岗岩、石英闪长岩，敦化—三道沟东西向深大断裂与北西向中心山—刘生店断裂的交会处；化探异常；航磁异常	燕山期	侏罗纪	刘生店钼矿	
	43	红旗岭式超基性岩浆熔离—贯入型	1	镍	与区域敦密断裂系有成因联系的次级北东向、北西东向的断裂控制基性—超基性岩浆活动；辉长岩类、斜长辉长岩类超基性岩常存在或北西向断裂带中规模较小或磁场负异常梯度带；地球物理重力场异常；地球化学中Cu、Ni、Co元素异常高异常；强度不大的局部异常；硅化、碳酸盐化等蚀变强烈地段	印支中期	三叠纪		晚三叠世—新生代，南华纪—中三叠世
III-55-⑤	44	红太平式火山热液型	36	铅、锌、铜、银	二叠系庙岭组火山碎屑岩夹灰岩、凝灰岩、砂岩、粉砂岩、泥灰岩为主要含矿层位和矿控层；北西向断裂带层间破裂蚀变；矿化蚀变；化探异常	海西期	二叠纪	红太平多金属	
	45	鞍山式沉积变质型	80	铁	新太古代含矿层位斜长角闪岩、黑云斜长片麻岩、二云片麻岩，磁铁矿化、闪锌矿化、方铅矿化、黄铁矿化蚀变；重磁异常	阜平期	新太古代		
	46	六道沟式砂卡岩型	14	铜	新元古界万宝岩组黑色板岩夹大理岩与燕山期二长花岗岩长英岩脉，接触岩控矿，北东向破碎带发育处；物探异常；化探异常	燕山期	侏罗纪—白垩纪		
	47	东清风化壳型	74	稀土	海西期晚期黑云母斜长花岗岩花岗伟晶岩脉带来成矿物质；第四系残坡积黏土，亚砂土为稀土矿含矿层，其次是河谷冲积形成；独居石砂矿主要由残坡积砂矿构成；重砂异常；化探异常；物探异常	喜马拉雅期	第四纪	东清风化壳稀土矿	
III-55-⑥	48	刺猬沟式火山沉积型	35	金、铜	三叠系托盘沟组、屯田营组及下白垩统刺猬沟组次安山岩和次安山岩、英安岩，含角砾安山岩，次安山岩和次安玄武岩为主要含矿层位；火山口构造的辐射状断裂带控矿，火山口向西北东向铀辐射状断裂和北东向含矿断裂成矿，明显的三级分带，浓集中心；化探Au元素异常具有清晰的三级分带、明显的浓集中心；遥感环形构造火山口、韧性剪切带	燕山期	晚侏罗世—白垩纪	汪清五凤金矿、汪清刺猬沟金矿、汪清刺枝金矿	晚三叠世—新生代

续表 1-5-1

IV级成矿（区）带	编号	吉林省矿产预测类型	全国评价模型	矿种	主要预测要素	构造旋回	成矿时代	典型矿床	构造分区
Ⅲ-55-⑥	49	闹枝式火山热液型	36	铜	屯田营组次安山岩、闪长玢岩、粗安山岩和钠长斑岩为主要控矿层位；北西向挤压破碎带和北西向扭性断层内带的控矿断层利容矿层叠加部位；Cu元素地球化学异常的有利部位及多种组合元素；重力高异常北内带；负背景场中高值异常区；遥感环形剪切带、环形构造信息	燕山晚期	白垩纪		晚三叠世—新生代
	50	红太平式火山岩型	36	银	石炭系与二叠系庙岭组火山碎屑岩夹灰岩、凝灰岩是矿床控矿层位；北西向和北东向的交会部位控矿成矿的有利部位，北西向断裂与北东向断裂交会场控矿的正磁场相低缓异常边缘；矿体反映明显高极低阻分带异常明显；化探Cu、Pb、Zn、Ge、Bi、Ag无元素异常分带明显	燕山期	侏罗纪		
	51	小绥河式侵入岩体型	3	铬铁矿	二叠纪橄榄岩、受两江口—和龙深大断裂控制；控矿构造，也为控矿构造，北东向为相对高；重力高；磁力高异常及分布高格异常；北部负磁中心	海西期	石炭纪		
	52	刺猬沟式火山热液型	35	金	安山质角砾熔岩和次火山岩利次火山岩、火山口构造的辐射状断裂和环状断裂；化探异常、物探异常	燕山早期	早侏罗世		
	53	大黑山式斑岩型	32	钼	燕山期花岗斑相交会、二长花岗岩、石英闪长岩、北东向与北西向断裂场相交会；化探具有二级Mo元素异常分带局部负磁异常	燕山期	侏罗纪	天宝山东风北山钼	
Ⅲ-55-⑦	54	天宝山式多成因叠加型	13+44	铅锌	石炭系（天宝山组）与二叠系（红叶桥组）砂板岩、英安斑岩、英安闪长岩、石英闪长岩，中酸性火山岩；印支—海西期明月镇花岗闪长岩、北东东向向两江断裂与北西向明月镇断裂交会部位；化探异常、物探异常；重砂异常	印支期	三叠纪	天宝山多金属矿	晚三叠世—新生代，南华纪—中三叠世
	55	红旗岭式基性—超基性岩浆熔离—贯入型	1	铜镍	赋矿岩体主要为辉石岩、含长辉石岩、橄榄岩、辉橄岩、橄榄辉石岩、辉岩等基性—超基性岩体；古洞河断裂北东侧北东向（或近南北向）及北西向组扭裂；化探异常、物探异常；重砂异常	海西期	泥盆纪	长仁铜镍矿	
	56	红太平式火山岩型	36	银	石炭系天宝山组与二叠系庙岭组火山碎屑岩夹灰岩、凝灰岩（矿）构造、北西向断裂与北东向断裂交会场成矿的有利部位边缘；矿体反映明显高极低阻分带大面积起伏的正磁场低缓异常边缘；化探Cu、Pb、Zn、Ge、Bi、Ag等元素异常规模大、分带明显	燕山期	侏罗纪		

续表 1-5-1

IV级成矿（区）带	编号	吉林省矿产预测类型	全国评价模型	矿种	主要预测要素	构造旋回	成矿时代	典型矿床	构造分区
Ⅲ-56-①	57	海沟式岩浆热液型	7	金	元古界色洛河岩群红光岩组斜长角闪岩、二云片岩、黑色板岩夹大理岩；燕山期二长花岗岩、闪长岩岩脉成群成带；槽台边界岩石圈断裂与北东向深断裂汾岔会合处；化探异常；物探异常；重砂异常	燕山期	晚侏罗世		
	58	夹皮沟式绿岩型	79	金	新太古代表壳岩（也称花岗－绿岩地体）中的斜长角闪岩、黑云变粒岩；角闪岩相及少量超镁铁质变质岩组合；深大断裂、韧性剪切带；化探异常；物探异常	燕山期	侏罗纪	六匹叶金矿、夹皮沟金矿、二道沟金矿	
	59	香炉碗子式火山热液型	35	金	流纹质含角砾岩屑晶屑凝灰岩及流纹质熔结凝灰岩出露区、烟囱桥子—龙头东西向脆—韧性剪切带；化探异常；物探异常	燕山期	侏罗纪—早白垩世	香炉碗子金矿	
	60	天合兴式斑岩型	32	钼	晚侏罗世花岗闪长岩、早白垩世花岗斑岩；东西向、南北向构造；化探Mo元素异常具有二级分带；重磁异常	燕山期	侏罗纪	天合兴钼矿	晚三叠世—新生代
	61	红旗岭式基性—超基性岩浆熔离贯入型	1	镍	赋矿岩体主要为辉石岩、含长辉石岩、橄榄二辉岩、橄榄岩、辉石橄榄岩；古长春及荒茸田—东丰深断裂两侧、新太古代绿岩地体内的褶皱构造为古洞河断裂两组扭性断裂控制的岩体与成矿密切；矿化蚀变、超基性岩区基性—超基性岩组控制；化探异常；物探异常	海西期	泥盆纪		
	62	鞍山式沉积变质型	80	铁	太古宙斜长角闪岩、黑云片麻岩、二云片麻岩变质建造；新太古代边缘裂谷的核部及翼部；磁铁矿化、方铅矿化、黄铁矿化；磁铁异常；重磁异常	阜平期	新太古代	老牛沟铁矿、官地铁矿、板石铁矿、四方山铁矿	
	63	浑江式沉积型	52	铁	钓鱼台组石英含角砾砂岩夹赤铁矿；燕山晚期绿岩鸭绿江回陷盆地；花岗岩斑岩控矿；轻基异常；铁染异常	晋宁期	新元古代早期		
	64	二密式斑岩型	28	铜	燕山晚期安山岩中北西向、北东向以及外接触带花岗闪长斑岩控矿；近东西向、北东向陡倾斜断裂；化探异常；重砂异常	燕山期	侏罗纪—白垩纪	二密斑岩铜矿、天合兴铜矿	
	65	红透山式沉积变质改造型	44	铜	新太古界鸡南岩组、官地岩组斜长角闪岩、变粒岩、官地岩组黑云英闪长片麻岩是主要含矿岩层；区内展布以北东向断裂构造主要为北西向断裂构造为主，其次为脆性断裂；化探异常	燕山期	侏罗纪—白垩纪		

续表 1-5-1

IV级成矿（区）带	编号	吉林省矿产预测类型	全国评价模型	矿种	主要预测要素	构造旋回	成矿时代	典型矿床	构造分区
Ⅲ-56-①	66	赤柏松式基性-超基性岩浆熔离-贯入型	1	铜镍	控矿岩体有中太古代变辉长-辉绿岩、新太古代变质辉长-辉绿岩、古元古代变辉长-辉绿岩，角闪石岩，古元古代变质辉长-辉绿岩、变辉绿岩、变辉长-辉绿岩、本溪-浑江超岩石圈断裂为控制区域基性-超基性岩浆活动的导矿构造；化探异常；物探异常；重砂异常	中条期	古元古代	赤柏松铜镍矿	
	67	百里坪式岩浆热液型	7	银	斜长花岗岩和二长花岗岩及似斑状二长花岗岩、中酸性侵入岩与成矿关系最为密切，近东西向及北东西向断裂构造交会部位；化探异常以Ag元素为主的Ag-Pb-Zn元素组合是寻找银矿的主要地球化学标志；高阻高极化特征是寻找银矿体及矿化蚀变带的地球物理异常标志	燕山期	侏罗纪—白垩纪	百里坪银矿	晚三叠世—新生代，前南华纪
	68	西林河式岩浆热液型	7	银	矿体赋存于珍珠门岩组大理岩与太古宙花岗质岩核杂岩接触带上；燕山期王道溜河钾长花岗岩侵入岩与成矿关系密切，为主要控矿岩体；北东向深大断裂是导矿构造，其次级北东向断裂构造及韧脆性剪切带为容矿构造，储矿构造，矿体严格受构造蚀变带等控制；Au、Ag及其指示元素的重砂、分散流、次生晕、原生晕等异常是找矿指示标志，沿断裂分布的硅化、黄铁矿化、褐铁矿化、绢云母化等蚀变带是找矿的蚀变标志，中酸性侵入岩体引起正磁异常	燕山期	侏罗纪—白垩纪	西林河银矿	
	69	夹皮沟式绿岩型	79	金	新太古代岩浆岩（也称花岗-绿岩地体）中的斜长角闪岩、黑云变粒岩、角闪磁铁石英岩及少量超基镁铁质变质岩组合；韧性剪切带，深大断裂；化探异常；物探异常	燕山期	侏罗纪		
	70	金英式热液改造型	7	金	钓鱼台岩组石英砂岩，含海绿石石英砂岩，厚层状中粒石英砂岩，赤铁石英砂岩，构造角砾岩组合；化探异常；物探异常	燕山期	侏罗纪	白山金英金矿	
Ⅲ-56-②	71	下活龙式岩浆热液改造型	7	金	大东岔岩组含夕线石、石榴黑云变粒岩，石墨黑云变粒岩为主，夹浅粒岩、黑云斜长片麻岩类；鸭绿江断裂带低序次北西向、北东向、近水平的断裂组合；燕山期斜长花岗岩；化探异常；物探异常	燕山期	白垩纪	集安下活龙金矿	晚三叠世—新生代，前南华纪
	72	西岔式岩浆热液改造型	7	金银	集安岩群荒岔沟岩组的变粒岩-斜长角闪岩类含石墨大理岩组合为赋矿岩层；印支期及燕山期中酸性岩体；岩类多为茎矿岩体；蚀变破碎带；化探异常；物探异常	印支期—燕山期	侏罗纪—白垩纪	西岔金银矿	

续表 1-5-1

IV级成矿（区）带	编号	吉林省矿产预测类型	全国评价模型	矿种	主要预测要素	构造旋回	成矿时代	典型矿床	构造分区
	73	荒沟山式岩浆热液改造型	7	金	珍珠门岩组白云石大理岩顶部的碎裂化、构造角砾岩化、硅化白云石大理岩；印支期花岗岩浆活动。花山岩组片岩S型构造；矿化蚀变；珍珠门岩组与珍珠门岩组大理岩接触构造带；珍珠门岩组大理岩为高阻低极化率；水系沉积物异常、土壤化探异常	燕山期	晚白垩世	荒沟山金矿、南岔金矿	
	74	水洞式沉积型	59	磷矿石	寒武纪水洞组的紫红色含砾粉砂岩、中薄层状胶磷岩；八道江凹陷盆地内铜的平缓向斜开阔的两翼；生物介壳磷块岩、砾状磷块岩；胶磷块岩存在与岩层界线	加里东期	寒武纪	水洞磷矿	
	75	狼山式沉积变质型	80	硫铁矿	古元古界集安岩群蚂蚁河岩组变质岩系—碳酸盐岩为主要的赋矿层位；压扭性层间破碎带或其临近地段；物探高阻高激化异常	加里东期	前寒武纪	荒沟山硫铁矿	
	76	铜山式矽卡岩型	14	钼	古生界屑岩-碳酸盐岩与燕山期闪长岩、花岗岩、二长花岗岩；东西向断裂构造及北东向断裂构造控制；矿化蚀变；化探异常、物探异常	燕山期	侏罗纪	铜山钼矿	
Ⅲ-56-②	77	杉松岗式沉积变质型	80	镍	矿体严格受花山岩组云母片岩、大理岩、千枚岩夹大理岩变质建造控制；近南北向压-压扭性断裂；水系沉积物化探异常、物探异常	中条期	古元古代	大横路铜钴矿、杉松岗镍矿	
	78	高台沟式沉积变质型	80	硼	辽吉古元古代裂谷含集安岩群蚂蚁河岩组蛇纹岩、菱镁矿、电气石变粒岩、古元古代钾长花岗岩；伟晶岩脉、褶皱构造；近东西向3组断裂构造均为成矿后构造、北西向及北东向对矿体起破坏作用；矿化蚀变：矿体边界、分带清晰、浓集中心明显是小断层；矿体层位成为矿边界，磁铁矿、敏锐石有较好的重砂异常B异常、磁异常等值线密集	中条期	古元古代	高台沟硼	
	79	青城子式沉积-改造型	44	铅锌	古元古界老岭岩群珍珠门岩组薄层—微晶碳酸盐岩或含矽岩结核的白云岩或白云质灰岩；硅质岩化的碳酸盐岩；构造破碎带；矿化蚀变；化探异常、物探异常	中条期	古元古代	荒沟山铅锌	
	80	万宝式砂卡岩型	13	铅锌	寒武纪—奥陶纪灰岩、燕山期花岗岩类岩体及脉岩、平行主断裂的层间断裂；矿化蚀变；化探异常、重砂异常	燕山期	侏罗纪—白垩纪	大营、郭家岭铅锌	晚三叠世—新生代、前南华纪

续表 1-5-1

IV级成矿(区)带	编号	吉林省矿产预测类型	全国评价模型	矿种	主要预测要素	构造旋回	成矿时代	典型矿床	构造分区
	81	正岔式沉积改造型	44	铅锌	集安岩群荒岔沟岩组石墨黑云变粒岩,斜长角闪岩,粗粒石墨大理岩夹粒岩;燕山期花岗斑岩夹斜长角闪岩大理岩构造中的小型褶皱倒转背斜为控矿构造;矿化蚀变,化探异常,物探异常,重砂异常	燕山早期	侏罗纪	正岔铅锌矿	
	82	青沟子式岩浆热液型	49	锑	矿体主要赋存在临江复背斜大栗子岩组的中浅变质岩系的云母片岩,石英岩,千枚岩,大栗子岩组泥质碎屑岩中,印支期草山单元黑云花岗岩岩体控矿;北东向深大断裂构造为控矿构造,次级构造,矿化蚀变等为控矿,硅化,黄铁矿化,毒砂矿化等矿化蚀变;Sb,Au,As分散流,断裂带,次生晕是地球化学异常标志,低电阻率,高电阻率是寻找块状矿体物探标志;砷锑重砂,水系沉积物异常	燕山期	侏罗纪—早白垩世	青沟子锑矿	
	83	大栗子式沉积变质型	80	铁	古元古代老岭岩群大栗子岩组云母片岩,石英岩,千枚岩及大理岩,其一是基底构造——老岭变质岩建造类盆地控制该类型铁矿体的空间分布;其二是后期变形变质构造对矿体的形成,形态起重要作用;其三是后期断裂构造对矿体的破坏,负场级梯度带边部出现规则似椭圆状的低缓异常	中条期	古元古代	乱泥塘铁矿、七道沟铁矿、大栗子铁矿	晚三叠世—新生代,前南华纪
	84	桦江式沉积变质型	52	铁	白房子岩组、钓鱼台组老岭岩群大栗子岩组石英角砾夹赤铁矿、泥质、赤铁矿、石英岩夹铁质砂岩,铁矿夹绿泥岩、老岭隆起的东南缘形成绿帘-鸭绿江盆地,硅基,铁染异常	晋宁期	新元古代早期	青沟铁矿、白房子铁矿	
	85	大横路沉积变质型	80	铜	受大栗子岩组变质岩控制,经多期变质变形的构造核部,水系沉积物化学异常,剩余重力低异常	中条期	古元古代	大横路铜钴矿	
	86	二密式斑岩型	28	铜	控矿岩体主要是早白垩世花岗斑岩、闪长斑岩、闪长岩等脉岩为容矿岩及早白垩世黑云母花岗斑岩;北东-北北东向断裂控矿构造杯容矿构造;Cu元素化探异常具有较好的地质条件和找矿前景,重力梯度带折处,剩余重力低异常	燕山早期	侏罗纪		
	87	六道沟式砂岩型	14	铜	寒武纪厚层灰岩,叠层石灰岩、藻屑灰岩、硅质灰岩;北东向主断裂及平行燕山期中性和中酸性(钙碱性)侵入岩浆;矿化蚀变;Cu元素综合异常分布带;重力低异常	燕山期	侏罗纪—白垩纪		
III-56-②	88	狼洞沟式热液充填型	12	银	寒武纪灰岩为主要的控矿岩体;燕山期石英闪长斑岩及流纹岩为主要赋矿层位;燕山晚期石英闪长斑岩及流纹岩,北西向与东西向两组地变异常;中酸性侵入体接触变质蚀变磁异常	燕山期	侏罗纪—白垩纪	狼洞沟银矿	

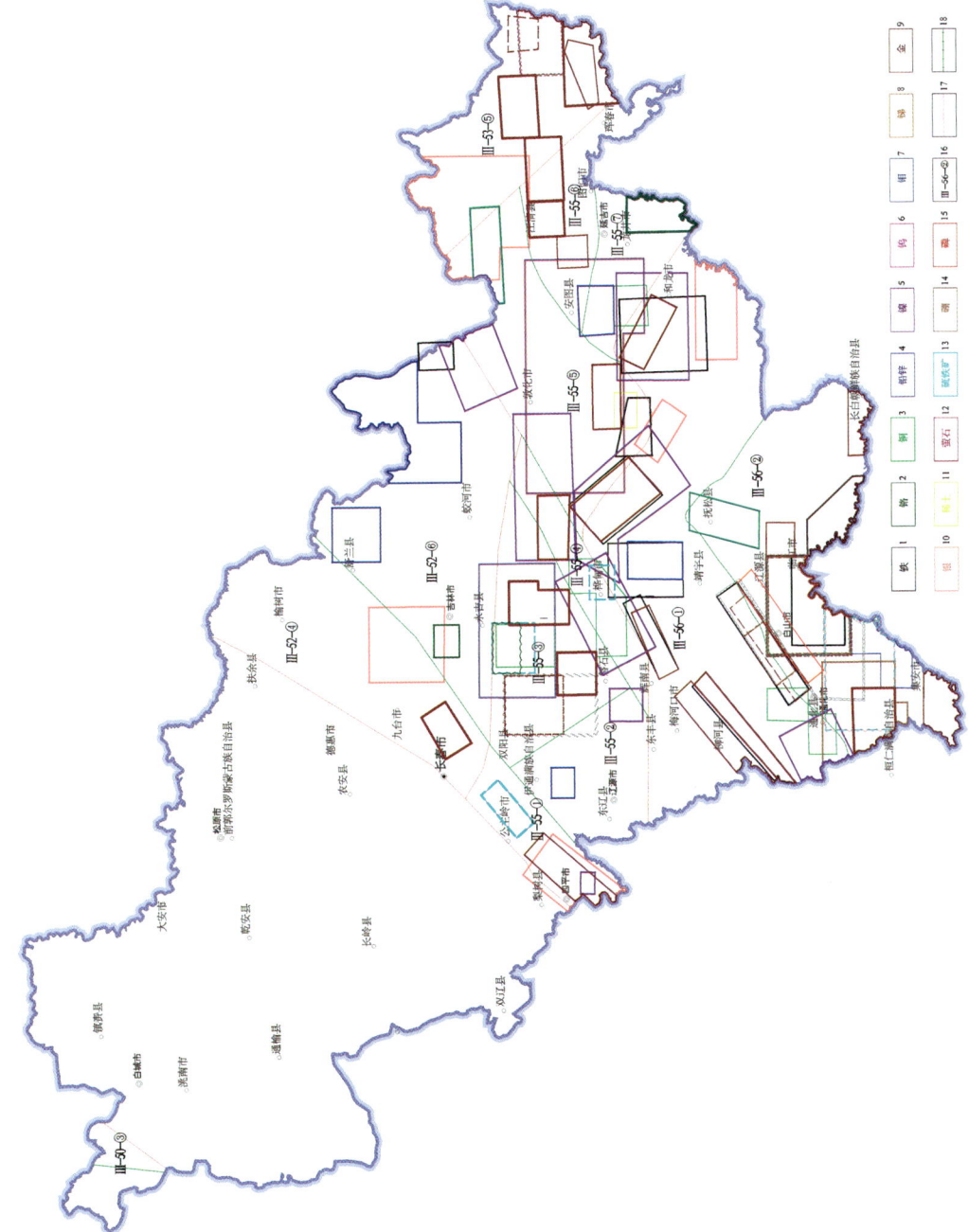

图1-5-1 吉林省重要矿种矿产预测类型分布图

1.铁矿产预测类型；2.铬矿产预测类型；3.铜矿产预测类型；4.铅锌矿产预测类型；5.镍矿产预测类型；6.钨矿产预测类型；7.钼矿产预测类型；8.锑矿产预测类型；9.金矿产预测类型；10.银矿产预测类型；11.稀土矿产预测类型；12.萤石矿产预测类型；13.硫铁矿产预测类型；14.硼矿产预测类型；15.磷矿产预测类型；16.Ⅳ级成矿（区）带编号；17.Ⅲ级矿（区）带边界线；18.Ⅳ级矿（区）带边界线

第二章 矿产预测成果

第一节 矿产预测类型

本次工作针对吉林省 15 个重要矿种,共划分出 116 个预测工作区,厘定了 29 个矿床成因类型,划分出 58 个矿床式(归并后数量),分别对应 28 个全国评价模型,具体内容见表 2-1-1。

由图 2-1-1 和图 2-1-2 可知,吉林省重要矿种矿产预测类型红旗岭式基性—超基性岩浆熔离-贯入型铜镍和鞍山式沉积变质型铁矿预测工作区最多,分别为 9 个和 7 个,刺猬沟式火山热液型金为 6 个,其次为夹皮沟式绿岩型金和荒沟山式岩浆热液改造型金,均为 5 个。鞍山式沉积变质型铁矿、红透山式沉积变质改造型铜矿为引用辽宁省矿产预测类型。全国评价模型中的沉积变质型铁矿(代码 80)评价模型涉及的预测工作区最多,为 15 个,其次为基性—超基性岩型铜镍(银铬)矿(代码 1)和与侵入岩有关的热液型金矿(代码 7),均为 11 个。

表 2-1-1 重要矿种矿产预测类型汇总表

矿种	矿床成因类型	矿产预测类型	全国评价模型/代码	预测方法类型	预测工作区
硫铁矿	海相火山沉积型	放牛沟式海相火山岩型	海相火山岩型铜锌(银铅金)矿 VHMS(36)	火山岩型	放牛沟
	湖相沉积型	西台子式湖相沉积型	沉积型硫矿(61)	沉积型	西台子
	矽卡岩型	头道沟式矽卡岩型	矽卡岩型铁铜硫(钼金银)矿(15)	层控内生型	倒木河-头道沟
	海相沉积变质型	狼山式沉积变质型	沉积变质型铁硫矿(80)	变质型	热闹-青石
	海相沉积变质型	狼山式沉积变质型	沉积变质型铁硫矿(80)	变质型	上甸子-七道岔
镍	基性—超基性岩浆熔离-贯入型	红旗岭式基性—超基性岩浆熔离-贯入型	基性—超基性岩型铜镍(银铬)矿(1)	侵入岩体型	红旗岭
	基性—超基性岩浆熔离-贯入型	红旗岭式基性—超基性岩浆熔离-贯入型	基性—超基性岩型铜镍(银铬)矿(1)	侵入岩体型	双凤山
	基性—超基性岩浆熔离-贯入型	红旗岭式基性—超基性岩浆熔离-贯入型	基性—超基性岩型铜镍(银铬)矿(1)	侵入岩体型	川连沟-二道岭子
	基性—超基性岩浆熔离-贯入型	红旗岭式基性—超基性岩浆熔离-贯入型	基性—超基性岩型铜镍(银铬)矿(1)	侵入岩体型	漂河川
	基性—超基性岩浆熔离-贯入型	红旗岭式基性—超基性岩浆熔离-贯入型	基性—超基性岩型铜镍(银铬)矿(1)	侵入岩体型	大山咀子
	基性—超基性岩浆熔离-贯入型	红旗岭式基性—超基性岩浆熔离-贯入型	基性—超基性岩型铜镍(银铬)矿(1)	侵入岩体型	六颗松-长仁
	基性—超基性岩浆熔离-贯入型	赤柏松式基性—超基性岩浆熔离-贯入型	基性—超基性岩型铜镍(银铬)矿(1)	侵入岩体型	赤柏松-金斗
	基性—超基性岩浆熔离-贯入型	赤柏松式基性—超基性岩浆熔离-贯入型	基性—超基性岩型铜镍(银铬)矿(1)	侵入岩体型	大肚川-露水河
	沉积变质型	杉松岗式沉积变质型	沉积变质型铁硫矿(80)	变质型	荒沟山-南岔

续表 2-1-1

矿种	矿床成因类型	矿产预测类型	全国评价模型/代码	预测方法类型	预测工作区
钼	斑岩型	大黑山式斑岩型	斑岩型钼矿(32)	侵入岩体型	前撮落-火龙岭
	石英脉型	四方甸子式石英脉型	与岩浆热液作用有关的脉型钼矿(23)	侵入岩体型	前撮落-火龙岭
	斑岩型	大黑山式斑岩型	斑岩型钼矿(32)	侵入岩体型	西苇
	斑岩型	天合兴式斑岩型	斑岩型钼矿(32)	侵入岩体型	天合兴
	斑岩型	大黑山式斑岩型	斑岩型钼矿(32)	侵入岩体型	季德屯-福安堡
	斑岩型	大石河式斑岩型	斑岩型钼矿(32)	侵入岩体型	大石河-尔站
	斑岩型	大黑山式斑岩型	斑岩型钼矿(32)	侵入岩体型	刘生店-天宝山
	矽卡岩型	铜山式矽卡岩型	矽卡岩型铜钼铁硫(金银)矿(14)	层控内生型	六道沟-八道沟
银	热液型	山门式热液型	蚀变破碎岩型铅锌银矿(9)	层控内生型	山门
	火山热液型	民主屯式火山热液型	与次火山岩有关的热液型银铅锌矿(33)	火山岩型	民主屯
	热液改造型	西岔式热液改造型	与侵入岩有关的热液型金矿(7)	层控内生型	热闹-青石
	火山岩型	红太平式火山岩型	海相火山岩型铜锌(银铅金)矿 VHMS(36)	火山岩型	梨树沟-红太平
	火山岩型	红太平式火山岩型	海相火山岩型铜锌(银铅金)矿 VHMS(36)	火山岩型	天宝山
	岩浆热液型	西林河式岩浆热液型	与侵入岩有关的热液型金矿(7)	侵入岩体型	西林河
	岩浆热液型	百里坪式岩浆热液型	与侵入岩有关的热液型金矿(7)	侵入岩体型	百里坪
	热液充填型	刘家堡子-狼洞沟式热液充填型	与中酸性岩浆热液有关的脉状银金铜矿床(12)	层控内生型	上甸子-七道岔
	构造蚀变岩型	八台岭式构造蚀变岩型	蚀变破碎岩型金银(8)	层控内生型	八台岭-孤店子
铬铁矿	侵入岩浆型	小绥河式侵入岩体型	与超基性岩有关的侵入岩体型铬、镍矿(3)	侵入岩体型	小绥河
	侵入岩浆型	小绥河式侵入岩体型	与超基性岩有关的侵入岩体型铬、镍矿(3)	侵入岩体型	开山屯
	侵入岩浆型	小绥河式侵入岩体型	与超基性岩有关的侵入岩体型铬、镍矿(3)	侵入岩体型	头道沟
硼	沉积变质型	高台沟式沉积变质型	沉积变质型铁硫矿(80)	变质型	高台沟
萤石	热液充填交代型	金家屯式热液充填交代型	岩浆热液充填型萤石矿(24)	层控内生型	一拉溪
	火山热液型	牛头山式火山热液型	岩浆热液充填型萤石矿(24)	火山岩型	其塔木
	热液充填交代型	南梨树式热液充填交代型	岩浆热液充填型萤石矿(24)	层控内生型	明城
金	岩浆热液改造型	荒沟山式岩浆热液改造型	与侵入岩有关的热液型金矿(7)	层控内生型	冰湖沟
	岩浆热液改造型	荒沟山式岩浆热液改造型	与侵入岩有关的热液型金矿(7)	层控内生型	长白-十六道沟
	岩浆热液改造型	荒沟山式岩浆热液改造型	与侵入岩有关的热液型金矿(7)	层控内生型	古马岭-活龙
	岩浆热液改造型	荒沟山式岩浆热液改造型	与侵入岩有关的热液型金矿(7)	层控内生型	荒沟山-南岔
	岩浆热液改造型	荒沟山式岩浆热液改造型	与侵入岩有关的热液型金矿(7)	层控内生型	六道沟-八道沟
	火山热液型	刺猬沟式火山热液型	与次火山岩有关的热液型金矿(35)	火山岩型	刺猬沟-九三沟
	火山热液型	刺猬沟式火山热液型	与次火山岩有关的热液型金银矿(35)	火山岩型	杜荒岭
	火山热液型	刺猬沟式火山热液型	与次火山岩有关的热液型金银矿(35)	火山岩型	地局子-倒木河
	火山热液型	刺猬沟式火山热液型	与次火山岩有关的热液型金银矿(35)	火山岩型	金谷山-后底洞
	火山热液型	刺猬沟式火山热液型	与次火山岩有关的热液型金银矿(35)	火山岩型	闹枝-棉田
	火山热液型	刺猬沟式火山热液型	与次火山岩有关的热液型金银矿(35)	火山岩型	五凤
	热液改造型	金英式热液改造型	与侵入岩有关的热液型金矿(7)	层控内生型	浑北

续表 2-1-1

矿种	矿床成因类型	矿产预测类型	全国评价模型/代码	预测方法类型	预测工作区
金	岩浆热液型	海沟式岩浆热液型	与侵入岩有关的热液型矿矿(7)	侵入岩体型	海沟
	岩浆热液型	杨金沟式岩浆热液型	与花岗岩体有关的大脉、细脉带、网脉(浸染)型钨锡(钼)矿床(17)	侵入岩体型	农坪-前山
	绿岩型	夹皮沟式绿岩型	绿岩建造型金矿(79)	复合内生型	安口镇
	绿岩型	夹皮沟式绿岩型	绿岩建造型金矿(79)	复合内生型	金城洞-木兰屯
	绿岩型	夹皮沟式绿岩型	绿岩建造型金矿(79)	复合内生型	夹皮沟-溜河
	绿岩型	夹皮沟式绿岩型	绿岩建造型金矿(79)	复合内生型	四方山-板石
	绿岩型	夹皮沟式绿岩型	绿岩建造型金矿(79)	复合内生型	石棚沟-石道河子
	矽卡岩型	兰家式矽卡岩型	矽卡岩型铜钼铁硫(金银)矿(14)	层控内生型	兰家
	矽卡岩型	兰家式矽卡岩型	矽卡岩型铜钼铁硫(金银)矿(14)	层控内生型	山门
	矽卡岩型	兰家式矽卡岩型	矽卡岩型铜钼铁硫(金银)矿(14)	层控内生型	万宝
	变质火山岩型	二道甸子式变质火山岩型	海相火山岩型铜锌(银铅金)矿 VHMS(36)	火山岩型	漂河川
	火山热液型	头道川式变质火山岩型	海相火山岩型铜锌(银铅金)矿 VHMS(36)	火山岩型	石咀-官马
	火山热液型	头道川式变质火山岩型	海相火山岩型铜锌(银铅金)矿 VHMS(36)	火山岩型	头道沟-吉昌
	火山热液型	香炉碗子式火山热液型	与次火山岩有关的热液型金银矿(35)	火山岩型	香炉碗子-山城镇
	岩浆热液改造型	小西南岔式斑岩型	斑岩型金矿(29)	侵入岩体型	小西南岔-杨金沟
	浆热液改造型	西岔式岩浆热液改造型	与侵入岩有关热液型金矿(7)	层控内生型	正岔-复兴屯
	沉积型	珲春河式沉积型	砂金矿(65)	沉积型	珲春河
	砾岩型	黄松甸子式砾岩型	砂矿型(43)	沉积型	黄松甸子
铜	海相火山岩型	红太平式火山岩型	海相火山岩型铜锌(银铅金)矿 VHMS(36)	火山岩型	石咀-官马
	海相火山岩型	红太平式火山岩型	海相火山岩型铜锌(银铅金)矿 VHMS(36)	火山岩型	大梨树沟-红太平
	陆相火山岩型	闹枝式火山岩型	与次火山岩有关的热液型金银矿(35)	火山岩型	大黑山-锅盔顶子
	陆相火山岩型	闹枝式火山岩型	与次火山岩有关的热液型金银矿(35)	火山岩型	地局子-倒木河
	陆相火山岩型	闹枝式火山岩型	与次火山岩有关的热液型金银矿(35)	火山岩型	闹枝-棉田
	陆相火山岩型	闹枝式火山岩型	与次火山岩有关的热液型金银矿(35)	火山岩型	刺猬沟-九三沟
	陆相火山岩型	闹枝式火山岩型	与次火山岩有关的热液型金银矿(35)	火山岩型	杜荒岭
	沉积变质型	大横路式沉积变质型	沉积变质型铁硫矿(80)	变质型	荒沟山-南岔
	矽卡岩型	六道沟式矽卡岩型	矽卡岩型铜钼铁硫(金银)矿(14)	层控内生型	兰家
	矽卡岩型	六道沟式矽卡岩型	矽卡岩型铜钼铁硫(金银)矿(14)	层控内生型	万宝
	矽卡岩型	六道沟式矽卡岩型	矽卡岩型铜钼铁硫(金银)矿(14)	层控内生型	大营—万良
	基性—超基性岩浆熔离-贯入型	红旗岭式基性—超基性岩浆熔离-贯入型	基性—超基性岩型铜镍(银铬)矿(1)	侵入岩体型	红旗岭
	基性—超基性岩浆熔离-贯入型	红旗岭式基性—超基性岩浆熔离-贯入型	基性—超基性岩型铜镍(银铬)矿(1)	侵入岩体型	漂河川
	基性—超基性岩浆熔离-贯入型	红旗岭式基性—超基性岩浆熔离-贯入型	基性—超基性岩型铜镍(银铬)矿(1)	侵入岩体型	长仁-獐项
	斑岩型	小西南岔式斑岩型	斑岩型金矿(29)	侵入岩体型	小西南岔-杨金沟
	斑岩型	小西南岔式斑岩型	斑岩型金矿(29)	侵入岩体型	农坪-前山

续表 2-1-1

矿种	矿床成因类型	矿产预测类型	全国评价模型/代码	预测方法类型	预测工作区
铜	斑岩型	二密式斑岩型	与中酸性、酸性浅成或超浅成侵入岩有关的斑岩型铜钼金银矿(28)	侵入岩体型	正岔-复兴屯
	斑岩型	二密式斑岩型	与中酸性、酸性浅成或超浅成侵入岩有关的斑岩型铜钼金银矿(28)	侵入岩体型	天合兴-那尔轰
	斑岩型	二密式斑岩型	与中酸性、酸性浅成或超浅成侵入岩有关的斑岩型铜钼金银矿(28)	侵入岩体型	二密-老岭沟
	铜镍硫化物型	赤柏松式铜镍硫化物型	基性—超基性岩型铜镍(银铬)矿(1)	侵入岩体型	赤板松-金斗
	沉积变质改造型	红透山式沉积变质改造型	层控铅锌银碳酸岩型(MVT)(44)	复合内生型	安口
	沉积变质改造型	红透山式沉积变质改造型	层控铅锌银碳酸岩型(MVT)(44)	复合内生型	夹皮沟-溜河
	沉积变质改造型	红透山式沉积变质改造型	层控铅锌银碳酸岩型(MVT)(44)	复合内生型	金城洞-木兰屯
铅锌	火山热液型	放牛沟式火山热液型	海相火山岩型铜锌(银铅金)矿(VHMS)(36)	火山岩型	放牛沟
	火山热液型	放牛沟式火山热液型	海相火山岩型铜锌(银铅金)矿(VHMS)(36)	火山岩型	地局子-倒木河
	火山热液型	红太平式火山热液型	海相火山岩型铜锌(银铅金)矿(VHMS)(36)	火山岩型	梨树沟-红太平
	多成因叠加型	天宝山式多成因叠加型	矽卡岩型铅锌银(铜铁)矿+层控铅锌银碳酸岩型(MVT)(13+44)	复合内生型	天宝山
	矽卡岩型	万宝式矽卡岩型	矽卡岩型铅锌银(铜铁)矿(13)	层控内生型	大营-万良
	沉积-改造型	万宝式矽卡岩型	矽卡岩型铅锌银(铜铁)矿(13)	层控内生型	矿洞子-青石镇
	沉积-改造型	正岔式沉积-改造型	层控铅锌银碳酸岩型(MVT)(44)	层控内生型	正岔-复兴屯
	沉积-改造型	青城子沉积-改造型	碎屑岩地层中热液型锑金多金属矿(49)	层控内生型	荒沟山-南岔
锑	岩浆热液型	青沟子式岩浆热液型	碎屑岩地层中热液型锑金多金属矿(49)	侵入岩体型	石咀-官马
	岩浆热液型	青沟子式岩浆热液型	碎屑岩地层中热液型锑金多金属矿(49)	侵入岩体型	荒沟山-南岔
钨	岩浆热液型	杨金沟式岩浆热液型	与花岗岩体有关的大脉、细脉带、网脉(浸染)型钨锡(钼)矿床(17)	侵入岩体型	小西南岔-杨金沟
稀土	风化壳型	东清式风化壳型	砂矿型(74)	沉积型	西北岔
磷	沉积型	水洞式沉积型	沉积磷稀土矿(59)	沉积型	鸭园-六道江
铁	沉积变质型	鞍山式沉积变质型	沉积变质型铁硫矿(80)	变质型	安口镇
	沉积变质型	鞍山式沉积变质型	沉积变质型铁硫矿(80)	变质型	金城洞-木兰屯
	沉积变质型	鞍山式沉积变质型	沉积变质型铁硫矿(80)	变质型	海沟
	沉积变质型	鞍山式沉积变质型	沉积变质型铁硫矿(80)	变质型	夹皮沟-溜河
	沉积变质型	鞍山式沉积变质型	沉积变质型铁硫矿(80)	变质型	四方山-板石沟
	沉积变质型	鞍山式沉积变质型	沉积变质型铁硫矿(80)	变质型	石棚沟-石道河子
	沉积变质型	鞍山式沉积变质型	沉积变质型铁硫矿(80)	变质型	天合兴-那尔轰
	沉积变质型	大栗子式沉积变质型	沉积变质型铁硫矿(80)	变质型	荒沟山-南岔
	沉积变质型	大栗子式沉积变质型	沉积变质型铁硫矿(80)	变质型	六道沟-八道沟
	沉积变质型	塔东式沉积变质型	沉积变质型铁硫矿(80)	变质型	塔东
	沉积型	浑江式沉积型	沉积型铁矿(52)	沉积型	浑江北
	沉积型	浑江式沉积型	沉积型铁矿(52)	沉积型	浑江南
	矽卡岩型	吉昌式矽卡岩型	矽卡岩型铁铜硫(钼金银)矿(15)	层控内生型	头道沟-吉昌
15矿种	29个成因类型	58个矿床式	28个全国评价模型	6个预测方法类型	116个预测区

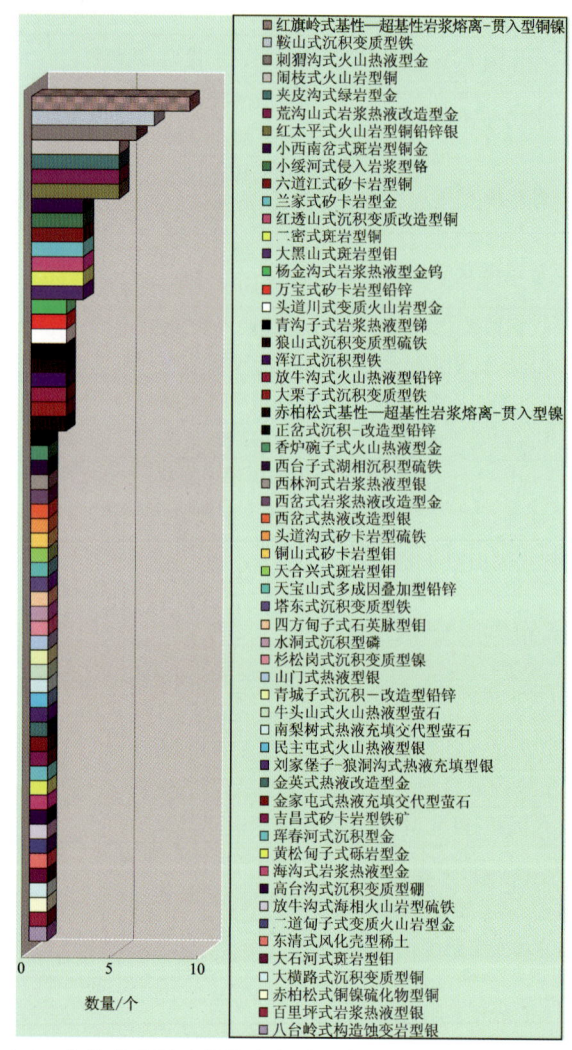

图 2-1-1　吉林省重要矿种按矿产预测类型预测工作区数量统计图

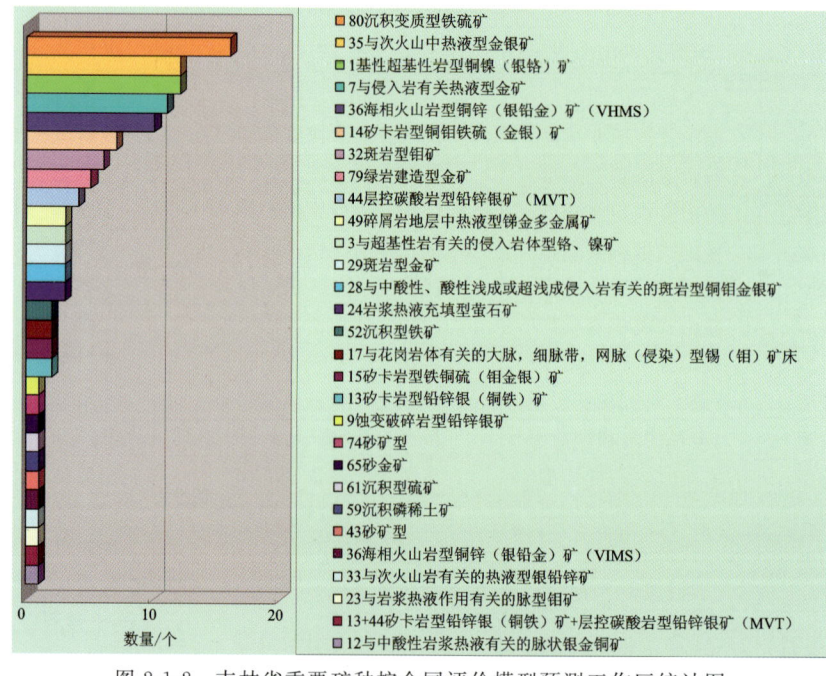

图 2-1-2　吉林省重要矿种按全国评价模型预测工作区统计图

第二节 矿产预测区

一、最小预测区汇总

本次工作将最小预测区分为 A、B、C 3 个类别。分类依据为成矿有利度、预测资源量、地理交通及开发条件、其他相关条件。A 类为已知矿田内或已知矿床深部及外围最小预测区范围内已有矿床,同时具有中型及中型远景以上规模预测资源量的最小预测区;B 类为同时具备直接找矿标志和间接找矿标志,具有中型及中型远景以上规模预测资源量的最小预测区;C 类为其他预测区。重要矿种Ⅳ级成矿(区)带最小预测区汇总见表 2-2-1,重要矿产预测类型最小预测区汇总见表 2-2-2,重要矿种最小预测区统计见表 2-2-3,重要矿种最小预测区按类别统计见图 2-2-1。

(一)Ⅳ级成矿(区)带最小预测区汇总

表 2-2-1 重要矿种Ⅳ级成矿(区)带最小预测区汇总表

序号	Ⅳ级成矿(区)带编号	Ⅳ级成矿(区)带名称	A 类预测区/个	B 类预测区/个	C 类预测区/个	合计/个
1	Ⅲ-52-④	兰家-上河湾 Au、Fe、Cu、Ag 成矿带	金1;银1;萤石1	铜1	铜3;金1;银1	9
2	Ⅲ-52-⑥	福安堡-塔东 Mo、Fe、W、Cu、Au、Pb、Zn、Ag 成矿带	铁1;钼2;铬1;萤石1	铁2;钼1	铁3;钼3	14
3	Ⅲ-53-⑤	新华村-小西南岔 Au、Cu、W、Pb、Zn、Ag、Fe、Mo、Pt、Pd 成矿带	铜3;钨1;金9	铜2;钨1;金2	铜11;金13;银1	43
4	Ⅲ-55-①	山门-乐山 Ag、Au、Cu、Fe、Pb、Zn、Ni 成矿带	铅1;锌1;金1;银1;硫1	铅1;锌1;镍1;金5	铅1;锌1;金2;银1;硫2	20
5	Ⅲ-55-②	那丹伯-一座营 Au、Mo、Ag、Pb、Zn、Cu、Ni 成矿带		钼1;镍1	钼1;镍1	4
6	Ⅲ-55-③	山河-榆木桥子 Au、Ag、Mo、Ni、Cu、Fe、Pb、Zn 成矿带	铁2;铬1;铜6;铅1;锌1;镍1;钼2;锑1;金5;银1;萤石1;硫1	铁24;铜6;钼2;锑1;金6;银1	铁30;铬1;铜5;铅1;锌1;钼1;锑1;金12;银2	116
7	Ⅲ-55-④	红旗岭-漂河川 Ni、Au、Cu 成矿带	铜2;镍2;金2;硫1	镍2;钼1;金2;硫1	铜4;金3	20
8	Ⅲ-55-⑤	海沟-红太平 Au、Fe、Cu、Pb、Zn、Ag、Mo、Ni 成矿带	铜2;铅1;锌1;钼1;金3;银1;稀土2	钼2;金1;稀土4	铁1;铜4;铅3;锌3;镍1;钼1;金3;银3	37
9	Ⅲ-55-⑥	五凤-百草沟 Au、Cu、Ag、Pb、Zn、Fe 找矿远景区	金4	铜1;金1	铜3;金5;银1	15
10	Ⅲ-55-⑦	天宝山-开山屯 Pb、Zn、Au、Ag、Ni、Mo、Cu、Fe 成矿带	铜2;铅1;锌1;镍1;钼1;金1;银1		铬1;铅2;锌2;钼1	14
11	Ⅲ-56-①	铁岭-靖宇(次级隆起) Fe、Au、Ag、Cu、Pb、Zn 成矿带	铁5;铜4;镍1;钼1;金9;银2	铁26;铜5;镍1;钼1;金4	铁36;铜24;镍4;金12;银2	137

续表 2-2-1

序号	IV级成矿(区)带编号	IV级成矿(区)带名称	A类预测区/个	B类预测区/个	C类预测区/个	合计/个
12	Ⅲ-56-②	营口-长白(次级隆起、Pt_1裂谷)Pb、Zn、Fe、Au、Ag、U、B、菱镁矿、滑石成矿带	铁 2;铜 2;铅 4;锌 4;镍 2;钼 1;锑 1;金 12;银 2;磷 1;硫 1;硼 1	铁 27;铜 2;铅 1;锌 1;钼 1;锑 4;金 12;银 2;磷 1;硫 1;硼 1	铁 22;铜 11;铅 13;锌 13;钼 2;锑 2;金 13;银 1;磷 16;硫 2	180
合计			134	163	312	609

(二)按矿产预测类型最小预测区汇总

表 2-2-2 重要矿产预测类型最小预测区汇总表

矿产预测类型编号	矿产预测类型名称	A类预测区/个	B类预测区/个	C类预测区/个	合计/个
1	斑岩型金	4		2	6
2	斑岩型钼	6	7	8	21
3	斑岩型铜	5	3	18	26
4	变质火山岩型金	6	8	11	25
5	沉积变质改造型铜	1	4	12	17
6	沉积变质型硫铁矿	1	1	2	4
7	沉积变质型镍	2			2
8	沉积变质型硼	1	1		2
9	沉积变质型铁	8	27	41	76
10	沉积变质型铜	1	2	1	4
11	沉积-改造型铅	2	1	6	9
12	沉积-改造型锌	2	1	6	9
13	沉积型金		1	2	3
14	沉积型磷	1	1	16	18
15	沉积型铁		28	21	49
16	多成因叠加型铅	1		2	3
17	多成因叠加型锌	1		2	3
18	风化壳型稀土	2	4		6
19	海相火山岩型硫	1		2	3
20	湖相沉积型硫	1	1		2
21	火山沉积型铜	1		6	7
22	火山热液型萤石	1			1

续表 2-2-2

矿产预测类型编号	矿产预测类型名称	A类预测区/个	B类预测区/个	C类预测区/个	合计/个
23	火山热液型金	9	1	17	27
24	火山热液型铅	3	1	5	9
25	火山热液型锌	3	1	5	9
26	火山热液型银	1	1	2	4
27	火山岩型铜	7	7	10	24
28	火山岩型银	2		5	7
29	基性—超基性岩浆熔离-贯入型镍	6	3	8	17
30	基性—超基性岩浆熔离-贯入型铜	4		4	8
31	砾岩型金	1		3	4
32	绿岩型金	9	4	8	21
33	侵入岩体型铬	1		2	3
34	热液充填型交代型萤石	2			2
35	热液充填型银	1	2		3
36	热液改造型金	1	1	1	3
37	热液改造型银	1		1	2
38	热液型银	1		1	2
39	石英脉型钼	1			1
40	蚀变破碎岩型银	1		1	2
41	铜镍硫化物型	1		2	3
42	矽卡岩型金	2	4	6	12
43	矽卡岩型硫	1	1		2
44	矽卡岩型钼	1	1	1	3
45	矽卡岩型铅	2		7	9
46	矽卡岩型铁	2	24	30	56
47	矽卡岩型铜	1	1	12	14
48	矽卡岩型锌	2		7	9
49	岩浆热液改造型金	10	11	11	32
50	岩浆热液型钨	1	1		2
51	岩浆热液型金	4	3	5	12
52	岩浆热液型锑	2	5		7
53	岩浆热液型银	2		2	4
合计		134	163	312	609

(三)按矿种最小预测区统计

表 2-2-3　重要矿种最小预测区信息统计表

矿种	A类最小预测区/个	B类最小预测区/个	C类最小预测区/个	最小预测区总数/个
铬铁	1		2	3
金	47	33	65	145
磷矿石	1	1	16	18
硫铁矿	4	3	4	11
钼	8	9	8	25
镍	8	3	8	19
硼	1	1		2
铅	8	2	20	30
锌	8	2	20	30
锑	2	5		7
铁矿石	10	79	92	181
铜	21	17	65	103
钨	1	1		2
稀土	2	4		6
银	9	3	12	24
萤石	3			3
合计	134	163	312	609

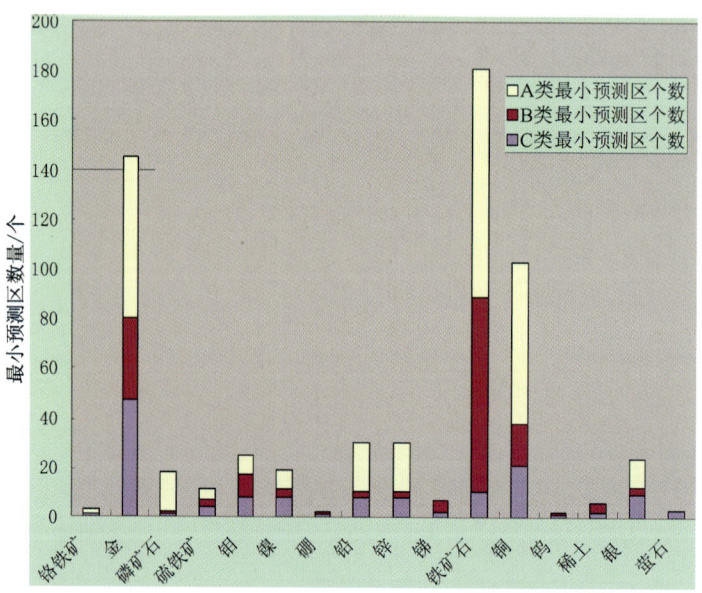

图 2-2-1　吉林省重要矿种最小预测区按类别统计图

二、2 级预测区汇总

2 级预测区为将最小预测区进行归并而成的单矿种合并区,划分为 3 个类别:A 类为已知矿田或已知矿床,同时具有中型及中型远景以上规模预测资源量的最小预测区;B 类为有已知中型以下矿床(点),具有中型及中型远景以上规模预测资源量的最小预测区;C 类为具有中型以下规模预测资源量的最小预测区。

(1)Ⅳ级成矿(区)带 2 级预测区总数 124 个,其中 A 类 34 个、B 类 40 个、C 类 50 个。吉林省主要成矿带Ⅲ-56-①、Ⅲ-56-②分别有 2 级预测区 24 个和 32 个,具体见表 2-2-4。

(2)按矿种对 2 级预测区进行分类统计,具体见表 2-2-5。

表 2-2-4 重要矿种Ⅳ级成矿(区)带 2 级预测区汇总表

序号	Ⅳ级成矿(区)带编号	Ⅳ级成矿区带名称	A 类预测区数量/个	B 类预测区数量/个	C 类预测区数量/个	预测合计/个
1	Ⅲ-52-④	兰家-上河湾 Au、Fe、Cu、Ag 成矿带		萤石 1	金 1;硫 1;铜 1	4
2	Ⅲ-52-⑥	福安堡-塔东 Mo、Fe、W、Cu、Au、Pb、Zn、Ag 成矿带	钼 2	铬 1;萤石 1;铁 1	银 1	6
3	Ⅲ-53-⑤	新华村-小西南岔 Au、Cu、W、Pb、Zn、Ag、Fe、Mo、Pt、Pd 成矿带	金 1;铜 1;钨 1	金 4;铜 3	金 1	11
4	Ⅲ-55-①	山门-乐山 Ag、Au、Cu、Fe、Pb、Zn、Ni 成矿带	硫 1;银 1	金 1;铅 1;锌 1	镍 1	6
5	Ⅲ-55-②	那丹伯-一座营 Au、Mo、Ag、Pb、Zn、Cu、Ni 成矿带			钼 1;镍 1	2
6	Ⅲ-55-③	山河-榆木桥子 Au、Ag、Mo、Ni、Cu、Fe、Pb、Zn 成矿带	硫 1;钼 1;铅 1;铜 2;锌 1	铬 1;铜 1;萤石 1	金 3;锑 1;铁 1;银 1	15
7	Ⅲ-55-④	红旗岭-漂河川 Ni、Au、Cu 成矿带	金 1;镍 2;铜 1		铜 1	5
8	Ⅲ-55-⑤	海沟-红太平 Au、Fe、Cu、Pb、Zn、Ag、Mo、Ni 成矿带	金 1	钼 1;铅 1;稀土 1;银 2	金 1;镍 1;锌 1;铜 2	11
9	Ⅲ-55-⑥	五凤-百草沟 Au、Cu、Ag、Pb、Zn、Fe 找矿远景区			金 2;铜 1	3
10	Ⅲ-55-⑦	天宝山-开山屯 Pb、Zn、Au、Ag、Ni、Mo、Cu、Fe 成矿带	铬 1;铅 1;锌 1	金 1	铜 1	5
11	Ⅲ-56-①	铁岭-靖宇(次级隆起)Fe、Au、Ag、Cu、Pb、Zn 成矿带	金 1;镍 1;铁 3;铜 1	金 1;镍 1;铁 1;铜 2	金 3;钼 1;镍 1;铁 3;铜 3;银 2	24
12	Ⅲ-56-②	营口-长白(次级隆起)Pb、Zn、Fe、Au、Ag、U、B、菱镁矿、滑石成矿带	金 2;硼 1;铅 1;锌 1;锑 1;银 1	金 1;磷 1;硫 1;镍 1;铅 2;锌 2;铁 2;银 1	金 5;硫 1;钼 1;铅 1;铁 1;铜 2	32
		合计	34	40	50	124

表 2-2-5 吉林省重要矿种 2 级预测区按类别统计表

预测矿种	A 类/个	B 类/个	C 类/个	合计/个
铬	1	2		3
铁	3	4	6	13
铜	5	7	11	23
镍	3	2	4	9
铅	3	4	1	8
锌	3	3	2	8
钼	3	1	3	7
钨	1			1
锑	1		1	2
金	6	8	16	30
银	2	3	4	9
稀土		1		1
硫铁	2	1	2	5
磷		1		1
硼	1			1
萤石		3		3
合计	34	40	50	124

三、预测工作区汇总

(1) Ⅳ级成矿（区）带预测工作区汇总，具体见表 2-2-6。

表 2-2-6 重要矿种Ⅳ级成矿（区）带预测工作区汇总表

顺序号	成矿（区）带编号	成矿（区）带名称	预测工作区/个	合计
1	Ⅲ-52-④	兰家-上河湾 Au、Fe、Cu、Ag 成矿带	金矿1；铜矿1；萤石1；银矿1	4
2	Ⅲ-52-⑥	福安堡-塔尔 Mo、Fe、W、Cu、Au、Pb、Zn、Ag 成矿带	铬矿1；钼矿2；镍矿1；铁矿1；萤石1	6
3	Ⅲ-53-⑤	新华村-小西南岔 Au、Cu、W、Pb、Zn、Ag、Fe、Mo、Pt、Pd 成矿带	金矿5；铜矿3；钨矿1	9
4	Ⅲ-55-①	山门-乐山 Ag、Au、Cu、Fe、Pb、Zn、Ni 成矿带	金矿1；硫铁矿1；镍矿1；铅锌矿1；银矿1	5
5	Ⅲ-55-②	那丹伯-一座营 Au、Mo、Ag、Pb、Zn、Cu、Ni 成矿带	钼矿1；镍矿1	2
6	Ⅲ-55-③	山河-榆木桥子 Au、Ag、Mo、Ni、Cu、Fe、Pb、Zn 成矿带	铬矿1；金矿3；硫铁矿1；钼矿1；铅锌矿1；锑矿1；铁矿1；铜矿3；银矿1；萤石1	14
7	Ⅲ-55-④	红旗岭-漂河川 Ni、Au、Cu 成矿带	金矿1；硫铁矿1；镍矿2；铜矿2	6
8	Ⅲ-55-⑤	海沟-红太平 Au、Fe、Cu、Pb、Zn、Ag、Mo、Ni 成矿带	金矿2；钼矿1；铅锌矿1；铁矿1；铜矿2；稀土矿1；银矿2	10
9	Ⅲ-55-⑥	五凤-百草沟 Au、Cu、Ag、Pb、Zn、Fe 找矿远景区	金矿3；铜矿2	5
10	Ⅲ-55-⑦	天宝山-开山屯 Pb、Zn、Au、Ag、Ni、Mo、Cu、Fe 成矿带	铬矿1；金矿1；铅锌矿1；铜镍矿1	4
11	Ⅲ-56-①	铁岭-靖宇（次级隆起）Fe、Au、Ag、Cu、Pb、Zn 成矿带	金矿6；钼矿3；镍矿3；铁矿7；铜矿6；银矿2	25
12	Ⅲ-56-②	营口-长白（次级隆起、Pt₁裂谷）Pb、Zn、Fe、Au、Ag、U、B、菱镁矿、滑石成矿带	金矿7；磷矿1；硫铁矿2；钼矿1；镍矿1；硼矿1；铅锌矿4；锑矿1；铁矿3；铜矿3；银矿2	26
合计				116

(2)重要矿种Ⅳ级成矿(区)带不同矿产预测类型预测工作区汇总,具体见表2-2-7。

表 2-2-7　重要矿种Ⅳ级成矿(区)带矿产预测类型与预测工作区汇总表

Ⅳ级成矿(区)带编号	Ⅳ级成矿(区)带名称	矿种	矿产预测类型	预测工作区名称
Ⅲ-52-④	兰家-上河湾 Au、Fe、Cu、Ag 成矿带	萤石	火山热液型	牛头山萤石矿
		金	矽卡岩型	兰家金矿
		铜	矽卡岩型	兰家铜矿
		银	构造蚀变岩型	八台岭-孤店子银矿
Ⅲ-52-⑥	福安堡-塔东 Mo、Fe、W、Cu、Au、Pb、Zn、Ag 成矿带	钼	斑岩型	大石河-尔站钼矿
		钼	斑岩型	季德屯-福安堡钼矿
		铁	沉积变质型	塔东铁矿
		镍	基性—超基性岩浆熔离-贯入型	大山咀子镍矿
		铬	侵入岩体型	小绥河铬矿
		萤石	热液充填交代型	一拉溪萤石矿
Ⅲ-53-⑤	新华村-小西南岔 Au、Cu、W、Pb、Zn、Ag、Fe、Mo、Pt、Pd 成矿带	铜金	斑岩型	农坪-前山铜矿
		铜	斑岩型	小西南岔-杨金沟铜矿
		金	沉积型	珲春金矿
		金	火山热液型	杜荒岭金矿
		铜	火山岩型	杜荒岭铜矿
		金	砾岩型	黄松甸子金矿
		金	岩浆热液型	农坪-前山金矿
		金	岩浆热液型	小西南岔-杨金沟金矿
		钨	岩浆热液型	小西南岔-杨金沟钨矿
Ⅲ-55-①	山门-乐山 Ag、Au、Cu、Fe、Pb、Zn、Ni 成矿带	硫铁	海相火山岩型	放牛沟硫铁矿
		铅锌	火山热液型	放牛沟铅锌矿
		镍	基性—超基性岩浆熔离-贯入型	川连沟-二道岭子镍矿
		银	热液型	山门银矿
		金	矽卡岩型	山门金矿
Ⅲ-55-②	那丹伯-一座营 Au、Mo、Ag、Pb、Zn、Cu、Ni 成矿带	钼	斑岩型	西苇钼矿
		镍	基性—超基性岩浆熔离-贯入型	双凤山镍矿
Ⅲ-55-③	山河-榆木桥与 Au、Ag、Mo、Ni、Cu、Fe、Pb、Zn 成矿带	钼	斑岩型、石英脉型	前撮落-火龙岭钼矿
		金	火山热液型	地局子-倒木河金矿
		金	火山热液型	石咀-官马金矿
		金	火山热液型	头道沟-吉昌金矿
		铅锌	火山热液型	地局子-倒木河铅锌矿
		银	火山热液型	民主屯银矿
		铜	火山岩型	大黑山-锅盔顶铜矿
		铜	火山岩型	地局子-倒木河铜矿
		铜	火山岩型	石咀-官马铜矿
		铬	侵入岩体型	头道沟铬矿
		萤石	热液充填交代型	明城萤石
		硫铁	矽卡岩型	倒木河-头道沟硫铁矿
		铁	矽卡岩型	头道沟-吉昌铁矿
		锑	岩浆热液型	石咀-官马锑矿

续表 2-2-7

Ⅳ级区带	Ⅳ级成矿(区)带名称	矿种	矿产预测类型	预测工作区名称
Ⅲ-55-④	红旗岭-漂河川 Ni、Au、Cu 成矿带	金	变质火山岩型	漂河川金矿
		硫铁	湖相沉积型	西台子硫铁矿
		镍	基性—超基性岩浆熔离-贯入型	红旗岭镍矿
		镍	基性—超基性岩浆熔离-贯入型	漂河川镍矿
		铜镍	基性—超基性岩浆熔离-贯入型	红旗岭铜矿
		铜镍	基性—超基性岩浆熔离-贯入型	漂河川铜矿
Ⅲ-55-⑤	海沟-红太平 Au、Fe、Cu、Pb、Zn、Ag、Mo、Ni 成矿带	钼	斑岩型	刘生店-天宝山钼矿
		铁	沉积变质型	海沟铁矿
		稀土	风化壳型	万宝稀土矿
		铅锌	火山热液型	梨树沟-红太平铅锌矿
		铜	火山岩型	梨树沟-红太平铜矿
		金	矽卡岩型	万宝金矿
		铜	矽卡岩型	万宝铜矿
		金	岩浆热液型	海沟金矿
		银	火山岩型	梨树沟-红太平银矿
		银	火山岩型	天宝山银矿
Ⅲ-55-⑥	五凤-百草沟 Au、Cu、Ag、Pb、Zn、Fe 找矿远景区	金	火山热液型	刺猬沟-九三沟金矿
		金	火山热液型	闹枝-棉田金矿
		金	火山热液型	五凤金矿
		铜	火山岩型	刺猬沟-九三沟铜矿
		铜	火山岩型	闹枝-棉田铜矿
Ⅲ-55-⑦	天宝山-开山屯 Pb、Zn、Au、Ag、Ni、Mo、Cu、Fe 成矿带	铅锌	海相火山沉积型	天宝山铅锌矿
		金	火山热液型	金谷山-后底洞金矿
		铜镍	基性—超基性岩浆熔离-贯入型	长仁-獐项铜矿
		铬	侵入岩体型	开山屯铬矿
Ⅲ-56-①	铁岭-靖宇(次级隆起)Fe、Au、Ag、Cu、Pb、Zn 成矿带	钼	斑岩型	天合兴钼矿
		铜	斑岩型	二密-老岭沟铜矿
		铜	斑岩型	天合兴-那尔轰铜矿
		铜	沉积变质改造型	安口镇铜矿
		铜	沉积变质改造型	夹皮沟-溜河铜矿
		铜	沉积变质改造型	金城洞-木兰屯铜矿
		铁	沉积变质型	安口镇铁矿
		铁	沉积变质型	夹皮沟-溜河铁矿
		铁	沉积变质型	金城洞-木兰屯铁矿
		铁	沉积变质型	石棚沟-石道河子铁矿
		铁	沉积变质型	四方山-板石铁矿
		铁	沉积变质型	天合兴-那尔轰铁矿

续表 2-2-7

Ⅳ级区带	Ⅳ级成矿区带名称	矿种	矿产预测类型	预测工作区名称
Ⅲ-56-①	铁岭-靖宇(次级隆起)Fe、Au、Ag、Cu、Pb、Zn成矿带	铁	沉积型	浑江北铁矿
		金	火山热液型	香炉碗子-山城镇金矿
		镍	基性—超基性岩浆熔离-贯入型	赤柏松-金斗镍矿
		镍	基性—超基性岩浆熔离-贯入型	大肚川-露水河镍矿
		镍	基性—超基性岩浆熔离-贯入型	六颗松-长仁镍矿
		金	绿岩型	安口镇金矿
		金	绿岩型	夹皮沟-溜河金矿
		金	绿岩型	金城洞-木兰屯金矿
		金	绿岩型	石棚沟-石道河子金矿
		金	绿岩型	四方山-板石金矿
		铜镍	铜镍硫化物型	赤柏松-金斗铜矿
		银	岩浆热液型	百里坪银矿
		银	岩浆热液型	西林河银矿
Ⅲ-56-②	营口-长白(次级隆起)Pb、Zn、Fe、Au、Ag、U、B、菱镁矿、滑石成矿带	铜	斑岩型	正岔-复兴铜矿
		硫铁	沉积变质型	热闹-青石硫铁矿
		硫铁	沉积变质型	上甸子-七道岔硫铁矿
		镍	沉积变质型	荒沟山-南岔镍矿
		硼	沉积变质型	高台沟硼矿
		铁	沉积变质型	荒沟山-南岔铁矿
		铁	沉积变质型	六道沟-八道沟铁矿
		铜钴	沉积变质型	荒沟山-南岔铜钴矿
		铅锌	沉积改造型	荒沟山-南岔铅锌矿
		铅锌	沉积改造型	正岔-复兴铅锌矿
		磷	沉积型	鸭园-六道江磷矿
		铁	沉积型	浑江南铁矿
		银	热液充填型	上甸子-七道岔银矿
		金	热液改造型	浑北金矿
		银	热液改造型	热闹-青石银矿
		钼	矽卡岩型	六道沟-八道沟钼矿
		铅锌	矽卡岩型	大营-万良铅锌矿
		铅锌	矽卡岩型	矿洞子-青石镇铅锌矿
		铜	矽卡岩型	大营-万良铜矿
		金	岩浆热液改造型	冰湖沟金矿
		金	岩浆热液改造型	长白-十六道沟金矿
		金	岩浆热液改造型	古马岭-活龙金矿
		金	岩浆热液改造型	荒沟山-南岔金矿
		金	岩浆热液改造型	六道沟-八道沟金矿
		金	岩浆热液改造型	正岔-复兴金矿
		锑	岩浆热液型	荒沟山-南岔锑矿

四、综合预测区统计

(1)综合预测区划分为 A、B、C 三类,按成矿(区)带进行统计,具体见表 2-2-8。

表 2-2-8　重要矿种Ⅳ级成矿(区)带综合预测区汇总表

序号	Ⅳ级成矿(区)带编号	Ⅳ级成矿(区)带名称	A类/个	B类/个	C类/个	合计
1	Ⅲ-52-④	兰家-上河湾 Au、Fe、Cu、Ag 成矿带		1	1	2
2	Ⅲ-52-⑥	福安堡-塔东 Mo、Fe、W、Cu、Au、Pb、Zn、Ag 成矿带	2	1	2	5
3	Ⅲ-53-⑤	新华村-小西南岔 Au、Cu、W、Pb、Zn、Ag、Fe、Mo、Pt、Pd 成矿带	1	1	1	3
4	Ⅲ-55-①	山门-乐山 Ag、Au、Cu、Fe、Pb、Zn、Ni 成矿带	1	2		3
5	Ⅲ-55-②	那丹伯--座营 Au、Mo、Ag、Pb、Zn、Cu、Ni 成矿带			2	2
6	Ⅲ-55-③	山河-榆木桥子 Au、Ag、Mo、Ni、Cu、Fe、Pb、Zn 成矿带	1	3		4
7	Ⅲ-55-④	红旗岭-漂河川 Ni、Au、Cu 成矿带	2		1	3
8	Ⅲ-55-⑤	海沟-红太平 Au、Fe、Cu、Pb、Zn、Ag、Mo、Ni 成矿带	1		4	5
9	Ⅲ-55-⑥	五凤-百草沟 Au、Cu、Ag、Pb、Zn、Fe 找矿远景区		1		1
10	Ⅲ-55-⑦	天宝山-开山屯 Pb、Zn、Au、Ag、Ni、Mo、Cu、Fe 成矿带	1	1	1	3
11	Ⅲ-56-①	铁岭-靖宇(次级隆起)Fe、Au、Ag、Cu、Pb、Zn 成矿带	3	4	3	10
12	Ⅲ-56-②	营口-长白(次级隆起)Pb、Zn、Fe、Au、Ag、U、B、菱镁矿、滑石成矿带	4	1	7	12
		合计	16	15	22	53

(2)综合预测区所包含矿种及最小预测区统计,具体见表 2-2-9。

表 2-2-9　综合预测区所在Ⅳ、Ⅴ级成矿带和所包含矿种的最小预测区统计

序号	综合预测区编号	矿种	Ⅳ级成矿(区)带编号	Ⅴ级成矿带编号	最小预测区类别	最小预测区数/个
1	1C	萤石	Ⅲ-52-④	Ⅴ3	A1	1
		银	Ⅲ-52-④	Ⅴ3	A1C1	2
2	2B	金	Ⅲ-52-④	Ⅴ2	A1C1	2
		铜	Ⅲ-52-④	Ⅴ2	B1C3	4
3	3B	硫铁	Ⅲ-55-①	Ⅴ8	A1C2	3
		铅	Ⅲ-55-①	Ⅴ8	A1B1C1	3
		锌	Ⅲ-55-①	Ⅴ8	A1B1C1	3
4	4B	金	Ⅲ-55-①	Ⅴ7	B3C2	5
		银	Ⅲ-55-①	Ⅴ7	C1	1
5	5A	金	Ⅲ-55-①	Ⅴ7	A1B2	3
		镍	Ⅲ-55-①	Ⅴ7	B1	1
		银	Ⅲ-55-①	Ⅴ7	A1	1
6	6A	钼	Ⅲ-52-⑥	Ⅴ5	A1B1C1	3
7	7A	钼	Ⅲ-52-⑥	Ⅴ5	A1C2	3
8	8C	铬铁	Ⅲ-52-⑥	Ⅴ4	A1	1
9	9C	萤石	Ⅲ-52-⑥	Ⅴ4	A1	1

续表 2-2-9

序号	综合预测区编号	矿种	Ⅳ级成矿(区)带编号	Ⅴ级成矿带编号	最小预测区类别	最小预测区数/个
10	10A	铬铁	Ⅲ-55-③	Ⅴ11	C1	1
		硫铁	Ⅲ-55-③	Ⅴ11	A1B1	2
		钼	Ⅲ-55-③	Ⅴ11	A1C1	2
		铅	Ⅲ-55-③	Ⅴ11	C1	1
		铜	Ⅲ-55-③	Ⅴ11	A1B2C1	4
		锌	Ⅲ-55-③	Ⅴ11	C1	1
		银	Ⅲ-55-③	Ⅴ11	B1	1
11	11B	金	Ⅲ-55-③	Ⅴ11	A1C4	5
		钼	Ⅲ-55-③	Ⅴ11	A1B1	2
		铅	Ⅲ-55-③	Ⅴ11	A1	1
		铜	Ⅲ-55-③	Ⅴ11	A4C4	8
		锌	Ⅲ-55-③	Ⅴ11	A1	1
		银	Ⅲ-55-③	Ⅴ11	C1	1
12	12B	金	Ⅲ-55-③	Ⅴ10	A2B4C5	11
		铁	Ⅲ-55-③	Ⅴ10	B9C22	31
		银	Ⅲ-55-③	Ⅴ10	A1C1	2
13	13B	萤石	Ⅲ-55-③	Ⅴ10	A1	1
		金	Ⅲ-55-③	Ⅴ10	A2B2C3	7
		钼	Ⅲ-55-③	Ⅴ10	B1	1
		镍	Ⅲ-55-③	Ⅴ10	A1	1
		锑	Ⅲ-55-③	Ⅴ10	A1B1	2
		铁	Ⅲ-55-③	Ⅴ10	A2B15C8	25
		铜	Ⅲ-55-③	Ⅴ10	A1B4	5
14	14C	钼	Ⅲ-55-②	Ⅴ9	B1C1	2
15	15A	镍	Ⅲ-55-④	Ⅴ12	A2	2
		铜	Ⅲ-55-④	Ⅴ12	A1C3	4
16	16C	硫铁	Ⅲ-55-④	Ⅴ12	A1B1	2
		钼	Ⅲ-55-④	Ⅴ12	B1	1
		镍	Ⅲ-55-④	Ⅴ12	C1	1
17	17A	金	Ⅲ-55-④	Ⅴ12	A2B2C3	7
		镍	Ⅲ-55-④	Ⅴ12	A1C1	2
		铜	Ⅲ-55-④	Ⅴ12	A1C1	2
18	18B	铁	Ⅲ-52-⑥	Ⅴ6	A1B2C3	6
19	19B	金	Ⅲ-56-①	Ⅴ22	A1C1	2
20	20B	金	Ⅲ-56-①	Ⅴ22	B1C6	7
		铁	Ⅲ-56-①	Ⅴ22	B3C1	4
		铜	Ⅲ-56-①	Ⅴ22	C5	5
21	21C	金	Ⅲ-56-①	Ⅴ23	A1B1	2
		铁	Ⅲ-56-①	Ⅴ23	B1	1
22	22B	钼	Ⅲ-56-①	Ⅴ24	A1B1	2
		铁	Ⅲ-56-①	Ⅴ24	B6C2	8
		铜	Ⅲ-56-①	Ⅴ24	A1B1C7	9

续表 2-2-9

序号	综合预测区编号	矿种	Ⅳ级成矿(区)带编号	Ⅴ级成矿带编号	最小预测区类别	最小预测区数/个
23	23A	金	Ⅲ-56-①	Ⅴ25	A5B1C1	7
		镍	Ⅲ-56-①	Ⅴ25	C3	3
		铁	Ⅲ-56-①	Ⅴ25	A1B2C2	5
		铜	Ⅲ-56-①	Ⅴ25	A1B3C4	8
24	24A	金	Ⅲ-55-⑤	Ⅴ13	A3B1C2	6
		铁	Ⅲ-55-⑤	Ⅴ13	C1	1
25	25C	金	Ⅲ-56-①	Ⅴ26	C1	1
		银	Ⅲ-56-①	Ⅴ26	A1C1	2
26	26C	钼	Ⅲ-55-⑤	Ⅴ14	A1B2C1	4
		铜	Ⅲ-55-⑤	Ⅴ14	A1C2	3
		银	Ⅲ-55-⑤	Ⅴ14	C1	1
27	27C	镍	Ⅲ-55-⑤	Ⅴ15	C1	1
28	28C	铅	Ⅲ-55-⑤	Ⅴ16	A1C3	4
		铜	Ⅲ-55-⑤	Ⅴ16	A1C2	3
		锌	Ⅲ-55-⑤	Ⅴ16	A1C3	4
		银	Ⅲ-55-⑤	Ⅴ16	A1C2	3
29	29C	银	Ⅲ-53-⑤	Ⅴ19	C1	1
30	30B	金	Ⅲ-55-⑥	Ⅴ17	A4B1C5	10
		铜	Ⅲ-55-⑥	Ⅴ17	B1C3	4
		银	Ⅲ-55-⑥	Ⅴ17	C1	1
31	31B	金	Ⅲ-53-⑤	Ⅴ20	A2C4	6
		铜	Ⅲ-53-⑤	Ⅴ20	A1C6	7
32	32A	钨	Ⅲ-53-⑤	Ⅴ21	A1B1	2
		金	Ⅲ-53-⑤	Ⅴ21	A7B2C9	18
		铜	Ⅲ-53-⑤	Ⅴ21	A2B2C5	9
33	33B	钼	Ⅲ-55-⑦	Ⅴ18	A1	1
		铅	Ⅲ-55-⑦	Ⅴ18	A1C2	3
		锌	Ⅲ-55-⑦	Ⅴ18	A1C2	3
		银	Ⅲ-55-⑦	Ⅴ18	A1	1
34	34A	钼	Ⅲ-55-⑦	Ⅴ18	C1	1
		镍	Ⅲ-55-⑦	Ⅴ18	A1	1
		铜	Ⅲ-55-⑦	Ⅴ18	A2	2
35	35C	铬铁	Ⅲ-55-⑦	Ⅴ18	C1	1
		金	Ⅲ-55-⑦	Ⅴ18	A1	1
36	36B	金	Ⅲ-56-①	Ⅴ26	A2B1C2	5
		镍	Ⅲ-56-①	Ⅴ26	B1C1	2
		铁	Ⅲ-56-①	Ⅴ26	A2B10C24	36
		铜	Ⅲ-56-①	Ⅴ26	B1C3	4
37	37C	铁	Ⅲ-56-①	Ⅴ27	C4	4
		银	Ⅲ-56-①	Ⅴ27	A1C1	2
38	38A	镍	Ⅲ-56-①	Ⅴ28	A1	1
		铜	Ⅲ-56-①	Ⅴ28	A2C5	7

续表 2-2-9

序号	综合预测区编号	矿种	Ⅳ级成矿(区)带编号	Ⅴ级成矿带编号	最小预测区类别	最小预测区数/个
39	39A	金	Ⅲ-56-①	Ⅴ29	C1	1
		铁	Ⅲ-56-②	Ⅴ29	A2B4C4	10
40	40A	金	Ⅲ-56-②	Ⅴ31	A2B1C2	5
		磷	Ⅲ-56-②	Ⅴ31	C3	3
		铅	Ⅲ-56-②	Ⅴ31	C1	1
		铁	Ⅲ-56-②	Ⅴ31	B11C9	20
		锌	Ⅲ-56-②	Ⅴ31	C1	1
		银	Ⅲ-56-②	Ⅴ31	A1	1
41	41C	铅	Ⅲ-56-②	Ⅴ32	A1C5	6
		铜	Ⅲ-56-②	Ⅴ32	C7	7
		锌	Ⅲ-56-②	Ⅴ32	A1C5	6
42	42C	金	Ⅲ-56-②	Ⅴ30	B1	1
		硫铁	Ⅲ-56-②	Ⅴ30	B1	1
		银	Ⅲ-56-②	Ⅴ30	C1	1
43	43C	磷	Ⅲ-56-②	Ⅴ31	A1B1C8	10
		铁	Ⅲ-56-②	Ⅴ31	B1C6	7
44	44A	金	Ⅲ-56-②	Ⅴ34	A5B8C3	16
		磷	Ⅲ-56-②	Ⅴ34	C2	2
		硫铁	Ⅲ-56-②	Ⅴ34	A1C1	2
		镍	Ⅲ-56-②	Ⅴ34	A2	2
		铅	Ⅲ-56-②	Ⅴ34	A1B1C2	4
		锑	Ⅲ-56-②	Ⅴ34	A1B4	5
		铁	Ⅲ-56-②	Ⅴ34	A1B15C5	21
		铜	Ⅲ-56-②	Ⅴ34	A1B2C1	4
		锌	Ⅲ-56-②	Ⅴ34	A1B1C2	4
		银	Ⅲ-56-②	Ⅴ34	B2	2
45	45A	金	Ⅲ-56-②	Ⅴ30	A1B1C1	3
		硫铁	Ⅲ-56-②	Ⅴ30	C1	1
		硼	Ⅲ-56-②	Ⅴ30	A1B1	2
		铅	Ⅲ-56-②	Ⅴ30	A1C2	3
		铜	Ⅲ-56-②	Ⅴ30	A1C3	4
		锌	Ⅲ-56-②	Ⅴ30	A1C2	3
		银	Ⅲ-56-②	Ⅴ30	A1	1
46	46A	金	Ⅲ-56-②	Ⅴ34	A1C2	3
		铁	Ⅲ-56-②	Ⅴ34	C1	1
47	47C	磷	Ⅲ-56-②	Ⅴ34	C3	3
		铅	Ⅲ-56-②	Ⅴ34	C1	1
		锌	Ⅲ-56-②	Ⅴ34	C1	1
48	48C	铅	Ⅲ-56-②	Ⅴ35	A1C2	3
		锌	Ⅲ-56-②	Ⅴ35	A1C2	3
49	49B	金	Ⅲ-56-②	Ⅴ35	A1C2	3
		钼	Ⅲ-56-②	Ⅴ35	A1B1C1	3
		铁	Ⅲ-56-②	Ⅴ35	A1	1

续表 2-2-9

序号	综合预测区编号	矿种	Ⅳ级成矿(区)带编号	Ⅴ级成矿带编号	最小预测区类别	最小预测区数/个
50	50C	金	Ⅲ-56-②	Ⅴ36	B1C1	2
51	51C	金	Ⅲ-56-②	Ⅴ33	A2C2	4
52	52C	独居石,磷钇矿	Ⅲ-55-⑤	Ⅴ14	A2B4	6
		金	Ⅲ-55-⑤	Ⅴ14	C2	2
53	53C	镍	Ⅲ-55-②	Ⅴ9	B1C1	2

注:"最小预测区类别"一栏中字母为预测类别,其后数字代表该类型预测区的数量,如:"A2B4"代表 A 类最小预测区 2 个,B 类最小预测区 4 个。

五、重要矿种预测工作区分布

黑金属矿产铁、铬预测区分布见图 1-2-1;有色金属铜、铅锌、镍、钨、钼、锑矿,稀有金属、稀土矿预测区分布见图 1-2-2;贵金属金、银预测区分布见图 1-2-3,非金属萤石、磷、硫铁矿、硼矿预测区分布见图 1-2-4,重要矿种 2 级预测区分布见图 2-2-2,重要矿种最小预测区分布见图 2-2-3,重要矿种矿产勘查部署建议区分布见图 2-2-4。

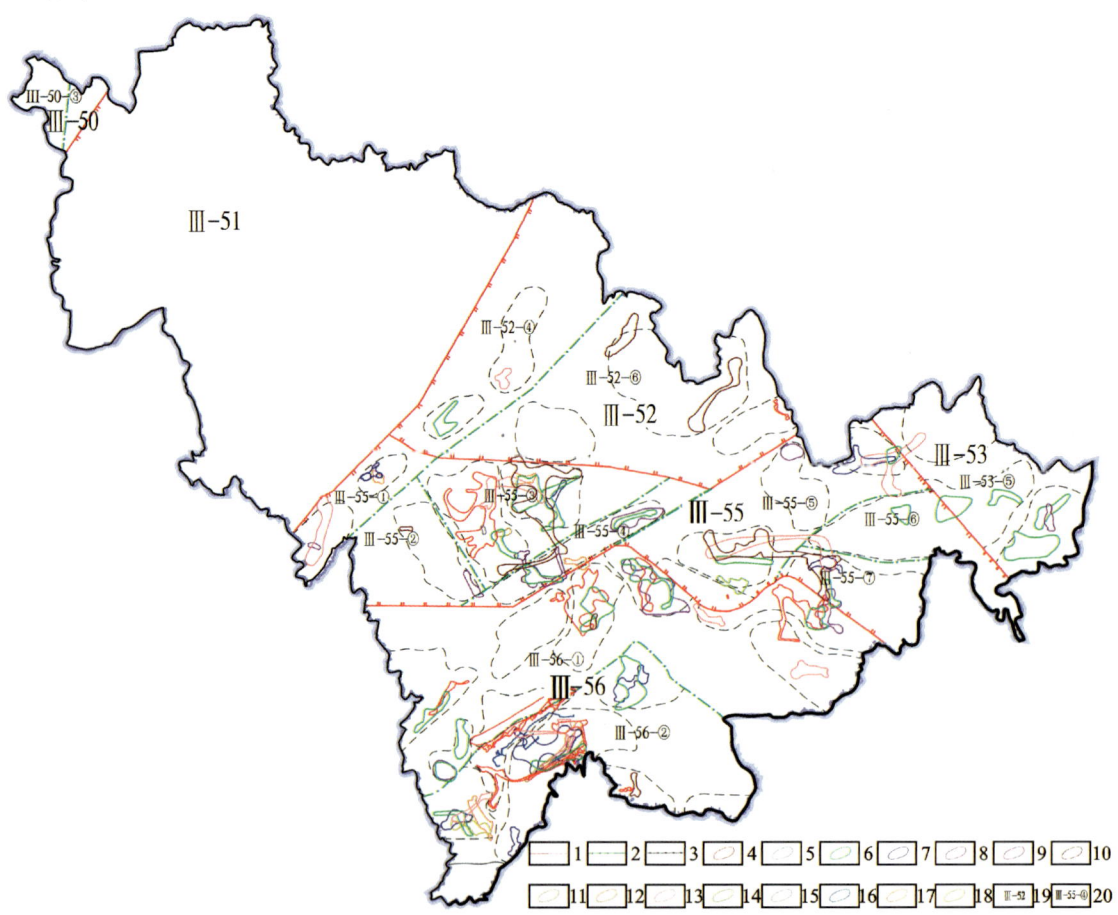

图 2-2-2 吉林省重要矿种 2 级预测区分布图

1.Ⅲ级成矿带界线;2.Ⅳ级成矿带界线;3.省界;4.铁矿;5.铬矿;6.铜矿;7.铅锌矿;8.镍矿;9.钨矿;10.钼矿;11.锑矿;12.金矿;13.银矿;14.稀土矿;15.萤石矿;16.磷矿;17.硫铁矿;18.硼矿;19.Ⅲ级成矿带编号;20.Ⅳ级成矿带编号

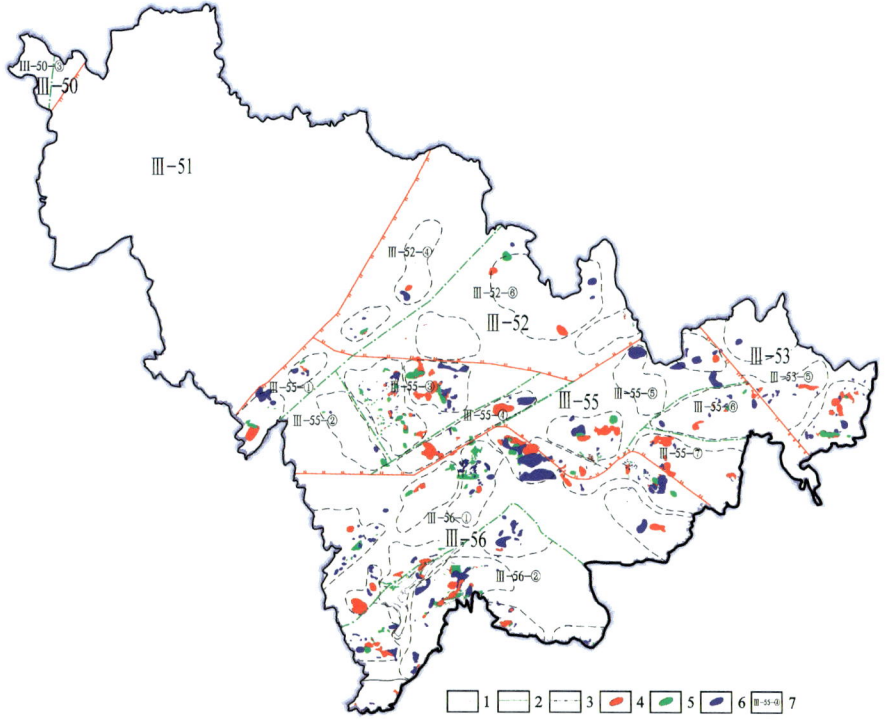

图 2-2-3 吉林省重要矿种最小预测区分布图

1. Ⅲ级成矿带界线；2.Ⅳ级成矿带界线；3.Ⅴ级成矿带界线；4. A 类最小预测区；5. B 类最小预测区；
6. C 类最小预测区；7.Ⅳ级成矿带编号

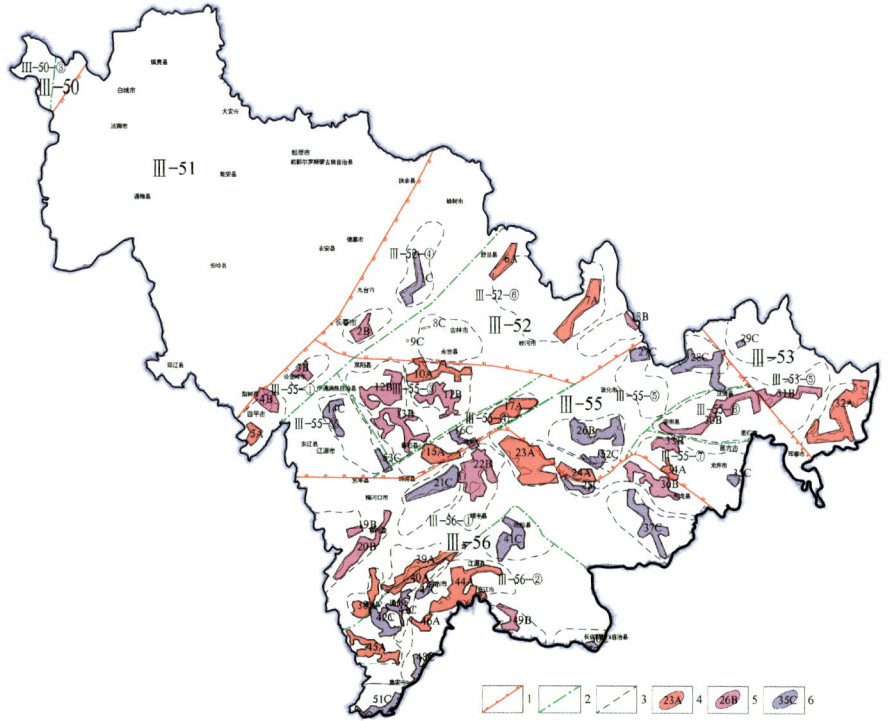

图 2-2-4 吉林省重要矿种矿产勘查部署建议区分布图

1. Ⅲ级成矿带界线；2.Ⅳ级成矿带界线；3.Ⅴ级成矿带界线；4. 近期找矿远景区；
5. 中期找矿远景区；6. 远期找矿远景区

第三节　成矿系列矿产预测成果

一、矿床成矿系列的厘定依据及特征

吉林省成矿系列划分见表2-3-1。

表2-3-1　吉林省成矿系列划分表

矿床成矿系列类型	矿床成矿系列	矿床成矿亚系列	矿床式	典型矿床（点）	成矿时代
Pz_2-Mz 大兴安岭南段晚古生代、中生代Au、Cu、Pb、Zn、Mo、Ag矿床成矿系列类型	Pz_2-1 万宝-那金与晚古生代海相火山-沉积作用有关的Pb、Zn、Ag、Cu、Au矿床成矿系列	暂时无具体划分	塔源式	塔源银金铜矿	古生代
	Mz-1 万宝-那金与燕山期中酸性火山岩、侵入岩作用有关的Au、Cu、Mo矿床成矿系列	暂时无具体划分	闹牛山式	闹牛山铜钼矿	中生代
Pt_3-Cz 张广才岭-吉林哈达岭新元古代、新生代Fe、Au、Cu、Mo、Ni、Ag、Pb、Zn、Sb、P、S、萤石矿床成矿系列类型	Pt_3-1 塔东地区与新元古代海相火山沉积作用有关的Fe、P、S矿床成矿系列	暂时无具体划分	塔东式	塔东铁矿	新元古代
	Pz-Mz-1 吉中地区与古生代火山-沉积作用有关的Pb、Zn、Au、Cu、Fe、S、P、萤石、重晶石矿床成矿系列	Pz-Mz-1-① 吉中地区与早古生代海相火山沉积作用有关的Pb、Zn、Au、S、P重晶石成矿亚系列	放牛沟式	放牛沟多金属硫铁矿	早古生代
			头道沟式	头道沟硫铁矿	
			弯月式	弯月金矿、弯月重晶石矿	新古生代—中生代
		Pz-Mz-1-② 吉中地区与新古生代—中生代火山及侵入岩浆作用有关的Au、Pb、Zn、Cu、萤石矿床成矿亚系列	石嘴式	石嘴铜矿	新古生代—中生代
			头道川式	头道川金矿	新古生代—中生代
			民主屯式	民主屯银矿	新古生代
			八台岭式	八台岭银金矿	中生代
			牛头山式	牛头山萤石矿	中生代
			二道甸子式	二道甸子金矿	中生代
	Pz-Mz-2 红旗岭-漂河川地区与海西晚期—印支期超基性—基性岩浆熔离-贯入作用有关的Cu、Ni、Cr矿床成矿系列	暂时无具体划分	红旗岭式	红旗岭铜镍矿、漂河川铜镍矿	中生代
			小绥河式	小绥河铬铁矿	新古生代
	Ⅱ-4 吉中地区与燕山期中酸性岩浆作用有关的Au、Cu、Mo、Ag、Pb、Sb、Fe、萤石矿床成矿系列	Mz-2-① 上营地区与燕山早期花岗岩类有关的Mo矿床成矿亚系列	大黑山式	季德屯钼矿	中生代
			大石河式	大石河钼矿	中生代

续表 2-3-1

矿床成矿系列类型	矿床成矿系列	矿床成矿亚系列	矿床式	典型矿床(点)	成矿时代
Pt₃-Cz 张广才岭-吉林哈达岭新元古代、新生代 Fe、Au、Cu、Mo、Ni、Ag、Pb、Zn、Sb、P、S、萤石矿床成矿系列类型	Ⅱ-4 吉中地区与燕山期中酸性岩浆作用有关的 Au、Cu、Mo、Ag、Pb、Zn、Sb、Fe、萤石矿床成矿系列	Mz-2-② 吉中地区与燕山期中酸性岩浆作用有关的 Cu、Mo、Au、Sb、Fe、萤石矿床成矿亚系列	倒木河式	倒木河金矿	中生代
			官马式	官马金矿	中生代
			大黑山式	大黑山钼矿	中生代
			四方甸子式	四方甸子钼矿	中生代
			驿马式	驿马锑矿(三合屯)	中生代
			兰家式	兰家金矿	中生代
			金家屯式	金家屯萤石矿	中生代
			南梨树式	南梨树萤石矿	中生代
		Mz-2-③ 磐石-双阳地区与燕山期中酸性岩浆作用有关的 Fe 矿床成矿亚系列	吉昌式	吉昌铁矿	中生代
		Mz-2-④ 山门地区与燕山期中晚期岩浆和地下热水作用有关的 Ag 矿床成矿亚系列	山门式	山门银矿	中生代
	Cz-1 桦甸地区与新生代沉积作用有关的 S 矿床成矿系列	暂时无具体划分	西台子式	西台子硫铁矿	新生代
Pz-Cz 兴凯南缘延边古生代—新生代 Au、Cu、Ni、W、Pb、Zn、Mo、Ag、Sb、Fe、Pt、Pd、REE 矿床成矿系列类型	Pz-1 庙岭-开山屯与古生代岩浆-沉积作用有关的 Pb、Zn、Cu、Mo、Ag、Au 矿床成矿系列	Pz-1-① 庙岭-开山屯地区与古生代海相火山-沉积作用有关的 Cu、Pb、Zn、Au、Ag 矿床成矿亚系列	红太平式	红太平多金属矿	新古生代—中生代
			金谷山式	金谷山金矿	古生代
		Pz-1-② 天宝山地区与新元古代—燕山期火山-岩浆作用有关的 Pb、Zn、Cu、Mo、Ag 矿床成矿亚系列	天宝山式	天宝山多金属矿	中生代
		Pz-1-③ 六棵松-长仁海西期超基性—基性岩浆作用有关的 Cr、Cu、Ni 矿床成矿亚系列	长仁式(小绥河式)	长仁铜镍矿(开山屯铬铁矿)	新古生代
	Mz-3 延边地区与燕山期岩浆作用有关的 Au、Pb、Zn、Mo、W、Cu、Sb、REE 矿床成矿系列	Mz-3-① 海沟地区与燕山期岩浆热液作用有关的 Au 矿床成矿亚系列	海沟式	海沟金矿	中生代

续表 2-3-1

矿床成矿系列类型	矿床成矿系列	矿床成矿亚系列	矿床式	典型矿床（点）	成矿时代
Pz-Cz 兴凯南缘延边古生代—新生代 Au、Cu、Ni、W、Pb、Zn、Mo、Ag、Sb、Fe、Pt、Pd、REE 矿床成矿系列类型	Mz-3 延边地区与燕山期岩浆作用有关的 Au、Pb、Zn、Mo、W、Cu、Sb、REE 矿床成矿系列	Mz-3-② 杜荒岭-五凤地区与燕山期火山岩浆作用有关的 Au、Cu、Pb、Zn 矿床成矿亚系列	刺猬沟式	刺猬沟金矿、闹枝金矿、五凤金矿	中生代
		Mz-3-③ 大蒲柴河-杨金沟地区与燕山期岩浆侵入活动有关的 Cu、Mo、W、Au、REE 矿床成矿亚系列	小西南岔式	小西南岔金铜矿、杨金沟金矿	中生代
			大黑山式	刘生店钼矿、天宝山东凤北山钼矿	中生代
			杨金沟式	杨金沟钨矿	中生代
	Cz-2 延边地区与新生代超基性—基性岩浆作用有关的 Pt、Pd、Cu、Ni 矿床成矿系列	暂时无具体划分	前山式	前山铂钯矿	新生代
	Cz-3 延边地区与新生代沉积作用有关的 Au、REE 矿床成矿系列	暂时无具体划分	黄松甸子式、珲春河式、东清式	黄松甸子金矿、珲春河金矿、东清稀土矿	新生代
Ar-Mz 华北陆块北缘东段太古宙—中生代 Au、Fe、Cu、Ag、Pb、Zn、Ni、Co、Mo、Sb、Pt、Pd、B、S、P、石墨、滑石矿床成矿系列类型	Ar-1 吉南地区与太古宙沉积变质及侵入岩浆作用有关的 Au、Fe、Cu 矿床成矿系列	暂时无具体划分	夹皮沟式	夹皮沟金矿	太古宙—中生代
			老牛沟式	老牛沟铁矿、官地铁矿	太古宙
			板石沟式	板石沟铁矿、四方山铁矿	太古宙
	Pt₁-1 吉南地区与古元古代火山-沉积-侵入岩浆作用有关的 Fe、Cu、Pb、Zn、Ni、Ag、B、S、石墨矿床成矿系列	Pt₁-1-① 集安地区与古元古代裂谷火山-沉积-变质作用有关的 Au、Pb、Zn、Fe、B、石墨矿床成矿亚系列	三半江式	三半江石墨矿	古元古代
			高台沟式	高台沟硼矿	古元古代
			正岔式	正岔铅锌矿	古元古代
			西岔式	西岔金银矿	古元古代
			砬子沟式	砬子沟铁矿	古元古代
		Pt₁-1-② 赤柏松地区与古元古代超基性—基性岩浆熔离-贯入作用有关的 Cu、Ni、Pt、Pd 矿床成矿亚系列	赤柏松式	赤柏松铜镍矿	古元古代
		Pt₁-1-③ 吉南地区与古元古代沉积-侵入岩浆作用有关的 Au、Fe、Cu、Pb、Zn、Ni、Co、S、P、滑石矿床成矿系列	荒沟山式	荒沟山铅锌矿	古元古代
			大横路式	大横路铜钴矿	古元古代
			大栗子式	大栗子铁矿、七道沟铁矿、乱泥塘铁矿	古元古代
			狼山式	荒沟山硫铁矿	古元古代
			遥林式	遥林滑石矿	古元古代
			珍珠门式	珍珠门磷矿	古元古代

续表 2-3-1

矿床成矿系列类型	矿床成矿系列	矿床成矿亚系列	矿床式	典型矿床(点)	成矿时代
Ar-Mz 华北陆块北缘东段太古宙—中生代 Au、Fe、Cu、Ag、Pb、Zn、Ni、Co、Mo、Sb、Pt、Pd、B、S、P、石墨、滑石矿床成矿系列类型	Pt_3-2 浑北地区与新元古代沉积-热液作用有关的 Au、Fe、Cu 矿床成矿系列	Pt_3-2-① 浑北地区与新元古代沉积-热液改造作用有关的 Au、Cu 矿床成矿亚系列	金英式	金英金矿	新元古代
		Pt_3-2-② 浑江地区与新元古代沉积作用有关的 Fe 矿床成矿亚系列	临江式	白房子铁矿	新元古代
			浑江式	青沟铁矿	新元古代
	Mz-4 吉南地区与燕山期岩浆热液作用有关的 Au、Cu、Pb、Zn、Sb、Ag、Mo 矿床成矿系列	Mz-4-① 龙岗复合地块区 TTG 岩系与燕山期岩浆热液作用有关的 Au 矿床成矿亚系列	六匹叶式	六匹叶金矿	中生代
		Mz-4-② 吉南地区与燕山期岩浆热液作用有关的 Au、Pb、Zn、Sb、Ag 矿床成矿亚系列	荒沟山式	荒沟山金矿、南岔金矿	中生代
			下活龙式	下活龙金矿	中生代
			青沟子式	青沟子锑矿	中生代
			郭家岭式	郭家岭铅锌矿	中生代
			西林河式	西林河银矿	中生代
			百里坪式	百里坪银矿	中生代
			狼洞沟式	刘家堡子-狼洞沟金银矿	中生代
		Mz-4-③ 吉南地区与燕山晚期中酸性次火山-侵入岩浆热液作用有关的 Au、Cu、Ag、Mo、Pb、Zn 矿床成矿亚系列	二密式	二密铜矿、天合兴铜钼矿	中生代
			香炉碗子式	香炉碗子金矿	中生代
			铜山式（六道沟式）	铜山铜、钼矿	中生代
			万宝式	大营铅锌矿	中生代
			大台子式	大台子铅锌矿	中生代
	Pz-2 吉南地区与古生代沉积作用有关的 P 矿床成矿系列	暂时无具体划分	水洞式	水洞磷矿	古生代

二、成矿系列基本信息统计

（一）重要矿种地质特征按成矿系列汇总

重要矿种地质特征按成矿系列汇总，见表 2-3-2。

表 2-3-2 重要矿种按成矿系列地质特征及预测信息表

成矿亚系列	综合预测区编号	矿种	矿产预测类型	成矿地质	地质时代	典型矿床	最小预测区类别
Pt₃-1	18B	铁	塔东式沉积变质型	中元古界塔东岩群拉拉沟岩组黑云片麻岩	新元古代	塔东铁矿	A1B2C3
Pz-Mz-1-①		硫铁	头道沟式矽卡岩型	燕山晚期中酸性侵入岩主要的控矿岩体，寒武系头道沟岩组火山沉积碎屑岩—泥岩组控成矿	中生代	头道沟硫铁矿	A1B1
	10A	铅	放牛沟式火山热液型	下侏罗统南楼山组流纹岩、安山岩、英安质含角砾凝灰岩，下侏罗统玉兴屯组安山岩、英安质含角砾凝灰岩	中生代		C1
		锌	放牛沟式火山热液型	下侏罗统南楼山组流纹岩、安山岩、英安质含角砾凝灰岩，下侏罗统玉兴屯组安山岩、英安质含角砾凝灰岩	中生代		C1
	11B	铅	放牛沟式火山热液型	下侏罗统南楼山组流纹岩、安山岩、英安质含角砾凝灰岩，下侏罗统玉兴屯组安山岩、英安质含角砾凝灰岩	中生代		A1
		锌	放牛沟式火山热液型	下侏罗统南楼山组流纹岩、安山岩、英安质含角砾凝灰岩，下侏罗统玉兴屯组安山岩、英安质含角砾凝灰岩	中生代		A1
		硫铁	放牛沟式海相火山岩型	大理岩、片理化安山岩及安山质凝灰岩控矿	晚古生代	放牛沟海相火山岩型硫铁矿	A1C2
	3B	铅	放牛沟式海相火山岩型	上奥陶统石缝组白色大理岩夹条带状大理岩、片理化安山岩；海西早期花岗庙花岗岩	晚古生代	放牛沟海相火山岩型铅锌矿	A1B1C1
		锌	放牛沟式海相火山岩型	上奥陶统石缝组白色大理岩夹条带状大理岩、片理化安山岩；海西早期花岗庙花岗岩	晚古生代	放牛沟海相火山岩型铅锌矿	A1B1C1
		铜	闹枝式火山岩型	下侏罗统南楼山组火山碎屑岩、安山质凝灰角砾岩、凝灰岩为矿源层位和控矿	中生代	放牛沟火山热液型铅锌矿	A1B2C1
	10A	银	闹枝式火山热液型	石炭系余富屯组中酸性火山岩、玉兴屯组的安山质火山角砾岩、流纹质凝灰岩、碳酸盐岩建造为银（金）的矿源层；海西早期中细粒花岗岩为主要的控矿岩体	晚古生代		B1
Pz-Mz-1-②		铜	民主屯式火山热液型	下侏罗统南楼山组、玉兴屯组的安山质火山角砾岩、流纹质凝灰岩、含角砾凝灰岩、砂岩地层	中生代		A4C4
	11B	银	民主屯式火山热液型	石炭系余富屯组中细粒花岗岩—碳酸盐岩建造为银（金）的矿源层；海西早期中细粒花岗岩为主要的控矿岩体	晚古生代		C1
	12B	金	头道川式变质火山岩型	石炭系余富屯组中酸性火山岩（黄莺屯组）海相火山岩—沉积岩系为银（金）的细碧角斑岩组合	晚古生代—中生代	头道川金矿	A2B4C5
		银	民主屯式火山热液型	石炭系余富屯组中酸性火山岩—碳酸盐岩建造为银（金）的矿源层；海西早期中细粒花岗岩为主要的控矿岩体	晚古生代	民主屯银矿	A1C1

续表 2-3-2

成矿亚系列	综合预测区编号	矿种	矿产预测类型	成矿地质	地质时代	典型矿床	最小预测区类别
Pz-Mz-1-②	13B	金	头道川式变质火山岩型	石炭系余富屯组(黄莺屯岩组?)海相火山-沉积岩系的细碧角斑岩组合	晚古生代—中生代		A2B2C3
		铜	闹枝式火山岩型	石咀子组的砂岩与页岩互层夹灰岩;窝瓜地组酸性火山熔岩夹凝灰岩	晚古生代	石咀铜矿	A1B4
	17A	金	二道甸子式变质火山岩型	寒武纪-奥陶纪(黄莺屯岩组?)变质岩系云母片岩夹角闪岩、黑云母片岩、长石石英岩夹角闪岩、石英岩、碳质云英角页岩与长石石英角页岩互层岩组合	中生代	二道甸子变质火山金矿	A2B2C3
	1C	萤石	牛头山式火山热液型	牛头山组变山岩夹砂岩含页岩含矿建造,早侏罗世正长花岗岩为成矿提供热能	中生代	牛头山萤石矿	A1
		银	八台岭式构造蚀变岩型	上二叠统杨家沟组变安山岩为主要含矿围岩,燕山期中酸性侵入体为成矿提供热源及成矿物质	中生代	八台银矿	A1C1
	10A	铬铁	小绥河式侵入岩体型	海西期与超基性岩有关	晚古生代		C1
	13B	镍	红旗岭式基性-超基性岩浆熔离-贯入型	辉长岩、橄榄岩等含矿建造			A1
	15A	镍	红旗岭式基性-超基性岩浆熔离-贯入型	辉长岩、橄榄岩等含矿建造	中生代	红旗岭熔离-贯入铜镍矿	A2
		铜	红旗岭式基性-超基性岩浆熔离-贯入型	含矿岩体为辉长岩-橄榄岩型与斜方辉石岩-苏长岩型的基性-超基性岩体	中生代	红旗岭熔离-贯入铜镍矿	A1C3
	16C	镍	红旗岭式基性-超基性岩浆熔离-贯入型	辉长岩、橄榄岩等含矿建造	中生代		C1
Pz-Mz-2	17A	镍	红旗岭式基性-超基性岩浆熔离-贯入型	斜长角闪橄辉岩、含长角闪辉岩及含长橄辉岩等含矿建造	中生代	漂河川熔离-贯入铜镍矿	A1C1
		铜	红旗岭式基性-超基性岩浆熔离-贯入型	控矿岩体为斜长角闪辉岩、含长角闪辉岩,及含长橄辉岩等基性-超基性岩体	中生代	漂河川熔离-贯入铜镍矿	A1C1
	27C	镍	红旗岭式基性-超基性岩浆熔离-贯入型	辉长岩类、斜长辉岩类基性岩体	中生代		C1
	53C	镍	红旗岭式基性-超基性岩浆熔离-贯入型	含矿岩体为辉长岩-辉石岩-橄榄辉石岩型的基性-超基性岩体	中生代		B1C1
Pz-Mz-2	5A	镍	小绥河式侵入岩体型	辉长岩-辉石闪长岩	晚古生代		B1
	8C	铬铁		海西期与超基性岩有关	晚古生代	小绥河铬矿	A1

续表 2-3-2

成矿亚系列	综合预测区编号	矿种	矿产预测类型	成矿地质	地质时代	典型矿床	最小预测区类别
Mz-2-①	6A	钼	大黑山式斑岩型	二长花岗岩、二长花岗斑岩和花岗闪长岩与斑状二长花岗岩	中生代	季德屯钼矿	A1B1C1
	7A	钼	大石河式斑岩型	燕山期花岗闪长岩、二长花岗岩和二长花岗斑岩、燕山晚期花岗斑岩	中生代	敦化大石河钼矿	A1C2
	10A	钼	大黑山式斑岩型	花岗闪长岩、二长花岗岩含矿建造	中生代	永吉大黑山钼矿	A1C1
	11B	金	刺猬沟式火山热液型	与成矿关系密切的是石炭纪与侏罗纪安山岩和凝灰岩	中生代	倒木河金矿	A1C4
		金	四方甸式热液充填石英脉型	花岗闪长岩、二长花岗岩和二长花岗岩含矿建造	中生代	桦甸四方甸子金矿	A1B1
	13B	萤石	南梨树式热液交代型	磨盘山组大理岩化灰岩、燕山期花岗闪长岩和二长花岗岩	中生代	南梨树萤石矿	A1
		钼	大黑山式斑岩型	花岗闪长岩、二长花岗岩含矿建造	中生代		B1
		锑	青沟子式岩浆热液型	主要矿体赋存在四合屯安山岩、英安流纹质角砾凝灰岩中，早二叠世花岗岩	中生代		A1B1
	14C	钼	大黑山式斑岩型	燕山期花岗闪长岩、二长花岗岩	中生代	弯月钼矿	B1C1
		钼	大黑山式斑岩型	花岗闪长岩、二长花岗岩	中生代		B1
	16C	金	兰家式矽卡岩型	二叠系范家屯组二云母石英变粒岩、石榴石红柱石变粒岩、变质粉砂岩、泥质板岩组合；燕山期花岗闪长岩(石英闪长岩)	中生代	兰家金矿	A1C1
Mz-2-②	2B	铜	六道沟式矽卡岩型	二叠系范家屯组二云母石英变粒岩、石榴石红柱石变粒岩、变质粉砂岩、板岩、凝灰岩组合；厚层生物屑灰岩透镜体；燕山期花岗闪长岩和石英闪长岩	中生代		B1C3
	4B	金	兰家式矽卡岩型	二叠系范家屯组二云母石英变粒岩、石榴石红柱石变粒岩、变质粉砂岩、杂砂岩、泥质粉砂岩、板岩组合；燕山期花岗闪长岩(石英闪长岩)	中生代		B3C2
	5A	金	兰家式矽卡岩型	二叠系范家屯组二云母石英变粒岩、石榴石红柱石变粒岩、变质粉砂岩、杂砂岩、泥质粉砂岩、板岩组合；燕山期花岗闪长岩(石英闪长岩)	中生代		A1B2
	9C	萤石	金家屯式热液充填交代型	西别河组砂岩、页岩夹泥灰岩含矿建造与燕山期花岗闪长岩	中生代	金家屯萤石矿	A1
Mz-2-③	12B	铁	吉昌式矽卡岩型	石炭系磨盘山组灰岩、大理岩含矿建造	中生代		B9C22
	13B	铁	吉昌式矽卡岩型	石炭系鹿圈组灰岩、大理岩与燕山期花岗闪长岩	中生代	吉昌铁矿	A2B15C8
Mz-2-④	4B	银	山门式热液型	奥陶系黄莺屯组变质粉砂岩、泥质、钙质板岩、大理岩为赋矿层位；燕山期中酸性侵入岩为主要的控矿岩体	中生代		C1
	5A	银	山门式热液型	奥陶系黄莺屯组变质粉砂岩、泥质、钙质板岩、大理岩为赋矿层位；燕山期中酸性侵入岩为主要的控矿岩体	中生代	山门银矿	A1
Cz-1	16C	硫铁	西台子式湖相沉积型	桦甸组(含油)页岩地层	中生代	西台子硫矿	A1B1

续表 2-3-2

成矿亚系列	综合预测区编号	矿种	矿产预测类型	成矿地质	地质时代	典型矿床	最小预测区类别
Pz-1-①	28C	铅	红太平式火山热液型	二叠系庙岭组上段和下段火山碎屑岩	晚古生代		A1C3
		铜	红太平式火山沉积型	二叠系庙岭组火山碎屑岩夹灰岩、凝灰岩、蚀变凝灰岩、泥灰岩为主要含矿控矿层位	晚古生代	红太平铜矿	A1C2
		锌	红太平式火山热液型	二叠系庙岭组上段和下段火山碎屑岩	晚古生代		A1C3
	29C	银	红太平式火山型	二叠系庙岭组火山碎屑岩夹灰岩、凝灰岩、砂岩、粉砂岩、泥灰岩为主要含矿控矿层位	晚古生代	红太平银矿	A1C2
	35C	银	红太平式火山型	二叠系庙岭组火山碎屑岩夹灰岩、凝灰岩、砂岩、粉砂岩、泥灰岩为主要含矿控矿层位	晚古生代		C1
	26C	金	刺猬沟式火山熔岩型	安山质角砾凝灰岩和玄武山岩	中生代		A1
		银	红太平式火山热液型	石炭系天宝山组与二叠系庙岭组火山碎屑岩夹灰岩、凝灰岩、石英闪长岩控矿层位；岩浆提供了物质、热能	晚古生代		C1
Pz-1-②	30B	铅	红太平式火山型	石炭系天宝山组与二叠系庙岭组火山碎屑岩夹灰岩、凝灰岩、石英闪长岩控矿层位；岩浆提供了物质、热能	晚古生代		C1
	33B	锌	天宝山式多成因叠加型	石炭系天宝山组二叠系（红叶桥组）砂板岩、英安斑岩（红叶桥期花岗闪长岩、英安岩、中酸性火山岩；印支期—海西期花岗闪长岩、英安斑岩、石英闪长岩	中生代	天宝山铅锌矿	A1C2
		银	红太平式海相火山沉积型	石炭系天宝山组二叠系（红叶桥组）砂板岩、灰岩、中酸性火山岩；印支期—海西期花岗闪长岩、英安斑岩、石英闪长岩控矿层位；岩浆提供了物质、热能	中生代		A1C2
Pz-1-②	52C	金	兰家砂岩卡型	万宝岩组变质细砂岩、粉砂岩组合互层夹大理岩透镜体、红柱石二云片岩组合；燕山期花岗岩	晚古生代		A1
	34A	镍	红旗岭式基性-超基性岩浆熔离-贯入型	赋矿岩体主要为基性-超基性岩体	中生代	长仁铜镍矿	C2
Pz-1-③		铜	红旗岭式基性-超基性岩浆熔离-贯入型	赋矿岩体主要为辉石岩、橄榄岩、含长辉石岩、橄榄二辉岩、辉橄岩等基性-超基性岩体	早古生代	长仁铜镍矿	A1
	35C	铬铁	小绥河式侵入岩体型	铁矿-超镁铁质铁岩 Sm-Nd 等时线年龄 245.29±17Ma	晚古生代		A2
	36B	镍	红旗岭式基性-超基性岩浆熔离-贯入型	赋矿岩体主要为基性-超基性岩体	晚古生代		C1
							B1C1

续表 2-3-2

成矿亚系列	综合预测区编号	矿种	矿产预测类型	成矿地质	地质时代	典型矿床	最小预测区类别
Mz-3-①	24A	金	海沟式岩浆热液型	中元古界色洛河岩群红光岩组含砾黑云斜长角闪片麻岩夹斜长角闪岩、绢云片岩，含石榴石斜长变粒岩夹镁质大理岩、磁铁石英岩、二云片岩、绢云绿泥片岩、变粒岩、变凝灰质板岩夹钙质板岩、含碳泥质板岩组合；中生代花岗岩类、闪长岩	中生代	安图海沟金矿	A3B1C2
	25C	金	海沟式岩浆热液型	中元古界色洛河岩群红光岩组含砾黑云斜长角闪片麻岩夹斜长角闪岩、绢云片岩，含石榴石斜长变粒岩夹镁质大理岩、磁铁石英岩、二云片岩、绢云绿泥片岩、变粒岩、变凝灰质板岩夹钙质板岩、含碳泥质板岩组合；中生代花岗岩类、闪长岩	中生代		C1
	30B	金	刺猬沟式火山热液型	屯田营组（刺猬沟组？）安山岩、英安岩、含角砾安山岩	中生代	刺猬沟金矿、鬧枝金矿、五凤金矿	A4B1C5
		铜	鬧枝式火山热液型	攻安山岩、闪长岩、粗安山岩、钠长斑岩为主要控矿层位	中生代		B1C3
Mz-3-②	31B	金	刺猬沟式火山热液型	屯田营组（刺猬沟组？）安山岩、英安岩、含角砾安山岩	中生代		A2C4
		铜	鬧枝式火山热液型	下白垩统金沟岭组安山岩、安山质角砾岩、安山质角砾凝灰岩、闪长玢岩、花岗斑岩为主要控矿层位和控矿层位	中生代		A1C6
		钼	大黑山式斑岩型	燕山期花岗闪长岩、二长花岗岩、石英闪长岩	中生代	刘生店钼矿	A1B2C1
	26C	铜	六道沟式砂卡岩型	新元古界万宝山组黑色板岩夹大理岩与燕山期二长花岗岩、闪长玢岩控矿	中生代		A1C2
		钨	杨金沟式岩浆热液型	五道沟岩群含 W 较高的建造和后期侵入的花岗岩类岩体	中生代	杨金沟钨矿	A1B1
		铜	小西南岔式斑岩型	铜矿床与海西期闪长岩和燕山期闪长玢岩、花岗斑岩有关	中生代、晚古生代		A2B2C5
Mz-3-③	32A	金	小西南岔式斑岩型、杨金沟式岩浆热液型、黄松甸子式砂卡岩型、珲春式沉积型	青龙村岩群、五道沟岩群斜长角闪岩、斜长角闪片麻岩、中生代花岗岩类、闪长岩类；土门子组巨粒中粗粒岩、中细砾岩、现代河床冲积砂及砾石	中生代、新生代	黄松甸子金矿、珲春河金矿、杨金沟金矿、小西南岔金矿	A7B2C9
	33B	钼	大黑山式斑岩型	燕山期花岗闪长岩、二长花岗岩、石英闪长岩	中生代	天宝山东凤北山钼矿	A1
	34A	钼	大黑山式斑岩型	燕山期花岗闪长岩、二长花岗岩、石英闪长岩	中生代		C1

第二章 矿产预测成果

续表 2-3-2

成矿亚系列	综合预测区编号	矿种	矿产预测类型	成矿地质	地质时代	典型矿床	最小预测区类别
Cz-3	52C	独居石、磷钇矿	东清风化壳型	海西晚期黑云母斜长花岗岩及后期的花岗伟晶岩脉,带来成矿物质	新生代	东清稀土矿	A2B4
Ar-1	20B	铁	鞍山式沉积变质型	中太古界杨家店组变质建造	新太古代		B3C1
		铜	红透山式沉积变质改造型	新太古界鸡南岩组、官地岩组斜长角闪岩、浅粒岩、变粒岩或深成侵入体英云闪长质片麻岩	中生代		C5
	21C	金	夹皮沟式绿岩型	新太古代表壳岩(也称花岗-绿岩地体)中的斜长角闪岩、黑云母粒岩、角闪磁铁石英岩及少量超镁铁质变质的含矿组合	中生代		A1B1
	22B	铁	鞍山式沉积变质型	中太古界杨家店组变质建造	新太古代		B1
		铁	鞍山式沉积变质型	中太古界四道砬子河组下段变质建造	新太古代		B6C2
		金	夹皮沟式绿岩型	新太古代(也称花岗-绿岩地体)中的斜长角闪岩、黑云母片岩、角闪磁铁石英岩及少量超镁铁质变质铁镁质岩组合	中生代	夹皮沟绿岩金矿、二道沟绿岩金矿、六匹叶热液金矿	A5B1C1
	23A	铁	鞍山式沉积变质型	三道沟岩组上段云母石英片岩,石榴二辉麻粒岩,斜长云母片麻岩和三道沟岩组的斜长角闪岩,绢云长角闪片岩,英云闪长质片麻岩,变粒岩,紫苏花岗岩是主要含矿层位	新太古代	老牛沟铁矿	A1B2C2
		铜	红透山式沉积变质改造型	新太古界夹皮沟岩群老牛沟岩组和三道沟岩组,斜长角闪岩,黑云英云闪长岩,变斜粒岩,黑云斜长片麻岩变粒岩,角闪磁铁石英岩,变质超镁铁岩建造为主要含矿层	新太古代		A1B3C4
Ar-1	24A	铁	鞍山式沉积变质型	新太古界夹皮沟岩群老牛沟岩组(也称花岗-绿岩地体)中的斜长角闪岩、黑云母粒岩、角闪磁铁石英岩及少量超镁铁质变质的含矿组合	新太古代		C1
	36B	金	夹皮沟式绿岩型	新太古代表壳岩、角闪磁铁石英岩及少量超镁铁质变质铁镁质岩组合	中生代		A2B1C2
		铁	鞍山式沉积变质型	中粒花岗闪长岩	新太古代	官地铁矿	A2B10C24
	37C	铜	红透山式沉积变质改造型	新太古界鸡南岩组、官地岩组斜长角闪岩、浅粒岩、变粒岩或深成侵入体英云闪长质片麻岩	新太古代		B1C3
		铁	鞍山式沉积变质型	新太古界鸡南岩组斜长角闪岩(也称花岗-绿岩地体)中的斜长角闪岩、黑云母粒岩、角闪磁铁石英岩及少量超镁铁质变质的含矿组合	中生代		C4
	39A	金	夹皮沟式绿岩型				C1
		铁	鞍山式沉积变质型	新太古界老牛沟岩组变质建造	新元古代	板石铁矿、四方山铁矿	A2B4C4

续表 2-3-2

成矿亚系列	综合预测区编号	矿种	矿产预测类型	成矿地质	地质时代	典型矿床	最小预测区类别
Ar-1	20B	金	夹皮沟式绿岩型、香炉碗子式火山热液改造型	新太古代表壳岩、流纹质凝灰岩	中生代		B1C6
	42C	金	西岔式岩浆热液改造型	集安岩群荒岔沟组的变粒岩-斜长角闪岩类含石墨大理岩组合；中生代中酸性花岗岩类侵入体	中生代		B1
		银	西岔式热液改造型	荒岔沟组变粒岩层为赋矿层位；印支及燕山期中酸性岩类岩体	中生代		C1
		金	西岔式岩浆热液改造型	集安岩群荒岔沟组的变粒岩-斜长角闪岩类含石墨大理岩组合；中生代花岗岩类侵入体	中生代	西岔金矿	A1B1C1
Pt_{t_1}-①	45A	硼	高台沟式沉积变质型	辽吉古元古代裂谷内集安岩群蚂蚁河岩组合硼岩系	古元古代	高台沟硼矿	A1B1
		铅	正岔式沉积改造型	集安岩群形成含胚胎型矿体的矿源层；燕山期花岗斑岩体的侵位	中生代	正岔铅锌矿	A1C2
		锌	正岔式沉积改造型	集安岩群形成含胚胎型矿体的矿源层；燕山期花岗斑岩体的侵位	中生代	正岔铅锌矿	A1C2
		银	西岔式热液改造型	荒岔沟组变粒岩层为赋矿层位；中生代中酸性岩类的侵入岩体	中生代	西岔金矿	A1
Pt_{t_1}-②	23A	镍	赤柏松式基性-超基性岩岩浆熔离一贯入型	控矿岩体有中太古代变辉长-辉绿岩、新太古代变辉长岩、角闪石岩、古元古代变质辉长-辉绿岩	古元古代		C3
	38A	镍	赤柏松式基性-超基性岩岩浆熔离一贯入型	古元古代基性-超基性岩	古元古代	赤柏松铜镍矿	A1
		铜	赤柏松式铜镍硫化物型	古元古代基性-超基性岩	中生代、古元古代	赤柏松铜镍矿、二密铜矿	A2C5
Pt_{t_1}-③	40A	铅	青城子式沉积-改造型	古元古界老岭岩群珍珠门岩组含白云岩薄层-微层硅质及碳质的碳酸盐岩状或含燧石结核的白云岩或白云岩化的碳酸盐岩	中生代		C1
		锌	荒沟山式沉积-改造型	古元古界老岭岩群珍珠门岩组含白云岩薄层-微层硅质及碳质的碳酸盐岩状或含燧石结核的白云岩或白云岩化的碳酸盐岩	中生代		C1
	42C	硫铁	狼山式沉积变质型	中元古界老岭岩群蚂蚁河岩组变质岩系碎屑岩-碳酸盐岩为主要的赋矿岩系	前寒武纪		B1
	44A	硫铁	狼山式沉积变质型	古元古界老岭岩群珍珠门岩组为控矿层位	前寒武纪	荒沟山硫矿	A1C1

第二章 矿产预测成果

续表2-3-2

成矿亚系列	综合预测区编号	矿种	矿产预测类型	成矿地质	地质时代	典型矿床	最小预测区类别
Pt₁-1-③	44A	镍	杉松岗式沉积变质型	矿体严格受花山岩组云母片岩、大理岩、千枚岩夹大理岩变质建造控制	古元古代	大横路铜钴、杉松岗铜镍矿	A2
		铅	青城子式沉积-改造型	古元古界老岭岩群珍珠门岩组薄层—微层硅质及碳质条带状或含隧石结核的白云岩或白云岩化的碳酸盐岩	中生代	荒沟山铅锌矿	A1B1C2
		铁	大栗子式沉积变质型	中、新元古界大栗子岩组、新元古界白房子组地层控矿	中、新元古代	大栗子铁矿、白房子铁矿	A1B15C5
		铜	大横路式沉积变质-改造型	受大栗子岩组云母片岩、大理岩、千枚岩夹大理岩变质建造控制	古元古代	大横路铜钴矿	A1B2C1
		锌	荒沟山式沉积-改造型	古元古界老岭岩群珍珠门岩组薄层—微层硅质及碳质条带状或含隧石结核的白云岩变质岩系碎屑岩-碳酸盐岩为主要的赋矿层位	古元古代	荒沟山铅锌矿	A1B1C2
	45A	硫铁	狼山式沉积变质型	中元古界集安岩群蚂蚁河岩组叠加面积磁异常	前寒武纪		C1
	46A	铁	大栗子式沉积变质型	古元古界老岭岩群大栗子岩组	中、新元古代	七道沟铁矿	C1
		铅	青城子式沉积-改造型	古元古界老岭岩群珍珠门岩组薄层—微层硅质及碳质条带状或含隧石结核的白云岩或白云岩化的碳酸盐岩	中生代		C1
	47C	锌	荒沟山式沉积-改造型	古元古界老岭岩群珍珠门岩组薄层—微层硅质及碳质条带状或含隧石结核的白云岩变质岩系碎屑岩-碳酸盐岩	中生代		C1
	49B	铁	大栗子式沉积变质型	大栗子岩组的出露面积加航磁异常	中、新元古代	乱泥塘铁矿	A1
Pt₃-2-①	40A	金	金英式热液改造型	新太古代岩表兖岩、钓鱼台岩组石英砂岩，含海绿石石英砂岩组合	中生代	白山金英金矿	A2B1C2
Pt₃-2-②	40A	铁	浑江式沉积型	钓鱼台岩组：石英质角砾夹赤铁矿岩建造	新元古代		B11C9
	43C	铁	浑江式沉积型	钓鱼台岩组：石英砂岩夹铁矿岩建造(前)、赤铁矿岩-菱铁矿岩建造	新太古代		B1C6
Mz-4-②	25C	银	西林河式岩浆热液型	矿体赋存于珍珠门岩组大理岩与古宙太古花岗岩质碳酸岩接触带上；燕山期五道溜河侵入岩体与成矿关系最为密切	中生代	西林河银矿	A1C1
	37C	银	百里坪式岩浆热液型	中酸性侵入岩与成矿关系密切	中生代	百里坪银矿	A1C1
	40A	银	狼洞沟式热液充填型	寒武纪灰岩为主要赋矿层位；燕山期石英闪长斑岩及次流纹岩为主要的控矿岩体	中生代	狼洞沟银矿	A1

续表 2-3-2

成矿亚系列	综合预测区编号	矿种	矿产预测类型	成矿地质	地质时代	典型矿床	最小预测区类别
Mz-4-②	44A	金	荒沟山式岩浆热液改造型	老岭岩群珠门岩组的厚层（块状）白云石大理岩顶部的碎裂岩化、构造角砾岩化、硅化白云石大理岩组合；中生代花岗岩类侵入体	中生代	荒沟山金矿	A5B8C3
		锑	青沟子式岩浆热液型	主要矿体赋存在临江组大栗子岩泥质岩碎屑岩的中浅变质岩系的云母片岩、石英岩、千枚岩中，印支期草山单元黑云母花岗岩控制	中生代	青沟子锑矿	A1B4
		银	狼洞沟式热液充填型	寒武纪灰岩为主要赋矿层位；燕山期石英闪长岩斑岩及次流纹岩为主控的控矿岩体	中生代		B2
	46A	金	荒沟山式岩浆热液改造型	老岭岩群珠门岩组的厚层（块状）白云石大理岩顶部的碎裂岩化、构造角砾岩化、硅化白云石大理岩组合；中生代花岗岩类侵入体	中生代	南岔金矿	A1C2
	48C	铅	万宝式砂卡岩型	奥陶系冶里组灰岩和燕山期黑云母花岗岩体及脉岩	中生代	郭家岭铅锌矿	A1C2
		锌	万宝式砂卡岩型	奥陶系冶里组灰岩和燕山期黑云母花岗岩体及脉岩	中生代	郭家岭铅锌矿	A1C2
	49B	金	荒沟山式岩浆热液改造型	老岭岩群珠门岩组的厚层（块状）白云石大理岩顶部的碎裂岩化、构造角砾岩化、硅化白云石大理岩组合；中生代花岗岩类侵入体	中生代		A1C2
	50C	金	荒沟山式岩浆热液改造型	老岭岩群珠门岩组的厚层（块状）白云石大理岩顶部的碎裂岩化、构造角砾岩化、硅化白云石大理岩组合；中生代花岗岩类侵入体	中生代		B1C1
	51C	金	下活龙式岩浆热液改造型	大东岔岩组含夕线石、石榴黑云变粒岩为主夹浅粒岩、黑云变粒岩及长石石英岩、石墨黑云夕线变粒岩组合；燕山期花岗岩出露区	中生代	集安下活龙金矿	A2C2
	19B	金	香炉碗子式火山岩型	流纹质含角砾岩屑晶屑凝灰岩及流纹质灰岩	中生代	香炉碗子金矿	A1C1
	22B	钼	天合兴斑岩型	晚侏罗世花岗岩斑岩	中生代	天合兴钼矿	A1B1
Mz-4-③	45A	铜	二密式斑岩型	花斑岩及花岗岩斑岩	中生代	天合兴铜矿	A1B1C7
	49B	铜	二密式斑岩型	控矿岩体主要为早白垩世花岗岩斑岩，闪长岩斑岩等脉岩及早白垩世花岗岩，还有较发育的钠长花岗岩	中生代		A1C3
		钼	铜山式岩浆热液型	古生界碎屑岩-碳酸盐岩，闪长岩与燕山期花岗岩类岩体、花岗岩斑岩、二长花岗岩	中生代	铜山钼矿	A1B1C1
	41C	铅	万宝式砂卡岩型	寒武纪灰岩、燕山期花岗岩类岩体及脉岩	中生代	大营铅矿	A1C5
		铜	六道沟式砂卡岩型	寒武纪厚层碎屑岩、叠层灰岩、硅质灰岩、藻屑灰岩与燕山期中性和中酸性（钙碱性）侵入岩控制	中生代		C7
		锌	万宝式砂卡岩型	寒武纪灰岩、燕山期花岗岩类岩体及脉岩	中生代	大营铅锌矿	A1C5

第二章 矿产预测成果

续表 2-3-2

成矿亚系列	综合预测区编号	矿种	矿产预测类型	成矿地质	地质时代	典型矿床	最小预测区类别
Pz-2	40A	磷	水洞式沉积型	寒武系水洞组的紫红色含砾粉砂岩、中薄层状胶磷砾岩	早古生代		C3
	43C	磷	水洞式沉积型	寒武系水洞组的紫红色含砾粉砂岩、中薄层状胶磷砾岩	早古生代	水洞磷矿	A1B1C8
	44A	磷	水洞式沉积型	寒武系水洞组的紫红色含砾粉砂岩、中薄层状胶磷砾岩	早古生代		C2
	47C	磷	水洞式沉积型	寒武系水洞组的紫红色含砾粉砂岩、中薄层状胶磷砾岩	早古生代		C3

(二)各成矿系列最小预测区汇总

各成矿系列最小预测区按级别汇总,具体见表2-3-3。重要矿种成矿系列最小预测区统计,见图2-3-1。

表 2-3-3 重要矿种按成矿系列最小预测区(1级)汇总表

序号	成矿(亚)系列编号	矿床成矿(亚)系列名称	A类预测区/个	B类预测区/个	C类预测区/个	合计/个
1	Pt₃-1	吉东地区与新元古代海相火山沉积作用有关的Fe、P、S成矿系列	铁1	铁2	铁3	6
2	Pz-Mz-1-①	吉中地区与早古生代海相火山沉积作用有关的Pb、Zn、Au、S、P、重晶石成矿亚系列	硫铁矿2;铅2;锌2	硫铁矿1;铅1;锌1	硫铁矿2;铅2;锌2	15
3	Pz-Mz-1-②	吉中地区与晚古生代—中生代火山及侵入岩浆作用有关的Au、Pb、Zn、Cu、萤石矿成矿亚系列	金6;铜6;银2;萤石1	金8;铜6;银1	金11;铜5;银3	49
4	Pz-Mz-2	红旗岭-漂河川地区与海西晚期—印支期超基性-基性岩浆熔离-贯入作用有关的Cu、Ni、Cr矿床成矿系列	铬铁矿1;镍4;铜2	镍2	铬铁矿1;镍4;铜4	18
5	Mz-2-①	上营地区与燕山早期花岗岩类有关的Mo矿床成矿亚系列	钼2	钼1	钼3	6
6	Mz-2-②	吉中地区与燕山期中酸性岩浆作用有关的Cu、Mo、Au、Sb、Fe矿床成矿系列	金3;钼2;锑1;萤石2	金5;钼4;锑1;铜1	金7;钼2;铜3	31
7	Mz-2-③	磐石-双阳地区与燕山期中酸性岩浆作用有关的Fe矿床成矿亚系列	铁2	铁24	铁30	56
8	Mz-2-④	山门地区与燕山期中晚期岩浆和地下热水作用有关的Ag矿床成矿系列	银1		银1	2
9	Cz-1	桦甸地区与新生代沉积作用有关的S矿床成矿系列	硫铁矿1	硫铁矿1		2
10	Pz-1-①	庙岭-开山屯地区与古生代海相火山-沉积作用有关的Cu、Pb、Zn、Au、Ag矿床成矿亚系列	铜1;铅1;锌1;金1;银1		铜2;铅3;锌3;银3	16
11	Pz-1-②	天宝山地区与新元古代—燕山火山-岩浆作用有关的Pb、Zn、Cu、Mo、Ag矿床成矿亚系列	铅1;锌1;银1		铅2;锌2;金2;银2	11
12	Pz-1-③	六棵松-长仁海西期超基性—基性岩浆作用有关的Cr、Cu、Ni矿床成矿亚系列	铜2;镍1	镍1	铬1;镍1	6
13	Mz-3-①	海沟地区与燕山期岩浆热液作用有关的Au矿床成矿亚系列	金3	金1	金3	7
14	Mz-3-②	杜荒岭—五凤地区与燕山期火山岩浆作用有关的Au、Cu、Pb、Zn矿床成矿亚系列	金6;铜1	金1;铜1	金9;铜9	27
15	Mz-3-③	大蒲柴河-杨金沟地区与燕山期岩浆侵入活动有关的Cu、Mo、W、Au、REE矿床成矿亚系列	金5;钼2;铜3;钨1	金2;钼2;铜2;钨1	金4;钼2;铜7	31
16	Cz-3	珲春地区与新生代沉积作用有关的Au矿床成矿系列	金2;稀土2	稀土4	金5	13
17	Ar-1	吉南地区与太古宙沉积变质及侵入岩浆作用有关的Au、Fe、Cu矿床成矿系列	铜1;铁5;金8	铜4;铁25;4金	铜12;铁36;金8	103
18	Pt₁-1-①	集安地区与古元古代裂谷火山沉积变质作用有关的Au、Pb、Zn、Fe、B、石墨矿床成矿亚系列	铅1;锌1;金1;银1;硼1	金2;硼1	铅2;锌2;金1;银1	14
19	Pt₁-1-②	赤柏松地区与古元古代超基性—基性岩浆熔离-贯入作用有关的Cu、Ni、Pt、Pd矿床成矿亚系列	铜1;镍1		铜2;镍3	7

续表 2-3-3

序号	成矿(亚)系列编号	矿床成矿(亚)系列名称	A类预测区/个	B类预测区/个	C类预测区/个	合计/个
20	Pt_1-1-③	吉南地区与古元古代沉积-侵入岩浆作用有关的 Au、Fe、Cu、Pb、Zn、Ni、Co、S、P、滑石矿床成矿系列	铁2;铜1;镍2;铅1;锌1;硫铁矿1	铜2;铅1;锌1;硫铁矿1	铁2;铜1;铅4;锌4;硫铁矿2	26
21	Pt_3-2-①	浑北地区与新元古代沉积-热液改造作用有关的 Au、Cu 矿床成矿亚系列	金1	金1	金1	3
22	Pt_3-2-②	浑江地区与新元古代沉积作用有关的 Fe 矿床成矿亚系列		铁28	铁21	49
23	Mz-4-①	龙岗复合地块区 TTG 岩系与燕山期岩浆热液作用有关的 Au 矿床成矿亚系列	金1			1
24	Mz-4-②	吉南地区与燕山期岩浆热液作用有关的 Au、Pb、Zn、Sb、Ag 矿床成矿亚系列	铅1;锌1;锑1;金9;银3	锑4;金9;银2	铅2;锌2;金10;银2	46
25	Mz-4-③	吉南地区与燕山晚期中酸性次火山-侵入岩浆热液作用有关的 Au、Cu、Ag、Mo、Pb、Zn 矿床成矿亚系列	铜3;钼2;铅1;锌1;金1	铜1;钼2	铜20;钼1;铅5;锌5;金4	46
26	Pz-2	吉南地区与古生代沉积作用有关的 P 矿床成矿系列	磷1	磷1	磷16	18
		合计	134	163	312	609

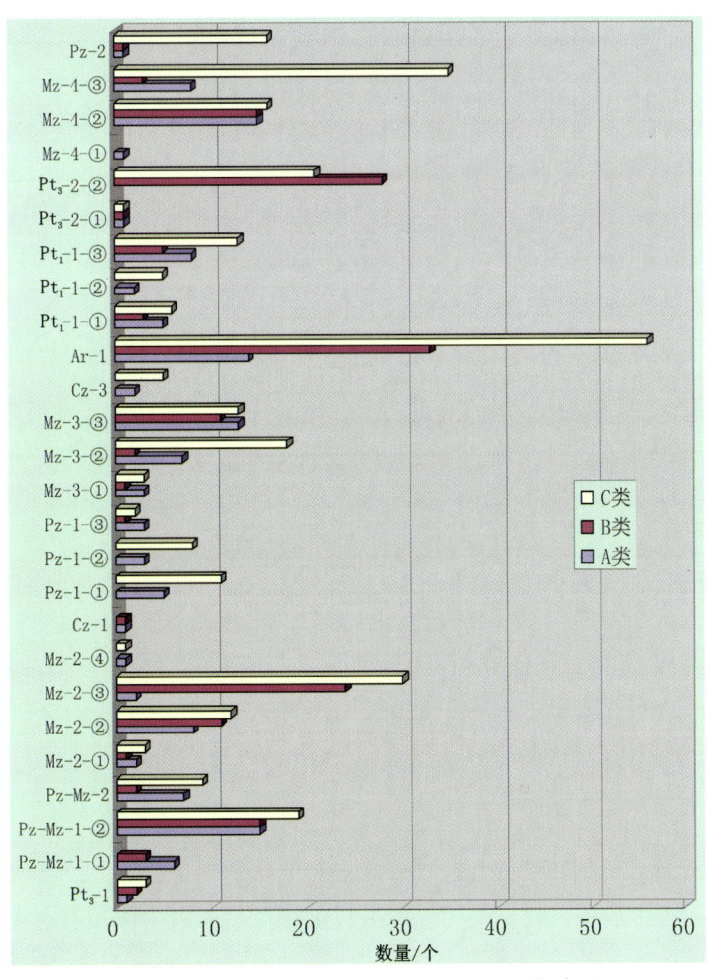

图 2-3-1 重要矿种成矿系列最小预测区统计图

由图 2-3-1 可知，A 类、B 类最小预测区较多的成矿（亚）系列分别为：

Ar-1 吉南地区与太古宙沉积变质及侵入岩浆作用有关的 Au、Fe、Cu 矿床成矿系列，A 类最小预测区为 14 个、B 类 33 个。

Pz-Mz-1-② 吉中地区与晚古生代—中生代火山及侵入岩浆作用有关的 Au、Pb、Zn、Cu 萤石矿成矿亚系列，A 类最小预测区为 15 个、B 类 15 个。

Mz-4-② 吉南地区与燕山期岩浆热液作用有关的 Au、Pb、Zn、Sb、Ag 矿床成矿亚系列，A 类最小预测区为 15 个、B 类 15 个。

（三）各成矿时代最小预测区统计

吉林省成矿时代主要在中生代，占总数的 58%，其次为新太古代，占总数的 17%。两个时代最小预测区之和为 75%，占吉林省最小预测区总数的绝大多数（图 2-3-2）。

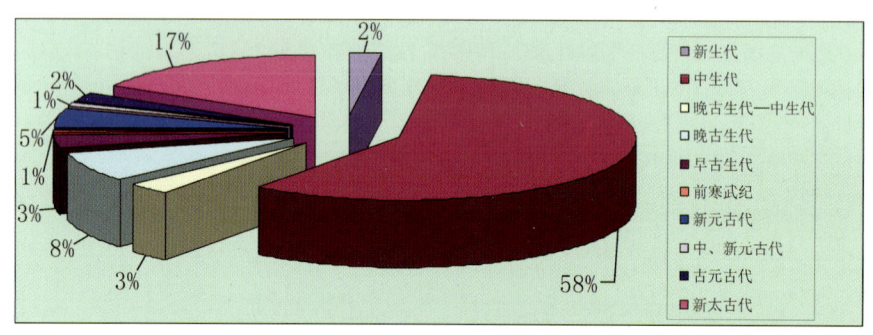

图 2-3-2　吉林省各成矿时代最小预测区个数占总数比例

（四）重要矿种预测资源量在各成矿系列中比较

钨矿在 Mz-3-③ 大蒲柴河-杨金沟地区与燕山期岩浆侵入活动有关的 Cu、Mo、W、Au、REE 矿床成矿亚系列，稀土在 Cz-3 延边地区与新生代沉积作用有关的 Au、REE 矿床成矿系列，硼矿在 Pt_1-1-① 集安地区与古元古代裂谷火山沉积变质作用有关的 Au、Pb、Zn、Fe、B、石墨矿床成矿亚系列，磷矿在 Pz-2 吉南地区与古生代沉积作用有关的 P 矿床成矿系列中的预测量占预测总量的 100%。

金矿成矿系列较分散，在 Mz-4-② 吉南地区与燕山晚期中酸性次火山-侵入岩浆热液作用有关的 Au、Cu、Ag、Mo、Pb、Zn 矿床成矿亚系列，Pt_3-2-① 浑北地区与新元古代沉积-热液改造作用有关的 Au、Cu 矿床成矿亚系列的预测量占预测总量的比例较高，分别为 17.75% 和 12.71%。

钼矿在 Mz-2-② 吉中地区与燕山期中酸性岩浆作用有关的 Cu、Mo、Au、Sb、Fe 萤石矿床成矿亚系列中占预测总量的 69.25%，比重较大。

镍矿在 Pz-Mz-2 旗岭-漂河川地区与海西晚期—印支期超基性—基性岩浆熔离-贯入作用有关的 Cu、Ni、Cr 矿床成矿系列中占预测总量的 61.92%。

铅矿在 Pt_1-1-③ 吉中地区与燕山期中酸性岩浆有关的 Cu、Mo、Au、Sb、Fe 萤石矿床成矿亚系列，Pz-1-② 天宝山地区燕山火山-岩浆作用有关的 Pb、Zn、Cu、Mo、Ag 矿床成矿亚系列中占有较高比例，预测总量分别为 29.19% 和 20.79%。

铁矿石在 Ar-1 吉南地区与太古代沉积变质及侵入岩浆作用有关的 Au、Fe、Cu 矿床成矿系列中占预测总量的绝大部分，为 67.05%。

铜矿在 Pz-Mz-1-② 吉中地区与晚古生代—中生代火山及侵入岩浆作用有关的 Au、Pb、Zn、Cu 萤石矿成矿亚系列，Mz-3-③ 大蒲柴河-杨金沟地区与燕山期岩浆侵入活动有关的 Cu、Mo、W、Au、REE 矿床成矿亚系列中的预测量占预测总量的 50%，分别为 29.45% 和 20.46%。

锌矿在 Pt$_1$-1-③吉南地区与古元古代沉积-侵入岩浆作用有关的 Au、Fe、Cu、Pb、Zn、Ni、Co、S、P、滑石矿床成矿系列中的预测量占预测总量的 43.69%，占比较多。

银矿在 Mz-2-④山门地区与燕山期中晚期岩浆和地下热水作用有关的 Ag 矿床成矿亚系列、Mz-4-②吉南地区与燕山期岩浆热液作用有关的 Au、Pb、Zn、Sb、Ag 矿床成矿亚系列的预测量占预测总量的绝大部分比例，分别为 43.45% 和 36.07%。

铬矿仅在 Pz-Mz-2 红旗岭-漂河川地区与海西晚期—印支期超基性—基性岩浆熔离-贯入作用有关的 Cu、Ni、Cr 矿床成矿系列，Pz-1-③六棵松-长仁地区与海西期超基性—基性岩浆作用有关的 Cr、Cu、Ni 矿床成矿亚系列中预测，分别为 74.59% 和 25.41%。

萤石矿仅在 Mz-2-②吉中地区与燕山期中酸性岩浆作用有关的 Cu、Mo、Au、Sb、Fe 萤石矿床成矿亚系列，Pz-Mz-1-②吉中地区与晚古生代—中生代火山及侵入岩浆作用有关的 Au、Pb、Zn、Cu 萤石矿成矿亚系列中预测，分别为 66.35% 和 33.65%。

硫铁矿预测资源量相对较多，在 Pz-Mz-1-①吉中地区与早古生代海相火山沉积作用有关的 Pb、Zn、Au、S、P、重晶石成矿亚系列中，也仅占预测总量的 6.51%。

共（伴）生硫铁矿主要在 Mz-2-②吉中地区与燕山期中酸性岩浆作用有关的 Cu、Mo、Au、Sb、Fe、萤石矿床成矿亚系列中，占预测总量的 80.74%。

锑矿在 Mz-4-②吉南地区与燕山期岩浆热液作用有关的 Au、Pb、Zn、Sb、Ag 矿床成矿亚系列，Mz-2-②吉中地区与燕山期中酸性岩浆作用有关的 Cu、Mo、Au、Sb、Fe 萤石矿床成矿亚系列中的预测量，分别占预测总量的 65.62% 和 34.38%。

各成矿系列中的预测量占预测总量的情况见图 2-3-3。

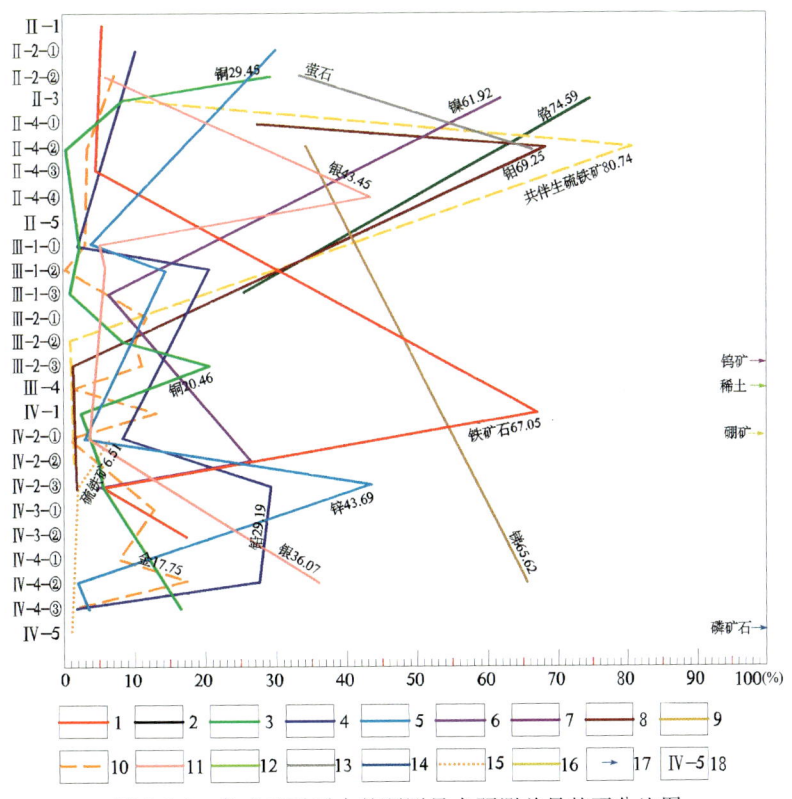

图 2-3-3　各成矿系列中的预测量占预测总量的百分比图

1.铁矿；2.铬矿；3.铜矿；4.铅矿；5.锌矿；6.镍矿；7.钨矿；8.钼矿；9.锑矿；10.金矿；11.银矿；12.稀土矿；13.萤石矿；14.磷矿；15.硫铁矿；16.硼矿；17.100%矿种；18.成矿系列编号

第四节　综合预测区矿产预测成果

一、综合预测区圈定原则

综合预测区由多个矿种2级预测区浓集地带圈定而成,圈定原则:①最小面积最大含矿率原则;②所涵盖的矿产预测类型由同一成矿地质作用控制,隶属于同一成矿系列;③综合预测区类别分为A、B、C三类,划分依据主要参考预测资源量大小,矿产预测类型以矿种的重要性以及该区的交通、水电和经济技术条件等为参考。

按照Ⅳ级成矿(区)带总结预测远景区,形成以Ⅳ级成矿(区)带为单元的多矿种综合预测,通过类比优选,划分出该(区)带的多矿种综合预测区,并对多矿种综合预测区基本地质条件及重要矿种的查明资源储量和预测资源量进行比对与详细描述。

本次圈定16个A类综合预测区,15个B类综合预测区,22个C类综合预测区,分布见图2-4-1。

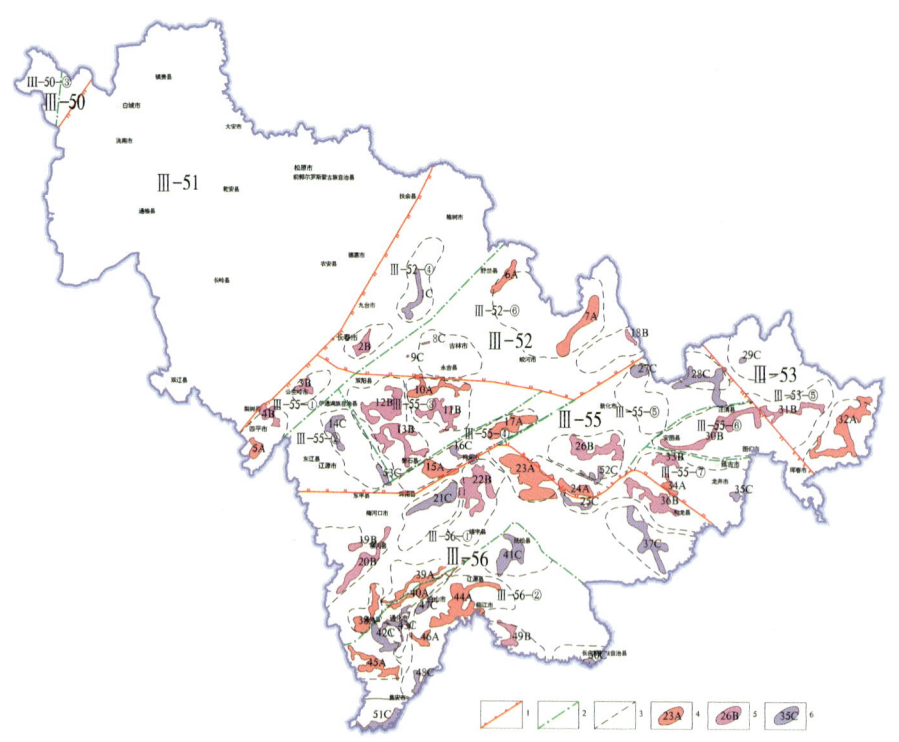

图 2-4-1　吉林省重要矿种综合预测区分布图

1.Ⅲ级成矿带界线;2.Ⅳ级成矿带界线;3.Ⅴ级成矿带界线;4.近期找矿远景区;5.中期找矿远景区;6.远期找矿远景区

二、综合预测区基本信息

1. 综合预测区地质背景信息统计

Ⅳ级成矿(区)带综合预测区成矿地质特征见表2-4-1。

第二章 矿产预测成果

表2-4-1 Ⅳ级成矿(区)带综合预测区成矿地质特征表

Ⅳ级成矿(区)带	综合预测区编号	矿种	矿产预测类型	成矿地质	成矿时代	代表性矿床(点)
Ⅲ-52-④	2B	金	兰家式矽卡岩型	二叠系范家屯组二云母石英变粒岩、千枚岩、千枚状板岩夹大理岩、石榴石红柱石变粒岩、变质粉砂岩夹变质粉砂岩、杂砂岩、泥质粉砂岩组合,燕山期花岗闪长岩(石英闪长岩)	中生代	长春兰家金矿
		铜	六道沟式矽卡岩型	二叠系范家屯组砂岩、粉砂岩、板岩,厚层生物胃灰岩透镜体,凝灰质砂岩和石英闪长岩	中生代	
	1C	萤石	牛头山式火山热液型	营城组火山塔砂岩页岩含矿建造,早侏罗世正长花岗岩为成矿提供热能	中生代	牛头山萤石矿
		银	八台岭式构造蚀变岩型	上二叠统杨家沟组为主要含矿固岩,燕山期中酸性侵入体为成矿提供热源及成矿物质	中生代	八台岭银矿
	8C	铬铁	小绥河式超基性岩体型	海西期与超基性岩有关	晚古生代	小绥河铬矿
	9C	萤石	金家屯式热液充填交代型	西别河组砂岩、页岩夹泥灰岩含矿建造与燕山期花岗闪长岩	中生代	金家屯萤石矿
	6A	钼	大黑山式斑岩型	二长花岗岩、二长花岗斑岩和二长花岗岩	中生代	季德屯钼矿
Ⅲ-52-⑥	7A	钼	大石河式斑岩型	燕山期花岗闪长岩和二长花岗岩、燕山期晚期斑岩	中生代	敦化大石河钼矿
	18B	铁	塔东式沉积变质型	中元古界塔东岩群拉拉沟组黑云片麻岩	新元古代	塔东模型区
	29C	银	红太平式火山热液型	二叠系届胃火山碎屑岩、凝灰岩夹灰岩、凝灰岩、蚀变凝灰岩、砂岩、粉砂岩、泥灰岩为主要含矿控矿层位	晚古生代	
		金	刺猬沟式火山热液型	屯田营组(剌猬沟组?托盘沟组?)安山岩、英安岩、含角砾安山岩	中生代	
	31B	铜	闹枝式浆热液型	下白垩统金岭组安山岩、安山质角砾凝灰岩、安山质集块岩、安山质角砾凝灰岩和二长花岗斑岩为主要含矿层位和控矿层位	中生代	杨金沟钨矿
Ⅲ-53-⑤	32A	钨	杨金沟式浆热液型	五道沟金岭组安山岩、安山质斜长角闪岩、斜长角闪岩,中生代花岗岩类,闪长岩巨粒中粗粒土门子组巨粒巨粒花岗岩、现代河床冲积砂及砾石	中生代	
		金	小西南岔式斑岩型、杨金沟式浆热液型、黄松甸子式热液型,晖春河式沉积型	青龙村岩群、五道沟群斜长片麻岩、中生代花岗岩类,闪长岩与海西期花岗闪长岩和燕山期闪长玢岩、花岗斑岩有关	中生代、新生代	黄松甸子砾岩型金矿、晖春河式沉积型金矿、杨金沟金矿、小西南岔金矿
		铜	小西南岔式斑岩型	铜矿床与海西期闪长岩和燕山期闪长玢岩、花岗斑岩有关	中生代、晚古生代	

续表 2-4-1

IV级成矿(区)带	综合预测区编号	矿种	矿产预测类型	成矿地质	成矿时代	代表性矿床(点)
Ⅲ-55-①	4B	金	兰家式砂卡岩型	二叠系范家屯组二云母石英变粒岩、千枚岩，千枚状板岩夹大理岩、石榴石红柱石变粒岩、变质粉砂岩、钙质粉板岩、泥质粉砂板岩组合，燕山期花岗闪长岩岩体（石英闪长岩）	中生代	
		银	山门式热液型	奥陶系黄莺屯组变质粉砂岩、泥质、钙质粉板岩，燕山期中酸性侵入岩为主要的控矿层位	中生代	
		金	兰家式砂卡岩型	二叠系范家屯组二云母石英变粒岩、千枚岩，千枚状板岩夹大理岩、石榴石红柱石变粒岩、变质粉砂岩、钙质粉板岩、泥质粉砂板岩组合，燕山期花岗闪长岩岩体（石英闪长岩）	中生代	
	5A	镍	红旗岭式基性—超基性岩浆熔离—贯入型	辉长岩—辉石角闪岩	晚古生代	
		银	山门式热液型	奥陶系黄莺屯组变质粉砂岩、泥质、钙质粉板岩，燕山期中酸性侵入岩为主要的控矿层位	中生代	山门银矿
	3B	硫铁	放牛沟式海相火山岩型	大理岩，片理岩，片理化安山岩及安山质凝灰岩	晚古生代	放牛沟多金属硫铁矿
		铅	放牛沟式火山热液型	上奥陶统石缝组白色大理岩夹条带状大理岩；海西早期庙岭花岗岩	晚古生代	放牛沟多金属硫铁矿
		锌	放牛沟式火山热液型	上奥陶统石缝组白色大理岩夹条带状大理岩；海西早期庙岭花岗岩	晚古生代	放牛沟多金属硫铁矿
	14C	钼	大黑山式斑岩型	燕山期花岗闪长岩、二长花岗岩	中生代	
Ⅲ-55-②	53C	镍	红旗岭式基性—超基性岩浆熔离—贯入型	含矿岩体为辉长岩—辉石岩—橄榄辉石岩型的基性—超基性岩体	中生代	
		金	头道川式变质火山岩型	石炭系余富屯组（黄莺屯组？）海相火山—沉积岩系的细碧角斑岩组合	晚古生代	头道川金矿
	12B	铁	吉昌式砂卡岩型	石炭系余富屯组灰岩、大理岩与燕山期花岗岩	中生代	
		银	民主屯式热液充填交代型	石炭系余富屯组中酸性火山岩—碳酸盐岩建造银（金）的矿源层；海西期中细粒花岗岩和二长花岗岩	中生代	民主屯银矿
Ⅲ-55-③	13B	萤石	南梨树式热液充填交代型	磨盘山组大理岩化灰岩，燕山期花岗岩岩体	中生代	南梨树萤石矿
		金	头道川式变质火山岩型	石炭系余富屯组（黄莺屯组？）海相火山—沉积岩系的细碧角斑岩组合	晚古生代—中生代	

续表 2-4-1

IV级成矿(区)带	综合预测区编号	矿种	矿产预测类型	成矿地质	成矿时代	代表性矿床(点)
Ⅲ-55-③		钼	大黑山式斑岩型	花岗闪长岩、二长花岗岩含矿建造	中生代	
		镍	红旗岭式基性-超基性岩浆熔离-贯入型	辉长岩、橄榄岩含矿建造	中生代	
		锑	青沟子式岩浆热液型	主要矿体赋存在四合屯组安山岩、英安质流纹质角砾凝灰岩中,早二叠世石英闪长岩控矿	中生代	
		铁	吉昌式砂卡型	下石炭统鹿圈组灰岩、大理岩层与燕山期花岗岩	中生代	吉昌铁矿模型区
		铜	闹枝式火山岩型	石咀子组的砂岩与页岩互层夹灰岩、黄瓜地组酸性火山熔岩夹灰岩	晚古生代	石咀铜矿
		铬铁	小绥河式侵入岩体型	与海西期超基性岩有关	晚古生代	头道沟铬铁矿
		硫铁	头道沟式矽卡型	燕山晚期酸性侵入岩为主要的控矿岩体;寒武系头道沟组火山沉积碎屑岩-泥质岩控矿	中生代	头道沟硫铁矿
		钼	大黑山式斑岩型	花岗闪长岩、二长花岗岩含矿建造	中生代	永吉大黑山钼矿
	10A	铅	放牛沟式火山热液型	下侏罗统南楼山组流纹岩、安山岩、英安质含角砾凝灰岩、英安质安山岩角砾凝灰岩、流纹质凝灰岩	中生代	
		铜	闹枝式火山岩型	南楼山组火山碎屑岩性岩系的安山岩-酸性岩浆岩为主要的控矿岩系和控矿层位	中生代	
		锌	放牛沟式火山热液型	下侏罗统南楼山组流纹岩、安山岩、英安质含角砾凝灰岩、英安质安山岩角砾凝灰岩、流纹质凝灰岩	中生代	
		银	民主屯式火山热液型	石炭系余富屯组中酸性火山岩-碳酸岩建造为银(金)的矿源层,海西期中细粒花岗岩为主要的控矿岩体	晚古生代	
		金	刺猬沟式火山石英脉型	与成矿关系密切的是石炭系下侏罗统南楼山组流纹岩和凝灰岩	中生代	倒木河金矿
		钼	四方甸子式斑岩型	花岗闪长岩、二长花岗岩含矿建造	中生代	桦甸四方甸子钼矿
	11B	铅	放牛沟式火山热液型	下侏罗统南楼山组、玉米屯组的安山岩火山质的安山岩、火山角砾岩、英安质安山岩角砾凝灰岩、流纹质凝灰岩、含角砾凝灰岩、砂岩地层	中生代	
		铜	闹枝式火山岩型	下侏罗统南楼山组、玉米屯组流纹岩、安山岩、英安质含角砾凝灰岩、英安质安山岩角砾凝灰岩、流纹质凝灰岩	中生代	
		锌	放牛沟式火山热液型	下侏罗统南楼山组、玉米屯组流纹岩、安山岩、英安质含角砾凝灰岩、英安质安山岩角砾凝灰岩、流纹质凝灰岩	中生代	
		银	民主屯式火山热液型	石炭系余富屯组中酸性火山岩-碳酸岩建造为银(金)的矿源层,海西期中细粒花岗岩为主要的控矿岩体	晚古生代	

续表 2-4-1

IV级成矿（区）带	综合预测区编号	矿种	矿产预测类型	成矿地质	成矿时代	代表性矿床（点）
Ⅲ-55-④	15A	镍	红旗岭式基性－超基性岩浆熔离－贯入型	辉长岩、橄榄岩含矿建造	中生代	红旗岭铜镍矿
		铜	红旗岭式基性－超基性岩浆熔离－贯入型	含矿岩体为辉长岩－橄榄岩－辉石岩型与斜方辉岩－苏长岩型的基性－超基性岩体	中生代	红旗岭铜镍矿
		硫铁	西台子式湖相沉积型	桦甸组（含油）页岩地层	中生代	西台子硫铁矿
	16C	钼	大黑山式斑岩型	花岗闪长岩、二长花岗岩含矿建造	中生代	
		镍	红旗岭式基性－超基性岩浆熔离－贯入型	辉长岩、橄榄岩含矿建造	中生代	
		金	二道甸子式变质火山岩型	寒武纪－奥陶纪（黄莺屯组？）变质岩系黑云母片麻岩、黑云母片岩、长石石英角闪岩夹薄层碳质云英角页岩与石英角闪岩含页岩互层组合	中生代	二道甸子金矿
	17A	镍	红旗岭式基性－超基性岩浆熔离－贯入型	斜长角闪岩、含长石英闪岩、斜长角闪辉岩、橄榄辉岩等含矿建造	中生代	漂河川铜镍矿
		铜	红旗岭式基性－超基性岩浆熔离－贯入型	控矿岩体为角闪辉长岩、含长石橄榄辉岩及含长角闪辉岩基性－超基性岩体	中生代	漂河川铜镍矿
Ⅲ-55-⑤	24A	金	海沟式岩浆热液型	中元古界色洛河群红光岩组含砾黑云斜长片麻岩、绢云斜长片岩夹镁质大理岩、磁铁石英岩、斜长角闪岩夹变粒岩、含石榴泥片岩、变凝灰质板岩、黑云斜长片岩、变质砂岩夹钙质板岩、含碳泥质板岩组合；中生代花岗岩类、闪长岩脉	新太古代	安图海沟金矿
		铁	鞍山式沉积变质型	新太古界老牛沟岩组黑云斜长岩变质岩变质岩及磁铁石英岩变质岩建造为含矿层位	中生代	
	26C	钼	大黑山式斑岩型	燕山期花岗岩、二长花岗岩、石英闪长岩	中生代	刘生店钼矿
		铜	六道沟式矽卡型	新元古界万宝岩组黑色板岩夹大理岩与燕山期二长花岗岩、闪长玢岩控矿	晚古生代	
		银	红太平式火山岩型	石炭系天宝山组与二叠系庙岭组火山碎屑岩夹灰岩、凝灰岩控矿层位；海西期－印支期二长花岗岩、石英闪长岩、英安斑岩提供了物质、热能		

第二章 矿产预测成果

续表 2-4-1

IV级成矿(区)带	综合预测区编号	矿种	矿产预测类型	成矿地质	成矿时代	代表性矿床(点)
Ⅲ-55-⑤	52C	独居石、磷钇矿	东清式风化壳型	海西晚期黑云母斜长花岗岩及后期的花岗伟晶岩脉带来成矿物质	新生代	东清稀土矿
		金	兰家式砂卡岩型	万宝岩组变质细砂岩、粉砂岩互层夹大理岩透镜体、红柱石二云片岩组合;燕山期花岗岩	中生代	
	27C	镍	红旗岭式基性—超基性岩浆熔离—贯入型	辉长岩类、斜长辉岩类基性岩体控矿	中生代	
		铅	红太平式火山热液型	二叠系庙岭组上段和下段火山碎屑岩	晚古生代	
	28C	铜	红太平式火山沉积型	二叠系庙岭组火山碎屑岩夹凝灰岩、蚀变凝灰岩、砂岩、粉砂岩、泥灰岩为主要控矿层位	晚古生代	红太平铜矿
		锌	红太平式火山热液型	二叠系庙岭组上段和下段火山碎屑岩	晚古生代	
		银	红太平式火山岩型	二叠系庙岭组火山碎屑岩夹凝灰岩、蚀变凝灰岩、砂岩、粉砂岩为主要含矿层位	晚古生代	红太平银矿
Ⅲ-55-⑥	30B	金	刺猬沟式火山热液型	屯田营组(刺猬沟组?)安山岩、英安岩、含角砾安山岩	中生代	刺猬沟金矿、闹枝金矿、五凤金矿
		铜	闹枝式多成因叠加型	金沟岭组、刺猬沟组欢安山岩、闪长岩、粗安山岩、钠长斑岩为主要控矿层位	中生代	
		银	红太平式火山岩型	石炭系天宝山组与二叠系庙岭组火山碎屑岩夹灰岩、凝灰岩控矿层位;海西期-印支期花岗闪长岩、石英闪长岩	晚古生代	
Ⅲ-55-⑦		钼	大黑山式斑岩型	燕山期花岗闪长岩、二长花岗岩、石英闪长岩	中生代	天宝山东凤北山钼矿
	33B	铅	天宝山式海相火山沉积型	石炭系(天宝山组)与二叠系(红叶桥组)砂板岩、灰岩;海西期-印支期花岗闪长岩、英安斑岩、石英闪长岩	中生代	
		锌	天宝山式海相火山沉积型	石炭系(天宝山组)与二叠系(红叶桥组)砂板岩、灰岩;海西期-印支期花岗闪长岩、英安斑岩、石英闪长岩	中生代	天宝山铅锌矿
		银	红太平式火山岩型	石炭系天宝山组与二叠系庙岭组火山碎屑岩夹灰岩、凝灰岩、石英闪长岩控矿层位;海西期-印支期花岗闪长岩提供了物质、热能	晚古生代	

续表 2-4-1

IV级成矿（区）带	综合预测区编号	矿种	矿产预测类型	成矿地质	成矿时代	代表性矿床（点）
Ⅲ-55-⑦	34A	钼	大黑山式斑岩型	燕山期花岗闪长岩、二长花岗岩、石英闪长岩	中生代	
		镍	红旗岭式基性—超基性岩浆熔离贯入型	赋矿岩体主要为基性—超基性岩体	晚古生代	长仁铜镍矿
		铜	红旗岭式基性—超基性岩浆熔离贯入型	赋矿岩体主要为辉石岩、含长辉石岩、含长辉石橄榄岩、含长橄榄岩、橄榄辉石岩、辉石橄榄岩等基性—超基性岩体	晚古生代	长仁铜镍矿
	35C	铬铁	小绥河式侵入岩体型	铁铁-超镁铁质岩 Sm-Nd 全岩等时线年龄 245.29±17Ma	晚古生代	
		金	刺猬沟式火山热液型	三叠纪托盘沟组中上部安山质角砾凝灰岩和集块岩层位；火山盆地边缘、破火山口放射状，环状裂隙；叠加岩青磐岩化之上的硅化、绢云母化、黄铁矿化、冰长石化、纳长石化、绿泥石化、碳酸盐化、高岭土化带	中生代	
Ⅲ-56-①	19B	金	香炉碗子式火山热液型	流纹质含角砾岩屑晶屑凝灰岩及流纹质凝灰岩出露区	中生代	香炉碗子金矿
		金	夹皮沟式绿岩山热液型	新太古代表壳岩；流纹质凝灰岩变质岩	太古宙—中生代	
	20B	铁	鞍山式沉积变质型	中太古界杨家店岩组变质建造	新太古代	
		铜	红透山式侵入岩型	新太古界鸡南岩组、官地岩组斜长岩组、浅粒岩、变粒岩或深成侵入体英云闪长质片麻岩	中生代	
	21C	金	夹皮沟式绿岩型	新太古代表壳岩（也称花岗-绿岩地体）中的斜长角闪岩、黑云变粒岩、角闪岩组变质铁质岩及少量超镁铁质岩组合	中生代	
	22B	铁	鞍山式沉积变质型	中太古界杨家店岩组变质建造	新太古代	天合兴铁矿
		钼	天合兴式斑岩型	晚休罗世早白垩世花岗岩斑岩	中生代	天合兴钼矿
		铁	鞍山式沉积变质型	中太古界四道砬子岩组下段变质铁英岩及少量超镁铁质岩及太古代变质建造	新太古代	
		铜	二盛式斑岩型	英斑岩及花岗岩斑岩	中生代	天合兴铜矿
	23A	金	夹皮沟式绿岩型	新太古代表壳岩（也称花岗-绿岩地体）中太古代变辉长岩-辉绿岩、新太古代变质铁镁质岩、角闪岩组合	太古宙—中生代	夹皮沟金矿、二道沟金矿、六匹叶金矿
		镍	赤柏松式基性—超基性岩浆熔离贯入型	控矿岩体有中太古代变辉长-辉绿岩、变质长辉绿岩、角闪岩、古元古代变质辉绿岩、变质辉长-辉绿岩	古元古代	

续表 2-4-1

IV级成矿（区）带	综合预测区编号		矿种	矿产预测类型	成矿地质	成矿时代	代表性矿床（点）
III-56-①	25C		铁	鞍山式沉积变质型	三道沟组上段黑云斜长片麻岩、斜长角闪岩和磁铁石英岩、黑云片岩夹多层磁铁石英岩	新太古代	老牛沟铁矿
			铜	红透山式沉积变质改造型	夹皮沟岩群老牛沟岩组和三道沟岩组的斜长片麻岩、黑云变粒岩、绢云石英片岩、斜长角闪岩、英云闪长岩、绢云绿泥片岩夹角闪磁铁石英岩、石榴二辉麻粒岩、黑云片麻岩、变二长花岗岩、变闪长岩、紫苏花岗岩类是主要的含矿建造	新太古代	
			金	海沟式岩浆热液型	中元古界色洛河岩群红光岩组含砾黑云斜长角闪片麻岩、斜长角闪岩、绢云斜长片岩夹镁质大理岩、磁铁石英斜长变粒岩、含石榴石斜长片岩、绢云绿泥片岩、变凝灰质板岩、变质砂岩夹钙质板岩、含碳泥质板岩组合。中生代花岗岩类、闪长岩	中生代	
			银	西林河式岩浆热液型	矿体赋存于珍珠门岩组大理岩与古苗花岗质糜棱岩接触带上；燕山期五道溜河侵入岩体与成矿关系密切，为主要控矿岩体	中生代	西林河银矿
	36B		金	夹皮沟式基性-超基性岩型	新太古代表壳岩（也称花岗岩-绿岩地体）中的斜长角闪岩、黑云变粒岩、角闪磁铁石英岩及少量超基性变质岩组合	晚古生代	
			镍	红旗岭式基性-超基性岩浆熔离贯入型	赋矿岩体主要为基性-超基性岩体	中生代	
			铁	鞍山式沉积变质型	中粒花岗闪长岩	新太古代	官地铁矿
			铜	红透山式沉积变质型	新太古界鸡南岩组、官地岩组斜长角闪岩、浅粒岩、变粒岩或深成侵入人体英云闪长质片麻岩是主要含矿层	新太古代	
	37C		铁	鞍山式沉积变质型	新太古界鸡南岩组斜长角闪片麻岩-黑云变粒岩	新太古代	
			银	百里坪式岩浆热液型	中酸性侵入岩与成矿关系最为密切	中生代	百里坪银矿
	38A		镍	赤柏松式基性-超基性岩浆熔离贯入型	古元古代基性-超基性岩	古元古代	赤柏松铜镍矿
			铜	赤柏松式铜镍硫化物型、二密式斑岩型	古元古代变粒岩、角闪斜长片麻岩	古元古代、中生代	赤柏松铜矿、二密铜矿
	39A		金	夹皮沟式沉积变质型	新太古代表壳岩（也称花岗岩-绿岩地体）中的斜长角闪岩、黑云变粒岩、角闪磁铁石英岩及少量超基性变质岩组合	中生代	
			铁	鞍山式沉积变质型	新太古界老牛沟岩组变质岩建造	新元古代	板石铁矿、四方山铁矿

续表 2-4-1

IV级成矿(区)带	综合预测区编号	矿种	矿产预测类型	成矿地质	成矿时代	代表性矿床(点)
III-56-②	42C	金	西岔式岩浆热液改造型	集安岩群荒岔沟组的变粒岩含闪岩类-斜长角闪岩类含石墨大理岩组合；中生代花岗岩类岩体侵入体	中生代	
		硫铁	狼山式沉积变质型	集安岩群蚂蚁河岩组变质岩系碎屑岩-碳酸盐岩为主要的赋矿层位	前寒武纪	
		银	西岔式热液改造型	荒岔沟岩组变粒岩层为赋矿层位；印支及燕山期中酸性岩类为控矿岩体	中生代	西岔金矿
		金	西岔式岩浆热液改造型	集安岩群荒岔沟组的变粒岩含闪岩类-斜长角闪岩类含石墨大理岩组合；中生代花岗岩类岩体侵入体	中生代	
		硫铁	狼山式沉积变质型	集安岩群蚂蚁河岩组变质岩系碎屑岩-碳酸盐岩为主要的赋矿层位	前寒武纪	
		硼	高台沟式沉积变质型	辽吉古元古代裂谷内集安岩群蚂蚁河岩组含硼岩系	古元古代	高台沟硼矿
	45A	铅	正岔式沉积改造型	集安岩群形成含胚胎型矿体的矿源层；燕山期花岗斑岩岩体的侵位	中生代	正岔铅锌矿
		铜	二密式斑岩型	控矿岩体主要早白垩世花岗斑岩、闪长斑岩、钠长岩等脉岩及早白垩世花岗斑岩，还有较发育的钠长斑岩	中生代	
		锌	正岔式沉积改造型	集安岩群形成含胚胎型矿体的矿源层；燕山期花岗斑岩岩体的侵位	中生代	正岔铅锌矿
		银	西岔式热液改造型	荒岔沟岩组变粒岩层为赋矿层位；印支及燕山期中酸性岩类为控矿岩体	中生代	西岔银矿
		金	金英式沉积改造型	新太古代表壳岩，钓鱼台岩组石英砂岩，中薄层状胶磷岩	早古生代	白山金矿
		磷	水洞式沉积型	寒武系水洞组的紫红色含砾粉砂岩		
	40A	铅	青城子式沉积-改造型	古元古界老岭岩群珍珠门岩组薄层-微层状硅质薄层或白云岩化碳酸盐岩	中生代	
		铁	浑江式沉积型	钓鱼台组：石英质角砾岩夹赤铁矿建造	新元古代	
		锌	荒沟山式沉积-改造型	古元古界老岭岩群珍珠门岩组薄层-微层状硅质岩或白云岩化碳酸盐岩	中生代	

第二章 矿产预测成果

续表 2-4-1

IV级成矿（区）带	综合预测区编号	矿种	矿产预测类型	成矿地质	成矿时代	代表性矿床（点）
Ⅲ-56-②	43C	银	狼洞沟式热液充填型	寒武纪灰岩为主要赋矿层位；燕山期石英闪长斑岩及次流纹岩为主要的控矿岩体	中生代	狼洞沟银矿
		磷	水洞式沉积型	寒武系水洞组紫红色含砾粉砂岩、中薄层状胶磷矿	早古生代	水洞磷矿
		铁	浑江式沉积型	钓鱼台组：石英砂砾岩建造（前）、赤铁矿-菱铁矿建造（后）	新太古代	
		铅	万宝式砂卡型	寒武纪灰岩、燕山期花岗岩类岩体及脉岩	中生代	大营铅锌矿
	41C	铜	六道沟式砂卡型	寒武纪厚层灰岩、叠层灰岩、藻屑灰岩、硅质灰岩，燕山期中酸性（钙碱性）侵入岩控之	中生代	
		锌	万宝式砂卡型	寒武纪灰岩、燕山期花岗岩类岩体及脉岩	中生代	大营铅锌矿
	51C	金	下活龙式岩浆热液改造型	大东岔岩组合夕线岩、石榴黑云变粒岩为主夹浅粒岩、黑云变粒岩及长石石英岩、硅质灰岩；燕山期花岗岩类	中生代	集安下活龙金矿
		金	荒沟山式岩浆热液改造型	老岭岩群珍珠门岩组的厚层（块状）白云石大理岩顶部的碎裂岩化、构造角砾岩化，中生代花岗岩类侵入人体	中生代	荒沟山金矿
		磷	水洞式沉积型	寒武系水洞组紫红色含砾粉砂岩、中薄层状胶磷矿	早古生代	荒沟山硫铁矿
		硫铁	狼山式沉积变质型	老岭岩群珍珠门岩组为控矿	前寒武纪	
		镍	杉松岗式沉积变质型	矿体严格受花山岩组云母片岩、千枚岩夹大理岩变质建造控制	古元古代	大横路铜钴矿、杉松岗镍矿
	44A	铅	青城式沉积-改造型	老岭岩群珍珠门岩组薄层-微层硅质碳质条带状或含矿岩结核的白云岩或含矿的碳酸盐岩	中生代	荒沟山铅锌矿
		锑	青沟子式岩浆热液型	主要矿体赋存在临江岩组、大栗子岩系云母片岩、石英岩、千枚岩中、印支期山单元黑云母花岗岩控之	中生代	青沟子锑矿
		铁	大栗子式沉积变质型	古元古界大栗子岩组、新元古界白房子岩组地层控矿	中新元古代	大栗子铁矿、青沟子铁矿、白房子铁矿
		铜	大横路式沉积变质型	受大栗子岩组云母片岩、新元古界白房子岩组大理岩夹大理岩变质建造控制	古元古代	大横路铜钴矿

续表 2-4-1

IV级成矿（区）带	综合预测区编号	矿种	矿产预测类型	成矿地质	成矿时代	代表性矿床（点）
Ⅲ-5-6-②	46A	锌	荒沟山式沉积-改造型	古元古界老岭岩群珍珠门岩组薄层-微层状硅质碳质条带状灰岩或白云岩结核的白云石或硅质含磷石碳酸盐岩	中生代	荒沟山铅锌矿
		银	狼洞沟式热液充填型	寒武纪灰岩为主要赋矿的层位；燕山期石英闪长岩斑岩及次流纹岩为主要的控矿岩体	中生代	
		金	荒沟山式岩浆热液改造型	老岭岩群珍珠门岩组的厚层（块状）白云石大理岩组的碎裂化，构造角砾岩化，硅化白云石大理岩；中生代花岗岩类侵入体	中生代	南岔金矿
	46A	铁	大栗子式沉积变质型	古元古界大栗子岩组	中、新元古代	七道沟铁矿
		磷	水洞沟式沉积型	寒武系水洞沟组的紫红色含砾粉砂岩，中薄层状胶磷岩	早古生代	
	47C	铅	菁城子式沉积-改造型	古元古界老岭岩群珍珠门岩组薄层-微层状硅质碳质条带状灰岩或白云岩结核的白云石或硅质含磷石碳酸盐岩	中生代	
		锌	荒沟山式沉积-改造型	古元古界老岭岩群珍珠门岩组薄层-微层状的白云岩或白云岩结核的碳酸盐岩	中生代	
	48C	铅	万宝式矽卡岩型	奥陶系冶里组灰岩和燕山期黑云母花岗岩花岗岩体及脉岩	中生代	郭家岭铅锌矿
		锌	万宝式矽卡岩型	奥陶系冶里组灰岩和燕山期黑云母花岗岩花岗岩体及脉岩	中生代	郭家岭铅锌矿
		金	荒沟山式岩浆热液改造型	老岭岩群珍珠门岩组的厚层（块状）白云石大理岩的碎裂化，硅化白云石大理岩与燕山期花岗岩类岩组合	中生代	
	49B	钼	铜山式矽卡岩变质型	古生代碎屑岩-碳酸盐岩与燕山期斜长岩，花岗闪长岩，二长花岗岩	中生代	铜山钼矿
		铁	大栗子式沉积变质型	大栗子岩组的出露面积叠加航磁异常	中、新元古代	乱泥塘模型区
	50C	金	荒沟山式岩浆热液改造型	老岭岩群珍珠门岩组的厚层（块状）白云石大理岩组合的碎裂化，构造角砾岩，硅化白云石大理岩组合；中生代花岗岩类侵入体	中生代	

第三章　小兴安岭-张广才岭成矿(区)带预测成果

第一节　兰家-上河湾成矿带

一、区域地质背景

兰家-上河湾成矿带大地构造属于晚三叠世—新生代构造单元分区,位于东北叠加造山-裂谷系(Ⅰ1)、小兴安岭-张广才岭叠加岩浆弧(Ⅱ3)、张广才岭-哈达岭火山-盆地区(Ⅲ3)、大黑山条垒火山-盆地群(Ⅳ2)内。

1. 地层

该成矿带出露的地层主要为下二叠统范家屯组砂岩夹凝灰质砂岩、粉砂岩、板岩,上二叠统杨家沟组、马达屯组海陆交互相-陆相砂砾岩、砂岩、粉砂岩及安山岩类,属火山-类复理石-类磨拉石建造。局部地段有下白垩统营城子组陆相火山岩(安山岩)和泉头组砂砾岩。

2. 构造特征

该成矿带处于松辽断陷与伊-舒裂谷之间的大黑山断隆中北段,呈北东向带状展布。区内构造以断裂最为发育,主要为北东向和北西向压性-压剪性断裂。

3. 侵入岩

区内侵入岩发育,具有多期多阶段性,以燕山早期地壳型二长花岗岩、花岗岩、石英闪长岩,过渡型黑云母花岗岩等岩体为主,呈岩基或岩株产出。亦出露海西晚期石英二长闪长岩和花岗闪长岩等过渡型岩体。双凤山单元橄榄辉长岩等幔源型小岩体少量。侵入体的展布、矿化带的方向与构造方向相同。

4. 大型变形构造

该区由近于平行的两组深大断裂组成,北侧四平-德惠岩石圈断裂,南侧依兰-伊通断裂带,两条断裂带在西侧被伊通河断裂截断,断裂中间为大黑山地垒。该断裂被认为是郯庐断裂北延段的主干部分,整体呈北东向延伸,走向50°~55°,倾向北西,倾角70°,近地表陡,而往深部变缓,局部地段向南东倾。

二、区域矿产特征

1. 区域矿产特征

区内已知矿产有铜、铁、金、银等矿种,已发现重要矿种矿床(点)8处,与火山及侵入岩浆作用有关的Au、Pb、Zn、Cu、萤石矿成矿系列分布在本区,代表性矿床为永吉县八台岭小型金银矿床。也存在与燕山期中酸性岩浆作用有关的Cu、Mo、Au、Sb、Fe、萤石矿床成矿亚系列,代表性矿床为长春市双阳兰家小型金矿。该区成矿主要在岩体与地层(范家屯组、杨家沟组)接触带附近的矽卡岩化或岩体内,或是在次级断裂构造裂隙经热液充填而呈脉状矿化。成矿时代为晚古生代—中生代。区内成矿地质条件优越,地质找矿主攻方向明确,有找中型以上金矿、银矿潜力。区域地质特征见图3-1-1,矿产地特征见表3-1-1。

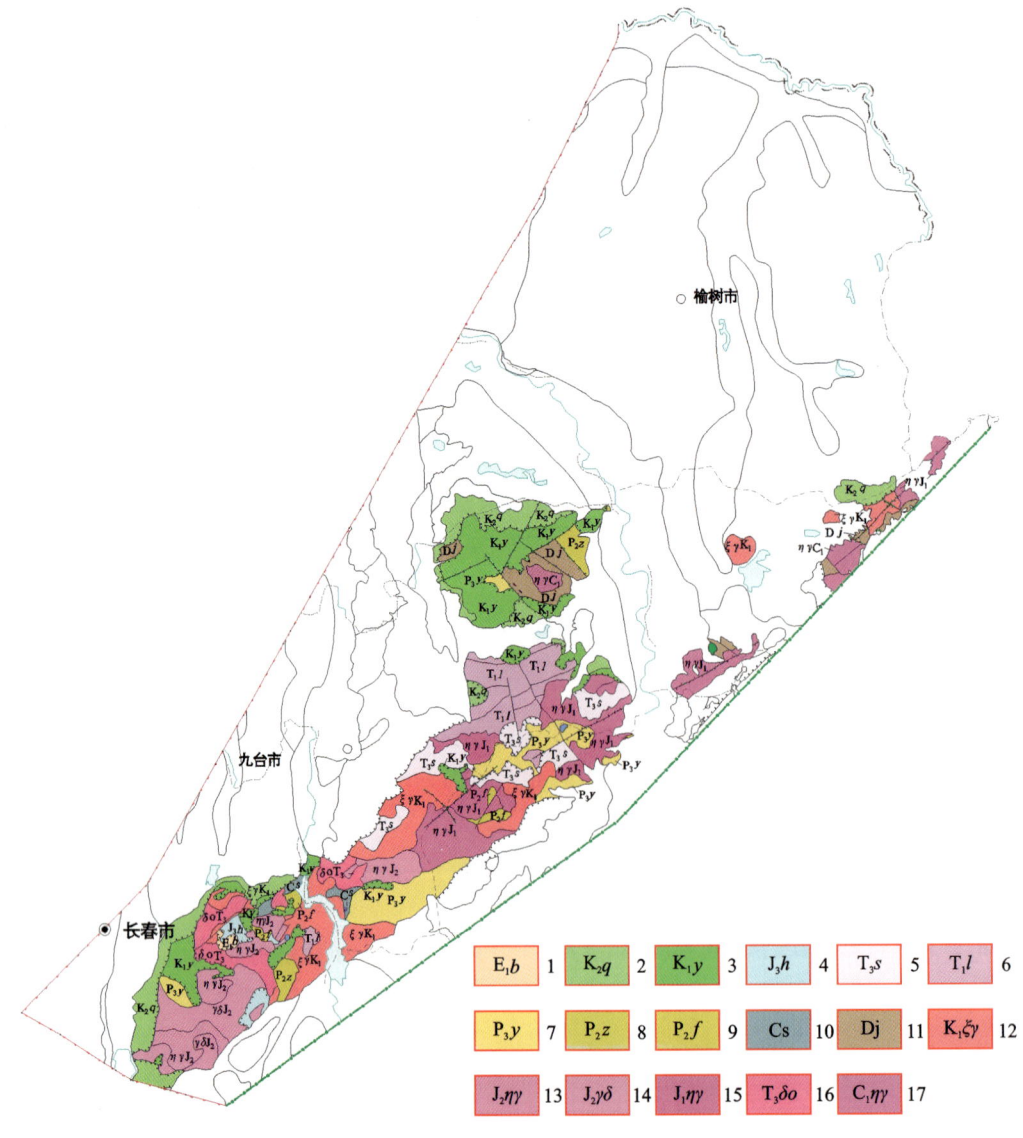

图3-1-1　Ⅲ-52-④兰家-上河湾 Au、Fe、Cu、Ag成矿带区域地质图

1.棒槌沟组;2.泉头组;3.营城组;4.火石岭组;5.四合屯组;6.卢家屯组;7.杨家沟组;8.哲斯组;9.范家屯组;10.石头口门组;11.机房沟岩组;12.早白垩世正长花岗岩;13.中侏罗世二长花岗岩;14.中侏罗世花岗闪长岩;15.早侏罗世二长花岗岩;16.晚三叠世石英闪长岩;17.早石炭世花岗闪长岩

表 3-1-1　Ⅲ-52-④Ⅳ级成矿带重要矿种矿产地特征表

序号	矿种	共(伴)生矿产	矿产地名称	成因类型	成矿时代	矿床规模
1	金		九台上河湾姜家沟金矿	热液型	泥盆纪	小型
2	金		九台上河湾镇三台金矿	热液型	泥盆纪	小型
3	金	银、汞、铅锌	永吉县两家子乡黑背村金矿	热液型	白垩纪	小型
4	金-铜	硫铁矿、铜、银	长春市双阳兰家金矿	热液型	三叠纪	小型
5	硫铁矿		双阳区东风硫铁矿	矽卡岩型	晚古生代	中型
6	铁		双阳区东风铜铁矿	矽卡岩型	中生代	小型
7	银-金		永吉县八台岭金银矿	热液型	中生代	小型
8	萤石		九台县牛头山萤石矿	热液型	中生代	小型

2. 矿产预测类型的划分及预测工作区分布

本区共分布有金、铜、银、萤石矿种4个预测工作区,分别是兰家式矽卡岩型兰家金矿预测工作区、六道沟式矽卡岩型兰家铜矿预测工作区、八台岭式构造蚀变岩型八台岭-孤店子银矿预测工作区、牛头山式火山热液型其塔木萤石矿预测工作区,其中兰家铜矿与六道沟式矽卡岩型铜矿地质背景、成因类型、成矿时代等相近。该区矿产预测类型及工作区分布详见表3-1-2。

表 3-1-2　Ⅲ-52-④Ⅳ级成矿带矿产预测类型及工作区统计表

矿种	预测工作区名称	预测方法类型	矿产预测类型	典型矿床
金	兰家	层控内生型	兰家式矽卡岩型	兰家金矿
铜	兰家	层控内生型	六道沟式矽卡岩型	兰家铜矿
萤石	其塔木	火山岩型	牛头山式火山热液型	牛头山萤石矿
银	八台岭-孤店子	层控内生型	八台岭式构造蚀变岩型	八台岭银矿

三、区域物探、化探、遥感、重砂特征及推断解释

1. 航磁特征

该成矿带以大面积正磁异常区为主,南西端和北东端有规模较小的几处负磁异常分布,东侧为北东向展布的负磁异常带。

矽卡岩型、热液型矿床主要分布在局部正磁异常边部、线性梯度带及扭曲部位,反映了受接触带及断裂构造控制的特点。八台岭构造蚀变岩型金银矿床位于局部正磁异常和重力高之上,反映出受二叠纪地层、燕山期中酸性侵入体及断裂构造综合控制。

2. 重力特征

布格重力高异常带主体部分与大黑山条垒分布范围一致。重力高异常带呈北北东走向,南西部略窄,异常梯度陡、强度高,明显高于西侧的松辽平原异常区,东部以伊-舒断裂带狭窄重力低异常为界。局部重力高异常数量较多,有椭圆状、条带状等,走向以北东向为主,北西向、南北向较少。有几处较为明显的条带状局部重力低异常,走向以东西向、北东向为主。

3. 地球化学特征

元素组合异常在区域上分布于碱性元素、稀有元素的同生地球化学场内,反映了燕山期中酸性侵入岩元素组合特征,Au、Ag、Hg、Sb、As 等亲硫元素叠生地球化学场较发育。区内化探异常 20 余处,主要为 Au、Ag 和 Cu、Pb、Zn 等组合异常。

4. 自然重砂特征

自然金重砂异常呈北东向带状分布,含量分级以 1~2 级为主,具有一定的剥蚀搬运,发育模式对金矿系统积极支撑,指示作用明显。白钨矿、锡石、辰砂异常呈零星分布,空间上与自然金存在叠加现象。

5. 遥感影像特征

不同方向的次级断裂密集分布,并且在断裂交会部位多有成群分布的环形构造,并伴有遥感浅色色调异常区,表明本区的遥感异常可能与矿化蚀变有关。

四、成矿带重要矿种预测评价模型

该成矿带典型矿床有兰家金矿、东风硫铁矿、八台岭银矿、牛头山萤石矿,本成矿带矿产预测模型选择具代表性的长春市双阳兰家金矿床。

1. 兰家金矿床

兰家金矿床矿产预测要素见表 3-1-3,矿产预测模型见图 3-1-2。

表 3-1-3　兰家金矿床矿产预测要素表

预测要素		内容描述			类别
资源储量		小型	平均品位	7.91g/t	
特征描述		矽卡岩型—破碎蚀变岩型金矿			
地质条件	成矿(区)带	(全国)Ⅱ-13 吉黑成矿省			必要
		(大区)Ⅲ-52 小兴安岭-张广才岭(造山带)Fe、Pb、Zn、Cu、Mo、W 成矿带			必要
		(本省)Ⅲ-52-④兰家-上河湾 Au、Fe、Cu、Ag 成矿带			必要
	岩石类型	变质粉砂岩、杂砂岩、泥质粉砂质板岩、斑点板岩组合,大理岩(灰岩),燕山期花岗岩			必要
	成矿时代	205Ma			必要
	成矿环境	矿区位于晚三叠世—新生代华北叠加造山-裂谷系(Ⅰ),小兴安岭-张广才岭叠加岩浆弧(Ⅱ),张广才岭-哈达岭火山-盆地区(Ⅲ),大黑山垒火山-盆地群(Ⅳ)内			必要
	构造背景	轴向北北东向褶皱,走向北西向、北西西向断裂构造			重要
矿床特征	控矿条件	范家屯组一段地层控矿,1 号金矿体赋存在该层变质粉砂岩、杂砂岩、泥质粉砂质板岩、斑点板岩中。20 号、19 号金矿体赋存在该层大理岩(灰岩)中;走向北北东向褶皱控矿,矽卡岩型金矿体、铁矿体、含铜硫铁矿体均赋存在该构造中。北西向、北西西向断裂构造控矿。石英闪长岩控矿			必要
	蚀变特征	矽卡岩型金矿:围岩蚀变主要有绿帘石化、钠长石化、赤铁矿化、水云母化、硅化、电气石化、沸石-萤石化、碳酸盐化等。其中赤铁矿化、硅化与金成矿关系密切。蚀变岩型金矿:围岩蚀变较强烈,种类较多,主要有阳起石化、硅化、绢云母化、电气石化、矽卡岩化、绿泥石化、碳酸盐化、钾长石化等蚀变作用			重要

续表 3-1-3

预测要素		内容描述	类别
矿床特征	矿化特征	矿区西部东风矿段主要为矽卡岩型金矿,矿区东部蒋家矿段为破碎蚀变岩型金矿。矽卡岩型金矿中 19 号、20 号为工业矿体,余者均为单孔控制,与 20 号主矿体平行,品位与厚度均低于工业指标的矿体。破碎蚀变岩型金矿中工业矿体为 1 号矿体,余者品位或厚度均低于工业指标的矿体	重要
综合信息	地球化学	金单元素异常具有三级分带现象,浓集中心明显,内带异常强度不高。组合异常构成简单元素组分富集区。Au、Ag、Cu、Pb、Zn 及伴生元素 As、Sb、Hg 异常,都体现出较高的异常强度和富集能力,尤以 Au 最突出。区域元素组合与原生晕元素组合特征表明此处应注重深部找矿	重要
	地球物理	高精度重力测量寻找隐伏矿床较有效。矿区重力异常呈中部高而周围低的结构特征,较好反映了中部下二叠统范家屯组捕房体产于南泉眼单元石英闪长岩中的空间分布形态	重要
	遥感	形成于依兰-伊通断裂带与双阳-长白断裂带交会处,与隐伏岩体有关的环形构造比较发育,矿区内及周围遥感铁染异常零星分布	次要
找矿标志		臭松石、黄钾铁矾、铁帽、褐铁矿化板岩、角岩、石英脉等是破碎蚀变岩型金矿氧化矿石标志;阳起石化矽卡岩、金属硫化物矿化矽卡岩、磁铁矿化阳起石化矽卡岩是矽卡岩型原生金矿找矿标志;磁异常、激电异常、重力异常,特别是套合异常是金矿的间接找矿标志;金及指示元素组合复杂,又具分带特征的套合异常,是金矿的化探找矿标志	重要

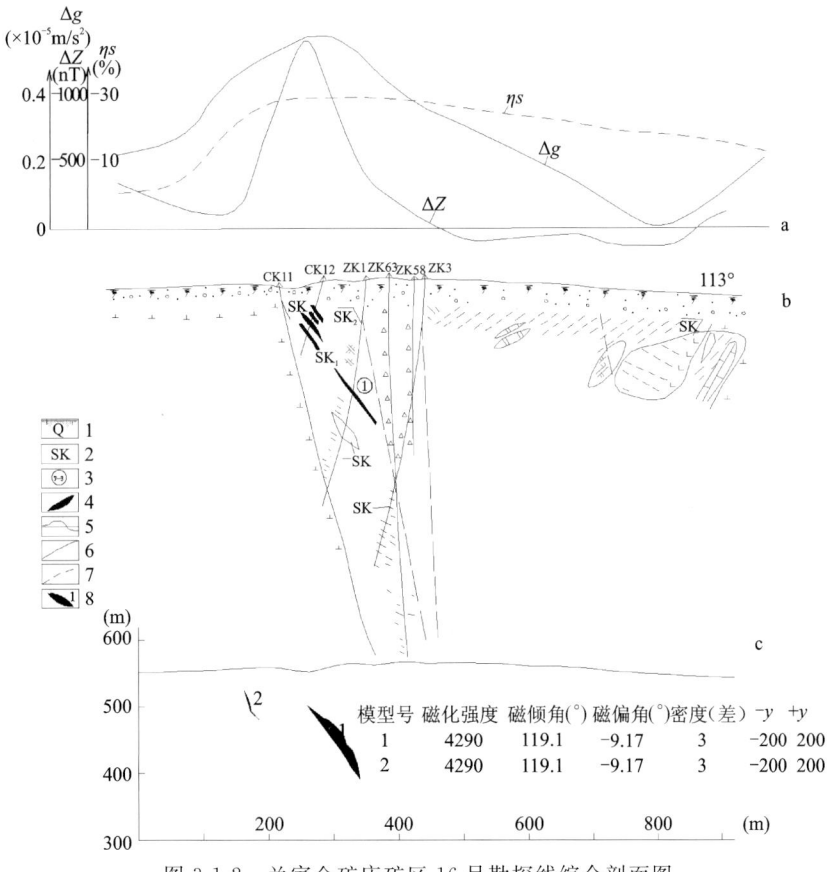

图 3-1-2　兰家金矿床矿区 16 号勘探线综合剖面图

a.重力剩余异常曲线、磁异常曲线、激电视极化率曲线综合剖面图;b.地质剖面图;c.16 号勘探线磁法 ΔZ 异常剖面图;1.第四系;2.矽卡岩;3.矿体号;4.金矿体;5.磁法 ΔZ 异常曲线;6.剩余重力 Δg 异常曲线;

7.激电视极化率曲线;8.磁法 ΔZ 异常反演地质体

2. 兰家金矿预测工作区

兰家金矿预测工作区预测要素见表 3-1-4,兰家金矿预测工作区地质、地球化学综合矿产预测模型、兰家式矽卡岩型区域矿产预测模型分别见图 3-1-3、图 3-1-4。

表 3-1-4 兰家金矿预测工作区预测要素

预测要素	内容描述	类别
特征描述	中温热液叠加型-破碎蚀变岩型金矿	
岩石类型	二叠系范家屯组二云母石英变粒岩、石榴石红柱石变粒岩、千枚岩、千枚状板岩夹大理岩、变质粉砂岩、杂砂岩、泥质粉砂质板岩组合。燕山期花岗闪长岩(石英闪长岩)	必要
成矿时代	205Ma	必要
成矿环境	轴向北北东向褶皱,走向北西向、北西西向断裂构造	必要
构造背景	矿区位于晚三叠世—新生代华北叠加造山-裂谷系(Ⅰ),小兴安岭-张广才岭叠加岩浆弧(Ⅱ),张广才岭-哈达岭火山-盆地区(Ⅲ)大黑山条垒火山-盆地群(Ⅳ)内	重要
矿化蚀变	蚀变主要有绿帘石化、钠长石化、赤铁矿化、水云母化、阳起石化、硅化、绢云母化、电气石化、绿泥石化、钾长石化、沸石-萤石化、碳酸盐化等,其中赤铁矿化、硅化与金成矿关系密切	重要
控矿条件	二叠系范家屯组二云母石英变粒岩、石榴石红柱石变粒岩、千枚岩、千枚状板夹大理岩、变质粉砂岩、杂砂岩、泥质粉砂质板岩组合;燕山期花岗闪长岩(石英闪长岩);北西向、北西西向断裂构造控矿	必要
化探特征	Au、Ag、As、Sb、Hg 是主要的找矿指示元素,其中 Au、Ag 为近矿指示元素,As、Sb、Hg 是远程指示元素。同时 As、Sb、Hg 组合显示成矿主要是在低温的成矿地球化学环境中进行	重要
物探特征	高精度重力测量寻找隐伏矿床有效。矿区重力异常中部高而周围的低结构特征,较好反映了中部下二叠统范家屯组以捕房体产于南泉眼单元石英闪长岩中的空间分布形态	重要
遥感特征	形成于依兰-伊通断裂带与双阳-长白断裂带交会处,与隐伏岩体有关的环形构造比较发育,矿区内及周围遥感铁染异常零星分布	次要
找矿标志	臭松石、黄钾铁矾、铁帽、褐铁矿化板岩、角岩、石英脉等是破碎蚀变岩型金矿氧化矿石标志;阳起石化矽卡岩、金属硫化物矿化矽卡岩、磁铁矿化阳起石化矽卡岩是矽卡岩型原生金矿找矿标志;磁异常、激电异常、重力异常,特别是套合异常是金矿的间接找矿标志;金及指示元素组合复杂,又具分带特征的套合异常,是金矿的化探找矿标志	重要

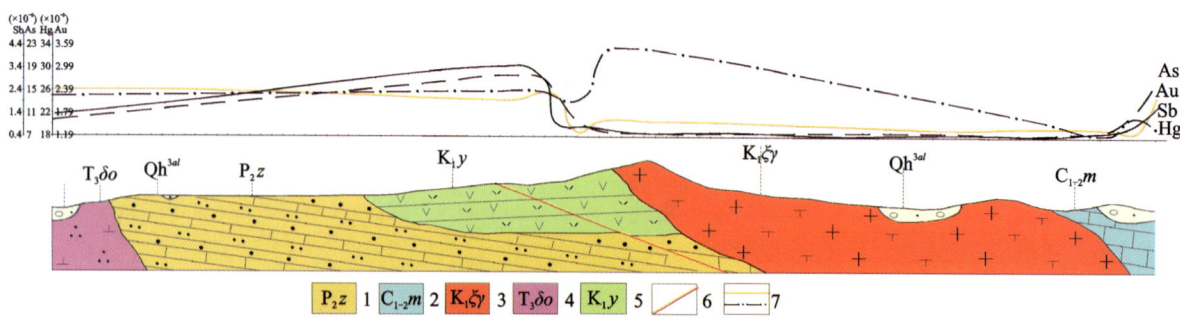

图 3-1-3 兰家金矿预测工作区地质、地球化学综合矿产预测模型图

1.砂岩、粉砂岩夹灰岩;2.硅质块岩-条带碳酸盐岩;3.正长花岗岩;4.石英闪长岩;5.中、酸性火山熔岩夹砂岩、页岩含煤;6.断层;7.化探异常曲线

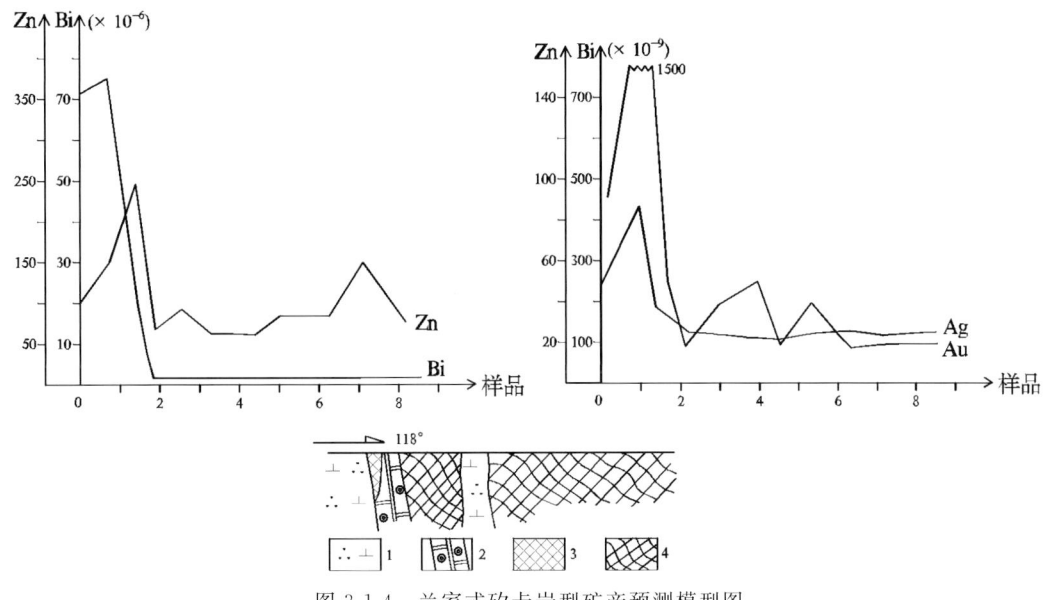

图 3-1-4 兰家式矽卡岩型矿产预测模型图
1.石英闪长岩;2.石榴石矽卡岩;3.矿体;4.角岩

五、多矿种综合预测区特征

该带内圈定 2 个综合预测区,包含 1 个 B 类和 1 个 C 类综合预测区,综合预测区 2B 位于 V 2 五级成矿(区)带、1C 位于 V 3 五级成矿(区)带。

(1)地质特征:控矿地层有上二叠统杨家沟组,为银矿主要含矿围岩,二叠系范家屯组二云母石英变粒岩、石榴石红柱石变粒岩、千枚岩、千枚状板岩夹大理岩为金、铜矿主要含矿层。控矿岩体为燕山期正长花岗岩和花岗闪长岩。区内有走向北北东向褶皱。北西向、北西西向断裂构造控矿。

(2)矿产特征:2B 综合预测区内已发现金小型矿床 1 处、硫铁矿 2 处。1C 综合预测区内已发现银金矿 2 处、金矿点 2 处、小型萤石矿 1 处。

(3)物探、化探、遥感、自然重砂特征:2B 综合预测区燕山期中酸性岩体与地层接触带磁力高,矿区重力异常中部高而周围低等结构特征,为矽卡岩型矿床异常特征。化探 Au、Ag 明显的浓集中心,异常强度较高。1C 综合预测区化探有较好的二级分带及明显浓集中心的 Ag 异常,银矿床位于重力高异常上,局部重力高异常为八台岭背斜轴部的古生代基底隆起所致,周围重力低异常主要为印支期及燕山期中酸性侵入岩体引起,低磁异常带应为断裂构造及矿化蚀变带的反映。矿床控制水域下游有自然金重砂异常,与八台岭银金矿存在响应关系。不同方向断裂交会处,有多个与隐伏岩体有关的环形构造分布。综合预测区 2B、1C 地质特征信息见表 3-1-5。

表 3-1-5 Ⅲ-52-④兰家-上河湾Ⅳ级成矿带综合预测区地质特征表

Ⅳ级成矿(区)带	综合预测区编号及名称	矿种	矿产预测类型	综合预测区面积/km²	成矿地质	代表型矿床
Ⅲ-52-④	2B 兰家	金	兰家式矽卡岩型	230	二叠系范家屯组二云母石英变粒岩、石榴石红柱石变粒岩、千枚岩、千枚状板岩夹岩大理岩、变质粉砂岩、杂砂岩、泥质粉砂质板岩组合。燕山期花岗闪长岩(石英闪长岩)	兰家金矿

续表 3-1-5

Ⅳ级成矿(区)带	综合预测区编号及名称	矿种	矿产预测类型	综合预测区面积/km²	成矿地质	代表型矿床
Ⅲ-52-④	2B 兰家	铜	六道沟式矽卡岩型	230	二叠系范家屯组砂岩、粉砂岩、板岩、厚层生物屑灰岩透镜体、凝灰质砂岩和石英闪长岩	兰家金矿
	1C 八台岭	萤石	牛头山式火山热液型	169	白垩系营城子组火山熔岩夹砂岩页岩含矿建造,早侏罗世正长花岗岩为成矿提供热能	牛头山萤石矿
		银	八台岭式构造蚀变岩型		二叠系杨家沟组为主要含矿围岩,燕山期中酸性侵入体为成矿提供热源及成矿物质	八台岭银矿

第二节　福安堡-塔东成矿带

一、区域地质背景

该成矿带晚三叠世—新生代构造单元分区位于东北叠加造山-裂谷系（Ⅰ1），小兴安岭—张广才岭叠加岩浆弧（Ⅱ3），张广才岭-哈达岭火山-盆地区（Ⅲ3），南楼山-辽源火山-盆地群（Ⅳ4）区内。前南华纪构造单元分区位于小兴安岭弧盆系（Ⅰ1-Ⅱ1），机房沟-塔东-杨木桥子岛弧盆地带（Ⅲ1），塔东弧盆（Ⅳ2）区内。

本区处于华北板块和西伯利亚板块结合带的褶皱增生带部位。区内上营地区成矿地质条件优越，地质找矿主攻方向明确，钼矿和铁矿找矿潜力较大。

1. 构造特征

断裂构造主要是以平行断陷及裂陷边缘的次一级北东—东西向断裂构造带为主,这两组断裂不仅是区内主要的控岩构造,同时也是重要的控矿构造,北西向次之。区内局部发育糜棱岩,具韧性剪切带特征。

2. 地层

该成矿带内地层主要有新元古界塔东岩群拉拉沟岩组和朱敦店岩组,为一套基性海相火山含铁建造,拉拉沟岩组为本区铁矿主要赋矿层位。还有新元古界新兴岩组片岩及大理岩、机房沟岩组变质砂岩和黑云片岩、变粒岩出露,新兴岩组片岩是钼矿床的主要赋存层位。二叠系小蜜蜂顶子组、大河深组的岩性主要为火山碎屑岩夹少量正常沉积的陆源碎屑岩。局部有少量的三叠系（马鞍山一带）分布,白垩系泉头组、嫩江组、古近系、新近系棒槌沟组、舒兰组、荒山组的碎屑岩和泥岩分布于盆地及沟谷中。

3. 侵入岩

区域内侵入岩主要为海西期闪长岩类,印支期和燕山期似斑状二长花岗岩、花岗闪长岩、斜长花岗岩。似斑状二长花岗岩、石英闪长岩是含矿岩体。脉岩主要为花岗斑岩。已知的舒兰福安堡钼矿、大石河钼矿、季德屯钼矿及其他铁、钼、铬、萤石等矿点和矿化点大多分布在印支期及燕山期中酸性岩株内或其周围地层中。

4. 大型变形构造

本区西侧为伊通-舒兰断裂带,东侧为敦化-密山岩石圈断裂带,其次一级的北东向桦甸-蛟河断裂带和北西向新安-龙井断裂等为控岩、控矿构造。

二、区域矿产特征

1. 区域矿产特征

区内已知矿产有铁、钼、铬、萤石等,已发现重要矿种矿(化)点、矿床10多处。塔东地区分布有与新元古代海相火山沉积作用有关的Fe、P、S成矿系列,铁矿赋存于塔东岩群拉拉沟岩组中,代表性矿床有敦化塔东大型铁矿。上营地区分布有与燕山早期花岗岩类有关的Mo矿床成矿亚系列,已知矿床有舒兰市季德屯大型钼矿床、敦化大石河大型钼矿床、舒兰市福安堡中型钼矿床。大绥河区域分布有与海西晚期超基性—基性岩浆熔离-贯入作用有关的Cr矿床成矿系列,已知矿床有永吉县小绥河小型铬铁矿。萤石矿与西别河组砂岩、页岩夹泥灰岩及燕山期花岗闪长岩有关,代表性矿床为永吉县金家屯萤石矿。总之本成矿带成矿地质条件优越,地质找矿主攻方向明确,有找特大型钼矿、铁矿潜力。本成矿带区域地质见图3-2-1,矿产地特征见表3-2-1。

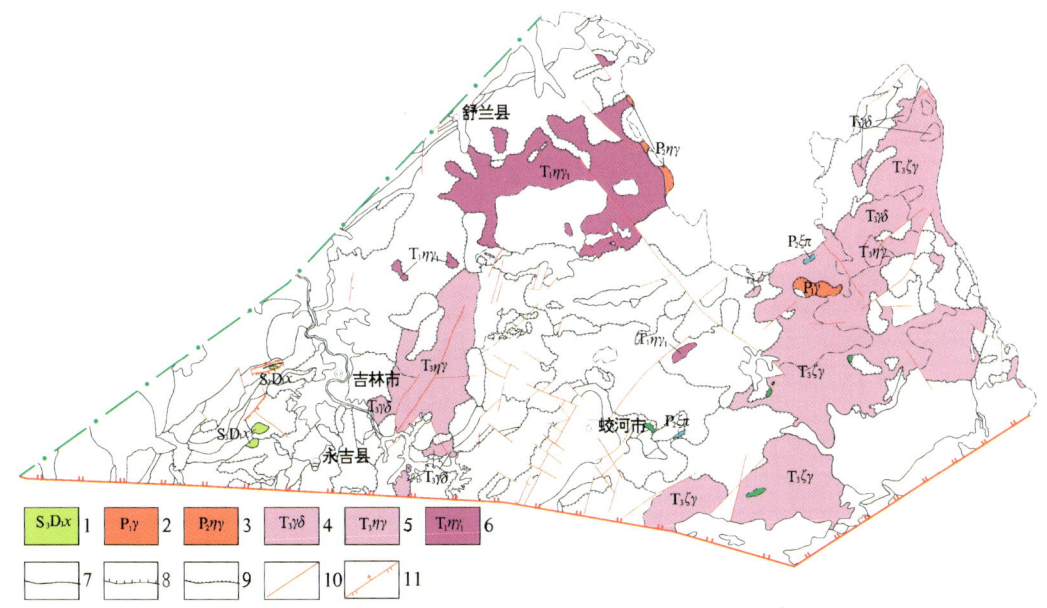

图 3-2-1　Ⅲ-52-⑥福安堡-塔东 Mo、Fe、W、Cu、Au、Pb、Zn、Ag 成矿带区域地质图

1.西别河组;2.早二叠世花岗岩;3.中二叠世二长花岗岩;4.晚三叠世花岗闪长岩;5.晚三叠世二长花岗岩;6.早三叠世斑状二长花岗岩;7.地质界线;8.超动接触界线;9.角度不整合界线;10.断层;11.逆断层倾向及倾角

表 3-2-1　Ⅲ-52-⑥Ⅳ级成矿带重要矿种矿产地特征表

序号	矿种	共(伴)生矿产	矿产地名称	成因类型	成矿时代	主矿产矿床规模
1	铬铁		永吉县小绥河铬铁矿	岩浆型	晚古生代	矿点
2	钼	铜	舒兰市福安堡钼矿	斑岩型	侏罗纪	小型
3	钼		靖宇县秋皮沟铜钼矿	斑岩型	中生代	矿化点
4	钼		舒兰市季德屯钼矿	斑岩型	侏罗纪	大型
5	钼		敦化大石河钼矿	斑岩型	侏罗纪	大型
6	铁		敦化塔东铁矿	沉积变质型	元古宙	大型
7	萤石		永吉县金家屯萤石矿	热液充填型	中生代	小型

2. 矿产预测类型的划分及预测工作区分布

本区共分布铁、钼、铬铁、萤石等矿种，5个预测工作区分别是塔东式沉积变质型塔东铁矿预测工作区、大石河式斑岩型大石河-尔站钼矿预测工作区、金家屯式热液充填交代型—拉溪萤石矿预测工作区、小绥河式侵入岩体型小绥河铬铁矿预测工作区、大黑山式斑岩型季德屯-福安堡钼矿预测工作区。季德屯钼矿、福安堡钼矿与大黑山斑岩型钼矿地质背景、成因类型、成矿时代相近，由此将季德屯-福安堡预测工作区划为大黑山式斑岩型。该区矿产预测类型及工作区分布详见表3-2-2。

表 3-2-2　Ⅲ-52-⑥Ⅳ级成矿带矿产预测类型及预测工作区表

矿种	预测工作区名称	预测方法类型	矿产预测类型	典型矿床
铬铁	小绥河	侵入岩体型	小绥河式侵入岩体型	小绥河铬铁矿
钼	大石河-尔站	侵入岩体型	大石河式斑岩型	大石河钼矿
钼	季德屯-福安堡	侵入岩体型	大黑山式斑岩型	季德屯钼矿
铁	塔东	变质型	塔东式沉积变质型	塔东铁矿
萤石	一拉溪	层控内生型	金家屯式热液充填交代型	金家屯萤石矿

三、区域物探、化探、遥感、重砂特征及推断解释

1. 航磁特征

区内北东东向和北西向负磁异常带形似"人"字形，将区内磁场分为西北部、东北部及南部3块正磁异常区，其中南部异常又被松江-蛟河低或负磁异常区分割为东、西两处，这4处异常区形态、强度等特征各不相同。钼矿主要在椭圆形磁异常边部，对应中酸性岩体，东部异常突变磁力高区为塔东铁矿所在。

2. 重力特征

区内南部是重力低异常区,占预测区大部分,这与不同期次花岗岩分布是一致的。在南部季德屯—龙头村一带是更低的重力低异常带,主要反映的是燕山期侵入体,季德屯大型钼矿和福安堡小型钼矿均在该异常带的边部。北部春田村—福安堡一带,是一条北东向的重力高异常带,反映了古生代基底隆起。北西侧的北东向重力低异常带与伊舒断陷带和航磁负异常带一致。

3. 地球化学特征

1:20万化探Mo异常具有明显的分带和浓集中心,异常强度较高,主要找矿指示元素有Mo、W、Ag、Cu、Pb、Zn、As、Sb。其中,Mo是主要成矿元素,Ag、Cu、Pb、Zn是近矿指示元素,As、Sb是成矿系统的前缘指示元素,尾晕主要是Mo、W、Cu。

区内Zr、Vb、Mn、Au、Mo、Ba等元素呈高背景分布。Au、Mo元素异常主要分布于海西晚期花岗岩与印支期二长花岗岩和燕山期花岗岩接触带上,是寻找Mo、Pb矿的有利地区。

4. 自然重砂特征

异常区主要分布白钨矿、锡石重砂异常,空间紧密套合。

5. 遥感影像特征

遥感解译小型断裂比较发育,预测区内的小型断裂以北东向、北东东向为主,北西向、北西西向断裂次之,其中大部分表现为压性特征,少数表现为张性特征的环形构造,主要集中于不同方向断裂交会部位。前述3个钼矿床均分布于断裂交会部位。

四、成矿带重要矿种预测评价模型

该成矿带典型矿床有小绥河铬铁矿、金家屯萤石矿、季德屯钼矿、大石河钼矿、福安堡钼矿、塔东铁矿,本成矿带矿产预测模型主要选择具代表性的季德屯钼矿和塔东铁矿。

(一)季德屯钼矿床

1. 典型矿床

季德屯钼矿床预测要素见表3-2-3,季德屯钼矿地质矿产、地球化学综合矿产预测模型见图3-2-2。

表3-2-3 季德屯钼矿床预测要素

预测要素		内容描述			类别
资源储量		大型	平均品位	0.087%	
特征描述		斑岩型钼矿			
地质条件	成矿区带(全国)	Ⅱ-13吉黑成矿省			必要
	成矿区带(大区)	Ⅲ-52小兴安岭-张广才岭(造山带)Fe、Pb、Zn、Cu、Mo、W成矿带			必要
	成矿区带(本省)	Ⅲ-52-⑥福安堡-塔东Mo、Fe、W、Cu、Au、Pb、Zn、Ag成矿带			必要

续表 3-2-3

预测要素		内容描述	类别
地质条件	岩石类型	似斑状二长花岗岩、石英闪长岩、花岗闪长岩、斜长花岗岩	必要
	成矿时代	辉钼矿 Re-Os：(168±2.5)Ma(史致元等，2010)	必要
	成矿环境	北西向断裂构造及岩体冷凝时产生的节理裂隙等控矿，燕山早期似斑状二长花岗岩和石英闪长岩提供矿物质并含矿	必要
	构造背景	矿区位于东北叠加造山-裂谷系(Ⅰ1)，小兴安岭-张广才岭叠加岩浆弧(Ⅱ3)，张广才岭-哈达岭火山-盆地区(Ⅲ3)，南楼山-辽源火山-盆地群(Ⅳ4)	重要
矿床特征	控矿条件	燕山早期似斑状二长花岗岩和石英闪长岩为控矿岩体。构造破碎带既为容矿构造，也为控矿构造	必要
	蚀变特征	围岩蚀变主要有硅化、钾长石化、绿帘石化、高岭土化、绢云母化、云英岩化，其次可见黄铁矿化、辉钼矿化、黄铜矿化，各种蚀变相互叠加无明显分带性。与成矿关系密切的围岩蚀变主要有硅化、萤石化、钾长石化等。硅化(石英化)，矿区较发育，与矿体紧密伴生，含矿石英细脉、网脉及大脉发育地段往往是钼矿体的赋存部位，是矿区主要蚀变类型。矿体均产在蚀变带内，而且蚀变越强矿化越好	重要
	矿化特征	风化淋滤作用，地表矿体分布零星，矿体地表投影范围与土壤 Mo 元素异常相吻合，总体呈椭球状，长轴方向北西，地表氧化带深度比较浅，有 15~25m，在此深度范围内基本上无矿体，总体表现为矿化现象，矿体中氧化矿石无法分带。矿体与围岩没有明显的界线，呈渐变过渡关系。矿体围岩及夹石均为似斑状二长花岗岩及石英闪长岩。近矿围岩为矿化似斑状二长花岗岩、石英闪长岩(Mo 0.01%~0.03%)，即矿化岩石	重要
综合信息	地球化学	矿区 1:5 万、1:20 万化探及 1:1 万土壤 Mo 元素异常较好，异常均有不同程度的元素组合分带。主成矿元素 Mo 面积大，且具浓集中心，Cu、Pb、Zn、Ag 等元素异常多分布在 Mo 元素异常的边部	重要
	地球物理	矿床处于早三叠世斑状二长花岗岩产生的 1:25 万重力低异常区，1:5 万航磁平静负磁场之中	重要
	重砂	矿床所在区域成矿地质条件优良，应用有益重砂矿物异常信息可为预测钼矿提供重要依据	次要
	遥感	北北西向新安-龙井断裂带与北东向柳河-吉林断裂带交会处；分布有多个古生代花岗岩类引起的环形构造；有高度集中铁染异常及零星羟基异常分布	次要
	找矿标志	燕山早期似斑状二长花岗岩和石英闪长岩是赋矿层，是间接找矿标志；辉钼矿化及其石英脉与矿体关系密切，是直接找矿标志；云英岩化、硅化、钾长石化、绢云母化、绿帘石化蚀变岩石是直接找矿标志；矿化蚀变转石是间接找矿标志；构造破碎带是矿体赋存的有利部位，是间接找矿标志；1:20 万、1:5 万水系沉积物 Mo 元素异常区，伴生 Ag、Cu、Pb、Zn 异常 1:1 万土壤 Mo 元素异常是矿致异常。区域上的化探异常，尤其与该矿区地质条件相似的地区应该引起足够重视	重要

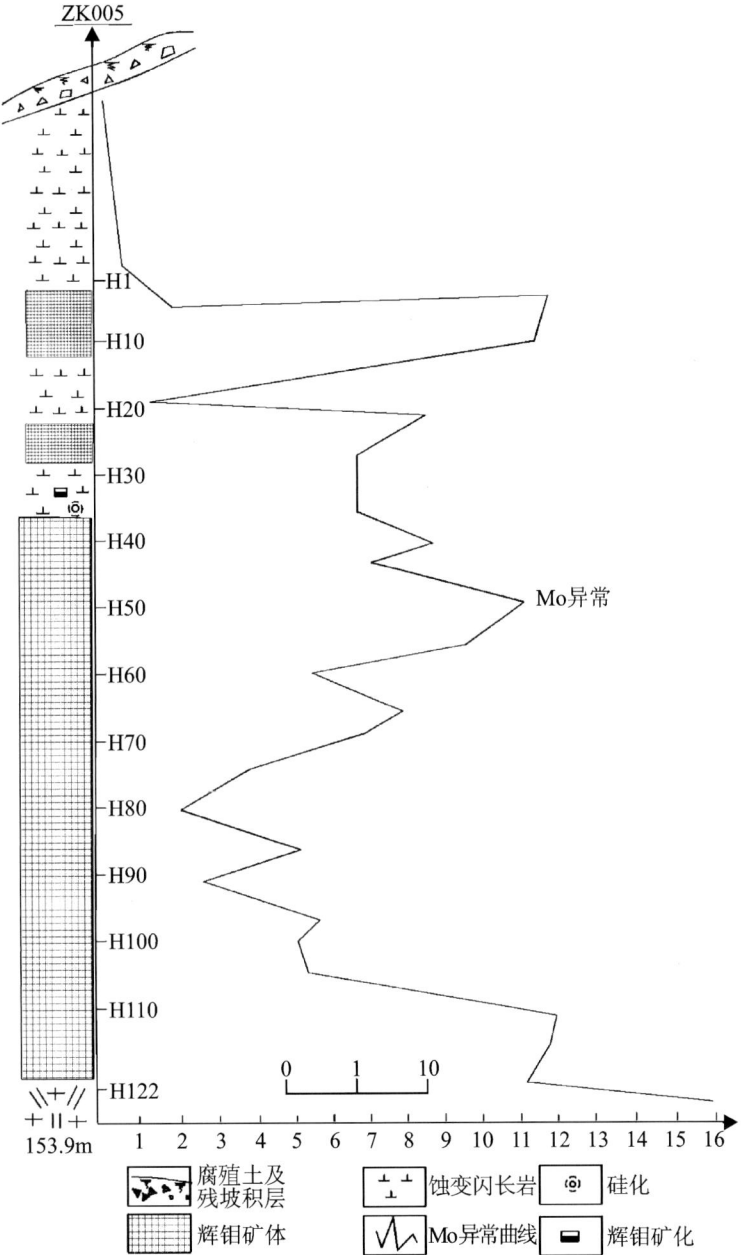

图 3-2-2 季德屯钼矿地质矿产、地球化学综合矿产预测模型图

2. 预测工作区

季德屯-福安堡钼矿预测工作区预测要素见表 3-2-4，季德屯钼矿床区域化探异常特征剖析见图 3-2-3，季德屯典型矿床所在区域地质矿产、地球物理及地球化学综合矿产预测模型见图 3-2-4。

表 3-2-4　季德屯-福安堡钼矿预测工作区预测要素表

预测要素	内容描述	类别
岩石类型	二长花岗岩、二长花岗斑岩和花岗闪长岩与斑状二长花岗岩	必要
成矿时代	福安堡辉钼矿 Re-Os(166.9 ± 6.7)Ma(李立兴等,2009)，季德屯辉钼矿 Re-Os:(168 ± 2.5)Ma(史致元等,2008)	必要
成矿环境	小兴安岭-张广才岭弧盆系，双阳-永吉-蛟河上叠裂陷盆地内，成矿地质条件与大黑山钼矿相似。燕山早期似斑状二长花岗岩与花岗闪长岩为含矿岩体与主要围岩；区内构造破碎带为容矿构造。与钼矿有关的构造为北东-南西向大型断裂带	必要
构造背景	矿区位于吉林省晚三叠世—新生代构造单元分区，东北叠加造山-裂谷系(Ⅰ1)，小兴安岭-张广才岭叠加岩浆弧(Ⅱ3)，张广才岭-哈达岭火山-盆地区(Ⅲ3)，南楼山-辽源火山-盆地群(Ⅳ4)。伊舒断裂带构造展布方向主要为北东向，北西向次之	重要
控矿条件	北东向、北西向断裂构造，燕山期中酸性花岗岩侵入体	必要
蚀变特征	主要有硅化、钾长石化、绿帘石化、高岭土化、绢云母化、云英岩化，其次可见黄铁矿化、辉钼矿化、黄铜矿化。与成矿关系密切的围岩蚀变主要有硅化、萤石化、钾长石化等。硅化(石英化)在矿区较发育，与矿体紧密伴生，含石英细脉、网脉及发育地段是钼矿体的赋存部位，矿体均产在蚀变带内，而且蚀变越强矿化越好	重要
矿化特征	矿体赋存在似斑状二长花岗岩和石英闪长岩中。矿体与围岩没有明显的界线，呈渐变过渡关系。矿体围岩及夹石均为似斑状二长花岗岩及石英闪长岩	重要
地球化学	应用 1∶20 万化探数据圈出 Mo 异常 8 个。对福安堡、季德屯钼矿积极支持的 Mo 异常具有清晰三级分带和明显浓集中心，强度较高，呈面状分布。与 Mo 异常空间套合紧密的元素有 W、As、Au、Ag、Pb、Zn、Na_2O、K_2O。其中，W、As 与 Mo 呈同心套合状，Au、Ag、Pb、Zn、Na_2O、K_2O 的异常浓集中心分布在 Mo 异常的外带	重要
地球物理	含钼矿的二长花岗岩表现为低重力异常与低磁异常之特征。重力低异常与磁力低异常为预测标志	重要
重砂	具备直接指示作用的辉钼矿没有重砂异常，主要伴生矿物白钨矿圈出 3 个异常，矿物含量分级较高，均对季德屯钼矿和福安堡钼矿有重要的指示意义。白钨矿-锡石组合异常可释放综合指示信息	次要
遥感	位于北西新安-龙井断裂带与北东柳河-吉林断裂带交会部位，有多个古生代花岗岩类引起的环形构造和一个中生代花岗岩类引起的环形构造呈团状分布，矿区周围有铁染异常分布	次要
找矿标志	燕山期与构造有关的中酸性岩石带状分布地区，发育云英岩化、硅化等是间接找矿标志；云英岩化、硅化、钾长石化、绢云母化、绿帘石化蚀变岩石是直接找矿标志；矿化蚀变转石是间接找矿标志；区域北东向断裂带和北西向断裂带，以及两者交会处是最佳的部位；构造破碎带是矿体赋存的有利部位，是间接找矿标志	重要

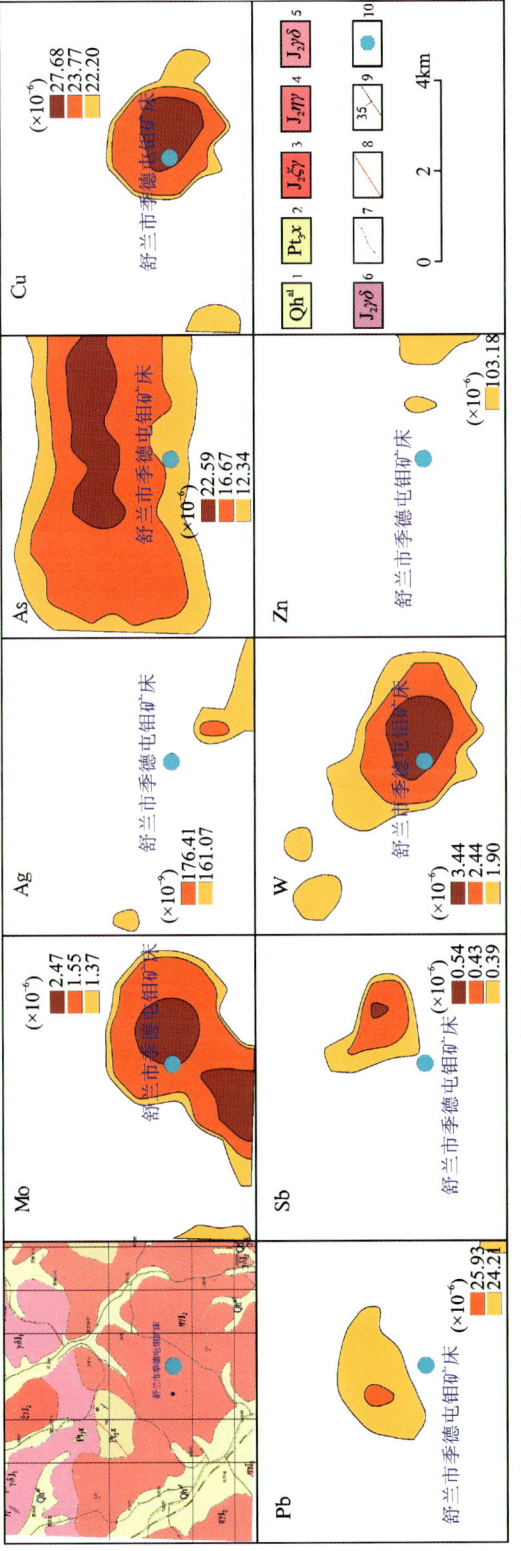

图3-2-3 舒兰市季德屯钼矿床区域化探异常特征剖析图

1. 第四系全新统Ⅰ级阶地及河漫滩冲洪积物；2. 新元古界新兴岩组变质砂岩；3. 中侏罗世碱长花岗岩；4. 中侏罗世二长花岗岩；5. 中侏罗世碱长花岗岩；6. 早侏罗世花岗闪长岩；7. 整合岩层界线；8. 实测断层；9. 岩层产状；10. 舒兰市季德屯钼矿床

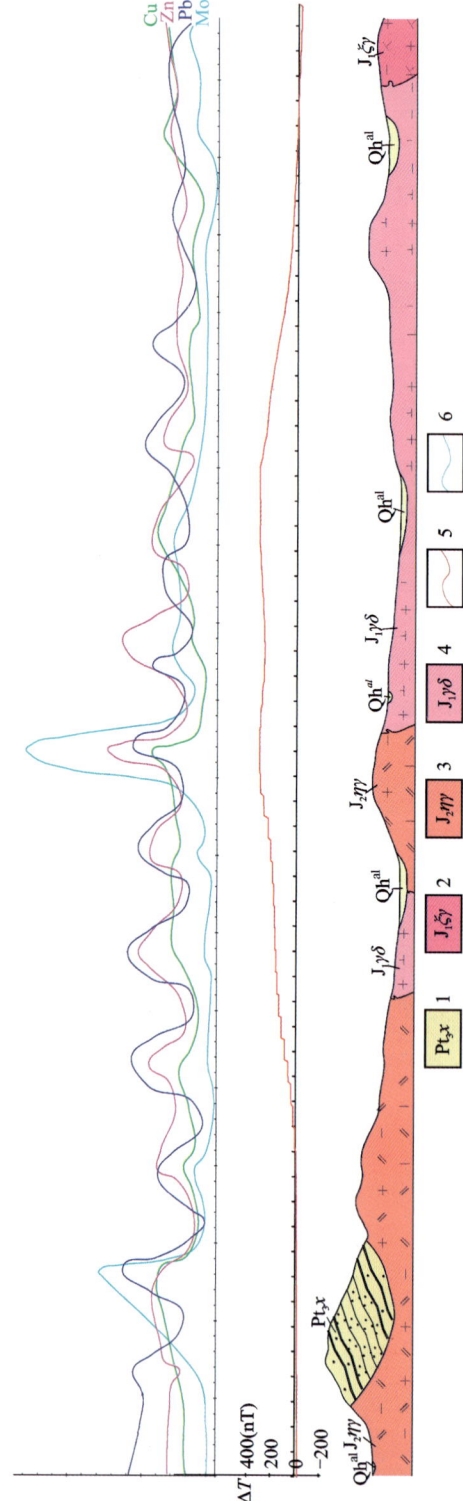

图3-2-4 季德屯钼矿床预测工作区地质矿产地球化学、地球物理综合矿产预测模型图

1.新兴岩组变质砂岩、黑云片岩夹石英岩;2.碱长花岗岩;3.二长花岗岩;4.花岗闪长岩;5.航磁异常曲线;6.化探异常曲线

(二)塔东铁矿床

1. 典型矿床

塔东铁矿床预测要素见表 3-2-5,塔东铁矿地质、地球物理找矿模型见图 3-2-5。

表 3-2-5 塔东铁矿床预测要素表

预测要素		内容描述			类别
资源储量		中型	平均品位	27.87%	
特征描述		沉积变质型			
地质条件	成矿区带(全国)	Ⅱ-13 吉黑成矿省			必要
	成矿区带(大区)	Ⅲ-52 小兴安岭-张广才岭(造山带)Fe、Pb、Zn、Cu、Mo、W 成矿带			必要
	成矿区带(本省)	Ⅲ-52-⑥福安堡-塔东 Mo,Fe,W,Cu,Au,Pb,Zn,Ag 成矿带			必要
	岩石类型	斜长角闪岩、斜长角闪片麻岩、磁铁角闪岩、黑云斜长片麻岩、透辉岩、透辉斜长片麻岩组合			必要
	成矿时代	新元古代			必要
	成矿环境	南北向构造控制了本区铁磷矿床的形成			必要
	构造背景	前南华纪小兴安岭弧盆系(Ⅱ),机房沟-塔东-杨木桥子岛弧盆地带(Ⅲ),塔东弧盆(Ⅳ)			重要
矿床特征	控矿条件	地层控矿:矿床受拉拉沟岩组斜长角闪岩、斜长角闪片麻岩、磁铁角闪岩、黑云斜长片麻岩、透辉岩、透辉斜长片麻岩组合的控制; 构造控矿:塔东变质岩系呈南北向狭长带状展布,可能受南北向断陷盆地控制,矿区混合岩主要沿南北向层间裂隙注入。区内近南北向挤压带比较发育,强烈处于形成千枚岩化带,弱者为破碎带。而该挤压带对矿体没有破坏作用。沿该断裂带有热液活动现象,形成黄铁矿化、硅化、绢云母化等蚀变,证明近南北向构造不仅控制了本区铁磷矿床的形成,而且控制了混合岩及热液型黄铁矿的形成			必要
	矿化特征	区域上磁铁矿化、黄铁矿化			重要
综合信息	地球物理	1:20 万区域局部重力高异常是确定找矿远景区段重要信息;1:5 万航磁 2800～4500nT 高强度异常,不仅能指示矿床的存在,而且能揭示矿床各矿段的分布。航磁异常是直接寻找此类型铁矿的区域找矿标志;1:5000～1:10 000 大比例尺地面磁测显示近地表或出露矿体(成矿组)异常多是强度 $n×10^3 \sim n×10^4$ nT 的狭窄尖峰带状异常,而具有一定埋深的盲矿体(或矿组)常表现为强度小于 5000nT 的低缓异常			必要
	遥感	北东向与北北东向断裂交会处,3 个隐伏岩体形成的环形构造群西侧边缘,遥感浅色色调异常区,矿体分布于新元古界塔东岩群形成的带要素中,矿区周围羟基异常、铁染异常均较发育			次要

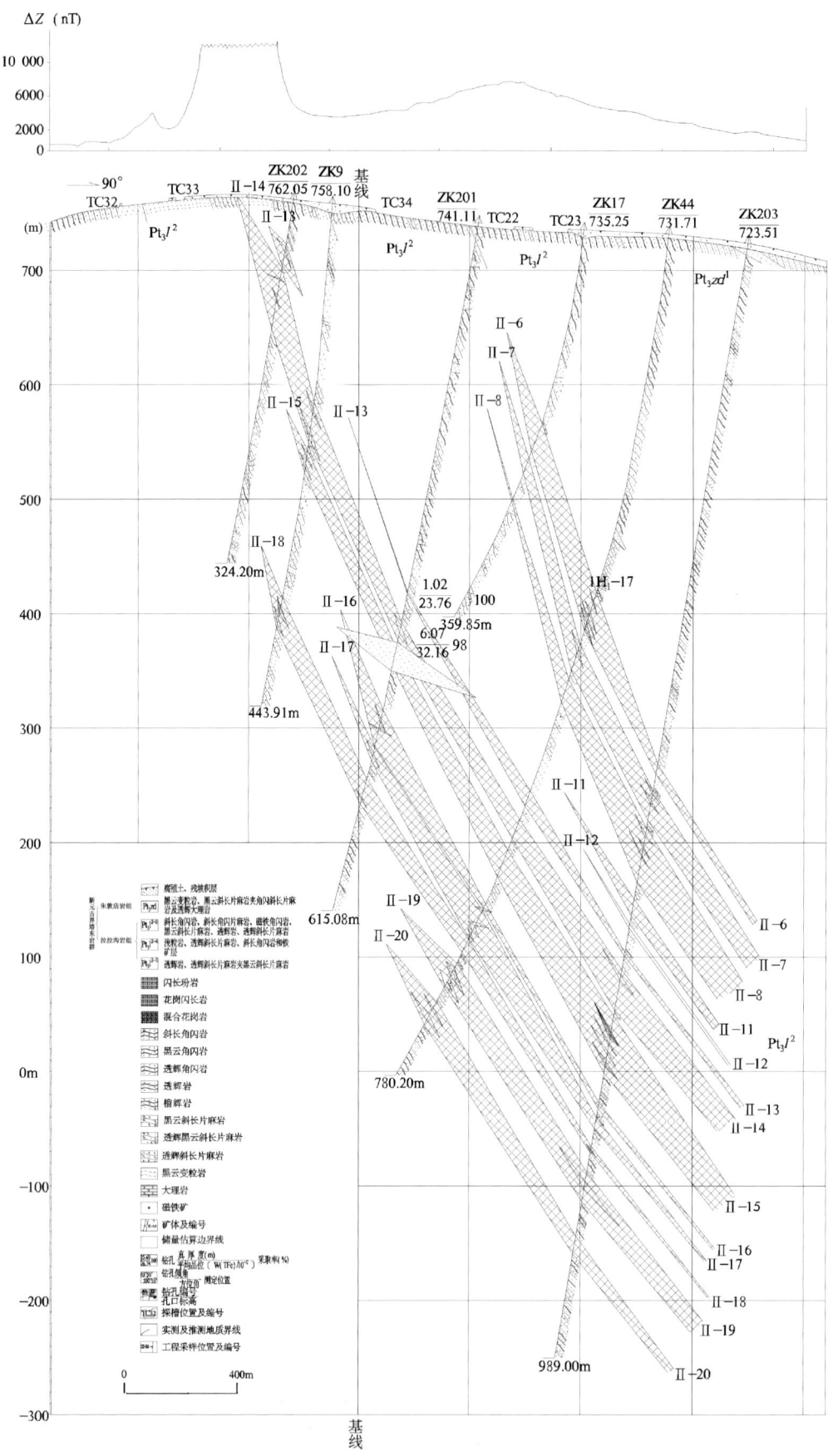

图 3-2-5 塔东铁矿地质、地球物理找矿模型图

2. 预测工作区

塔东铁矿预测工作区预测要素见表 3-2-6,预测工作区地质、地球物理综合矿产预测模型见图 3-2-6。

表 3-2-6 塔东铁矿预测工作区预测要素表

预测要素		内容描述	类别
地质条件	岩石类型	斜长角闪岩、斜长角闪片麻岩、磁铁角闪岩、黑云斜长片麻岩、透辉岩、透辉斜长片麻岩组合	必要
	成矿时代	新元古代	必要
	成矿环境	南北向构造控制了本区铁矿床的形成	必要
	构造背景	前南华纪小兴安岭弧盆系(Ⅱ),机房沟-塔东-杨木桥子岛弧盆地带(Ⅲ),塔东弧盆(Ⅳ)	重要
矿床特征	控矿条件	矿床受新元古界拉拉沟岩组斜长角闪岩、斜长角闪片麻岩、磁铁角闪岩、黑云斜长片麻岩、透辉岩、透辉斜长片麻岩组合的控制;塔东变质岩系呈南北向狭长带状展布,可能受南北向断陷盆地控制,矿区混合岩主要沿南北向层间裂隙注入。区内近南北向挤压带比较发育,强烈处于形成千枚岩化带,弱者为破碎带。而该挤压带对矿体没有破坏作用。沿该断裂带有热液活动现象,形成黄铁矿化、硅化、绢云母化等蚀变,证明近南北向构造不仅控制了本区铁矿床的形成,而且控制了混合岩及热液型黄铁矿的形成	必要
	矿化特征	区域上磁铁矿化、黄铁矿化	重要
综合信息	地球物理	1:20万区域局部重力高异常是确定找矿远景区段的重要信息;1:5万航磁 2800~4500nT 高强度异常,不仅能指示矿床的存在,而且能揭示矿床各矿段的分布。航磁异常是直接寻找此类型铁矿的区域找矿标志	必要
	遥感	北东向与北北东向断裂交会处,3个隐伏岩体形成的环形构造群西侧边缘,遥感浅色色调异常区,矿体分布于新元古界塔东岩群形成的带要素中,矿区周围羟基异常、铁染异常均较发育	次要

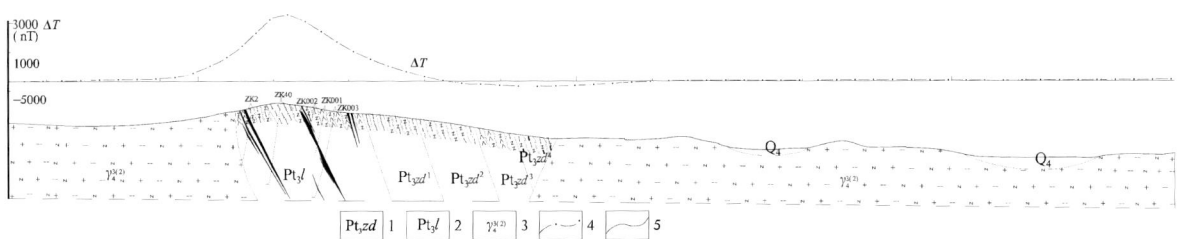

图 3-2-6 塔东铁矿预测工作区地质、地球物理综合矿产预测模型图
1.新元古界朱墩店岩组;2.新元古界拉拉沟岩组;3.花岗岩;4.ΔT磁异常曲线;5.地质界线

五、多矿种综合预测区特征

综合预测区 6A、7A、18B 位于Ⅴ5 五级成矿带内,18B 位于Ⅴ4 五级成矿带内,综合预测区成矿特征如下。

(1)地质特征:出露新元古界新兴岩组片岩及大理岩,机房沟岩组变质砂岩和黑云片岩、变粒岩,白垩系泉头组、嫩江组细砂岩、泥岩、砂质泥岩,第三系棒槌沟组、舒兰组、荒山组的碎屑岩和泥岩。

侵入岩有燕山期早侏罗世闪长岩、花岗闪长岩、二长花岗岩、碱长花岗岩;中侏罗世花岗闪长岩、二长花岗岩、碱长花岗岩。脉岩有花岗细晶岩、花岗斑岩、流纹斑岩、石英脉。燕山期花岗闪长岩和二长花岗岩分布广泛,在空间上与钼及多金属矿床关系密切。

区内断裂构造展布方向主要为北东向,北西向次之。区内局部发育糜棱岩,具韧性剪切带特征,区内主要矿产均赋存于北东向构造中。

(2)矿产特征:区内已发现小型矿床 1 处,大型钼矿床 1 处。

(3)物探、化探、遥感、自然重砂特征:区内南部重力低异常区占预测区大部分,这与不同期次花岗岩分布是一致的。在南部季德屯—龙头村一带是更低的重力低异常带,主要反映的是燕山期侵入体,季德屯大型钼矿和福安堡小型钼矿均在该异常带的边部。北部春田村—福安堡一带,是一条北东向的重力高异常带,反映了古生代基底隆起。其北西侧的北东向重力低异常带为伊舒断陷带,与航磁负异常一致。区域为磁性较弱的磁场区。化探 Mo 异常具有明显的分带和浓集中心,异常强度较高,主要找矿指示元素有 Mo、W、Ag、Cu、Pb、Zn、As、Sb。遥感解译环形构造比较发育,主要集中于不同方向断裂交会部位。重砂异常矿物为白钨矿和锡石。

综合预测区成矿地质特征信息见表 3-2-7。

表 3-2-7　Ⅲ-52-⑥Ⅳ级成矿带综合预测区成矿地质特征表

Ⅳ级成矿(区)带	综合预测区编号及名称	矿种	综合预测区面积/km²	矿产预测类型	成矿地质	代表性矿床
Ⅲ-52-⑥	8C 小绥河	铬铁	10	小绥河式侵入岩体型	海西期与超基性岩有关	小绥河铬铁矿
	9C 金家屯	萤石	3	金家屯式热液充填交代型	西别河组砂岩、页岩夹泥灰岩含矿建造与燕山期花岗闪长岩	金家屯萤石矿
	6A 季德屯	钼	203	大黑山式斑岩型	二长花岗岩、二长花岗斑岩和花岗闪长岩与斑状二长花岗岩	季德屯钼矿
	7A 大石河	钼	477	大石河式斑岩型	燕山期花岗闪长岩和二长花岗岩、燕山晚期花岗斑岩	敦化大石河钼矿
	18B 塔东	铁	50	塔东式沉积变质型	中元古界塔东岩群拉拉沟组黑云片麻岩	塔东铁矿

第四章 吉中-延边成矿(区)带预测成果

第一节 山门-乐山成矿带

一、区域地质背景

山门-乐山成矿带在晚三叠世—新生代构造单元分区中,位于东北叠加造山-裂谷系(I1),小兴安岭-张广才岭叠加岩浆弧(II3),张广才岭-哈达岭火山-盆地区(III3),大黑山条垒火山-盆地群(IV2)内。

山门-乐山成矿带在南华纪—中三叠单元分区中,山门-乐山成矿带位于天山-兴蒙-吉黑造山带(I1),小兴安岭-张广才岭弧盆系(II3),小顶山-张广才岭-黄松裂陷槽(III2),大顶子-石头门口山叠裂陷盆地(IV2)内。

山门-乐山成矿带处于松辽断陷与伊舒裂谷之间的大黑山断隆中南段,呈北东向带状展布。成矿带区域地质见图4-1-1。

1. 构造特征

山门-乐山成矿带内构造以断裂最为发育,主要是以平行断陷及裂谷边缘的次一级北东—北北东向压性—压扭性冲断层和糜棱岩化带为主,北西向和其他方向断裂次之。褶皱构造多不完整,主要发育在下古生界中,表现为复式褶皱,在放牛沟地区以东西向为主,在大顶山地区以北西向为主,在山门地区则以北东向为主。上述构造和北东向与北西向构造交会部位,为本区主要矿产产出区域。

2. 地层

山门-乐山成矿带地层主要为下古生界的西保安岩组角闪片岩、角闪变粒岩、云母片岩;奥陶系黄莺屯岩组变质粉砂质、泥质、钙质板岩、大理岩;放牛沟组、桃山组、石缝组中酸性火山-类复理式建造的变英安岩、变流纹岩夹变质粉砂岩、大理岩等。在大顶山一带有上古生界上石炭统磨盘山组和石咀子组硅质条带大理岩、结晶灰岩、厚层大理岩夹硅质岩、板岩、酸性熔岩;二叠系范家屯组二云母石英变粒岩、石榴石红柱石变粒岩、千枚岩、千枚状板岩夹大理岩等与成矿关系密切。

3. 侵入岩

山门-乐山成矿带内侵入岩发育,从加里东晚期到燕山期均有分布,主要有加里东晚期黑云母角闪岩、含黑云母二长花岗岩和闪长岩等,海西期有斜长花岗岩、花岗闪长岩和石英闪长岩、花岗岩等,印支期和燕山期花岗闪长岩、石英闪长岩、二长花岗岩、花岗岩、流纹斑岩等。上述岩类均呈岩基或岩株沿北东向分布,形成区内明显的以北东向为主的构造-岩浆岩带,各期次侵入岩分别与不同类型的矿化有关,是本区主要控矿因素之一。

4. 大型变形构造

山门-乐山成矿带由近于平行的四平-德惠岩石圈断裂、依兰-伊通断裂组成,两条断裂在东侧被伊通河断裂截断,该断裂带被认为是郯庐断裂北延段。

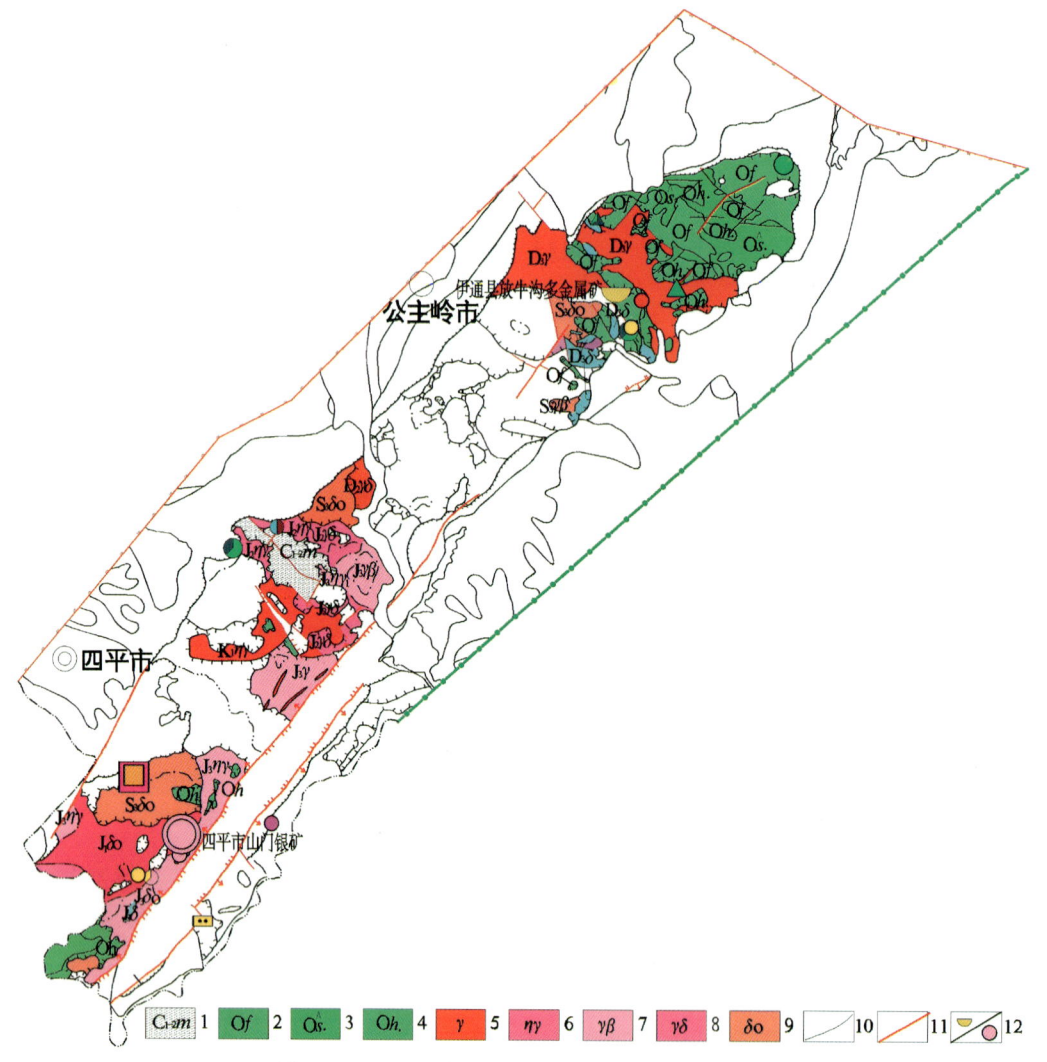

图 4-1-1　Ⅲ-55-①山门-乐山成矿带区域地质图

1.磨盘山组;2.放牛沟火山岩;3.烧锅屯岩组;4.黄顶子岩组;5.花岗岩;6.二长花岗岩;7.黑云母花岗岩;8.花岗闪长岩;9.石英闪长岩;10.地质界线;11.断层;12.金矿/银矿点

二、区域矿产特征

1. 区域矿产特征

山门-乐山成矿带已发现重要矿种银及多金属矿床、矿点、矿化点共计 18 处,分布有与早古生代海相火山沉积作用有关的 Pb、Zn、Au、S、P、重晶石矿床成矿亚系列,代表性矿床为放牛沟中型多金属矿(硫铁矿、铅锌矿)。山门地区与燕山中晚期岩浆和地下热水作用有关的 Ag 矿床成矿亚系列,代表性矿床有四平市山门大型银矿。区内找银、多金属矿地质条件优越。本成矿带重要矿种矿产地特征见表 4-

1-1,区域矿产分布见图 4-1-2。

表 4-1-1　Ⅲ-55-①Ⅳ级成矿带重要矿种矿产地特征表

序号	矿种	共(伴)生矿产	矿产地名称	成因类型	成矿时代	主矿产矿床规模
1	金		梨树县叶赫河金矿	砂矿型	中侏罗世	小型
2	金		梨树县叶赫镇大窝铺村金矿	热液型	三叠纪	矿点
3	金		伊通县莫里乡孟家沟金矿	热液型	奥陶纪	矿点
4	金		梨树团山子矿段银金矿	热液型	中生代	矿点
5	磷		四平市山门磷矿	岩浆型	奥陶纪	小型
6	铅锌、硫铁矿	银、铜	伊通县放牛沟多金属矿	火山岩型	泥盆纪	中型
7	镍	铜、钴	四平市山门镍矿	岩浆型	石炭纪	小型
8	铅、锌		中马家油房铅、锌矿点	热液型	早三叠世	矿点
9	铅、锌		梨树县大顶子多金属矿	热液型	白垩纪	小型矿床
10	铁	铅、铜	伊通县景台乡新立屯村	热液型	奥陶纪	矿点
11	铜		伊通县马鞍乡王家油房	矽卡岩型	侏罗纪	小型
12	铅	铜、铅、锌	伊通县景台乡小桥子铅锌矿	矽卡岩型	晚古生代	矿点
13	铜		伊通西大城号铜矿	热液型	晚二叠世	小型
14	多金属		伊通孟家沟多金属矿	热液型	晚侏罗世	
15	银	金、锌、铅	四平市山门镇营盘村银矿	热液型	白垩纪	小型
16	银	金	四平市山门银矿卧龙段银矿	热液型	中生代	大型
17	银	金	四平市山门银矿龙王段银矿	热液型	中生代	大型
18	萤石		梨树山咀萤石矿点	热液型	中生代	矿点

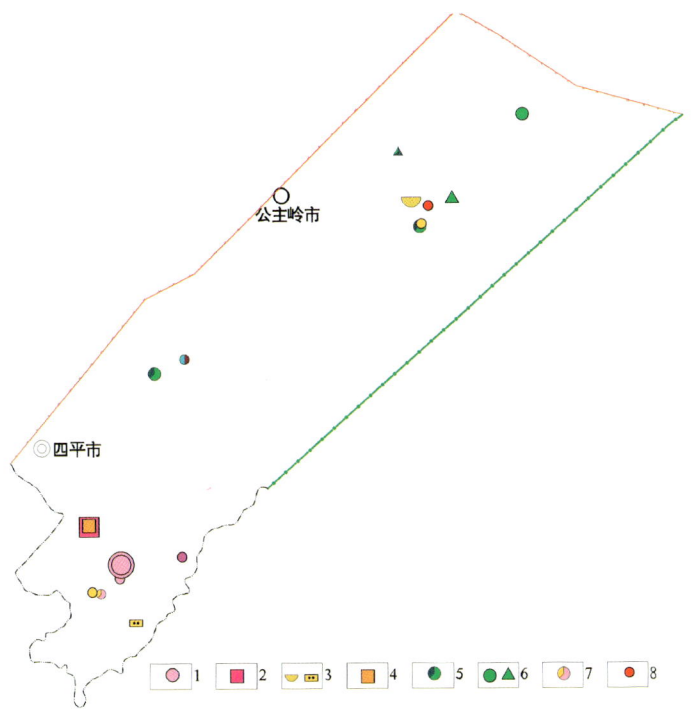

图 4-1-2　Ⅲ-55-①山门-乐山成矿带区域矿产地分布图

1.银矿;2.镍矿;3.金矿;4.磷矿;5.多金属矿;6.铜矿;7.金银矿;8.铁矿

2. 矿产预测类型的划分及预测工作区分布

本成矿带共分布金、银、镍、铅、锌、硫铁矿等矿种 5 个预测工作区，即兰家式矽卡岩型山门金矿预测工作区、放牛沟式海相火山岩型放牛沟硫铁矿预测工作区、红旗岭式基性—超基性岩浆熔离-贯入型川连沟-二道岭子镍矿预测工作区、放牛沟式火山热液型放牛沟铅锌矿预测工作区、山门式热液型山门银矿预测工作区。其中川连沟-二道岭子预测工作区与红旗岭式基性—超基性岩浆熔离-贯入型地质背景、成因类型、成矿时代相近，山门兰家式矽卡岩型金矿地质背景、成因类型、成矿时代相近，由此将川连沟-二道岭子镍矿预测工作区划为红旗岭式基性—超基性岩浆熔离-贯入型，山门金矿预测工作区划为兰家式矽卡岩型。该区矿产预测类型及工作区分布详见表 4-1-2。

表 4-1-2　Ⅲ-55-①Ⅳ级成矿带重要矿种矿产预测类型及预测工作区统计表

矿种	预测工作区名称	预测方法类型	矿产预测类型	典型矿床
金	山门	层控内生型	兰家式矽卡岩型	山门金矿
硫铁	放牛沟	火山岩型	放牛沟式海相火山岩型	放牛沟硫铁矿
镍	川连沟-二道岭子	侵入岩体型	红旗岭式基性—超基性岩浆熔离-贯入型	川连沟-二道岭子镍矿
铅、锌	放牛沟	火山岩型	放牛沟式火山热液型	放牛沟多金属矿
银	山门	层控内生型	山门式热液型	山门银矿

三、区域物探、化探、遥感、重砂特征及推断解释

1. 航磁特征

本区位于大黑山条垒南段正负磁异常区，中部叶赫-乐山线性正磁异常带沿北东向贯穿本区，两侧有负磁异常区相伴，在正磁异常带北端响水附近有另一条带状正异常平行分布。

2. 重力特征

本区布格重力异常强度西、南部高，东、北部低。剩余重力高异常呈北东向线状分布，规模大。南部剩余重力异常以北东向条带状为主，沿北西向相间分布，北部剩余重力异常形态多样，有条带状、椭圆状、等轴状，北西向、东西向、北东向均有分布。

放牛沟多金属矿床区域航磁表现为负异常，重力高异常。山门镍矿产于基性—超基性岩体中，附近有奥陶系磐岭岩组出露，由于岩体规模小，不足以产生航磁异常，但表现出重力高异常。热液型及接触交代型矿床大部分处在正磁异常带边部梯度带或低缓正磁异常上，反映了与接触带、断裂构造有关。

3. 地球化学特征

放牛沟和大顶山地区为碱土金属元素同生地球化学场，发育有亲硫元素 Au、Ag、Cu、Pb、Zn、Sb、Hg 等和 W、Mo、Bi 等元素的叠生地球化学场，反映早古生代海相火山岩夹碎屑岩及晚古生代碳酸盐岩建造的元素组合特征，并有成矿元素富集的特点。山门地区为碱性元素、稀有元素、稀土元素的同生地球化学场，发育有 Ag、Au、Cu、Pb、Zn、Sb、Hg 和 W、Sn、Bi、Mo 等元素的叠生地球化学场，高温元素组合和稀有(稀土)元素组合反映酸性侵入岩的元素组合特征，其余亲硫元素则反映成矿特征。成矿带地球化学综合地质图见图 4-1-3。

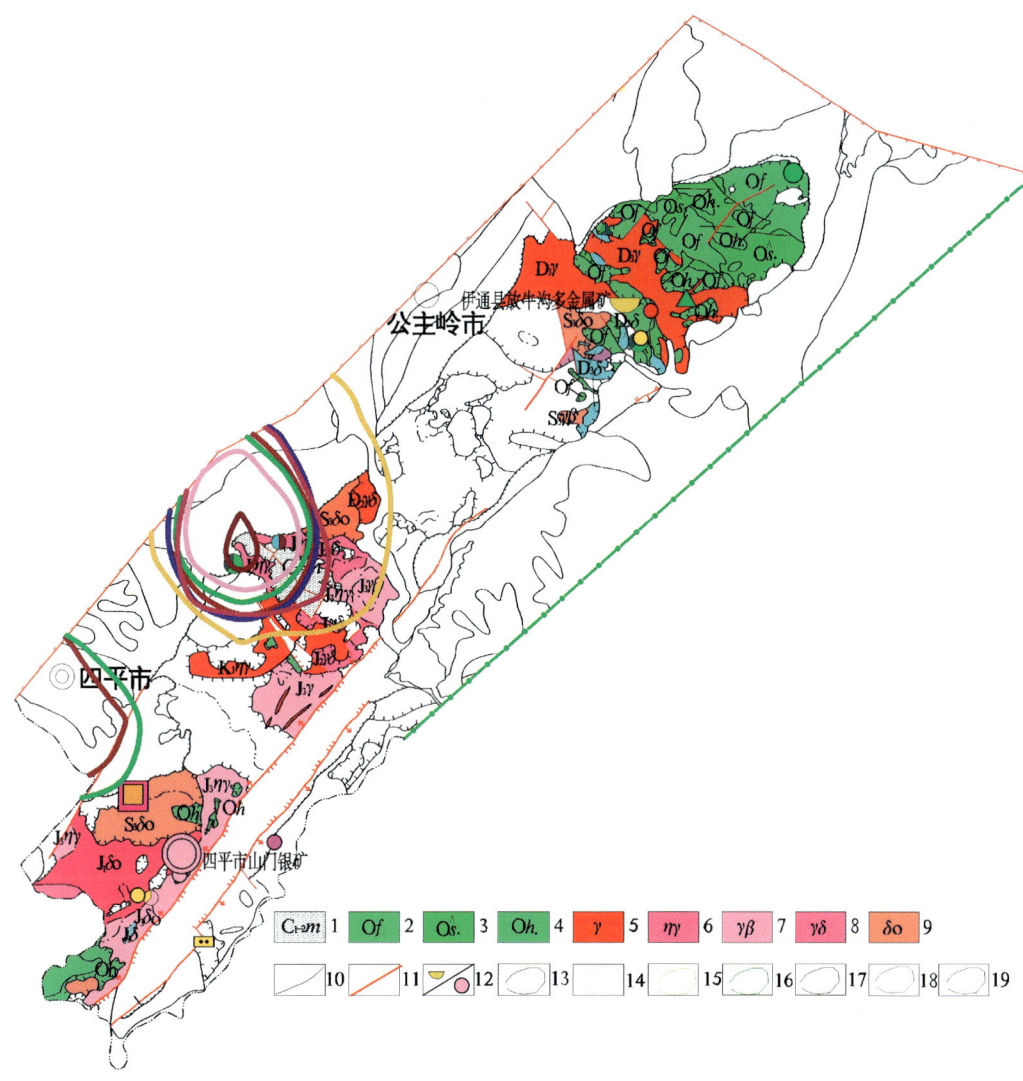

图 4-1-3　吉林省Ⅲ-55-①山门-乐山成矿带地球化学综合地质图

1.磨盘山组;2.放牛沟火山岩;3.烧锅屯岩组;4.黄顶子岩组;5.花岗岩;6.二长花岗岩;7.黑云母花岗岩;8.花岗闪长岩;9.石英闪长岩;10.地质界线;11.断层;12.多金属矿/银矿点;13.钨异常;14.银异常;15.金异常;16.铜异常;17.铅异常;18.锑异常;19.锌异常

4. 自然重砂特征

该成矿带以预测火山热液型银矿(脉状)、铅锌矿为主。重砂矿物自然金、白钨矿、锡石、辰砂、铜族异常表现突出,其次为指示基性—超基性岩体的橄榄石、辉石重砂异常;亦有较好的黄铁矿重砂异常,它是评价硫铁矿的标型矿物;萤石异常存在于四平山门银、金矿的东南部,对预测萤石矿有指导意义。

5. 遥感影像特征

在依兰-伊通断裂带北西侧,发育与该断裂带平行的脆韧性变形构造以及由两组断裂圈闭的菱形区。成矿带内的小型断裂比较发育,多方向断裂交叉部位,环形构造成群分布,为金多金属矿产集中分布区。

四、区带重要矿种预测评价模型

该成矿带典型矿床有山门银矿、山门镍矿、大顶子多金属矿、放牛沟多金属硫铁矿、孟家沟多金属矿,本次评价模型选择具代表性的放牛沟多金属硫铁矿、山门银矿。

(一)放牛沟多金属硫铁矿床

1. 典型矿床

放牛沟多金属硫铁矿床预测要素见表 4-1-3,矿产预测模型见图 4-1-4。

表 4-1-3　放牛沟多金属硫铁矿床矿产预测要素表

预测要素	内容描述		类别
特征描述	火山-岩浆热液型		
成矿(区)带	(全国):Ⅱ-13 吉黑成矿省		必要
	(大区):Ⅲ-55 吉中-延边(活动陆缘)Mo、Au、As、Cu、Zn、Fe、Ni 成矿带		必要
	(本省):Ⅲ-55-①山门-乐山 Ag、Au、Cu、Fe、Pb、Zn、Ni 成矿带		必要
岩石类型	奥陶系放牛沟组白色大理岩夹条带状大理岩、片理化安山岩、片理化流纹岩,绢云石英片岩夹大理岩透镜体;海西早期花岗岩		必要
成矿时代	306.4~290Ma,为海西期		必要
成矿环境	海西早期花岗岩体与早古生代火山-沉积岩系的接触带,放牛沟组白色大理岩夹条带状大理岩为主要赋矿层位		必要
构造背景	矿床位于天山-兴蒙-吉黑造山带(Ⅰ),小兴安岭-张广才岭弧盆系(Ⅱ),小顶子-张广才岭-黄松裂陷槽(Ⅲ),大顶子-石头口门上叠裂陷盆地(Ⅳ)内。四平-德惠断裂带和伊通-伊兰断裂带之间,大黑山隆起带的中心部位		重要
控矿条件	放牛沟组大理岩、片理化安山岩及安山质凝灰岩在热液的作用下易产生矽卡岩化,形成以充填交代作用为主的矿体; 近东西向放牛沟-前庙岭斜冲断裂带既是控矿构造,亦是控岩构造,矿体及原生晕异常分布于该断裂两侧次级层间构造破碎带、裂隙带内; 岩浆活动控矿作用表现为海西早期同熔型后庙岭花岗岩与上奥陶统放牛沟组火山-沉积岩系接触带及其外侧 200m 范围内,以花岗岩为中心,矿床及其原生晕在空间上、时间上、物质组分上分带性十分明显		必要
蚀变特征	围岩蚀变主要有青磐岩化、绿泥石化、绿帘石化、黝帘石化、硅化、绢云母化、萤石化、闪石化、黄铁矿化等;在岩体接触带附近石榴石-透辉石或透闪石矽卡岩及碳酸盐化发育,并伴有黄铁矿化,大理岩中的纹层状黄铁矿大多形成以绿泥石为主的蚀变		重要

续表 4-1-3

预测要素	内容描述	类别
矿化特征	矿体严格受构造控制，主要赋存于近东西向压性破碎带中，走向 70°～100°，倾向南，倾角 35°～70°。矿体在含矿破碎带中成群分布，在平、剖面上呈密集平行排列，尖灭再现，舒缓波状。含矿带长 1700m，宽 150～400m，发现 9 个矿组，41 条矿体。规模较大、矿石类型较全的有 3 号矿组的 3-1 号、3-2 号矿体，9 号矿组的 9-4 号、9-6 号、9-7 号矿体，7 号矿组的 7-4 号、7-5 号矿体，2 号矿组的 2-1 号矿体	重要
地球化学	成矿元素及伴生元素 Pb、Zn、Cd、Ag、Mn、Bi、Mo 等含量逐步增高，造岩杂质元素 Sr、Cr、Tc、Co、Ni、Ba、V 等含量逐步降低，指示矿床可能存在的方向。成矿有关元素 Pb、Zn、Ag、Cd、Mn，伴生元素 Cu、Bi、F、Mo、As 等的正异常与造岩杂质元素 Cr、Ti、V、Sr 等的负异常套合出现，呈带状，异常规模大、浓度高、浓度分带明显。矿床土壤 Pb、Zn、Ag、Cd、Mn、Cu、Hg 等元素异常重合且规模较大	重要
地球物理	在 1:25 万布格重力异常图上，放牛沟多金属硫铁矿床处在火主岺-刘房子-陶家屯-范家屯与靠山镇-莫里青-乐山-大南两条近平行北东走向区域性重力梯级带之间夹持的长轴呈北东向椭圆状重力高异常东南侧梯级带南段，以重力零等值线圈定，异常长约 28km，宽约 10km，异常等值线匀称规律，极大值位于异常北东段。在剩余重力异常图上，处在乐山剩余重力高异常南东侧之北东向梯级带与东西向梯度带转换部位。北西和南东侧重力梯级带分别是四平-长春-榆树和伊通-舒兰两条区域深大断裂构造带的反映，重力高异常边缘梯级带，尤其重力梯级带弯曲变异处是成矿有利部位，是重要的找矿地球物理标志。 在 1:5 万航磁异常图上，放牛沟多金属硫铁矿床处在由 4 个似圆形磁力高异常组成的东西向展布呈串珠状异常带上。东半部吉 C—1989—98 号中间异常规模和强度要大于东、西两侧异常，南北长约 500m，东西宽约 400m，异常曲线较对称，北侧梯度略大于南侧，异常最高值为 600nT，属放牛沟多金属硫铁矿床所引起	重要
重砂	具有较好重砂异常的矿物有磁铁矿、黄铁矿、磷灰石，主要成矿矿物金、白钨矿、辰砂、黄铜矿、方铅矿等矿物含量分级较低，重砂异常表现弱势。代表的重砂矿物组合为金、白钨矿、磁铁矿、黄铁矿、磷灰石，圈出 1 处中等规模的组合异常，为寻找金、铜铅锌多金属矿床提供重要的重砂预测信息	次要
遥感	位于北东向四平-德惠岩石圈断裂与依兰-伊通断裂带之间，各方向的小型断裂比较发育，与隐伏岩体有关的复合环形构造密集分布，矿区及其周围遥感铁染异常零星分布	次要
找矿标志	海西早期花岗岩体与早古生代火山-沉积岩系的接触带是成矿的有利空间；区域上的青磐岩化、绿泥石化、绿帘石化、黝帘石化、硅化、绢云母化、萤石化、闪石化、黄铁矿化等，是区域上的找矿标志；在岩体接触带附近石榴石-透辉石或透闪石矽卡岩及碳酸盐化发育，并伴有黄铁矿化，大理岩中的纹层状黄铁矿大多形成以绿泥石为主的蚀变，是矿体的直接找矿标志	重要

2. 预测工作区

放牛沟多金属硫铁矿床预测工作区预测要素见表 4-1-4，放牛沟多金属硫铁矿预测模型见图 4-1-4，预测工作区地质、地球化学、地球物理综合矿产预测模型见图 4-1-5，伊通县放牛沟多金属硫铁矿床区域化探异常特征见图 4-1-6。

表 4-1-4　放牛沟多金属硫铁矿床预测工作区预测要素表

预测要素	内容描述	类别
岩石类型	奥陶系放牛沟组白色大理岩、条带状大理岩、片理化安山岩、片理化流纹岩、绢云石英片岩;海西早期花岗岩	必要
成矿时代	306.4~290Ma,海西期	必要
成矿环境	区域上近东西向放牛沟-前庙岭斜冲断裂带为控矿构造,也是控岩构造,该断裂两侧次级层间构造破碎带、裂隙带是矿床产出的有利部位	必要
构造背景	天山-兴蒙-吉黑造山带(Ⅰ),小兴安岭-张广才岭弧盆系(Ⅱ),小顶子-张广才岭-黄松裂陷槽(Ⅲ),大顶子-石头口门上叠裂陷盆地(Ⅳ)。四平-德惠断裂带和伊通-伊兰断裂带之间,大黑山隆起带的中心部位	重要
控矿条件	区域上受近东西向放牛沟-前庙岭斜冲断裂带控制,为控岩构造,该断裂两侧次级层间构造破碎带、裂隙带是容矿构造。大理岩、片理化安山岩及安山质凝灰岩控矿。海西早期同熔型花岗岩为控矿岩体	必要
蚀变特征	青磐岩化、绿泥石化、绿帘石化、黝帘石化、硅化、绢云母化、萤石化、闪石化、黄铁矿化等	重要
矿化特征	区域上磁铁矿化、闪锌矿化、方铅矿化、黄铁矿化点或蚀变带	重要
地球化学	应用1∶5万化探数据圈出比较清晰二级分带的铅异常,强度达到33g/t。而锌异常具有清晰的三级分带和明显的浓集中心,强度达到98g/t,北西向、北东向延伸的趋势。与铅、锌空间套合紧密的元素有Cu、Au、Ag、W、Bi、Mo。其组合异常可形成简单元素组分富集区和较复杂元素组分富集区,显示铅(锌)成矿的复杂性、多样性。铅锌甲、乙综合异常具备良好的成矿地质条件和找矿前景,空间上与分布的矿产有积极响应关系,是进一步找矿的重要靶区; 矿区Cu、Pb、Zn元素1∶1万土壤化探异常具有明显的显示,特征元素组合为Pb-Zn-Cu。原生晕异常特征分析表明,与成矿关系密切的元素主要为Pb、Zn、Cu、Ag、Au、Mo等,空间上呈同心套合状。其中Pb、Zn、Cu是主成矿元素,在矿体上方Pb、Zn、Cu、Ag、Au、Mo原生晕异常吻合程度高,异常呈带状分布,轴向延伸近东西。异常浓集中心即为矿体赋存位置。矿床硫、铅同位素特征表明,成矿物质来源于深源。没有S元素的化探异常信息	重要
地球物理	放牛沟多金属硫铁矿床处在乐山剩余重力高异常南东侧之北东向梯级带与东西向梯度带转换部位,早古生代含矿变质岩系引起的重力高异常边缘梯级带,尤其重力梯级带弯曲变异处是成矿有利部位。放牛沟多金属硫铁矿床处在较平稳背景场上,呈现出有规律的中等强度航磁异常之上,是本区直接寻找同类型矿床的磁异常标志	重要
重砂	具有较好重砂异常矿物有磁铁矿、黄铁矿、磷灰石,主要成矿矿物金、白钨矿、辰砂、黄铜矿、方铅矿等矿物含量分级较低,重砂异常表现弱势。直接指示矿物黄铁矿圈出重砂异常,均分布在放牛沟硫铁矿的外围区域,对典型矿床缺乏直接支持作用,对外围硫铁矿的寻找有指示意义。代表性的重砂矿物组合为金、白钨矿、磁铁矿、黄铁矿、磷灰石,圈出1处中等规模的组合异常,为寻找金、铜铅锌多金属矿床提供重要的重砂预测信息	次要
遥感	位于北东向四平-德惠岩石圈断裂与依兰-伊通断裂带之间,各方向的小型断裂比较发育,与隐伏岩体有关的复合环形构造密集分布,矿区及其周围遥感铁染异常零星分布	次要
找矿标志	海西早期花岗岩体与早古生代火山-沉积岩系的接触带是成矿的有利空间;矽卡岩化及碳酸盐化发育,绿泥石化蚀变是矿体的直接找矿标志	重要

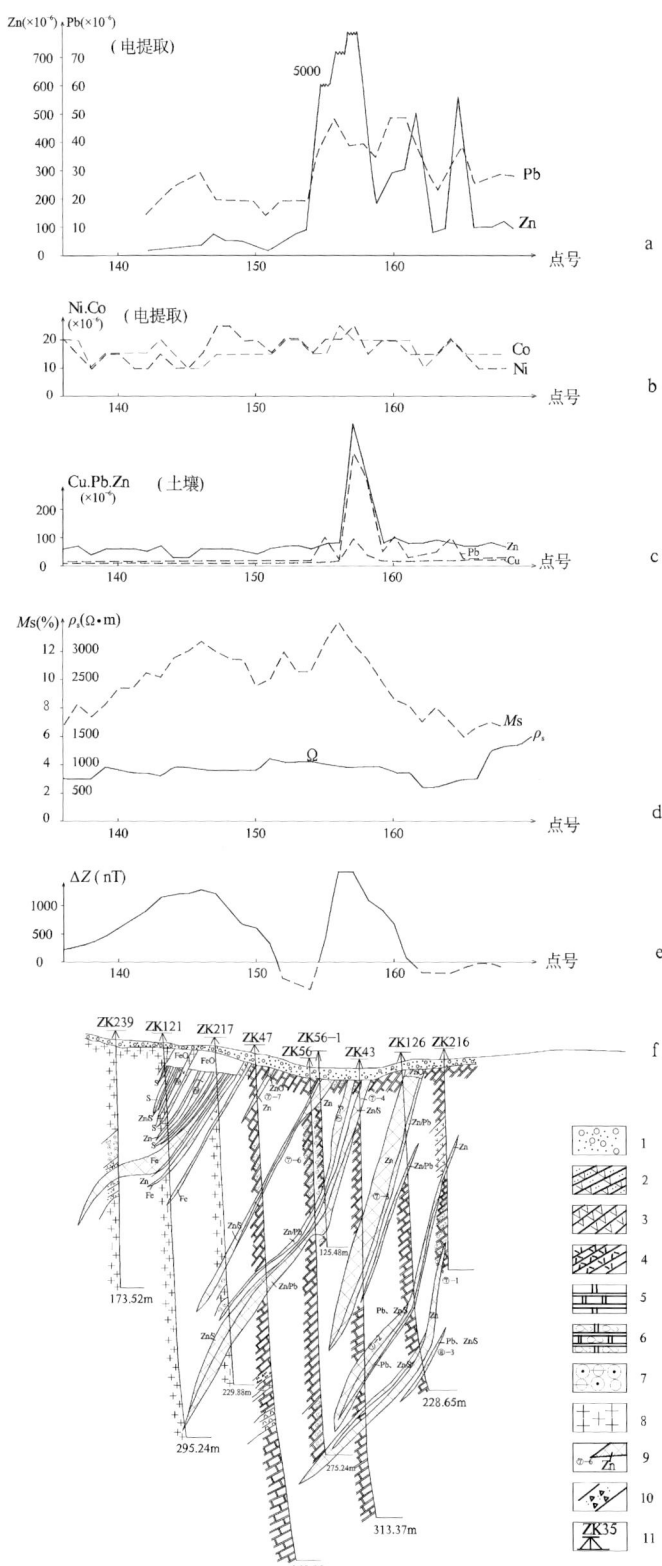

图 4-1-4 放牛沟硫铁矿预测模型图

a. 化探电提取法 Zn、Pb 异常线；b. 化探电提取法 Ni、Co 异常线；c. 化探土壤 Cu、Zn、Pb 异常线；d. 中间梯度视充电率和电阻率异常曲线；e. 地磁 ΔZ 曲线；f. 地质剖面图；

1. 堆积物；2. 硅化绿帘石化安山岩；3. 片理化安山岩；4. 片理化流纹岩；5. 大理岩；6. 条带状大理岩；7. 绿帘石石榴石化大理岩；8. 花岗岩；9. 矿体及编号；10. 硅化破碎带；11. 钻孔位置及编号

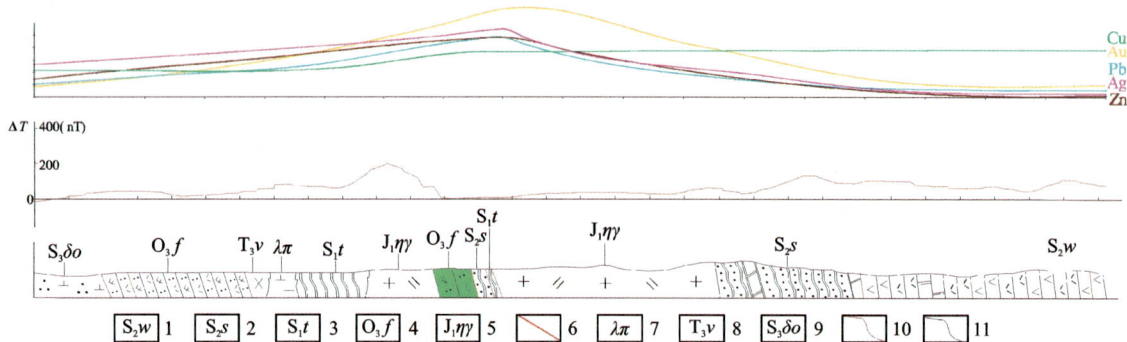

图 4-1-5　放牛沟多金属硫铁矿预测工作区地质、地球化学、地球物理综合矿产预测模型

1.弯月组：变质流纹岩、变质安山岩、夹大理岩；2.石缝组：上部千枚状板岩夹结晶灰岩下部变质砂岩与大理岩互层；3.桃山组：灰黑色板岩、砂质板岩与砂岩、粉砂岩互层；4.放牛沟火山岩片理化流纹质凝灰岩、英安质凝灰熔岩；5.二长花岗岩；6.断层；7.花岗斑岩；8.辉长岩：灰黑色，辉长结构，块状构造；9.片麻状石英闪长岩；10.异常曲线；11.地质界线

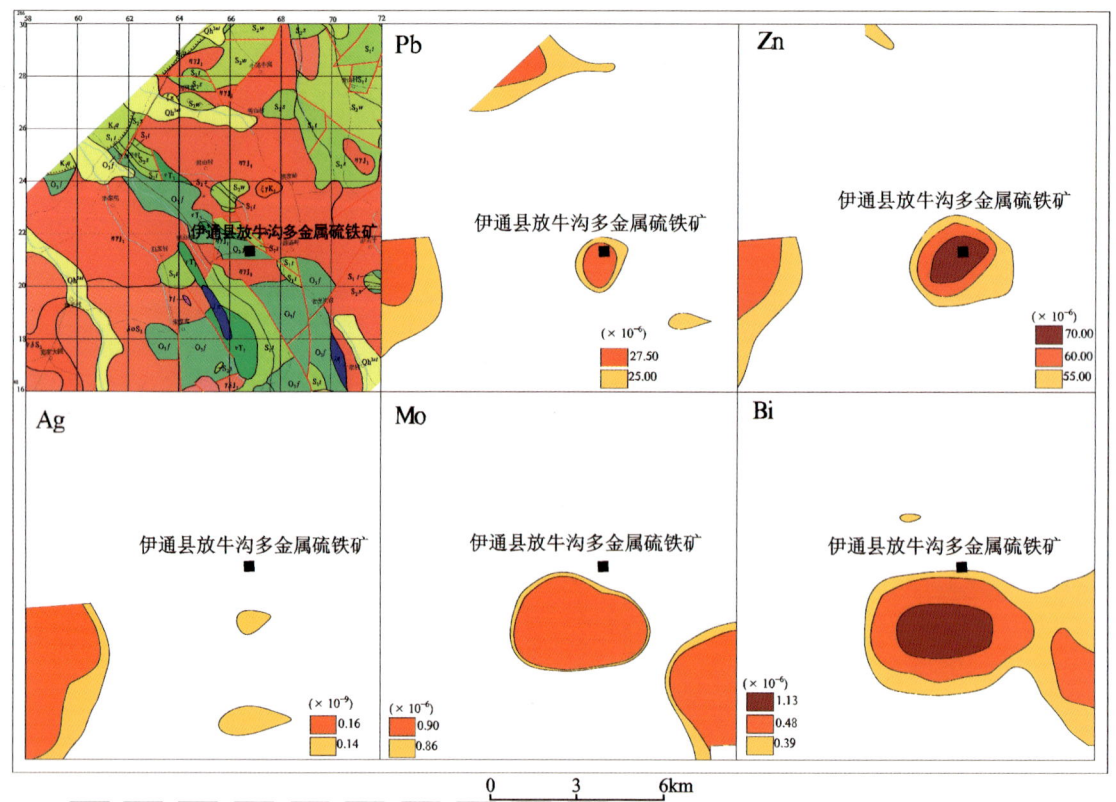

图 4-1-6　伊通县放牛沟多金属硫铁矿床区域化探异常特征剖析图

1.第四系全新统现代堆积；2.下白垩统泉头组砂岩、泥岩、砂砾岩；3.中侏罗世石英二长岩；4.早侏罗世花岗闪长岩；5.早侏罗世二长花岗岩；6.晚三叠世辉长岩；7.晚志留世片麻状花岗闪长岩；8.晚志留世片麻状石英闪长岩；9.古生界志留系弯月组变质火山岩夹大理岩；10.古生界志留系石缝组板岩、变质砂岩夹大理岩；11.古生界志留系桃山组板岩；12.古生界奥陶系放牛沟火山岩变质中酸性火山碎屑岩夹大理岩；13.流纹斑岩；14.花岗细晶岩；15.地质界线；16.不整合界线；17.实测性质有明断层；18.伊通县放牛沟多金属硫铁矿床

（二）山门银矿床

1. 典型矿床

山门银矿床预测要素见表 4-1-5，山门银矿床矿产预测模型见图 4-1-7。

表 4-1-5　山门银矿床预测要素表

预测要素		内容描述	要素类别
特征描述		热液型	
地质条件	成矿(区)带(全国)	Ⅱ-13 吉黑成矿省	必要
	成矿(区)带(大区)	Ⅲ-55 吉中-延边(活动陆缘)Mo、Au、As、Cu、Zn、Fe、Ni 成矿带	必要
	成矿(区)带(本省)	Ⅲ-55-①山门-乐山 Ag、Au、Cu、Fe、Pb、Zn、Ni 成矿带	必要
	岩石类型	含碳变质粉砂质、泥质、钙质板岩、大理岩，石英闪长岩，花岗闪长岩	必要
	成矿时代	燕山晚期	必要
	成矿环境	矿床位于依舒地堑的东南部，受区域性依兰-伊通断陷旁侧断裂控制，主干断裂旁侧的次级北北东向断裂是容矿构造，两组断裂交会部位是成矿的最佳部位。银矿床(点)与中酸性侵入岩和古生代沉积变质岩系有关	必要
	构造背景	东北叠加造山-裂谷系(Ⅰ)，小兴安岭-张广才岭叠加岩浆弧(Ⅱ)，张广才岭-哈达岭火山-盆地区(Ⅲ)，大黑山条垒火山-盆地群(Ⅳ)	重要
矿床特征	控矿条件	地层控矿：奥陶系黄莺屯岩组变质粉砂质、泥质、钙质板岩、大理岩为赋矿层位；岩体控矿：燕山期中酸性侵入岩为主要的控矿岩体，不同性质、不同期次的小侵入体、岩脉与矿体相伴产出，有的产于矿体上下盘，直接成为矿体顶底板围岩；构造控矿：北北东向依兰-伊通断陷边缘断裂靠隆起一侧，次一级平行断裂和层间断裂是主要的容矿构造，北北东向与北西向断裂交会部位是矿床产出的有利部位	必要
	蚀变特征	蚀变主要是硅化、黄铁绢云岩化、碳酸盐化和水云母化、黏土矿化等，具明显的分带性。银矿化富集与硅化关系密切，其蚀变强度一般与矿化的富集强度成正比	重要
	矿化特征	矿体分布于燕山早期花岗闪长岩与奥陶系黄莺屯岩组地层的内外接触带，矿体产出严格受北北东向断裂控制，矿体呈脉状、似层状和透镜状。卧龙矿段已查明大小工业矿体 11 条，主要矿体有 8 条；龙王矿段已查明大小工业矿体 11 条，主要矿体有 5 条，其中仅卧龙矿段 3 号矿体部分出露地表，其余矿体均为隐伏—半隐伏矿体，控制长为 1800～4000m，出露标高 350m 左右，主矿体埋深 300m，最低见矿标高-200m，深部未封闭，以银矿为主，伴生金。矿体呈近平行侧列展布，平面上呈左行斜列，倾向上呈向下盘斜列，相邻矿体间距 10～30m，水平分布宽为 80～100m，矿带总体走向北东 25°～30°，倾向北西，倾角 20°～60°，一般下部矿体较缓，上部矿体较陡，主矿体走向延长较大，倾向延长较小，同一矿体在产状缓的部位，矿体变厚，产状陡的部位矿体变薄。斑岩体中上部含砾花岗闪长斑岩几乎囊括了全部富矿，部分矿体已达斑岩体顶部围岩内。自矿体向外，矿化强度减弱，矿体与围岩成渐变关系	重要

续表 4-1-5

预测要素		内容描述	要素类别
综合信息	地球化学	1∶20万化探数据圈出矿床所在区域的 Ag 异常具有较好的二级分带,峰值 243.26g/t,面积 19.65km²,沿北东向条带状分布;与 Ag 套合紧密的元素主要有 Au、Cu、Zn、As、Sb、Hg、Na_2O、K_2O、SiO_2。 土壤化探异常显示的特征元素组合为 Ag-Au-Cu-Pb-Zn。卧龙-龙王矿段是元素异常集中区,Ag、Au、Cu 异常空间套合较好,具明显的包含结构。 矿床岩石化探异常显示的特征元素组合为 Ag-Au-Cu-Pb-Zn-As-Sb-Hg,其中 Ag 在黄莺屯岩组的富集强度是地壳克拉克值的几倍至十几倍	重要
	地球物理	山门银矿位于石岭-叶赫梯级带北西侧太平屯重力高异常的南东侧。该重力异常呈椭圆状北东向展布,长约 20km,宽 7~10km,以 -10×10^{-5} m/s² 等值线圈闭面积约 170km²。其形态规整并略向南东突出,重力强度由北向南逐渐增高,最高值为 -2×10^{-5} m/s²,异常幅值达 8×10^{-5} m/s²。重力高异常为早古生代变质岩系基底上隆引起。 在 1∶5 万航磁图上,山门银矿处在北北东向分布的,沿南东东方向相间排列的高、低磁异常带中间一条磁力高异常带的东南边部,该磁力高异常带为燕山期中—酸性岩浆沿构造侵入的反映	次要
	重砂	主要指示矿物自然银没有异常反映。主要伴生矿物自然金围绕山门银(金)矿圈出 2 个自然异常,面积分别为 2.89km²、1.61km²,对银(金)矿积极支持,是矿致异常,具有直接指示作用。矿区内代表性矿物组合为自然金、白钨矿、黄铁矿,其组合异常可释放综合找矿信息	次要
	遥感	北东向伊舒线性构造带-伊舒断裂带的西支断裂上,并有直径约 8km 的岩浆侵入环形构造存在,矿床位于北东向线性构造带上及环形构造的中部,是形成大矿的最有利地段	次要
找矿标志		深大断裂两侧断块隆起边缘北北东向次级平行断裂带及与北西向断裂带交会部位是矿床产出的有利部位。奥陶系黄莺屯岩组地层分布区,尤其是含黄铁矿及石墨较高的大理岩夹变质粉砂岩、砂质板岩分布区。中生代岩浆侵入活动频繁地区,尤其是不同性质、不同期次的小侵入体、岩脉与黄莺屯岩组接触带为找矿有利部位。黄铁绢云岩化、强硅化蚀变破碎带、含硫化物石英脉、含黄铁矿、闪锌矿、方铅矿化的蚀变破碎带。线性低缓负磁场带是追索控矿构造的间接找矿标志,低阻高激化异常是矿体或含矿层位的指示标志。1∶5 万水系沉积物化探测量 Ag、Pb、Co 浓度克拉克值大于 1.1 的异常区,尤其是与 Ag 异常配套的 Au、Cu、Pb、Zn、Sb 套合异常。Au、Ag、Cu、Pb、Zn 元素的综合异常区与矿带分布范围基本吻合	重要

2. 预测工作区

山门银矿床预测工作区预测要素见表 4-1-6,该预测工作区矿产预测模型见图 4-1-8~图 4-1-10。

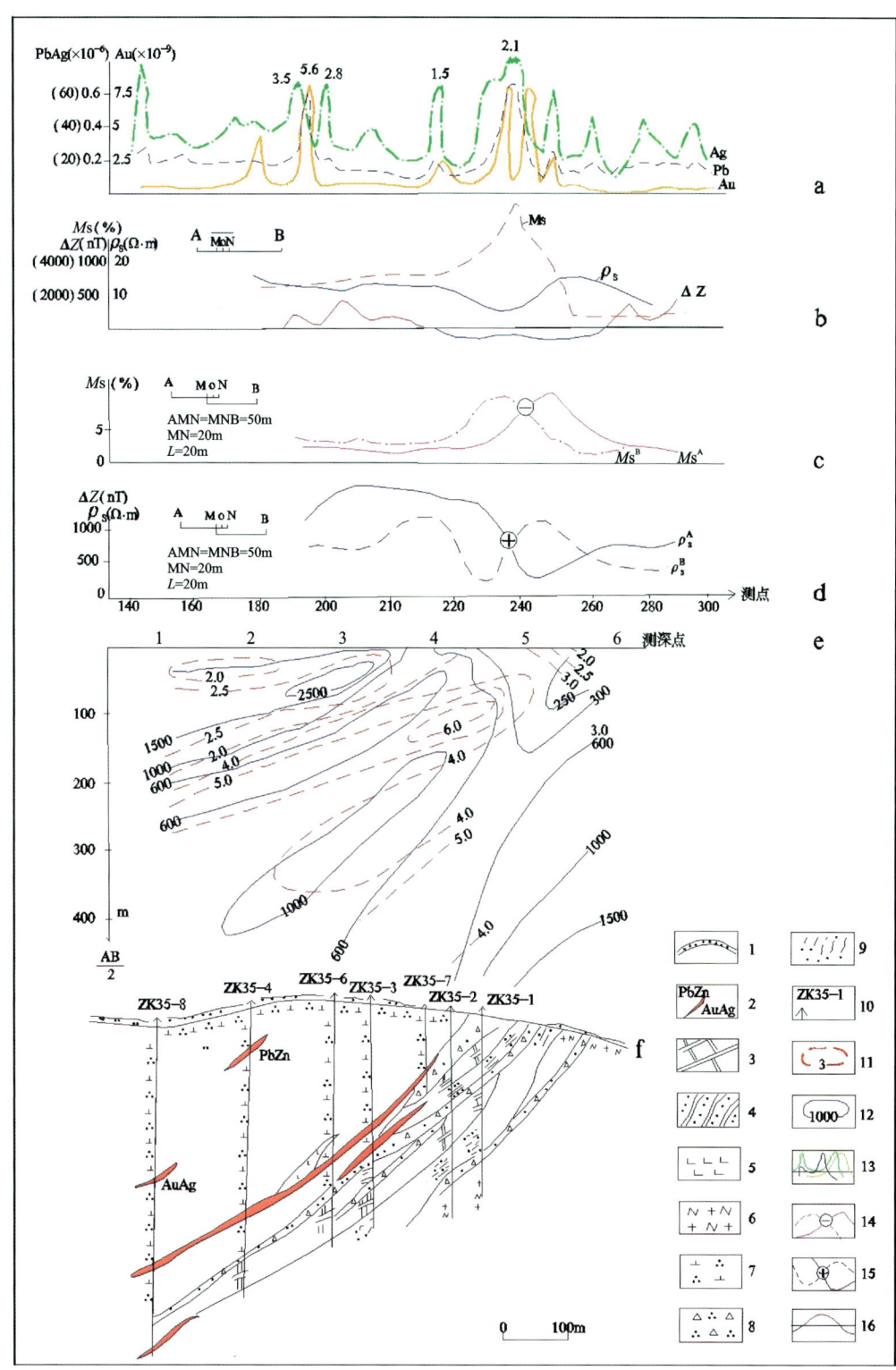

图 4-1-7 山门银矿床矿产预测模型图

a.化探铅银金异常曲线；b.地磁异常曲线、激电中梯视极化率曲线、视电阻率曲线；c.激电联剖视充电率曲线；d.联剖视电阻率曲线；e.电测深视电阻率、视极化率断面异常曲线；f.地质剖面图；1.第四系；2.矿体；3.大理岩和硅化大理岩；4.变质砂岩；5.闪长玢岩；6.二长花岗岩；7.石英闪长岩；8.破碎带；9.变粒岩；10.钻孔及编号；11.激电测深极化率异常等值线；12.测深视电阻率异常曲线；13.化探铅银金异常曲线；14.激电联剖视充电率异常曲线；15.激电联剖视极化率异常曲线；16.地磁 ΔZ 异常曲线

表 4-1-6 山门银矿床预测工作区预测要素表

预测要素		内容描述	类别
地质条件	岩石类型	含碳变质粉砂质、泥质、钙质板岩、大理岩、石英闪长岩、花岗闪长岩	必要
	成矿时代	燕山晚期	必要
	成矿环境	华北陆块北缘活动陆缘带,依舒地堑的东南部。区域性依兰-伊通断陷两侧次级的北北东向断裂是容矿构造,两组断裂交会部位是成矿的最佳部位。区内银矿床(点)与中酸性侵入岩和古生代沉积变质岩系有关	必要
	构造背景	东北叠加造山-裂谷系(Ⅰ),小兴安岭-张广才岭叠加岩浆弧(Ⅱ),张广才岭-哈达岭火山-盆地区(Ⅲ),大黑山条垒火山-盆地群(Ⅳ)内。大黑山条垒南段东缘断裂上,依兰-伊通断裂带是区域导岩构造	重要
矿床特征	控矿条件	区域上受两大构造单元接触带依兰-伊通断裂带控制,是区域导岩构造。与依兰-伊通断裂带有成因联系的次一级北北东向断裂是控岩控矿构造。下古生界奥陶系黄莺屯岩组变质粉砂质、泥质、钙质板岩、大理岩为赋矿层位。燕山期中酸性侵入岩为主要的控矿岩体	必要
	矿化蚀变特征	硅化、黄铁绢云岩化、碳酸盐化和水云母化、黏土矿化等,银矿化富集与硅化关系密切	重要
综合信息	地球化学	应用1:5万补充1:20万化探数据共圈定Ag元素异常14个。其中,山门矿床所在区域可圈出具有清晰的三级分带和明显的浓集中心的Ag异常,强度达到1918×10^{-9};面积22km⁴,呈带状北西向分布,是成矿异常,找矿指示作用显著。空间上与Ag元素异常套合紧密的元素有Au、Cu、Pb、Zn、As、Sb、Hg,其组合异常规模较大,构成复杂元素组分富集的叠生地球化学场,直接反映山门金银矿田,是主要找矿预测区	重要
	地球物理	山门银(金)矿位于石岭-叶赫梯级带北西侧太平屯早古生代地层引起的重力高异常之上。1:5万航磁图上显示出在一较复杂高磁异常区内,呈现一条北北东向分布低磁异常带为特征,其南东侧与伊舒断陷带低磁异常带相邻。北东向重力高异常、低磁异常带及附近重、磁低异常梯级带为银矿成矿带预测标志	重要
	重砂	主要伴生指示矿物自然金具有较好的重砂异常分布,与山门银矿良好对应,是矿致异常,具有直接指示作用。自然金-白钨矿-黄铁矿组合异常可释放综合找矿信息	次要
	遥感	矿区受四平-德惠岩石圈断裂、依兰-伊通断裂带并列控制,位于东辽-桦甸断裂带北东侧,石岭子块状构造西部,区域性规模脆韧性变形构造或构造带通过,由多个中生代花岗岩类引起的环形构造呈北东向排列,形成于遥感浅色色调异常区。矿区及周围有零星铁染异常分布	次要
找矿标志		深大断裂两侧断块隆起区边缘北北东向次级平行断裂带、韧—脆性剪切带及糜棱岩化带及北西向断裂带交会部位是矿床产出的有利部位; 中奥陶统黄莺屯岩组中酸性火山-碎屑岩夹碳酸盐岩建造分布区,含泥、碳质较高的大理岩夹变质粉砂岩、板岩分布区,中酸性侵入岩接触带是找矿有利地段; 中生代岩浆侵入活动频繁地区,尤其是不同性质、不同期次的小侵入体、岩脉发育地段,不同类型、不同强度的热液蚀变叠加改造地段是成矿的有利地段; 与Ag元素异常配套的Au、Cu、Pb、Zn、Sb、Ag的套合异常与矿带分布范围基本吻合; 黄铁绢云岩化强蚀变带,强硅化破碎带,含硫化物石英脉,褐铁矿化-硅化破碎带,含黄铁矿化、闪锌矿化、方铅矿化的蚀变破碎带等为直接找矿标志	重要

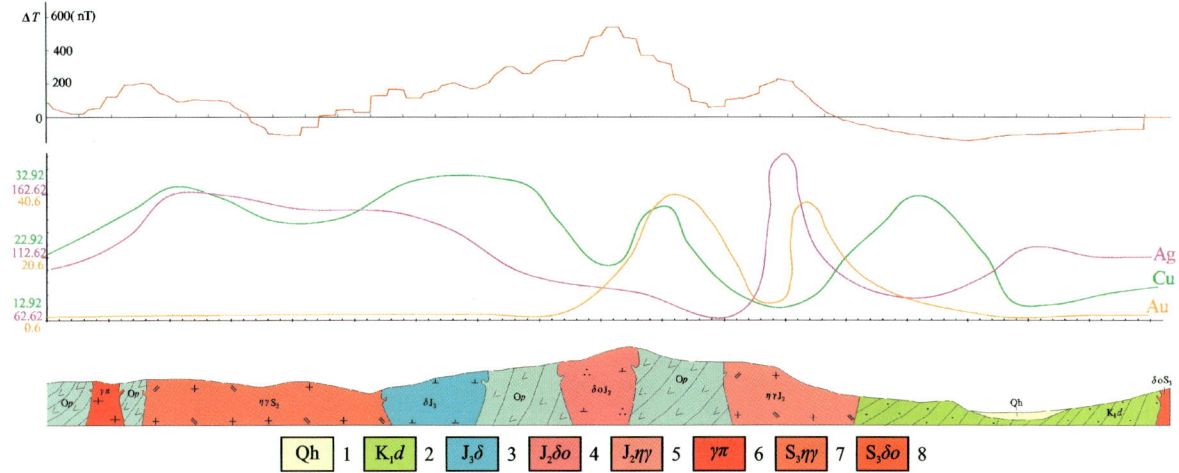

图 4-1-8　四平市山门银矿预测工作区地质、地球化学、地球物理综合矿产预测模型图

1.全新统；2.登楼库组砂岩、粉砂岩、长石砂岩、泥岩砂砾岩；3.晚侏罗世闪长岩；4.中侏罗世石英闪长岩；5.中侏罗世二长花岗岩；6.花岗斑岩；7.晚志留世二长花岗岩；8.晚志留世石英闪长岩

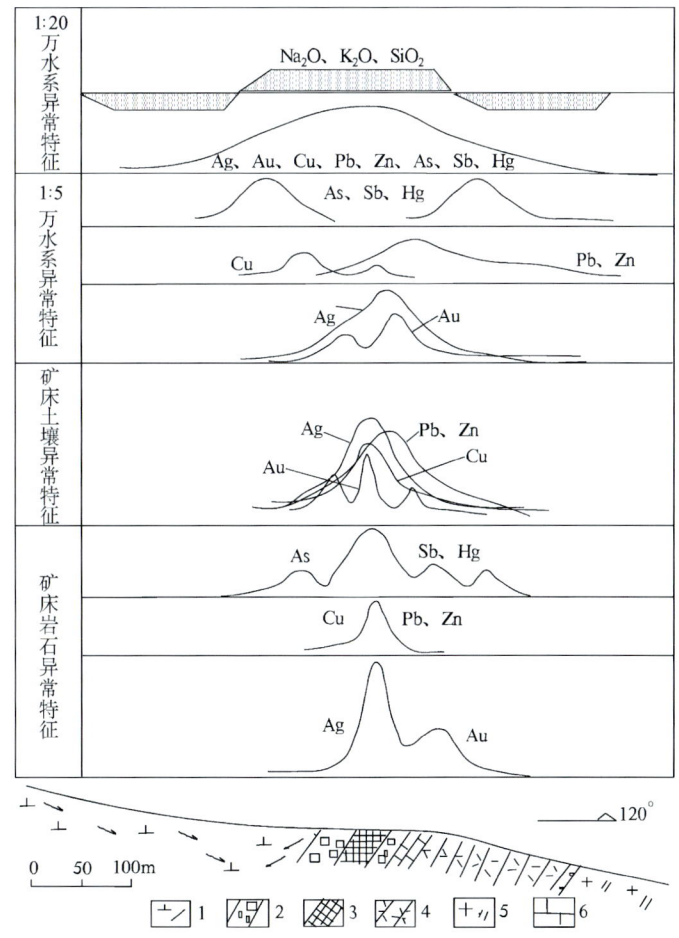

图 4-1-9　山门式热液型银矿地球化学矿产预测模型图

1.石英闪长岩；2.破碎带；3.矿体；4.变流纹岩；5.二长花岗岩；6.大理岩

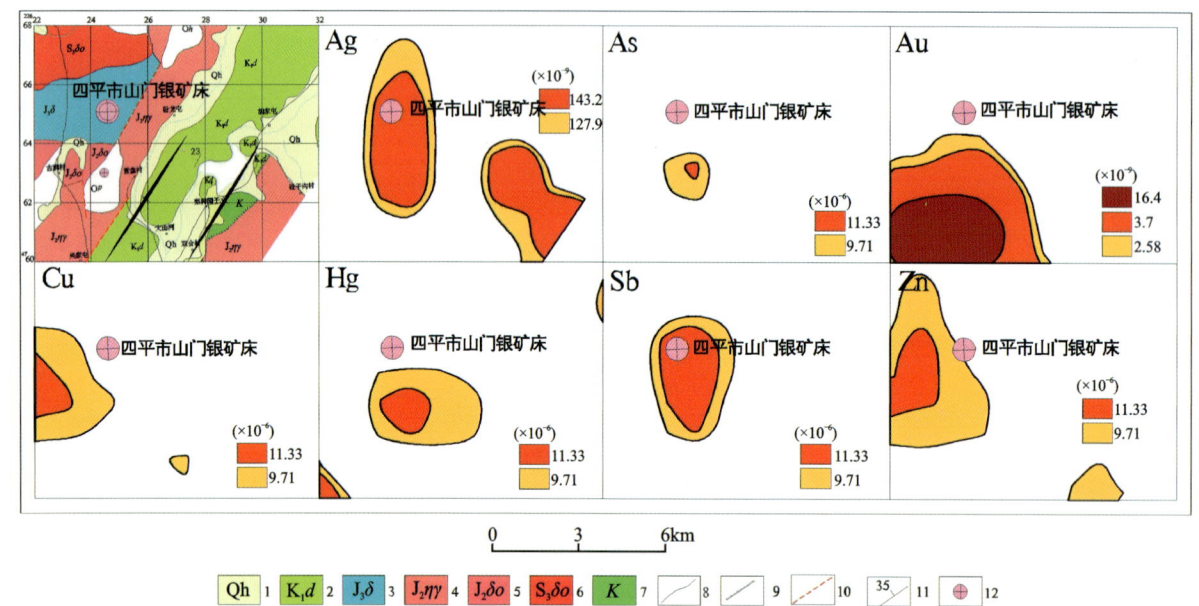

图 4-1-10　四平市山门银矿床区域化探异常特征剖析图

1.第四系全新统Ⅰ级阶地及河漫滩冲洪积物；2.下白垩统登楼库组砂岩，粉砂岩；3.中生代晚侏罗世闪长岩；4.中生代中侏罗世二长花岗岩；5.中生代中侏罗世石英闪长岩；6.古生代晚志留世石英闪长岩；7.中生界上白垩统金家屯组安山岩；8.实测地质界线；9.角度不整合界线；10.推测断层；11.岩层产状；12.四平市山门银矿床

五、多矿种综合预测区特征

山门-乐山成矿带中圈定的 5A、4B、3B 综合预测区位于Ⅴ7 五级成矿带内，综合预测区成矿特征如下。

（1）地质特征：区内出露地层主要为下古生界黄莺屯岩组海相火山-沉积建造。区内发育的脆性断裂构造是成矿和控矿构造，主要有北西向、北东向、东西向，尤其在断裂带附近和两组断裂交会处是成矿的最佳部位。

区内侵入岩较发育，具有多期多阶段性。有晚志留世片麻状石英闪长岩，二叠纪石英闪长岩、辉石角闪岩、花岗闪长岩，晚三叠世辉长岩，侏罗纪花岗闪长岩、石英闪长岩、二长花岗岩、闪长岩，早白垩世正长花岗岩。该成矿带成矿地质特征见表 4-1-7。

（2）矿产特征：区内已发现大型银矿床 1 处，中型银矿床 1 处，银矿点 2 处。有金矿点 2 处，铁矿点 3 处，中型镍矿 1 处，小型磷矿 1 处，小型多金属矿 1 处，铅锌矿 1 处。

（3）物探、化探、遥感、自然重砂特征：区域位于北东向展布大黑山条垒基底隆起区。总体以北东走向的布格重力高异常带（区）为特征，局部异常则以南北向、北东向为主。局部重力高异常带内出露有奥陶系黄顶子岩组灰岩、上石炭统磨盘山组灰岩、早志留世片麻状石英闪长岩、晚志留世片麻状石英闪长岩、中二叠世石英闪长岩、早侏罗世花岗闪长岩、正长花岗岩、晚三叠世辉长岩。局部重力低异常带（区）出露有中新生代沉积地层和面积较小的中侏罗世二长花岗岩。

该区属于亲石、碱土金属元素同生地球化学场，同时还富含亲铁元素组分。主成矿元素 Au、Ag，在后期的 Pb、Zn、Cu、As、Sb、Hg 等元素强烈的叠加改造作用中进一步迁移、富集，最终形成较复杂组分叠生地球化学场。主要成矿元素具有异常规模较大、异常分带清晰、浓集中心明显、异常强度高的基本特征。主要的伴生元素为 Cu、Pb、Zn、As、Sb、Hg。找矿的主要指示元素为 Au、Ag、Cu、Pb、Zn、As、Sb、Hg。其中 Au、Ag、Cu、Pb、Zn 为近矿指示元素，As、Sb、Hg 为找矿的远程指示元素。

区内遥感解译出2条脆韧变形趋势带,为区域性规模脆韧性变形构造,分布于依兰-伊通断裂带附近,与依兰-伊通断裂带同期形成,总体走向为北东向的变型带,该带与金、铁、铜、铅、锌矿产均有密切的关系。区内的环形构造较发育,主要集中分布于不同方向断裂交会部位。隐伏岩体形成的环形构造与铁矿、金、多金属矿床(点)的关系均较密切。

区内出现的重砂矿物有自然金、白钨矿、辰砂、方铅矿、黄铁矿、磁铁矿、磷灰石、独居石、钍石等。自然金重砂异常5处,方铅矿异常2处,白钨矿异常圈出2处,辰砂异常圈出2处。由自然金、白钨矿、辰砂、方铅矿圈定的组合异常1处。

表4-1-7 山门-乐山成矿带综合预测区成矿地质特征表

Ⅳ级成矿(区)带	综合预测区编号及名称	矿种	综合预测区面积/km²	矿产预测类型	成矿地质	代表性矿床
Ⅲ-55-①	4B 马架子-前张家沟	金	169	兰家式矽卡岩型	二叠系范家屯组二云母石英变粒岩、石榴石红柱石变粒岩、千枚岩、千枚状板岩夹大理岩、变质粉砂岩、杂砂岩、泥质粉砂质板岩组合。燕山期花岗闪长岩(石英闪长岩)	
		银		山门式热液型	下古生界奥陶系黄莺屯岩组变质粉砂质、泥质、钙质板岩、大理岩为赋矿层位。燕山期中酸性侵入岩为主要的控矿岩体	
	5A 山门	金	142	兰家式矽卡岩型	二叠系范家屯组二云母石英变粒岩、石榴石红柱石变粒岩、千枚岩、千枚状板岩夹大理岩、变质粉砂岩、杂砂岩、泥质粉砂质板岩组合。燕山期花岗闪长岩(石英闪长岩)	
		镍		红旗岭式基性—超基性岩浆熔离-贯入型	辉长岩-辉石角闪岩	
		银		山门式热液型	下古生界奥陶系黄莺屯岩组变质粉砂质、泥质、钙质板岩、大理岩为赋矿层位。燕山期中酸性侵入岩为主要的控矿岩体	山门银矿
		硫铁		放牛沟式海相火山岩型	大理岩、片理化安山岩及安山质凝灰岩控矿	放牛沟多金属硫铁矿
	3B 放牛沟	铅	101	放牛沟式火山热液型	上奥陶统石缝组白色大理岩夹条带状大理岩、片理化安山岩;海西早期庙岭花岗岩	放牛沟多金属硫铁矿
		锌		放牛沟式火山热液型	上奥陶统石缝组白色大理岩夹条带状大理岩、片理化安山岩;海西早期庙岭花岗岩	放牛沟多金属硫铁矿

第二节 那丹伯-一座营成矿带

一、区域地质背景

那丹伯-一座营成矿带晚三叠世—新生代构造单元分区位于天山-兴蒙-吉黑造山带（Ⅰ），包尔汉图-温都尔庙弧盆系（Ⅱ），下二台-呼兰-伊泉陆缘岩浆弧（Ⅲ），盘桦上叠裂陷盆地（Ⅳ）内。

1. 构造特征

该区受槽台两大构造单元接触带伊通-舒兰断裂、辉发河-古洞河超岩石圈断裂控制，是区域导岩构造。该断裂是含镍基性—超基性侵入岩体的导岩（岩）构造，与之有成因联系的近东西向—北西向次一级断裂为储岩（矿）构造。脆性断裂构造展布方向主要为北东向，北西向次之。

2. 地层

该区地层主要为下古生界的西保安岩组，下志留统石缝组、椅山组，侏罗系长安组、德仁组、安民组，白垩系泉头组等地层。

3. 侵入岩

该区在盘双接触带出露有中二叠世侵入岩，岩石类型有辉长岩、花岗闪长岩、石英（霓辉）正长岩，为西拉木伦构造岩浆岩带组成部分，其中辉长岩赋存镍矿产。燕山期侵入岩构成张广才岭岩浆带的一部分，岩石类型主要有闪长岩、石英闪长岩、花岗闪长岩、二长花岗岩，花岗闪长岩和二长花岗岩分布广，岩基状产出，近东西—北东向分布，赋存钼矿化。侵入岩分布见图4-2-1。

4. 大型变形构造

该区以北侧伊通-舒兰断裂、南侧辉发河-古洞河断裂和东侧伊通-辉南断裂带为边界，是吉中-延边准陆块-混杂岩带或古生代增生楔，为以海相火山-碎屑岩及陆源碎屑岩、碳酸盐岩为主的火山沉积岩系。

二、区域矿产特征

1. 区域矿产特征

本区已发现钼、金、多金属等矿床和矿（化）点共计14处，其中有东辽县弯月小型铅锌矿床、辽源弯月东山小型金矿、伊通西苇小型钼矿等已知矿床。分布有与吉中地区燕山期中酸性岩浆作用有关的Cu、Mo、Au、Sb、Fe、萤石矿床成矿亚系列，见表4-2-1。

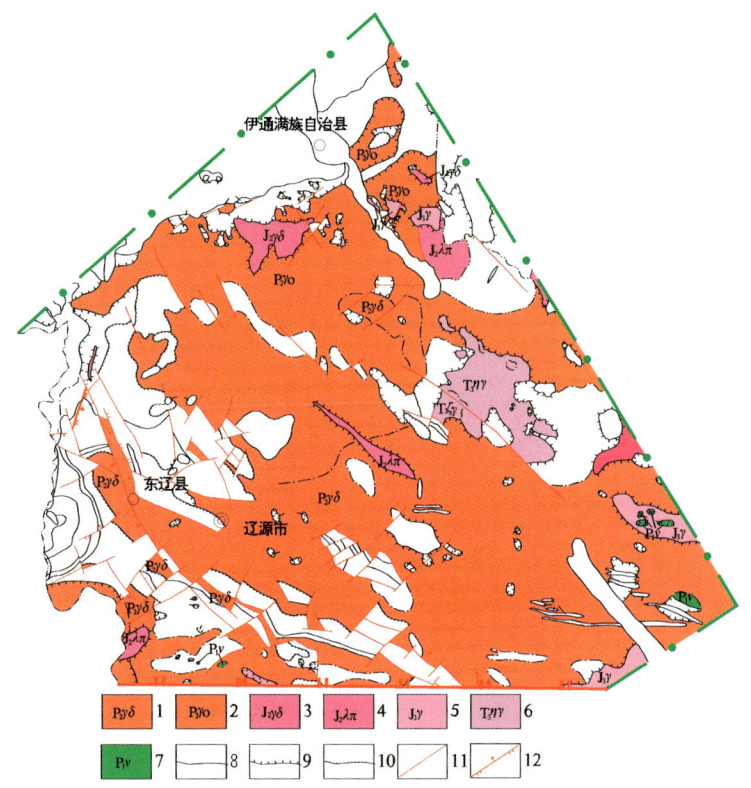

图 4-2-1 那丹伯——座营成矿带区域地质图

1.晚二叠世花岗闪长岩;2.晚二叠世斜长花岗岩;3.中侏罗世花岗闪长岩;4.中侏罗世次流纹岩;
5.晚侏罗世花岗岩;6.晚三叠世二长花岗岩;7.早二叠世辉长岩;8.地质界线;9.超脉动接触界线;
10.角度不整合界线;11.断层;12.逆断层

表 4-2-1 那丹伯——座营Ⅳ级成矿带矿产地特征表

序号	矿种	共(伴)生矿产	矿产地名称	成因类型	成矿时代	主矿产矿床规模
1	金	汞、锑	伊通县新家乡金矿	热液型	中二叠世	矿点
2	金		伊通县新家乡358高地金矿	沉积变质型	中侏罗世	矿点
3	金	汞	伊通县新家乡二道岭金矿	热液型	侏罗纪	小型
4	金	铅	伊通县新家乡转心湖屯金矿	热液型	泥盆纪	矿点
5	金	汞、锑	伊通县新家乡青咀子屯金矿	热液型	泥盆纪	矿点
6	金	汞、锑	伊通县新家乡新洪村金矿	热液型	中二叠世	矿点
7	金	汞、锑	伊通县头道乡李家屯金矿	沉积变质型	侏罗纪	矿点
8	金		辽源弯月东山金矿	热液型	侏罗纪	小型
9	金		东辽县辰隆金矿	热液型	侏罗纪	矿点
10	钼		伊通西苇钼矿	斑岩型	侏罗纪	矿点
11	铅锌	银	东辽县弯月铅锌矿	热液型	侏罗纪	小型
12	铁		东丰县西保安锰磷铁矿	沉积变质型	古生代	小型
13	萤石		伊通县由家岭萤石矿	热液型	中生代	小型
14	萤石		伊通县青堆子萤石矿	热液型	中生代	矿点

2. 矿产预测类型的划分及预测工作区分布

本区分布有大黑山式斑岩型西苇钼矿预测工作区和红旗岭式基性—超基性岩浆熔离-贯入型双凤山镍矿预测工作区。西苇和双凤山地质背景、成因类型、成矿时代分别与大黑山钼矿和红旗岭镍矿相近,将矿产预测类型分别采用具代表性的大黑山式斑岩型和红旗岭式基性—超基性岩浆熔离-贯入型。成矿带矿产预测类型及工作区分布详见表 4-2-2。

表 4-2-2 那丹伯——座营成矿带矿产预测类型及预测工作区表

矿种	预测工作区名称	预测方法类型	矿产预测类型	典型矿床
钼	西苇	侵入岩体型	大黑山式斑岩型	西苇钼矿
镍	双凤山	侵入岩体型	红旗岭式基性—超基性岩浆熔离-贯入型	双凤山镍矿

三、区域物探、化探、遥感、重砂特征及推断解释

1. 航磁特征

本区西南部建安—大兴一带以大面积低缓条带状北西向、北西西向正磁异常为主,仅在大兴附近异常略陡,异常与西保安沉积变质型锰磷铁矿床,弯月热液型铅锌、金矿床,斑岩型西苇钼矿床关系密切。东部沙河附近低缓正磁异常,呈片状东西向磁异常带,异常边部零星出露的负异常与半隐伏辉长岩有关,有利于寻找基性—超基性岩浆熔离型镍矿。

2. 重力特征

本区西北部有北东向条带状布格重力高异常带,西南部为规模较大的片状低缓重力高异常区,东北部为北西西向展布的宽缓重力低异常带。异常区的线性梯度带和不同场态分界线与 3 条主要断裂分布相一致。

3. 地球化学特征

区内组合异常规模较小,异常组分有 Mo、W、Bi、As、Sb、Hg、Pb。其中 Mo、W、Bi、Pb 同心套合,As、Sb、Hg 围绕 Mo 分布,具分散分带特征,存在于西苇钼成矿岩浆系统的前锋区,是远程指示标志。

4. 自然重砂特征

该区重砂异常(区)带是金、钼矿的重要找矿远景区,有弯月金矿、西苇钼矿等。分布有自然金、白钨矿等异常,圈定出 5 个综合异常场(1 个乙级,4 个丙级)。其中乙级综合异常是弯月金矿的矿致异常,是找矿的重要靶区。在重砂异常区分布有下古生界的沉积-变质建造以及燕山期花岗岩类侵入体,同时发育有北东向、北西向的断裂裂隙,说明矿化岩浆系统中的岩浆热液活动和构造体系对成矿有控制作用。

5. 遥感影像特征

内部或边部的次级断裂密集分布区,环形构造集中分布,构造集中区遥感色调异常较发育。

四、预测评价模型

该成矿带没有中型以上矿床,较典型的矿床有弯月金矿、西苇钼矿、弯月铅锌矿、青堆子萤石矿、二道岭金矿,本成矿带矿产预测模型主要选择比较有代表性的弯月金矿。

1. 典型矿床

弯月金矿床预测要素见表 4-2-3,该矿产地表岩石地球化学异常剖面见图 4-2-2。

表 4-2-3 弯月金矿床矿产预测要素表

	预测要素	内容描述	要素类别
	特征描述	火山热液矿床	
地质条件	成矿区带(全国)	Ⅱ-13 吉黑成矿省	必要
	成矿区带(大区)	Ⅲ-55 吉中-延边(活动陆缘)Mo、Au、As、Cu、Zn、Fe、Ni 成矿带	必要
	成矿区带(本省)	Ⅲ-55-② 那丹伯-一座营 Au、Mo、Ag、Pb、Zn、Cu、Ni 成矿带	必要
	岩石类型	志留纪变质砂岩,含砾砂岩夹结晶灰岩和燕山期的片理化流纹岩,燕山期的花岗岩	必要
	成矿时代	173Ma	必要
	成矿环境	矿区位于东北叠加造山-裂谷系(Ⅰ),小兴安岭-张广才岭叠加岩浆弧(Ⅱ),张广才岭-哈达岭火山-盆地区(Ⅲ),南楼山-辽源火山-盆群(Ⅳ)	必要
	构造背景	北西向压扭性断裂,东西向张扭性断裂控矿	重要
矿床特征	控矿条件	志留纪大理岩和燕山期的片理化流纹岩,燕山期的花岗岩控矿,北西向压扭性断裂,东西向张扭性断裂控矿	必要
	蚀变特征	区内围岩蚀变类型较多,而且较为发育,其特点主要决定于围岩特征,气液性质、交代作用方式。区内蚀变作用方式已渗透作用为主,贯入充填为辅。主要有硅化、黄铁矿化、黄铜矿化、闪锌矿化、菱铁矿化、红化、绢云母化、碳酸盐化、黝帘石化、绿泥石化、重晶石化。其中硅化、黄铁矿化、黄铜矿化、闪锌矿化、菱铁矿化、红化、绢云母化与成矿关系密切	重要
	矿化特征	矿区矿化主要在北西向压扭性断裂上下盘的平行断裂和裂隙中;东西向张扭性断裂平行的次级裂隙中见有脉状金铅银矿体	重要
综合信息	地球化学	应用 1∶20 万化探数据圈出的金异常具有清晰的三级分带和明显的浓集中心,异常强度达到 $26×10^{-9}$,面积 $42km^2$,带状分布,东西向延伸的趋势。Au 组合异常组分较复杂,有 Cu、Pb、W、Bi,与 Au 空间套合紧密,是重要的找矿综合性指标。Au 综合异常具备良好的成矿条件,是找矿有望靶区 土壤及岩石中 Au、Cu、Pb、Ag、Bi 异常值显著高于地壳丰度值,而且峰值主要集中于下古生界内,表明下古生界是成矿元素的主要矿源层。原生晕指示元素为 Au、Ag、Cu、Pb、Zn 等	重要
	地球物理	在重力异常图上,矿床处于局部重力高异常边缘,局部重力高异常向内凹陷部位的顶端位置;附近分布有规模较大的北西走向重力梯度带; 矿床处于航磁负磁场区内的局部负磁异常边缘,有规模较小的南北向、北东向梯度带分布,附近分布有规模较大的北西走向条带状航磁高异常带	重要

续表 4-2-3

预测要素		内容描述	要素类别
	特征描述	火山热液矿床	
综合信息	重砂	有重砂异常显示的矿物主要为磁铁矿、磷灰石,自然金异常分布稀少,矿物含量分级低,重砂评价信息呈弱势	次要
	遥感	形成于近东西向弧形断裂边部,中生代花岗岩类引起的环形构造集中分布,绢云母化、硅化等形成遥感浅色色调异常区	次要
找矿标志		近矿围岩蚀变,如硅化、绢云母化、孔雀石化、黄铁矿化、碳酸盐化、褐铁矿化等;地表所见矿体原生露头和转石、铁锰帽	重要

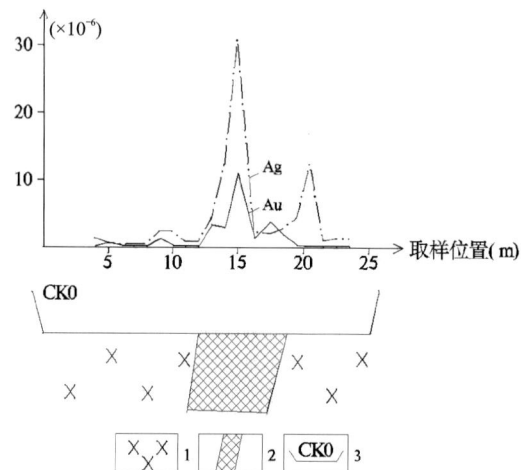

图 4-2-2 弯月金矿地表岩石地球化学异常剖面图
1.流纹岩;2.矿体;3.采坑位置及编号

2. 预测工作区

吉林省西苇预测工作区预测要素见表 4-2-4,西苇预测工作区地质、地球化学、地球物理综合找矿模型见图 4-2-3。

表 4-2-4 吉林省西苇预测工作区预测要素表

预测要素	内容描述	类别
岩石类型	燕山期花岗闪长岩、二长花岗岩、花岗岩;志留系变质砂岩,含砾砂岩夹结晶灰岩;燕山期片理化流纹岩	必要
成矿时代	推测为燕山期	必要
成矿环境	大兴安岭弧形盆地-锡林浩特岩浆弧-白城上叠裂陷盆地内,燕山期花岗闪长岩、二长花岗岩为斑岩钼含矿层,志留系变质砂岩,含砾砂岩夹结晶灰岩为金矿含矿层。北东向断裂带与北西向糜棱岩化带交会部位,次级北西向断裂构造控矿、容矿	必要

续表 4-2-4

预测要素	内容描述	类别
构造背景	三叠纪—新生代构造单元分区,东北叠加造山-裂谷系(Ⅰ1),小兴安岭-张广才岭叠加岩浆弧(Ⅱ3),张广才岭-哈达岭火山-盆地区(Ⅲ3),南楼山-辽源火山-盆地群(Ⅳ4)	重要
控矿条件	燕山期花岗闪长岩、二长花岗岩、花岗岩;志留系变质砂岩,含砾砂岩夹结晶灰岩;燕山期片理化流纹岩;北东向与北西向糜棱岩化带交会部位	必要
蚀变特征	燕山期中酸性侵入岩蚀变岩有钾长石化、云英岩化、硅化、碳酸盐化	重要
矿化特征	矿体均呈北西向平行展布,呈脉状、透镜状,控制长900m,宽0.8~4.0m	重要
地球化学	应用1:5万补充1:20万化探数据圈出 Mo 异常。与 Mo 空间交叠紧密的元素有 W、Ag、Cu、Pb、Zn、As、Sb,其组合异常场反映的是西苇斑岩型钼矿的成矿岩浆系统,呈同心-离心结构,形成较复杂异常组分富集的叠生地球化学场。另一异常综合地球化学场由 Au、Pb、Cu、W、Bi 构成。其中 Au 异常分带清晰,浓集中心明显,强度较高	重要
地球物理	表现为低缓磁异常和重力低异常;断裂构造及岩浆热液活动使岩体磁性明显降低,并有利成矿;低缓磁异常和重力低异常是金、钼矿找矿的综合物探标志	重要
重砂	该区分布自然金、白钨矿异常	重要
遥感	矿区位于伊通-辉南断裂带边部,沿北东向断裂分布,受古生代花岗岩引起的环形构造控制。区内为遥感浅色色调异常区	次要
找矿标志	蚀变岩特别是发育云英岩化、硅化及地表所见矿体原生露头和转石、铁锰帽为钼、金矿床找矿标志。区域北东向断裂带和北西向断裂带,以及两者交会处是最佳的部位,为找矿有利地段。燕山期花岗闪长岩、二长花岗岩、花岗岩;志留系变质砂岩,含砾砂岩夹结晶灰岩;燕山期片理化流纹岩	重要

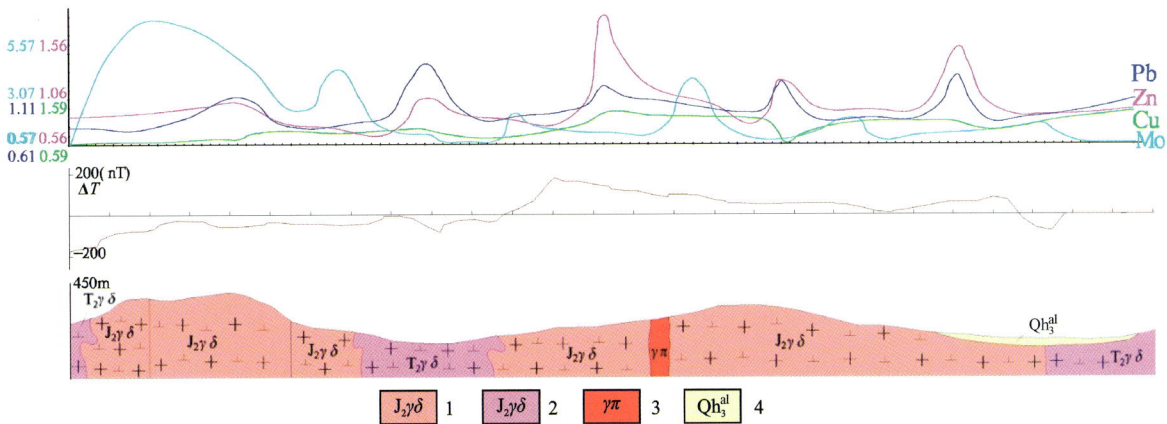

图 4-2-3　西苇预测工作区地质、地球化学、地球物理综合找矿模型
1.中侏罗世花岗闪长岩;2.中三叠世花岗闪长岩;3.花岗斑岩;4.冲积-洪积物

五、多矿种综合预测区特征

二道岭-弯月(14C)、普安村-董家屯(53C)综合预测区位于Ⅴ级成矿带Ⅴ9内,综合预测区成矿特征如下。

1. 地质特征

区内零星出露古元古界西保安岩组云母石英片岩、斜长云母片岩,出露的志留系石缝组、弯月组片理化流纹岩、灰岩夹大理岩建造与金矿有关(表4-2-4)。

区内侵入岩发育,具有多期多阶段性。早二叠世辉长岩小面积出露与镍矿成矿有关。晚二叠世花岗闪长岩、斜长花岗岩及晚三叠世二长花岗岩成岩基状产出。局部小面积出露花岗闪长岩,燕山期花岗闪长岩、二长花岗岩与钼矿成矿关系密切。

2. 矿产特征

区内已发现热液型小型铅锌矿、金矿、萤石矿各1处,沉积变质型小型铁矿1处,金矿点8处。

3. 物探、化探、遥感、自然重砂特征

西保安沉积变质型锰磷铁矿床、弯月热液型铅锌、金矿床以大面积低缓条带状北西向、北西西向正磁异常为主,低缓椭圆状正磁异常与中酸性岩体有关,为钼矿异常所在。东部沙河附近零星出露负异常与半隐伏辉长岩有关,对寻找基性—超基性岩浆熔离型镍矿较为有利。

综合地球化学场异常组分Mo、W、Bi、As、Sb、Hg、Pb置于钼成矿岩浆系统的前锋区,另一综合地球化学场Au、Pb、Cu、W、Bi构成。Au异常清晰,积极支撑弯月金矿。

该区分布自然金、白钨矿异常。

区内次级断裂、环形构造集中分布,构造集中区遥感色调异常较发育。

表4-2-5 那丹伯—座营成矿带综合预测区成矿地质特征表

Ⅳ级成矿(区)带	综合预测区编号及名称	矿种	综合预测区面积/km²	矿产预测类型	成矿地质	代表型矿床
Ⅲ-55-②	14C 二道岭-弯月	钼	192	大黑山式斑岩型	燕山期花岗闪长岩、二长花岗岩	西苇钼矿(弯月火山热液金矿)
	53C 普安村-董家屯	镍	79	红旗岭式基性—超基性岩浆熔离-贯入型	含矿岩体为辉长岩-辉石岩-橄榄辉石岩型的基性—超基性岩体	

第三节 山河-榆木桥子成矿带

一、区域地质背景

该成矿带位于吉中中生代火山盆地区内,在晚古生代处于被动大陆边缘构造环境,于晚石炭世在八

道河子东部和北部形成了碳酸盐岩-屑碎岩建造。

该成矿带南华纪—中三叠世构造单元分区位于天山-兴蒙-吉黑造山带（Ⅰ1），包尔汉图-温都尔庙弧盆系（Ⅱ6），下冶-呼兰-伊泉陆缘岩浆弧（Ⅲ4），盘桦上叠裂陷盆地（Ⅳ5）西部，与西拉木伦-土门结合带（Ⅰ1—Ⅱ5）紧邻，东侧为天山-兴蒙-吉黑造山带（Ⅰ1），小兴安岭-张广才岭弧盆系（Ⅱ3），小顶山-张广才岭-黄松裂陷槽（Ⅲ2），双阳-永吉-蛟河上叠裂陷盆地（Ⅳ3）。

该成矿带晚三叠世—新生代构造单元分区位于东北叠加造山-裂谷系（Ⅰ1），小兴安岭-张广才岭叠加岩浆弧（Ⅱ2），张广才岭-哈达岭火山-盆地区（Ⅲ3），南楼山-辽源火山-盆地群（Ⅳ4）区内。

1. 构造特征

本区构造较发育，褶皱构造以晚古生代地层组成的一系列紧闭褶皱为主。以烟筒山-二道林子东西向基底断裂为界，南部以北西向为主，发育有磐石-明城背斜、黑石-官马向斜；北部以北东向为主，形成一些与韧性剪切带有关的规模不大的鞘褶皱。断裂构造以北西向黑石-烟筒山深断裂为主，南北向断裂和北东向头道川-烟筒山韧性剪切带等对本区成岩及成矿作用有着重要的控制作用。

2. 地层

区内主要出露寒武系头道沟岩组斜长阳起石岩夹变质砂岩，以及赋含硫铁矿的火山沉积碎屑岩-泥质岩；早二叠世在暖木条子—民主屯—大顶子山一带为海相中酸性火山岩-沉积岩建造，其他地区为浅海陆棚相类复理石建造；上三叠统四合屯组安山岩夹安山质熔结凝灰岩。区域晚古生代处于次稳定大陆边缘造山阶段特有的构造环境，对成矿较为有利。区内的已知金、铁矿床（点）均赋存在晚古生代地层内。下侏罗统南楼山组流纹岩、安山岩、英安质含角砾凝灰岩，玉兴屯组安山质火山角砾岩、流纹质凝灰岩都与铅锌矿关系密切（图4-3-1）。

3. 侵入岩

区域海西期和印支期侵入岩发育，但以燕山期侵入岩为主，近东西—北东向展布，呈岩基状产出，为吉林东部火山-岩浆岩带的组成部分。有早侏罗世二长花岗岩、碱长花岗岩；中侏罗世石英闪长岩、花岗闪长岩、二长花岗岩、碱长花岗岩；晚侏罗世二长花岗岩；早白垩世二长花岗岩、碱长花岗岩、晶洞花岗岩、闪长玢岩、花岗斑岩。在空间上与钼矿关系密切的岩体为燕山期二长花岗岩及花岗闪长岩。此外燕山晚期花岗斑岩（朝阳沟小岩体）、闪长玢岩（长岗岭村小岩体）见硫化物矿化。

区内中生代陆相火山-岩浆活动强烈，形成以中性火山岩为主的中酸性火山岩建造。火山热液活动与金、钼矿化关系密切，尤其出露小岩株与钼矿成矿关系较密切。锑矿与印支期草山单元黑云母花岗岩期后热液活动有关。辉长岩、橄榄岩含矿建造与镍矿有关，铬铁矿赋存于海西期超基性岩中。

4. 大型变形构造

伊通-舒兰断裂带、辉发河断裂带分别于区域北西侧和南东侧通过，两条大型断裂构造以压扭性为特征，控制区内中生代南楼山火山构造盆地中岩石形成与展布。

二、区域矿产特征

1. 区域矿产特征

区域内已知重要矿种有铜、金、银、铅锌、锑、铬、钼、硫铁矿、萤石等，已发现矿床、矿点及矿化点49处。划分出的成矿系列有与燕山期中酸性岩浆作用有关的Cu、Mo、Au、Sb、Fe、萤石矿床成矿亚系列，代表性矿床为永吉县前撮落特大型斑岩型钼矿;与燕山期中酸性岩浆作用有关的 Fe 矿床成矿亚系列,代表性矿床为磐石吉昌小型铁矿;与早古生代海相火山沉积作用有关的 Pb、Zn、Au、S、P、重晶石矿床成矿亚系列,代表性矿床为永吉头道沟多金属硫铁矿;与晚古生代—中生代火山及侵入岩浆作用有关的 Au、Pb、Zn、Cu、萤石矿床成矿亚系列,代表性矿床为民主屯银矿。本区为吉林省成矿较密集地区,有色金属和贵金属成矿地质条件好,具有找特大型钼矿及大型多金属矿潜力。本区矿产地特征见表 4-3-1,区域矿产特征见图 4-3-2。

2. 矿产预测类型的划分及预测工作区分布

本区分布金、银、铜、铁、铅、锌、钼、锑、铬、硫铁矿、萤石共 11 个矿种的 14 个预测工作区,头道沟铬矿预测工作区矿产预测类型引用小绥河式侵入岩浆型,地局子-倒木河子金矿预测工作区矿产预测类型引用刺猬沟式火山热液型,石咀子-官马、头道沟-吉昌金矿预测工作区矿产预测类型引用头道川式火山热液型,地局子-倒木河子铅锌矿预测工作区矿产预测类型引用放牛沟式火山热液型,石咀子-官马锑矿预测工作区矿产预测类型引用青沟子式岩浆热液型,大黑山-锅盔顶子、地局子-倒木河子铜矿预测工作区矿产预测类型引用闹枝式火山岩型,石咀子-官马铜矿预测工作区矿产预测类型引用红太平式火山岩型。该区矿产预测类型及工作区分布详见表 4-3-2。

表 4-3-1 山河-榆木桥子成矿带矿产地特征表

序号	矿种	共伴生矿产	矿产地名称	成因类型	成矿时代	主矿产规模
1	金	铜铅	八面石金矿床	热液型	侏罗纪	小型
2	金		双阳区国旗山金矿	热液型	泥盆纪	矿点
3	金	铅锌	后太阳沟多金属矿点	热液型	侏罗纪	矿点
4	金		永吉头道川金矿	海相火山岩型	三叠纪	小型
5	金	铅-锌-铜-锑	老爷岭银矿点	热液型	侏罗纪	矿点
6	金		磐石县官马金矿	陆相火山岩型	三叠纪	小型
7	金		磐石县官马上鹿村金矿	热液型	三叠纪	矿点
8	金		磐石县小锅盔金矿	热液型	白垩纪	小型
9	金		磐石烟筒山镇粗榆金矿	热液型	侏罗纪	小型
10	金		桦甸市隆廷砷金矿	热液型	中侏罗世	小型
11	金		通化市大庙沟河砂金矿	砂矿型	中新世	矿点
12	硫铁		永吉县倒木河硫铁矿	海相沉积型	中生代	矿点
13	硫铁-钼-铁	铜矿	永吉头道沟多金属硫铁矿	陆相火山岩型	侏罗纪	小型
14	钼		双河镇长岗钼矿	斑岩型	侏罗纪	矿点
15	钼		桦甸市四方甸子钼矿	热液脉型	侏罗纪	小型
16	钼		桦甸市兴隆钼矿	热液脉型	侏罗纪	小型
17	钼		永吉-心屯多金属矿	斑岩型	侏罗纪	中型
18	钼	铜、硫	永吉县前撮落钼矿	斑岩型	侏罗纪	超大型
19	镍		磐石市三道岗富太镍矿	岩浆型	三叠纪	小型
20	铅	锌-铜	桦甸地局子村铅矿	热液型	晚二叠世	小型
21	铅	锌	桦甸新立屯铅矿	热液型	侏罗纪	小型
22	铅-锌		桦甸地局子铅锌矿	热液型	侏罗纪	小型
23			桦甸新立屯多金属矿	热液型	白垩纪	
24	锑		磐石驿马锑矿	热液型	侏罗纪	小型
25	锑		桦甸市桦树乡锑矿	热液型	二叠纪	小型

续表 4-3-1

序号	矿种	共伴生矿产	矿产地名称	成因类型	成矿时代	主矿产规模
26	铁		吉林市丰满区胜利铁矿	矽卡岩型	侏罗纪	小型
27	铁		磐石吉昌铁矿	矽卡岩型	中生代	小型
28	铁		磐石县大氽洞铁矿	矽卡岩型	中生代	小型
29	铁		磐石市吉昌镇天生铁矿	矽卡岩型	侏罗纪	小型
30	铁		桦甸市营山铁矿	陆相火山岩型	中生代	小型
31	铜	铅-锌	永吉县口前镇歪头砬子铜矿	热液型	二叠纪—晚侏罗世	小型
32	铜	锌	永吉县五里河三家子村铜矿	陆相火山岩型	古生代	矿点
33	铜		永吉县五里河香水河子铜矿	热液型	中侏罗世	矿点
34	铜		永吉锅盔顶子铜矿	斑岩型	中侏罗世	小型
35	铜		永吉县团山铜矿点	热液型	中生代	矿点
36	铜	银	永吉县向阳(原前进)铜矿	热液型	中生代	矿点
37	铜		磐石县石咀子铜矿	矽卡岩型	中侏罗世	小型
38	铜		磐石明城小北沟铜矿点	热液型	中生代	矿点
39	铜		磐石市圈岭铜矿	矽卡岩型	晚二叠世	小型
40	铜		磐石市加兴顶子铜矿	热液型	中生代	矿点
41	砷、铜、铅、锌		桦甸二道林子多金属矿	热液型	中生代	小型
42	铜		桦甸县茨芽岗铜矿化点	热液型	白垩纪	矿化点
43	钨	钼	磐石铁汞山钨钼矿	矽卡岩型	三叠纪	小型
44	锌	银	永吉县旺起乡胜利村锌矿	矽卡岩型	侏罗纪	小型
45	银		双河镇西山银矿点	热液型	中生代	矿点
46	银-铅		磐石县烟筒山石棚北屯银铅矿	热液型	三叠纪	小型
47	萤石		磐石县明城梨树萤石矿	热液充填型	中生代	小型
48	萤石		双阳一面山萤石矿点	热液型	中生代	矿点
49	萤石		桦甸榆木桥南山萤石矿	热液型	中生代	矿点
50	萤石		磐石石棚屯萤石矿点	热液型	中生代	矿点

表 4-3-2　山河-榆木桥子成矿带矿产预测类型及预测工作区统计表

序号	矿种	预测工作区名称	矿产预测类型	典型矿床
1	铬	头道沟铬矿预测工作区	小绥河式侵入岩浆型	
2	金	地局子-倒木河子金矿	刺猬沟式火山热液型	倒木河金矿
3	金	石咀子-官马金矿	头道川式火山热液型	
4		头道沟-吉昌金矿	头道川式火山热液型	头道川金矿
5	硫铁矿	倒木河-头道沟硫铁矿	头道川式矽卡岩型	头道沟硫铁矿
6	钼	前撮落-火龙岭钼矿	大黑山式斑岩型、四方甸子式石英脉型	大黑山、四方甸子钼矿
7	铅、锌	地局子-倒木河子铅锌矿	放牛沟式火山热液型	
8	锑	石咀子-官马锑矿	青沟子式岩浆热液型	
9	铁	头道沟-吉昌铁矿	吉昌式矽卡岩型	吉昌铁矿
10	铜	大黑山-锅盔顶子铜矿	闹枝式火山岩型	
11		地局子-倒木河子铜矿	闹枝式火山岩型	
12		石咀子-官马铜矿	红太平式火山岩型	石咀铜矿
13	银	民主屯银矿	民主屯式火山热液型	民主屯银矿
14	萤石	明城萤石矿	南梨树式热液充填交代型	南梨树萤石矿

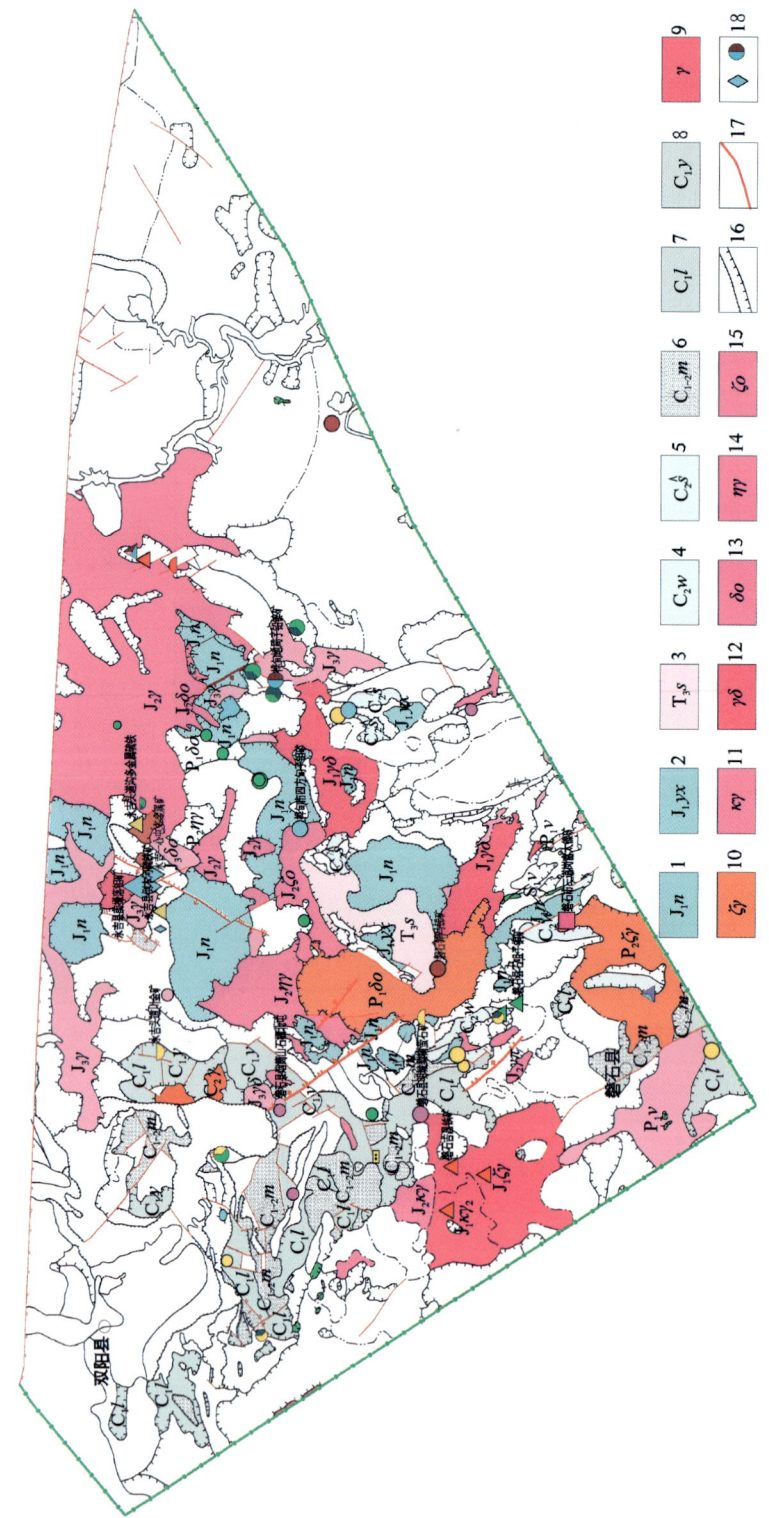

图4-3-1 山河-榆木桥子成矿带区域矿产地质图

1. 南楼山组；2. 玉兴屯组；3. 四合屯组；4. 窝瓜地组；5. 石咀子组；6. 磨盘山组；7. 鹿圈屯组；8. 余富屯组；9. 花岗岩；10. 正长花岗岩；11. 碱长花岗岩；12. 花岗闪长岩；13. 石英闪长岩；14. 二长花岗岩；15. 石英正长岩；16. 实测角度不整合界线/花岗岩体超动接触界线；17. 断层；18. 钼矿/铅锌矿点

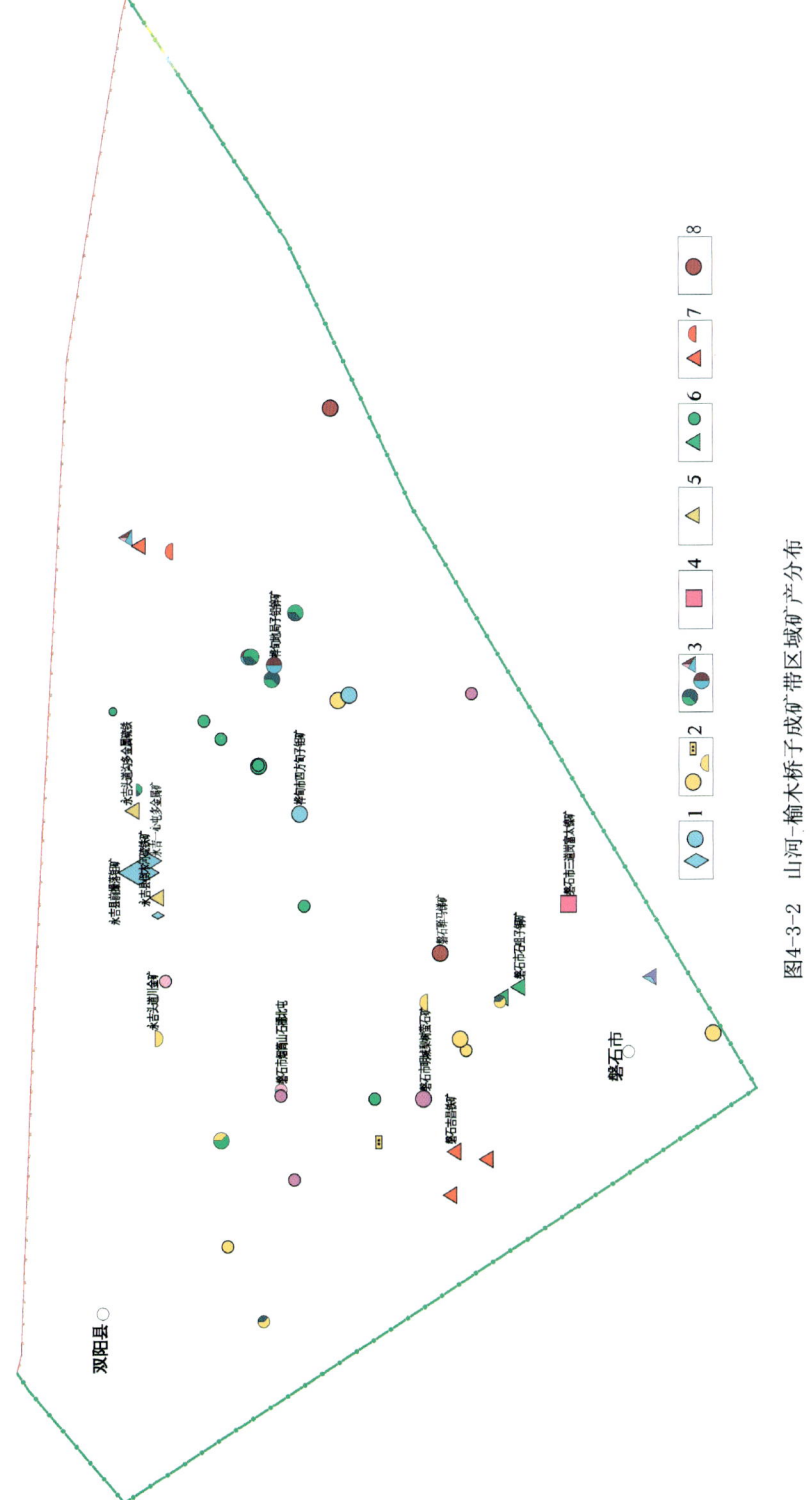

图4-3-2 山河－榆木桥子成矿带区域矿产分布

1. 钼矿；2. 金矿；3. 铅锌矿；4. 镍矿；5. 硫铁矿；6. 铜矿；7. 铁矿；8. 锑矿

三、区域物探、化探、遥感、重砂特征及推断解释成果

1. 航磁特征

本成矿带西部为起伏变化负磁异常区,中部为大面积波动升高的多个椭圆状弱正磁异常,推测为大范围分布的中酸性岩体的磁场特征,岩体内或与岩体地层的接触带为钼、多金属矿赋存部位,东部为低缓正负磁异常区。各异常区内局部正、负磁异常走向绝大部分为北北东向、北东向,反映了晚三叠世以来滨太平洋构造活动的强烈影响。

2. 重力特征

区域重力低异常反映了燕山早期花岗闪长岩和二长花岗岩的重力场特征。南部有两组重力高和北东向的重力低,反映北东向分布中酸性侵入岩带。北东向的重力低异常沿走向贯穿全区,为辉发河断陷盆地的反映。

3. 地球化学特征

该区具有亲石元素、稀有元素、稀土元素同生地球化学场特点。1∶20万化探 Mo 异常具有明显的分带和浓集中心,异常强度高。与 Mo 空间套合紧密的元素有 W、Ag、Cu、Pb、Zn、As、Sb。

主要指示元素有 Mo、W、Ag、Cu、Pb、Zn、As、Sb。其中,Ag、Cu、Pb、Zn 是近矿指示元素,As、Sb 是前锋指示元素,Mo、W 是热液系统的尾晕。

下二叠统 Pb、Zn、Ag 等成矿元素背景值普遍偏高,特别是 Pb、Zn 的背景值明显偏高。各层位中矿化剂元素 Cl 含量较高,有利于成矿物质的迁移富集(图 4-3-3)。

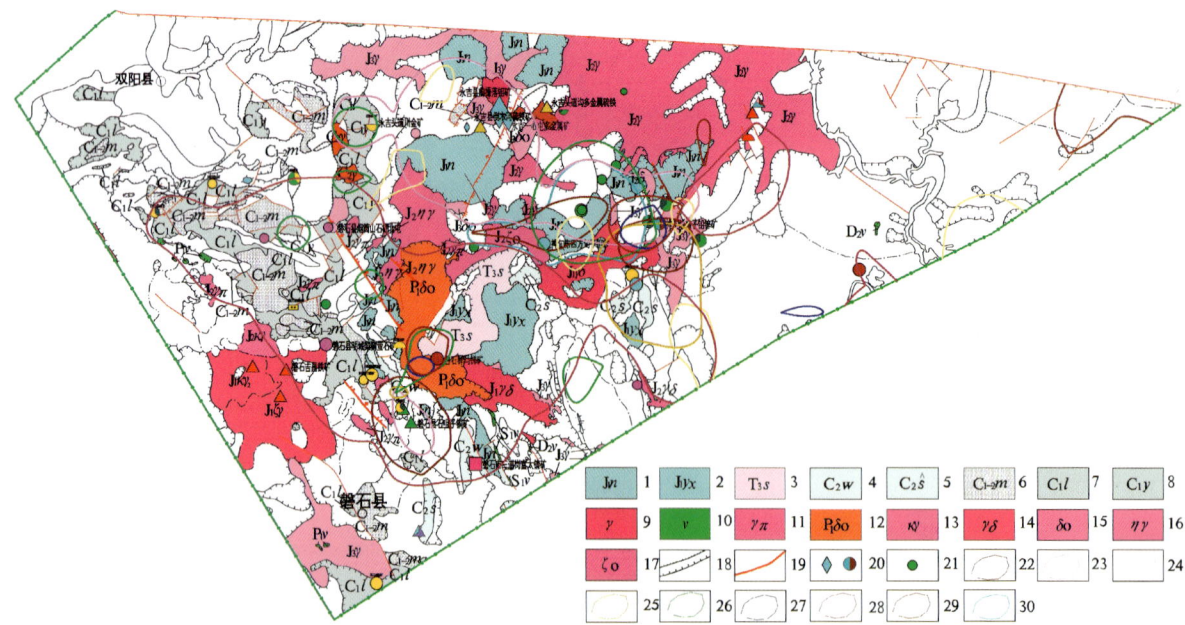

图 4-3-3　山河-榆木桥子成矿带地质、化探异常图

1.南楼山组;2.玉兴屯组;3.四合屯组;4.窝瓜地组;5.石嘴子组;6.磨盘山组;7.鹿圈屯组;8.余富屯组;9.花岗岩;10.辉长岩;11.花岗斑岩;12.石英闪长岩;13.碱长花岗岩;14.花岗闪长岩;15.石英闪长岩;16.二长花岗岩;17.石英正长岩;18.实测角度不整合界线/花岗岩体超动接触界线;19.断层;20.钼矿/铅锌矿点;21.铜;22.钨异常;23.银异常;24.砷异常;25.金异常;26.铜异常;27.铅异常;28.锑异常;29.锌异常;30.钼异常

4. 自然重砂特征

重砂矿物以自然金、白钨矿、铜族重砂为主,其次为辰砂、磁铁矿、黄铁矿等,含量分级较低,空间上有叠加现象。圈定出 13 个综合异常场(甲级 3 个,乙级 3 个,丙级 7 个)。从源头到下游水系重砂组合面积较大。

根据重砂异常特征可知,矿体处于剥蚀初期,有一定矿物剥蚀量,在搬运范围内重砂异常有重要的找矿指示意义。

5. 遥感影像特征

遥感解译小型断裂比较发育,以北东向、北东东向为主,北西向、北西西向断裂次之,其中多表现为压性特点,北西向断裂多表现为张性特征。环形构造比较发育,主要集中于不同方向断裂交会部位。

遥感浅色色调异常位于构造集中区,表明矿产主要处于构造交会部位。

四、重要矿种预测评价模型

该成矿带典型矿床有吉昌铁矿、石咀铜矿、民主屯银矿、头道沟硫铁矿、南梨树萤石矿、头道川金矿、大黑山钼矿、四方甸子钼矿、倒木河金矿、兴隆钼矿、向阳铜矿、新立屯多金属矿。本成矿带矿产预测模型主要选择具代表性的大黑山钼矿、头道沟硫铁矿。

(一)大黑山钼矿

1. 典型矿床

大黑山钼矿床预测要素见表 4-3-3,矿产预测模型见图 4-3-4。

表 4-3-3　永吉县大黑山钼矿床预测要素表

预测要素		内容描述	类别
特征描述		斑岩型	
地质条件	成矿区带(全国)	Ⅱ-13 吉黑成矿省	必要
	成矿区带(大区)	Ⅲ-55 吉中-延边(活动陆缘)Mo、Au、As、Cu、Zn、Fe、Ni 成矿带	必要
	成矿区带(本省)	Ⅲ-55-③山河-榆木桥子 Au、Ag、Mo、Ni、Cu、Fe、Pb、Zn 成矿带	必要
	岩石类型	花岗闪长岩、花岗闪长斑岩及霏细状花岗闪长斑岩	必要
	成矿时代	辉钼矿 Re-Os 同位素等时线年龄为(168.2±3.2)Ma(李立兴等,2009)	必要
	成矿环境	矿床位于东西向、北北东向压扭性断裂带交会处,矿体赋存于花岗闪长岩、花岗闪长斑岩及霏细状花岗闪长斑岩中	必要
	构造背景	矿区位于东北叠加造山-裂谷系(Ⅰ1),小兴安岭-张广才岭叠加岩浆弧(Ⅱ3),张广才岭-哈达岭火山-盆地区(Ⅲ3),南楼山-辽源火山-盆地群(Ⅳ4)	重要

续表 4-3-3

预测要素		内容描述	类别
矿床特征	控矿条件	岩体控矿:花岗闪长岩、花岗闪长斑岩及霏细状花岗闪长斑岩岩体控矿; 构造控矿:东西向基底断裂和中生代北北东向断裂是矿区重要控岩、控矿构造,构造多次活动有利成矿	必要
	蚀变特征	大黑山钼矿区内岩石遭受了普遍的热液蚀变作用,主要有硅化、高岭土化、绢云母化,钾化、碳酸盐化不发育。蚀变与矿化关系密切,富矿体主要赋存在中等蚀变带中,蚀变具水平分带特征	重要
	矿化特征	钼矿化多呈薄膜状或稀疏浸染状,多高岭土化,石英呈浑圆状,基质主要为石英、斜长石及黑云母。角砾岩中见稀疏浸染状黄铁矿、辉钼矿,含矿性较差。在矿区北侧花岗闪长斑岩与花岗闪长岩接触部位见隐爆角砾岩筒	重要
综合信息	地球化学	矿区原生晕主成矿元素 Mo 在花岗斑岩体中异常反映最强烈,其次 W、Sn、Cu 亦有较好的异常显示,可作为寻找钼矿的重要伴生指示元素,外侧围岩中 Pb、Zn、Ag 异常,可作为斑岩型钼矿的前缘指示元素; 矿区次生晕异常:Mo、W、Sn、Sr、Cu、Pb、Zn、As、Ag 异常发育良好,其中 Mo、W 的离散程度最大,变异最明显,异常规模最显著,空间上套合完整	重要
	地球物理	矿床处于"V"字形负重力低异常梯度带上。 1:5 万航磁图上矿床主要表现为被一呈北东向环带状高磁异常环抱的呈似圆状负异常,与长岗岭含矿复式岩体有关。其周围环带高磁异常,与大黑山-头道沟地区岩浆活动关系密切	重要
	重砂	主要指示矿物辉钼矿圈出 2 处重砂异常,矿物含量分级较高,二者分布在钼成矿带的西南部水域集水口,对钼典型矿床不支持。主要的共生矿物白钨矿在钼矿控制的汇水盆地内都有较好的异常反映,显示出与钼矿积极的响应关系,具备优良的致矿性,为预测钼矿提供重要的间接指示信息。辉钼矿-白钨矿-铜族组合异常释放的综合信息是重要预测依据	次要
	遥感	北东向柳河-吉林断裂带与北西向桦甸-双河镇断裂带交会处,遥感浅色色调异常区;分布羟基异常;有多个由基性岩类引起的环形构造与隐伏岩体有关的环形构造	次要
	找矿标志	中细粒花岗闪长岩中绢英岩蚀变条带较发育,标志较为明显,在花岗闪长斑岩岩体上部有一个偏离矿化中心石英核(3 号硅化带); 斑岩体上部、边部隐爆角砾岩发育,它们是找矿的明显标志; 在矿化岩体上有磁力、自然电位、重力负异常,在矿床围岩上磁力、自然电位和重力为环状正异常,η_s、ρ_s 为环状高值带; 1:20 万、1:5 万土壤化探异常明显,为 Mo、Cu、W、Ag、Sn、Pb 异常,矿床原生晕具有 Mo、W、Cu、Ag、Pb、Sn、Sr、Zn 等元素组合异常,主成矿元素 Mo 异常位于组合异常中央	重要

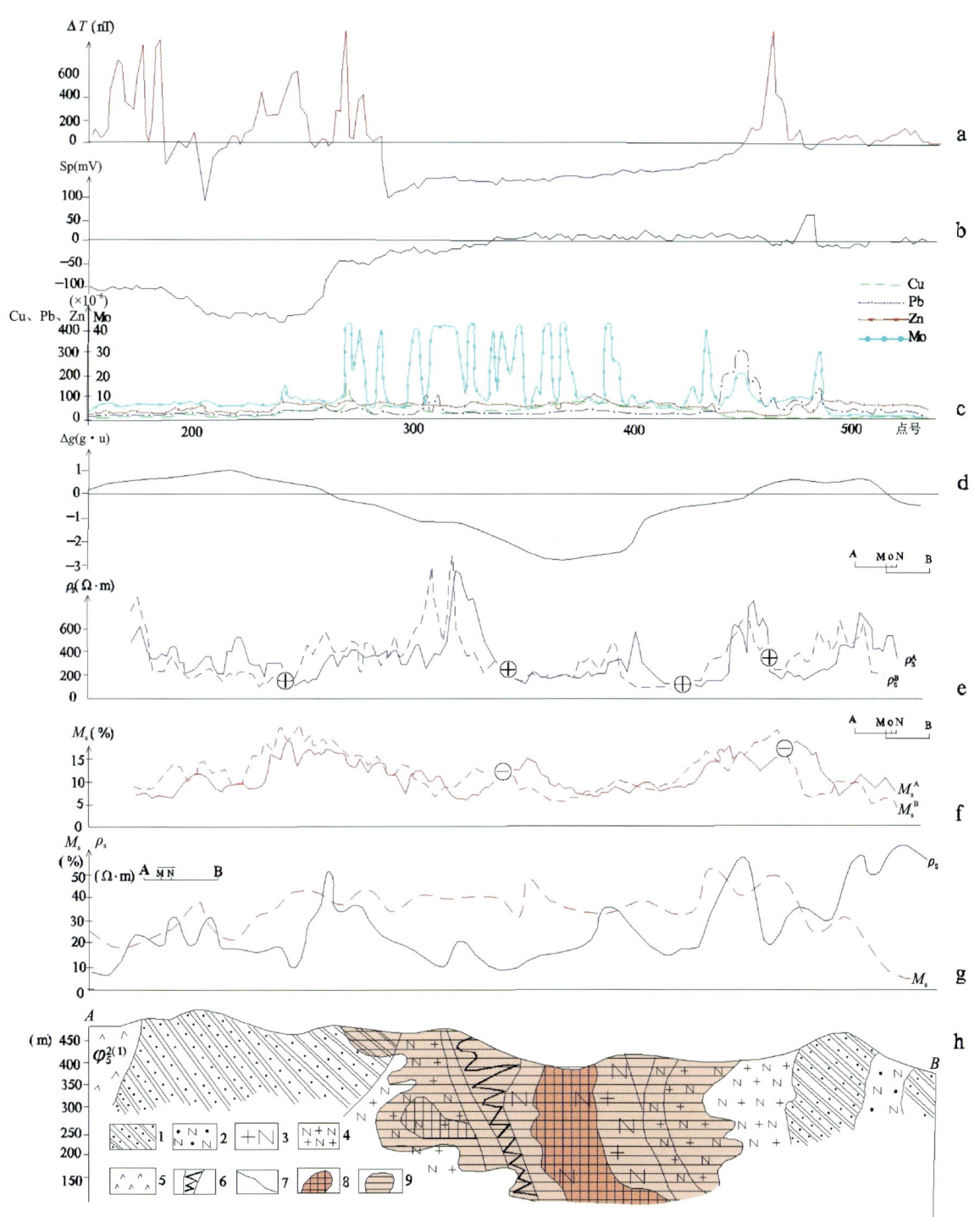

图 4-3-4　大黑山钼矿典型矿床勘探剖面图

1. 变质砂岩、千枚状板岩、大理石；2. 霏细状斜长花岗岩；3. 斜长花岗斑岩；4. 中细粒斜长花岗岩；5. 超基性岩；6. 石英脉；7. 实测地质界线；8. 富矿体；9. 贫矿体

a. 地磁异常曲线；b. 自然电位异常曲线；c. 化探异常曲线；d. 剩余重力异常曲线；e. 联剖视电阻率曲线；f. 联剖激电充电率曲线；g. 激电中间梯度充电率和视电率曲线；h. 地质剖面

2. 预测工作区

大黑山钼矿预测工作区预测要素见表 4-3-4,区域矿产预测模型见图 4-3-5 和图 4-3-6。

表 4-3-4 大黑山钼矿预测工作区预测要素表

预测要素	内容描述	类别
岩石类型	花岗闪长岩-二长花岗岩	必要
成矿时代	辉钼矿 Re-Os 同位素等时线年龄为(168.2±3.2)Ma(李立兴等,2009)	必要
成矿环境	小兴安岭-张广才岭弧盆系,双阳-永吉-蛟河上叠裂陷盆地内,与钼矿有关的建造为侏罗纪中酸性侵入岩浆(热液)建造,其岩石类型为花岗闪长岩-二长花岗岩,区内与钼矿侵入岩浆(热液)有关的构造主要为北东-南西向大型断裂带。热液型钼矿(体)就位于近南北—北东东向的断裂	必要
构造背景	三叠纪—新生代构造单元分区,东北叠加造山-裂谷系(Ⅰ1),小兴安岭-张广才岭叠加岩浆弧(Ⅱ3),张广才岭-哈达岭火山-盆地区(Ⅲ3),南楼山-辽源火山-盆地群(Ⅳ4)。伊通-舒兰断裂带(北东-南西向)、辉发河断裂带北侧	重要
控矿条件	区域北东向断裂带和北西向断裂带,以及两者交会处是最佳的部位;与构造有关的燕山期中酸性岩石带状分布地区	必要
蚀变特征	高岭土化、绢云母化、钾化、碳酸盐化不发育	重要
矿化特征	矿化类型主要表现为黄铁矿化、钼矿化、铜矿化、金矿化等	重要
地球化学	1:20 万化探 Mo 异常 23 处。矿床所在区域的 Mo 异常分带清晰,浓集中心明显,异常强度高。与 Mo 空间套合紧密的元素有 W、Ag、Cu、Pb、Zn、As、Sb,形成较复杂异常组分富集的叠生地球化学场,是成矿主要分布区域	重要
地球物理	矿床处在被一呈北东向环带状 1:5 万航磁高磁异常环抱的呈似圆状负磁异常内,区域布格重力场处在环形重力梯级带所围成的似圆状形态复杂的负重力异常区内	重要
重砂	主要指示矿物辉钼矿圈出 2 处重砂异常,矿物含量分级较高,对钼典型矿床不支持。主要的共生矿物白钨矿在钼矿控制的汇水盆地内都有较好的异常反映,显示出与钼矿积极的响应关系,具备优良的矿致性,对预测钼矿提供重要的间接指示信息。由辉钼矿-白钨矿-铜族构成的组合异常有 1 个,空间上与 2 号辉钼矿异常叠合,释放出综合性的重砂指示信息	次要
遥感	矿区受北东向柳河-吉林断裂带与北西向桦甸-双河镇断裂带控制,处在不同方向小断裂交会部位,形成遥感浅色色调异常区;有多个与基性岩类和隐伏岩体有关的环形构造分布;矿区及周围分布有羟基异常	次要
找矿标志	发育青磐岩化、云英岩化以及硅化等;与构造有关的燕山期中酸性岩石带状分布地区;1:20 万、1:5 万土壤化探异常明显,为 Mo、Cu、W、Ag、Sn、Pb 异常;有白钨矿重砂异常,伴生矿物有钛铁矿、锆石、金红石、铬铁矿、黄铁矿及少量辰砂、自然金	重要

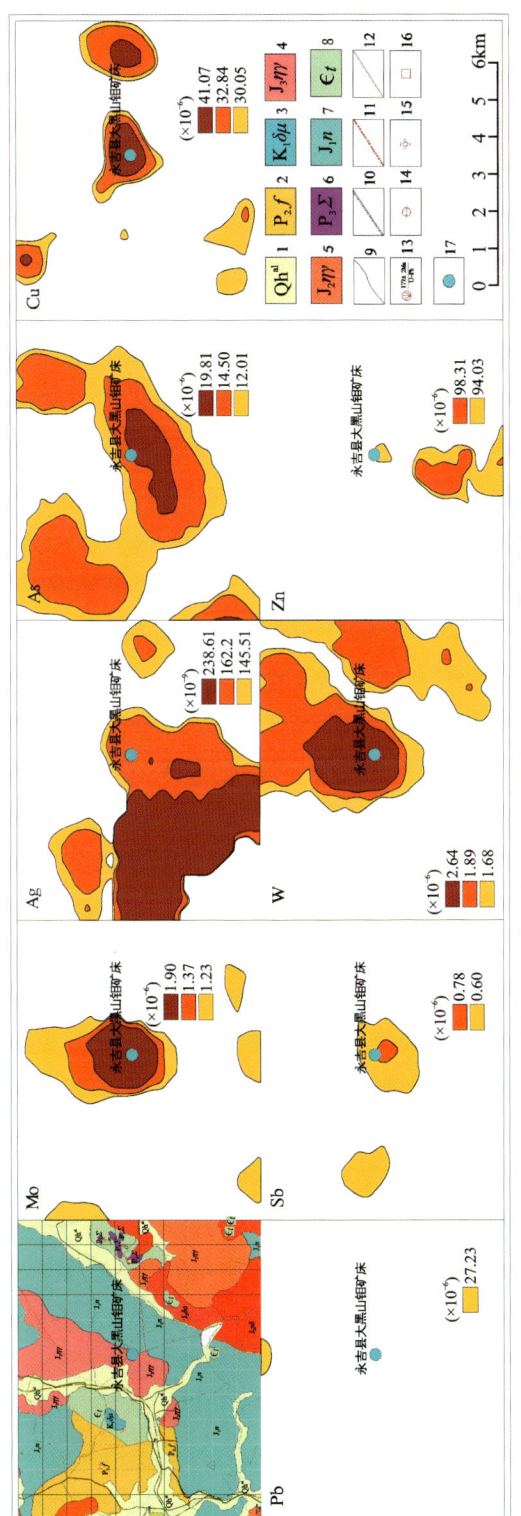

图 4-3-5 永吉县大黑山钼矿床区域化探异常特征剖析图

1. 第四系全新统Ⅰ级阶地及河漫滩冲洪积物；2. 中二叠统范家屯组砂岩；3. 早白垩世闪长玢岩；4. 早白垩世二长花岗岩；5. 中侏罗世二长花岗岩；6. 晚二叠世橄榄岩；7. 下侏罗统南楼山组流纹岩；8. 寒武系头道沟组斜长角闪变质砂岩；9. 整合岩层界线；10. 角度不整合岩层界线；11. 遥感解译断裂；12. 实测断层；13. 同位素年龄点；14. 绿帘石化；15. 硅化；16. 黄铁矿化；17. 永吉县大黑山钼矿床

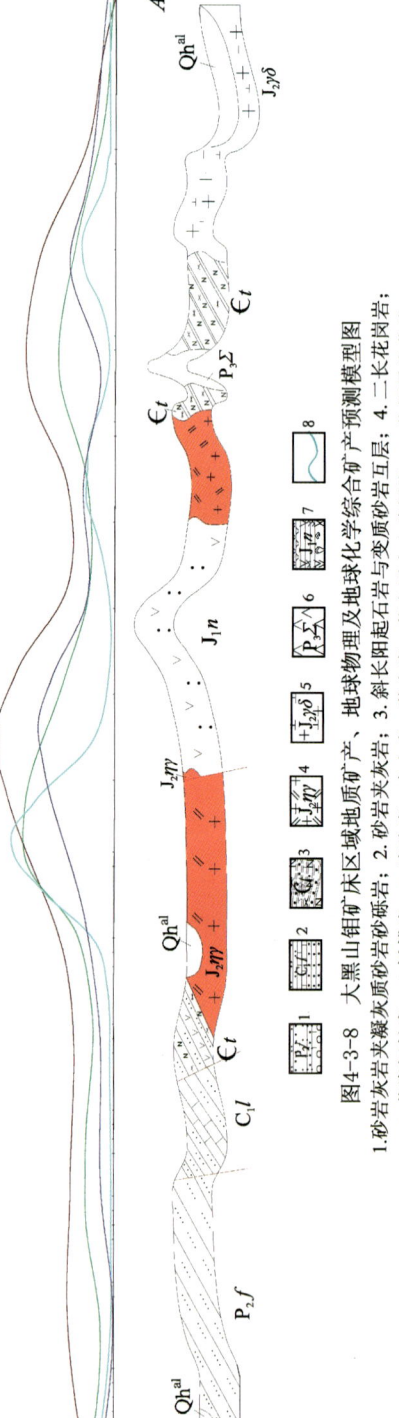

图4-3-8 大黑山钼矿床区域地质矿产、地球物理及地球化学综合矿产预测模型图

1.砂岩灰岩夹凝灰质砂砾岩；2.砂岩夹砂砾岩；3.砂岩夹灰岩；4.二长花岗岩；5.花岗闪长岩；6.橄榄岩；7.流纹岩、安山岩、英安岩、英安质火山碎屑岩；8.化探异常曲线

(二)头道沟硫铁矿

1. 典型矿床

头道沟硫铁矿床预测要素见表 4-3-5,矿床预测模型见图 4-3-7。

表 4-3-5 永吉县头道沟硫铁矿床预测要素表

预测要素		内容描述	类别
特征描述		矽卡岩型	
地质条件	成矿区带	(全国)Ⅱ-13 吉黑成矿省	必要
		(大区)Ⅲ-55 吉中-延边(活动陆缘)Mo、Au、As、Cu、Zn、Fe、Ni 成矿带	必要
		(本省)Ⅲ-55-③山河-榆木桥子 Au、Ag、Mo、Ni、Cu、Fe、Pb、Zn 成矿带	必要
	岩石类型	岩性主要为砂质板岩、碳质板岩、斜长角闪岩、角闪片岩、透闪-阳起石角岩、黑云母硅质角岩、变质砂岩、浅粒岩、变粒岩;燕山晚期花岗岩	必要
	成矿时代	燕山期	必要
	成矿环境	燕山晚期花岗岩体与早古生代火山-沉积岩系的外接触带,呼兰群头道沟岩组斜长角闪岩段为主要的赋矿层位	必要
	构造背景	矿床位于东北叠加造山-裂谷系(Ⅰ),小兴安岭-张广才岭叠加岩浆弧(Ⅱ),张广才岭-哈达岭火山-盆地区(Ⅲ),南楼山-辽源火山-盆地群(Ⅳ)	重要
矿床特征	控矿条件	地层的控矿作用:矿体均赋存于头道沟岩组中段斜长角闪岩段,成矿围岩是经过区域变质和角岩化的泥质岩石、火山碎屑岩以及中基性火山岩类,在热液的作用下易产生矽卡岩化,形成以充填交代作用为主的矿体; 断裂构造的控制作用:区域性口前-小城子断裂是主要的控矿构造,矽卡岩带及矿体分布于该断裂两侧次级北东向层间构造破碎带、裂隙带,含矿溶液沿构造薄弱带交代充填,形成矽卡岩带及矿体; 岩浆活动的控矿作用:矿床的形成与矿区南东刘家屯燕山期花岗岩-花岗闪长岩-闪长岩系列杂岩体和呼兰群头道沟岩组火山-沉积变质岩系接触交代以及顺层交代有关,特别是它的边缘相闪长岩为成矿母岩	必要
	蚀变特征	主要有矽卡岩化、硅化、碳酸盐化、黄铁矿化,其次有绿泥石化、绿帘石化、黝帘石化、绢云母化、闪石化	重要
	矿化特征	矿床由 8 条矿体组成,各矿体基本互相平行排列,在垂直方向上大致呈斜列式排列;矿床东西延长 600m,宽 50~100m,控制深度 280~400m,单个矿体长度 50~480m,厚度 3~14m,矿体走向呈北东 70°,倾角 60°~75°,矿体形态大致呈似脉状、扁豆状和透镜状。在纵向上,上部矿体形态复杂,分支多,品位较低;而下部矿体,矿体形态相对较完整,夹石少,品位较高;在横向上,矿床西段矿体形态简单,夹石少,品位较高,而东段矿体形态较复杂,分支多,品位较低	重要
综合信息	地球化学	没有 S 元素的化探异常信息	次要
	地球物理	在1:25 万区域布格重力异常中,头道沟硫铁矿床位于前撮落-头道沟-刘家沟重力高异常南东边部等值线密集带的内侧,异常呈扁豆状,主体部分位于前撮落与头道沟之间,呈北东东走向,处于北东向分布的侏罗系南楼山组中—酸性火山岩区,推断为隐伏的下古生界引起。头道沟向东到刘家沟一带,异常强度降低,表现为向东伸出的次一级异常,出露有呼兰群头道沟岩组及 4 处晚二叠世超基性岩体,次一级异常的北、东、南边缘等值线密集围绕,梯度陡,推断为头道沟岩组地层与侏罗纪中酸性侵入体在深部的接触界线。弧形梯度带南、东外侧重力低异常为侏罗纪中酸性侵入岩体引起	重要

续表 4-3-5

预测要素		内容描述	类别
综合信息	地球物理	在 1:5 万航磁异常图上,头道沟硫铁矿床位于刘家沟西部强正磁异常带北侧边缘零值线附近,该正磁异常带北侧到西侧同样有"厂"字形负磁异常带紧密相伴。正磁异常带上有 4 处明显的局部强磁异常分布,最大强度达 1850nT。负磁异常带在矿床附近,异常最小值为 −470nT。强正磁异常主要为超基性岩体异常引起,硫铁矿体仅能引起中等强度的磁异常;只能进一步开展大比例尺地磁、激电等物探方法进行剥离,进而划分出硫铁矿化带异常和超基性岩体异常的相应位置。负磁异常为头道沟岩组地层与超基性岩体斜磁化或剩磁方向反转综合影响所致	重要
	重砂	在倒木河和头道沟硫铁矿所在水系下游,可圈出 2 处黄铁矿重砂异常,这两处异常与典型矿床存在一定响应关系,显示直接指示意义	重要
	遥感	柳河-吉林断裂带穿过,并有 2 个与隐伏岩体有关的环形构造,2 个与基性岩体有关的环形构造。区内为遥感浅色色调异常区,有高度集中的铁染、羟基异常分布	次要
找矿标志		燕山晚期花岗岩体与下古生界呼兰群头道沟岩组的接触带是成矿的有利空间;区域上的矽卡岩化、硅化、碳酸盐化、黄铁矿化及绿泥石化、绿帘石化、黝帘石化、绢云母化、闪化等是区域上的找矿标志;在岩体接触带附近石榴石-透辉石或绿帘石-角闪石矽卡岩及碳酸盐化发育,并伴有黄铁矿化,是矿体的直接找矿标志	重要

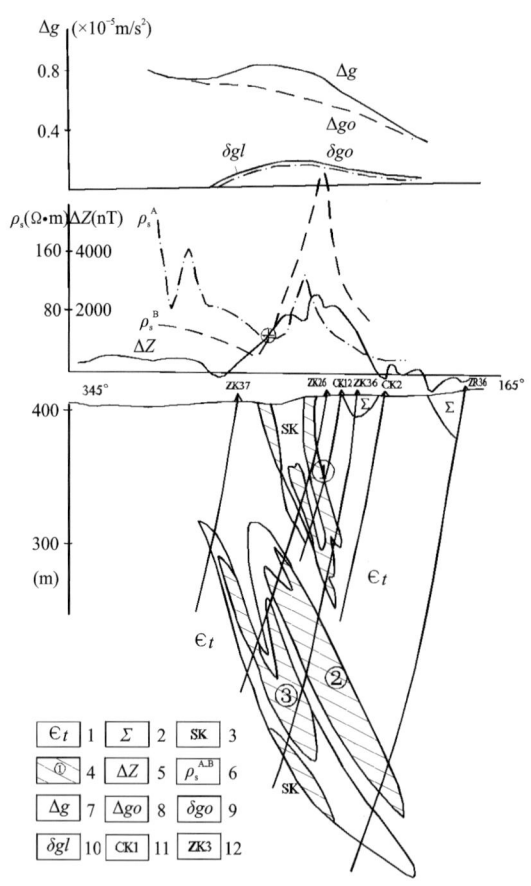

图 4-3-7 永吉县头道沟硫铁矿床地质地球物理矿产预测模型

1.头道沟岩组斜长角闪岩;2.超基性岩;3.矽卡岩;4.硫铁矿及编号;5.磁异常曲线;6.联剖曲线;
7.实测布格重力异常曲线;8.圆滑区域重力异常曲线;9.局部重力异常曲线;10.计算重力异常曲线;
11.1963 年以前钻孔;12.1973 年以后钻孔

2. 预测工作区

头道沟硫铁矿预测工作区区域预测要素见表 4-3-6,区域矿产预测模型见图 4-3-8。

表 4-3-6 头道沟硫铁矿床预测工作区预测要素表

预测要素		内容描述	类别
地质条件	岩石类型	砂质板岩、碳质板岩、斜长角闪岩、角闪片岩、透闪-阳起角岩、黑云母硅质角岩、变质砂岩、浅粒岩、变粒岩;燕山晚期花岗岩	必要
	成矿时代	燕山期	必要
	成矿环境	燕山晚期花岗岩体与早古生代火山-沉积岩系的外接触带为主要的赋矿层位;北东向构造是主要的控矿和储矿构造	必要
	构造背景	矿床位于东北叠加造山-裂谷系(Ⅰ),小兴安岭-张广才岭叠加岩浆弧(Ⅱ),张广才岭-哈达岭火山-盆地区(Ⅲ),南楼山-辽源火山-盆地群(Ⅳ)	重要
矿床特征	控矿条件	北东向断裂构造是主要的控矿和储矿构造; 燕山晚期中酸性侵入岩为主要的控矿岩体; 下古生界寒武系头道沟岩组火山沉积碎屑岩-泥质岩控矿	必要
	矿化蚀变	主要有矽卡岩化、硅化、碳酸盐化、黄铁矿化,其次有绿泥石化、绿帘石化、黝帘石化、绢云母化、闪石化	重要
综合信息特征	地球物理	头道沟矽卡岩型硫铁矿床位于头道沟岩组地层的重力高异常与侏罗纪中酸性侵入岩体的重力低异常之间过渡部位; 超基性岩体可引起强正磁异常,硫铁矿体仅能引起中等强度的磁异常; 负磁异常为头道沟岩组与超基性岩体斜磁化或剩磁方向反转综合影响所致; 中等强度的磁异常和重力高、重力低异常之间过渡部位是矽卡岩型硫铁矿床成矿有利地段	重要
	重砂	圈出的黄铁矿重砂异常对头道沟硫铁矿积极支持,是矿致重砂异常,具直接指示作用;分布在矿床外围的黄铁矿异常对外围预测有一定意义	次要
	遥感	矿区位于北西向桦甸-双河镇断裂带与北东向柳河-吉林断裂带交会部位,由多个与隐伏岩体有关的环形构造和基性岩类引起的环形构造串状分布;区内为遥感浅色色调异常区;矿区周围有羟基异常、铁染异常集中分布	次要
	找矿标志	中生代中酸性侵入岩;寒武系头道沟岩组火山沉积碎屑岩-泥质岩;北东向断裂构造	重要

五、综合预测区特征

本成矿带共圈定 4 个综合预测区,A 类有大黑山-头道沟(编号 10A),B 类有头道川-民主屯(12B)、三道岗-吉昌(13B)、四方甸子钼-倒木河(11B)。

10A 和 11B 位于大黑山-倒木河 Mo、Au、Ag、Cr、Cu、Fe、Pb、Zn、S 找矿远景区Ⅴ11 五级成矿带中,12B 和 31B 位于Ⅴ10 五级成矿带中,综合预测区成矿特征如下。

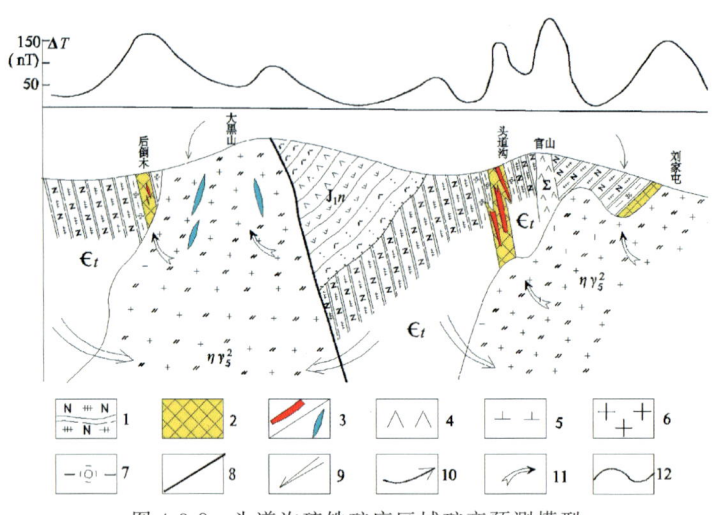

图 4-3-8 头道沟硫铁矿床区域矿产预测模型

1.呼兰群头道沟岩组；2.矽卡岩；3.硫铁矿体/钼矿体；4.超基性岩；5.闪长岩；6.花岗岩脉；7.硅化；8.断层；9.地层（成矿）物质迁移方向；10.雨水加入岩浆热液环流；11.燕山期中酸性岩浆及其热液迁移方向；12.航磁 ΔT 异常曲线

1. 地质特征

区内出露古元古界临江岩组、大栗子岩组，大栗子岩组泥质碎屑岩的中浅变质岩系云母片岩、石英岩、千枚岩为岩浆热液型锑矿赋矿层位；寒武系头道沟岩组斜长阳起石岩夹变质砂岩为硫铁矿控矿层位；上三叠统四合屯组安山岩、英安流纹质角砾凝灰岩为青沟子式岩浆热液型锑矿含矿层；下侏罗统南楼山组和玉兴屯组火山岩为火山热液型铜、铅锌多金属矿控矿层；石炭系窝瓜地组、石咀子组砂岩页岩夹灰岩为闹枝式火山岩型含矿层；磨盘山组灰岩、大理岩为萤石矿控矿层位；鹿圈屯组灰岩、大理岩和余富屯组中酸性火山岩-碳酸岩建造为银（金）的矿源层。成矿地质特征详见表 4-3-7。

在空间上与钼矿关系密切的为燕山期中酸性岩体。此外燕山晚期花岗斑岩（朝阳沟小岩体）、闪长玢岩（长岗岭村小岩体）也见硫化物矿化；印支期草山单元黑云母花岗岩控制岩浆热液型锑矿。海西期中细粒花岗岩控制银矿产出。矿体主要集中于岩体或岩体与地层的接触带中。

伊通-舒兰断裂带、辉发河断裂两条大型控矿构造，次级构造不同方向断裂交会部位是钼及多金属成矿有利地段。

2. 矿产特征

区域已发现特大型钼矿 1 处，成矿带主要为钼矿矿集区，是吉林省主要多金属成矿带成矿带之一，产出矿种有铁、铬铁矿、铜、铅锌、镍、钼、锑、金、银、萤石、硫铁矿等矿种，主要成因类型为火山热液型和侵入岩体型。

3. 物探、化探、遥感、自然重砂特征

区域重力低异常反映了燕山早期花岗闪长岩和二长花岗岩的重力场特征。南部有两组重力高和北东向的重力低，反映北西向分布中酸性侵入岩带。北东向的重力低异常沿走向贯穿全区，为辉发河断陷盆地的反映。

区内航磁异常数量较多。头道沟异常有多处矿床矿点，如前撮落钼矿、倒木河钼锌多金属矿、头道沟多金属硫铁矿、倒木河硫铁矿、三家子钼矿点、长岗钼矿点等。中部椭圆状弱异常推测为燕山期中酸性岩体。

化探 Mo 异常具有明显的分带和浓集中心,异常强度高。与 Mo 空间套合紧密的元素有 W、Ag、Cu、Pb、Zn、As、Sb。主要指示元素有 Mo、W、Ag、Cu、Pb、Zn、As、Sb。其中,Ag、Cu、Pb、Zn 是近矿指示元素,As、Sb 是前锋指示元素,Mo、W 是热液系统的尾晕。

表 4-3-7 山河-榆木桥子成矿带综合预测区成矿地质特征表

Ⅳ级成矿(区)带	综合预测区编号及名称	矿种	综合预测区面积/km²	矿产预测类型	成矿地质	代表性矿床
Ⅲ-55-③	12B 头道川-民主屯	金	560	头道川式变质火山岩型	石炭系余富屯组(黄莺屯岩组?)海相火山-沉积岩系的细碧角斑岩组合	头道川金矿
		铁		吉昌式矽卡岩型	石炭系磨盘山组灰岩、大理岩与燕山期花岗岩	
		银		民主屯式火山热液型	石炭系余富屯组中酸性火山岩-碳酸岩建造为银(金)的矿源层,海西期中细粒花岗岩为主要的控矿岩体	民主屯银矿
	13B 三道岗-吉昌	萤石	512	南梨树式热液充填交代型	磨盘山组大理岩化灰岩、燕山期花岗闪长岩和二长花岗岩	南梨树萤石
		金		头道川式变质火山岩型	石炭系余富屯组(黄莺屯岩组?)海相火山-沉积岩系的细碧角斑岩组合	
		钼		大黑山式斑岩型	花岗闪长岩、二长花岗岩含矿建造	
		镍		红旗岭式基性—超基性岩浆熔离-贯入型	辉长岩、橄榄岩含矿建造	
		锑		青沟子式岩浆热液型	主要矿体赋存在四合屯组安山岩、英安质流纹质角砾凝灰岩中,早二叠世石英闪长岩控矿	
		铁		吉昌式矽卡岩型	下石炭统鹿圈屯组灰岩、大理岩与燕山期花岗岩	吉昌铁矿
		铜		闹枝式火山岩型	石咀子组的砂岩与页岩互层夹灰岩;窝瓜地组酸性火山熔岩夹灰岩	石咀铜矿
	10A 大黑山-头道沟	铬铁	366	小绥河式侵入岩体型	与海西期超基性岩有关	

续表 4-3-7

Ⅳ级成矿（区）带	综合预测区编号及名称	矿种	综合预测区面积/km²	矿产预测类型	成矿地质	代表性矿床
Ⅲ-55-③	10A 大黑山-头道沟	硫铁矿	366	头道沟式矽卡岩型	燕山晚期中酸性侵入岩为主要的控矿岩体；下古生界寒武系头道沟岩组火山沉积碎屑岩-泥质岩控矿	头道沟硫铁矿
		钼		大黑山式斑岩型	花岗闪长岩、二长花岗岩含矿建造	永吉大黑山
		铅		放牛沟式火山热液型	下侏罗统南楼山组流纹岩、安山岩、英安质含角砾凝灰岩，下侏罗统玉兴屯组安山质火山角砾岩、流纹质凝灰岩	
		铜		闹枝式火山岩型	南楼山组火山碎屑岩（岩性为安山质凝灰角砾岩、凝灰岩）为含矿层位和控矿层位	
		锌		放牛沟式火山热液型	下侏罗统南楼山组流纹岩、安山岩、英安质含角砾凝灰岩，下侏罗统玉兴屯组安山质火山角砾岩、流纹质凝灰岩	
		银		民主屯式火山热液型	石炭系余富屯组中酸性火山岩-碳酸岩建造为银（金）的矿源层，海西期中细粒花岗岩为主要的控矿岩体	
	11B 四方甸子钼-倒木河	金	362	刺猬沟式火山热液型	与成矿关系密切的是石炭纪、侏罗纪的安山岩和凝灰岩	倒木河金矿
		钼		四方甸子式石英脉型	花岗闪长岩、二长花岗岩含矿建造	桦甸四方甸子钼
		铅		放牛沟式火山热液型	下侏罗统南楼山组流纹岩、安山岩、英安质含角砾凝灰岩，下侏罗统玉兴屯组安山质火山角砾岩、流纹质凝灰岩	
		铜		闹枝式火山岩型	下侏罗统南楼山组、玉兴屯组的安山质火山角砾岩、流纹质凝灰岩、含角砾凝灰岩、火山角砾岩、砂岩	
		锌		放牛沟式火山热液型	下侏罗统南楼山组流纹岩、安山岩、英安质含角砾凝灰岩，下侏罗统玉兴屯组安山质火山角砾岩、流纹质凝灰岩	
		银		民主屯式火山热液型	石炭系余富屯组中酸性火山岩-碳酸岩建造为银（金）的矿源层，海西期中细粒花岗岩为主要的控矿岩体	

第四节　红旗岭-漂河川成矿带

一、区域地质背景

该成矿带晚三叠世—新生代构造单元分区位于东北叠加造山-裂谷系（Ⅰ1）、小兴安岭-张广才岭叠加岩浆弧（Ⅱ3）、张广才岭-哈达岭火山-盆地区（Ⅲ3）、南楼山-辽源火山-盆地群（Ⅳ4）内。

1. 构造特征

本区控制基性—超基性岩的构造为辉发河超岩石圈断裂的次一级断裂，大部分控岩构造呈北西集群，东西呈带状展布，东西向构造为导浆构造，而北西向构造为容岩、容矿构造。

2. 地层

区域内出露地层主要有下古生界呼兰群变质岩系，岩性主要有变质砂岩、板岩、粉砂岩、碳质页岩、结晶灰岩及中基性变质火山岩；石炭系、二叠系地层岩性为英安岩、英安质凝灰角砾岩、凝灰岩夹灰岩等。呼兰群变质岩系是含铜镍基性—超基性岩体的围岩，同时也是金矿的赋矿层位，如二道甸子金矿主矿带产于碳质页岩和斜长角闪岩的互层带中，新生界桦甸组（含油）页岩地层为硫铁矿含矿层位（图4-4-1）。

3. 侵入岩

本区与铜镍成矿有关的岩浆活动为海西早期基性—超基性岩侵入，主要有红旗岭岩群、漂河川岩群。单个岩体多为脉状、岩墙状、透镜状，呈串珠状排列，岩石类型为辉长岩-辉石岩-橄榄岩型及斜长辉石岩-苏长岩型等。区内还分布有大面积的燕山期黑云母花岗岩及闪长岩、花岗闪长岩、二长花岗岩，脉岩发育，主要有煌斑岩、细晶岩等，这些岩浆活动与金、钼矿成矿关系密切。

4. 大型变形构造

该成矿带位于敦-密深大断裂带的北侧，该断裂带具有裂源深、活动时间长的特点。它不仅限制了其两侧沉积建造类型、岩浆活动，还控制着基性—超基性岩带的形成与分布。目前已发现基性—超基性岩多产出于断裂带北部一侧，自西向东依次发育红旗岭、漂河川基性—超基性岩群。

二、区域矿产特征

1. 区域矿产特征

区内沿敦-密断裂带密集分布有20多处大中型铜镍、金、硫铁、铁、锑和萤石矿等矿床，存在与海西晚期—印支期超基性—基性岩浆熔离-贯入作用有关的Cu、Ni、Cr矿床成矿系列，代表性矿床为红旗岭大型铜镍矿床。与晚古生代—中生代火山及侵入岩浆作用有关的Au、Pb、Zn、Cu、萤石矿成矿亚系列，代表性矿床为二道甸子金矿，成矿时代为燕山期，成因类型为岩浆热液型。区内还有与燕山期岩浆热液活动有关的金、锑、钼小型矿床及矿化点。非金属矿有桦甸西台子金属矿及小型萤石矿。区域矿产特征见图4-4-2。

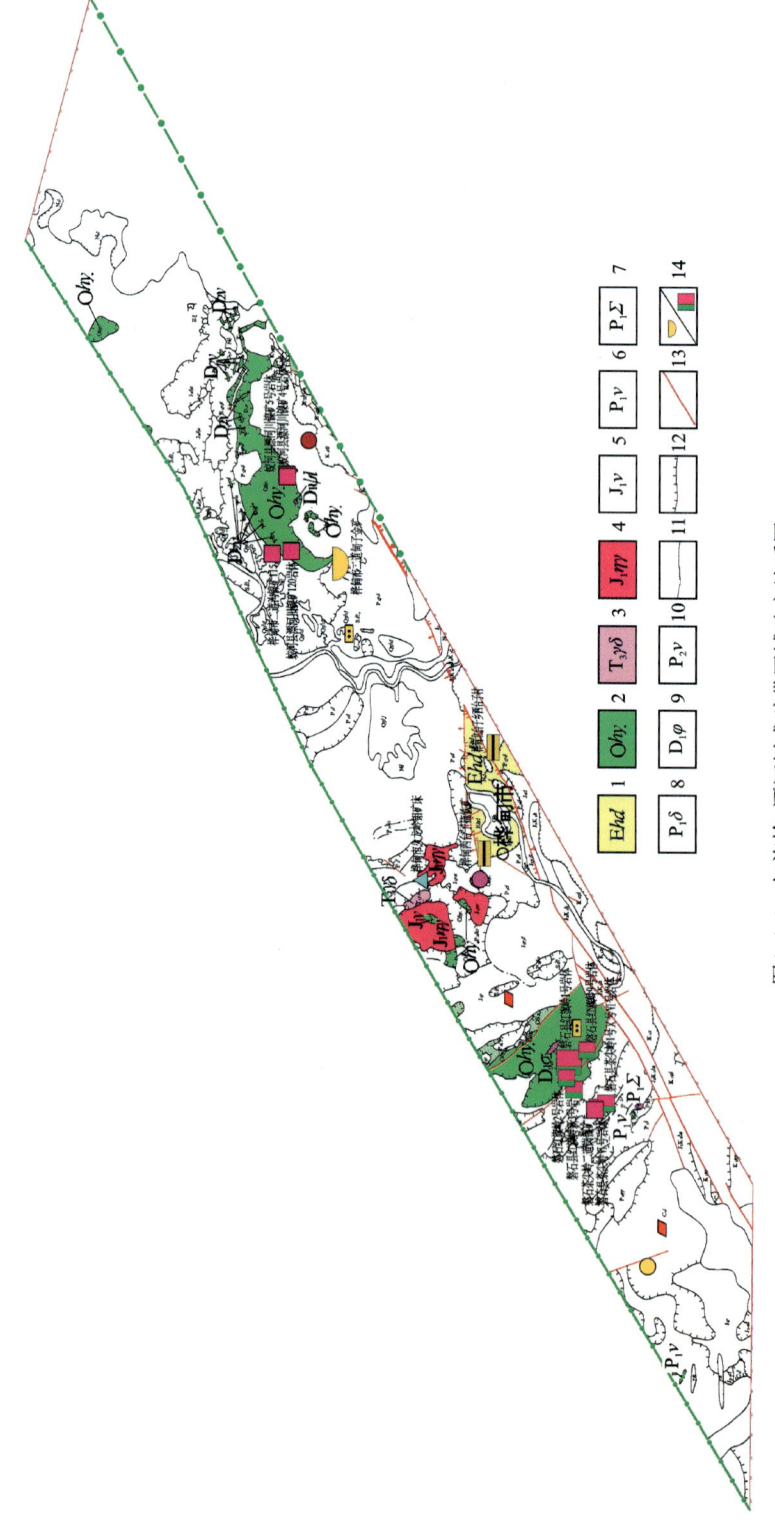

图4-4-1 红旗岭-漂河川成矿带区域矿产地质图

1.桦甸组；2.黄莺屯岩组；3.二长花岗岩；4.花岗闪长岩；5.早侏罗世辉长岩；6.早二叠世辉长岩；7.早二叠世粉超基性岩；8.早泥盆世橄榄岩；9.早泥盆世辉石岩；10.中泥盆世辉长岩；11.地质界线；12.花岗岩体超动接触界线；13.断层；14.金矿/铜镍矿点

与金矿成矿有关的建造为变质岩建造及侵入岩建造,变质岩建造即寒武系黄莺屯岩组,其本身富含金元素,受后期岩浆热液活动的影响,使有用矿物迁移、沉淀,局部富集形成矿体。

燕山早期侵入岩十分发育,构成张广才岭岩浆带的一部分,主要发育闪长岩建造、石英闪长岩建造、二长花岗岩建造、花岗闪长岩建造和正长花岗岩建造。燕山晚期侵入岩为花岗斑岩类,喜马拉雅期侵入岩为细晶辉长岩类。

区内与矿产有关的构造主要为近东西向呈弧形分布的二道甸子构造带,以及北西向、北北西向、北北东向的次级断裂,而与压扭性、张扭性断裂有关的矿(化)体,其规模大、矿体形态稳定,含矿品位高且均匀;而与压性、张性断裂有关的矿(化)体形态变化大,含矿不均,多呈透镜状,尤以张性断裂控制的矿体,含矿偏低,工业价值小。本成矿带矿产地特征见表4-4-1。

表4-4-1 红旗岭-漂河川成矿带矿产地特征表

序号	矿种	共(伴)生矿产	矿产地名称	成因类型	成矿时代	主矿产规模
1	金		磐石县宝山乡帽山金矿	热液型	泥盆纪	小型
2	金		磐石黑石镇黄瓜营砂金矿	砂矿型	中新世	小型
3	金		桦甸徐家屯砂金矿	砂矿型	渐新世	小型
4	金		桦甸市二道甸子金矿	海相火山岩型	中侏罗世	大型
5	硫铁		桦甸北台子乡西台子村硫铁矿	海相沉积型	中生代	矿点
6	硫铁		桦甸西台子硫铁矿	陆相火山岩型	中生代	中型
7	钼		桦甸市火龙岭钼矿床	矽卡岩型	侏罗纪	小型
8	铜、镍	钴-硒、硫	磐石县红旗岭1号岩体铜镍矿	岩浆型	三叠纪	中型
9	铜、镍	钴-硒、硫	磐石县红旗岭7号岩体铜镍矿	岩浆型	三叠纪	大型
10	镍		磐石县茶尖岭Ⅵ号岩体镍矿	岩浆型	三叠纪	小型
11	铜、镍	钴	磐石县茶尖岭Ⅰ号Ⅹ号Ⅵ号岩体铜镍矿	岩浆型	三叠纪	小型
12	铜、镍	钴-硒	磐石县红旗岭新3号岩体铜镍矿	岩浆型	三叠纪	小型
13	铜、镍	钴-硒	磐石红旗岭2号岩体铜镍矿	岩浆型	三叠纪	小型
14	铜、镍	钴-硒	磐石县红旗岭9号岩体铜镍矿	岩浆型	三叠纪	小型
15	铜、镍		磐石茶尖岭二道岗镍矿	岩浆型	三叠纪	小型
16	铜、镍		桦甸市二道沟115号岩体镍矿	岩浆型	三叠纪	小型
17	铜、镍		蛟河县漂河川镍矿4号岩体铜镍矿	岩浆型	三叠纪	小型
18	铜、镍		蛟河县漂河川镍矿5号岩体铜镍矿	岩浆型	三叠纪	小型
19	铜、镍		蛟河县漂河川镍矿120号岩体铜镍矿	岩浆型	三叠纪	矿点
20	锑		桦甸市幸福锑矿	热液型	二叠纪	小型
21	铁		磐石西半截河铁矿	沉积变质型	古生代	小型
22	铁		磐石市茶条铁矿	沉积变质型	早石炭世	小型
23	萤石		桦甸市剧乐萤石矿	热液型	中生代	小型

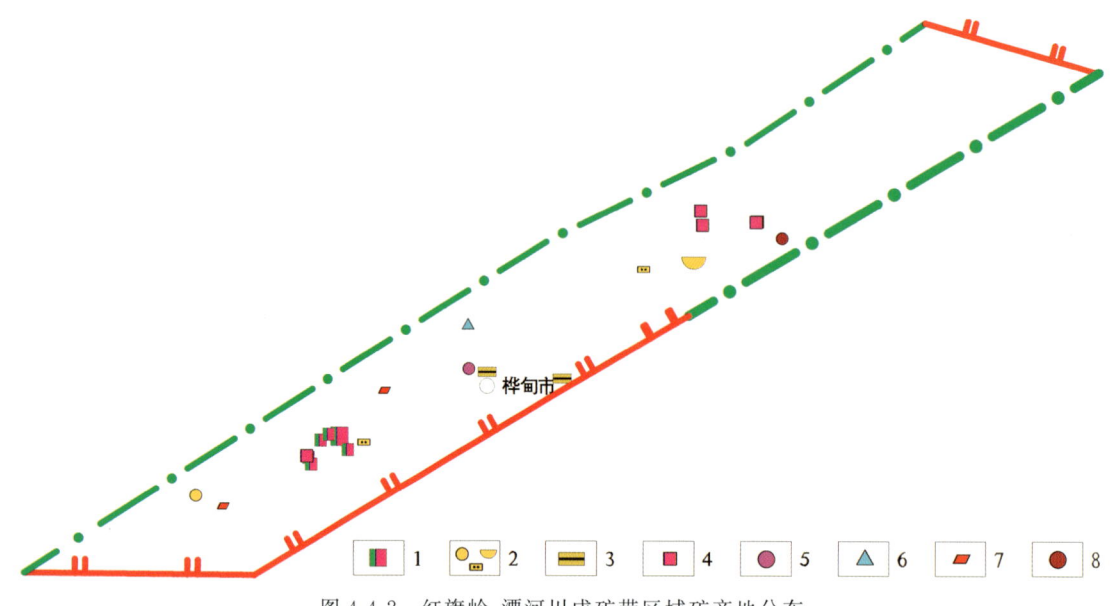

图 4-4-2　红旗岭-漂河川成矿带区域矿产地分布
1.铜镍矿；2.金矿；3.硫铁矿；4.镍矿；5.萤石矿；6.钼矿；7.铁矿；8.锑矿

2. 矿产预测类型的划分及预测工作区分布

本区共分布金、铜、镍、硫铁矿 6 个矿种 4 个预测工作区，即红旗岭式基性—超基性岩浆熔离-贯入型红旗岭铜镍矿预测工作区、漂河川铜镍矿预测工作区，二道甸子式变质火山岩型二道甸子金矿预测工作区，西台子式湖相沉积型西台子硫铁矿预测工作区。漂河川铜镍矿地质背景、成因类型、成矿时代与红旗岭铜镍矿相近，因此将漂河川铜镍矿预测工作区划为红旗岭式基性—超基性岩浆熔离-贯入型。该区矿产预测类型及工作区分布详见表 4-4-2。

表 4-4-2　红旗岭-漂河川成矿带矿产预测类型及预测工作区统计表

序号	矿种	预测工作区名称	预测方法类型	矿产预测类型	典型矿床
1	金	二道甸子	层控内生型	二道甸子式变质火山岩型	二道甸子金矿
2	硫铁	西台子	沉积型	西台子式湖相沉积型	西台子硫铁矿
3	铜、镍	红旗岭	侵入岩体型	红旗岭式基性—超基性岩浆熔离-贯入型	红旗岭铜镍矿
4	铜、镍	漂河川	侵入岩体型	红旗岭式基性—超基性岩浆熔离-贯入型	漂河川铜镍矿

三、区域物探、化探、遥感、重砂特征及推断解释

1. 航磁特征

该成矿带毗邻敦-密断裂带西侧的狭长区域，航磁正、负异常区沿北东向相间分布。北东端分布有 3 处局部正异常，其规模及强度接近，梯度不陡。漂河镇南侧异常近东西走向，中部分布有中型铜镍矿床，异常西南的一处微弱正异常边部有小型铜镍矿床分布，异常为印支期含铜镍基性岩体引起。另两处局部正异常呈北东走向并延入相邻成矿带，分别为基性岩体及火山岩（玄武岩）引起的异常。二道甸子及其西部负磁异常区呈向西南凸出的弧形，弧形的两翼出现明显负磁异常中心。异常主要与地表出露的奥陶系黄莺屯岩组、石缝组变质岩及下白垩统青山口组、大砬子组沉积地层有关。弧形负异常顶部分布有小型砂金

矿床一处,内侧有二道甸子海相火山岩型大型金矿床,两端分别有幸福小型锑矿和桦树乡锑矿。

2. 重力特征

在区内西部红旗岭一带为重力高,呈北西向分布,与寒武系黄莺屯岩组、奥陶系小三个顶子岩组地层吻合。区内中型铜镍矿床及小型铜镍矿床集中分布在重力高梯度带上。漂河川地区的重力低反映了中生代断陷盆地。重力高为寒武系变质岩的反映,在重力高的边部有二道甸子大型金矿分布,在重力高向重力低过渡的梯度带上有小型铜镍矿床分布。东侧北东向线性梯度带及负磁异常带为敦密断陷盆地的反映。

3. 地球化学特征

红旗岭地区主成矿元素 Cu 和 Ni 具有规模大、分带清晰、浓集中心明显、异常强度高特征,轴向呈北东向延伸的趋势。找矿主要指示元素为 Cu、Mo、Bi、Au、Ni、Co、Cr、As、Sb、Hg、Ag。其中 Cu、Ni、Co、Cr、Au 是近矿指示元素,Mo、Bi 是评价矿床的尾部指示元素,As、Sb、Hg、Ag 为找矿远程指示元素。漂河川地区主要的找矿指示元素为 Cu、Au、Pb、Zn、Ni、Co、Cr、As、Sb、W、Mo。其中 Cu、Au、Pb、Zn、Ni、Co、Cr 为近矿指示元素,As、Sb 为远程指示元素,W、Mo 主要用于评价矿化的剥蚀程度。二道甸子地区有清晰的金异常三级分带和明显的浓集中心。成矿带地质、化探异常见图 4-4-3。

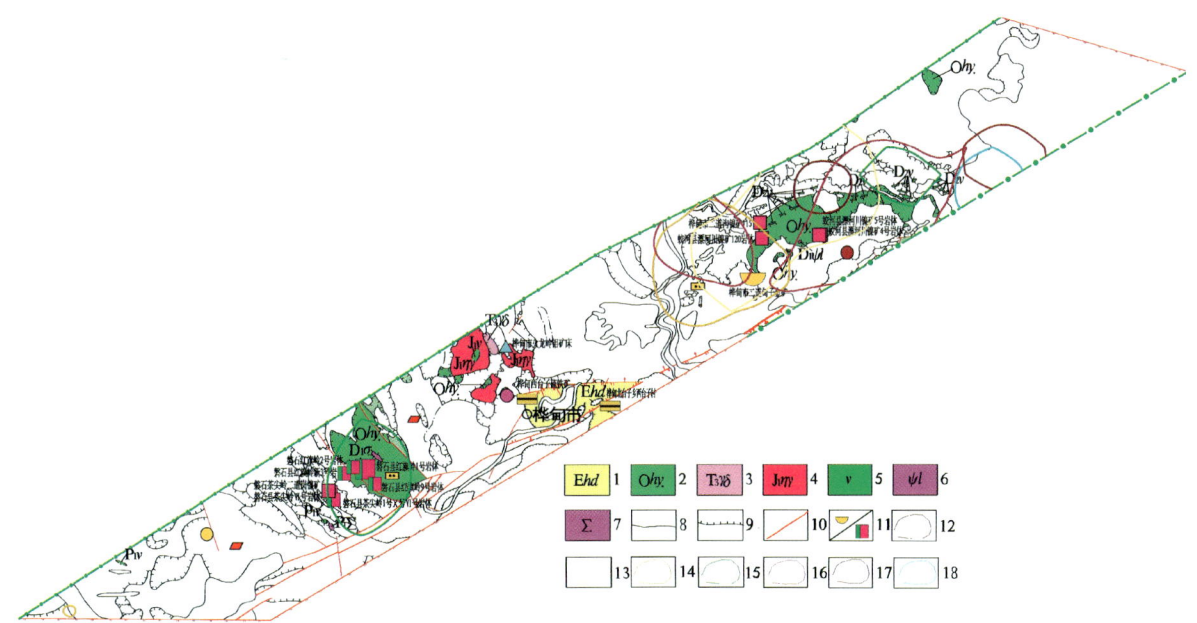

图 4-4-3　红旗岭-漂河川成矿带地质、化探异常图

1.桦甸组;2.黄莺屯岩组;3.花岗闪长岩;4.二长花岗岩;5.辉长岩;6.辉石岩;7.超基性岩未分;8.地质界线;9.花岗岩体超动接触界线;10.断层;11.金矿/铜镍矿点;12.钨异常;13.砷异常;14.金异常;15.铜异常;16.锑异常;17.锌异常;18.钼异常

4. 自然重砂特征

区内重砂矿物不发育,圈出的铜族异常对铜镍矿没有指示意义(与燕山期花岗岩类侵入体有关,异常源于火龙岭钼矿,对预测斑岩型钼矿有一定意义)。而由磁铁矿-橄榄石-辉石构成的组合异常对追索控矿的基性—超基性岩体有一定的指示效应。

5. 遥感影像特征

区内遥感解译大中型断裂带主要为北东向,小型断裂较发育,以北北西向和北西向为主,北东向次之,局部见近南北向和近东西向。不同方向断裂交会部位,是重要的铜、多金属成矿区。

漂河镇环形构造群、漂河镇东环形构造群、金龙村环形构造群、上火龙环形构造群、泉眼沟环形构造群均分布在不同方向断裂交会部位,区内铜矿点多分布于环形构造边部。

四、重要矿种预测评价模型

该成矿带典型矿床有红旗岭铜镍矿、漂河川铜镍矿、二道甸子金矿、西台子硫铁矿,本成矿带矿产预测模型主要选择具代表性的二道甸子金矿、红旗岭铜镍矿。

(一)二道甸子金矿

1. 典型矿床

二道甸子金矿床预测要素见表4-4-3,矿产预测模型见图4-4-4。

表4-4-3 桦甸市二道甸子金矿床矿产预测模型

预测要素		内容描述	类别
特征描述		变质火山岩型	
地质条件	成矿区带(全国)	Ⅱ-13 吉黑成矿省	必要
	成矿区带(大区)	Ⅲ-55 吉中-延边(活动陆缘)Mo、Au、As、Cu、Zn、Fe、Ni 成矿带	必要
	成矿区带(本省)	Ⅲ-55-④红旗岭-漂河川 Ni、Au、Cu 成矿带	必要
	岩石类型	碳质云英角页岩与长石角闪石角页岩互层,燕山期闪长岩	必要
	成矿时代	(173.25±3.91)Ma 和(195.26±4.48)Ma,主成矿期为燕山期	必要
	成矿环境	二道甸子-漂河岭复背斜构造南西倾没端,北西向冲断层为主要控矿构造	必要
	构造背景	南华纪—中三叠世天山-兴蒙-吉黑造山带(Ⅰ),包尔汉图-温都尔庙弧盆系(Ⅱ),下二台—呼兰-伊泉陆缘岩浆弧(Ⅲ),磐桦上叠裂陷盆地(Ⅳ)	重要
矿床特征	控矿条件	寒武纪—奥陶纪长石、角闪石角页岩、碳质云母角页岩等为含矿围岩,特别是条带状含碳围岩含金性更好,且为金矿的形成提供了成矿物质;燕山期闪长岩侵入,提供热源及岩浆水;北西向压扭性断层是主控矿构造,为金矿提供就位空间,尤其产状变陡部位,石英脉变薄但金品位提高,产状变缓,脉宽,品低	必要
	蚀变特征	主要有绢云母化、黄铁矿化、绿泥石化及黑云母化,由于围岩性质不同而蚀变也不同,绢云母化、绿泥石化发育于碳质岩层及石英脉体,黑云母化仅发育在绿色岩层地段,绢云母化、黄铁矿化和含金黄铁矿化阶段有关	重要
	矿化特征	北西向冲断层为主要控矿构造。断裂产状南山走向300°～330°,北山大致与地层线状构造一致,呈向西突出弧形。断层中充填石英脉平面呈右行斜列,单脉呈舒缓波状,较规整,局部有收缩膨胀现象,石英脉产状变陡时脉变薄,反之变厚。石英脉斜切岩层,含矿裂隙面平直,延长较远,相互平行。矿体多呈脉状产于碳质云英角岩与长石角闪石角页岩互层带中,以产于片岩中为主。矿体在平面上呈脉状,剖面上呈板状或扁豆状。矿带由12条含金石英脉组成,单脉长80～650m,多数为100～150m,厚度几十厘米至几十米。控制深度500～600m。走向315°,倾向南西或北东,倾角60°～90°,金品位平均10.5×10^{-6},最高331.7×10^{-6}	重要

续表 4-4-3

预测要素		内容描述	类别
综合信息	地球化学	应用 1:20 万化探数据圈出一处金异常,有清晰的三级分带和明显的浓集中心,异常强度达到 256×10^{-9},面积 $342km^2$,带状分布,轴向延伸北东。与金套合较好的伴生指示元素主要是 Ni、Cr、Co、As、Sb,置于金的外带,异常规模较大。W、Bi、Mo 以较小规模构成内带,Cu 异常表现零散,与 Au、Ni 共同构成成矿的主体。 次生晕异常显示特征元素组合为 Au-Ag-As-Sb,组合异常规模大,浓集中心明显,预测的主要矿种为金、锑	重要
	地球物理	矿床位于局部重力高异常边部梯度带转折处,重力高与重力低过渡带;航磁负异常边缘,异常梯度略陡;重力异常梯度带及航磁异常梯度带交会部位或转折处	重要
	遥感	北东向、北西向和北北西向断裂交会处,二道甸子环形构造内部,遥感浅色色调异常区,矿区内及周围遥感羟基异常、铁染异常集中分布	次要
找矿标志		物探、化探、遥感异常是金矿的找矿标志。石英脉呈钢灰-烟灰色、暗绿色,油质光泽强,性脆含金性好;围岩蚀变主要为绢云母化、黄铁矿化、绿泥石化及黑云母化,是寻找金重要标志,特别是细粒、结晶差的硫化物常与金共生;矿脉在空间出现分带和富集中心	重要

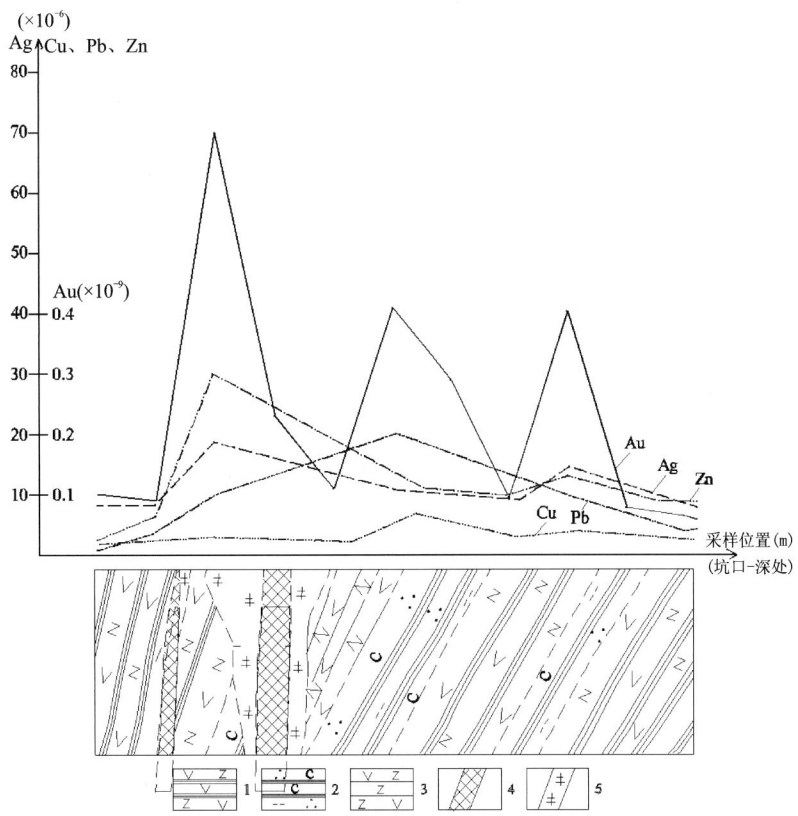

图 4-4-4　二道甸子金矿床岩石地球化学异常剖面图
1.长石角闪角页岩;2.含碳云英角页岩;3.斜长角闪岩;4.矿体;5.石英脉及细石英脉

2. 预测工作区

漂河川金矿预测工作区预测要素见表 4-4-4。

表 4-4-4　漂河川金矿预测工作区矿产预测要素表

预测要素	内容描述	类别
特征描述	火山沉积-岩浆热液型矿床	
岩石类型	寒武纪—奥陶纪(黄莺屯岩组?)变质岩系黑云母片麻岩、黑云母片岩、长石角闪石角岩夹薄层石英角页岩、碳质云英角页岩与长石角闪石角页岩互层组合	必要
成矿时代	(173.25±3.91)Ma 和(195.26±4.48)Ma,主成矿期为燕山期	必要
成矿环境	二道甸子-漂河岭复背斜构造南西倾没端,北西向冲断层为主要控矿构造	必要
构造背景	南华纪-中三叠世天山-兴蒙-吉黑造山带(Ⅰ),包尔汉图-温都尔庙弧盆系(Ⅱ),下二台-呼兰-伊泉陆缘岩浆弧(Ⅲ),磐桦上叠裂陷盆地(Ⅳ)内	重要
矿化蚀变	主要有绢云母化、黄铁矿化、绿泥石化及黑云母化,绢云母化与黄铁矿化和含金黄铁矿化阶段有关	重要
控矿条件	寒武纪—奥陶纪长石角闪石角页岩、碳质云母角页岩等为含矿围岩,特别是条带状含碳围岩含金性更好,且为金矿的形成提供了成矿物质;燕山期闪长岩侵入,提供热源及岩浆水;北西向压扭性断层是主控矿构造,为金矿提供就位空间	必要
化探特征	主成矿元素金具有清晰的三级分带和浓集中心,异常规模较大,强度较高,极大值达到 $68×10^{-9}$;组合异常以金的独立异常为主,显示的是简单元素组分富集的叠生地球化学场;金的综合异常具备一定的成矿条件和找矿前景,是区内寻找金矿的有望靶区;主要的找矿指示元素有 Au、Cu、Co、Ni	重要
物探特征	局部重力高异常边部梯度带转折处,重力高与重力低过渡带;航磁负异常边缘,异常梯度略陡。重力异常梯度带及航磁异常梯度带交会部位或转折处	重要
遥感特征	北东向、北西向和北北西向断裂交会处,二道甸子环形构造内部,遥感浅色色调异常区,矿区内及周围遥感羟基异常、铁染异常集中分布	重要
找矿标志	物探、化探、遥感异常是寻找金矿的找矿标志。石英脉呈钢灰-烟灰色、暗绿色油质光泽强,性脆含金性好;围岩蚀变主要为绢云母化、黄铁矿化、绿泥石化及黑云母化,是寻找金矿重要标志,特别是细粒、结晶差的硫化物常与金共生;矿脉在空间出现分带和富集中心	重要

(二)红旗岭铜镍矿

1. 典型矿床

红旗岭铜镍矿床预测要素见表 4-4-5,矿产预测模型见图 4-4-5、图 4-4-6。

表 4-4-5　磐石县红旗岭铜镍矿床预测要素表

预测要素		内容描述	类别
特征描述		基性—超基性岩浆熔离-贯入型	
地质条件	成矿区带(全国)	Ⅱ-13 吉黑成矿省	必要
	成矿区带(大区)	Ⅲ-55 吉中-延边(活动陆缘)Mo、Au、As、Cu、Zn、Fe、Ni 成矿带	必要
	成矿区带(本省)	Ⅲ-55-④红旗岭-漂河川 Ni、Au、Cu 成矿带	必要
	岩石类型	辉长岩-辉石岩-橄榄岩型与斜方辉石岩-苏长岩型;角闪辉石岩-角闪岩型	必要
	成矿时代	225Ma 前后的印支中期	必要
	成矿环境	位于吉黑褶皱系吉林优地槽褶皱带南缘;辉发河超岩石圈断裂是含镍基性—超基性侵入岩体的导岩构造,与之有成因联系的北西向次一级断裂为储岩(矿)构造;与镍矿成矿有关的主要为印支期基性—超基性侵入岩	必要
	构造背景	矿床位于天山-兴蒙-吉黑造山带(Ⅰ),包尔汉图-温都尔庙弧盆系(Ⅱ),下二台-呼兰-伊泉陆缘岩浆弧(Ⅲ),盘桦上叠裂陷盆地(Ⅳ)内。辉发河超岩石圈断裂不仅是两构造单元的分界线,也是含镍基性—超基性侵入岩体的导岩(矿)构造	重要
矿床特征	控矿条件	区域上受槽台两大构造单元接触带辉发河-古洞河超岩石圈断裂控制,是区域导岩构造。与辉发河-古洞河超岩石圈断裂有成因联系的次一级北西向断裂是控岩控矿构造。辉长岩-辉石岩-橄榄岩型与斜方辉石岩-苏长岩型为主要的含矿岩体	必要
	蚀变特征	滑石化、次闪石化、黑云母化、皂石化、蛇纹石化、绢云母化等蚀变与矿化关系密切	重要
	矿化特征	似层状矿体赋存在岩体底部橄榄辉岩相中,通常与其上部的橄榄岩相界线清楚,其形态、产状与赋存岩相基本吻合,呈似层状;上悬透镜状矿体主要赋存于橄榄岩相的中、上部,形态不规则,呈透镜状或薄层状;脉状矿体蚀变辉石脉发育于岩体西侧边部;纯硫化物矿脉多见于似层状矿体的原生节理中,或者为受变动的原生节理控制,呈脉状或扁豆状,一般宽为数厘米到十几厘米,最宽可达 20 余厘米,断续出现,由致密块状矿石组成;似板状矿体形态、产状与岩体基本吻合。含矿岩石主要是顽火辉岩或蚀变辉岩,少量为苏长岩;脉状矿体主要产于辉橄岩脉中。矿体呈脉状,其形态、产状基本与所赋存的岩脉一致	重要
综合信息	地球化学	1:20 万化探数据圈出矿床所在区域的 Ni 元素异常 1 处。异常具有清晰的三级分带和明显的浓集中心,异常强度达到 897×10^{-6},异常规模较大,轴向呈北东向延伸的趋势,NAP 值为 624.53,矿致性质明显。与 Ni 空间套合紧密的元素有 Cu、Co、Bi、Au、Ag、As、Hg、Mo。其中 Cu、Co、Bi 与 Ni 呈同心套合状。土壤化探异常和原生晕化探异常显示的特征元素组合为 Cu-Ni-Co。在 B_2 层土壤中异常表现最好;Cu、Ni、Co 在橄榄岩相中处于较强的富集状态,说明橄榄岩是主要的赋矿岩体	重要
	地球物理	红旗岭矿田赋存有大型硫化铜镍矿床 1 个(7 号岩体),中型矿床 1 个(1 号岩体),小型矿床 4 个(2、3、新 3、9 号岩体),呈北西带状展布在红旗岭重力高异常区的南西侧,红旗岭-三道岗重力高异常带分布基本上与呼兰倾伏背斜吻合,海龙-黑石北东向重力低异常带为敦-密区域性深大断裂带组成部分,是深源岩浆上侵的通道,而其北西向次级断裂为储岩、储矿构造。在 1:5 万航磁异常图上,各矿床均处于负磁场区上的强度较弱的局部相对高异常的边部	重要

续表 4-4-5

	预测要素	内容描述	类别
综合信息	重砂	具备直接指示作用的镍黄铁矿、铜族矿物没有重砂异常反映,对矿床不支持。主要伴生矿物黄铁矿、磁铁矿均有重砂异常存在,而且矿物含量分级较高,与分布的铁镁质—超铁镁质岩体也有一定程度的响应,应是区内铜镍找矿的重要指示异常。由磁铁矿-橄榄石-辉石构成的组合异常可指示成矿地质环境	次要
	遥感	位于伊通-辉南断裂带与双阳-长白断裂带交会处,矿区南侧脆韧性变形构造带分布密集,环形构造在矿区两侧较发育,矿区内及周围遥感铁染异常零星分布	次要
	找矿标志	与辉发河-古洞河超岩石圈断裂有成因联系的次一级北西向断裂;辉长岩-辉石岩-橄榄岩型与斜方辉石岩-苏长岩型岩体;地球物理场重力线状梯度带,或异常存在或中等强度磁异常;地球化学场,Cu、Ni、Co 高异常区	重要

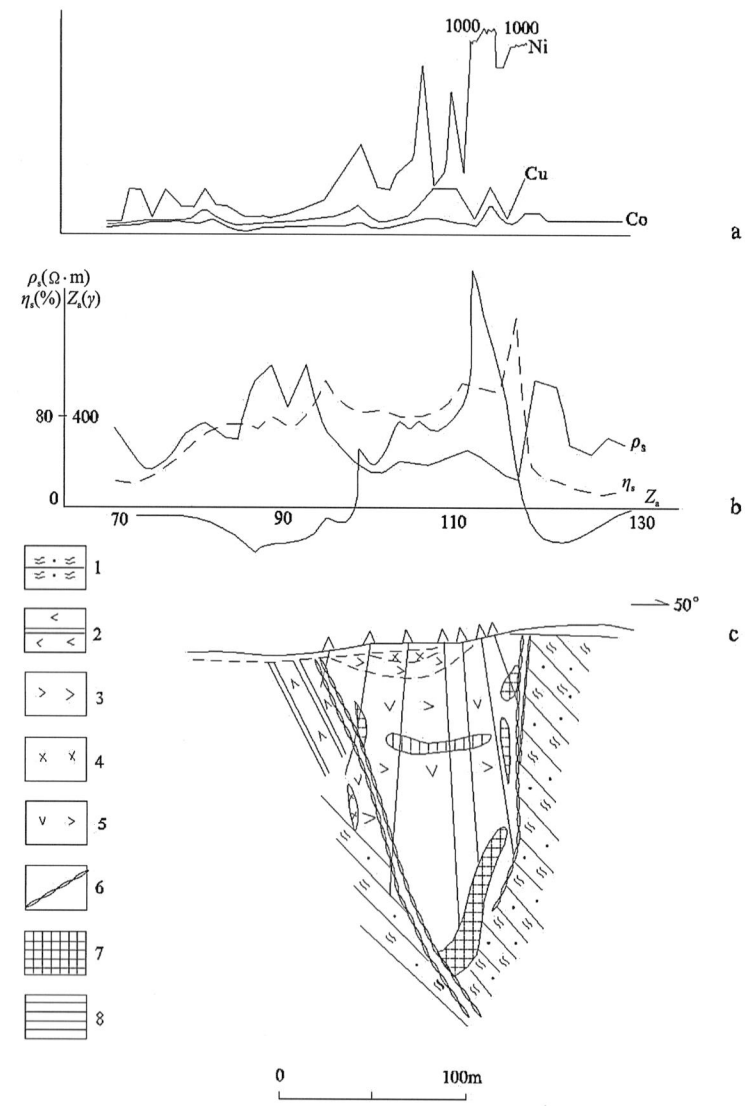

图 4-4-5 红旗岭铜镍矿 1 号含矿岩体典型矿床综合勘探剖面图

a.化探 Ni-Co-Cu 异常曲线;b.激电中梯视电阻率、视极化率曲线及地磁异常曲线;c.地质剖面图;
1.黑云母片麻岩;2.角闪片岩;3.辉岩;4.辉长岩;5.橄榄岩;6.破碎带;7.工业矿体;8.上悬矿体

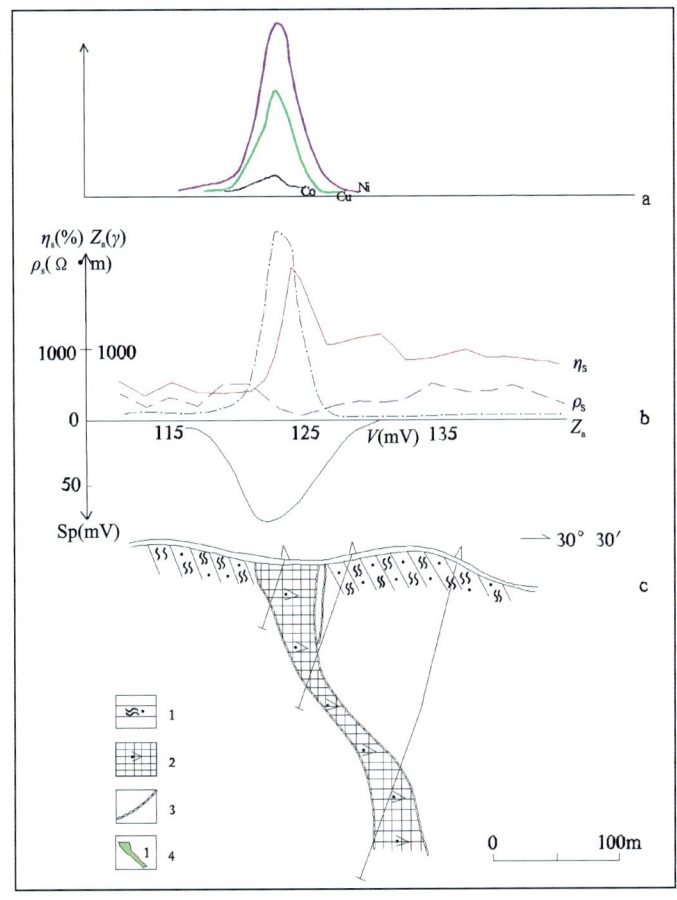

图 4-4-6　红旗岭铜镍矿 7 号含矿岩体典型矿床勘探综合剖面图

1.黑山母片麻岩；2.含矿斜方辉岩；3.破碎岩；a.化探镍、铜、钴异常曲线；b.激电中间梯度视极化率、地磁 ΔZ、自然电位异常曲线；c.地质剖面

2. 预测工作区

红旗岭铜镍矿预测工作区预测要素见表 4-4-6，矿产预测模型见图 4-4-7 和图 4-4-8。

表 4-4-6　红旗岭铜镍矿预测工作区预测要素表

预测要素		内容描述	类别
地质条件	岩石类型	辉长岩-辉石岩-橄榄岩型与斜方辉石岩-苏长岩型；角闪辉石岩-角闪岩型	必要
	成矿时代	225Ma 前后的印支中期	必要
	成矿环境	位于吉黑褶皱系吉林优地槽褶皱带南缘。辉发河超岩石圈断裂是含镍基性—超基性侵入岩体的导岩构造，与之有成因联系的北西向次一级断裂为储岩（矿）构造。与镍矿成矿有关的主要为印支期基性—超基性侵入岩	必要
	构造背景	位于天山-兴蒙-吉黑造山带（Ⅰ），包尔汉图-温都尔庙弧盆系（Ⅱ），下二台-呼兰-伊泉陆缘岩浆弧（Ⅲ），盘桦上叠裂陷盆地（Ⅳ）内。受槽台两大构造单元接触带辉发河-古洞河超岩石圈断裂控制，是区域导岩构造。该断裂不仅是两构造单元的分界线，也是含镍基性—超基性侵入岩体的导岩（岩）构造	重要

续表 4-4-6

	预测要素	内容描述	类别
矿床特征	控矿条件	区域上受辉发河-古洞河超岩石圈断裂控制,是区域导岩构造;与其有成因联系的次一级北西向断裂是控岩控矿构造。含矿岩体为辉长岩-辉石岩-橄榄岩型与斜方辉石岩-苏长岩型及角闪辉石岩-角闪岩型的基性—超基性岩体	必要
	矿化蚀变	滑石化、次闪石化、黑云母化、蛇纹石化、绢云母化等蚀变与矿化关系密切	重要
综合信息	地球化学	工作区具有亲铁元素同生地球化学场和亲石、稀有、稀土元素同生地球化学场的双重性质。主成矿元素 Cu 具有规模大、分带清晰、浓集中心、异常强度高的基本特征。异常组分复杂,主成矿元素 Cu、Ni 受后期伴生元素强烈的叠加改造,形成较复杂组分含量叠生地球化学场,并在其中富集成矿。以铜为主体的组合异常组分复杂,空间套合紧密,形成较复杂组分含量富集区。主要指示元素为 Cu、Mo、Bi、Au、Ni、Co、Cr、As、Sb、Hg、Ag。其中 Cu、Ni、Co、Cr、Au 为近矿指示元素;Mo、Bi 为评价矿床的尾部指示元素;As、Sb、Hg、Ag 为找矿远程指示元素。铜甲级综合异常规模较大,是优质的矿致异常	重要
	地球物理	重力:区内重力场表现为东部低、西部高。在区内西部红旗岭一带为重力高,呈北西向分布,与寒武系黄莺屯岩组、奥陶系小三个顶子岩组地层吻合。区内中型铜镍矿床及小型铜镍矿床集中分布在重力高梯度带上。在预测区西部主要为一条北东向的重力低,该重力低反映了辉发河中生代断陷盆地。在西半截河—小呼兰一带重力低,反映了燕山期二长花岗岩体。区内断裂构造发育,在布格重力异常图上,有北东向、北西向及东西向断裂,北东向断裂为辉发河断裂的一部分,为区内控矿构造,在预测区西部北西向断裂与岩体分布方向一致,为控岩断裂。在预测区南部黑石镇附近,有一条东西向断裂,断裂以南为大片重力高,推测与太古宙变质岩有关,其北侧为重力低,推测与侵入岩有关,区内红旗岭大型铜、镍矿床分布于该断裂带上; 磁测:预测区位于辉发河深断裂北侧,槽区南缘。沿辉发河断裂带沉积的中生代地层,航磁以负磁场为主要特征。燕山期花岗岩及二长花岗岩遍布全区,航磁主要为低缓异常或负异常。在西部异常方向呈北西向分布,主要与北西向的断裂构造有关。在东部,异常多呈北东向,与辉发河断裂的方向一致。区内构造线方向为北西向及北东向,北西向断裂为北东向断裂的次级构造,控制基性、超基性岩体分布,也是区内铜镍矿的控矿构造。基性、超基性岩体分布在负磁场中规模较小、强度不大的局部异常中	重要
	重砂	预测区内圈定 2 处金、白钨矿、辰砂、磁铁矿、黄铁矿矿物组合异常,均为Ⅰ级	次要
	遥感	敦化-密山岩石圈断裂附近的次级断裂是重要铜矿产的容矿构造,与隐伏岩体有关的复合环形构造,有浅色色调异常分布,脆韧性变形趋势带分布,矿区内及周围有铁染异常及羟基异常分布	次要
找矿标志		与辉发河-古洞河超岩石圈断裂有成因联系的次一级北西向断裂;辉长岩-辉石岩-橄榄岩型与斜方辉石岩-苏长岩型岩体及角闪辉石岩-角闪岩型岩体。地球物理场重力线状梯度带,或异常存在或中等强度磁异常;地球化学场,Cu、Ni、Co 高异常,铜甲级综合异常规模较大,与分布的矿产积极响应,是优质的矿致异常,其异常范围可为扩大典型矿床的找矿规模提供依据;重力高梯度带上;负磁场中规模较小、强度不大的局部异常中	重要

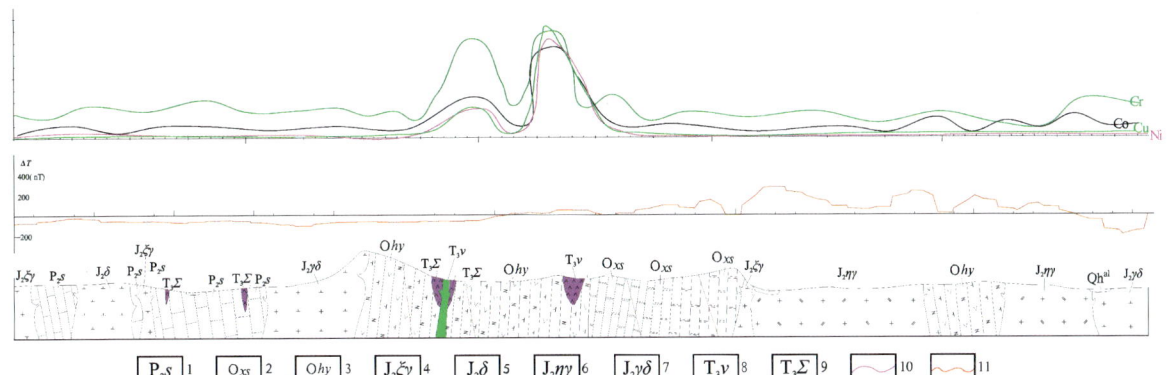

图 4-4-7 红旗岭铜镍矿预测工作区地质、地球化学、地球物理综合矿产预测模型

1.寿山沟组砂岩夹灰岩建造;2.小三个顶子岩组大理岩夹变粒岩变质;3.黄莺屯岩组变粒岩与大理岩互层夹斜长角闪岩变质;
4.正长花岗岩;5.闪长岩;6.二长花岗岩;7.花岗闪长岩;8.辉长岩;9.橄榄岩;10.化探异常曲线;11.航磁异常曲线

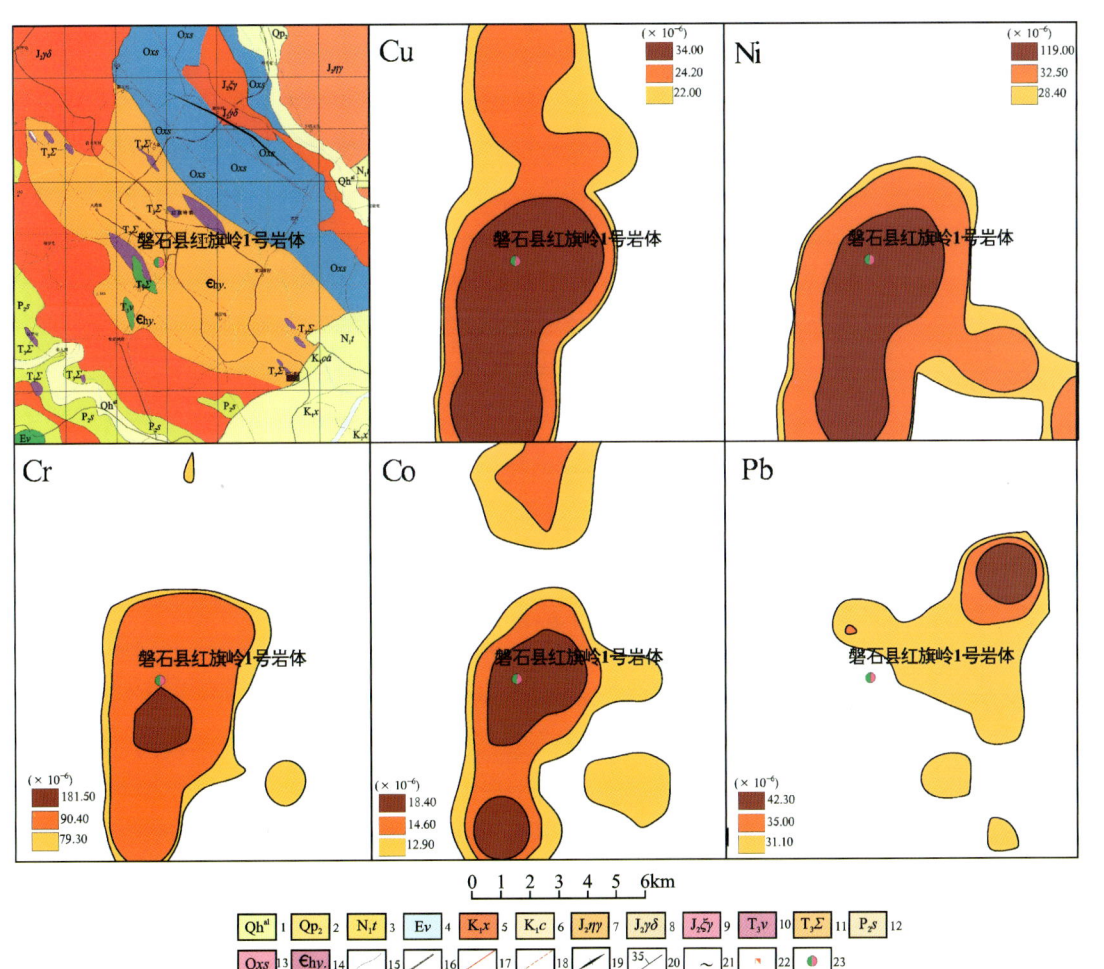

图 4-4-8 磐石市红旗岭铜镍矿床区域化探异常特征剖析图

1.第四系全新统Ⅰ级阶地及河漫滩堆积冲洪积物;2.第四系更新统Ⅱ级阶地堆积冲洪积物;3.新近系土门子组砾岩、砂岩夹硅藻土;4.古近纪始新世辉长岩;5.下白垩统小南沟组砾岩夹砂岩;6.下白垩统长财组砂砾岩夹煤层;7.中侏罗世二长花岗岩;8.中侏罗世花岗闪长岩;9.中侏罗世正长花岗岩;10.晚三叠世辉长岩;11.晚三叠世橄榄岩;12.中二叠统寿山组砂岩夹灰岩;13.奥陶系小三个顶子岩组大理岩夹变粒岩;14.寒武系黄莺屯岩组变粒岩与大理岩互层夹斜长角闪岩;15.地质界线;16.不整合界线;17.实测断层;18.推测断层;19.背斜;20.岩层产状;21.绿泥石化;22.褐铁矿化;23.磐石市红旗岭铜镍矿床

五、多矿种综合预测区特征

本区包含一个红旗岭-漂河川成矿带Ⅴ11五级成矿带,带内圈出15A、16C、17A3个综合预测区,主要发育镍、金、铜矿产。

1. 地质特征

本区位于辉发河超岩石圈断裂北侧,辉发河超岩石圈断裂不仅是两构造单元的分界线,也是含镍基性—超基性侵入岩体的导岩(岩)构造,与之有成因联系的北西向次一级断裂为储岩(矿)构造。由于辉发河超岩石圈断裂带不断活动,引起基性—超基性岩和花岗岩沿断裂带大量侵入。印支期橄榄岩建造、辉长岩建造为红旗岭岩体群的组成部分,从西面茶尖岭到东面呼兰河口,宽20km;从南面黑石镇到北面官马屯—三道岗一带,长约28km,呈北西向带状分布。区内有30余个基性—超基性岩体。东部二道甸子-暖木条子出露有辉长岩类、斜长辉岩类、角闪辉石岩类基性岩体。

与金矿成矿有关的建造应为变质岩建造及侵入岩建造,变质岩建造即寒武系黄莺屯岩组,其本身富含铜元素,受后期岩浆热液活动的影响,使有用矿物迁移、沉淀,局部富集形成矿体。

燕山早期侵入岩十分发育,构成张广才岭岩浆带的一部分,主要发育闪长岩建造、石英闪长岩建造、二长花岗岩建造、花岗闪长岩建造和正长花岗岩建造。燕山晚期侵入岩为花岗斑岩类,喜马拉雅期侵入岩有细晶辉长岩类。

区内与矿产有关的构造主要为近东西向呈弧形分布的二道甸子构造带,以及北西向、北北西向、北北东向的次级断裂,而与压扭性、张扭性断裂有关的矿(化)体,其规模大、矿体形态稳定,含矿品位高且均匀;而与压性、张性断裂有关的矿(化)体形态变化大,含矿不均,多呈透镜状,尤以张性断裂控制的矿体,含矿偏低,工业价值小。成矿地质特征见表4-4-7。

表4-4-7 红旗岭—漂河川Ⅳ级成矿区带综合区成矿地质特征表

Ⅳ级成矿(区)带	综合预测区编号及名称	矿种	综合预测区面积/km²	矿产预测类型	成矿地质	代表型矿床
Ⅲ-55-④	15A 红旗岭	镍	299	红旗岭式基性—超基性岩浆熔离-贯入型	辉长岩、橄榄岩含矿建造	红旗岭铜镍矿
		铜		红旗岭式基性—超基性岩浆熔离-贯入型	含矿岩体为辉长岩-辉石岩-橄榄岩型与斜方辉石岩-苏长岩型的基性—超基性岩体	红旗岭铜镍矿
	16C 西台子	硫铁	126	西台子式湖相沉积型	桦甸组(含油)页岩地层	西台子硫铁矿
		钼		大黑山式斑岩型	花岗闪长岩、二长花岗岩含矿建造	
		镍		红旗岭式基性—超基性岩浆熔离-贯入型	辉长岩、橄榄岩含矿建造	

续表 4-4-7

Ⅳ级成矿(区)带	综合预测区编号及名称	矿种	综合预测区面积/km²	矿产预测类型	成矿地质	代表型矿床
Ⅲ-55-④	17A 二道甸子-漂河川	金	375	二道甸子式变质火山岩型	寒武纪—奥陶纪(黄莺屯岩组?)变质岩系黑云母片麻岩、黑云母片岩、长石角闪石角页岩夹薄层石英角页岩、碳质云英角页岩与长石角闪石角页岩互层组合	二道甸子金矿
		镍		红旗岭式基性—超基性岩浆熔离-贯入型	斜长角闪橄辉岩、含长角闪辉岩、斜长角闪辉岩及含长橄辉岩等含矿建造	漂河川铜镍矿
		铜		红旗岭式基性—超基性岩浆熔离-贯入型	控矿岩体为斜长角闪橄辉岩、含长角闪辉岩、斜长角闪辉岩、及含长橄辉岩基性—超基性岩体	漂河川铜镍矿

2. 矿产特征

区内有大型镍矿 1 处,中型 2 处;大型金矿 1 处,小型金矿 2 处,金矿点 8 处;小型铜矿 5 处,矿点 1 处;小型铁矿 1 处,矿点 5 处;铌矿点 1 处,钨矿点 1 处。

3. 物探、化探、遥感、自然重砂特征

区内西部红旗岭一带为重力高,呈北西向分布,与寒武系黄莺屯岩组、奥陶系小三个顶子岩组地层吻合。区内中型铜镍矿床及小型铜镍矿床集中分布在重力高梯度带上。漂河川地区的重力低反映了中生代断陷盆地。重力高为寒武系变质岩的反映,在重力高的边部有二道甸子大型金矿分布,在重力高向重力低过渡的梯度带上有小型铜镍矿床分布。

红旗岭地区沿辉发河断裂带沉积的中生代地层,航磁以负磁场为主要特征。燕山期花岗岩及二长花岗岩遍布全区,航磁主要为低缓异常或负异常。漂河川地区为大面积负异常,对应岩性是侏罗纪花岗闪长岩。东部寒葱沟村—新立屯一带,有一条东西向的异常带,最高强度在 200nT 以上,与中基性侵入岩有关。中西部,西南岔—蛇岭沟一带,有一条北东向异常连续性差,强度在 100~200nT 之间,与玄武岩分布区吻合,推测异常由玄武岩引起。东南部,八道河子以南,异常呈带状,梯度较陡,强度 200~400nT,异常与玄武岩有关。

红旗岭地区主成矿元素 Cu、Ni 具有规模大、分带清晰、浓集中心明显、异常强度高。找矿主要指示元素为 Cu、Mo、Bi、Au、Ni、Co、Cr、As、Sb、Hg、Ag。其中,Cu、Ni、Co、Cr、Au 为近矿指示元素;Mo、Bi 为评价矿床的尾部指示元素;As、Sb、Hg、Ag 为找矿远程指示元素。漂河川地区主要的找矿指示元素为 Cu、Au、Pb、Zn、Ni、Co、Cr、As、Sb、W、Mo。其中,Cu、Au、Pb、Zn、Ni、Co、Cr 为近矿指示元素;As、Sb 为远程指示元素;W、Mo 主要用于评价矿化的剥蚀程度。

区内遥感解译大中型断裂带主要为北东向,区内的小型断裂比较发育,并且以北北西向和北西向为主,北东向次之,局部见近南北向和近东西向小型断裂,不同方向小型断裂的交会部位,是重要的铜、多金属成矿区。区内的环形构造比较发育,主要分布在不同方向断裂交会部位,区内的铜矿点多分布于环形构造边部。

自然重砂异常中,金异常4处、白钨矿异常5处、辰砂异常5处、磁铁矿异常4处、黄铁矿异常6处。金、白钨矿、辰砂、磁铁矿、黄铁矿Ⅰ级组合异常1处。

4. 找矿方向

15A红旗岭和17A二道甸子-漂河川综合预测区为找金、铜、镍矿较有潜力的地区。

第五节 海沟-红太平成矿带

一、区域地质背景

该成矿带晚三叠世—新生代构造单元分区位于东北叠加造山-裂谷系(Ⅰ1),小兴安岭-张广才岭叠加岩浆弧,太平岭-英额岭火山-盆地区(Ⅲ4),老爷岭火山-盆地群(Ⅳ6)区内;南华纪—中三叠世构造单元分区位于天山-兴蒙-吉黑造山带(Ⅰ1),小兴安岭-张广才岭弧盆系(Ⅱ3),小顶山-张广才岭-黄松裂陷槽(Ⅲ2),汪清-珲春上叠裂陷盆地(Ⅳ4)区内;前南华构造单元分区位于天山-兴蒙吉黑造山带(Ⅰ1),包尔汉图-温都尔庙弧盆系(Ⅱ2),金银别-海沟岛弧盆地带(Ⅲ3),海沟弧盆(Ⅳ7)区内。

1. 构造特征

区内断裂构造较为复杂,可分4组,即北东向、北西向、东西向、近南北向,其中以北东向、北西向断裂最为发育,属重磁同源构造,是本区重要的控矿构造。两组断裂交会处是矿体赋存的有利空间。

2. 地层

区内出露有中元古界色洛河岩群红光岩组中基性火山岩、火山碎屑岩-陆源碎屑岩建造,岩石类型有含砾黑云斜长角闪片麻岩、斜长角闪岩、绢云片岩夹镁质大理岩和磁铁石英岩等,与金矿关系密切。新元古界万宝岩组变质细砂岩、粉砂岩互层夹大理岩透镜体、红柱石二云片岩组合为矽卡岩型金矿主要控矿层位。石炭系天宝山组与二叠系庙岭组火山碎屑岩夹灰岩、凝灰岩、蚀变凝灰岩、砂岩、粉砂岩,泥灰岩为铜、铅锌、银矿主要含矿层位和控矿层位。上三叠统托盘沟组为一套流纹岩-流纹质火山碎屑岩建造。上侏罗统屯田营组为一套安山岩建造。第四系淤泥质黏土、亚砂土为稀土矿含矿层(图4-5-1)。

3. 侵入岩

本区岩浆活动频繁,具有多期多阶段性。岩性有海西晚期大陆碰撞型闪长岩、花岗闪长岩及中基性火山喷发岩,燕山期中酸性喷发岩,喜马拉雅期基性火山岩,构成了3个构造-岩浆旋回,对内生金属矿产形成十分有利。岩石类型主要有新太古代英云闪长质片麻岩、变质二长花岗岩,晚三叠世碱长花岗岩,早侏罗世石英闪长岩、花岗闪长岩、二长岩、二长花岗岩,中侏罗世二长花岗岩。其中燕山期花岗闪长岩、二长花岗岩、石英闪长岩与钼、铜成矿关系密切。

4. 大型变形构造

本区北侧为敦-密断裂,南侧为集安松江岩石圈断裂,东为华北地台北缘断裂带。金银别-四岔子复杂构造带中,出现多条相互平行的韧性剪切带,延长几十千米,北西向展布,与金及多金属矿关系比较密切。大断裂和次级断裂对钼、铅锌等金属矿床起控制作用。春阳-三岔-大荒沟韧性剪切带分布于预测区中部,为寻找金矿较有利地带。

第四章 吉中-延边成矿(区)带预测成果

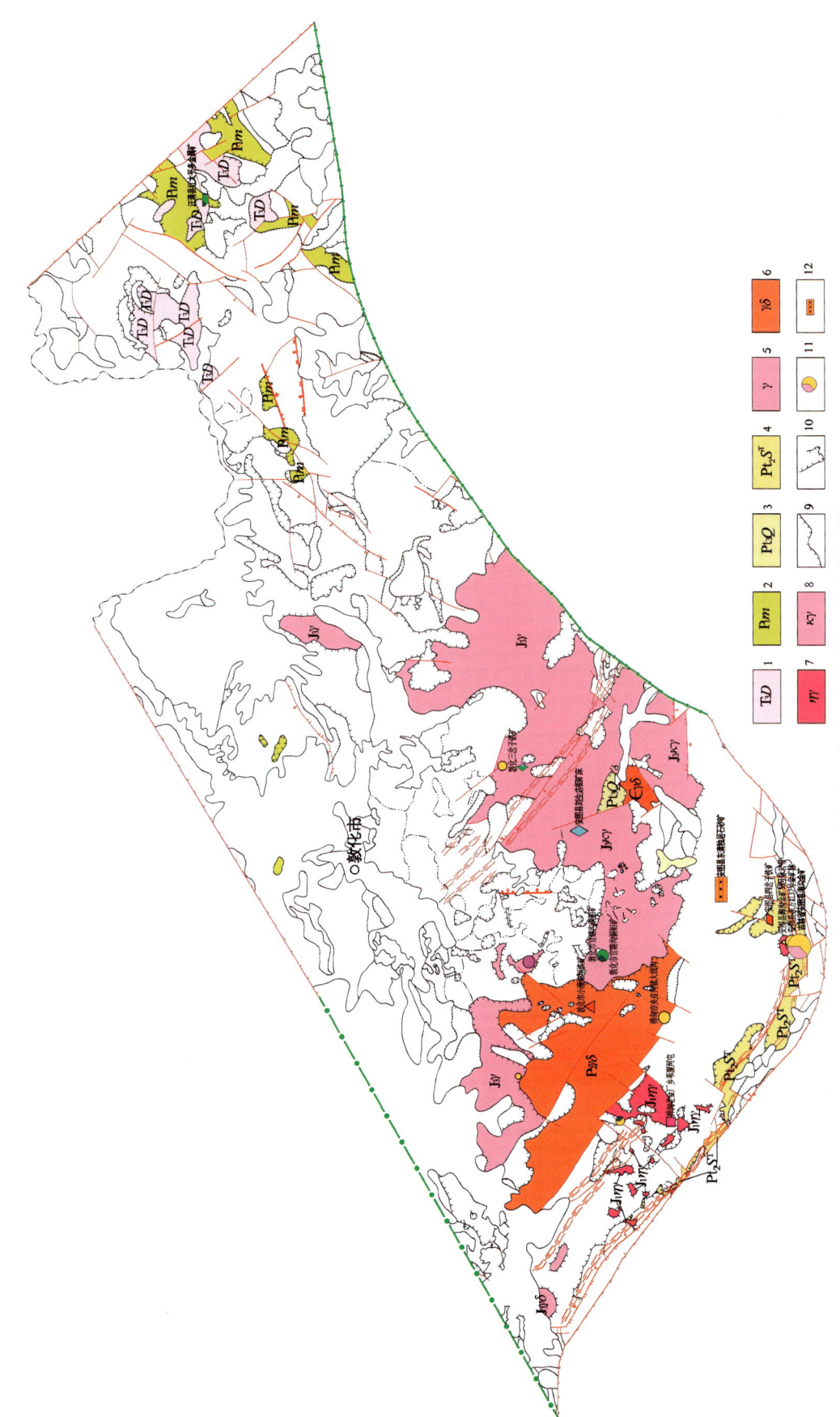

图 4-5-1 Ⅲ-55-⑤海沟-红太平Ⅳ级成矿带区域矿产地质图

1.大兴沟群；2.庙岭组；3.青龙村岩群；4.色洛河岩群；5.花岗岩；6.碱长花岗岩；7.二长花岗岩；8.花岗闪长岩；9.实测角度不整合界线；10.花岗岩体超动接触界线；11.银金矿；12.沉积型稀土矿

二、区域矿产特征

1. 区域矿产特征

在该成矿带内相继发现 10 多处金属矿床(点),包括金、银、铜、铁、钼、铅锌、稀土等重要矿种的大中型矿床,存在庙岭-开山屯与古生代海相火山-沉积作用有关的 Cu、Pb、Zn、Au、Ag 矿床成矿亚系列,代表型矿床为红太平多金属矿。海沟地区与燕山期岩浆热液作用有关的 Au 矿床成矿亚系列,代表型矿床为安图县热液型海沟大型金矿。本区有色金属和贵金属成矿地质条件好,具有找大型金矿及大型多金属矿的潜力。本成矿带矿产地特征见表 4-5-1,区域矿产地分布见图 4-5-2。

表 4-5-1　海沟-红太平成矿带矿产地特征表

序号	矿种	共伴生矿产	矿产地名称	成因类型	成矿时代	主矿产规模
1	金		桦甸市夹皮沟镇大线沟金矿	热液型	中侏罗世	小型
2	金	铅、汞	敦化市杨树河金矿	热液型	三叠纪	矿点
3	金		敦化市六合金矿	热液型	三叠纪	矿化点
4	金		安图县三岔子北山金矿	热液型	中侏罗世	矿点
5	金		安图县东方红 37 号金矿脉	热液型	中侏罗世	小型
6	金	银、铅、碲	吉林省安图县海沟金矿	热液型	中侏罗世	大型
7	金		安图县海沟金矿(38 号)	热液型	中侏罗世	小型
8	钼		敦化三岔子钼矿	斑岩型	侏罗纪	矿点
9	钼		安图县刘生店钼矿	斑岩型	侏罗纪	中型
10	钼、铜		安图县双山多金属矿(MoCu)	斑岩型	中生代	小型
11	镍		桦甸老金厂乡苇厦河屯镍矿	岩浆型	三叠纪	矿点
12	铁		敦化市小蒲柴河铁矿	矽卡岩型	渐近纪	小型
13	铁		安图县四岔子铁矿	沉积变质型	元古宙	小型
14	铜钼	铅-锌	敦化市官瞎沟铜钼矿	热液型	中生代	小型
15	铜-铅-锌		汪清县红太平多金属矿	海相火山岩型	晚二叠世	小型
16	萤石		敦化市二合店萤石矿	热液型	中生代	小型

2. 矿产预测类型的划分及预测工作区分布

本区共分布金、银、铜、镍、钼、铅、锌、铁、稀土共 9 种矿种的 12 个预测工作区,分布有海沟式岩浆热液型海沟金矿预测工作区,红太平式火山岩型梨树沟-红太平铜、铅、锌、银矿预测工作区,东清式风化壳型西北岔稀土矿预测工作区,万宝铜矿预测工作区型万宝金、铜矿预测工作区,大山咀子镍矿预测工作区,海沟铁矿预测工作区,刘生店-天宝山钼矿预测工作区,天宝山银矿预测工作区等。该成矿带矿产预测类型详见表 4-5-2。

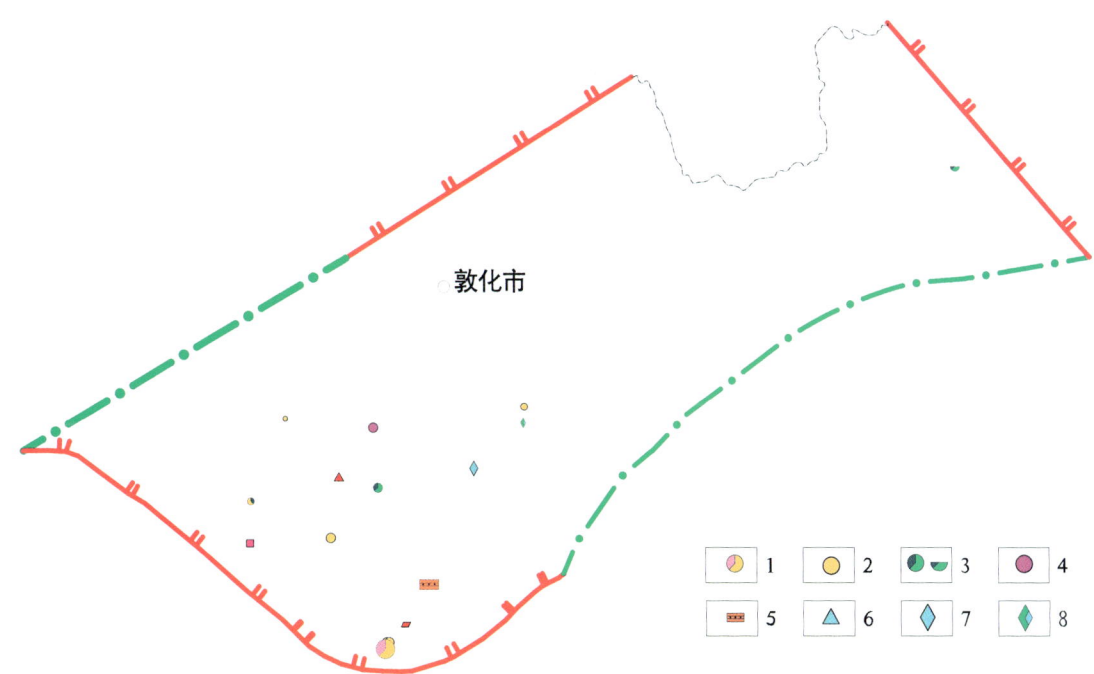

图 4-5-2　海沟-红太平成矿带区域矿产地分布图

1.银金矿；2.金矿；3.铜钼矿；4.萤石矿；5.稀土矿；6.铁矿；7.钼矿；8.铜钼多金属矿

表 4-5-2　海沟-红太平成矿带矿产预测类型及预测工作区一览表

序号	矿种	预测工作区名称	预测方法类型	矿产预测类型	典型矿床
1	金	海沟	侵入岩体型	海沟式岩浆热液型	海沟金矿
2	金	万宝	层控内生型	兰家式矽卡岩型	
3	铜		层控内生型	六道沟式矽卡岩型	
4	钼	刘生店-天宝山	侵入岩体型	大黑山式斑岩型	天宝山东风北山钼矿、刘生店钼矿
5	银	天宝山	火山岩型	红太平式火山岩型	
6	镍	大山咀子	侵入岩体型	红旗岭式基性—超基性岩浆熔离-贯入型	
7-10	铜、铅、锌、银	梨树沟-红太平	火山岩型	红太平式火山岩型	红太平铜多金属矿
11	铁	海沟	变质型	鞍山式沉积变质型	
12	稀土	万宝	沉积型	东清式风化壳型	东清稀土矿

三、区域物探、化探、遥感、重砂特征及推断解释成果

1. 航磁特征

该成矿带位于敦化-密山断裂东侧，从南西到北东，主要表现为"两正夹一负"的磁场特征。区内航磁异常走向多为北西向，磁场东强西弱。东部强磁异常分布密集，强度较高，为早三叠世—晚二叠世花岗闪

长岩、中侏罗世花岗岩等侵入岩体分布区。北西向异常带与北西向的糜棱岩一致或平行,反映了区内异常与断裂构造具有密切关系。西部异常以负磁场为背景,并分布有北西向条带状异常或孤立小异常,岩性为早三叠世—晚二叠世花岗闪长岩。西南部平稳负磁场则对应侏罗系、白垩系,局部有玄武岩分布。

2. 重力特征

布格重力异常宏观上呈现西部、南部低,中部、东北部高的分布特征。

1:5万布格重力在华北陆块和吉黑造山带接触部位表现为以北西走向为主的"S"形重力梯级带,梯级带陡且宽,长度大,反映出区域性深大断裂特征。以此重力梯级带为界,南部古老基底为重力高异常分布区,反映了中生代覆盖层下隐伏老地层场区特征。北部为重力低异常区,反映了中酸性侵入体的分布。

3. 地球化学特征

该区属于铁族元素同生地球化学场,同时具有亲石、稀有、稀土元素富集的特点。主成矿元素为Au,具有明显的分带和浓集中心。主要的找矿指示元素为Au、Ag、Cu、Pb、Zn、As、Sb、Hg、W、Bi、Mo。其中Au、Ag、Cu、Pb、Zn为近矿指示元素;As、Sb、Hg为远程指示元素;W、Bi、Mo为评价矿体的尾部指示元素。

化探综合异常区均分布在Au、Cu、As、Sb、Hg、W、Sn、Mo、Bi、F、P较复杂组分含量富集区内,经过岩浆、构造等地质作用,区域内的成矿物质叠加富集,具有一定的多金属找矿前景(图4-5-3)。

4. 自然重砂特征

海沟地区重砂矿物为自然金、白钨矿、辰砂、泡铋矿、黄铁矿等,具有含量分级较高、异常发育、空间套合紧密的特征,形成的综合异常场对海沟金矿有重要的指示意义。

红太平地区主要重砂矿物有黄铜矿、自然金、白钨矿、黄铁矿,其中黄铜矿为点异常,含量分级为Ⅰ级;自然金、白钨矿、黄铁矿分级较低,最高达Ⅱ~Ⅲ级,呈带状分布。这些重砂矿物分布在红太平多金属矿致系统中,具有矿致特征,是重要的标志性矿物。

刘生店地区重砂矿物自然金、白钨矿、独居石、泡铋矿、辰砂异常都有较好显示。

5. 遥感影像特征

区内小型断裂以北西向和北东向为主,次为近南北向断裂,局部见近东西向断裂。其中北西向小型断裂多显示张性特点,其他方向小型断裂多为压性断层,矿体明显受北东向断裂控制,不同方向断裂交会部位是重要的铁、金成矿地段。区内脆韧性变形带较发育,与华北板块北缘断裂带相伴生的脆韧性变形构造带对应,该带与铁、金矿关系密切。区内的环形构造发育,主要分布在断裂交会部位。石人沟村环形构造内部及东部羟基、铁染异常零星分布。

四、重要矿种预测评价模型

该成矿带典型矿床有海沟金矿、刘生店钼矿、东清独居石砂矿、红太平铜多金属矿,本成矿带矿产预测模型主要选择具代表性的海沟金矿、红太平铜多金属矿、刘生店钼矿。

(一)海沟金矿

1. 典型矿床

海沟金矿床预测要素见表4-5-3,矿产预测模型见图4-5-4。

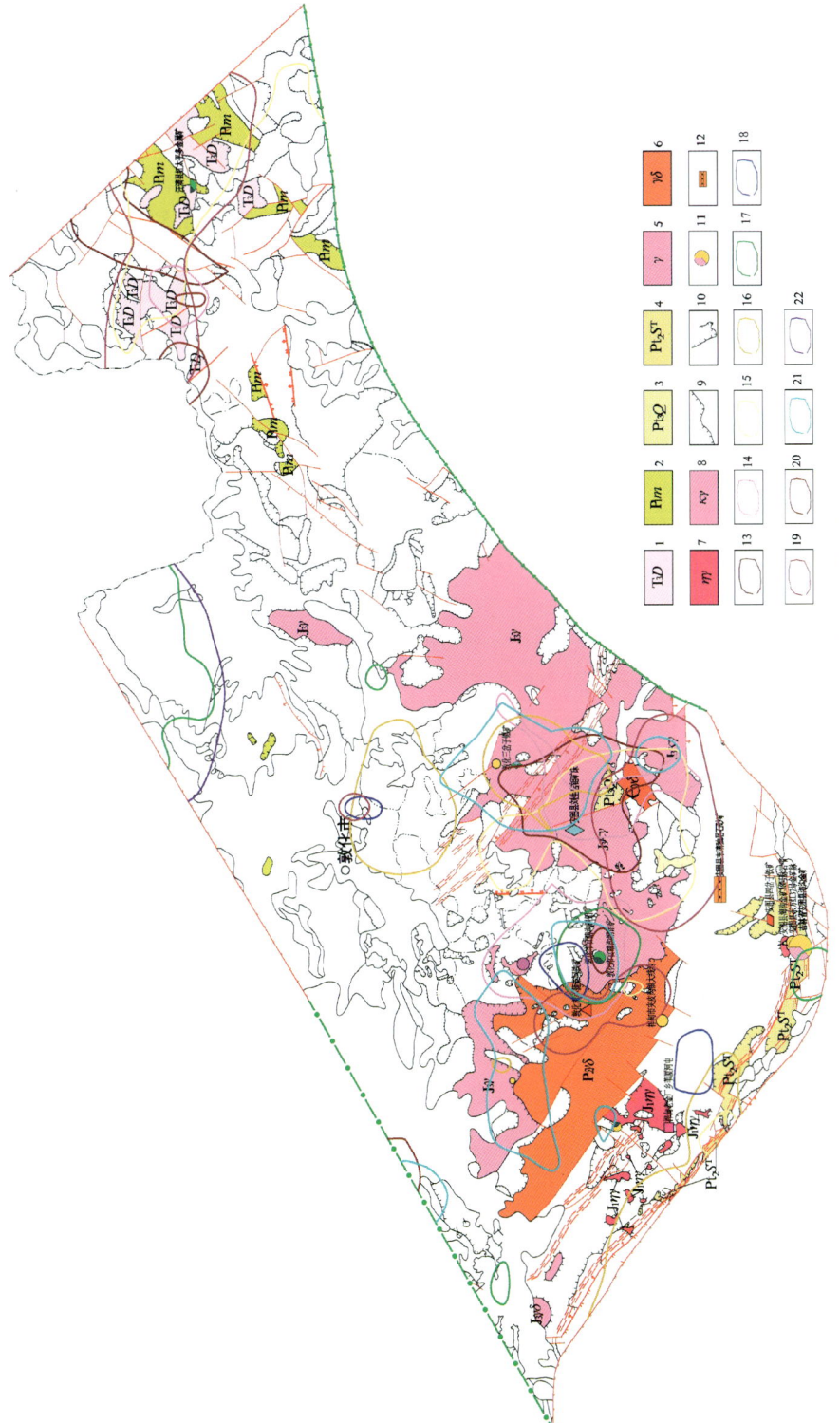

图4-5-3 海沟-红太平成矿带地质、化探异常图

1.大兴沟群；2.庙岭组；3.青龙村岩群；4.色洛河岩群；5.花岗岩；6.花岗闪长岩；7.二长花岗岩；8.碱长花岗岩；9.实测角度不整合界线；10.花岗岩体超动接触界线；11.银金矿；12.沉积型稀土矿；13.钨异常；14.银异常；15.砷异常；16.金异常；17.铜异常；18.铅异常；19.锑异常；20.锌异常；21.钼异常；22.镍异常

表 4-5-3 安图县海沟金矿床预测要素表

预测要素		内容描述	类别
特征描述		岩浆热液型矿床	
地质条件	成矿区带(全国)	Ⅱ-13 吉黑成矿省	必要
	成矿区带(大区)	Ⅲ-55 吉中-延边(活动陆缘)Mo、Au、As、Cu、Zn、Fe、Ni 成矿带	必要
	成矿区带(本省)	Ⅲ-55-⑤海沟-红太平 Au、Fe、Cu、Pb、Zn、Ag、Mo、Ni 成矿带	必要
	岩石类型	斜长角闪岩、二云片岩、黑色板岩夹大理岩;燕山期二长花岗岩、闪长玢岩	必要
	成矿时代	成矿年龄为 143.95Ma	必要
	成矿环境	晚三叠世—新生代东北叠加造山-裂谷系(Ⅰ),小兴安岭-张广才岭叠加岩浆弧(Ⅱ),太平岭-英额岭火山-盆地区(Ⅲ),敦化-密山走滑-伸展复合地堑(Ⅳ)内。二道松花江断裂带金银别-四岔子近东西向韧—脆性剪切带东端与两江-春阳北东向断裂带交会处	必要
矿床特征	构造背景	槽台边界超岩石圈断裂与北东向深断裂交会处控制岩浆侵入,北东向断裂、裂隙带属压扭性断裂发育地段与岩体周边内外接触带是控矿有利部位	重要
	控矿条件	中元古界色洛河岩群红光岩组斜长角闪岩、二云片岩、黑色板岩夹大理岩;燕山期二长花岗岩、闪长玢岩成群成带。槽台边界超岩石圈断裂与北东向深断裂交会处控制岩浆侵入,北东向断裂、裂隙带属压扭性断裂发育地段,与岩体周边内外接触带是控矿有利部位	必要
	蚀变特征	成矿前硅化—碱交代阶段:主要发育于二长花岗岩中,分布面积大,但不均匀。此期以面型蚀变为主,主要蚀变以钾长石化、钠长石化为主,此外,还有电气石化、绿帘石化、绢云母化、绿泥石化、黄铁矿化等蚀变;成矿期硅化-绢云母化-绿泥石化-黄铁矿化阶段:以线型蚀变为主,在近矿脉处形成平行发育的硅化、绢云母化、绿泥石化、黄铁矿化等。近矿蚀变以硅化为主,远矿蚀变以绿泥石化为主;成矿后绿泥石化-碳酸盐化阶段:该阶段无矿化	重要
	矿化特征	早期沿北北东向或北东向片理化带上充填含金石英脉;中期大量含金石英脉贯入后,沿断裂裂隙充填交代形成硫化物细脉,黄铁矿细脉产状为北西向与北东向两组共轭组成;晚期方铅矿及铀矿化形成	重要
综合信息	地球化学	主要成矿元素规模大、强度高,峰值达到 41×10^{-9},NAP 值为 1000 左右;化探异常主要指示元素 Au、U、Pb、Bi、Mo,次要指示元素 Ag、Cu、Zn、Sn、Ni、Co、V、As、Sb 异常区,异常内带为 Au、U、Pb	重要
	地球物理	矿床处于重力高异常分布区与重力低异常区之间北西向—北东向重力梯级带的转折部位的顶端,反映出受两组断裂联合控制的特点。航磁局部磁异常的边部及边部梯度带上,多数矿段处在北西向和北东向线性梯度带交会位置	重要
	重砂	金重砂异常	重要
	遥感	沿华北地台北缘断裂带台缘一侧分布,北东向与北西向断裂交会部位,环形构造边部,遥感羟基异常、铁染异常零星分布	次要
	找矿标志	中元古界色洛河岩群红光岩组分布区;区域上北西向深大断裂与北东向深大断裂交会处,矿体受次一级北东向压扭性构造控制;燕山期二长花岗岩、闪长玢岩、硅化、钾长石化、钠长石化、电气石化、绿帘石化、绢云母化、绿泥石化、黄铁矿化,特别是线型分布的硅化-绢云母化-绿泥石化-黄铁矿化是找矿直接标志	重要

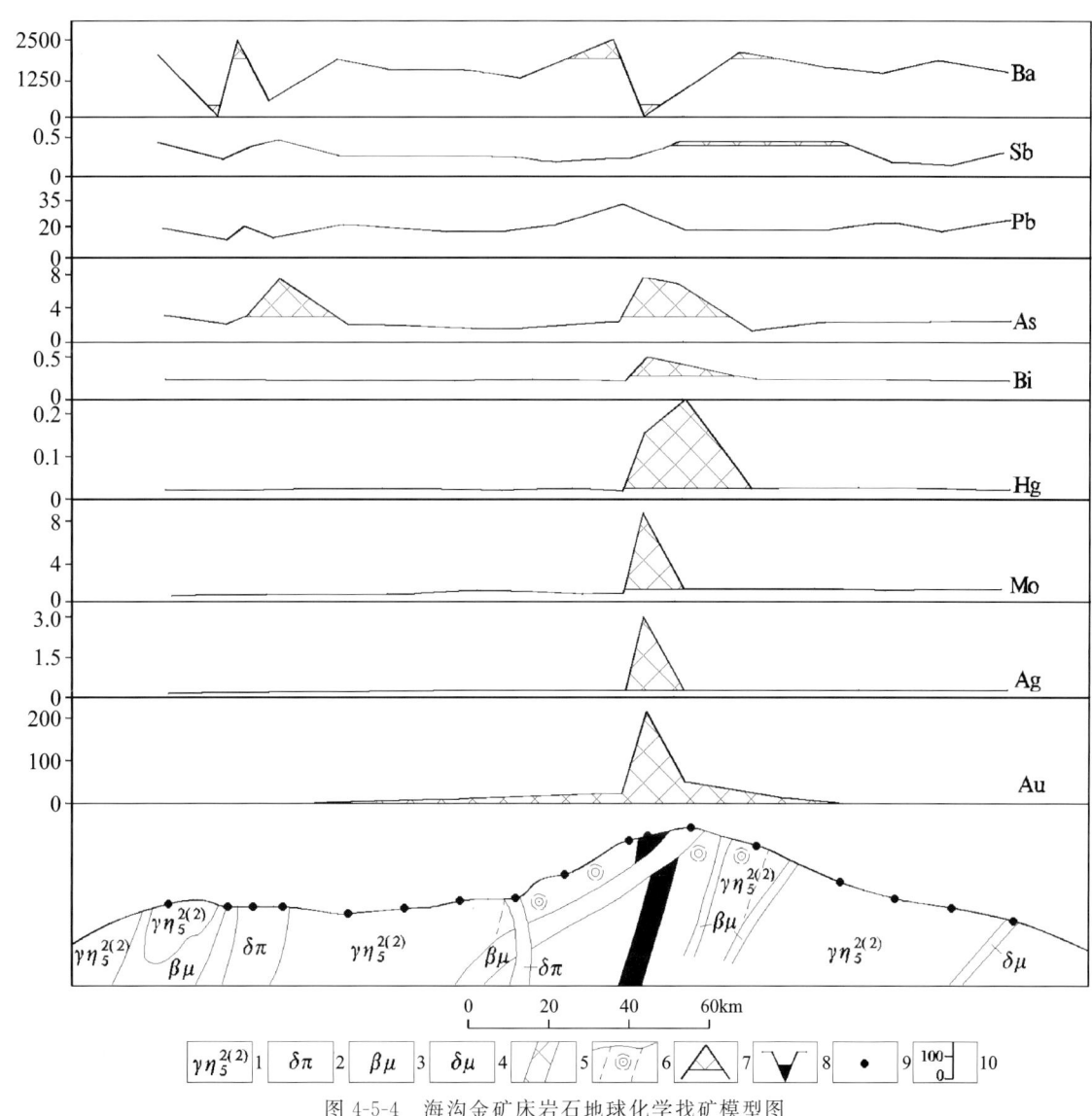

图 4-5-4 海沟金矿床岩石地球化学找矿模型图

1.燕山早期二长花岗岩;2.正长闪长斑岩;3.煌绿岩;4.闪长玢岩;5.金矿体;6.硅化蚀变带及其范围;
7.元素含量异常曲线;8.负异常;9.取样位置;10.元素含量(单位:Au×10^{-9},其他元素×10^{-6})

2. 预测工作区

海沟金矿预测工作区预测要素见表 4-5-4,矿产预测模型见图 4-5-5、图 4-5-6。

表 4-5-4 海沟金矿预测工作区矿产预测要素表

预测要素	内容描述	类别
特征描述	侵入岩浆热液型金矿床	
岩石类型	红光岩组含砾黑云斜长角闪片麻岩、斜长角闪岩、绢云片岩夹镁质大理岩、磁铁石英岩、斜长角闪岩夹变粒岩、含石榴石斜长变粒岩、黑云斜长片岩、二云片岩、绢云绿泥片岩、变凝灰质板岩、变质砂岩夹钙质板岩、含碳泥质板岩组合。中生代花岗岩类、闪长玢岩	必要
成矿时代	燕山期	必要

续表 4-5-4

预测要素	内容描述	类别
成矿环境	二道松花江断裂带金银别-四岔子近东西向韧—脆性剪切带东端与两江-春阳北东向断裂带交会处。槽台边界超岩石圈断裂与北东向深断裂交会处控制岩浆侵入,北东向断裂、裂隙带属压扭性断裂发育地段与岩体周边内外接触带是控矿有利部位	必要
构造背景	晚三叠世—新生代东北叠加造山-裂谷系（Ⅰ）,小兴安岭-张广才岭叠加岩浆弧（Ⅱ）,太平岭-英额岭火山-盆地区（Ⅲ）,敦化-密山走滑-伸展复合地堑（Ⅳ）内	重要
矿化蚀变	硅化、绢云母化、绿泥石化、黄铁矿化等	重要
控矿条件	红光岩组含砾黑云斜长角闪片麻岩、斜长角闪岩、绢云片岩夹镁质大理岩磁铁石英岩、斜长角闪岩夹变粒岩、含石榴石斜长变粒岩、黑云斜长片岩、二云片岩、绢云绿泥片岩、变凝灰质板岩、变质砂岩夹钙质板岩、含碳泥质板岩组合。中生代花岗岩类、闪长玢岩。二道松花江断裂带金银别-四岔子近东西向韧—脆性剪切带东端与两江-春阳北东向断裂带交会处。槽台边界超岩石圈断裂与北东向深断裂交会处控制岩浆侵入,北东向断裂、裂隙带属压扭性断裂发育地段,与岩体周边内外接触带是控矿有利部位	必要
化探特征	5号甲级综合异常具备优良的成矿地质背景,为海沟金矿的直接显示异常,可为扩大海沟金矿的找矿规模提供依据;3号乙级综合异常是类比寻找海沟式金矿的重要靶区;主要的找矿指示元素为 Au、Ag、Cu、Pb、Zn、As、Sb、Hg、W、Bi、Mo。其中 Au、Ag、Cu、Pb、Zn 为近矿指示元素;As、Sb、Hg 为远程指示元素;W、Bi、Mo 为评价矿体的尾部指示元素	重要
物探特征	矿床处于重力高异常区与重力低异常区之间北西向—北东向重力梯级带的转折部位的顶端,反映出受两组断裂联合控制的特点。航磁局部磁异常的边部及边部梯度带上,多数矿段处在北西向和北东向线性梯度带交会位置	重要
遥感特征	金重砂异常	重要
重砂特征	沿华北地台北缘断裂带台缘一侧分布,北东向与北西向断裂交会部位,环形构造边部,遥感羟基异常、铁染异常零星分布	重要
找矿标志	中元古界色洛河岩群红光岩组分布区;区域上北西向深大断裂与北东向深大断裂交会处,矿体受次一级北东向压扭性构造控制;燕山期二长花岗岩、闪长玢岩;硅化、钾长石化、钠长石化、电气石化、绿帘石化、绢云母化、绿泥石化、黄铁矿化,特别是线型分布的硅化-绢云母化-绿泥石化-黄铁矿化是直接找矿标志	重要

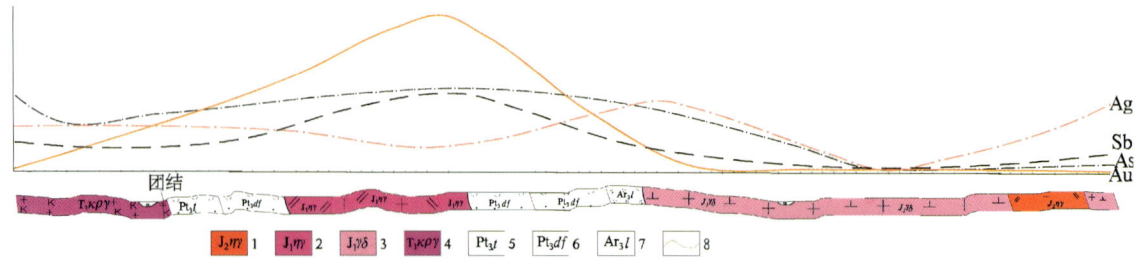

图 4-5-5　海沟金矿预测工作区地质、地球化学综合矿产预测模型

1.中侏罗世二长花岗岩；2.早侏罗世二长花岗岩；3.花岗闪长岩；4.碱长花岗岩；5.变质砂岩夹大理岩；
6.变质流纹岩夹片岩；7.黑云角闪变粒岩夹斜长角闪岩及磁铁石英岩；8.元素含量异常曲线

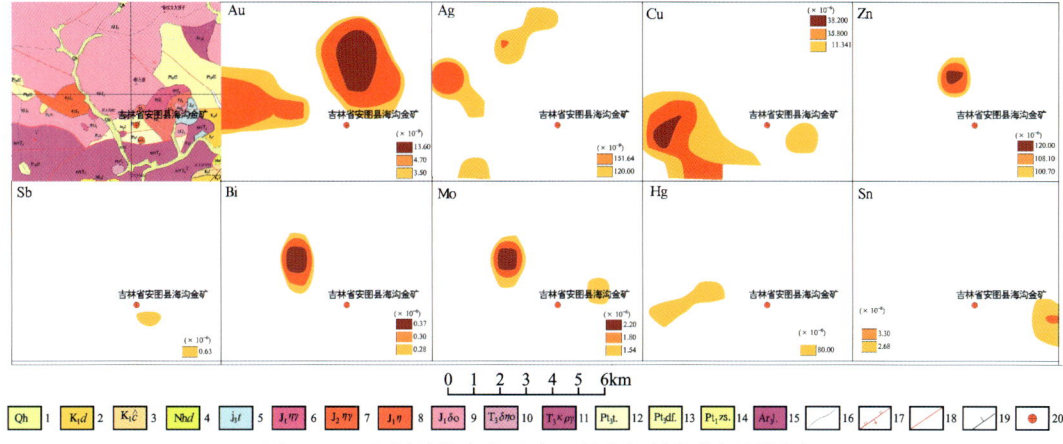

图 4-5-6 安图县海沟金矿床区域化探异常特征剖析图

1.第四系全新统Ⅰ级阶地及河漫滩冲洪积物;2.下白垩统大砬子组砂砾岩;3.下白垩统长财组砂砾岩夹煤层;4.南华系细河群钓鱼台组石英砂岩;5.晚侏罗世屯田营组安山岩;6.中侏罗世二长花岗岩;7.中侏罗世二长花岗岩;8.早侏罗二长岩;9.早侏罗世花岗闪长岩;10.早侏罗世石英闪长岩;11.晚三叠世碱长花岗岩;12.新元古界团结岩组变质砂岩夹大理岩;13.新元古界东方红岩组变质流纹岩夹片岩;14.古元古界张三沟岩组黑云变粒岩与角闪变粒岩互层夹变质砾岩;15.新太古界老牛沟岩组黑云角闪变粒岩夹斜长角闪岩及磁铁石英岩;16.地质界线;17.实测逆断层;18.实测性质不明断层;19.岩层产状;20.吉林省安图县海沟金矿床

(二)红太平铜多金属矿

1.典型矿床

红太平铜多金属矿典型矿床预测要素见表 4-5-5,矿产预测模型见图 4-5-7、图 4-5-8。

表 4-5-5 红太平火山岩型铅锌矿典型矿床矿产预测要素表

预测要素		内容描述	类别
特征描述		火山岩型	
地质条件	成矿区带(全国)	Ⅱ-13 吉黑成矿省	必要
	成矿区带(大区)	Ⅲ-55 吉中-延边(活动陆缘)Mo、Au、As、Cu、Zn、Fe、Ni 成矿带	必要
	成矿区带(本省)	Ⅲ-55-⑤海沟-红太平 Au、Fe、Cu、Pb、Zn、Ag、Mo、Ni 成矿带	必要
	岩石类型	凝灰岩、蚀变凝灰岩,砂岩、粉砂岩、泥灰岩	必要
	成矿时代	模式年龄值为 250～290Ma(刘劲鸿,1997)与矿源层——下二叠统庙岭组一致。另据金顿镐等(1991),红太平矿区方铅矿铅模式年龄为 208.8Ma	必要
	成矿环境	矿床位于天山-兴蒙-吉黑造山带(Ⅰ),小兴安岭-张广才岭弧盆系(Ⅱ),放牛沟-里水-五道沟陆缘岩浆弧(Ⅲ),汪清-珲春上叠裂陷盆地(Ⅳ)北部	必要
	构造背景	二叠系庙岭-开山屯裂陷槽控是控矿的区域构造标志;轴向近东西展布的开阔向斜构造控制红太平矿区	重要
矿床特征	控矿条件	二叠系庙岭组凝灰岩、蚀变凝灰岩、砂岩、粉砂岩、泥灰岩为主要含矿层位和控矿层位;二叠系庙岭-开山屯裂陷槽控制了早期的海底火山喷发,是控矿的区域构造;轴向近东西向展布的开阔向斜构造控制红太平矿区	必要
	蚀变特征	主要有硅化、硅卡岩化、碳酸盐化、绿帘石化、绿泥石化等	重要
	矿化特征	红太平缓倾斜短轴向斜是银多金属矿的主要控矿构造,庙岭组上段凝灰岩和蚀变凝灰岩,下段砂岩、粉砂岩、泥灰岩为主要含矿层位,含矿岩石主要为凝灰岩、蚀变凝灰岩,层控特征较为明显	重要

续表 4-5-5

预测要素		内容描述	类别
综合信息	地球化学	应用1∶5万化探数据圈定的铜异常具有清晰的三级分带和明显的浓集中心，内带异常强度较高，极大值达到131×10^{-6}，异常形状均不规则，主要为北东向延伸。由Cu-Pb、Zn、Ag、Au、Cu-As、Sb、Ag、Cu-W、Sn、Bi、Mo代表的铜组合异常具有较复杂元素组分富集的特点，是铜主要成矿场所。铜的甲、乙级综合异常具有优良的成矿地质条件，与分布的矿产积极响应，是扩大找矿的重要靶区。矿区西侧纵向Cu、Pb原生晕异常表现突出，从400～100m，Cu、Pb原生晕异常连续分布，并有浓集中心出现。向东Cu、Pb原生晕异常变窄，表明西侧深处有存在隐伏矿体的可能	重要
	地球物理	重、磁梯度带或者异常转弯处，重、磁的线状深源断裂带（切割深度达岩石圈）或其次一级线状，椭圆状局部重力高异常西侧边部或走向端部，航磁异常图上位于强度不大但略有波动的大片负场区上，附近有强磁异常带分布；红太平矿区大面积分布的高阻高激电、中阻高激电和低阻高激电异常，以及地表以下60～150m处激电测深（中）高阻、高充电异常带，可与已知矿体围岩泥灰岩、结晶灰岩地质体进行模拟，电法中阻高激电异常为含矿性较好的凝灰岩、结晶灰岩等矿石的综合反映，故异常可作为多金属矿的间接找矿标志	重要
	重砂	重砂异常表现较好的重砂矿物有白钨矿、黄铁矿、独居石、辉铋矿，异常规模小，分散，而主要成矿矿物并没有重砂异常显示，表明该区的矿化程度较低，应用重砂信息指导找矿作用有限	次要
	遥感	位于北东向望天鹅-春阳断裂带与北西向春阳-汪清断裂带交会处，与隐伏岩体有关的多重环形构造边部，矿区内及周围遥感铁染异常和羟基异常分布密集	次要
找矿标志		北东东向展布的裂陷槽、构造盆地；二叠系庙岭组上段和下段火山碎屑岩与沉积岩交互层标志；硅化、绿泥石化、绢云母化及其金属矿化等多金属矿床的直接找矿标志；孔雀石、铅矾、铜蓝、辉铜矿、褐铁矿等矿物直接找矿标志	重要

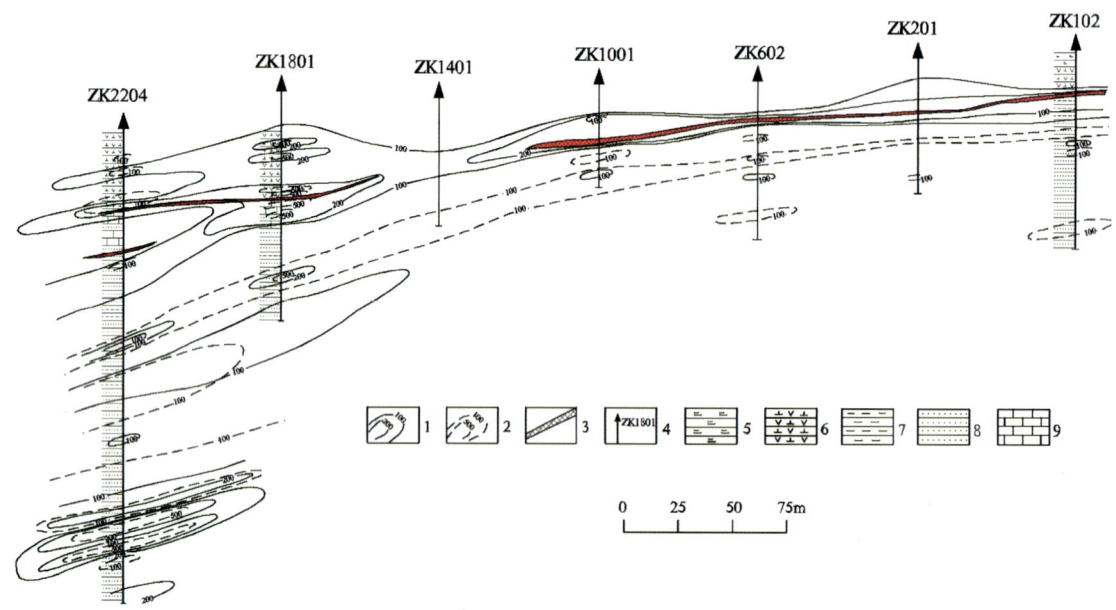

图 4-5-7　红太平矿床钻孔铜、铅等值线图
1.铜异常等值线；2.铅异常等值线；3.矿体；4.钻孔及编号；5.绿泥组云片岩；6.安山质凝灰岩、安山岩；
7.碳泥质粉砂岩；8.砂岩；9.泥质灰岩

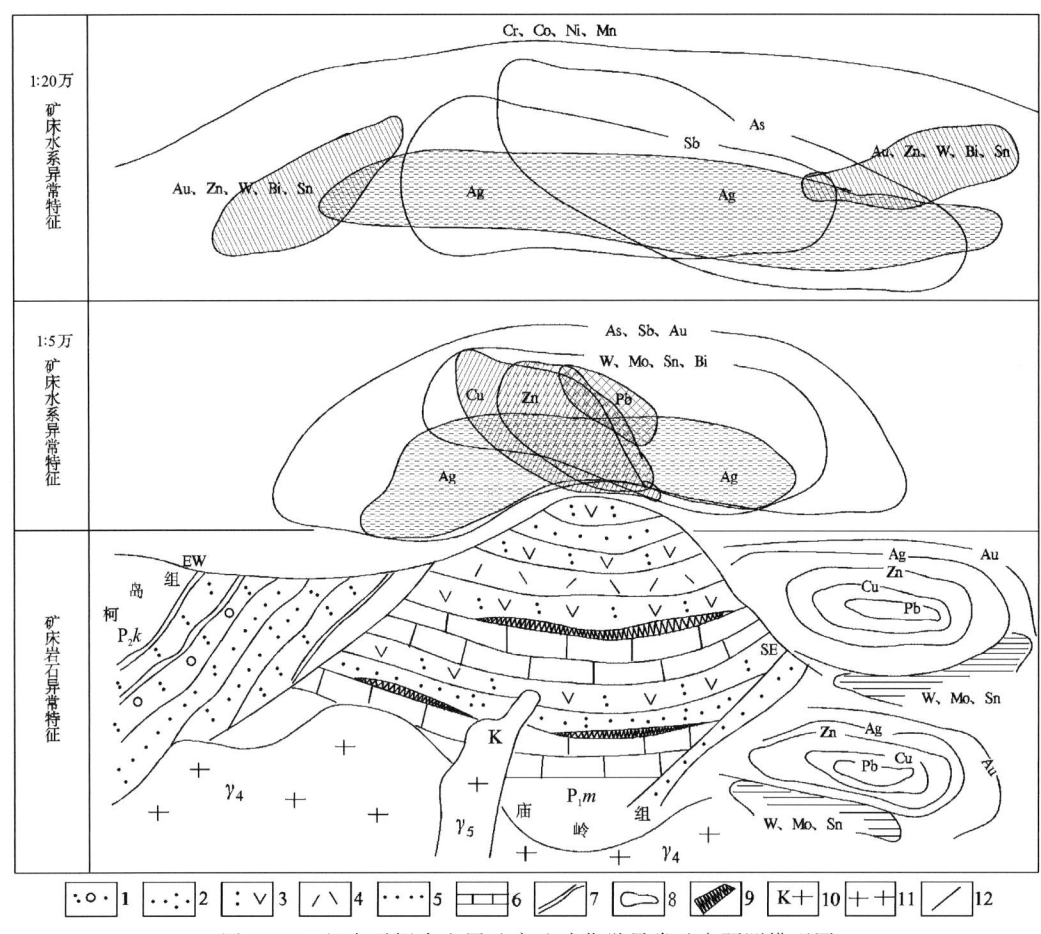

图 4-5-8 红太平铜多金属矿床地球化学异常矿产预测模型图

1.凝灰质砾岩;2.凝灰质砂岩;3.安山质凝灰岩;4.流纹岩;5.砂岩;6.泥灰岩;7 板岩 8.异常曲线;
9.多金属矿体;10.花岗岩;11.钾长花岗岩;12.断层

2. 预测工作区

梨树沟-红太平铜多金属矿预测工作区预测要素见表 4-5-6,矿产预测模型见图 4-5-9、图 4-5-10。

表 4-5-6 梨树沟-红太平铜多金属矿预测工作区预测要素表

预测要素		内容描述	类别
地质条件	岩石类型	凝灰岩、蚀变凝灰岩,砂岩、粉砂岩、泥灰岩	必要
	成矿时代	模式年龄值为 250~290Ma(刘劲鸿,1997),方铅矿铅模式年龄为 208.8Ma(金顿镐等,1991)	必要
	成矿环境	矿床位于天山-兴蒙-吉黑造山带(Ⅰ),小兴安岭-张广才岭弧盆系(Ⅱ),放牛沟-里水-五道沟陆缘岩浆弧(Ⅲ),汪清-珲春上叠裂陷盆地(Ⅳ)北部;吉黑造山带内这类矿床形成于岛弧型火山深成岩带和大陆边缘火山构造岩浆带,与古生界石缝期和庙岭-柯岛期中酸性火山活动和碳酸盐岩沉积有关;天宝山-红太平-三道多金属成矿带(Ⅳ1)	必要
	构造背景	该带位于延吉中生代火山盆地西缘弧形断裂褶皱带内,其西侧为鸭绿江超岩石圈断裂北延部分松江-安图-天桥北东向断裂;区内构造发育,主要为北东向及北西向,它们与近东西向断裂的叠加,控制矽卡岩型及隐爆角砾岩型矿床的形成	重要

续表 4-5-6

预测要素		内容描述	类别
矿床特征	控矿条件	矿床位于延边晚古生代被动陆缘褶皱区改造的下古生界基底之上,上古生代优地槽内,受北东向鸭绿江断裂控制; 中性火山岩或火山沉积序列岩系,夹薄层砂岩、板岩、泥灰岩和矿体组成的互层带,反映微微震荡的海盆基底产生构造破碎带,勾通深部岩浆房(未喷出地表火山岩浆)的断裂导致含矿气水流体形成并喷出海底,在还原状态下沉积形成矿床; 北东向断裂带和北西向断裂带,以及两者交会处是最佳的部位,为区内控矿、容矿构造	必要
	蚀变特征	主要有硅化、矽卡岩化、碳酸盐化、绿帘石化、绿泥石化等	重要
	矿化特征	红太平缓倾斜短轴向斜是银多金属矿的主要控矿构造,庙岭组上段凝灰岩和蚀变凝灰岩,下段砂岩、粉砂岩、泥灰岩为主要含矿层位,含矿岩石主要为凝灰岩、蚀变凝灰岩,层控特征较为明显	重要
综合信息	地球化学	应用 1∶5 万化探数据圈定的铜异常具有清晰的三级分带和明显的浓集中心,内带异常强度较高,极大值达到 131×10^{-6},异常形状均不规则,主要为北东向延伸。由 Cu-Pb、Zn、Ag、Au、Cu-As、Sb、Ag、Cu-W、Sn、Bi、Mo 代表的铜组合异常具有较复杂元素组分富集的特点,是铜主要成矿场所。铜的甲、乙级综合异常具有优良的成矿地质条件,与分布的矿产积极响应,是扩大找矿的重要靶区。矿区西侧纵向 Cu、Pb 原生晕异常表现突出,从 400~100m,Cu、Pb 原生晕异常连续分布,并有浓集中心出现。向东 Cu、Pb 原生晕异常变窄,表明西侧深处有存在隐伏矿体的可能	重要
	地球物理	区内重力场处于大片重力低内,主要反映了不同期次的侵入岩及火山岩的重力场特征,仅在红太平、拉其岭一带,有一条北东向的重力高分布,反映了二叠系庙岭组地层。据重力曲线分布特点区内断裂,推断存在两组断裂,北东向、北东东向、北东向断裂为区内主要控矿构造; 红太平铜多金属矿处在异常带边部的负磁场中,负磁场中的局部小异常为矿床产出部位。异常低缓,强度不高,为下白垩统金沟岭组火山岩及火山碎屑岩等。异常梯度陡,强度高,异常对应上三叠统天桥岭组火山岩、火山碎屑岩及沿断裂分布的玄武岩。异常带走向北东向,局部呈团块状或孤立异常,对应二叠系庙岭组地层,中二叠世二长花岗岩及早侏罗世的花岗闪长岩。该处位于二叠纪地层与花岗岩、花岗闪长岩的接触部位,对成矿十分有利	重要
	重砂	重砂异常表现较好的重砂矿物有白钨矿、黄铁矿、独居石、辉铋矿,异常规模小,分散,而主要成矿矿物并没有重砂异常显示,表明该区的矿化程度较低,应用重砂信息指导找矿作用有限	次要
	遥感	位于北东向望天鹅-春阳断裂带与北西向春阳-汪清断裂带交会处,与隐伏岩体有关的多重环形构造边部,矿区内及周围遥感铁染异常和羟基异常分布密集	次要
找矿标志		大地构造标志:二叠系北东东向展布的裂陷槽、构造盆地槽; 地层标志:二叠系庙岭组上段和下段火山碎屑岩与沉积岩交互层标志; 构造标志:二叠系庙岭-开山屯裂陷槽控是控矿的区域构造标志;轴向近东西展布的开阔向斜构造控制红太平矿区。北东向断裂带和北西向断裂带,以及两者交会处是最佳的部位,为区内控矿、容矿构造	重要

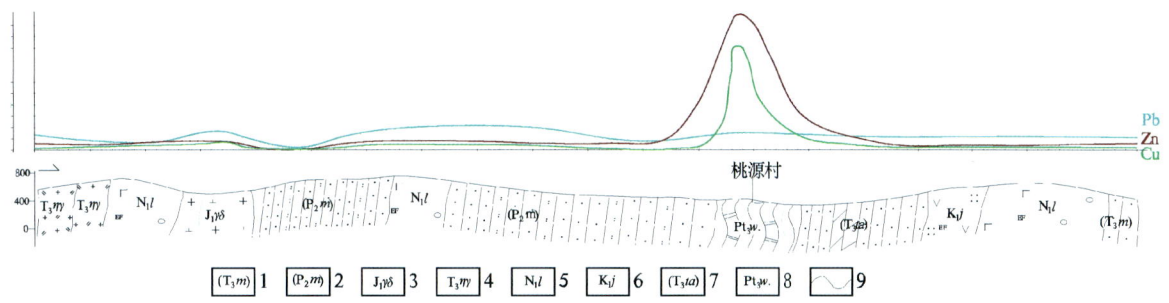

图 4-5-9　梨树沟-红太平地区多金属地质、地球化学综合矿产预测模型

1.马鹿沟组砂岩;2.庙岭组细砂岩与粉砂岩互层夹灰岩;3.花岗闪长岩;4.二长花岗岩;5.老爷岭组玄武岩;
6.金沟岭组安山岩夹安山质火山碎屑岩;7.天桥岭组流纹岩;8.万宝岩组片岩夹大理岩;9.化探异常曲线

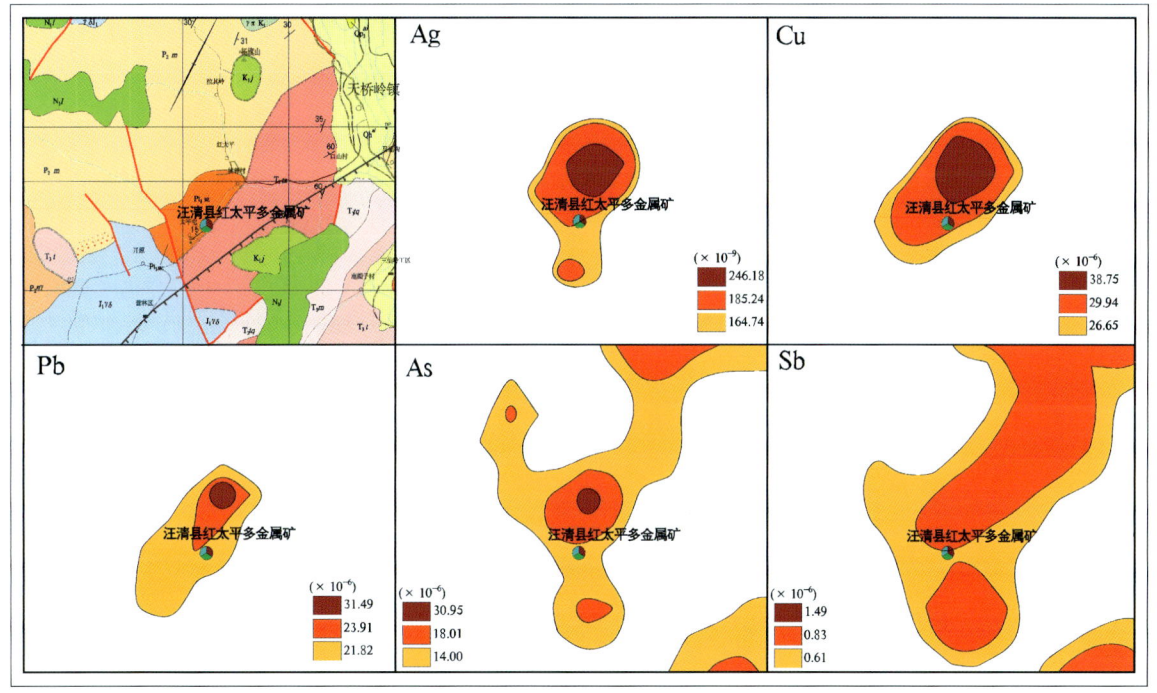

图 4-5-10　汪清县红太平铜多金属矿床区域化探异常特征剖析图

1.第四系全新统Ⅰ级阶地及河漫滩冲洪积物;2.第四系全新统Ⅱ级阶地堆积冲洪积物;3.新生界新近系中新统老爷岭县玄武岩;4.下白垩统金沟岭县安山岩夹安山质火山碎屑岩;5.中生代早白垩世花岗斑岩;6.中生代早侏罗世花岗闪长岩;7.上三叠统马鹿沟组砂岩;8.中生界天桥组流纹岩;9.中二叠统庙岭组细砂岩与粉砂岩互层夹灰岩;10.中二叠世二长花岗岩;11.黑龙江岩群万宝岩组片岩夹大理岩;12.地质界线;13.不整合界线;14.实测逆断层;15.实测性质不明断层;16.背斜;17.岩层产状;18.岩层倒转产状;19.角岩化;20.汪清县红太平铜多金属矿床

(三)刘生店钼矿

1.典型矿床

刘生店钼矿床预测要素见表 4-5-7,矿产预测模型见图 4-5-11。

表 4-5-7 安图刘生店钼矿床预测要素表

预测要素		内容描述	类别
特征描述		斑岩型	
地质条件	成矿区带(全国)	Ⅱ-13 吉黑成矿省	必要
	成矿区带(大区)	Ⅲ-55 吉中-延边(活动陆缘)Mo、Au、As、Cu、Zn、Fe、Ni 成矿带	必要
	成矿区带(本省)	Ⅲ-55-⑤海沟-红太平 Au、Fe、Cu、Pb、Zn、Ag、Mo、Ni 成矿带	必要
	岩石类型	蚀变二长花岗斑岩、二长花岗斑岩、二长花岗岩	必要
	成矿时代	辉钼矿 Re-Os 等实线年龄为(169.36 ± 0.97)Ma(王辉等,2011)	必要
	成矿环境	矿床位于敦化-三道沟东西向深大断裂与北西向牛心山-刘生店断裂的交会处,燕山早期二长花岗斑岩和二长花岗岩含矿且控矿	必要
	构造背景	矿区位于东北叠加造山-裂谷系(Ⅰ1),小兴安岭-张广才岭叠加岩浆弧(Ⅱ3),太平岭-英额岭火山-盆地区(Ⅲ4),老爷岭火山-盆地群(Ⅳ6);敦化-三道沟东西向深大断裂与北西向牛心山-刘生店断裂的交会处	重要
矿床特征	控矿条件	矿体围岩为燕山早期二长花岗斑岩,岩体中的裂隙-微裂隙控矿	必要
	蚀变特征	围岩蚀变主要有硅化、绢云母化、高岭土化、黄铁矿化、辉钼矿化、绿泥石化、碳酸盐化、褐铁矿化。其蚀变具面型分带现象,由内向外可划分为石英-绢云母化带和泥化带,二长花岗斑岩为矿床主要成矿母岩。蚀变水平分带、蚀变强度从里至外呈逐渐减弱特征,显示了斑岩型钼矿成矿特征	重要
	矿化特征	区内已发现工业矿体 7 条、贫矿体 3 条,均赋存于石英-绢云母化带之中,矿体的展布方向受蚀变带控制。在空间上呈厚板状,矿体连续性较好、产状稳定、规模较大、矿化强弱呈过渡性变化,二长花岗岩和二长花岗斑岩赋矿,与矿体无明显的突变界线,矿体范围随圈定矿体的工业指标而定。工业矿体为Ⅰ号、Ⅱ号体,资源储量为 2 万余吨,占全区资源储量75%(金属量)。贫矿体特征,圈出 3 条钼平均品位在 0.03%～0.59%之间的矿体,总厚度 64.85m,主要分布于工业矿体的外侧,多呈条带状展布	重要
综合信息	地球化学	1∶20 万水系沉积物 Mo 异常具有二级分带,与 Mo 异常空间套合紧密的元素有 W、As、Au、Ag、Pb、Zn、Na₂O、K₂O。其中,W、As 与 Mo 呈同心套合状,Au、Ag、Pb、Zn、Na₂O、K₂O 的异常浓集中心分布在 Mo 异常的外带,构成较复杂元素组分富集的叠生地球化学场。1∶1 万土壤 Mo 异常亦有较好的显示,呈带状分布,具有 2 个较明显的浓集中心,北西向延伸的趋势,Mo 矿体即分布在浓集中心内	重要
	地球物理	矿区所在的 1∶5 万航磁异常呈北西向展布,反映出弱磁性花岗岩体特征;钼矿体与围岩之间存在较明显的物性差异,钼矿体具低阻-高激化率特征,低阻由断裂构造所致,高激化率由蚀变岩引起	重要

续表 4-5-7

预测要素		内容描述	类别
综合信息	重砂	具备直接指示作用的辉钼矿没有重砂异常,主要伴生矿物白钨矿可圈出 3 处异常,面积分别为 8.63km²、5.99km²、5.45km²,矿物含量分级较高,均分布在季德屯钼矿和福安堡钼矿控制水域的下游,地质背景为与成矿关系密切的印支期二长花岗岩,异常显示矿致性,对预测斑岩型钼矿有重要的指示意义。根据以往人工重砂资料得知,印支期的二长花岗岩、碱长花岗岩以及英云闪长岩中,锡石亦存在重砂异常,对预测钼矿有间接指示作用。白钨矿-锡石组合异常有 1 处,空间上与 3 号白钨矿异常叠加,是预测钼矿的有望异常	次要
	遥感	矿区分布在江源-新合断裂带上,区域性规模脆韧性变形构造或构造带与节理、劈理、断裂密集带构造分布在其北侧	次要
找矿标志		超壳层深断裂构造带附近的斑岩体分布区是发现钼矿的最佳靶区,是找矿的区域性标志;燕山早期二长花岗斑岩为赋矿层位;具有面状蚀变特征和分带现象,是找矿的直接标志;1:20 万 Mo 元素化探异常是找矿的间接标志;矿区处于弱磁性分布范围,反映弱磁性花岗岩特征	重要

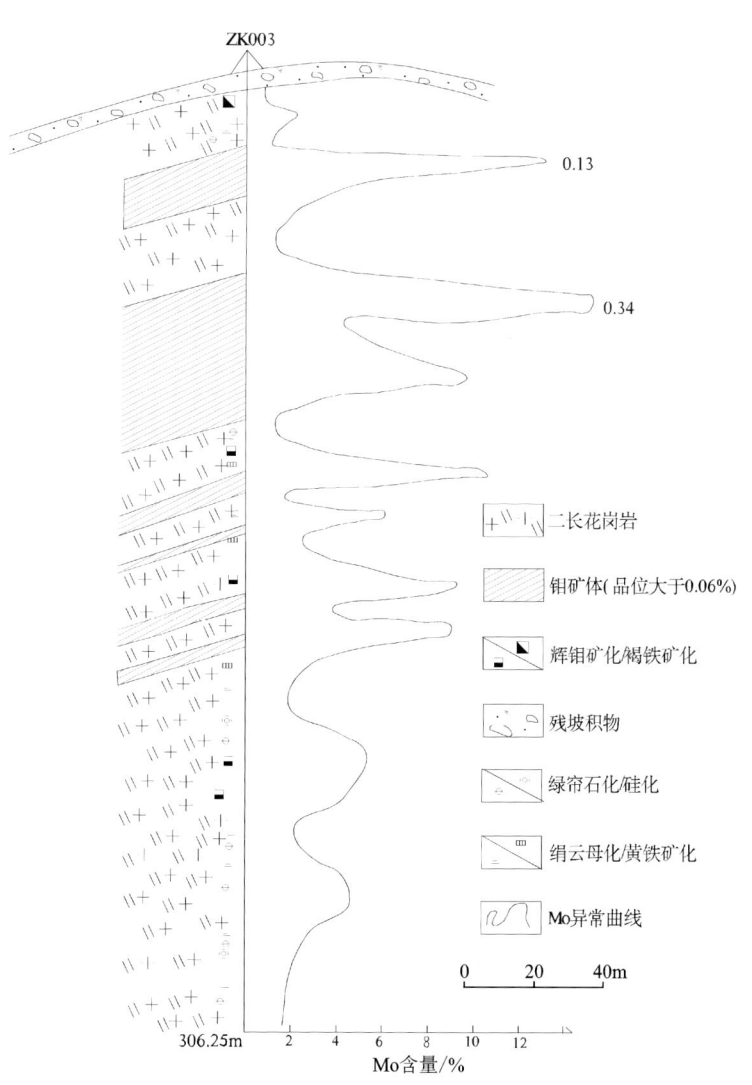

图 4-5-11 刘生店钼矿地质矿产及地球化学综合矿产预测模型

2. 预测工作区

刘生店钼矿预测工作区预测要素见表 4-5-8,矿产预测模型见图 4-5-12、图 4-5-13。

表 4-5-8　刘生店—天宝山钼矿预测工作区预测要素表

预测要素		内容描述	类别
岩石类型		燕山期花岗闪长岩、二长花岗岩、石英闪长岩	必要
地质条件	成矿时代	辉钼矿 Re-Os:(169.36±0.97)Ma(王辉等,2011)	必要
	成矿环境	矿区位于东北叠加造山-裂谷系(Ⅰ1),小兴安岭-张广才岭叠加岩浆弧(Ⅱ3),太平岭-英额岭火山-盆地区(Ⅲ4),老爷岭火山-盆地群(Ⅳ6);燕山期闪长岩-花岗闪长岩、二长花岗岩为含矿建造,北西向和近东西向大断裂的次一级构造成矿	必要
	构造背景	矿区位于江域岩浆弧、伊泉岩浆弧及蛟河上叠裂陷盆地、汪清上叠裂陷盆地,南楼山-辽源中生代火山盆地群、敦密走滑-伸展复合地堑、罗子沟-延吉火山盆地群,吉林中东部火山岩浆段叠合部位	重要
矿床特征	控矿条件	北西向和近东西向大断裂的次一级构造岩体中的裂隙-微裂隙控制;燕山期花岗闪长岩、二长花岗岩、石英闪长岩中酸性岩体提供成矿物质和热源	必要
	蚀变特征	蚀变水平分带、蚀变强度从里至外呈逐渐减弱特征,典型斑岩型蚀变特征	重要
	矿化特征	燕山期闪长岩-花岗闪长岩、二长花岗岩赋矿,与矿体无明显的突变界线,构造的交会部位形成矿(化)体富集区段,矿体形态多为脉状,次为扁豆状,矿体的展布方向受蚀变带控制	重要
综合信息	地球化学	应用1:20万化探数据圈出28处 Mo 异常。对刘生店钼矿积极支持的 Mo 异常具二级分带,异常规模大,带状分布;天宝山钼矿所在区域具有清晰三级分带的 Mo 元素异常,异常强度较高且面积大,带状分布,呈近东西向延伸的趋势。与 Mo 元素异常空间套合紧密的元素有 Cu、Ag、Pb、Zn、As、Sb、Hg、Sn、Bi,呈同心状套合	重要
	地球物理	刘生店斑岩型钼矿床围岩为燕山早期二长花岗斑岩和二长花岗岩,矿体主要赋存于石英-绢云母化带中,围岩蚀变形态控制钼矿体产状。钼矿床位于局部高磁异常向低磁异常、局部重力低异常向重力高异常过渡部位,该部位一般有线性梯度带出现,与断裂构造有关,起控矿作用	重要
	重砂	主要指示矿物辉钼矿、白钨矿的重砂异常分布在矿床的外围汇水区域,典型矿床不支持,找矿指示效果不明显	次要
	遥感	矿区位于北西向江源-新合断裂带上,有多个由中生代花岗岩类引起的环形构造沿北西向展布;有区域性规模脆韧性变形构造或构造带与节理、劈理、断裂密集带构造分布;矿区及周围有铁染、羟基异常高度集中;区内为遥感浅色色调异常	次要
找矿标志		北西向断裂及两组不同方向断裂的交会处;韧性剪切带规模大,延伸长且有足够的宽度,在早侏罗世又经历了多期变形,对成矿有利;燕山早期中酸性岩体;具有面状蚀变特征和分带现象;与铅锌(钼)等多金属有关的化探异常和重砂异常的集中区;弱磁性分布范围,反映弱磁性花岗岩特征	重要

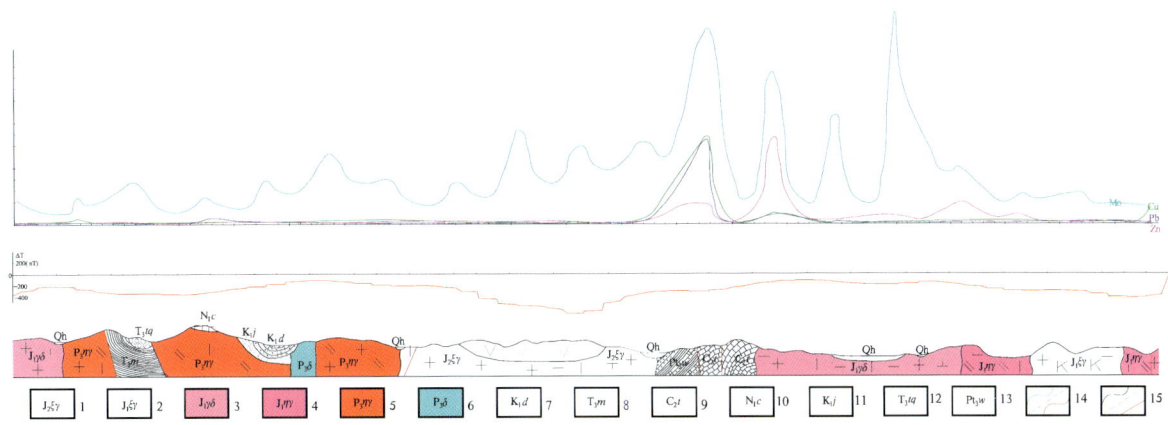

图 4-5-12 刘生店钼矿预测工作区地质、地球化学、地球物理综合找矿模型

1.中侏罗世正长花岗岩;2.早侏罗世正长花岗岩;3.早侏罗世花岗闪长岩;4.早侏罗世二长花岗岩;5.晚二叠世二长花岗岩;6.晚二叠世闪长岩;7.大砬子组砂砾岩;8.马鹿沟组砂岩;9.天宝山组灰岩;10.船底山组玄武岩;11.金沟岭组安山岩;12.天桥岭组流纹岩;13.万宝岩组变质砂岩夹大理岩;14.化探异常曲线/航磁异常曲线;15.地质界线/断层

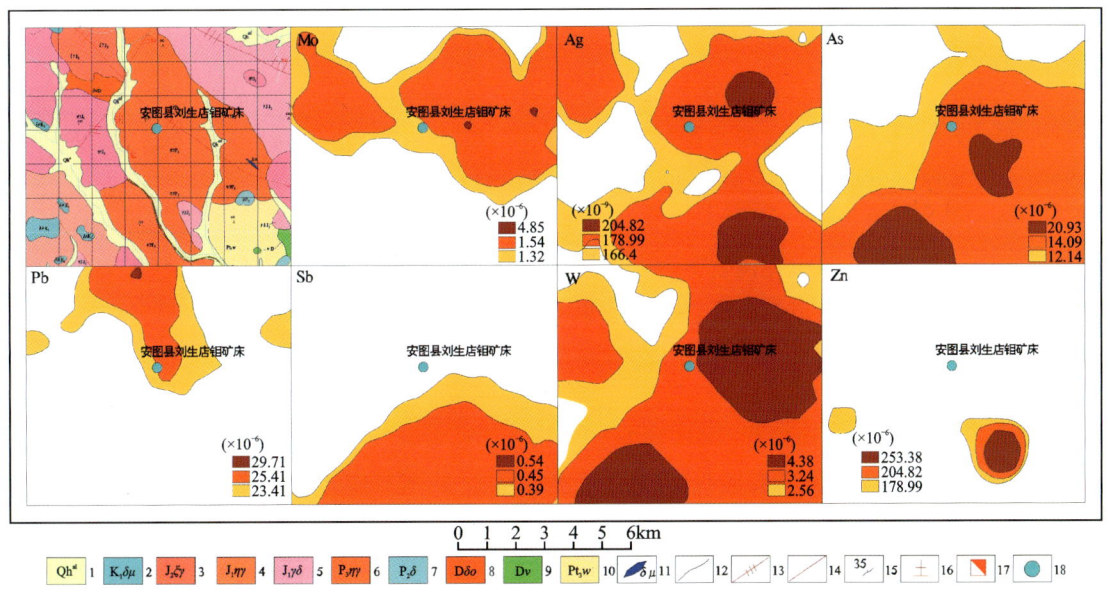

图 4-5-13 刘生店钼矿床区域化探异常特征剖析图

1.第四系全新统冲积层;2.白垩纪石英闪长玢岩;3.中侏罗世正长花岗岩;4.中侏罗世中粒二长花岗岩;5.中侏罗世花岗闪长岩;6.晚二叠世二长花岗岩;7.中二叠世闪长岩;8.泥盆纪石英闪长岩;9.泥盆纪辉长岩;10.万宝岩组变质砂岩夹大理岩;11.闪长玢岩脉;12.地质界线;13.实测正断层;14.实测断层;15.片麻理产状;16.高岭石化;17.褐铁矿化;18.安图县刘生店钼矿床

五、多矿种综合预测区特征

该成矿带综合预测区 24A 位于 V13 五级成矿带海沟 Au、Fe、Ag、Ni 找矿远景区,本区成矿特征如下。

1. 地质特征

该区中元古界色洛河岩群红光岩组含砾黑云斜长角闪片麻岩、斜长角闪岩、绢云片岩夹镁质大理岩为岩浆热液型海沟金矿含矿层位,新太古界老牛沟岩组黑云角闪变粒岩夹斜长角闪岩及磁铁石英岩变质建造为鞍山式铁矿含矿层位,万宝岩组板岩夹大理岩为六道沟式矽卡岩型铜矿含矿层。区内火山岩较发育,中生代—新生代地层均有出露。二叠系庙岭组火山碎屑岩夹灰岩、凝灰岩、蚀变凝灰岩、砂岩、粉砂岩、泥灰岩为红太平地区铜铅锌银多金属主要含矿层位和控矿层位。上三叠统托盘沟组为一套流纹岩-流纹质火山碎屑岩建造。上侏罗统屯田营组为一套安山岩建造。

区内侵入岩发育,具有多期多阶段性。辉长岩类、斜长辉岩类基性岩为镍控矿岩体,海西晚期黑云母斜长花岗岩及后期的花岗伟晶岩脉,为稀土矿源层。燕山期中酸性岩体为本区岩浆热液型、斑岩型、矽卡岩型矿床的控矿岩体,在区域上构成大致呈近北西向带状展布的花岗岩浆岩带,金矿体主要赋存在岩体与地层接触带中,可见燕山期岩浆活动控制成矿,这期岩体改造矿源层使矿物质进一步富集,对内生金属矿产形成十分有利。

与成矿有关的构造为北东向断裂构造,是主要的控矿和储矿构造。本地区华北陆块北缘断裂带红石-夹皮沟韧性剪切带为金矿主要控矿、容矿构造。

2. 矿产特征

该区已发现大型金矿 1 处,小型金矿 1 处,小型铁矿 12 处,镍矿点 1 处。

3. 物探、化探、遥感、自然重砂特征

布格重力异常在华北陆块和吉黑造山带接触部位表现为走向以北西向为主的"S"形重力梯级带,梯级带长、宽、陡,反映出区域性深大断裂特征。梯级带南部古老基底为重力高异常分布区,反映了中生代覆盖层下为隐伏的老地层。北部为重力低异常区,反映了中酸性侵入体的分布。

区内航磁异常走向多为北西向,磁场东强西弱。东部强磁异常分布密集,强度较高,为早三叠世—晚二叠世花岗闪长岩、中侏罗世花岗岩等侵入岩体分布区。北西向异常带与北西向的糜棱岩一致或平行,反映了区内异常与断裂构造具有密切关系。西部异常以负磁场为背景,并分布有北西向条带状异常或孤立小异常,岩性为早三叠世—晚二叠世花岗闪长岩。西南部平稳负磁场则对应侏罗系、白垩系,局部有玄武岩分布。

该区属于铁族元素同生地球化学场,同时具有亲石、稀有、稀土元素富集的特点。主成矿元素 Au 具有明显的分带和浓集中心。主要的找矿指示元素为 Au、Ag、Cu、Pb、Zn、As、Sb、Hg、W、Bi、Mo。其中 Au、Ag、Cu、Pb、Zn 为近矿指示元素;As、Sb、Hg 为远程指示元素;W、Bi、Mo 为评价矿体的尾部指示元素。

区内遥感解译小型断裂以北西向和北东向为主,次为近南北向断裂,局部见近东西向断裂。其中北西向小型断裂多显示张性特点,其他方向小型断裂多为压性断层,不同方向断裂交会部位是重要的铁、金成矿地段。区内规模脆韧变形趋势带比较发育,构成与华北板块北缘断裂带相伴生的脆韧性变形构造带,该带与铁矿、金矿均有较密切的关系。区内的环形构造比较发育,主要分布在不同方向断裂交会部位。

该区共圈定金、白钨矿、独居石、黄铁矿重砂组合异常 2 处。

4. 预测资源量

该区 24A、26C、52C、27C、28C 综合预测区成矿地质特征详见表 4-5-9。

表 4-5-9 海沟—红太平成矿带综合预测区成矿地质特征表

IV级成矿(区)带	综合预测区编号及名称	综合预测区面积/km²	矿种	矿产预测类型	成矿地质	代表性矿床
III-55-⑤	24A 沿江-海沟	220	金	海沟式岩浆热液型	中元古界色洛河岩群红光岩组含砾黑云斜长角闪片麻岩、斜长角闪岩、绢云片岩夹镁质大理岩、磁铁石英岩、斜长角闪岩夹变粒岩、含石榴石斜长变粒岩、黑云斜长片岩、二云片岩、绢云绿泥片岩、变凝灰质板岩、变质砂岩夹钙质板岩、含碳泥质板岩组合。中生代花岗岩类、闪长玢岩	安图海沟金矿
			铁	鞍山式沉积变质型	新太古界夹皮沟岩群老牛沟岩组黑云角闪变粒岩夹斜长角闪岩及磁铁石英岩变质建造为含矿层位	
	26C 官瞎沟-刘生店	527	钼	大黑山式斑岩型	燕山期花岗闪长岩、二长花岗岩、石英闪长岩	刘生店钼矿
			铜	六道沟式矽卡岩型	新元古界万宝岩组板岩夹大理岩与燕山期二长花岗岩、闪长玢岩控矿	
			银	红太平式火山岩型	石炭系天宝山组与二叠系庙岭组火山碎屑岩夹灰岩、凝灰岩控矿层位；印支期—海西期花岗闪长岩、英安斑岩、石英闪长岩提供了物质、热能	
	52C 东清-小西北岔	103	独居石、磷钇矿	东清式风化壳型	海西晚期黑云母斜长花岗岩及后期的花岗伟晶岩脉，带来成矿物质	东清稀土矿
			金	兰家式矽卡岩型	万宝岩组变质细砂岩、粉砂岩互层夹大理岩透镜体、红柱石二云片岩组合，燕山期花岗岩	
	27C 大山咀子	134	镍	红旗岭式基性—超基性岩浆熔离-贯入型	辉长岩类、斜长辉岩类基性岩体控矿	
	28C 红太平	476	铅	红太平式火山热液型	二叠系庙岭组上段和下段火山碎屑岩	
			铜	红太平式火山沉积型	二叠系庙岭组火山碎屑岩夹灰岩、蚀变凝灰岩、砂岩、粉砂岩、泥灰岩为主要含矿层位和控矿层位	红太平铜多金属
			锌	红太平式火山热液型	二叠系庙岭组上段和下段火山碎屑岩	
			银	红太平式火山岩型	二叠系庙岭组火山碎屑岩夹灰岩、蚀变凝灰岩、砂岩、粉砂岩、泥灰岩为主要含矿控矿层位	红太平铜多金属

第六节 五凤-百草沟成矿带

一、区域地质背景

该成矿带晚三叠世—新生代构造单元分区位于东北叠加造山-裂谷系（Ⅰ1），小兴安岭-张广才岭叠加岩浆弧（Ⅱ3），太平岭-英额岭火山-盆地区（Ⅲ4），罗子沟-延吉火山-盆地群（Ⅳ7）区内，处于兴凯地块南缘的延边中生代火山岩带上，为一东西向的金铜成矿带。以金为主的金铜矿化主要受东西向火山—次火山岩带控制。

1. 构造特征

矿体明显受火山机构及经火山作用改造的某些次级断裂控制，具体有：①赋存在与火山活动有关的断裂中的矿体，其断裂有火山口和破火山口内部的锯齿状、菱形格子状（杜荒岭金矿）、放射状（闹枝金矿）和环状断裂（干河沟金矿），火山口和次火山口周围岩石中的断裂（五凤金矿）及与区域上其他断裂的复合或交会部位（刺猬沟金矿）；②赋存在火山管道中的矿体；③赋存在有次火山岩充填的断裂中的矿体。

2. 地层

该成矿带出露地层主要有五道沟岩群绿泥片岩、片麻岩、变粒岩、角闪质岩石等，属中基性火山沉积建造，形成于兴凯地块南西缘震旦纪—早古生代裂陷槽环境。二叠系的开山屯组、柯岛组、庙岭组、解放村组由砾岩、砂岩、碳酸盐岩等组成，是浊积或滑塌堆积产物，形成于二叠纪庙岭-开山屯裂陷槽环境，为银矿主要围岩。三叠系大兴沟群是一套中酸性火山岩。侏罗系主要是金沟岭组、屯田营组，其岩性主要是陆相中酸性火山岩类。白垩系长财组分布局限，岩性为含煤碎屑岩类。与金矿床的形成有成因联系的地层是元古宙地层和中生代晚侏罗世、早白垩世火山岩地层。元古宙变质岩系是中生代火山断陷盆地的基底地层，含金丰度偏高，在热液的作用下或熔融的过程中均可作为矿源层提供成矿元素，晚侏罗世火山岩地层是矿体的主要围岩（图 4-6-1）。

3. 侵入岩

火山作用后的脉岩活动，是成矿的主要热源。偏酸性的侵入岩呈岩株状侵入于火山颈中，后期多发育面状蚀变，Au、Cu 元素含量明显增高，有时可构成浸染状金铜矿体。偏中基性的次安山岩（闪长玢岩）多侵入于火山机构边部的放射状或环状裂隙中，少量充填在火山颈中。在矿区范围内的 Au 元素丰度偏高，而远离矿区的 Au 元素丰度一般低于地壳平均值。

4. 大型变形构造

该成矿带以北为集安-松江岩石圈断裂，以南为西拉木伦河-延吉（缝合带）断裂安图-延吉段，安图永胜-汪清十里坪-珲春春化遥感推断大型韧性剪切带横跨本区。断裂带边缘分布着大中型金（银）、铜、铁、铅锌等矿床。

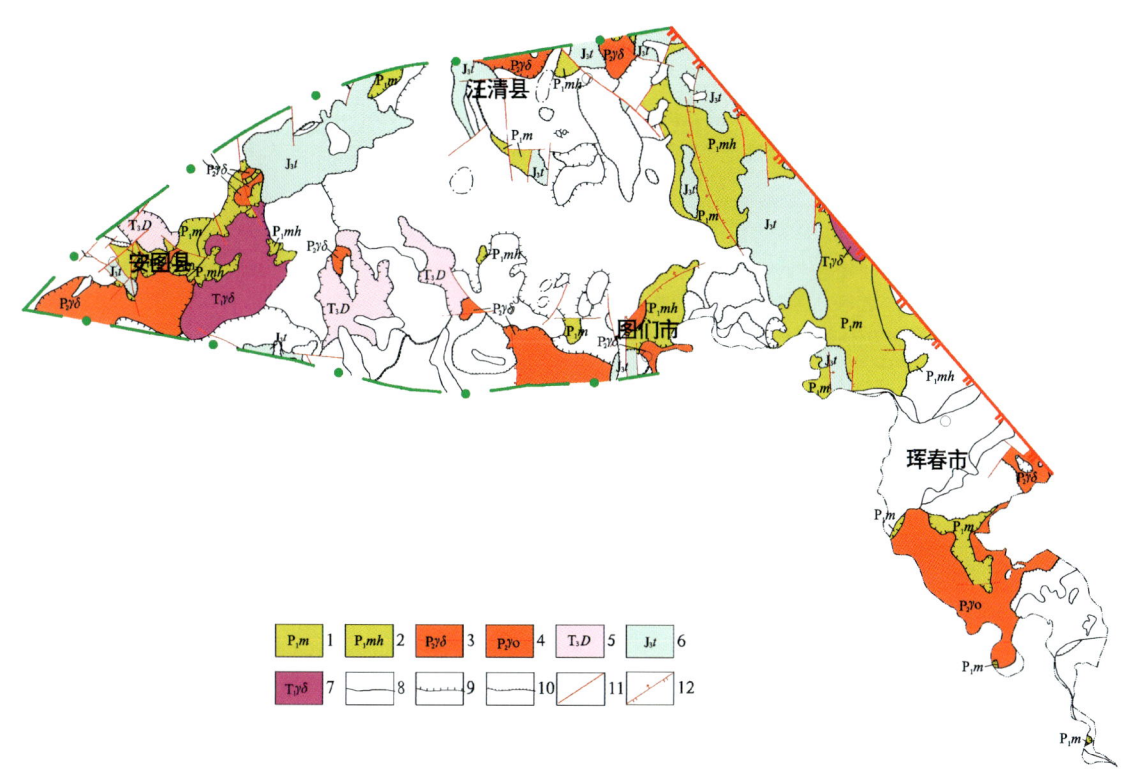

图 4-6-1　五凤-百草沟成矿带区域地质图

1.庙岭组；2.满河组；3.晚二叠世花岗闪长岩；4.晚二叠世斜长花岗岩；5.大兴沟群；6.屯田营组；7.早三叠世花岗闪长岩；8.地质界线；9.超动接触界线；10.角度不整合界线；11.断层；12.逆断层倾向及倾角

二、区域矿产特征

1.区域矿产特征

该成矿带已知有五凤-五星山、刺猬沟、闹枝、九三沟等多处小型金矿床及众多的金、铜、铁重要矿种的矿点及矿化点。存在与燕山期火山岩浆作用有关的 Au、Cu、Pb、Zn 矿床成矿亚系列,成矿时代为燕山期,成因类型以火山热液型为主,次为岩浆热液型。本区域有良好的金成矿地质条件,有寻找大型矿床的潜力。本成矿带矿产地特征见表 4-6-1。

表 4-6-1　五凤-百草沟成矿带矿产地特征表

序号	矿种	共(伴)生矿产	矿产地名称	成因类型	成矿时代	主矿产规模
1	金		延吉五星山金矿	热液型	白垩纪	小型
2	金	银	龙井市五凤山金矿	热液型	白垩纪	小型
3	金	铜、锌	汪清县明星屯金矿点	热液型	侏罗纪	矿化点

续表 4-6-1

序号	矿种	共(伴)生矿产	矿产地名称	成因类型	成矿时代	主矿产规模
4	金		汪清县吉青岭金矿	热液型	侏罗纪	矿点
5	金	银、铜、铅锌、硫	吉林省汪清县闹枝金矿	陆相火山岩型	白垩纪	小型
6	金	银	汪清县刺猬沟金矿	陆相火山岩型	白垩纪	中型
7	铅-锌		汪清棉田铅锌矿	矽卡岩型	侏罗纪—白垩纪	小型
8	独居石		安图县东清独居石砂矿	砂矿型	新生代	大型
9	铁		和龙市白石洞铁矿	矽卡岩型	元古宙	小型
10	铁、铜		安图神仙洞铁矿	海相火山岩型	中生代	小型
11	铜		图们市前安山村铜矿	热液型	白垩纪	矿化点

2. 矿产预测类型的划分及预测工作区分布

本区共划分出金、铜 5 个预测工作区(表 4-6-2),闹枝-棉田预测工作区地质背景、成因类型、成矿时代等成矿要素与刺猬沟式火山热液型相近,因此将其划为刺猬沟式铜矿。

表 4-6-2　五凤-百草沟成矿带矿产预测类型及预测工作区统计表

矿种	预测工作区名称	预测方法类型	矿产预测类型	典型矿床
金、铜	刺猬沟-九三沟	火山岩型	刺猬沟式火山热液型	刺猬沟金、铜矿
金	闹枝-棉田	火山岩型	刺猬沟式火山热液型	闹枝金矿
金	五凤	火山岩型	刺猬沟式火山热液型	五凤金矿
铜	闹枝-棉田	火山岩型	闹枝式火山岩型	

三、区域物探、化探、遥感、重砂特征及推断解释成果

1. 航磁特征

东光镇地区有一较强磁异常带,总体呈北西走向,梯度较陡。刺猬沟中型金矿床分布在两处异常峰值中间。

三道湾-石岘地区正、负线性磁异常带呈北东走向,沿北西向相间排列,由北西到南东,异常变化幅度逐渐减弱。矿产有五凤山、五星山小型热液型金矿床及矿化点,闹枝小型陆相火山岩型金矿床、棉田小型矽卡岩型铅锌矿床主要分布在磁异常梯度带或扭曲带上。

2. 重力特征

布格重力异常宏观上呈现东南部高、西北部低的分布特征。

东南部重力高异常及边部有陆相火山岩型刺猬沟中型金矿床、闹枝小型金矿床,还有明星屯热液型金矿化点、棉田小型接触交代型铅锌矿床、前安山村热液型铜矿化点。

西北部重力低异常为加里东期、海西期和燕山期酸性花岗岩及中生代火山-沉积地层引起。分布矿产有五星山小型热液型金矿床、五凤山小型热液型金矿床、吉青岭热液型金矿化点。

3. 地球化学特征

该区地球化学异常以各元素组合异常套合好和强度高为特征,存在3个甲级综合异常场。

闹枝区域由Au-Ag-Cu-Pb、As-W-Sn-Mo-Bi组合异常构成,该系统以侏罗系屯田营组的火山岩建造为控矿层位。内晕元素Au、Ag、Cu、Pb在燕山期岩浆热液和北西向构造应力作用下显著富集,构成了矿致系统核部带的异常模式和重要找矿标志。外晕元素的高温组合(As-W-Sn-Mo-Bi)以相同成因(亦源于闹枝金矿)形成交换带,显示成矿系统具备高温富集特征的有序立体带状结构,是预测闹枝式金矿及伴生铜矿的有力依据。

刺猬沟区域由Au-Ag-Cu和As-Sb-Hg组合构成,系统的内晕元素(Au、Ag、Cu)带入富集和外晕元素(As、Sb、Hg)的带出贫化,成为物质系统最重要的结构地球化学标志。

五凤区域由内晕组合Au-Ag-Sb-Hg和外晕组合W-Mo-Sn-Bi出现。异常中心带的低温特征指示金矿体的隐伏状态,而高温组合的边缘富集使综合异常场的无序程度增加。该综合异常场无疑成为成矿系统边缘及深部找矿预测的最有利区域。

4. 自然重砂特征

该区主要分布自然金、辰砂、毒砂、泡铋矿等重砂矿物,综合异常圈出6个(甲级3个、乙级2个、丙级1个),呈东西向展布。其中3个甲级综合异常场反映了火山岩型金矿岩浆系统,可为预测提供重要的重砂信息。

5. 遥感影像特征

区内的断裂构造极为发育,并以北东向和北西向为主,不同方向断裂带或次级断裂交会部位,环形构造相对集中,构成一系列环形构造群。区中部发育一条北东东向大规模脆韧性变形构造带,带内及两侧多为浅色色调异常区。区内的金、铅锌等矿产主要分布在脆韧性变形构造附近的断裂交会部位、环形构造集中区、遥感浅色色调异常区中。

四、重要矿种预测评价模型

该成矿带典型矿床有五凤金矿、刺猬沟金矿、闹枝金矿,本成矿带矿产预测模型主要选择具代表性的五凤金矿。

1. 五凤金矿典型矿床

五凤金矿床预测要素见表4-6-3,矿产预测模型见图4-6-2。

2. 五凤金矿预测工作区

预测工作区预测要素见表4-6-4,矿产预测模型见图4-6-3、图4-6-4。

表 4-6-3　汪清县五凤金矿床矿产预测要素表

预测要素		内容描述	类别
	特征描述	火山热液型	
地质条件	成矿区带(全国)	Ⅱ-13 吉黑成矿省	必要
	成矿区带(大区)	Ⅲ-55 吉中-延边(活动陆缘)Mo、Au、As、Cu、Zn、Fe、Ni 成矿带	必要
	成矿区带(本省)	Ⅲ-55-⑥五凤-百草沟 Au、Cu、Ag、Pb、Zn、Fe 成矿带	必要
	岩石类型	中三叠统托盘沟组中上部安山岩、安山质角砾凝灰岩和集块岩	必要
	成矿时代	矿体形成年龄 130.1~127.8Ma	必要
	成矿环境	火山盆地边缘,破火山口放射状、环状裂隙	必要
	构造背景	矿床位于晚三叠世—新生代东北叠加造山-裂谷系(Ⅰ),小兴安岭-张广才岭叠加岩浆弧(Ⅱ),太平岭-英额岭火山盆地区(Ⅲ),罗子沟-延吉火山盆地群(Ⅳ),延吉盆地北缘	重要
矿床特征	控矿条件	矿体呈脉状,受破火山口构造的辐射状断裂和环状断裂控制,北东向辐射状断裂和北西向环状断裂则控制了矿体;受中三叠统托盘沟组中上部安山岩、安山质角砾凝灰岩和集块岩层位控制	必要
	蚀变特征	叠加于青磐岩化之上的硅化、绢云母化、黄铁矿化、冰长石化、纳长石化、绿泥石化及碳酸盐化、高岭土化	重要
	矿化特征	矿体为含金方解石石英脉型,严格受北东向、北西向两组断裂构造控制,呈脉状充填于近火山口相火山岩中,剖面上穿切火山岩层;以中低温矿物的大量出现和贫硫化物为其特点	重要
综合信息	地球化学	应用1:5万化探数据圈出 Au 元素异常5处,以4号异常表现最好,具有清晰的分带性,浓集中心明显,强度很高,达到 $1179×10^{-9}$,面积为 $83.5km^2$。带状分布,轴向北东,是主要的找矿标志。金组合异常只有一种表现形式:Au-As、Sb、Hg、Ag,形成较复杂组分含量的富集区,是金成矿的有利场所。金甲级综合异常具有良好的成矿条件和找矿前景。空间上与分布的矿产积极响应,为矿致异常,是扩大找矿规模的重要靶区	重要
	地球物理	在1:25万布格重力异常图上,矿床位置北、东、东南三面局部重力低异常围绕,西侧为形态特征不明显、强度不大的相对重力高异常区。在1:5万航磁异常图上,矿床处于航磁负异常区,强度较弱的相对高磁异常带向南东方向延伸的北段,北东向梯度带与此高磁异常带在矿床处交会,反映出北西向和北东向断裂构造交会的特点,电法显示处于高阻异常带	重要
	遥感特征	北东向与北北东向断裂交会部位,"S"形北东向脆韧性变形构造带通过矿区,与隐伏岩体有关的环形构造集中分布,遥感浅色色调异常区,矿区及周围遥感羟基异常、铁染异常分布较密集	次要
	找矿标志	中三叠统托盘沟组中上部安山岩、安山质角砾凝灰岩和集块岩层位;火山盆地边缘,破火山口放射状、环状裂隙;叠加于青磐岩化之上的硅化、绢云母化、黄铁矿化、冰长石化、纳长石化、绿泥石化及碳酸盐化、高岭土化带	重要

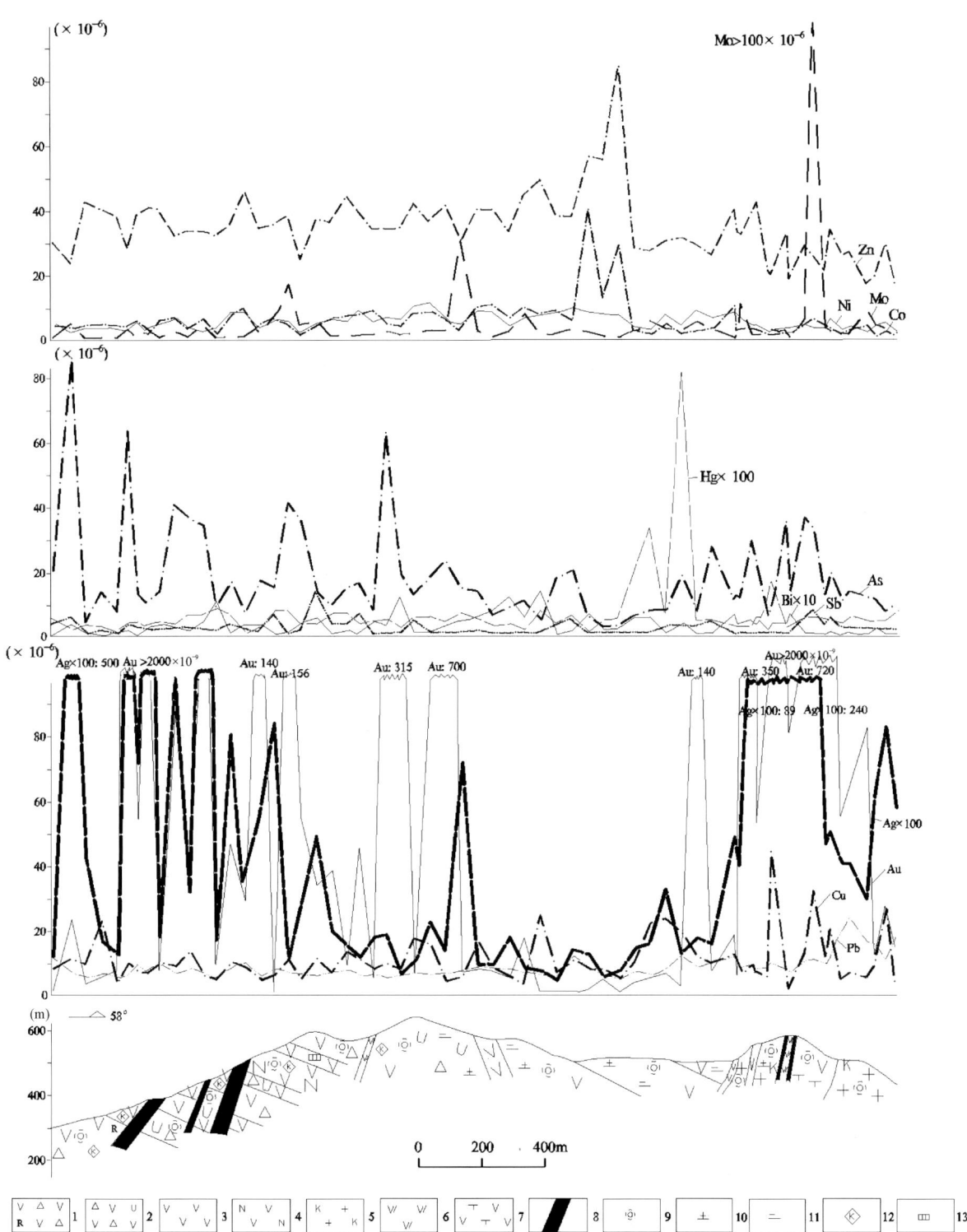

图 4-6-2 五凤金矿区原生晕地球化学异常剖面图

1.安山质熔角砾集块岩；2.安山质角砾熔岩；3.安山岩；4.斜长安山岩；5.钾长花岗岩；6.次安山岩；7.次粗面安山岩；8.金矿体及矿化蚀变带；9.硅化；10.高岭土化；11.绢云母化；12.冰长石化；13.黄铁矿化

表 4-6-4　五凤金矿预测工作区预测要素表

预测要素		内容描述	类别
特征描述		中低温火山热液贫硫化物型脉状银-金矿床	必要
地质条件	岩石类型	屯田营组(托盘沟组?)角闪安山岩、无斑安山岩、安山集块岩、安山质凝灰角砾岩、安山质凝灰岩组合	必要
	成矿时代	矿体形成年龄为130.1～127.8Ma	必要
	成矿环境	火山盆地边缘,破火山口放射状、环状裂隙;北东向北西向断裂构造交会处	必要
	构造背景	晚三叠世—新生代东北叠加造山-裂谷系(Ⅰ),小兴安岭-张广才岭叠加岩浆弧(Ⅱ),太平岭-英额岭火山盆地区(Ⅲ),罗子沟-延吉火山盆地群(Ⅳ),延吉盆地北缘	重要
矿床特征	矿化蚀变	叠加于青磐岩化之上的硅化、绢云母化、黄铁矿化、冰长石化、纳长石化、绿泥石化及碳酸盐化、高岭土化	重要
	控矿条件	矿体呈脉状受破火山口构造的辐射状断裂和环状断裂控制,北东向辐射状断裂和北西向环状断裂则控制了矿体;受屯田营组(托盘沟组?)中上部安山岩、安山质角砾凝灰岩和集块岩层位控制	必要
	化探特征	Au是主要成矿元素,伴生元素为Cu、Pb、Zn、Ag、As、Sb、Hg;找矿的主要指示元素为Au、Cu、Pb、Zn、Ag、As、Sb、Hg。其中Au、Cu、Pb、Zn、Ag为近矿指示元素,As、Sb、Hg为找矿的远程指示元素;4号综合异常组分复杂,显示复杂组分含量富集区,并显示一定的分带性。空间上与已知矿产积极响应,是优质的矿致异常。4号综合异常的范围可为扩大典型矿床规模提供依据	重要
	物探特征	在1:25万布格重力异常图上,局部重力低异常围绕,西侧为形态特征不明显的、强度不大的相对重力高异常区。在1:5万航磁异常图航磁负异常区,强度较弱的相对高磁异常带向南东方向延伸的北段,北东向梯度带与此高磁异常带在矿床处交会,反映出北西向和北东向断裂构造交会的特点	重要
综合信息	遥感特征	北东向与北北东向断裂交会部位,"S"形北东向脆韧性变形构造带通过矿区,与隐伏岩体有关的环形构造集中分布,遥感浅色色调异常区,矿区及周围遥感羟基异常、铁染异常分布较密集	重要
找矿标志		中三叠统托盘沟组中上部安山岩、安山质角砾凝灰岩和集块岩层位;火山盆地边缘,破火山口放射状、环状裂隙;叠加于青磐岩化之上的硅化、绢云母化、黄铁矿化、冰长石化,纳长石化、绿泥石化及碳酸盐化、高岭土化带	重要

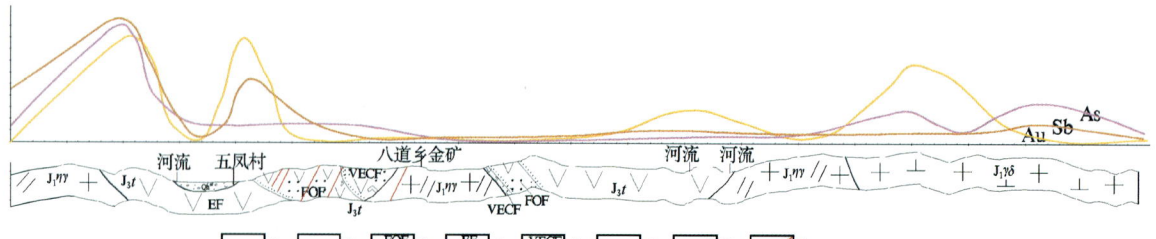

图 4-6-3　五凤金矿预测工作区地质、地球化学综合矿产预测模型图

1.二长花岗岩;2.花岗闪长岩;3.屯田营组安山质火山碎屑岩;4.屯田营组安山岩;5.屯田营组安山质火山碎屑岩;6.化探异常曲线;7.地质界线;8.断层

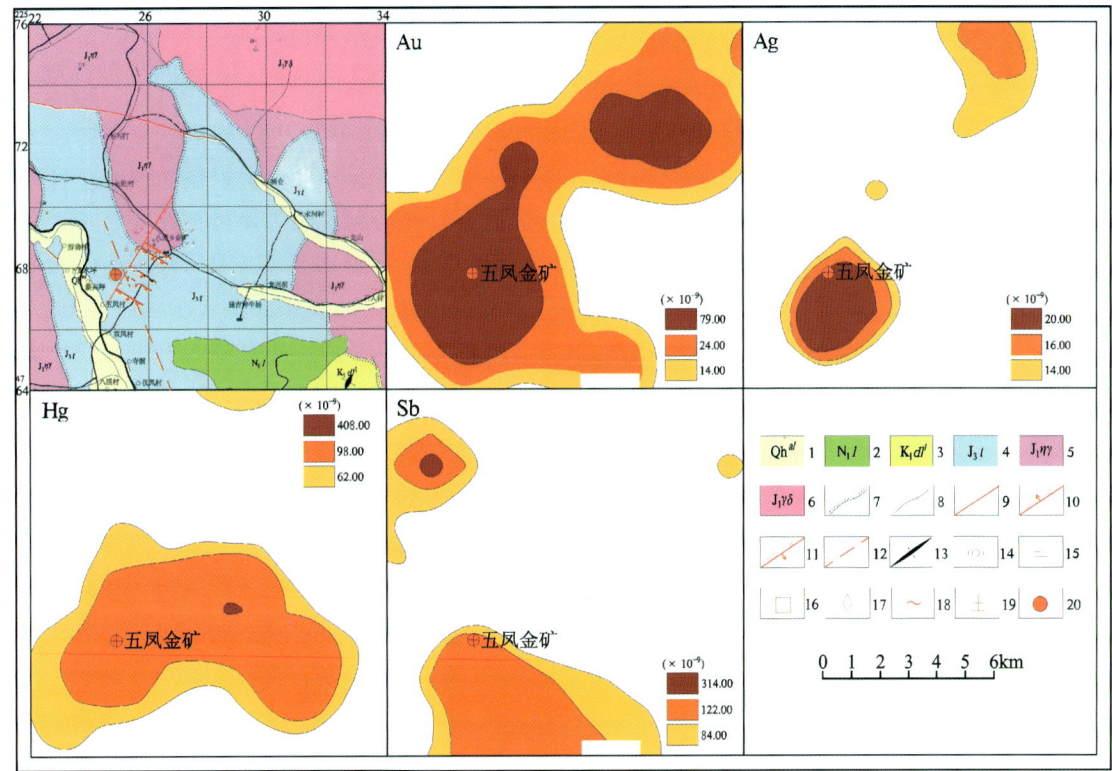

图 4-6-4　龙井市五凤金矿床区域地质及化探剖析图

1.全新统松散冲洪积砂砾石、松散砂砾、亚砂土、亚黏土；2.新近系中新统老爷岭组深灰色、黑灰色块状、气孔状玄武岩；3.下白垩统大砬子组一段灰黄色砾岩、砂岩；4.上侏罗统屯田营组安山质凝灰岩、安山岩；5.早侏罗世二长花岗岩；6.早侏罗世花岗闪长岩；7.角度不整合界线；8.地质界线；9.实测性质不明断层；10.实测正断层；11.实测逆断层；12.遥感解译断裂；13.背斜；14.硅化；15.绢云母化；16.黄铁矿化；17.碳酸岩化；18.绿泥石化；19.高岭土化；20.龙井市五凤金矿床

五、多矿种综合预测区特征

该成矿带综合预测区 30B 位于Ⅴ17 五级成矿带五凤-百草沟 Au、Cu、Ag、Pb、Zn、Fe 找矿远景区，本区成矿特征如下。

1. 地质特征

石炭系天宝山组与二叠系庙岭组火山碎屑岩夹灰岩、凝灰岩为本区银矿控矿层位，上侏罗统屯田营组安山岩、英安岩、含角砾安山岩组合为金矿主要赋矿层位，下白垩统金沟岭组、刺猬沟组安山质凝灰角砾岩、块状安山岩、安山质角砾凝灰岩为铜矿主要赋矿层位。

火山作用后的脉岩活动是成矿的主要热源，海西期—印支期花岗闪长岩、英安斑岩、石英闪长岩为其提供了物质和热能。

矿体明显受火山机构及经火山作用改造的某些次级断裂控制。

2. 矿产特征

该区已知有五凤-五星山、刺猬沟、闹枝、九三沟等多处小型金矿床及众多的金、铜矿点及矿化点。成矿时代为燕山期，成因类型以火山热液型为主，次为岩浆热液型。

3. 物探、化探、遥感、自然重砂特征

布格重力异常宏观上呈现东南部高、西北部低的分布特征。

该区地球化学异常以各元素组合异常套合好和强度高为特征,重砂异常组合类型为自然金、辰砂、自然金、方铅矿等。

本区中部发育一条北东东向大规模脆韧性变形构造带,带内及两侧多为浅色色调异常区。区内的金、铅锌等矿产主要分布在脆韧性变形构造附近的断裂交会部位、环形构造集中区、遥感浅色色调异常区中。

4. 综合预测区成矿地质特征

综合预测区成矿地质特征详见表4-6-5。

表4-6-5 五凤-百草沟成矿带综合预测区成矿地质特征表

Ⅳ级成矿(区)带	综合预测区编号及名称	综合预测区面积/km²	矿种	矿产预测类型	成矿地质	代表性矿床
Ⅲ-55-⑥	30B 茶条沟-刺猬沟	643	金	刺猬沟式火山热液型	屯田营组(刺猬沟组?、托盘沟组?)安山岩、英安岩、含角砾安山岩组合	汪清刺猬沟金矿、汪清闹枝金矿、汪清五凤金矿
			铜	闹枝式火山热液型	金沟岭组、刺猬沟组次安山岩、闪长玢岩、粗安山岩和钠长斑岩为主要控矿层位	
			银	红太平式火山岩型	石炭系天宝山组与二叠系庙岭组火山碎屑岩夹灰岩、凝灰岩控矿层位;海西期—印支期花岗闪长岩、英安斑岩、石英闪长岩提供了物质和热能	

第七节 天宝山-开山屯成矿带

一、区域地质背景

该成矿带晚三叠世—新生代构造单元分区位于东北叠加造山-裂谷系(Ⅰ1),小兴安岭-张广才岭叠加岩浆弧(Ⅱ3),太平岭-英额岭火山-盆地区(Ⅲ4),老爷岭火山-盆地群(Ⅳ6),罗子沟-延吉火山-盆地群(Ⅳ6)区内。南华纪—中三叠构造单元分区位于天山-兴蒙-吉黑造山带(Ⅰ1),包尔汉图-温都尔庙弧盆系(Ⅱ6),清河-西保安-江城岩浆弧(Ⅲ5),并包含天山-兴蒙-吉黑造山带(Ⅰ1),西拉木伦-土门结合带(Ⅱ5)安图至鸭绿江段。

1. 构造特征

北西向和近东西向断裂为控矿断裂,北西向断裂与东西向断裂的交会部位是铅锌成矿的有利部位。

鸭绿江深大断裂次级的北西向、北东向断裂，为后底洞区域主要控制构造。长仁-獐项断裂构造展布方向主要为北东向，北西向次之。发育有糜棱岩，具韧性剪切带特征，区内主要矿产均赋存于北东向构造中。

2. 地层

新元古界江域岩组岩性为石英片岩、角闪片岩夹磁铁石榴矽卡岩、片麻岩及变粒岩；寒武系—奥陶系马滴达岩组为一套中酸性凝灰熔岩夹变质杂砂岩，有上石炭统天宝山组、山秀岭组的结晶灰岩和砂屑灰岩；晚石炭世—早二叠世大蒜沟组粉砂岩、砂岩、砂砾岩及砾岩夹粉砂岩。中二叠统庙岭组岩性为细砂岩、粉砂岩互层夹灰岩；上二叠统红山组泥质砂岩夹细砂岩、开山屯组砾岩夹砂岩建造。上三叠统柯岛群及托盘沟组岩性为砾岩、砾岩夹砂砾岩、含砾粗砂岩夹细砂岩和粉砂岩、流纹岩、英安岩、岩屑晶屑凝灰岩；上三叠统小河口组砾岩夹煤层。下白垩统金沟组岩性为安山岩、角闪安山岩；下白垩统长财组砂砾岩夹煤层、大砬子组砂砾岩；上白垩统龙井组砂岩夹泥灰岩。古近系珲春组砂砾岩夹煤建造；第四系Ⅰ级阶地河漫滩砂、砾石及淤泥质土堆积(图4-7-1)。

3. 侵入岩

区内的侵入岩比较发育，其中有泥盆纪辉长岩，二叠纪二长花岗岩、闪长岩、辉长岩、二长花岗岩，三叠纪二长花岗岩、辉长岩、闪长岩、石英二长闪长岩、碱长花岗岩、细粒二长花岗岩。还有早白垩世形成的一些脉岩。

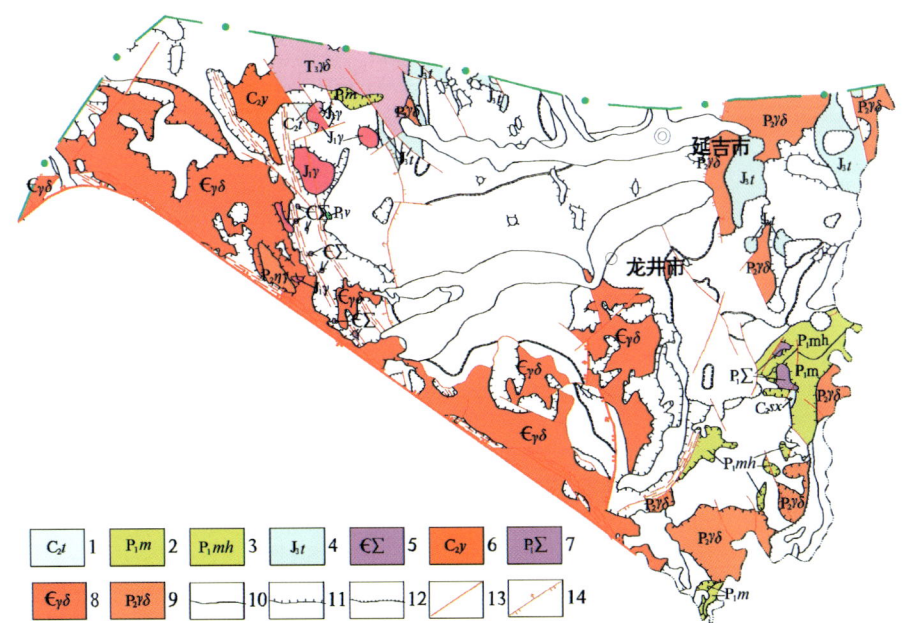

图4-7-1 天宝山-开山屯Pb、Zn、Au、Ag、Ni、Mo、Cu、Fe成矿区带区域地质图

1.天宝山组；2.庙岭组；3.满河组；4.屯田营组；5.寒武纪未分的超基性岩；6.晚石炭世花岗岩；7.早二叠世未分的超基性岩；8.寒武纪花岗闪长岩；9.晚二叠世花岗闪长岩；10.地质界线；11.超动接触界线；12.角度不整合界线；13.断层；14.逆断层倾向

4. 大型变形构造

华北地台北缘断裂带是铜镍矿床主要控矿构造，鸭绿江断裂带为金矿、铬矿主要控矿构造。西拉木伦河-延吉(缝合带)断裂控制本区多金属矿，使其具有多源、多期、多成因类型叠加的成矿特点。天宝山多金属矿、东风北山钼矿均赋存于断裂带中。

二、区域矿产特征

1. 区域矿产特征

沿华北地台北缘断裂带东侧分布有 10 余个中小型矿床(点),存在几个成矿系列,分别为天宝山地区与新元古代—燕山期火山-岩浆作用有关的 Pb、Zn、Cu、Mo、Ag 矿床成矿亚系列,代表性矿床为海相火山沉积型龙井市天宝山多金属矿;六棵松-长仁与海西期超基性—基性岩浆作用有关的 Cr、Cu、Ni 矿床成矿亚系列,代表性矿床为基性—超基性岩浆熔离-贯入型和龙市长仁中型镍矿床;庙岭-开山屯与古生代海相火山沉积作用有关的 Cu、Pb、Zn、Au、Ag 矿床成矿亚系列,代表性矿床为火山热液型金谷山、后底洞小型金矿床。本区岩浆侵入多期次活动,使局部地段出现挤压、破碎、片理化,破碎带岩石蚀变现象普遍,岩石具有一个共同的特性,均具有一定程度的蚀变作用,金矿化普遍发育在断裂构造和韧性剪切带。本成矿带矿产地特征见表 4-7-1,区域矿产分布见图 4-7-2。

表 4-7-1　天宝山-开山屯Ⅳ级成矿带矿产地特征表

序号	矿种	共(伴)生矿产	矿产地名称	成因类型	成矿时代	主矿产规模
1	铬		龙井市开山屯铬铁矿	岩浆型	晚古生代	矿点
2	金		龙井市金谷山金矿	热液型	二叠纪	小型
3	金		龙井市后底洞金矿	热液型	中二叠世	小型
4	钼		龙井县东风北山钼矿	斑岩型	中侏罗世	小型
5	铜、镍	钴	和龙市长仁Ⅰ1号岩体	岩浆型	石炭纪	中型
6	铜、镍		和龙县 305 矿区铜镍矿	岩浆型	石炭纪	小型
7	铅锌、铜	银	龙井市天宝山多金属矿	热液型	侏罗纪	中型

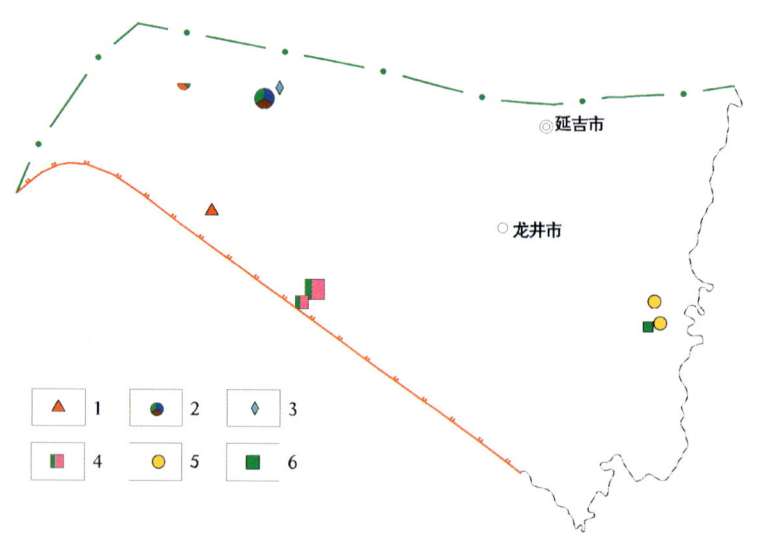

图 4-7-2　Ⅲ-55-⑦天宝山-开山屯 Pb、Zn、Au、Ag、Ni、Mo、Cu、Fe 成矿带区域矿产地分布图
1.铁矿;2.多金属矿;3.钼矿;4.铜镍矿;5.金矿;6.铬铁矿

2. 矿产预测类型的划分及预测工作区分布

本区分布有金、铜、铅、锌、铬 5 个矿种 4 个预测工作区，即小绥河式侵入岩体型开山屯铬矿预测工作区、刺猬沟式火山热液型金谷山-后底洞金矿预测工作区、天宝山式海相火山沉积型天宝山铅锌矿预测工作区、红旗岭式基性—超基性岩浆熔离-贯入型长仁-獐项铜矿预测工作区。开山屯铬矿预测工作区、金谷山-后底洞金矿预测工作区和长仁-獐项铜矿预测工作区的地质背景、成因类型、成矿时代与小绥河式、刺猬沟式和天宝山式分别相近，引用了相对应的预测方法类型。成矿带矿产预测类型划分见表 4-7-2。

表 4-7-2 天宝山-开山屯Ⅳ级成矿带矿产预测类型及预测工作区统计表

矿种	预测工作区名称	预测方法类型	矿产预测类型	典型矿床
铬	开山屯	侵入岩体型	小绥河式侵入岩体型	
金	金谷山-后底洞	火山岩型	刺猬沟式火山热液型	
铅、锌	天宝山	复合内生型	天宝山式海相火山沉积型	天宝山铅锌矿
铜	长仁-獐项	侵入岩体型	红旗岭式基性—超基性岩浆熔离-贯入型	长仁铜镍矿

三、区域物探、化探、遥感、重砂特征及推断解释成果

1. 航磁特征

天宝山地区磁场平稳低缓，北部和东部局部有高值异常显示。北侧是石门角闪花岗闪长岩体，东部出露早侏罗世二长花岗岩、花岗闪长岩及三叠纪闪长岩等中生代侵入体，亦出露中生代火山岩。局部异常可能与接触蚀变带或中生代闪长岩、火山岩有关。西部主要是大面积出露的早三叠世—晚二叠世中酸性侵入岩，南侧是小蒲柴河花岗闪长岩体，磁场为低缓正异常和负异常。

后底洞地区表现出正负变化的波动磁场特征。在西部长财村-智新镇为一异常带，主要与火山岩有关。东部有一近南北向高值异常，与超基性岩有关。除异常外，测区呈现大面积负磁场，南部与侏罗纪花岗岩有关，北部与三叠纪、白垩纪沉积岩有关。区内金矿处在强磁异常旁边的负磁场中。

天宝山中型多金属矿床位于北东东走向线性低磁异常带上，亦处于北东向梯度带与东西向梯度带交会处。

南半部出现宽大的东西向异常，梯度缓，推断为早二叠世辉长岩引起，异常带上有长仁Ⅰ1号含铜镍超基性岩体分布，岩体规模小，铜镍矿床为中型。

金谷山小型金矿床位于超基性岩体异常北侧边缘；后底洞小型金矿床位于异常北侧低磁异常区内；铬铁矿床与两处金矿床都位于同一重力高异常之上，反映出已知两处超基性岩体在深部同源。

2. 重力特征

布格重力异常宏观上呈现东部高、西部低的分布特征。

天宝山地区东南部为北西向区域重力低异常带，该重力低与大面积分布的海西期花岗岩有关。在东部出现局部重力高异常，推测在中生代盖层下面存在古生代地层。

后底洞地区是一条近南北向的梯度带，东部彩绣洞附近是一条近南北向的重力高梯度带，西部是一条平行的重力低值带，南部是一条近东西向的梯度带。区内断裂主要为南北向和东西向，并且规模较

大,延伸较长,金矿分布在开山屯附近的重力高上,重力高反映了下二叠统大蒜沟组、中二叠统寺洞沟组地层,可以看出金矿的形成主要受断裂和地层控制。

长仁铜镍矿床位于弱小重力高异常上,天宝山-西城断裂具有控矿作用。天宝山多金属矿床位于条带状局部重力低异常向北东东方向伸出的尖端部位,也是与重力高异常的过渡部位,矿床受天宝山-西城北西向断裂与北东东向断裂控制。

獐项铜镍矿床位于重力高异常与重力低间南北向异常梯度带上,两处小型铁矿床分布在新元古界青龙村岩群产生的重力高异常的边部。

3. 地球化学特征

天宝山区域 Pb、Zn 元素异常具有较大且明显的浓集中心,异常强度非常高,以 Pb、Zn 为主体的组合异常有 3 种表现形式:Pb-Zn、Cu、Ag、Au;Pb-Zn、As、Sb、Hg;Pb-Zn、Sn、Bi、Mo,构成复杂元素组分富集的叠生地球化学场,显示出较好的成矿条件和进一步找矿前景。

后底洞地区与 Au 空间上套合较紧密的元素为 Cu、As、Sb、Ni、Cr。构成金内带的是 Cu,构成中带的是 As、Sb,而 Ni、Cr 则主要分布在金的外带,显示出在以 Ni、Cr 为主要成分的同生地球化学场中,主成矿元素 Au 经受后期 Cu、As、Sb 的叠加改造作用,并于中—低温的成矿地球化学环境内形成较复杂元素组分富集的叠生地球化学场。

长仁-獐项地区 Au、Pb、Zn、Ni、Mo 元素异常,构成较复杂元素组分叠生地球化学场。主要的成矿元素 Pb、Zn、Au 具有明显的分带和浓集中心。主要的成矿指示元素为 Pb、Zn、Cu、Ag、Au、As、Sb、Hg、Sn、Bi、Mo;近矿指示元素为 Pb、Zn、Cu、Au、Ag;远程指示元素为 As、Sb、Hg。评价成矿的尾部指示元素为 Sn、Bi、Mo。

4. 自然重砂特征

重砂矿物有自然金、白钨矿、铜族、铅族、铬铁矿,圈定的甲、乙级综合异常场主要反映矿致异常边缘的重砂异常模式,与分布的矿产存在密切的空间关系,找矿指示效果较明显。

5. 遥感影像特征

区内的环形构造比较发育,主要分布在断裂交会部位,铅锌矿点多分布于环形构造内部或边部,区内小型断裂较发育,并以北东向和北西西向为主,北西向和东西向次之,其中北西向断裂多为正断层,形成时间较晚,多错断其他方向断裂构造。断裂交会部位是重要的铅锌多金属成矿区。区内发育区域性脆韧变形趋势带,分布于华北地台北缘,该带与金、铁、铜、铅、锌矿产均有密切的关系。

四、重要矿种预测评价模型

该成矿带典型矿床有天宝山多金属矿、天宝山东风北山钼矿、长仁铜镍矿、金谷山金矿,矿产预测模型主要选择具代表性的天宝山多金属矿、长仁铜镍矿。

(一)天宝山多金属矿

1. 典型矿床

天宝山铜多金属矿床预测要素见表 4-7-3,矿产预测模型见图 4-7-3、图 4-7-4。

表 4-7-3 天宝山多金属矿典型矿床矿产预测要素表

预测要素		内容描述	类别
特征描述		多成因叠加型	
地质条件	成矿区带（全国）	Ⅱ-13 吉黑成矿省	必要
	成矿区带（大区）	Ⅲ-55 吉中-延边（活动陆缘）Mo、Au、As、Cu、Zn、Fe、Ni 成矿带	必要
	成矿区带（本省）	Ⅲ-55-⑦天宝山-开山屯 Pb、Zn、Au、Ag、Ni、Mo、Cu、Fe 成矿带	必要
	岩石类型	砂板岩、灰岩、中酸性火山岩、花岗岩、石英闪长岩类、花岗闪长岩与斑状二长花岗岩	必要
	成矿时代	海西期—印支期—燕山期，铅锌成矿以印支期为主。钼矿含矿岩体 K-Ar 年龄为 185Ma（彭玉鲸等，2009），为燕山期	必要
	成矿环境	矿床位于晚三叠世—新生代东北叠加山-裂谷系（Ⅰ），小兴安岭-张广才岭叠加岩浆弧（Ⅱ），太平岭-英额岭火山-盆地地区（Ⅲ），罗子沟-延吉火山-盆地群（Ⅳ）；处于北东向两江断裂与北西向明月镇断裂带交会部位东侧，天宝山中生代火山盆地南侧，天宝山倾伏背斜轴部	必要
	构造背景	东西向、北西向、近南北向 3 组断裂交会处	重要
矿床特征	控矿条件	石炭系天宝山组与二叠系红叶桥组砂板岩、灰岩、中酸性火山岩是矿床控矿层位；海西期—印支期花岗闪长岩、英安斑岩、石英闪长岩等为矿床提供了物质、热液、热能；东西向、北西向、近南北向 3 组断裂交会处控制部分矿床的形成；燕山期花岗斑岩（多为脉状）与碳酸盐岩地层接触形成矽卡岩型热液脉状多金属矿化；印支晚期—燕山期花岗闪长岩与斑状二长花岗岩提供钼矿成矿物质和热源；北西向和近东西向构造控制钼矿	必要
	蚀变特征	头道沟花岗闪长岩和立山英安斑岩与碳酸盐岩接触带广泛形成矽卡岩带，控制矽卡岩型矿床，主要类型为石榴子石-单斜辉石矽卡岩，单斜辉石矽卡岩，石英-绿帘石矽卡岩等；角砾岩筒型矿床受面状蚀变控制，其主要围岩蚀变类型，早期为钾化、中期硅化、水云母化、绿泥石化，晚期为方解石化、沸石化；热液脉状矿体近矿蚀变，内带以硅化、水云母化为主，外带为绿泥石化、碳酸盐化。立山矿床围岩蚀变主要为层状矽卡岩，主要蚀变矿物为石榴子石、透辉石、方柱石或葡萄石等；新兴矿床筒内蚀变强，筒边蚀变弱，围岩蚀变更弱，筒内以次生石英岩化为主，边部为青磐岩化，围岩常有较明显的黄铁矿化。在震碎裂隙中充填粉红色含锰方解石脉；东风北山钼矿体附近硅化、钾化、绿泥石化十分强烈，与矿化关系密切	重要
	矿化特征	立山矿床：矿床主要赋存于头道沟花岗闪长岩、英安斑岩与"天宝山组"的接触带中，矿体小而多，但断续延深较大，矿体形态复杂。总体规律是上部以脉状为主，中部以透镜状、板状为主，下部以似层状为主。矿体延深大于延长。单个矿体产状多变紊乱，大多沿不纯灰岩岩块和角岩岩块接触部位分布，少量沿层理分布。兴盛矿体直接产于英安斑岩断裂带内。 东风矿床：赋存于一套二叠纪变质中酸性火山-沉积岩系。其下部为中酸性火山岩及其火山碎屑岩；中部为偏酸性火山岩与不纯灰岩互层；上部为一套以中性熔岩为主的火山岩。矿体产于中下部层位中。东风矿床由东风南山矿体、中部东风矿体及北西部北山矿体构成。 新兴矿床：产于头道沟花岗闪长岩体内，并受头道沟东西向断裂、新兴-陈财沟北西向断裂和卫星南北向断裂交会处的角砾岩筒所控制。角砾岩筒在平面上呈近南北向椭圆形，南北长轴 54～68m，东西短轴 28～36m，剖面上呈上大下小的漏斗形。上部为全筒式矿化，中下部为中心式矿化。东风北山钼矿共圈出 96 条矿（化）体。Ⅰ号、Ⅱ号、Ⅲ号矿带和矿（化）体受北西向石英片理化带，即石英细脉带和东西向斑状二长花岗岩与花岗闪长岩接触带控制。两构造的交会部位形成矿（化）体富集区段，矿体形态多为脉状，次为扁豆状，走向 325°～350°，倾向南西，倾角 50°～65°，主要为 43 号、52 号、57 号钼矿体	重要

续表 4-7-3

预测要素		内容描述	类别
综合信息	地球化学	应用1∶20万化探数据圈出的铅、锌异常具有三级分带清晰，具有较大且明显的浓集中心，异常强度非常高，分别达到 1455×10^{-6} 和 9852×10^{-6}，并有紧密的空间叠合，是主要的找矿标志。以铅、锌为主体的组合异常有3种表现形式：Pb-Zn、Cu、Ag、Au，Pb-Zn、As、Sb、Hg，Pb-Zn、Sn、Bi、Mo，构成复杂元素组分富集的叠生地球化学场，利于富集成矿。铅锌甲、乙级综合异常显示出优良的成矿条件和进一步找矿前景。与分布的矿产积极响应，为矿致性质，是进一步找矿的重要靶区。矿床土壤异常显示的特征元素组合为 Pb-Zn-Ag-Cd-Mn-Cu-Hg，异常空间叠合程度高且规模较大，是重要的找矿标志，其中Ⅱ级以上异常发育处可能有铅锌矿体存在。矿床原生晕异常表现的特征元素组合为 Pb-Zn-Ag-Cd-Mn，其组合异常发育，并伴随 Sr、Cr、Ti、V 等的负异常出现，是重要找矿标志，指示可能有铅锌矿体的存在；As、Bi、Cu、F、Ag 特征组合异常发育，并伴随 Sr、Cr 的负异常，亦是重要找矿标志，反映可能有硫铁矿、闪锌硫铁矿的存在	重要
	地球物理	在1∶25万布格重力异常图上，矿床在区域上处于总体呈北西西"之"字形展布梯度带中段上靠近南东重力高场区一侧，局部上处于东西向、北东向北西向梯度带交会处，梯度陡，北西侧分布有重力低异常，南东侧分布有北东东向条带状重力高异常，北西西向"之"字形展布梯度带是槽台边界附近的次一级大断裂的反映。在1∶5万航磁异常图上，矿床处于长条状正磁异常的北西侧边缘梯度带的内侧，同时也是高磁异常向低缓磁异常过渡部位及梯度带由紧密到稀疏的变化部位	重要
	重砂	主要的重砂矿物有黄铜矿、方铅矿、白钨矿、辰砂，与 Pb、Zn、Cu、Ag 化探异常吻合程度高，可为区域找矿提供重要的重砂信息	重要
	遥感	位于北西向敦化-杜荒子断裂带与北东向望天鹅-春阳断裂带交会处，"S"形脆韧性变形构造带发育，天宝山村环构造边部，遥感浅色色调异常区，矿区北侧遥感羟基异常和铁染异常密集分布	次要
	找矿标志	蚀变标志，立山铅锌矿床主要为矽卡岩化，新兴铅锌矿区筒内主要具石英岩化，其次为绿帘石化、绿泥石化、黄铁矿化。东风北山钼矿体附近硅化、钾化、绿泥石化十分强烈，与矿化关系密切。矿床位于大面积起伏的航磁 ΔT 正磁场中低缓异常区边缘，矿体反映明显低阻高极化异常。矿田具明显1∶20万水系沉积物异常，主要异常元素有 Cu、Pb、Zn、Cd、Bi、Ag、Mo 等，异常规模大，分带明显	重要

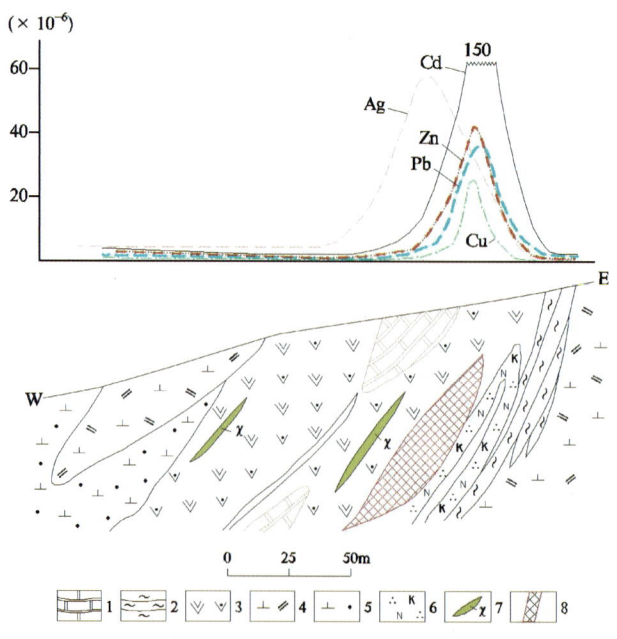

图 4-7-3　天宝山铜多金属矿床地表岩石地球化学异常剖面图

1.大理岩；2.绿泥化岩；3.矽卡岩；4.石英二长闪长岩；5.石英闪长岩；6.长英岩；7.煌斑岩；8.矿体

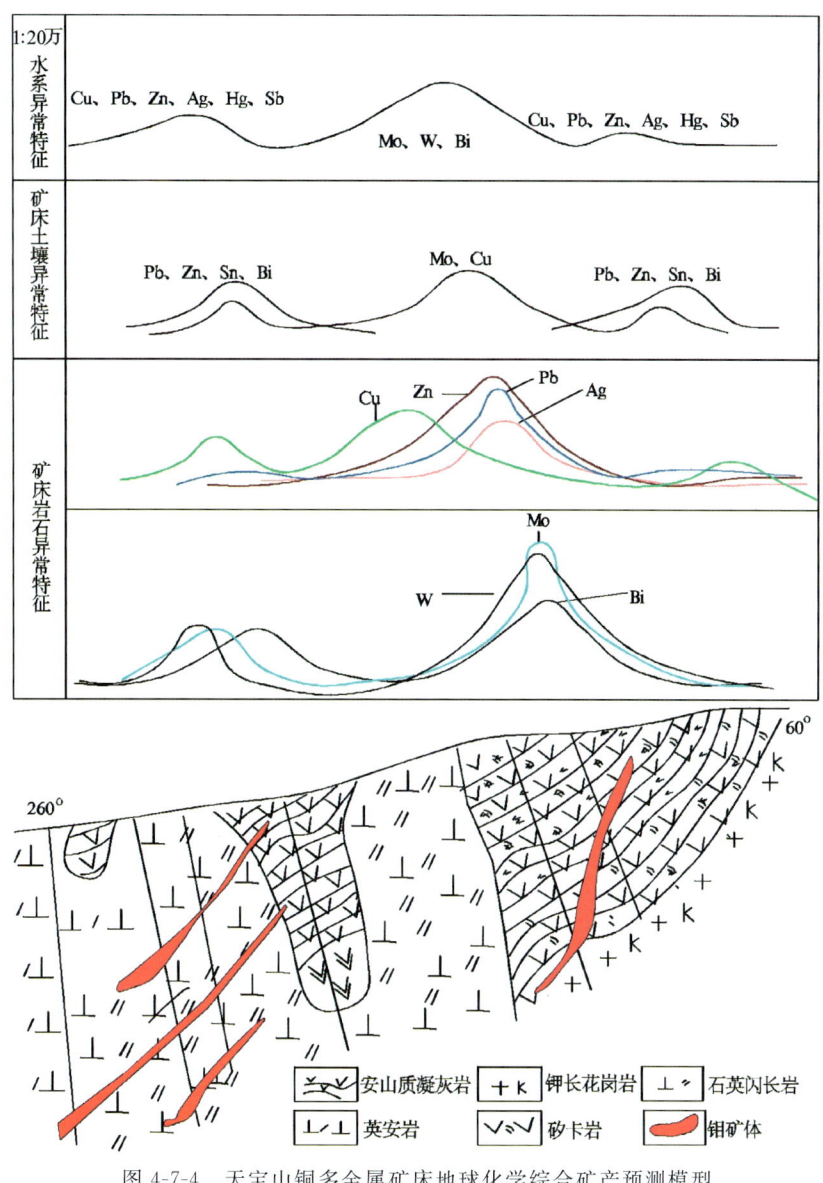

图 4-7-4　天宝山铜多金属矿床地球化学综合矿产预测模型

2. 预测工作区

天宝山预测工作区预测要素见表 4-7-4，矿产预测模型见图 4-7-5、图 4-7-6。

表 4-7-4　天宝山铜多金属矿预测工作区矿产预测要素表

预测要素	内容描述	类别
岩石类型	砂板岩、灰岩、中酸性火山岩，花岗岩、石英闪长岩类	必要
成矿时代	海西期—印支期—燕山期，以印支期为主	必要
成矿环境	矿床位于晚三叠世—新生代东北叠加造山-裂谷系（Ⅰ），小兴安岭-张广才岭叠加岩浆弧（Ⅱ），太平岭-英额岭火山-盆地区（Ⅲ），罗子沟-延吉火山-盆地群（Ⅳ），处于北东向两江断裂与北西向明月镇断裂带交会部位东侧，天宝山中生代火山盆地南侧，天宝山倾伏背斜轴部。天宝山-红太平-三道多金属成矿带	必要

续表 4-7-4

预测要素	内容描述	类别
构造背景	矿床位于晚三叠世—新生代东北叠加造山-裂谷系（Ⅰ），小兴安岭-张广才岭叠加岩浆弧（Ⅱ），太平岭-英额岭火山-盆地区（Ⅲ），罗子沟-延吉火山-盆地群（Ⅳ），处于北东向两江断裂与北西向明月镇断裂带交会部位东侧，天宝山中生代火山盆地南侧，天宝山倾伏背斜轴部	重要
控矿条件	石炭系（天宝山组）与二叠系（红叶桥组）砂板岩、灰岩、中酸性火山岩是矿床控矿层位。印支期—海西期花岗闪长岩、英安斑岩、石英闪长岩等为矿床提供了物质、热液、热能。东西向、北西向、近南北向 3 组断裂交会处控制部分矿床的形成。燕山期花岗斑岩（多为脉状）与碳酸盐岩地层形成矽卡岩型热液脉状多金属矿化。印支晚期—燕山期花岗闪长岩与斑状二长花岗岩提供钼成矿物质和热源	必要
蚀变特征	头道沟花岗闪长岩和立山英安斑岩与碳酸盐岩接触带广泛形成矽卡岩带，控制矽卡岩型矿床，主要类型为石榴子石-单斜辉石矽卡岩，单斜辉石矽卡岩，石英-绿帘石矽卡岩等。 角砾岩筒型矿床受面状蚀变控制，其主要围岩蚀变，早期为钾化、中期硅化、水云母化、绿泥石化，晚期为方解石化、沸石化；热液脉状矿体近矿蚀变，其内带以硅化、水云母化为主，外带为绿泥石化、碳酸盐化。 立山矿床围岩蚀变主要为层状矽卡岩，主要蚀变矿物为石榴子石、透辉石、方柱石或葡萄石等；新兴矿床筒内蚀变强，筒边蚀变弱，围岩蚀变更弱，筒内以次生石英岩化为主，边部为青磐岩化，围岩常有较明显的黄铁矿化。在震碎裂隙中充填粉红色含锰方解石脉	重要
矿化特征	立山矿床主要赋存于头道沟花岗闪长岩、英安斑岩与"天宝山组"的接触带中，矿体小而多，但断续延深较大，矿体形态复杂。总体规律是上部以脉状为主，中部以透镜状、板状为主，下部以似层状为主。矿体延深大于延长。单个矿体产状多变素乱，大多沿不纯灰岩块和角岩块接触部位分布，少量沿层理分布。兴盛矿体直接产于英安斑岩断裂带内。 东风矿床赋存于二叠纪的一套变质中酸性火山-沉积岩系中。其下部为中酸性火山岩及其火山碎屑岩；中部为偏酸性火山岩与不纯灰岩互层；上部为一套以中性熔岩为主的火山岩。矿体产于中下部层位中。东风矿床由东风南山矿体、中部东风矿体及北西部北山矿体构成。 新兴矿床产于头道沟花岗闪长岩体内，并受头道沟东西向断裂、新兴-陈财沟北西向断裂和卫星南北向断裂交会处的角砾岩筒所控制。角砾岩筒在平面上呈近南北向椭圆形，南北长轴 54～68m，东西短轴 28～36m，剖面上呈上大下小的漏斗形。上部为全筒式矿化，中下部为中心式矿化。东风北山钼矿共圈出 96 条矿（化）体。Ⅰ号、Ⅱ号、Ⅲ号矿带和矿（化）体受北西向石英片理化带，即石英细脉带和东西向斑状二长花岗岩与花岗闪长岩接触带控制。两构造的交会部位形成矿（化）体富集区段，矿体形态多为脉状，次为扁豆状，走向 325°～350°，倾向南西，倾角 50°～65°，主要为 43 号、52 号、57 号钼矿体	重要

续表 4-7-4

预测要素	内容描述	类别
地球化学	应用 1：20 万化探数据圈出的铅、锌异常三级分带清晰，具有较大且明显的浓集中心，异常强度非常高，分别达到 1455×10^{-6} 和 9852×10^{-6}，并有紧密的空间叠合，是主要的找矿标志。以铅、锌为主体的组合异常有 3 种表现形式：Pb-Zn、Cu、Ag、Au；Pb-Zn、As、Sb、Hg；Pb-Zn、Sn、Bi、Mo。构成复杂元素组分富集的叠生地球化学场，利于富集成矿。铅锌甲、乙级综合异常显示出优良的成矿条件和进一步找矿前景。与分布的矿产积极响应，为矿致性质，是进一步找矿的重要靶区	重要
地球物理	重力低异常带与大面积分布的海西期花岗岩有关，重力高异常中生代盖层下面存在古生代地层，北西向、东西向、南北向梯度带，反映断裂存在，是区内重要控矿构造； 磁场为低缓正异常和负异常，为出露岩性花岗闪长岩体及中生代火山岩，磁场略有升高，局部异常可能与接触蚀变带或中生代闪长岩，火山岩有关。北西向、北东向断裂，沿断裂有闪长岩出露	重要
重砂	区内圈出黄铜矿、方铅矿、白钨矿、辰砂Ⅰ级重砂组合异常 1 处，规模较大，矿物含量分级以Ⅲ～Ⅳ级为主。组合异常落位在断裂构造的交会处以及侵入岩体与地层的接触部位，并与分布的矿产积极响应，显示重砂组合异常的矿化指示作用 对比区内主成矿元素 Pb、Zn、Cu、Ag 的化探异常，规模大、强度高、分带清晰、浓集中心明显，且与重砂组合异常叠合程度高 结论：方铅矿、黄铜矿、白钨矿、辰砂矿物组合可作为天宝山预测工作区铅、铜多金属矿床的找矿标志	重要
遥感	位于北西向敦化-杜荒子断裂带与北东向望天鹅-春阳断裂带交会处，"S"形脆韧性变形构造带发育，天宝山村环形构造边部，遥感浅色色调异常区，矿区北侧遥感羟基异常和铁染异常密集分布	次要
找矿标志	大地构造标志：天宝山-明月镇-三道晚古生代弧形褶皱、中生代断裂火山带； 地层标志：石炭系（天宝山组）与二叠系（红叶桥组）砂板岩、灰岩、中酸性火山岩是矿床控矿层位 侵入岩标志：海西期—燕山期花岗闪长岩、英安斑岩、石英闪长岩等为矿床提供了物质、热液、热能。燕山期花岗斑岩（多为脉状）与碳酸盐岩地层形成矽卡岩型热液脉状多金属矿化 构造标志：东西向、北西向、近南北向 3 组断裂交会处 蚀变标志：立山铅锌矿床主要为矽卡岩化，新兴铅锌矿区，筒内主要具石英岩化，其次绿帘石化、绿泥石化、黄铁矿化；东风北山硅化、钾化、绿泥石化与钼矿化关系密切 物化遥标志：矿床位于大面积起伏的航磁 ΔT 正磁场中低缓异常区边缘，矿体反映明显低阻高极化异常。矿田具明显 1：20 万水系沉积物异常，主要异常元素有 Cu、Pb、Zn、Cd、Bi、Ag、Mo 等。异常规模大，分带明显	重要

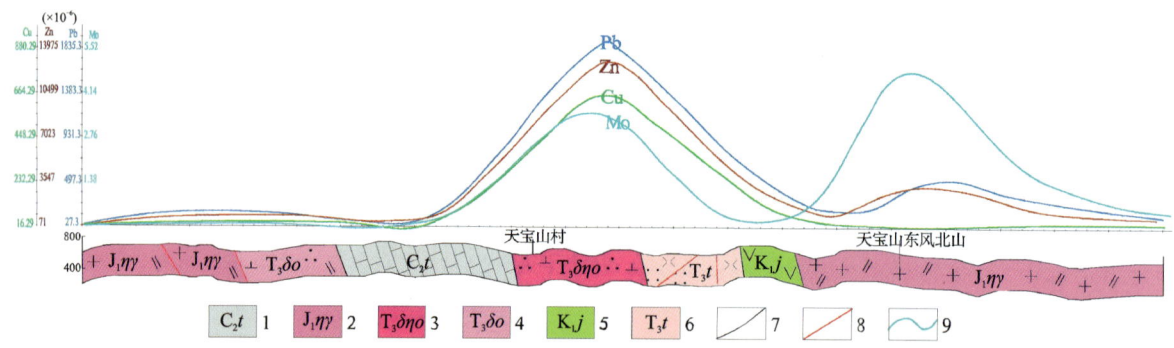

图 4-7-5　天宝山铜多金属矿地区地质、地球化学综合矿产预测模型

1.天宝山组灰岩；2.二长花岗岩；3.石英二长花岗岩；4.石英闪长岩；5.金沟岭组安山岩；6.托盘沟组流纹岩夹流纹质火山碎屑岩；7.地质界线；8.断层；9.化探异常曲线

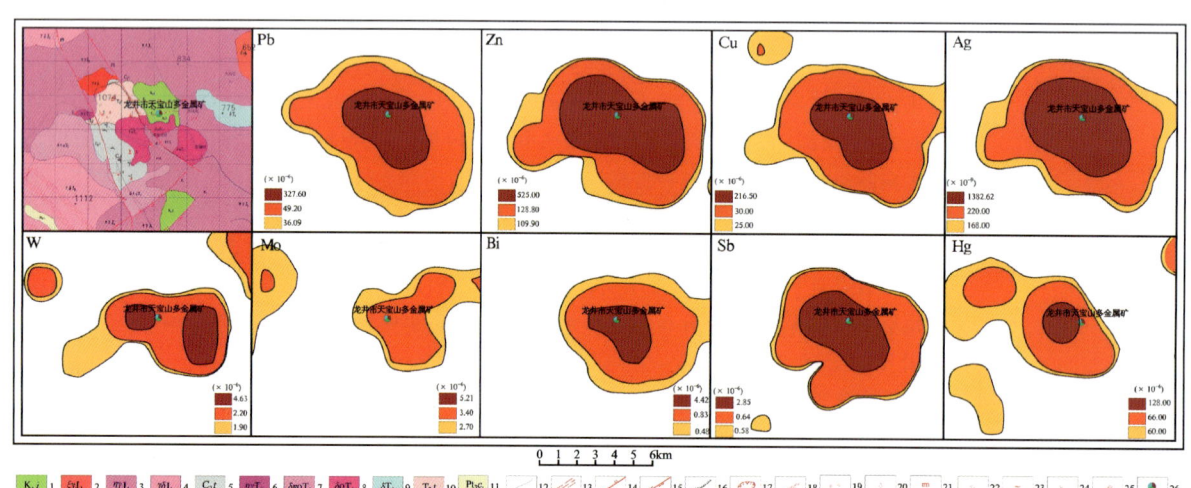

图 4-7-6　天宝山铜多金属矿床区域化探异常特征剖析图

1.下白垩统金沟岭组安山岩；2.早侏罗世碱长花岗岩；3.早侏罗世二长桦岗岩；4.早侏罗世花岗闪长岩；5.上石炭统天宝山组灰岩；6.晚三叠世二长花岗岩；7.晚三叠世石英二长闪长岩；8.晚三叠世石英闪长岩；9.晚三叠世闪长岩；10.上三叠统托盘沟组流纹岩夹流纹质火山碎屑岩；11.万宝组变质砂岩夹大理岩；12.地质界线；13.韧性剪切带；14.实测压性断层；15.实测平移断层；16.角度不整合界线；17.爆破角砾岩筒；18.矽卡岩化；19.黄铁矿化；19.硅化；20.碳酸岩化；21.黄铁矿化；22.绢云母化；23.绿泥石化；24.高岭土化；25.绿帘石化；26.天宝山铜多金属矿床

（二）长仁铜镍矿

1.典型矿床

长仁铜镍矿床预测要素见表 4-7-5，矿产预测模型见图 4-7-7。

表 4-7-5　和龙市长仁铜镍矿床预测要素表

预测要素		内容描述	类别
	特征描述	基性—超基性岩浆熔离-贯入型	
地质条件	成矿区带（全国）	Ⅱ-13 吉黑成矿省	必要
	成矿区带（大区）	Ⅲ-55 吉中-延边（活动陆缘）Mo、Au、As、Cu、Zn、Fe、Ni 成矿带	必要
	成矿区带（本省）	Ⅲ-55-⑦天宝山-开山屯 Pb、Zn、Au、Ag、Ni、Mo、Cu、Fe 成矿带	必要

续表 4-7-5

预测要素		内容描述	类别
地质条件	岩石类型	含长辉石岩、橄榄二辉岩；含长辉石橄榄岩、橄榄辉石岩、辉橄岩；斜长辉石岩、辉石岩、辉石橄榄岩；角闪辉石岩、橄榄辉石岩、辉石橄榄岩、辉长岩	必要
	成矿时代	海西中期	必要
	成矿环境	矿床位于华北陆块北缘、江域岩浆弧与中生代火山盆地群改造部位。与镍矿成矿有关的主要为海西期基性—超基性侵入岩，古洞河及茌田-东丰深断裂两侧，北北东向（或近南北向）及北西向两组扭裂控制基性，超基性岩体	必要
	构造背景	矿床位于天山-兴蒙-吉黑造山带（Ⅰ），包尔汉图-温都尔庙弧盆系（Ⅱ），清河-西保安-江域岩浆弧（Ⅲ），图们-山秀岭上叠裂陷盆地（Ⅳ）内。古洞河断裂是区内唯一活动时间长、期次多、规模大、切割深的导岩构造	重要
矿床特征	控矿条件	区域超基性岩体控制了矿体的分布，赋矿岩体主要为辉石橄榄岩型、辉石岩型、辉石-橄榄岩型、橄榄岩-辉石岩-辉长岩-闪长岩杂岩型。古洞河断裂是区内的导岩构造；沿古洞河断裂及茌田-东丰深断裂两侧，北北东向（或近南北）及北西向两组扭裂，控制矿区基性—超基性岩体	必要
	蚀变特征	蚀变主要有蛇纹石化、次闪石化、滑石化、金云母化，多分布在岩体底部、中部辉石橄榄岩相中，与Cu、Ni矿化关系密切	重要
	矿化特征	区内矿体分为：①底部矿体，赋存于岩体底部边部次闪石及闪长质混染岩、二辉橄榄岩、含长二辉橄榄岩中。平面呈似层状、扁豆状，剖面矿体受岩体底板形态控制，岩体底部常见1～3条矿体，长一般120～350m，最长达600m，一般厚1～5m，最厚达25m。②顶部矿体，仅见于5号和6号岩体，赋存于岩体顶部边缘闪长质混染岩及次闪石岩中或含长二辉橄榄岩、橄榄二辉岩中。矿体不连续，多呈扁豆状、透镜状，长90～300m，厚1.7～4.6m，最厚达12.1m。③中部矿体，仅见于5号和25号岩体，赋存于次闪石岩或二辉橄榄岩中，矿体呈似层状，长170～200m，厚2～3.7m，最厚达8.9m	重要
综合信息	地球化学	1:20万化探圈出的铜异常只有一处具有清晰的三级分带和明显的浓集中心，内带异常强度$46×10^{-6}$。而Au、Pb、Zn、Ni、Mo与Cu异常空间套合密切，其中Zn、Mo同心在铜的内带，Au、Pb、Ni在铜的中带、外带，构成较复杂元素组分富集的叠生地球化学场。 原生晕显示的特征元素组合为Ni-Cu-Co，其中Ni为主要成矿元素，Cu、Co为主要的伴生指示元素。Ni-Cu-Co异常组合达到矿床级综合利用指标	重要
	地球物理	1:25万布格重力异常图上，矿床处于北西向巨大重力异常梯度带与北东向、东西向次一级梯度带的交会部位，也是古洞河区域性深大断裂与次一级的北东向、东西向大断裂交会部位。 1:5万航磁异常图上，矿床处于北西西走向长条状正磁异常的西侧端部—微小局部异常之上，异常强度为100nT，南北两侧边部梯度陡，相交于矿床处，为含矿超基性岩体引起	重要
	重砂	铜族异常分布在长仁铜镍矿的南侧，面积0.83km^2。控制水域没有矿致源响应，却分布一处面积为0.21km^{2}的基性—超基性岩体（根据物探资料），该岩体与铜族异常空间叠加，表明铜族异常和该岩体有关，据此该铜族异常对预测铜、镍矿有重要的指示效果。以往研究结果显示，磁铁矿圈出3处Ⅲ级异常（1号、2号、3号），面积为2km^2、8km^2、40km^2，近椭圆状或带状分布。其中1号异常与长仁铜镍矿积极响应，具矿致性质。黄铁矿圈出5处异常，Ⅱ级2处（1号、4号），Ⅲ级3处（2号、3号、5号），面积分别为12km^2、3km^2、3km^2、11km^2、3km^2，长条状或不规则状。其中1号异常与长仁铜镍矿积极响应，亦具矿致性质	次要

续表 4-7-5

预测要素		内容描述	类别
综合信息	遥感	位于华北地台北缘断裂带北侧,红石-西城断裂带边部,与隐伏岩体有关的环形构造比较发育,遥感浅色色调异常区,矿区内及周围遥感铁染异常和羟基异常密集分布	次要
	找矿标志	古洞河断裂北东侧北北东向(或近南北向)及北西向两组扭裂内,超基性岩体出露区	重要

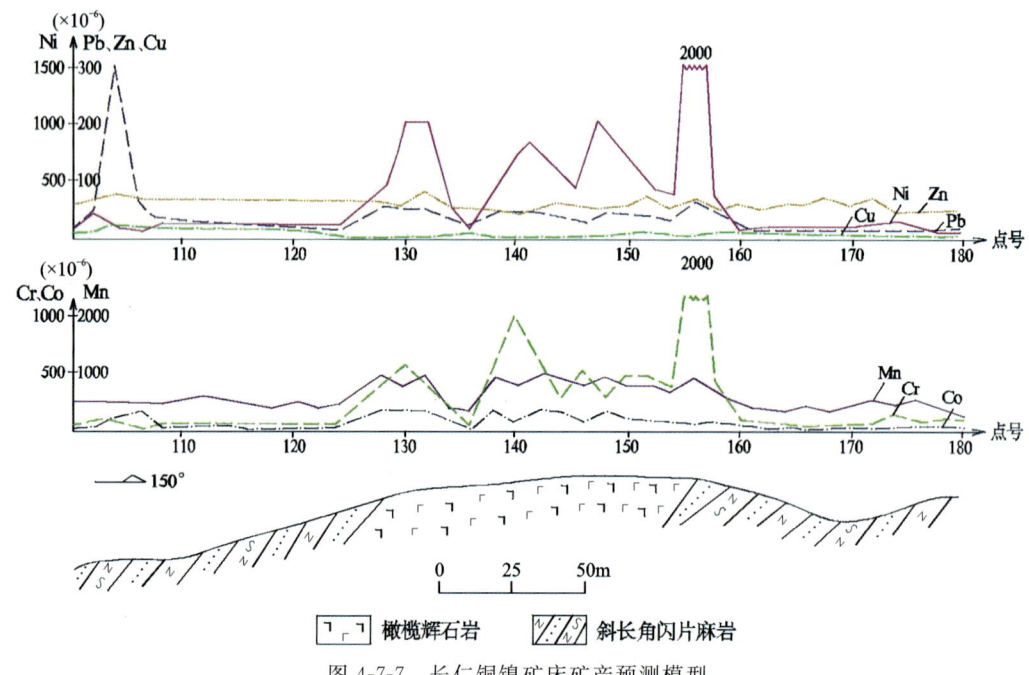

图 4-7-7　长仁铜镍矿床矿产预测模型

2. 预测工作区

长仁-獐项预测工作区预测要素见表 4-7-6,矿产预测模型见图 4-7-8、图 4-7-9。

表 4-7-6　长仁-獐项铜(镍)矿预测工作区预测要素表

预测要素		内容描述	类别
地质条件	岩石类型	辉石岩,含长辉石岩、橄榄二辉岩;辉石橄榄岩,含长辉石橄榄岩、橄榄辉石岩、辉橄岩;斜长辉石岩、辉石岩、辉石橄榄岩;角闪辉石岩、橄榄辉石岩、辉石岩、辉石橄榄岩、辉长岩	必要
	成矿时代	海西中期	必要
	成矿环境	位于华北陆块北缘、江域岩浆弧与中生代火山盆地群改造部位。区内的断裂构造主要有东西向、北西向、北东向,其中北西向断裂(长仁-獐项断裂)为古洞河大断裂的一部分,控制了六颗松-长仁基性岩群的展布,是重要的控矿断裂。与镍矿成矿有关的主要为海西期基性—超基性侵入岩,含矿建造主要为辉石岩、二辉橄榄岩、橄榄二辉岩、二辉岩	必要

续表 4-7-6

预测要素		内容描述	类别
地质条件	构造背景	天山-兴蒙-吉黑造山带（Ⅰ），包尔汉图-温都尔庙弧盆系（Ⅱ），清河-西保安-江域岩浆弧（Ⅲ），图们-山秀岭上叠裂陷盆地（Ⅳ）内。位于吉黑古生代大洋板块褶皱造山带与龙岗-和龙地块两大构造单元交接处古洞河深断裂北侧，古洞河断裂是区内主要的导岩、导矿构造，控制了区内基性—超基性岩体群的展布	重要
矿床特征	控矿条件	赋矿岩体主要为辉石岩，含长辉石岩、橄榄二辉岩；辉石橄榄岩、含长辉石橄榄岩、橄榄辉石岩、辉橄岩；斜长辉石岩、辉石岩，辉石橄榄岩；角闪辉石岩、橄榄辉石岩、辉石岩、辉石橄榄岩、辉长岩。控矿构造为古洞河断裂及茫田-东丰深断裂两侧，北北东向或近南北向压扭—扭张性两组扭裂控制矿区基性、超基性岩体。该期构造控制的岩体与成矿关系密切	必要
	矿化蚀变特征	主要有蛇纹石化、次闪石化、绿泥石化、滑石化、金云母化，多分布在岩体底部、中部辉石橄榄岩相中，与铜、镍矿化关系密切	重要
综合信息	地球化学	工作区属于亲铁元素同生地球化学场和亲石、碱土金属元素同生地球化学场。主成矿元素 Cu 具有分带清晰、浓集中心明显、异常强度较高的基本特征。以 Cu 为主体的组合异常，空间套合紧密，形成较复杂元素组分的叠生地球化学场，并显示铜主要在中—高温的地球化学环境中富集成矿。铜甲级综合异常空间上与已知矿床积极响应，是元素富集成矿的具体表象，其异常范围为进一步扩大找矿规模提供化探依据。找矿的主要指示元素为 Cu、Au、Pb、Zn、Ni、Mo、Bi；近矿指示元素为 Cu、Au、Pb、Zn，尾部元素为 Ni、Mo、Bi	重要
综合信息	地球物理	重力：在区域布格重力异常图上，预测工作区处于重力低中，尤其是区内中部，为一条明显的北西向重力低，主要反映了北西向的断陷带。预测工作区南部是东西向的梯度带，但在西端向北转弯，近南北向分布。区内北部和东部，梯度带走向为北西向和北北西向。从梯度带的走向看，区内断裂构造较发育，主要为北西向、北北西向，以及局部的东西向、南北向。北西向断裂为区内主要断裂，为古洞河深大断裂的一部分，是区内主要控岩控矿构造，长仁-獐项附近的北北西向断裂是区内控矿断裂。 磁测：预测工作区处于富尔河-古洞河深大断裂带上，沿带岩浆活动频繁，形成不同期次岩体。如新太古代甲山岩体、寒武纪孟山北沟岩体、晚二叠世—早三叠世小蒲岩体、早侏罗世榆树川岩体及基性—超基性岩体等，均在区内有出露。对应区内磁场，异常方向为北西向，磁场为平缓负异常—低缓正异常，岩体之间磁性差异不大。基性—超基性岩异常呈北西向或北东向分布，受深大断裂的次级断裂控制	重要
	重砂	预测工作区内圈定 1 处磁铁矿、黄铁矿、白钨矿、方铅矿矿物组合异常，为Ⅱ级	次要
	遥感	华北地台北缘断裂带附近的次级断裂是重要的铜矿产的成矿构造。有与隐伏岩体有关的复合环形构造，有浅色色调异常分布，矿区内及周围有铁染异常及羟基异常分布	次要
	找矿标志	区域基性—超基性岩体分布区。基性—超基性岩体的蚀变以自蚀变为主，主要有蛇纹石化、次闪石化、绿泥石化、滑石化、金云母化，多分布在岩体底部、中部辉石橄榄岩相中，与铜、镍矿化关系密切，可作为找矿标志	重要

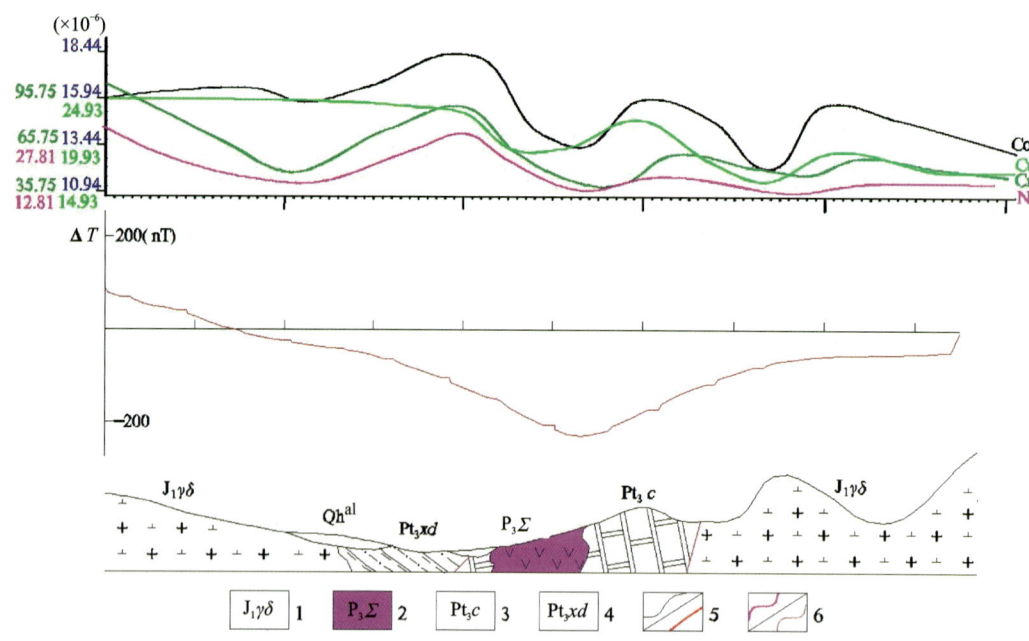

图 4-7-8 长仁-獐项预测工作区地质、地球化学、地球物理综合矿产预测模型

1.花岗闪长岩；2.橄榄岩；3.长仁大理岩；4.新东村岩组黑云斜长片麻岩夹变粒岩；5.地质界线/断层；6.化探异常曲线/航磁异常曲线

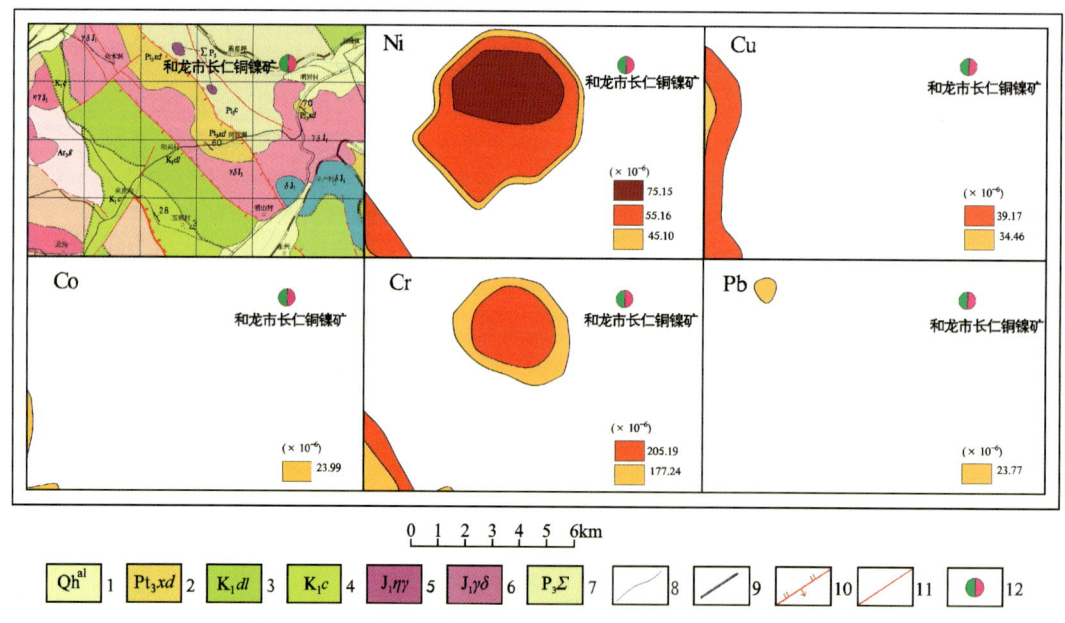

图 4-7-9 和龙市长仁铜镍矿床区域化探异常特征剖析图

1.第四系全新统Ⅰ级阶地及河漫滩冲洪积物；2.新元古界青龙村岩群黑云斜长片麻岩；3.下白垩统大砬子组砂砾岩；4.下白垩统长财组砂砾岩；5.早侏罗世二长花岗岩；6.早侏罗世花岗闪长岩；7.晚二叠世橄榄岩；8.整合岩层界线；9.角度不整合界线；10.实测逆断层；11.实测断层；12.和龙市长仁铜镍矿

五、多矿种综合预测区特征

本成矿带共圈定了 3 个综合预测区，分别为 34A 长仁-獐项、33B 天宝山-老头沟、35C 后底洞-开山屯，位于Ⅴ18 天宝山-开山屯 Pb、Zn、Au、Ag、Ni、Mo、Cu、Fe、Cr 五级成矿带内，该区成矿特征如下。

1. 地质特征

图们江断裂带是一条规模较大、持续活动时间长的大型断裂,具有多期多次活动的特点。区内发育新元古代、古生代及中生代地层。

区内铅锌成矿与多种建造有关。矽卡岩型铅锌矿与上石炭统天宝山组灰岩建造和晚三叠世石英闪长岩有关;爆破角砾岩筒型铅锌矿与晚三叠世流纹岩、英安岩夹火山碎屑岩建造有关;热液充填型铅锌矿与晚三叠世至早白垩世的石英闪长岩、二长花岗岩及早白垩世花岗闪长岩的关系密切。总的说来,区内侵入岩自晚三叠世至早白垩世有多期、多次活动的特征。区域重要的控矿断裂为两条北西向断裂和两条东西向断裂,北西向断裂与东西向断裂的交会部位是成矿的有利部位,天宝山铅锌矿立山坑就位于北西向与东西向的交会处。

后底洞地区处于和龙地块与兴凯地块之间的复合部位,金矿体产于中二叠统庙岭组砂岩、粉砂岩中,另一部分金矿体产于三叠系柯岛群滩前组砂岩、粉砂岩中,还有一部分金矿体产于下白垩统金沟岭组中性火山岩和火山碎屑岩中,上述赋含金的岩石具有一个共同的特性,即均具有一定程度的蚀变作用,蚀变源于区内发育的断裂构造和韧性剪切作用。

区内侵入岩发育,具有多期多阶段性。长仁-獐项地区下古生界寒武系—奥陶系(相当原青龙村岩群)有由多个小岩株组成的超基性岩群,岩性有橄榄岩、二辉橄榄岩、二辉岩、含长二辉岩、次闪石化辉岩等,侵入新元古界新东村岩组片麻岩中,与铜、镍成矿关系极为密切。同位素测年值 364Ma/K-Ar。综合预测区成矿地质特征见表 4-7-7。

表 4-7-7　天宝山-开山屯Ⅳ级成矿带综合区成矿地质特征表

Ⅳ级成矿(区)带	综合预测区编号及名称	综合预测区面积/km²	矿种	矿产预测类型	成矿地质	代表性矿床
Ⅲ-55-⑦	33B 天宝山-老头沟	162	钼	大黑山式斑岩型	燕山期花岗闪长岩、二长花岗岩、石英闪长岩	天宝山东风北山钼矿
			铅	天宝山式多成因叠加型	石炭系(天宝山组)与二叠系(红叶桥组)砂板岩、灰岩、中酸性火山岩;印支期—海西期花岗闪长岩、英安斑岩、石英闪长岩	天宝山铅锌矿
			锌	天宝山式海相火山沉积型	石炭系(天宝山组)与二叠系(红叶桥组)砂板岩、灰岩、中酸性火山岩;印支期—海西期花岗闪长岩、英安斑岩、石英闪长岩	天宝山铅锌矿
			银	红太平式火山岩型	石炭系天宝山组与二叠系庙岭组火山碎屑岩夹灰岩、凝灰岩控矿层位;印支期—海西期花岗闪长岩、英安斑岩、石英闪长岩提供了物质、热能	

续表 4-7-7

Ⅳ级成矿(区)带	综合预测区编号及名称	综合预测区面积/km²	矿种	矿产预测类型	成矿地质	代表性矿床
Ⅲ-55-⑦	34A 长仁-獐项	107	钼	大黑山式斑岩型	燕山期花岗闪长岩、二长花岗岩、石英闪长岩	
			镍	红旗岭式基性—超基性岩浆熔离-贯入型	赋矿岩体主要为基性—超基性岩体	长仁铜镍矿
			铜	红旗岭式基性—超基性岩浆熔离-贯入型	赋矿岩体主要为辉石岩,含长辉石岩,橄榄二辉岩;辉石橄榄岩,含长辉石橄榄岩、橄榄辉石岩、辉橄岩等基性—超基性岩体	长仁铜镍矿
	35C 后底洞-开山屯	55	铬铁	小绥河式侵入岩体型	彩绣岭镁铁质—超镁铁质岩 Sm-Nd 全岩等时线年龄 245.29±17Ma	
			金	刺猬沟式火山热液型	二叠系庙岭组砂岩、粉砂岩组合,下白垩统金沟岭组安山岩、凝灰质细砂岩、凝灰质粉砂岩组合,三叠系柯岛群滩前组砂岩、粉砂岩	

2. 矿产特征

该区发现中型多金属矿床 1 处,铜矿点 1 处,中型镍矿 1 处,小型镍矿 1 处,小型金矿 2 处,小型钼矿 1 处。

3. 物探、化探、遥感、自然重砂特征

天宝山地区东南部异常属区域上北西向的重力低异常带,该重力低与大面积分布的海西期花岗岩有关。在东部出现局部重力高异常,推测在中生代盖层下面存在古生代地层;后底洞地区中部是一条近南北向的梯度带,其东部彩绣洞附近是一条近南北向的重力高。南北向梯度带西部是一条平行的重力低值带。南部是一条近东西向的梯度带。区内断裂主要是南北向和东西向,并且规模较大,延伸较长,金矿分布在开山屯附近的重力高上,重力高反映了下二叠统大蒜沟组、中二叠统寺洞沟组地层。由此可以看出金矿的形成主要受断裂和地层控制。

天宝山地区磁场平稳低缓,北部和东部局部有高值异常显示。北侧是石门角闪花岗闪长岩体,东部出露早侏罗世二长花岗岩、花岗闪长岩,三叠纪闪长岩等中生代侵入体及中生代火山岩,磁场略有升高,局部异常可能与接触蚀变带或中生代闪长岩、火山岩有关。西部主要是大面积出露的早三叠世—晚二叠世中酸性侵入岩,南侧是小蒲柴河花岗闪长岩体,磁场为低缓正异常和负异常;后底洞地区表现出正负变化的波动磁场特征。在西部长财村—智新镇一带,为一异常带,主要与火山岩有关。东部有一近南北向高值异常,与超基性岩有关。除异常外,测区呈现大面积负磁场,南部与侏罗纪花岗岩有关,北部与三叠系、白垩系沉积岩有关。区内金矿处在强磁异常旁边的负磁场中。

主要的成矿元素 Pb、Zn、Au 具有明显的分带和浓集中心。主要的成矿指示元素为 Pb、Zn、Cu、Ag、Au、As、Sb、Hg、Sn、Bi、Mo,近矿指示元素为 Pb、Zn、Cu、Au、Ag,远程指示元素为 As、Sb、Hg,评价成矿的尾部指示元素为 Sn、Bi、Mo。

区内遥感解译小型断裂比较发育,不同方向小型断裂的交会部位,是重要的铅锌等多金属成矿区。

区内的脆韧性变形趋势带比较发育,为区域性规模脆韧性变形构造,组成一条较大规模的韧性变形构造带,分布于华北地台北缘断裂带内,为该断裂带同期形成的韧性变形构造带。该带与金、铁、铜、铅、锌矿产均有密切的关系。区内的环形构造比较发育,主要分布在不同方向断裂交会部位。区内的铅锌矿点多分布于环形构造内部或边部。

重砂矿物有黄铜矿、方铅矿、白钨矿、辰砂、独居石、泡铋矿等。圈出1处黄铜矿Ⅰ级重砂异常、1处方铅矿Ⅱ级异常、3处白钨矿Ⅱ级异常、2处辰砂Ⅱ级异常。圈出黄铜矿、方铅矿、白钨矿、辰砂Ⅰ级重砂组合异常1处。

第五章　佳木斯-兴凯湖成矿(区)带预测成果

佳木斯-兴凯湖成矿(区)带主体在黑龙江省内,在吉林省域范围面积很小,仅划分出了一个Ⅳ级成矿带,即新华村-小西南岔Ⅳ级成矿带。本次预测中佳木斯-兴凯湖成矿(区)带预测成果仅指新华村-小西南岔Ⅳ级成矿带预测成果。

一、区域地质背景

该成矿带晚三叠世—新生代构造单元分区位于东北叠加造山-裂谷系(Ⅰ1),小兴安岭-张广才岭叠加岩浆弧(Ⅱ3),太平岭-英额岭火山-盆地区(Ⅲ4),罗子沟-延吉火山-盆地群(Ⅳ7)内。处于东西向中生代火山构造带与北东向晚古生代活动陆缘带的交会部位。

1. 构造特征

该成矿带发育有东西向、北北东向、北西向及南北向断裂,它们具多期活动的特征,不同期次的断裂往往被不同阶段的岩脉、矿脉所充填,相互叠加或穿插。北北西向断裂为主要的控矿和储矿构造。

2. 地层

该成矿带出露地层主要有下古生界五道沟岩群斜长角闪片麻岩、斜长角闪岩、石墨云母片岩、二云片岩、千枚岩、红柱石板岩、夕线石板岩夹少量大理岩,五道沟岩群和晚期中基性次火山岩中的Au、Cu等成矿元素高于同类岩石克拉克值的2~4倍。此外,还有上三叠统托盘沟组安山岩、英安岩及中酸性火山碎屑岩,马鹿沟组细砂岩、含砾砂岩,天桥岭组流纹质和英安质火山岩、火山碎屑岩;下白垩统刺猬沟组安山岩、英安岩及火山碎屑岩;第三纪老爷岭组橄榄玄武岩、气孔状玄武岩,土门子组巨粒质中粗砾岩、中细砾岩、砂岩、黏土岩夹玄武岩(图5-1)。

3. 侵入岩

该成矿带岩浆岩广泛出露,主要有海西晚期斜长花岗岩、黑云母斜长花岗岩、闪长岩、石英闪长岩等,Au元素丰度为1.63×10^{-9};印支期细粒闪长岩、石英闪长岩、斜长花岗岩、花岗闪长岩等,Au元素丰度为2.3×10^{-9};燕山期闪长岩、石英闪长岩、花岗岩、花岗闪长岩和闪长玢岩、花岗斑岩等,Au元素丰度为2.94×10^{-9}。次火山岩相脉岩发育,主要有花岗斑岩、流纹斑岩、闪长玢岩、次安山岩等,其中次安山岩Au元素丰度为$(3.8\sim9.8)\times10^{-9}$。矿化类型包括与闪长岩有关的斑岩型金、铜矿化,与酸性次火山岩-花岗斑岩有关的斑岩型金、铜矿化,与中基性次火山岩-闪长玢岩有关的火山-次火山热液型金、铜矿化。另在珲春一带发育有海西期(?)超基性—基性岩,与铂、钯矿化关系密切。

4. 大型变形构造

安图永胜-汪清十里坪-珲春春化遥感推断大型韧性剪切带横跨本区,鸭绿江断裂带为该区东边界,沿断裂带边缘分布着大中型金、银、铜、钨、钼、铁等矿床。

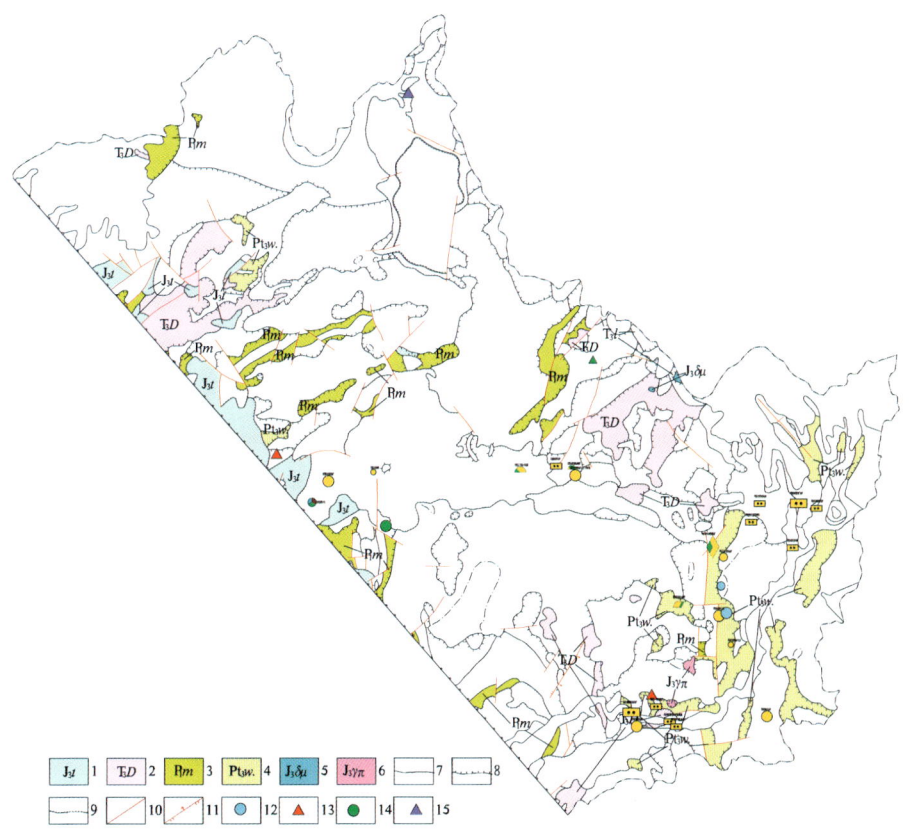

图 5-1　Ⅲ-53-⑤新华村-小西南岔Ⅳ级成矿带区域矿产地质图

1.屯田营组；2.托盘沟组；3.庙岭组；4.五道沟岩群；5.闪长玢岩；6.花岗斑岩；7.地质界线；8.超动接触界线；9.角度不整合界线；10.断层；11.逆断层倾向；12.钨矿；13.铁矿；14.铜矿；15.钨矿

二、区域矿产特征

1. 区域矿产特征

区内分布有小西南岔大型金铜矿床及 30 余处大中小型金、银、铜、钨、钼、铁矿床（点），主要成矿系列为大蒲柴河-杨金沟地区与燕山期岩浆侵入活动有关的 Cu、Mo、W、Au、REE 矿床成矿亚系列，代表性矿床为小西南岔斑岩型金铜矿床。小西南岔大型金铜矿床由两个矿段组成，北山矿段为斑岩型金铜矿，见有钼矿化；南山矿段为岩浆热液型金铜矿。另存在与新生代沉积作用有关的 Au、REE 矿床成矿系列，代表性矿床为珲春市黄松甸子中型砂金矿。近年在珲春烟筒砬子一带发现含铂钯的超基性—基性岩体。总之，该区是一重要的与燕山期侵入作用有关的斑岩型-岩浆热液型金铜矿及与超基性—基性岩浆岩有关的铂钯矿成矿区。本成矿带矿产地特征见表 5-1，矿产地分布见图 5-2。

表 5-1　新华村-小西南岔Ⅳ级成矿带矿产地特征表

序号	矿种	共(伴)生矿产	矿产地名称	成因类型	成矿时代	主矿产规模
1	金		珲春杨金沟屯金矿	热液型	侏罗纪	小型
2	金		珲春市珲春河砂金矿校园洞段	砂矿型	中新世	小型

续表 5-1

序号	矿种	共伴生矿产	矿产地名称	成因类型	成矿时代	主矿产规模
3	金		珲春县大六道沟金矿	热液型	侏罗纪	矿点
4	金		珲春市春化砂金矿	砂矿型	中新世	小型
5	金		珲春市瓦岗寨金矿	热液型	侏罗纪	小型
6	金		珲春四道沟金矿化点	热液型	三叠纪	矿化点
7	金		珲春市前山金矿	热液型	侏罗纪	小型
8	金	钛、锆	珲春市黄松甸子金矿	砂矿型	始新世	中型
9	金		珲春草坪河谷砂金矿	砂矿型	中新世	小型
10	金		珲春市柳树河子砂金矿	砂矿型	白垩纪	中型
11	金		珲春市 228 马滴达砂金矿	砂矿型	中新世	小型
12	金		珲春县一部落砂金矿	砂矿型	中新世	小型
13	金		珲春市太平沟砂金矿	砂矿型	中新世	小型
14	金		珲春县西土门子河砂金矿	砂矿型	中新世	小型
15	金		汪清县金沟岭	热液型	侏罗纪	矿化点
16	金		汪清金仓砂金矿	砂矿型	中新世	小型
17	金	银	汪清县头道沟金矿	热液型	侏罗纪	小型
18	金	银、铜	珲春市小西南岔铜金矿（北山区和南山区）	斑岩型	侏罗纪	大型
19	金		珲春市东南岔金铜矿	沉积变质型	侏罗纪	小型
20	铜、金	银	汪清县杜荒岭金铜矿	陆相火山岩型	白垩纪	矿点
21	金	铜、铅锌、硫、银	汪清九三沟金多金属矿	陆相火山岩型	白垩纪	小型
22	金		汪清县杜荒岭金矿 6 号、7 号、9 号矿体	热液型	白垩纪	小型
23	铅	铜-锌	汪清县林子沟铅锌铜矿		侏罗纪	矿点
24	铁		珲春白虎山铁矿	矽卡岩型	古生代	小型
25	铁		汪清县青林铁矿	矽卡岩型	二叠纪	小型
26	铜		汪清县苍林铜矿	热液型	侏罗纪	小型
27	铜		汪清六道崴子铜矿	矽卡岩型	晚二叠世	矿点
28	钨		珲春市五道沟钨矿	热液型	侏罗纪	小型
29	钨		珲春县东沟白钨矿	热液型	侏罗纪	矿点
30	钨		汪清县白石碰子钨矿	矽卡岩型	侏罗纪	小型

2. 矿产预测类型的划分及预测工作区分布

本区分布有金、铜、钨 3 个矿种 10 个预测工作区，有刺猬沟式火山热液型杜荒岭金矿预测工作区、黄松甸子式砾岩型黄松甸子金矿预测工作区、珲春河式沉积型珲春金矿预测工作区、海沟式岩浆热液型农坪-前山金矿预测工作区、小西南岔式岩浆热液型小西南岔-杨金沟金铜矿预测工作区、杨金沟式岩浆热液型小西南岔-杨金沟钨矿预测工作区、小西南岔式斑岩型农坪-前山铜矿预测工作区、闹枝式火山岩型杜荒岭铜矿预测工作区。农坪-前山金矿预测工作区和杜荒岭铜矿预测工作区地质背景、成因类型、成矿时代与海沟式、闹枝式相近，因此引用该预测模型。矿产预测类型划分见表 5-2。

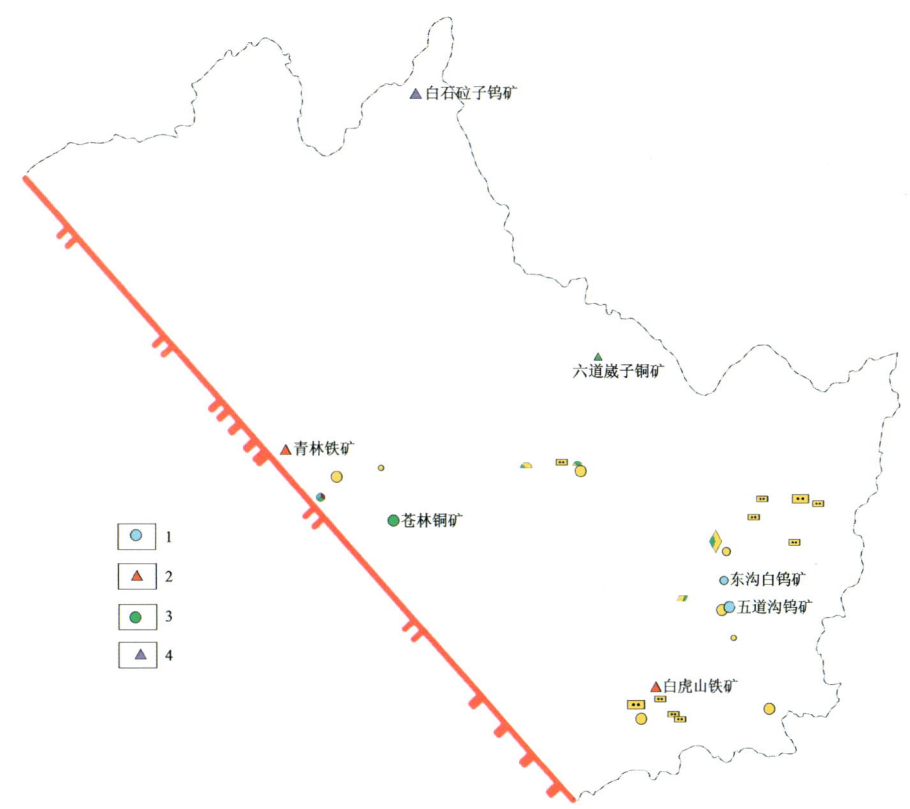

图 5-2 新华村-小西南岔Ⅳ级成矿带区域矿产地分布图
1.钼矿；2.铁矿；3.铜矿；4.钨矿

表 5-2 新华村-小西南岔Ⅳ级成矿带矿产预测类型及预测工作区统计表

序号	矿种	预测工作区名称	预测方法类型	矿产预测类型	典型矿床
1	金	杜荒岭	火山岩型	刺猬沟式火山热液型	
2	铜	杜荒岭	火山岩型	闹枝式火山岩型	
3	金	黄松甸子	沉积型	黄松甸子式砾岩型	黄松甸子金矿
4	金	珲春	沉积型	珲春河式沉积型	珲春河金矿
5	金	农坪-前山	侵入岩体型	海沟式岩浆热液型	
6	铜	农坪-前山	侵入岩体型	小西南岔式斑岩型	
7	金	小西南岔-杨金沟	侵入岩体型	小西南岔式岩浆热液型	小西南岔金矿、杨金沟金矿
8	铜	小西南岔-杨金沟	侵入岩体型	小西南岔式斑岩型	小西南岔铜矿
9	钨	小西南岔-杨金沟	侵入岩体型	杨金沟式岩浆热液型	杨金沟钨矿

三、区域物探、化探、遥感、重砂特征及推断解释成果

1. 航磁特征

本区为波动变化复杂磁场区，以广泛正磁异常区为主，局部为低缓正异常，以北东走向的条带状、椭

圆状为主。下杨树沟-太阳川北东向高磁异常带主要出露石炭纪—三叠纪中酸性岩体,异常边部及变形部位主要为岩体接触带,小西南岔金铜矿、杨金沟钨(金)矿均在此成矿。高值带东侧北东向低缓异常变形处珲春河、黄松甸子砂金矿在岩体边部第四纪地层出露区产出。

2. 重力特征

该区布格重力异常,东南部高、中北部低,两处重力低异常区之间,以北东走向天桥岭-罗子沟重力高异常带相隔。重力高、低异常以北东走向为主,南北向、北西向较少。最高值出现在东南部闹枝沟东南,在杜荒子南侧出现最低值,与北部重力低异常强度接近。北东向、南北向、北西向线性梯度带规模大,梯度陡,数量多,反映了断裂构造发育。小西南岔大型金铜矿床位于梯度带上,南北向梯度带反映了小西南岔-四道沟断裂带,该断裂形成于古生代末,中生代再次活动。

3. 地球化学特征

该区属于亲石、碱土金属元素同生地球化学场,同时具有铁族元素富集的特征。主成矿元素 Au、Cu 异常规模较大,分带清晰,浓集中心明显,强度高,是金、铜矿的主要找矿标志。找矿的指示元素为 Au、Cu、Pb、Zn、Ag、As、Sb、Hg、W、Bi、Mo。其中 Au、Cu、Pb、Zn、Ag 为近矿指示元素,As、Sb、Hg 为远程找矿指示元素,W、Bi、Mo 为评价矿体剥蚀程度的尾部元素。以 Au、Ag、Cu、Pb、Zn 为主的综合化探异常集中区 5 处(图 5-3)。

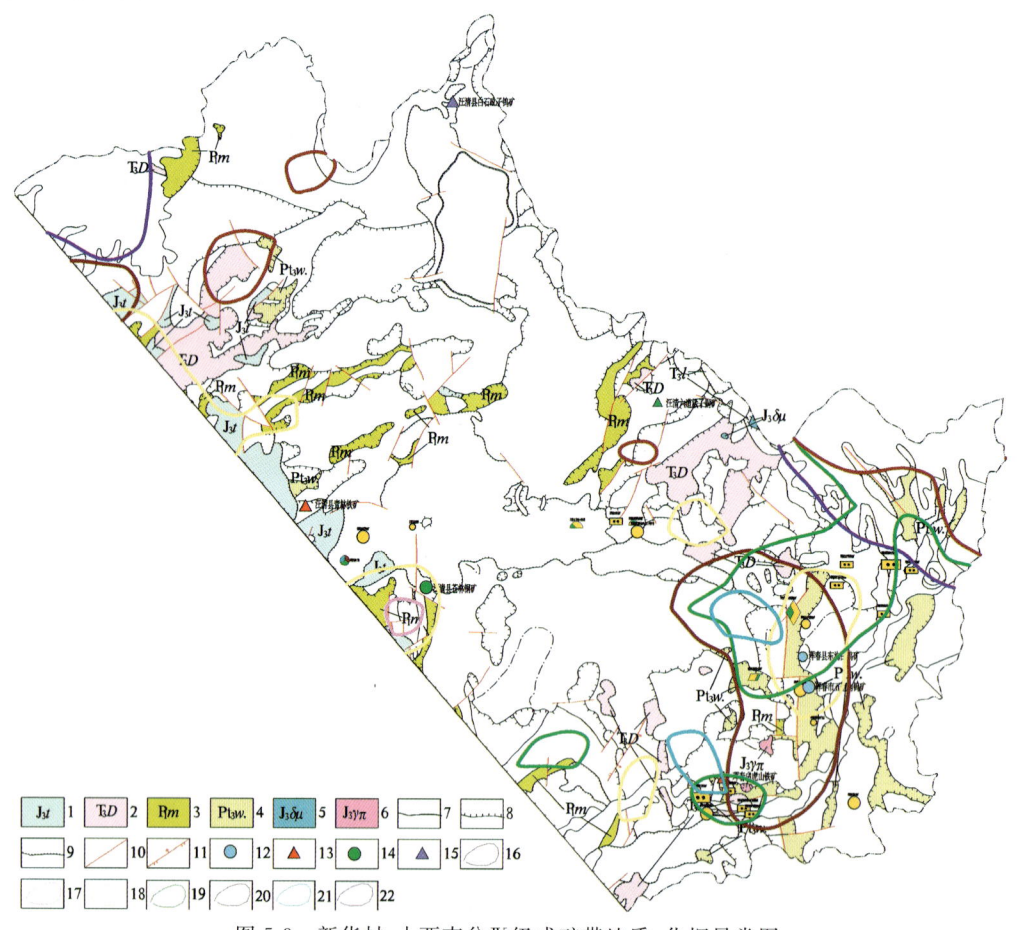

图 5-3 新华村-小西南岔Ⅳ级成矿带地质、化探异常图

1.屯田营组;2.托盘沟组;3.庙岭组;4.五道沟岩群;5.闪长玢岩;6.花岗斑岩;7.地质界线;8.超动接触界线;9.角度不整合界线;10.断层;11.逆断层倾向及倾角;12.钨矿;13.铁矿;14.铜矿;15.钨矿;16.钨异常;17.银异常;18.砷异常;19.铜异常;20.锌异常;21.钼异常;22.镍异常

4. 自然重砂特征

区内主要重砂矿物有自然金、白钨矿、黄铁矿,组成2处综合异常,评定为Ⅰ级和Ⅱ级,规模较小,矿物含量分级以Ⅲ~Ⅳ级为主,分布在小西南岔铜金矿以及杨金沟金矿、钨矿岩浆系统的外围,是区域找矿的重要依据。

5. 遥感影像特征

区内断裂(带)较发育,与金、铁、铜、铅、锌矿产均有密切的关系。环形构造比较发育,在空间分布上有明显的规律,主要分布在不同方向断裂交会部位(图5-4)。

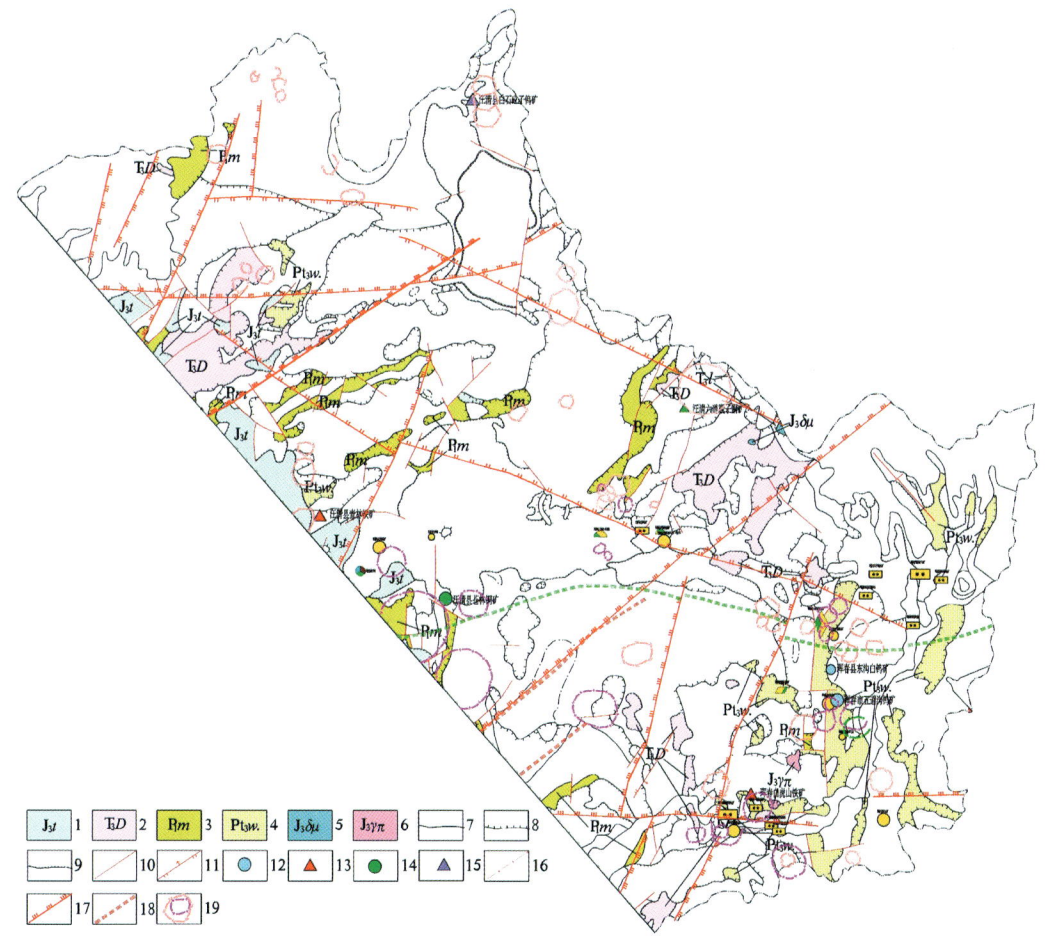

图5-4 新华村-小西南岔Ⅳ级成矿带地质、遥感解译图

1.屯田营组;2.托盘沟组;3.庙岭组;4.五道沟岩群;5.闪长玢岩;6.花岗斑岩;7.地质界线;8.超动接触界线;9.角度不整合界线;10.断层;11.逆断层倾向及倾角;12.钨矿;13.铁矿;14.铜矿;15.钨矿;16.布格重力异常零等值线;17.遥感解译断层;18.遥感解译韧性剪切带;19.遥感解译环

四、重要矿种预测评价模型

该成矿带典型矿床有小西南岔铜金矿、杨金沟钨矿、黄松甸子金矿、珲春河砂金矿、杨金沟钨矿、九三沟金矿、杜荒岭金矿,本成矿带矿产预测模型主要选择具代表性的小西南岔铜金矿和杨金沟钨矿。

(一)小西南岔铜金矿

1. 典型矿床

小西南岔铜金矿床预测要素见表5-3,小西南岔铜金矿区Ⅲ号勘探线综合剖面见图5-5。

表5-3 珲春市小西南岔金铜矿床矿产预测要素

预测要素		内容描述	类别
特征描述		斑岩型及火山-次火山热液单脉-复脉状金铜矿床	
地质条件	成矿区带(全国)	Ⅱ-13 吉黑成矿省	必要
	成矿区带(大区)	Ⅲ-53 佳木斯-兴凯(地块)Fe、Au、P、石墨、夕线石成矿带	必要
	成矿区带(本省)	Ⅲ-53-⑤新华村-小西南岔 Au、Cu、W、Pb、Zn、Ag、Fe、Mo、Pt、Pd 成矿带	必要
	岩石类型	花岗斑岩及次火山岩	必要
	成矿时代	137～107.2Ma	必要
	成矿环境	矿区位于晚三叠世—新生代东北叠加造山-裂谷系(Ⅰ),小兴安岭-张广才岭叠加岩浆弧(Ⅱ),太平岭-英额岭火山-盆地区(Ⅲ),罗子沟-延吉火山-盆地群(Ⅳ)构造单元内	必要
	构造背景	北西向断裂与北北东向断裂交会处	重要
矿床特征	控矿条件	区域上东西向大断裂和其轭断裂控制中生代火山盆地和隆起构造格架,在隆折带、断陷盆地带次级隆起区,主要出现铜-钼和金-铜系列成矿作用。而断陷带中次级凹陷区,则出现铅-锌和金-铜成矿系列。矿床受区域性断裂交切构造控制。在两组构造交切部位发育有燕山早期火山-深成杂岩体。矿床形成主要与燕山早期火山-深成杂岩晚期中酸性次火山岩有关,尤其是中基性次火山岩与成矿关系密切	必要
	蚀变特征	阳起石化及透闪石化是成矿早期蚀变,硅化及绢云母化是矿区最发育的近矿围岩蚀变,碳酸盐化是主成矿期硫化物-石英方解石脉阶段和硫化物-方解石脉阶段产生的蚀变类型	重要
	矿化特征	矿体严格受北北西向压性断裂及其次级断裂控制。总的矿化范围长 2.51km,宽 0.8km,已圈出大小矿体 34 个,略呈"S"形北北西向延伸,以香房沟为界,北山矿段 12 个矿组,共 22 个矿体,矿体多向东倾或近直立。根据矿体形态和产状等特点分复脉型、单脉型、密脉型和网脉或细脉浸染型 4 种矿体类型;南山矿段已圈出 7 个矿体,其中 11 号、22 号矿体为主矿体,该矿段矿体产状稳定、连续性好,规模大,均为单脉型矿体	重要
综合信息	地球化学	原生晕标志:如果 Au $(0.1\sim1)\times10^{-6}$,Cu $(500\sim1000)\times10^{-6}$,高异常边部出现 Hg、Pb、Sb 异常,可作为找矿直接标志	重要
	地球物理	激电异常显示的是区内大面积分布的花岗岩、闪长岩引起的正常场特征及区内含矿热液活动受广泛发育的北北西走向断裂构造控制	重要
	遥感	珲春-杜荒子断裂带和鸡冠-复兴断裂带交会处附近,"S"形韧性剪切带北部,矿区周围环形构造发育,遥感浅色色调异常区,遥感铁染异常分布集中	次要
	找矿标志	早期钾长石-黑云母-绿帘石和阳起石-透闪石-绿泥石,是与早期花岗闪长岩、花岗斑岩有关的铜、铜-钼矿化阶段的产物,蚀变范围广;中期硅化-绢云母化、碳酸盐化是金铜矿化阶段的产物,是近矿蚀变组合;晚期碳酸盐化-绿泥石化为近矿蚀变外带	重要

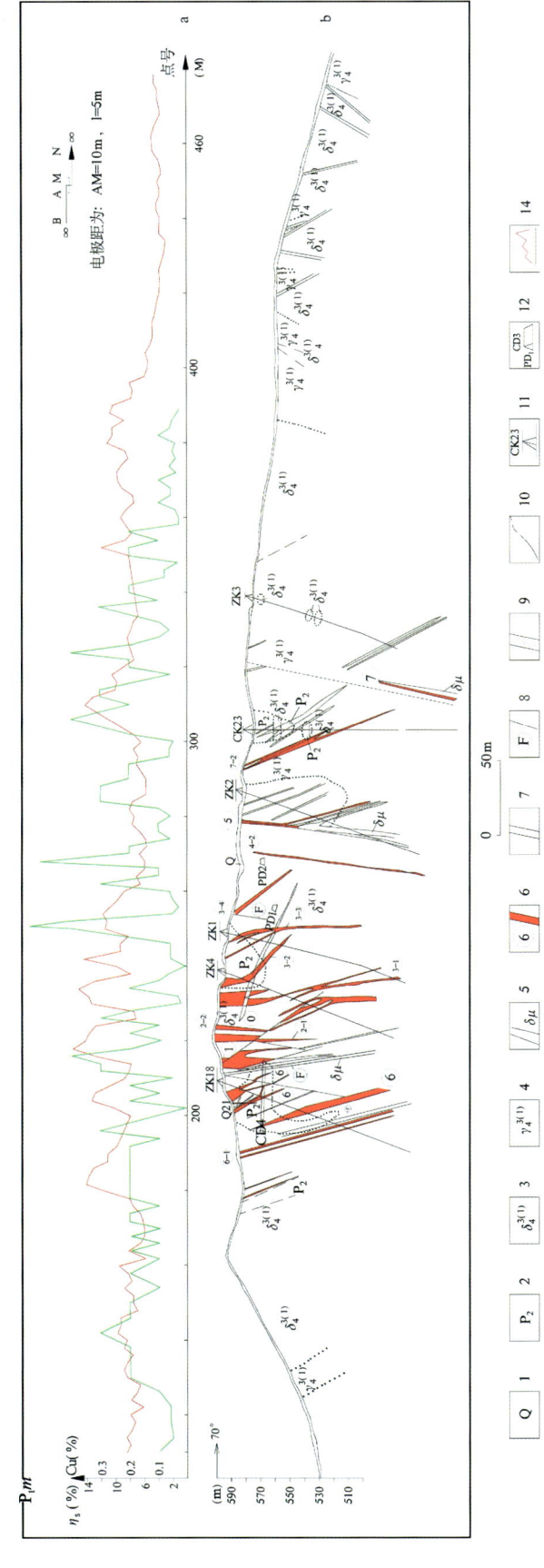

图5-5 小西南岔铜金矿区Ⅲ号勘探线综合剖面图

a.激电极化率、化探铜异常曲线；b.地质剖面图；1.表土及残坡积；2.角岩；3.闪长岩；4.黑云斜长花岗岩；5.闪长玢岩岩脉；6.矿体及编号；7.蚀变带；8.断层及编号；9.破碎带；10.实测及推断地质界线；11.钻孔及编号；12.平硐和穿脉坑道及编号；13.激电二级装置视极化率异常曲线；14.化探铜异常曲线

2. 预测工作区

小西南岔-杨金沟铜金矿预测工作区预测要素见表5-4,矿产预测模型见图5-6、图5-7。

表5-4 小西南岔-杨金沟预测工作区预测要素表

预测要素	内容描述	类别
特征描述	斑岩型及火山次-火山热液单脉-复脉状金铜矿床	
岩石类型	青龙村岩群五道沟岩群斜长角闪岩、斜长角闪片麻岩、黑云母片岩、石墨片岩、二云片岩、红柱石夕线石板岩、砂质板岩组合;中生代花岗岩类、闪长玢岩	必要
成矿时代	137~107.2Ma	必要
成矿环境	中生代构造岩浆岩带,北西向断裂与北北东向断裂交会处	必要
构造背景	晚三叠世—新生代东北叠加造山-裂谷系(Ⅰ),小兴安岭-张广才岭叠加岩浆弧(Ⅱ),太平岭-英额岭火山-盆地区(Ⅲ),罗子沟-延吉火山-盆地群(Ⅳ)构造单元内	重要
矿化蚀变	阳起石化、透闪石化、硅化、绢云母化、碳酸盐化	重要
控矿条件	青龙村岩群,五道沟岩群斜长角闪岩、斜长角闪片麻岩、黑云母片岩、石墨片岩、二云片岩、红柱石夕线石板岩、砂质板岩组合;中生代花岗岩类、闪长玢岩。中生代构造岩浆岩带,北西向断裂与北北东向断裂交会处	必要
化探特征	主成矿元素 Au,异常规模较大,分带清晰,浓集中心明显,强度高,是金矿的最主要找矿标志。找矿的指示元素为 Au、Cu、Pb、Zn、Ag、As、Sb、Hg、W、Bi、Mo。其中,Au、Cu、Pb、Zn、Ag 为近程指示元素,As、Sb、Hg 为远程找矿指示元素,W、Bi、Mo 为评价矿体剥蚀程度的尾部元素。3号、4号综合异常与分布的矿产积极响应,是优质的矿致异常,可为扩大找矿规模提供重要的化探信息	重要
物探特征	在1:25万布格重力异常图上,矿床处于负场区沿南北向呈波浪起伏状梯度带上,矿床梯度陡缓变化剧烈处。南部梯度带明显发生扭曲、错动。 在1:25万剩余重力异常图上,处于重力高异常和重力低异常过渡带的零等值线上,同时也是梯度带弯转部位。矿床位于1:5万航磁异常图北东向条带状低磁异常西南端负异常北侧边缘即北东向线性梯度带上。矿区外围有数十个航磁异常环绕分布,这些异常梯度陡、强度大	重要
遥感特征	珲春-杜荒子断裂带和鸡冠-复兴断裂带交会处附近,"S"形韧性剪切带北部,矿区周围环形构造发育,遥感浅色色调异常区,遥感铁染异常分布集中	重要
找矿标志	早期钾长石-黑云母-绿帘石和阳起石-透闪石-绿泥石,是与早期花岗闪长岩、花岗斑岩有关的铜、铜-钼矿化阶段的产物,蚀变范围广;中期硅化-绢云母化、碳酸盐化是金铜矿化阶段的产物,是近矿蚀变组合;晚期碳酸盐化-绿泥石化为近矿蚀变外带	重要

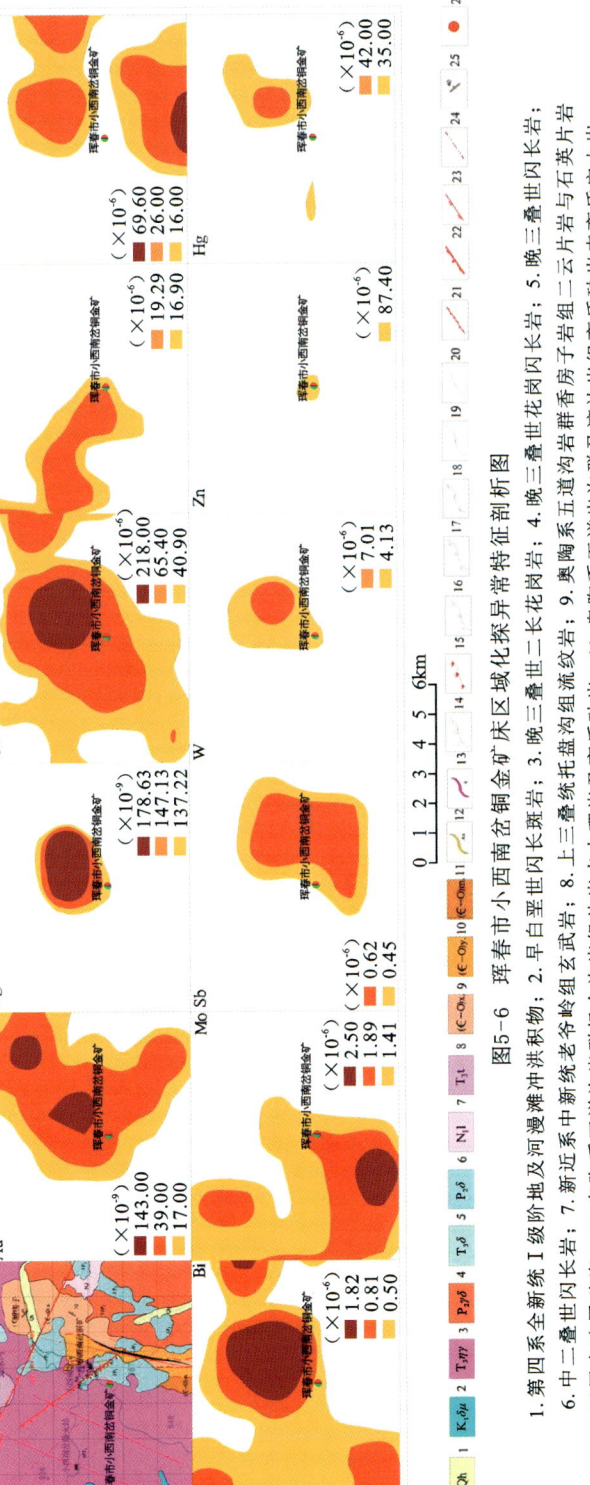

图5-6 珲春市小西南岔铜金矿床区域化探异常特征剖析图

1.第四系全新统Ⅰ级阶地及河漫滩冲洪积物；2.早白垩世闪长岩斑岩；3.晚三叠世二长花岗岩；4.晚三叠世花岗闪长岩；5.晚三叠世闪长岩；6.中二叠世闪长岩；7.新近系中新统老爷岭组玄武岩；8.上三叠统托盘沟组流纹岩；9.奥陶统托盘沟群春房子岩组二云片岩与石英片岩；10.奥陶系五道沟群杨老岩组片岩夹大理岩及变质砂岩；11.奥陶系五道沟群马滴达岩组变质砂岩夹变质安山岩互层夹碎屑砂岩；12.金矿体；13.石英岩脉；14.黄铁矿化；15.褐铁矿化；16.硅化；17.绿泥石化；18.绢云母化；19.绿帘石化；20.地质界线；21.实测逆断层；22.实测正断层；23.压性断层；24.遥感解译断层；25.片理产状；26.珲春市小西南岔铜金矿

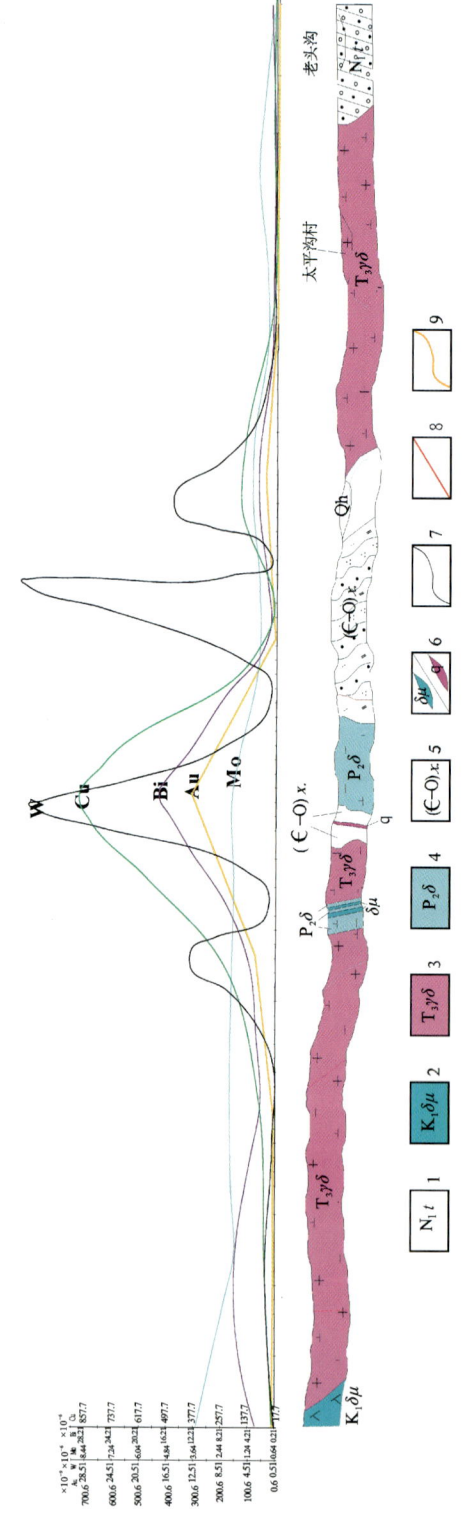

图5-7 小西南岔-杨金沟铜金矿预测工作区地质、地球化学矿产预测模型

1.砂砾岩;2.闪长斑岩;3.花岗闪长岩;4.闪长岩;5.二云片岩与石英片岩互层夹变质砂岩;6.闪长玢岩脉/石英岩脉;7.地质界线;8.断层;9.化探异常曲线

(二)杨金沟钨矿

1. 典型矿床

杨金沟钨矿床预测要素见表 5-5,土壤异常剖面见图 5-8。

2. 预测工作区

小西南岔-杨金沟钨矿预测工作区预测要素见表 5-6,珲春市杨金沟钨矿床区域化探异常特征剖析见图 5-9。

表 5-5 珲春市杨金沟钨矿床预测要素

预测要素		内容描述	类别
特征描述		岩浆热液型	
地质条件	成矿区带(全国)	Ⅱ-13 吉黑成矿省	必要
	成矿区带(大区)	Ⅲ-53 佳木斯-兴凯(地块)Fe、Au、P、石墨、夕线石成矿带	必要
	成矿区带(本省)	Ⅲ-53-⑤新华村-小西南岔 Au、Cu、W、Pb、Zn、Ag、Fe、Mo、Pt、Pd 成矿带	必要
	岩石类型	主要有变质中-细粒砂岩夹变质流纹岩、斜长角闪片岩、斜长角闪岩、钙质云母片岩、黑云母石英片岩、薄层状不纯大理岩组、红柱石黑云母石英片岩、绿泥石绢云母石英片岩和二云石英片岩;花岗岩类	必要
	成矿时代	197~120Ma,为燕山期	必要
	成矿环境	东北叠加造山-裂谷系(Ⅰ),小兴安岭-张广才岭叠加岩浆弧(Ⅱ),太平岭-英额岭火山盆地区(Ⅲ),罗子沟-延吉火山-盆地群(Ⅳ)	必要
	构造背景	大北城-前山南北向褶断带中段,区域上北东向和北北东向两组断裂构造	重要
矿床特征	控矿条件	五道沟岩群含 W 较高的建造和后期侵入的花岗岩类岩体。区域上北东向和北北东向两组断裂构造	必要
	蚀变特征	主要有硅化沿裂隙充填和交代形成硅化石英脉。钠长石化交代斜长石与热液蚀变石英共生在一起,与白钨矿经常伴生。黑云母化呈细小鳞片状集合体产出,穿插交代角闪石或斜长石,被白钨矿交代。阳起石化,呈脉状、细脉状产出,常被白钨矿交代,出现菊花状集合体。白云母化沿石英脉两侧分布,呈片状集合体或放射状。磷灰石化、榍石化、电气石化经常伴随热液蚀变出现,与白钨矿伴生。此外还有透辉石化、透闪石化、方柱石化、绿帘石化、绿泥石化、绢云母化、碳酸盐化	重要
	矿化特征	矿体以脉状、复脉状含白钨矿石英脉-石英细脉带产于斜长角闪片岩、斜长角闪岩、钙质云母片岩、黑云母石英片岩中,脉与脉的间距为 5~50cm,在石英脉之间或石英脉两侧的围岩中也发生了强烈的蚀变,形成蚀变岩,它们共同组成了矿体,与岩层产状一致,少数矿体与岩层产状不一致	重要
综合信息	地球化学	矿区具有亲石、碱土金属元素同生地球化学场特征。主要成矿元素 W 具有清晰的三级分带和明显的浓集中心,异常强度达到 71×10^{-6},是找钨矿的主要标志。钨组合异常显示的元素组分复杂,空间套合紧密,形成较杂元素组分富集的叠生地球化学场。利于钨的进一步迁移、富集、成矿。钨甲级综合异常具备良好的成矿地质条件和找矿前景,是区内铅锌找矿的重要靶区。主要找矿指示元素有 W、Au、Cu、As、Bi、Mo、Sn。其中 W、Au、Cu 为近矿指示元素,As 为远程指示元素,Sn、Mo、Bi 为评价矿体的尾部指示元素	重要

续表 5-5

预测要素		内容描述	类别
综合信息	地球物理	在1:25万布格重力异常图上,矿床处于宽度较大的重力梯度带,由北东走向转为南东走向的转折处,场值由东向西逐渐降低,梯度陡。东部重力高异常区与出露或隐伏的下古生界香房子岩组、杨金沟岩组等老变质岩有关。重力低异常区与印支期二长花岗岩、花岗闪长岩等酸性岩体分布有关。在1:5万航磁异常图上,矿床处于北东走向的宽缓平稳的低磁场区中。西部有一条北东走向的梯度带分布,是一条断裂构造的反映	重要
	重砂	杨金沟钨矿主要产于接触交代矿床中或是气化-高温热液脉中和蚀变围岩中,与锡石、(黑钨矿)共生,伴生矿物有萤石、辉钼矿等。在小西南岔-杨金沟预测工作区内只有白钨矿、金异常存在多处,且分级较好,部分黄铁矿、方铅矿异常。而区内萤石、辉钼矿、锡石并没有异常显示,只在预测工作区的西南端有锡石异常,而且矿物含量分级最高达Ⅴ级。查阅地质报告,在小西南岔矿区的北山地段发现钼矿点,人工重砂显示辉钼矿以细粒及鳞片状赋存于岩石的节理和微裂隙中。水系沉积物异常显示,Au、W、Mo元素异常规模均较大,都具有清晰的浓度分带性,且套合程度高。Sn异常以很小部分显示在预测工作区的西南角	重要
	遥感	位于北东向珲春-杜荒子断裂带和北西向鸡冠-复兴断裂带交会处,"S"形脆韧性变形构造带北侧,古生代花岗岩类引起的环形构造和与隐伏岩体有关的环形构造密集分布,遥感浅色色调异常区,矿区周围遥感铁染异常零星分布	次要
找矿标志		下古生界五道沟岩群斜长角闪片岩、斜长角闪岩、钙质云母片岩、黑云母石英片岩出露区,石英脉集中分布区,燕山期花岗岩类出露区及其与五道沟岩群接触部位。北东向与北西向构造发育部位。水系沉积物测量中W、Au等元素的异常分布特征反映出区内已知主要矿体、矿化点的展布特征	重要

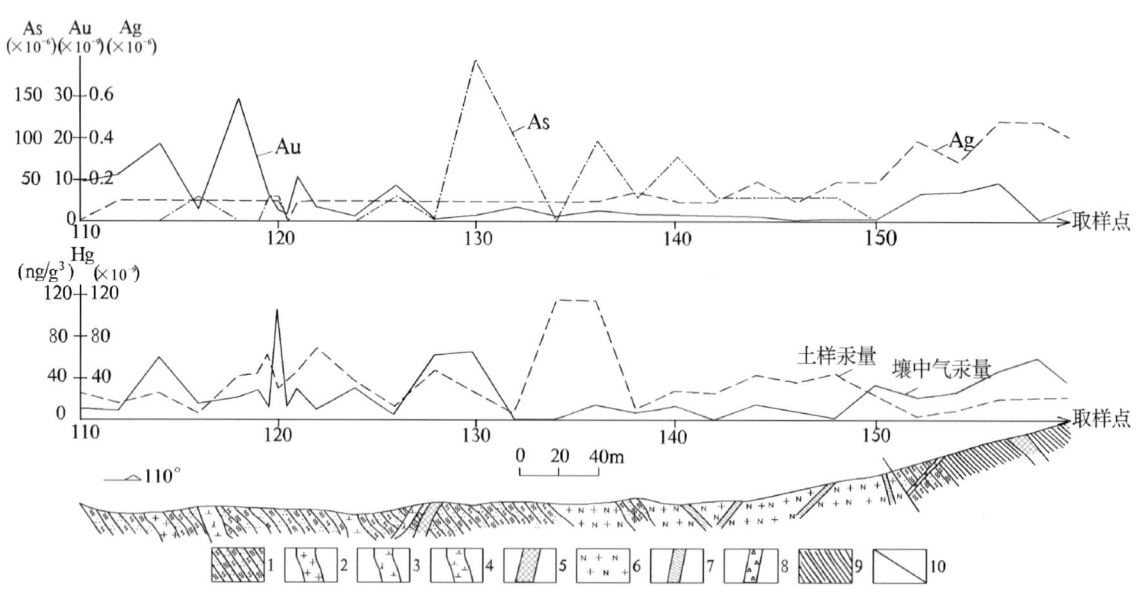

图 5-8 杨金沟钨矿床土壤异常剖面图

1.二云石英片岩;2.花岗斑岩;3.闪长玢岩;4.闪长岩;5.矿体;6.斜长花岗岩;7.石英脉;8.破碎带;
9.黑云片岩;10.推测断层

表 5-6　小西南岔-杨金沟钨矿预测工作区预测要素

成矿要素		内容描述	类别
特征描述		岩浆中高温热液型白钨矿床	
岩石类型		主要有变质中-细粒砂岩夹变质流纹岩、斜长角闪片岩、斜长角闪岩、钙质云母片岩、黑云母石英片岩、薄层状不纯大理岩组、红柱石黑云母石英片岩、绿泥石绢云母石英片岩和二云石英片岩，花岗岩类。	必要
成矿时代		$197\sim120$ Ma，为燕山期	必要
成矿环境		东北叠加造山-裂谷系（Ⅰ），小兴安岭-张广才岭叠加岩浆弧（Ⅱ），太平岭-英额岭火山盆地区（Ⅲ），罗子沟-延吉火山-盆地群（Ⅳ）	必要
构造背景		大北城-前山南北向褶断带中段，区域上北东向和北北东向两组断裂构造	重要
控矿条件		五道沟群含 W 较高的建造和后期侵入的花岗岩类岩体。区域上北东向和北北东向两组断裂构造均。	必要
综合信息	地球化学	矿区具有亲石、碱土金属元素同生地球化学场特征。主要成矿元素 W 具有清晰的三级分带和明显的浓集中心，异常强度达到 71×10^{-6}，是找钨矿的主要标志。钨组合异常显示的元素组分复杂，空间套合紧密，形成较复杂元素组分富集的叠生地球化学场。利于钨的进一步迁移、富集、成矿。钨甲级综合异常具备良好的成矿地质条件和找矿前景，是区内铅锌找矿的重要靶区。主要找矿指示元素有 W、Au、Cu、As、Bi、Mo、Sn。其中 W、Au、Cu 是近矿指示元素，As 是远程指示元素，Sn、Mo、Bi 是评价矿体的尾部指示元素	重要
	地球物理	在 1:25 万布格重力异常图上，矿床处于宽度较大的重力梯度带由北东走向转为南东走向的转折处，场值由东向西逐渐降低，梯度陡。东部重力高异常区与出露或隐伏的下古生界香房子岩组、杨金沟岩组等老变质岩有关。重力低异常区与印支期二长花岗岩、花岗闪长岩等酸性岩体分布有关。在 1:5 万航磁异常图上，矿床处于北东走向的宽缓平稳的低磁场区中。西部有一条北东走向的梯度带分布，是一条断裂构造的反映	重要
	重砂	杨金沟钨矿主要产于接触交代矿床中或是气化-高温热液脉中和蚀变围岩中，与锡石、（黑钨矿）共生，伴生矿物有萤石、辉钼矿等。在小西南岔-杨金沟预测工作区内只有白钨矿、金异常存在多处，且分级较好，部分黄铁矿、方铅矿异常。而区内萤石、辉钼矿、锡石并没有异常显示，只在预测工作区的西南端有锡石异常，而且矿物含量分级最高达 5 级。查阅地质报告，在小西南岔矿区的北山地段发现钼矿点，人工重砂显示辉钼矿以细粒及鳞片状赋存于岩石的节理和微裂隙中。水系沉积物异常显示，Au、W、Mo 元素异常规模均较大，都具有清晰的浓度分带性，且套合程度高。Sn 异常以很小部分显示在预测工作区的西南角	重要
	遥感	位于北东向珲春-杜荒子断裂带和北西向鸡冠-复兴断裂带交会处，S 形脆韧性变形构造带北侧，古生代花岗岩类引起的环形构造和与隐伏岩体有关的环形构造密集分布，遥感浅色色调异常区，矿区周围遥感铁染异常零星分布	次要
找矿标志		下古生界五道沟群斜长角闪片岩、斜长角闪岩、钙质云母片岩、黑云母石英片岩出露区，石英脉集中分布区，燕山期花岗岩类出露区及其与五道沟群接触部位。北东向与北西向构造发育部位。水系底沉积物中 W、Au 等元素的异常分布特征反映出区内已知主要矿体、矿化点的展布特征	重要

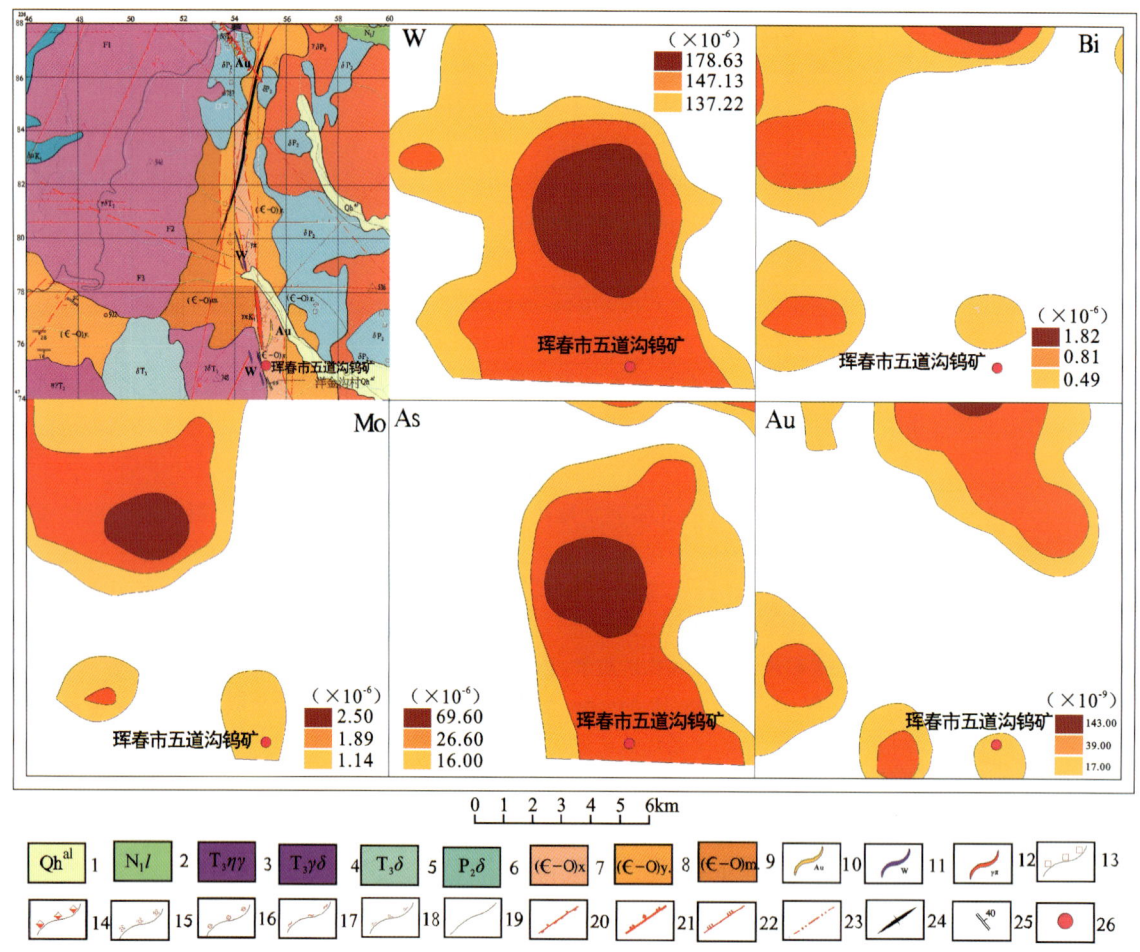

图 5-9 珲春市五道沟钨矿床区域化探异常特征剖析图

1.第四系全新统Ⅰ级阶地及河漫滩冲洪积物;2.新生界新近系中新纪老爷岭组玄武岩;3.晚三叠世二长花岗岩;4.晚三叠世花岗闪长岩;5.晚三叠世闪长岩;6.中二叠世闪长岩;7.奥陶系五道沟岩群香房子岩组二云片岩与石英片岩互层夹碎屑砂岩;8.奥陶系五道沟岩群杨金沟岩组片岩夹大理岩及变质砂岩;9.奥陶系五道沟岩群马滴达岩组变质砂岩夹变质安山岩;10.金矿体;11.钨矿体;12.花岗岩脉;13.黄铁矿化;14.褐铁矿化;15.硅化;16.经常帘石化;17.绿泥石化;18.绢云母化;19.地质界线;20.实测逆断层;21.实测正断层;22.压性断层;23.遥感解译断层;24.向斜;25.片理产状;26.珲春市五道沟钨矿

五、多矿种综合预测区特征

该成矿带共圈定3个综合预测区,即小西南岔-杨金沟32A、十里坪-杜荒子31B、新华29C综合预测区,分别位于Ⅴ21小西南岔-农坪 Au、Cu、W、Pt、Pd 找矿远景区五级成矿带,Ⅴ20 九三沟-杜荒岭 Au、Cu、Ag 五级成矿带,Ⅴ19 新华村 Pb、Zn、Ag、Fe、Mo、Au、Cu 五级成矿带内。

(一)成矿特征

1.小西南岔-杨金沟综合预测区(32A)

地质特征:五道沟岩群马滴达岩组、杨金沟岩组、香房子岩组变质砂岩、角闪石英片岩、红柱石二云石英片岩等与金铜成矿关系密切。金矿多产于五道沟岩群变质岩系中或其边缘地带,推测很可能是金矿产的矿源层。区内的断裂构造十分发育，已知大型金矿床处在断裂的交会部位。北北东向断裂和东西向断裂是金矿床、矿点、矿化点控矿构造，北西向断裂是容矿构造。

侵入岩有二叠纪闪长岩、花岗闪长岩，三叠纪闪长岩、花岗闪长岩、二长花岗岩。脉岩时代为侏罗纪、白垩纪。中二叠世闪长岩和晚三叠世花岗闪长岩是金矿体的直接围岩之一，该两期岩浆热液可能提供成矿物质。酸性次火山隐伏岩体、花岗斑岩类岩体中含矿。闪长玢岩、石英闪长岩小岩株（岩脉）和花岗斑岩脉在时空上与金矿关系密切，矿体产于其上下盘或穿插其中。

矿产特征：大型金矿2处，中型1处，小型7处，矿点16处；小型砂金矿10处，矿点3处；小型铁矿3处，矿点4处；铜矿点3处；大型钨矿1处，钨矿点1处。

2. 十里坪-杜荒子综合预测区（31B）

地质特征：出露有上侏罗统屯田营组安山岩、英安岩、含角砾安山岩组合，为刺猬沟式火山热液型金矿源层，推测具相同建造的中三叠统托盘沟组流纹质含角砾凝灰熔岩、流纹岩及下白垩统刺猬沟组安山岩、英安岩、含角砾安山岩也为金矿矿源层；金沟岭组安山岩、安山质角砾凝灰岩、安山质集块岩、安山质角砾岩、安山质凝灰角砾岩、闪长玢岩等为火山岩型铜矿主要含矿层位和控矿层位。

侵入岩主要有晚三叠世闪长岩、石英闪长岩、花岗闪长岩、二长花岗岩；早侏罗世闪长岩、花岗闪长岩、二长花岗岩、碱长花岗岩；早白垩世辉长岩、石英闪长岩。区内闪长玢岩脉、石英脉和次火山岩与金的成矿关系密切。

区内断裂构造比较发育，有东西向、南北向、北东向和北西向，断裂具有多期多次活动的特点，多数延伸距离很短，而且分布相对比较分散，对区内金成矿作用与矿化蚀变起到了控制和促进作用，已知金矿床、金矿点恰好位于东西向、北北西向断裂的交会部位。

矿产特征：有小型金矿3处，小型铜矿1处，小型铁矿1处，金（铜）矿点2处，铜矿点1处，多金属矿点1处，砂金矿点1处。

3. 新华综合预测区（29C）

地质特征：区域上出露有上二叠统庙岭组火山碎屑岩、凝灰岩；上三叠统托盘沟组安山岩、英安岩及中酸性火山碎屑岩；天桥岭组流纹质和英安质火山岩、火山碎屑岩；下白垩统刺猬沟组安山岩、英安岩及火山碎屑岩；金沟岭组玄武岩、玄武安山岩及火山碎屑岩。

北东向断裂构造与成矿有关，是主要的控矿和储矿构造。

区内侵入岩发育，并且在区域上显示出具有多期、多阶段性特点，有二叠纪花岗石英闪长岩、二长花岗岩；三叠纪花岗闪长岩、二长花岗岩；早侏罗世花岗闪长岩等。这些侵入岩体在区域上构成大致呈近北东向带状展布的花岗岩浆岩带。

矿产特征：小型钨矿1处，区内与已知矿产有关的含矿建造为火山岩建造，已知矿点成矿类型均为火山岩型成矿。

（二）物探、化探、遥感、自然重砂特征

区内重力为南北向梯度带，密集分布，小西南岔大型金铜矿床位于梯度带上，其西部为重力低，东西向重力高。南北向梯度带反映了小西南岔-四道沟断裂带，该断裂形成于古生代末，中生代再次活动，是区内重要的控矿构造。

杨金沟-大北沟呈北东向的高磁异常带。高值异常主要与闪长花岗岩有关。区内闪长岩与多金属成矿关系密切。区域东部分布大片负磁场区，局部为低缓正异常，对应二叠系解放村组碎屑岩及二叠纪花岗闪长岩。

该区属于亲石、碱土金属元素同生地球化学场，同时具有铁族元素富集的特征。主成矿元素Au、

Cu,异常规模较大,分带清晰,浓集中心明显,强度高,是金、铜矿的主要找矿标志。找矿的指示元素为 Au、Cu、Pb、Zn、Ag、As、Sb、Hg、W、Bi、Mo。其中 Au、Cu、Pb、Zn、Ag 为近矿指示元素,As、Sb、Hg 为远程找矿指示元素,W、Bi、Mo 为评价矿体剥蚀程度的尾部元素。

区内遥感解译断裂(带)较发育,与金、铁、铜、铅、锌矿产均有密切的关系。环形构造比较发育,在空间分布上有明显的规律,主要分布在不同方向断裂交会部位。

金重砂异常圈出 4 处,白钨矿异常圈出 2 处。

(三)预测资源量

金资源潜力很大,铜资源潜力也很大。综合预测区地质特征详见表 5-7。

表 5-7 小西南岔-杨金沟Ⅳ级成矿带综合区成矿地质特征表

Ⅳ级成矿区带	综合区编号及名称	综合预测区面积/km²	矿种	矿产预测类型	成矿地质	代表性矿床
Ⅲ-53-⑤	32A 小西南岔-杨金沟	775	钨	杨金沟式岩浆热液型	五道沟岩群含 W 较高的建造和后期侵入的花岗岩类岩体	杨金沟钨矿
			金	小西南岔式斑岩型、杨金沟式岩浆热液型、黄松甸子式砾岩型、珲春河式沉积型	青龙村岩群、五道沟岩群斜长角闪岩、斜长角闪片麻岩,中生代花岗岩类、闪长玢岩,土门子组巨粒质中粗砾岩、中细砾岩,现代河床冲积砂及砾石	黄松甸子金矿床、珲春河金矿床、杨金沟金矿、小西南岔金矿
			铜	小西南岔式斑岩型	铜矿床与海西期闪长岩和燕山期闪长玢岩、花岗斑岩有关	
	29C 新华	27	银	红太平式火山岩型	二叠系庙岭组火山碎屑岩夹灰岩、凝灰岩、蚀变凝灰岩、砂岩、粉砂岩、泥灰岩为主要含矿控矿层位	
	31B 十里坪-杜荒子	248	金	刺猬沟式火山热液型	屯田营组(刺猬沟组?托盘沟组?)安山岩、英安岩、含角砾安山岩组合	
			铜	闹枝式火山岩型	下白垩统金沟岭组安山岩、安山质角砾凝灰岩、安山质集块岩、安山质角砾岩、安山质凝灰角砾岩、闪长玢岩为主要含矿层位和控矿层位	

第六章　辽东(隆起)成矿(区)带预测成果

第一节　铁岭-靖宇成矿带

一、区域地质背景

该成矿带晚三叠世—新生代构造单元分区位于华北叠加造山-裂谷系(I2)，胶辽吉叠加岩浆弧(II4)，吉南-辽东火山-盆地区(III5)区及东北叠加造山-裂谷系(I1)，小兴安岭-张广才岭叠加岩浆弧(II3)，太平岭-英额岭火山-盆地区(III4)，老爷岭火山-盆地群(IV6)，罗子沟-延吉火山-盆地群(IV7)区内。

该成矿带前南华纪构造单元分区位于华北陆块(I2)，华北东部陆块(II3)，龙岗-陈台沟-沂水前新太古代陆核(III4)区内。

该成矿区位于龙岗复合陆块的北缘，西起柳河安口向东经板庙子至金城洞一带，呈带状展布。

1. 构造

该成矿带处在辉发河-古洞河超岩石圈断裂的南西缘，受北西向及北东向韧性剪切带控制，韧性剪切带与变形褶皱紧密相随。韧性剪切带控制夹皮沟矿田的展布，矿田中的大、中、小型矿床均分布在该带中。由于后期构造作用的叠加，在韧性剪切带上往往叠加脆性的构造破碎带，为金矿的有利容矿构造。韧性剪切带的次级断裂控制矿床和矿体的展布，如夹皮沟金矿受近东西向断裂控制、三道岔金矿受北北西向断裂控制、二道沟金矿受北西向断裂控制。铁矿受变形作用及韧性剪切带的影响，矿体膨胀变厚或收缩变薄。

2. 地层

该成矿带出露地层为中太古界杨家店岩组、四道砬子岩组，新太古界老牛沟岩组、三道沟岩组以及鸡南岩组、官地岩组。主要由表壳岩(也称花岗-绿岩地体)和TTG岩系(英云闪长岩、奥长花岗岩、花岗闪长岩)组成。表壳岩岩性主要有斜长角闪岩、黑云变粒岩、角闪磁铁石英岩及少量超镁铁质变质岩。其原岩为镁铁质火山岩、长英质火山岩及硅铁质和碎屑沉积地层，并有少量超镁铁质侵入岩，该套地层与铁、金成矿关系密切；中元古界色洛河岩群红光岩组为黑云斜长角闪片麻岩、斜长角闪岩、绢云片岩夹镁质大理岩-磁铁石英岩等变质建造，与海沟式岩浆热液型金矿有关；古元古界珍珠门(岩)组碳质条带状白云质大理岩，呈块状、糖粒状、角砾状；新元古界钓鱼台组长石砂岩、石英砂岩、海绿石石英砂岩。老岭岩群珍珠门(岩)组、钓鱼台组与银矿关系密切。侵入于新太古代变云英花岗闪长岩中的酸性晶屑岩屑凝灰熔岩、流纹岩、次火山岩为火山热液型金矿成矿主要围岩(图6-1-1)。

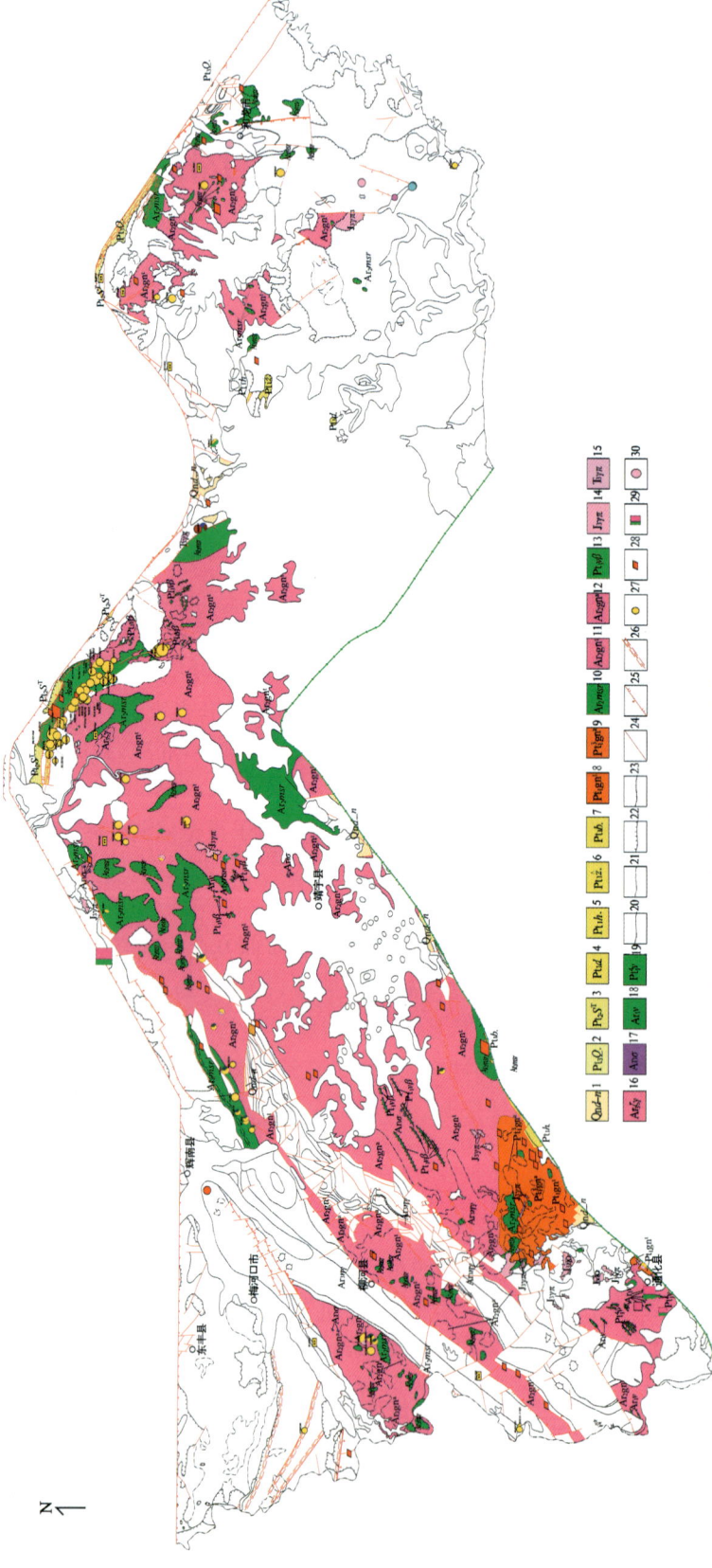

图6-1-1 铁岭-靖宇Ⅳ级成矿带区域矿产地质图

1.钓鱼台组、南芬组关岭层；2.青龙村岩群；3.色洛河构造地层地体；4.大栗子岩组；5.荒岔沟岩组；6.珍珠门岩组；7.板房沟岩组；8.古元古代英云闪长质片麻岩；9.古元古代钾长花岗质片麻岩；10.中太古代变质表壳岩；11.中太古代英云闪长质片麻岩；12.中太古代钾长花岗质片麻岩；13.古太古代变质辉长辉绿岩；14.晚侏罗世花岗岩闪长岩；15.晚三叠世二长花岗岩；16.新太古代变质花岗岩；17.古太古代变质橄榄岩；18.古太古代变质辉长岩；19.古元古代变质辉长岩；20.地质界线；21.脉动接触界线；22.超动接触界线；23.角度不整合界线；24.性质不明断层；25.实测逆断层倾向反倾角；26.韧性剪切带；27.金矿；28.铁矿；29.铜镍矿；30.银矿

3. 侵入岩

该成矿带岩浆岩发育,除太古宙英云闪长岩、奥长花岗岩、花岗闪长岩(已变质成花岗质片麻岩)外,新太古代变辉长岩、变辉长辉绿岩、角闪石岩,如在夹皮沟西南部发育有新太古代末期板庙岭钾质花岗岩体(K-Ar法测得年龄值为1754Ma);中太古代变辉长-辉绿岩;古元古代变质辉绿岩、变辉长-辉绿岩与基性—超基性岩型、硫化物型铜镍矿关系密切;在夹皮沟地区北东部出露有黄泥岭岩体(主要岩性为黑云二长花岗岩和花岗闪长岩),时代可能为海西晚期;在夹皮沟地区南部出露有五道溜河岩体(岩性为钾长花岗岩),时代可能为燕山早期。海西晚期和燕山期的中基性、中酸性脉岩十分发育,往往伴随金、铜、钼矿脉产出。

4. 大型变形构造

太古宙高级区中韧性剪切带:产于太古宙地块边部的柳河-安口镇韧性剪切带,其北西毗邻柳河中生代盆地,分布于龙岗陆核中部的有王家店-靖宇-光华弧形韧性剪切带和大方顶子-光华-通南山韧性剪切带,与金矿关系比较密切。

新太古代绿岩带中的韧性剪切带:自西向东有石棚沟韧性剪切带、老牛沟韧性剪切带、夹皮沟韧性剪切带、金城洞韧性剪切带、金城洞沟口韧性剪切带、古洞河站韧性剪切带、西沟韧性剪切带、东风站韧性剪切带,对铁、金、铜矿成矿具有重要的控制作用。

二、区域矿产特征

1. 区域矿产特征

本区为吉林省主要成矿带,已知大、中、小型矿床150多处,已知金矿床、矿点有90多个,含铁、金矿产为一套基性火山-硅铁质建造,变质深成侵入体以石英闪长质片麻岩-英云闪长质片麻岩-奥长花岗质片麻岩、变质二长花岗岩为主。吉南地区有与太古宙沉积变质及侵入岩浆作用有关的Au、Fe、Cu矿床成矿系列,代表性矿床有夹皮沟绿岩型金矿床、板石沟沉积变质型铁矿。赤柏松地区有与古元古代超基—基性岩浆熔离-贯入作用有关的Cu、Ni、Pt、Pd矿床成矿亚系列,代表性矿床有岩浆型通化县赤柏松中型铜镍矿。龙岗复合地块区存在与燕山期岩浆热液作用有关的Au矿床成矿亚系列,代表性矿床为六匹叶金矿,有与燕山晚期中酸性次火山-侵入岩浆热液作用有关的Au、Cu、Ag、Mo、Pb、Zn矿床成矿亚系列,代表性矿床为二密铜矿。

金矿成因类型主要为热液型,成矿时代争议较大,对于主成矿期,有新太古代和燕山期之争,本次总结暂定为新太古代。有一点是肯定的,本区金矿床是在漫长的地质作用下,经多期构造岩浆叠加改造而形成的。特别是海西早期和燕山早期的岩浆活动对金矿化的富集起到重要的作用。本成矿带是吉林省重要的金、铁成矿带,近年来金矿的找矿工作时有新的进展。本成矿带矿产地特征见表6-1-1,矿产地分布见图6-1-2。

表6-1-1 铁岭-靖宇Ⅳ级成矿带矿产地特征表

序号	矿种	共(伴)生矿产	矿产地名称	成因类型	成矿时代	主矿产规模
1	金	铜、锌	桦甸市老金厂镇(老牛槽、大金牛、小东沟矿段)金矿	沉积变质型	中侏罗世	矿点
2	金		桦甸苇厦子河砂金矿	砂矿型	中新世	小型

续表 6-1-1

序号	矿种	共(伴)生矿产	矿产地名称	成因类型	成矿时代	主矿产规模
3	金		桦甸市夹皮沟镇板庙子金矿	热液型	中侏罗世	中型
4	金		桦甸王家店金矿	热液型	中侏罗世	小型
5	金	铜	桦甸市夹皮沟镇三道岔金矿	热液型	中侏罗世	大型
6	金	铜、铅	桦甸市夹皮沟镇二道沟金矿	热液型	中侏罗世	中型
7	金		桦甸市苇沙河砂金矿	砂矿型	中新世	小型
8	金	铜、铅	桦甸市夹皮沟金矿床(本区坑)	热液型	中侏罗世	大型
9	金		桦甸红旗沟金矿	热液型	中侏罗世	小型
10	金		桦甸市菜qiang子金矿	热液型	中侏罗世	小型
11	金		桦甸市头道岔金矿	热液型	中侏罗世	小型
12	金		桦甸市小北沟金矿	热液型	中侏罗世	小型
13	金		桦甸市夹皮沟庙岭金矿	热液型	中侏罗世	小型
14	金	银、铜、铅锌	桦甸市夹皮沟镇四道岔金矿	热液型	中侏罗世	中型
15	金		桦甸夹皮沟北大顶子金矿	热液型	三叠纪	矿点
16	金		桦甸市西板庙子金矿(锦山318-1号体、816区和303-329区)	热液型	三叠纪	小型
17	金		桦甸市老岭矿区金矿	热液型	三叠纪	小型
18	金		桦甸市老岭金矿	热液型	侏罗纪	小型
19	金		桦甸市金峰金矿云峰矿区(10个区)	热液型	侏罗纪	小型
20	金		桦甸市老牛沟村金矿	热液型	侏罗纪	小型
21	金		桦甸市清水河金矿	热液型	三叠纪	小型
22	金		桦甸老金厂小东沟金矿	热液型	三叠纪	小型
23	金		桦甸市五响地金矿	热液型	三叠纪	小型
24	金		桦甸市大线沟金矿(245)区	热液型	三叠纪	小型
25	金		桦甸市大金牛金矿	热液型	中侏罗世	小型
26	金		桦甸市大洋岔金矿	热液型	中侏罗世	矿点
27	金		桦甸市二道岔812区金矿	热液型	中侏罗世	小型
28	金		桦甸市二道岔813区金矿	热液型	中侏罗世	小型
29	金		桦甸市东驼腰子坑金矿	热液型	中侏罗世	小型
30	金		桦甸小北沟十四坑金矿	热液型	中侏罗世	小型
31	金		桦甸市借灯桥坑金矿	热液型	中侏罗世	小型
32	金		桦甸二道岔332区金矿	热液型	中侏罗世	小型

续表 6-1-1

序号	矿种	共(伴)生矿产	矿产地名称	成因类型	成矿时代	主矿产规模
33	金		桦甸二道岔811区金矿	热液型	中侏罗世	矿点
34	金		张家屯十七区金矿	热液型	中侏罗世	小型
35	金		桦甸二道岔820区金矿	热液型	中侏罗世	矿点
36	金		桦甸大线沟(351)区金矿	热液型	中侏罗世	小型
37	金		桦甸市大线沟(208)区金矿	热液型	中侏罗世	小型
38	金		桦甸市板庙子金矿816区	热液型	中侏罗世	小型
39	金		桦甸市张家屯2号区金矿	热液型	中侏罗世	矿点
40	金		桦甸市夹皮沟北沟金矿	热液型	中侏罗世	小型
41	金		桦甸市夹皮沟406区金矿	热液型	中侏罗世	小型
42	金		桦甸市万良河砂金矿	砂矿型	中新世	小型
43	金		桦甸市三道沟金矿	沉积变质型	中侏罗世	中型
44	金		东丰县横道河子乡金矿	热液型	新太古代	矿点
45	金	铅	辉南县西顺堡金矿	热液型	中侏罗世	小型
46	金	铅	辉南县石大院金矿	热液型	侏罗纪	矿点
47	金	银、铜、铅	辉南县芹菜沟金矿点	热液型	中侏罗世	矿点
48	金	铅	辉南县老鹰沟金矿	热液型	侏罗纪	矿点
49	金	铅	辉南县石棚沟金矿点	热液型	侏罗纪	矿点
50	金	铅	辉南县石棚沟杉松金矿	热液型	侏罗纪	矿点
51	金	铅	辉南县风鸣屯金矿点	热液型	侏罗纪	矿点
52	金		辉南楼街—石道河子金矿	热液型	三叠纪	矿点
53	金		辉南县柳毛沟金矿	热液型	侏罗纪	矿点
54	金	铅	辉南县芹菜沟金矿点	热液型	侏罗纪	矿点
55	金		辉南县石棚沟金矿	热液型	侏罗纪	小型
56	金		柳河县金厂沟Ⅲ-1、Ⅳ-1号金矿体	陆相火山岩型	侏罗纪	小型
57	金		柳河县向阳金厂沟金矿点	热液型	白垩纪	矿点
58	金	铅	柳河县回头沟金矿	热液型	侏罗纪	矿点
59	金		柳河县金厂沟砂金矿	砂矿型	中新世	小型
60	金	铅	梅河口市海龙区水道乡金矿	热液型	三叠纪	小型
61	金		梅河口市烟囱桥子金矿	热液型	侏罗纪	小型
62	金	银、铅锌	梅河口市香炉碗子金矿	陆相火山岩型	侏罗纪	中型
63	金		梅河口市水道砂金矿	砂矿型	白垩纪	小型

续表 6-1-1

序号	矿种	共(伴)生矿产	矿产地名称	成因类型	成矿时代	主矿产规模
64	金		靖宇县大院金矿	热液型	侏罗纪	矿化点
65	金		靖宇县东大沟金矿	热液型	侏罗纪	小型
66	金	锌、汞	龙井市开山屯金谷山金矿	热液型	二叠纪	小型
67	金		和龙县上大洞金矿点	热液型	二叠纪	矿点
68	金	铜、铅	和龙县砂金沟西沟金矿	热液型	三叠纪	矿点
69	金		和龙市城子沟地区金矿	热液型	侏罗纪	小型
70	金		和龙金城洞金矿	热液型	中侏罗世	小型
71	金		和龙县二道河砂金矿	砂矿型	中新世	小型
72	金		和龙县木兰屯砂金矿	砂矿型	中新世	小型
73	金	铜、锌	安图县两江湾勾金矿点	热液型	侏罗纪	矿点
74	金	铜、铅、锌	安图县湾沟金矿点	热液型	白垩纪	矿点
75	金		安图县大沙河砂金矿	砂矿型	中新世	小型
76	金		安图县永庆乡穷棒子沟金矿	热液型	侏罗纪	小型
77	金		安图县古洞河砂金矿	砂矿型	中新世	小型
78	金		抚松县西林河金矿	—	侏罗纪	小型
79	金、铜		桦甸市二道金铜矿	热液型	侏罗纪	小型
80	金		桦甸市夹皮沟镇八家子金矿	热液型	中侏罗世	中型
81	金		桦甸金峰 301、303、304 区金矿	热液型	中侏罗世	小型
82	金、银		靖宇县那尔轰区金银矿	热液型	中生代	矿点
83	金		桦甸市六批叶金矿	热液型	侏罗纪	中型
84	金	银	桦甸市桦南金矿 39 号脉	热液型	中侏罗世	小型
85	金		桦甸市奶子沟金矿	热液型	中侏罗世	小型
86	金		桦甸市大西沟金矿	热液型	三叠纪	矿点
87	金	银	桦甸六批叶大架金矿	热液型	中侏罗世	中型
88	金	铅	海龙县香炉碗子金矿	热液型	侏罗纪	矿点
89	磷		白山市上青沟磷矿	沉积变质型	古元古代	中型
90	磷		靖宇天合兴磷矿	沉积变质型	新太古代	小型
91	钼		和龙市石人沟钼矿	热液脉型	侏罗纪	小型
92	钼		和龙市石人沟钼矿Ⅰ号	热液脉型	侏罗纪	小型
93	铜、钼	锌、银、钴	天合兴铜钼矿床	斑岩型	中生代	小型
94	铜、镍	硫	通化县赤柏松铜镍矿	岩浆型	早元古代	大型

续表 6-1-1

序号	矿种	共(伴)生矿产	矿产地名称	成因类型	成矿时代	主矿产规模
95	铜镍		通化县新安铜镍矿床	岩浆型	早元古代	小型
96	镍		通化县金斗Ⅶ-5号镍矿	岩浆型	早元古代	小型
97	铅、锌	银	桦甸市云峰铅锌矿	热液型	二叠纪—侏罗纪	小型
98	锑		抚松县西林河锑矿	热液型	侏罗纪	小型
99	铁		磐石新立铁矿	热液型	中生代	小型
100	铁		磐石市石门子铁矿西段	沉积变质型	太古宙	小型
101	铁		磐石市石门子铁矿东段	沉积变质型	太古宙	小型
102	铁		桦甸市老牛沟铁矿	沉积变质型	太古宙	大型
103	铁		桦甸市果元铁矿	沉积变质型	太古宙	小型
104	铁		桦甸市高丽屯铁矿	沉积变质型	太古宙	小型
105	铁		桦甸市头道岔铁矿	沉积变质型	太古宙	小型
106	铁		桦甸市松树川铁矿	沉积变质型	太古宙	小型
107	铁		桦甸腰仓子690矿区南段	沉积变质型	太古宙	小型
108	铁		东丰和平铁矿	沉积变质型	太古宙	小型
109	铁		通化四方山铁矿	沉积变质型	太古宙	中型
110	铁		通化县窟窿杨树铁矿	沉积变质型	太古宙	小型
111	铁		通化县小东岔铁矿	沉积变质型	太古宙	小型
112	铁		通化县新华铁矿	沉积变质型	太古宙	小型
113	铁		通化长春沟铁矿	沉积变质型	太古宙	小型
114	铁		通化县许可地铁矿	沉积变质型	太古宙	小型
115	铁		通化县朝阳铁矿	沉积变质型	太古宙	小型
116	铁		通化县羊场铁矿	沉积变质型	太古宙	小型
117	铁		通化县杨木桥子铁矿	沉积变质型	太古宙	小型
118	铁		通化县庆升铁矿	沉积变质型	太古宙	小型
119	铁		通化县高丽沟铁矿	沉积变质型	太古宙	小型
120	铁		通化县苗圃西部铁矿	沉积变质型	太古宙	小型
121	铁		辉南太平沟铁矿	沉积变质型	太古宙	小型
122	铁		辉南五分所铁矿	沉积变质型	太古宙	小型
123	铁		辉南县哈硂子铁矿	沉积变质型	太古宙	小型
124	铁		辉南县庆阳铁矿	沉积变质型	太古宙	小型
125	铁		辉南县前四平铁矿	沉积变质型	太古宙	小型

续表 6-1-1

序号	矿种	共(伴)生矿产	矿产地名称	成因类型	成矿时代	主矿产规模
126	铁		辉南县金川(板庙)铁矿	沉积变质型	太古宙	小型
127	铁		柳河县柳河铁矿	沉积变质型	太古宙	小型
128	铁		柳河县柳河铁矿	沉积变质型	太古宙	小型
129	铁		柳河县马家店铁矿	沉积变质型	太古宙	小型
130	铁		柳河县大榆树铁矿	沉积变质型	太古宙	小型
131	铁		柳河县大兴铁矿	沉积变质型	太古宙	小型
132	铁		浑江板石沟铁矿	沉积变质型	太古宙	大型
133	铁		浑江爱林铁矿	沉积变质型	太古宙	小型
134	铁		白山太安铁矿 4 号矿体	沉积变质型	太古宙	小型
135	铁		靖宇县青山铁矿床	沉积变质型	太古宙	小型
136	铁		靖宇县阳岔河铁矿	沉积变质型	太古宙	小型
137	铁		靖宇县小营子铁矿	沉积变质型	太古宙	小型
138	铁		江源县五道羊岔铁矿	沉积变质型	太古宙	小型
139	铁		和龙鸡南铁矿	沉积变质型	太古宙	小型
140	铁		和龙官地铁矿	沉积变质型	太古宙	中型
141	铁		和龙市百日坪铁矿	沉积变质型	太古宙	小型
142	铁		和龙市大开河铁矿	沉积变质型	太古宙	小型
143	铁		和龙市土山子铁矿	沉积变质型	太古宙	小型
144	铁		安图腰团铁矿	沉积变质型	太古宙	小型
145	铁		安图县小黄泥屯铁矿	沉积变质型	元古宙	小型
146	铁		和龙市长才井田铁矿	沉积变质型	元古宙	小型
147	铜		通化县二密铜矿	斑岩型	白垩纪	小型
148	铜	铅、锌	靖宇县那尔轰铜矿	斑岩型	侏罗纪—白垩纪	小型
149	铜、钼	锌、银、钴	靖宇县天合兴铜矿	斑岩型	中生代	小型
150	铜	钼、锌、银、钴	靖宇县天合兴铜矿	陆相火山岩型	侏罗纪	小型
151	铜、金		桦甸市小二道沟铜金矿	热液型	侏罗纪	矿点
152	银	金、铜、铅锌	抚松县西林河银矿	岩浆热液型	中生代	小型
153	银		和龙兴隆银矿床	热液型	中生代	矿点
154	银		和龙市百里坪矿区银矿	岩浆热液型	中生代	矿点
155	萤石		和龙杨树沟萤石矿点	热液型	中生代	矿点

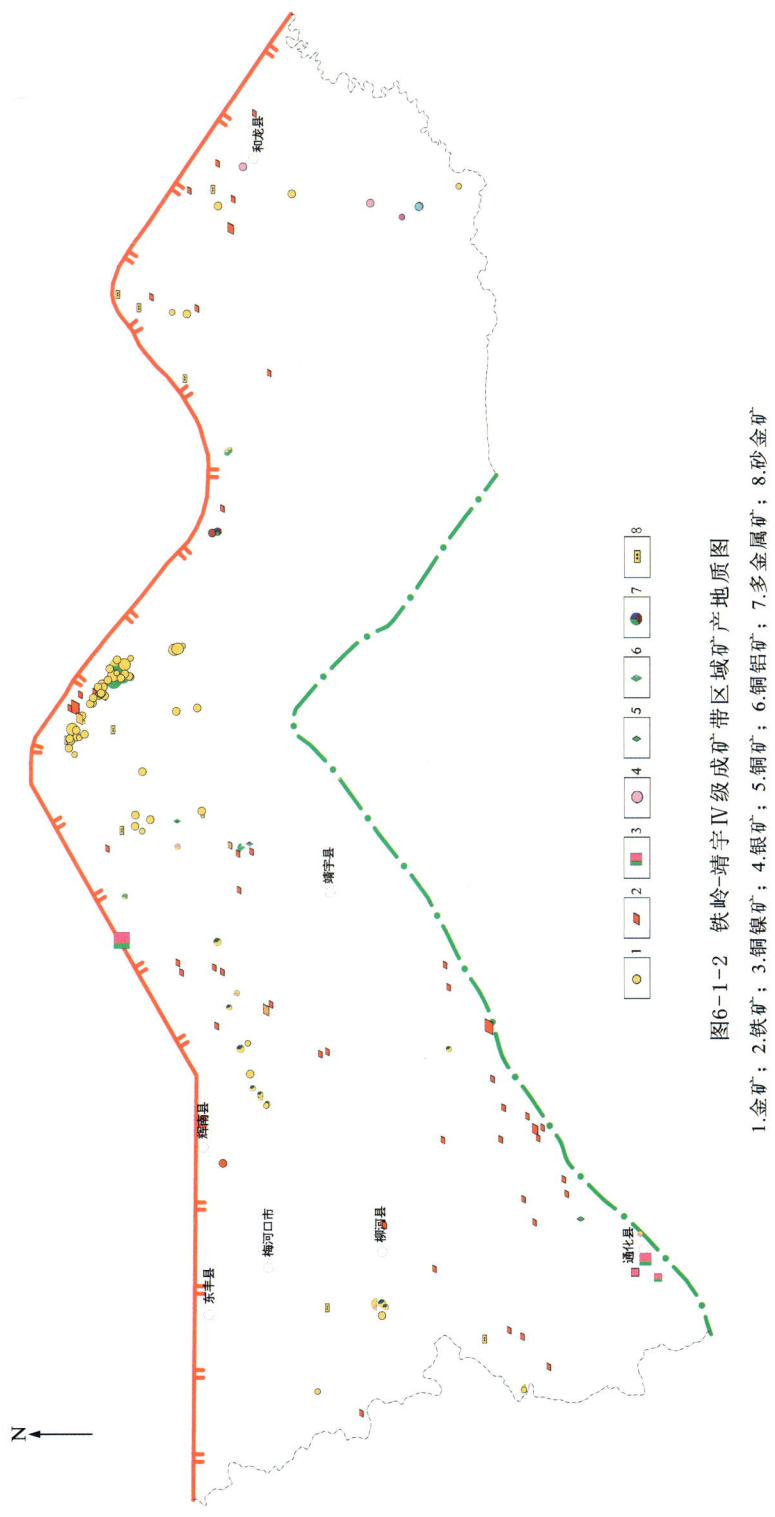

图6-1-2 铁岭—靖宇Ⅳ级成矿带区域成矿产地质图
1.金矿；2.铁矿；3.铜镍矿；4.银矿；5.铜矿；6.铜铝矿；7.多金属矿；8.砂金矿

2. 矿产预测类型的划分及预测工作区分布

本区分布有金、银、铜、铁、镍 5 个矿种 25 个预测工作区,其矿产预测类型及典型矿床见表 6-1-2。

表 6-1-2　铁岭-靖宇成矿带矿产预测类型及预测工作区统计表

序号	矿种	预测工作区名称	矿产预测类型	典型矿床	备注
1	金	安口镇	夹皮沟式绿岩型		引用夹皮沟式
2	铜	安口镇	红透山式沉积变质改造型		引用红透山式
3	铁	安口镇	鞍山式沉积变质型		引用鞍山式
4	银	百里坪	百里坪式岩浆热液型	百里坪银矿	
5	镍	赤柏松-金斗	赤柏松式基性—超基性岩浆熔离-贯入型	赤柏松铜镍矿	
6	铜	赤柏松-金斗	赤柏松式铜镍硫化物型	赤柏松铜镍矿	
7	镍	大肚川-露水河	赤柏松式基性—超基性岩浆熔离-贯入型		引用赤柏松式
8	铜	二密-老岭沟	二密式斑岩型	二密铜矿	
9	铁	浑江北	浑江式沉积型		
10	金	夹皮沟-溜河	夹皮沟式绿岩型	六匹叶金矿、二道沟金矿、夹皮沟金矿	
11	铜	夹皮沟-溜河	红透山式沉积变质改造型		引用红透山式
12	铁	夹皮沟-溜河	鞍山式沉积变质型	老牛沟铁矿	引用鞍山式
13	金	金城洞-木兰屯	夹皮沟式绿岩型		引用夹皮沟式
14	铜	金城洞-木兰屯	红透山式沉积变质改造型		引用红透山式
15	铁	金城洞-木兰屯	鞍山式沉积变质型	官地铁矿	引用鞍山式
16	镍	六颗松-长仁	红旗岭式基性—超基性岩浆熔离-贯入型	长仁铜镍矿	
17	金	石棚沟-石道河子	夹皮沟式绿岩型		引用夹皮沟式
18	铁	石棚沟-石道河子	鞍山式沉积变质型		引用鞍山式
19	金	四方山-板石	夹皮沟式绿岩型		引用夹皮沟式
20	铁	四方山-板石	鞍山式沉积变质型	板石铁矿、四方山铁矿	引用鞍山式
21	钼	天合兴	天合兴式斑岩型	天合兴钼矿	
22	铜	天合兴-那尔轰	二密式斑岩型	天合兴铜矿	引用二密式
23	铁	天合兴-那尔轰	鞍山式沉积变质型		引用鞍山式
24	银	西林河	西林河式岩浆热液型	西林河银矿	
25	金	香炉碗子-山城镇	香炉碗子式火山热液型	香炉碗子金矿	

三、区域物探、化探、遥感、重砂特征及推断解释成果

1. 航磁特征

区内航磁异常走向为北西向或北北西向。中部苇厦子—菜抢子—老牛沟—夹皮沟一线是一条北西向的负异常带，分布四方、板石、老牛沟铁矿高值异常。南西侧清水河村—老金厂—东北岔—郎家店一带，是一片主要呈北西向分布异常带，多数与斜长角闪岩有关。北东侧的低缓正异常，由面状出露的中侏罗世花岗闪长岩引起。

铜、铁矿区表现为强磁异常，尤其赤柏松、二密铜镍矿，反映基性—超基性岩体较强的磁性特征。而在断裂构造带内则为负磁场背景上的起伏磁场，反映了在后期构造岩浆热事件影响下发生不同程度的退磁现象。

在老金厂-夹皮沟-六批叶的北西向负（低）磁异常带上，分布有夹皮沟大型、中型、小型金矿床48处，铜金、铅锌小型矿床各1处。在老金厂附近有老牛沟大型铁矿床及小型铁矿床5处，主要分布在正磁异常边部。中—新太古代变质表壳岩及英云闪长质片麻岩为铁矿、金矿赋矿层位。

2. 重力特征

区内布格重力异常总体呈现出西北部高、东南部低的特征。资料表明，该成矿带总体表现为重力高的场区特征，强度随位置仍有较明显的变化，其变化的主要因素是地幔的抬升和下降。

以区内中部北东向呈起伏状的弧形梯度带为界，其内侧为相对重力高异常分布区，与新太古代表壳岩、TTG组合出露区相对应，为老牛沟铁矿的赋矿层位。弧形梯度带外侧，为相对重力低异常分布区，为低密度大面积侏罗纪花岗闪长岩异常反映。

二密-板石重力低异常带上，分布有板石沟大型铁矿床、四方山中型铁矿床，朝阳、五道羊岔等10余处小型铁矿床，处于新太古代表壳岩引起的规模较小的局部重力高异常上。二密中型铜矿床位于局部重力低异常边部。

夹皮沟区域重力等值线波动较大，位于北西向较陡梯度带上，发育有50余处（三道岔、夹皮沟等）大、中、小型金矿床，对应于新太古代变质表壳岩及英云闪长质片麻岩出露区域。

英额布-通化低缓重力高异常上，分布有赤柏松中型铜镍矿床及两处小型铜镍矿床。天合兴铜钼矿重力等值线波动较大，重力梯度带发育，幔隆和幔拗是带状活动分布地段。

3. 地球化学特征

夹皮沟成矿带位于以亲铁元素为主的同生地球化学场上，同时富含碱土金属元素，是巨型Au、Cu异常集中区，异常浓度分带清楚，浓集中心明显。区内矿床规模与异常规模成正相关，异常轴多为北西向，次为北东向，与已知矿床展布趋势一致，异常轴与地层、剪切带走向一致。该区是寻找大型—超大型金矿的有利靶区。

样子哨盆地由新元古代青白口纪、震旦纪地层构成盖层，由一套陆源碎屑岩-碳酸盐岩建造和页岩建造组成。样子哨盆地整体显示了Au地球化学高背景特征，持续分布不连续的点状异常，异常值一般高出高背景一倍以上。异常总体呈北东向，与样子哨盆地展布方向一致。重砂异常集中区有2处。

天合兴地区内出露地层主要为太古宇。区内构造发育，岩浆活动频繁，尤其燕山期形成的斑岩体与铜钼多金属矿关系十分密切，在那尔轰—天合兴一带形成斑岩型铜钼矿。岩石中Cu、Ag、Pb、Zn、Mo元素含量普遍较高，高出地壳克拉值3～7倍。这说明该区的Cu、Ag、Mo、Pb、Zn矿化与岩体是同源的，为在该区形成斑岩型铜钼多金属矿床提供了充足的物质来源。区域异常以Cu为主，其伴生元素有Pb、

Zn、Ag、Cd、Mo 等,各元素套合较好。

区域内为亲铁族元素同生地球化学场。Au 异常规模大,具有明显的分带和浓集中心。主要找矿指示元素为 Au、Cu、Ag、W、Mo、Sn、Bi、As、Sb、Hg,近矿指示元素为 Au、Ag,远程找矿指示元素为 As、Sb、Hg,评价成矿的尾部指示元素为 W、Sn、Mo、Ni、Co、Mn。

4. 自然重砂特征

重砂矿物有自然金、铜族、铅族、白钨矿、辰砂、重晶石、磁铁矿、磷灰石、黄铁矿。其中自然金、铜族、铅族、重晶石重砂组合异常级别高、规模大,矿物含量分级Ⅳ～Ⅴ级。组合异常位于燕山早期的花岗岩体与老变质岩体的接触部位,对金矿、铅锌矿找矿有指示意义。

5. 遥感影像特征

在成矿带北部边缘,次级断裂密集分布,区域性深大断裂、次级断裂、环形构造及区域性韧性变形构造组成宽 15～30km 的构造组合带,沿该带金、铁、铜矿床(点)密集分布。

成矿带南部的富江-景山断裂带与大川-江源断裂带组成另一条北东走向宽约 20km 的构造组合带,带内次级断裂发育,环形构造集中分布,形成复杂的线-环构造结,同时发育与大川-江源断裂带相伴生的北东向大型韧性变形构造带。该带是重要的铁、金、铜镍、铅锌成矿带(图 6-1-3)。

四、重要矿种预测评价模型

该成矿带典型矿床有香炉碗子金矿、安口金矿、天合兴铜钼矿、那尔轰铜矿、夹皮沟金矿、六匹叶金矿、二道沟金矿、老牛沟铁矿、西林河银矿、官地铁矿、百里坪银矿、二密铜矿、赤柏松铜镍矿、四方山铁矿、板石沟铁矿床,本成矿带矿产预测模型主要选择具代表性的夹皮沟金矿、老牛沟铁矿、二密铜矿、赤柏松铜镍矿、板石沟铁矿预测模型。

(一)夹皮沟金矿

1. 典型矿床

夹皮沟金矿床预测要素见表 6-1-3,矿产预测模型见图 6-1-4、图 6-1-5。

表 6-1-3 桦甸市夹皮沟金矿床预测要素

预测要素		内容描述	类别
特征描述		火山沉积变质热液矿床,后期热液叠加	
地质条件	成矿区带(全国)	Ⅱ-14 华北(陆块)成矿省	必要
	成矿区带(大区)	Ⅲ-56 辽东(隆起)Fe、Cu、Pb、Zn、Au、U、B、菱镁矿、滑石、石墨、金刚石成矿带	必要
	成矿区带(本省)	Ⅲ-56-①铁岭-靖宇(次级隆起)Fe、Au、Ag、Cu、Pb、Zn 成矿带	必要
	岩石类型	斜长角闪岩,超镁铁质变质岩,夹黑云变粒岩和条带状磁铁石英岩,金矿床赋存于镁铁质火山岩之中,各时代花岗岩类	必要
	成矿时代	新太古代、燕山期	必要

续表 6-1-3

预测要素		内容描述	类别
地质条件	成矿环境	前南华纪华北东部陆块（Ⅱ），龙岗-陈台沟-沂水前新太古代陆块（Ⅲ），夹皮沟新太古代地块（Ⅳ）内	必要
	构造背景	辉发河-古洞河深大断裂向北突出弧形顶部；北西向阜平期褶皱轴及韧性剪切，在韧性剪切带中有多次脆性构造叠加，形成了多条平行的挤压破碎带；大部分金矿床位于褶皱构造轴部、陡翼或倾没端，并与韧性剪切带空间呈现协调性	重要
矿床特征	控矿条件	大陆边缘裂谷中的绿岩带下部层位；深大断裂、韧性剪切带控制了矿田的展布，叠加于韧性剪切带之上的线性构造为容矿构造；各期的中酸性岩体发育，与矿空间关系密切；晚期岩体及脉岩含金丰度较高	必要
	蚀变特征	绿泥石化、绢云母化、黄铁矿化、硅化、方解石化、铁白云石化等	重要
	矿化特征	矿体以含金石英脉为主，其次为破碎蚀变岩。含金石英脉多以单脉和复脉产出，呈脉状、似脉状及透镜状和串珠状。沿走向及倾向变化复杂，分支复合、尖灭再现明显。矿脉产状变化较大，自南向北走向由北东→北东东→北北西→北西→北北东→东西，倾角由缓（20°～45°）逐渐变陡（75°～85°），而倾向则由南东向变为南西向。倾向与围岩剪节理有一定交角，走向与韧性剪切带基本一致。含金石英脉的厚度变化较大，最薄 0.1m，最厚达 22m，一般 0.5～1.5m，长度一般为 50～200m，最长为 770m，延深往往大于延长，一般为 100～300m，最大可达 670m。近矿围岩为斜长角闪岩、绿泥片岩、角闪斜长片麻岩。控矿构造为北西向韧性剪切带外缘、夹皮沟向斜陡翼	重要
综合信息	地球化学	区域化探异常，具有规模大，分带清晰，浓集中心明显，强度高的基本特征，是主要找矿信息。组合异常构成的复杂元素组分富集叠生地球化学场，利于主成矿元素的进一步迁移、富集、成矿。金综合异常区是区内进一步找矿的重要靶区。1∶5 万水系沉积物异常，1∶1 万土壤化探异常，主要以 Au、Ag、Pb、Zn、Cu、Bi 等元素异常为主，其组合异常可为指示矿体的存在部位提供依据	重要
	地球物理	关于夹皮沟金矿带的构造韧性剪切带向东南延伸问题，可依据磁场特征推断，其向东南延伸较远，为找矿拓展了空间。该负（弱）磁场带规模较大，其内又可分为南、北两支亚带，南带控制了已知夹皮沟金矿带的产出，值得重视的是北带找矿的研究	重要
	重砂	金、白钨矿、独居石、黄铁矿、方铅矿、黄铜矿、泡铋矿均有异常显示。由金、白钨矿、独居石、黄铁矿构成的重砂组合异常是重要找矿标志	
	遥感	沿华北地台北缘断裂带台缘一侧分布，多分布于北东向和北西向、不同规模断裂构造密集分布区及其交会部位，各个方向脆韧性变形构造带较发育，与隐伏岩体有关的环形构造集中分布区，遥感浅色色调异常区，矿区及周围遥感羟基异常、铁染异常均匀分布	次要
	找矿标志	蚀变找矿标志：蚀变类型有硅化、绿泥石化、绢云母化、黄铁矿化、方解石化及白铁矿化为主。地球化学标志：1∶20 万、1∶5 万水系沉积异常，1∶1 万土壤化探异常，主要以 Au、Ag、Pb、Zn、Cu、Bi 等元素异常为主。重砂异常标志：金重砂异常明显。地球物理标志：矿体具有高阻、低激化异常特征	重要

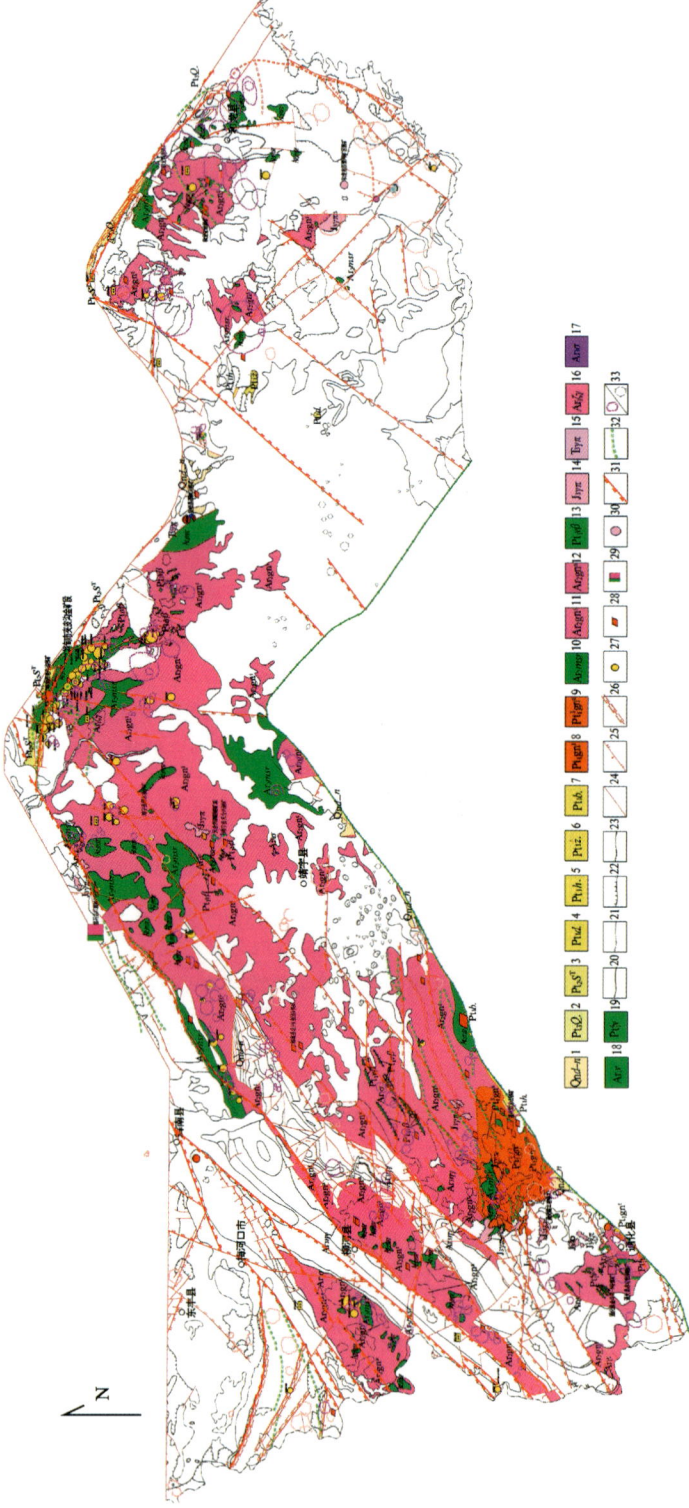

图 6-1-3　铁岭-靖宇成矿带地质、遥感解译图

1.钓鱼台组、南芬组井层；2.青龙村岩群；3.色洛河岩组；4.大栗子岩组；5.荒岔沟岩组；6.珍珠门岩组；7.板房沟岩组；8.古元古代英云闪长质片麻岩；9.古元古代伸长闪长质表壳岩；10.中太古代英云闪长质片麻岩；11.中太古代伸长花岗质片麻岩；12.中太古代变质花岗岩；13.古元古代伸长花岗质辉绿岩；14.晚侏罗世花岗斑岩；15.晚三叠世二长花岗岩；16.新太古代变质表壳岩；17.古太古代花岗岩；18.古太古代变质橄榄岩；19.古元古代变质辉长岩；20.地质界线；21.脉动接触界线；22.超动接触界线；23.角度不整合接触界线；24.性质不明断层；25.实测逆倾向反倾角；26.韧性剪切带；27.金矿；28.铁矿；29.铜镍矿；30.银矿；31.遥感推断解译断层；32.遥感推断解译韧性剪切带；33.遥感推断解译环/火山口

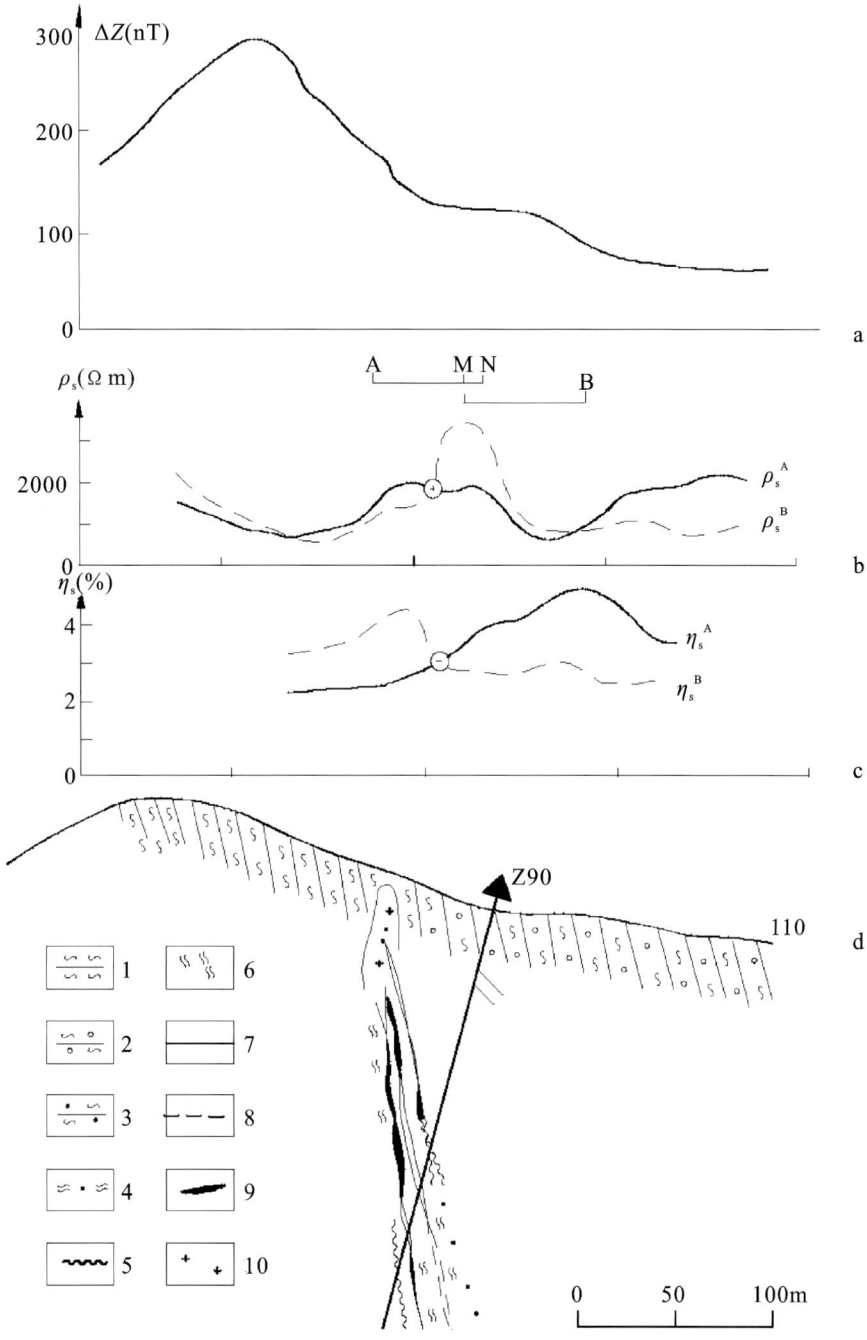

图 6-1-4　夹皮沟矿田三道岔金矿典型矿床 4 号线勘探综合剖面图

a.地磁 ΔZ 异常曲线;b.视电阻率联剖异常曲线;c.视极化率联剖异常曲线;d.地质剖面图;1.角闪斜长片麻岩;2.注入片麻岩;3.混合片麻岩;4.石英正长岩;5.破碎带;6.片理化带;7.实测地质界线;8.推测地质界线;9.含金石英脉（品位大于 4×10^{-6}）;10.含矿断裂

2. 预测工作区

夹皮沟-溜河金矿预测工作区预测要素见表 6-1-4,矿产预测模型见图 6-1-6。

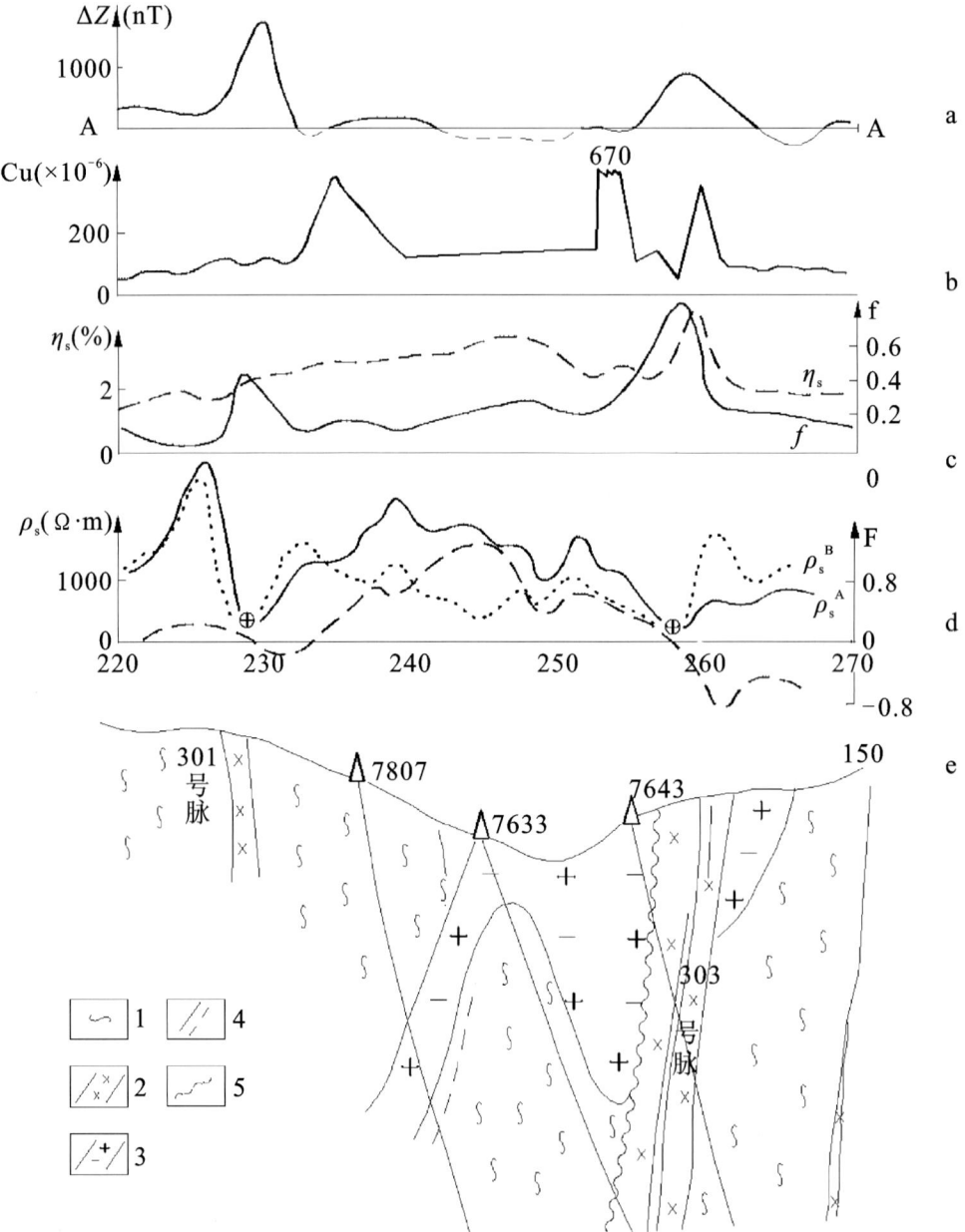

图 6-1-5 夹皮沟矿田板庙子典型金矿床 AA′勘探线综合剖面图

a.地磁剖面异常曲线；b.化探 Cu 异常曲线；c.激电中间梯度视极化率及金属因素；d.联剖视电阻率及半差曲线；e.地质剖面图；1.混合片麻岩；2.辉绿岩脉；3.花岗岩脉；4.含金石英脉；5.破碎带

表 6-1-4　夹皮沟-溜河金矿预测工作区预测要素

预测要素		内容描述	类别
特征描述		火山沉积变质热液矿床,后期热液叠加	
地质条件	岩石类型	新太古代表壳岩(也称花岗-绿岩地体)中的斜长角闪岩、黑云变粒岩、角闪磁铁石英岩及少量超镁铁质变质岩组合	必要
	成矿时代	1864Ma(戴新义等,1989);244±9Ma(李华芹等,2003);203.98±0.53Ma(罗镇宽等,2002)。 成矿时代为新太古代或燕山期,本书暂定为新太古代	必要
	成矿环境	辉发河-古洞河深大断裂向北突出弧形顶部;北西向阜平期褶皱轴及韧性剪切,在韧性剪切带中有多次脆性构造叠加,形成了多条平行的挤压破碎带;大部分金矿床位于褶皱构造轴部、陡翼或倾没端,并与韧性剪切带空间呈现协调性	必要
	构造背景	前南华纪华北东部陆块(Ⅱ),龙岗-陈台沟-沂水前新太古代陆块(Ⅲ),夹皮沟新太古代地块(Ⅳ)内	重要
矿床特征	矿化蚀变	绿泥石化、绢云母化、黄铁矿化、硅化、方解石化、铁白云石化等	重要
	控矿条件	大陆边缘裂谷中的绿岩带下部层位;深大断裂、韧性剪切带控制了矿田的展布,叠加于韧性剪切带之上的线性构造为容矿构造;各期的中酸性岩体发育,与矿空间关系密切;晚期岩体及脉岩含金丰度较高	必要
	化探特征	主要的成矿元素为 Au,异常规模大,具有分带清晰,浓集中心明显的基本特征,强度值达到 $546×10^{-9}$。主要的伴生元素有 Cu、Pb、Zn、Ag、W、Bi、Mo、As、Sb、Hg 等。在后期的岩浆侵入活动中,对 Au 进行了强烈的叠加改造作用,共同构成复杂组分富集的叠生地球化学场。利于 Au 的迁移、富集。主要的找矿指示元素为 Au、Cu、Ag、W、Mo、Sn、Bi、As、Sb、Hg,近矿指示元素为 Au、Cu、Ag,远程找矿指示元素为 As、Sb、Hg,评价成矿的尾部指示元素为 W、Sn、Mo、Ni、Co、Mn。甲级综合异常具有较好分带现象,As、Sb、Hg、Ni、Cr 同心套合在金的内带,中带为 Au、Cu、Ag,外带为 W、Mo、Sn、Bi	重要
综合信息	物探特征	关于控制夹皮沟金矿带的构造韧性剪切带向东南延伸问题,可依据磁场特征推断,其向东南延伸较远,可达六批叶以远,为找矿拓展了空间。 该负(弱)磁场带规模较大,其内又可分为南、北两支亚带,南带控制了已知夹皮沟金矿带的产出,值得重视的是北带找矿的研究	重要
	遥感特征	沿华北地台北缘断裂带台缘一侧分布,多分布于北东向和北西向、不同规模断裂构造密集分布区及其交会部位,各个方向脆韧性变形构造带较发育,与隐伏岩体有关的环形构造集中分布区,遥感浅色色调异常区,矿区及周围遥感羟基异常、铁染异常均匀分布	重要
	重砂特征	金、白钨矿、独居石、黄铁矿、方铅矿、黄铜矿、泡铋矿均有异常显示。由金、白钨矿、独居石、黄铁矿构成的重砂组合异常是重要找矿标志	重要
	找矿标志	蚀变是本区的重要找矿标志,蚀变类型以硅化、绿泥石化、绢云母化、黄铁矿化、方解石化及白铁矿化为主;1∶20万,1∶5万水系沉积异常区;金重砂异常分布区;有高阻、低激化异常分布区	重要

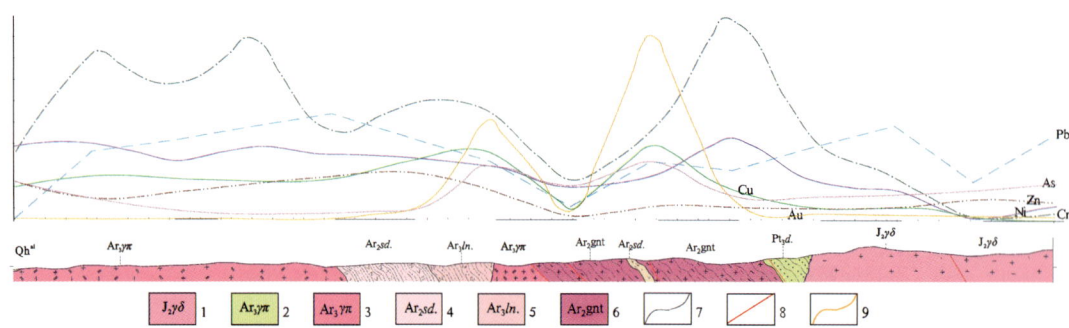

图 6-1-6 夹皮沟-溜河金矿预测工作区地质、地球化学矿产预测模型

1.花岗闪长岩;2.变质砂岩;3.变花岗斑岩;4.斜长角闪岩与片岩互层夹角闪磁铁石英岩;5.斜长角闪岩夹黑云变粒岩;6.英云闪长质片麻岩;7.地质界线;8.断层;9.化探异常曲线

(二)老牛沟铁矿

1. 典型矿床

老牛沟铁矿床预测要素见表 6-1-5,矿产预测模型见桦甸市老牛沟铁矿区稻草沟矿段 103 线综合剖面(图 6-1-7)。

表 6-1-5　桦甸市老牛沟铁矿床预测要素表

预测要素		内容描述	类别
特征描述		沉积变质型	
地质条件	成矿区带(全国)	Ⅱ-14 华北(陆块)成矿省	必要
	成矿区带(大区)	Ⅲ-56 辽东(隆起)Fe、Cu、Pb、Zn、Au、U、B、菱镁矿、滑石、石墨、金刚石成矿带	必要
	成矿区带(本省)	Ⅲ-56-①铁岭-靖宇(次级隆起)Fe、Au、Ag、Cu、Pb、Zn 成矿带	必要
	岩石类型	黑云斜长片麻岩、斜长角闪岩和磁铁石英岩、黑云片岩夹多层磁铁石英岩组合	必要
	成矿时代	新太古代	必要
	成矿环境	华北东部陆块(Ⅱ),龙岗-陈台沟-沂水前新太古代陆核(Ⅲ)的夹皮沟新太古代地块(Ⅳ)内	必要
	构造背景	在褶皱构造的翼部或转折端部位	重要
矿床特征	控矿条件	三道沟岩组上段黑云斜长片麻岩、斜长角闪岩和磁铁石英岩、黑云片岩夹多层磁铁石英岩组合是重要控矿层位;在褶皱翼部矿体被拉长或拉断,形成扁豆体或似层状矿体,而转折端部位的矿体则强烈加厚	必要
	矿化特征	黑云斜长片麻岩、斜长角闪岩和磁铁石英岩、黑云片岩夹多层磁铁石英岩组合	重要
综合信息	地球物理	1∶20 万区域重力场中高、低布格异常间北西向的线性梯度带及其局部正向变异扭曲部位;1∶5 万航磁 167～3270nT 异常具有直接圈定矿带和划分矿段的找矿效果;1∶5000 地面磁测 5000～1000nT 可以直接圈定出露或近地表规模较大的铁矿体,异常强度小于 5000nT 的低缓异常为一定埋深和规模的盲矿体	必要
	遥感	于北东向与北西向断裂密集分布区,7 个隐伏岩体形成的环形构造在此区集中分布,遥感浅色色调异常区,北西向韧脆性变形构造集中分布区,矿体西南,铁染异常分布相对集中	次要

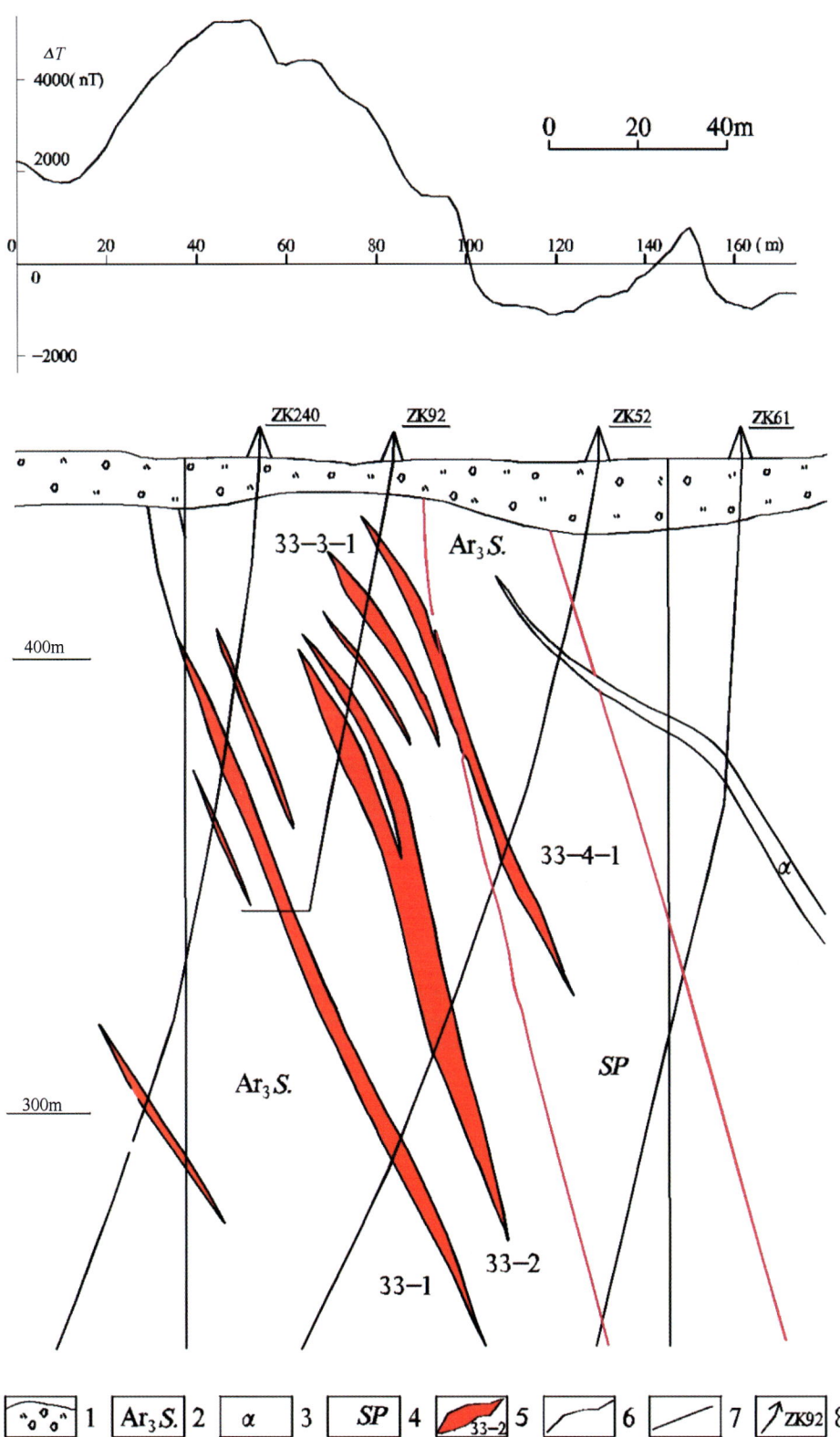

图 6-1-7　桦甸市老牛沟铁矿区稻草沟矿段 103 线综合剖面图

1.第四纪残坡积;2.三道沟岩组;3.安山岩;4.蚀变破碎带;5.矿体及编号;6.地质界线;7.断层;
8.钻孔位置及编号

2. 预测工作区

老牛沟铁矿预测工作区预测要素见表 6-1-6,矿产预测模型见图 6-1-9。

表 6-1-6 老牛沟铁矿预测工作区预测要素表

预测要素		内容描述	类别
地质条件	岩石类型	一是黑云角闪斜长片麻岩、斜长角闪岩、黑云斜长片麻岩夹角闪片岩、黑云变粒岩、磁铁石英岩组合;二是黑云角闪斜长片麻岩夹角闪黑云片岩、斜长角闪岩、绢云石英片岩、磁铁石英岩组合	必要
	成矿时代	新太古代	必要
	成矿环境	新太古代边缘裂陷,新太古代绿岩地体内的褶皱构造的核部及翼部	必要
	构造背景	前南华纪华北东部陆块(Ⅱ),龙岗-陈台沟-沂水前新太古代陆核(Ⅲ)的板石新太古代地块(Ⅳ),夹皮沟新太古代地块(Ⅳ),和龙新太古代残块(Ⅳ)内	重要
矿床特征	控矿条件	完全受基底构造的控制,即完全受新太古代边缘裂陷控制。 地层控矿:鞍山式铁矿完全受新太古代绿岩地体控制,不同构造部位、不同时段的绿岩建造控制的矿床规模亦不相同。 分布于海龙、桦甸、抚松、靖宇一带的早期绿岩地体的下部主要为斜长角闪岩、角闪斜长片麻岩,局部夹角闪石岩组合,相当于原鞍山群四道砬子河岩组和杨家店岩组(部分)。仅分布有小而贫的矿点;早期绿岩地体的上部主要为斜长角闪岩、黑云斜长片麻岩、细粒黑云变粒岩、浅粒岩、二云片岩夹有超镁铁质岩(角闪石岩、滑石岩、透闪石岩),局部有磁铁石英岩组合,大体上相当于原鞍山群杨家店岩组,是区域上的重要赋矿层位。 分布于吉中桦甸三道沟—夹皮沟以及和龙官地一带的晚期绿岩地体大体上相当于原夹皮沟群老牛沟岩组和三道沟岩组,主要为斜长角闪岩、条带状角闪磁铁石英岩、绢云石英片岩、绿泥石英片岩、绿泥角闪片岩,夹磁铁石英岩组合,是区域上的重要赋矿层位。 区域变质变形作用控制矿体的空间产出部位和矿体形态,一般表现为翼部矿体长而厚,转折端矿体厚度大,经拉伸作用形态发生变异	必要
	矿化特征	区域上磁铁矿化、闪锌矿化、方铅矿化、黄铁矿化点或蚀变带	重要
综合信息	地球物理	1:20 万区域重力场中重力高异常是该类型矿床的重要区域间接找矿标志;1:5 万航磁 167～3270nT 异常具有直接圈定矿带和划分矿段的找矿效果;1:5000 地面磁测 5000～1000nT 可以直接圈定出露或近地表规模较大的铁矿体,异常强度小于 5000nT 的低缓异常为一定埋深和规模的盲矿体;1:2000～1:1 万地面磁测强度 1000～10000nT 的单峰状狭窄的带状异常为出露地表矿体,尖陡的双峰或多峰异常带多为隐伏或埋深矿体。低缓异常(100～300nT)指出了该矿床深部找矿的潜在远景;低缓异常(300～500nT)具有寻找深部盲矿体的潜在价值	必要
	遥感	沿华北地台北缘断裂带台缘一侧分布;多分布于北东向或近东西向区域性规模较大的断裂构造带内;不同方向、不同规模断裂构造密集分布区及其交会部位;预测工作区多发育脆韧性变形构造带;预测工作区内环形构造发育,由隐伏岩体形成的环形构造在不同方向断裂交会部位成群出现;预测工作区内多有遥感浅色色调异常	次要

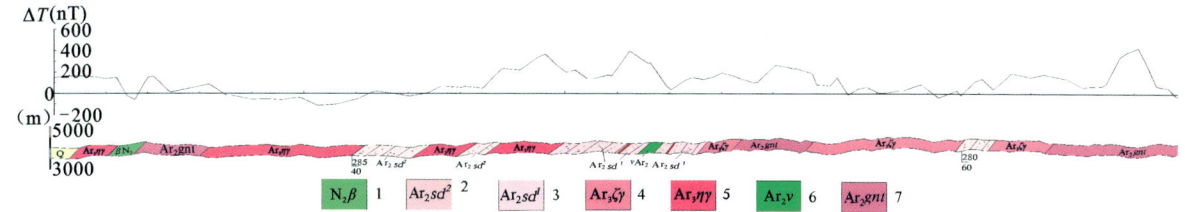

图 6-1-8 老牛沟铁矿预测工作区地质、地球物理矿产预测模型

1.上新世玄武岩;2.四道砬子河岩组上段;3.四道砬子河岩组下段;4.新太古代变正长花岗岩;5.新太古代变二长花岗岩;
6.中太古代变辉长-辉绿岩;7.中太古代英云闪长质片麻岩

(三)二密铜矿

1. 典型矿床

二密铜矿床预测要素见表 6-1-7,矿产预测模型见图 6-1-9、图 6-1-10。

表 6-1-7 通化县二密铜矿床预测要素表

预测要素		内容描述	类别
特征描述		斑岩型	
地质条件	成矿区带(全国)	Ⅱ-14 华北(陆块)成矿省	必要
	成矿区带(大区)	Ⅲ-56 辽东(隆起)Fe、Cu、Pb、Zn、Au、U、B、菱镁矿、滑石、石墨、金刚石成矿带	必要
	成矿区带(本省)	Ⅲ-56-①铁岭-靖宇(次级隆起)Fe、Au、Ag、Cu、Pb、Zn 成矿带	必要
	岩石类型	石英闪长岩和花岗斑岩	必要
	成矿时代	燕山期石英闪长岩株测年结果为 79～56Ma,为燕山晚期	必要
	成矿环境	矿床晚三叠世—新生代构造单元位于华北叠加造山-裂谷系(Ⅰ),胶辽吉叠加岩浆弧(Ⅱ),吉南-辽东火山-盆地区(Ⅲ),柳河-二密火山-盆地区(Ⅳ),三源浦中生代火山沉积盆地内	必要
	构造背景	北西向、东西向断裂交会,破火山口处;松顶山序列内外接触带、各个单元间接触带大致平行或斜交的北西向、东西向、北北东向断裂;花岗斑岩内外接触带,北西向张性、张扭性、扭性裂隙群	重要
矿床特征	控矿条件	控矿构造:石英闪长岩接触带附近,大致平行接触带,近东西向、北东向以及外接触带安山岩中北西向陡倾斜断裂,控制与石英闪长岩有关的矿脉;花岗斑岩体与石英闪长岩接触带,尤其是石英闪长岩中发育的呈北西向缓倾斜的斑岩体,控制着与花岗斑岩有关的矿体;花岗斑岩内环形破碎体构造,控制着与斑岩有关的块状富矿。燕山晚期石英闪长岩、花岗斑岩控矿:石英闪长岩、花岗斑岩侵入派生出的含矿热液为成矿提供了物质和热源条件	必要

续表 6-1-7

	预测要素	内容描述	类别
矿床特征	蚀变特征	面状蚀变主要有黄铁矿化、黄铜矿化、绿泥石化、绿帘石化、电气石化、镜铁矿化、褐铁矿化、碳酸盐化、高岭土化、绢云母化、硅化等。线状蚀变主要发育在矿体上下盘近矿围岩中，蚀变矿物种类明显受围岩岩性控制，在石英闪长岩及花岗斑岩中，从矿体两侧发育有黄铜矿化、黄铁矿化、磁黄铁矿化、绢云母化、高岭土化、硅化、绿泥石化、绿帘石化等；在安山岩中矿体两侧以硅化、绿泥石化为主，其次为绢云母化、高岭土化	重要
	矿化特征	矿床位于松顶山复式岩体东段，矿体沿石英闪长岩与花岗斑岩体内外接触带分布，一是石英闪长岩体顶部围岩中，垂直于接触带张性断裂系统中的矿体（简称顶部围岩矿体群）；二是近接触带并与之平行的断裂系统中的矿体群。矿体按矿化特点可划分为脉状-细脉浸染状矿体、脉状-复脉状矿体、网脉-浸染状矿体、浸染状矿体、块状矿体，以脉状-复脉状矿体类型为主	重要
综合信息	地球化学	铜异常具有清晰的三级分带和明显的浓集中心，异常强度高，达到 738×10^{-6}。铜组合异常有 3 种表现形式，即 Cu-Pb、Zn、Ag、Au；Cu-As、Sb、Hg、Ag；Cu-W、Sn、Bi、Mo。构成复杂元素组分富集的叠生地球化学场，显示出叠加改造作用的强烈，利于铜的迁移、富集、成矿。 铜综合异常显示出优良的成矿条件和找矿前景，与分布的矿产积极响应，表明综合异常的矿致性，是扩大找矿的重要靶区	重要
	地球物理	重力低异常走向转折部位或低异常边缘梯度带上；低值或负磁异常区；激电中梯极化率 M_s 高、视电阻率 ρ_s 低，自然电场 UM 负异常，瞬变电磁 V_t 高异常，视电阻率联剖出现低阻正交点	重要
	重砂	自然重砂异常矿物为黄铜矿、自然金、方铅矿，人工重砂异常矿物为黄铜矿、毒砂、黄铁矿、白铁矿、锡石、磁黄铁矿、方铅矿、赤铁矿	重要
	遥感	分布在大川-江源断裂带西侧，各方向小型断裂构造发育，二密镇环形构造边部，遥感浅色色调异常区，矿区内及周围遥感铁染异常零星分布	次要
找矿标志		燕山期石英闪长岩和花岗斑岩出露区。以电气石化、硅化、绢云母化、高岭土化、绿泥石化、黑云母化为主，电气石化、硅化伴随少量铜钼矿化是矿化头晕，为重要的找矿标志；孔雀石化、褐铁矿化也是主要找矿标志	重要

2. 预测工作区

二密-老岭沟铜矿预测工作区预测要素见表 6-1-8，矿产预测模型见图 6-1-11、图 6-1-12。

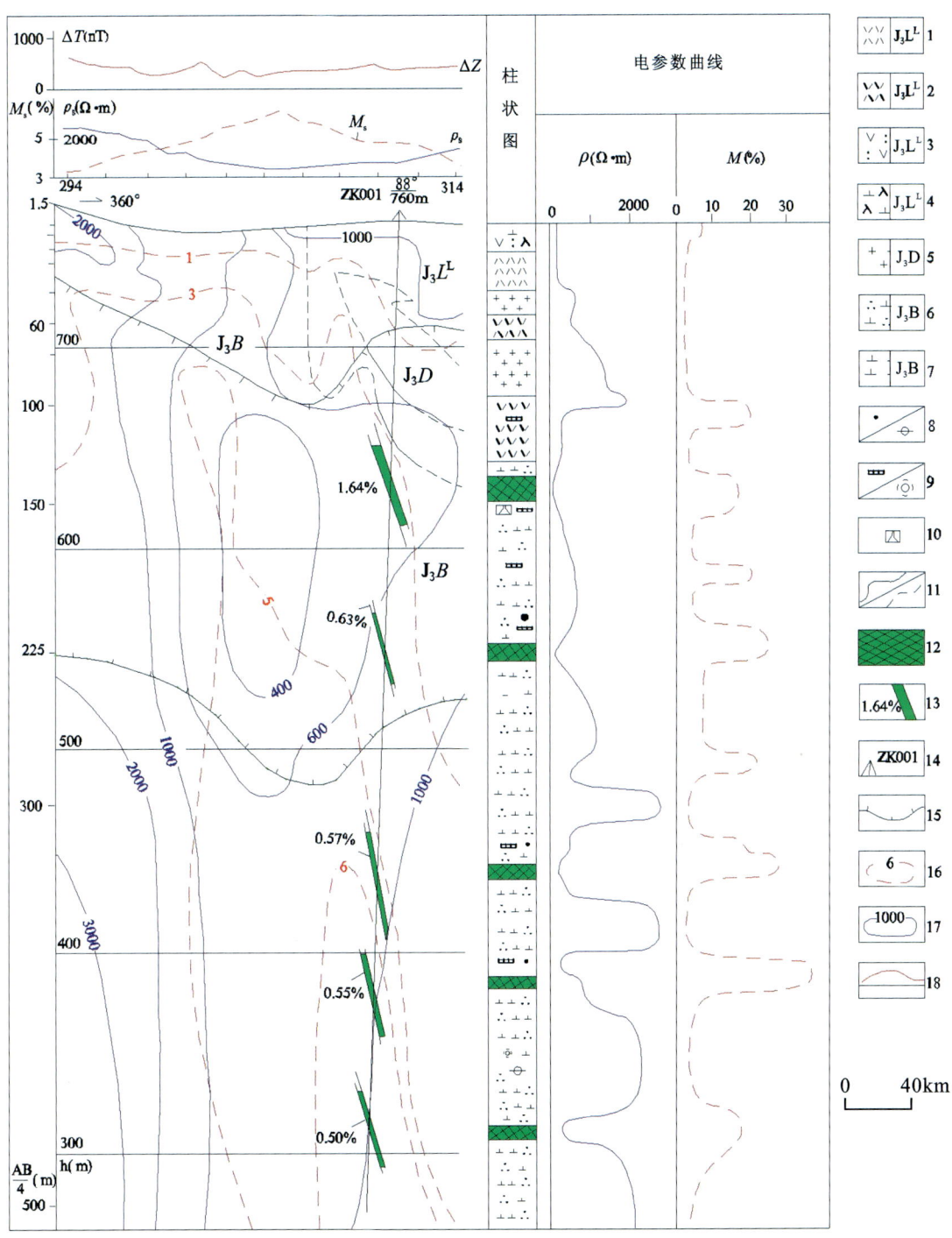

图 6-1-9　二密铜矿 DHJ-11 异常 0 号典型矿床勘探剖面图

1.林子头组六和屯段流纹岩；2.林子头组六和屯段流纹斑岩；3.林子头组六和屯段安山质凝灰岩；4.林子头组六和屯段闪长玢岩；5.松顶山序列花岗斑岩；6.松顶山序列中粒石英闪长岩；7.松顶山序列细粒石英闪长岩；8.黄铜矿化/绿帘石化；9.黄铁矿化/硅化；10.方铅矿化；11.实测及推测地质界线；12.铜矿化；13.铜矿体及品位；14.钻孔及编号；15.ρ_s 一维反演低阻界面；16.M_s 等值线及注记；17.ρ_s 等值线及注记；18.地磁 ΔZ 异常曲线

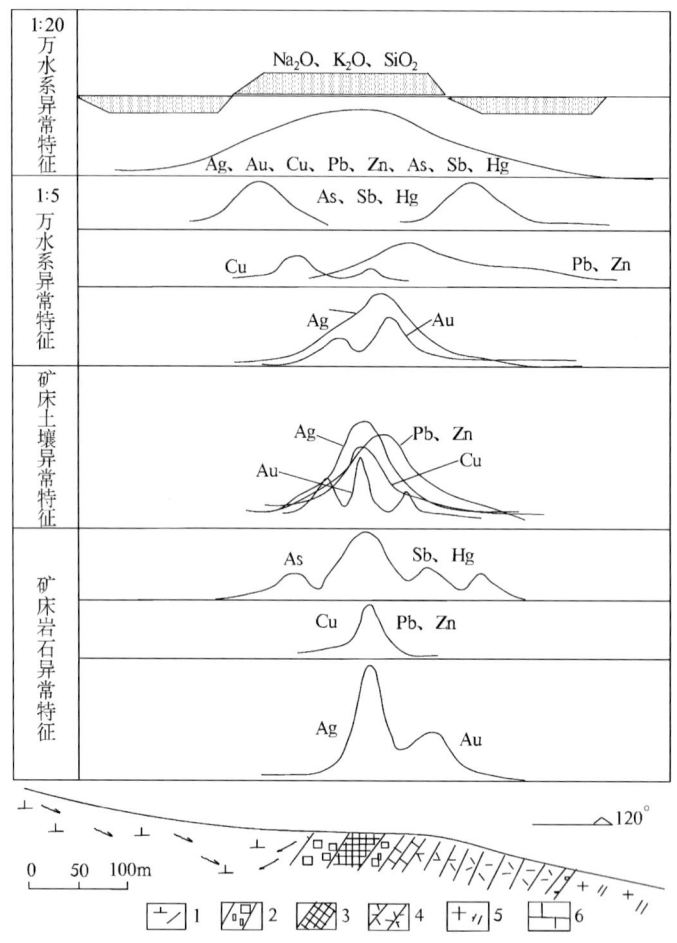

图 6-1-10　二密铜矿 DHJ-5 异常典型矿床勘探剖面图

a.激电中梯视电阻率、视极化率异常曲线;b.激电测深断面图;1.测深 M_s 等值线;2.测深 ρ_s 等值线;
3.铜矿体品位(%)/厚度;4.钻孔编号及倾角/高程;5.激电中梯视电阻率、视充电率异常曲线

表 6-1-8　二密-老岭沟铜矿预测工作区预测要素表

预测要素		内容描述	类别
地质条件	岩石类型	石英闪长岩、石英闪长玢岩、石英二云闪长岩和花岗斑岩	必要
	成矿时代	K-Ar 年龄为 95Ma(彭玉鲸等,2009)	必要
	成矿环境	晚三叠世—新生代构造单元位于华北叠加造山-裂谷系(Ⅰ),胶辽吉叠加岩浆弧(Ⅱ),吉南-辽东火山-盆地区(Ⅲ),柳河-二密火山-盆地区(Ⅳ),三源浦中生代火山沉积盆地内	必要
	构造背景	区内中生代地层产状平缓,褶皱构造不发育,以断裂构造和火山构造为主。断裂构造形迹复杂多样,可分为东升-枝沟东西向断裂带、东北天北东向断层、张家街-东升屯北西向断层、六合屯-大连川近南北向断裂	重要
矿床特征	控矿条件	控矿构造:六合屯-大连川近南北向断裂控制岩浆岩带的宏观分布,其次级断裂对矿体控制明显。燕山晚期石英闪长岩、花岗斑岩控矿:由石英闪长岩、花岗斑岩侵入派生出的含矿热液为成矿提供了物质和热源条件	必要
	矿化蚀变	矿体按矿化特点可划分为脉状-细脉浸染状矿体、脉状-复脉状矿体、网脉-浸染状矿体、浸染状矿体、块状矿体,以脉状-复脉状矿体类型为主。区内围岩蚀变主要有黄铁矿化、黄铜矿化、滑石化、透闪石化、硅化等	重要

续表 6-1-8

预测要素		内容描述	类别
综合信息	地球化学	预测工作区属于由中性—偏碱性火山岩及火山碎屑岩构成的亲石、稀有、稀土元素同生地球化学场。主要的成矿元素为 Cu，异常规模大，具有分带清晰，浓集中心明显的基本特征，强度值达到 $738×10^{-6}$。主要的伴生元素有 Pb、Zn、Ag、Au、As、Sb、Hg、W、Sn、Bi、Mo 等。在后期的岩浆侵入活动中，对 Cu 进行了强烈的叠加改造作用，共同构成复杂元素组分富集的叠生地球化学场。利于 Cu 的迁移、富集、成矿。主要的找矿指示元素为 Cu、Pb、Zn、Ag、Au、As、Sb、Hg、W、Sn、Bi、Mo，近矿指示元素为 Cu、Pb、Zn、Ag、Au，远程找矿指示元素为 As、Sb、Hg，评价成矿的尾部指示元素为 W、Sn、Mo、Ni、Bi。甲级综合异常具有较好分带现象，Au、Mo、Hg、Sn 同心套合在金的内带，中带为 Pb、Zn、Ag，外带为 W、Bi、As、Sb。主要成矿元素经历了高、中、低温复杂的成矿过程	重要
	地球物理	重力：在 1:5 万布格重力异常图上，预测工作区处于二密中生代火山盆地内，呈现出大面积重力负背景场区特征。其上叠加有比较明显的两处重力低局部异常和两处重力高局部异常。西部二密—柳南一带分布有近南北走向的椭圆状布格重力低局部异常，向南等值线较缓，场值逐渐升高。在二密铜矿附近椭圆状布格重力低局部异常向南东方向凸起，显示出次一级的重力低异常带的存在。椭圆状重力低异常大部分处于松顶山石英闪长岩体、花岗斑岩体及上侏罗统果松组分布区，仅重力低异常中心东北外侧为新太古代变质二长花岗质片麻岩分布区。磁测：预测工作区处于龙岗断块南部，出露地层主要是新太古代深变质岩系，磁场强度在 300nT 左右。八道沟村附近为侏罗纪火山岩覆盖，碎屑岩和酸性火山岩基本无磁性，而安山岩等中性岩磁化率可达 $n×100×10^{-5}$ SI，辉石安山岩可达 $1800×10^{-5}$ SI。火山岩岩性不均匀，磁性变化大，可产生一些跳跃较大的异常。区内岩浆活动频繁，沿裂隙多期多次侵入，形成大量不同性质的岩墙、岩枝、岩脉。在赤柏松附近，有一片密集的中基性岩、基性脉岩群，其中分异较好的岩脉有铜镍矿床赋存。二密北部的石英闪长岩体边缘破碎带中有已知的铜矿	重要
	重砂	预测工作区内圈定一个黄铜矿、金、毒砂、重晶石矿物组合异常，为Ⅰ级	次要
	遥感	大川-江源断裂带、富江-景山断裂带、三源浦-样子哨断裂带、兴华-白头山断裂带经过本区。本区分布有与隐伏岩体有关的复合环形构造，浅色色调异常，矿区内及周围有铁染异常及羟基异常分布	次要
找矿标志		花岗斑岩体与石英闪长岩接触带；花岗斑岩内环形破碎体构造；区域内主要蚀变带；铜甲级综合异常分布区；椭圆状重力低局部异常区	重要

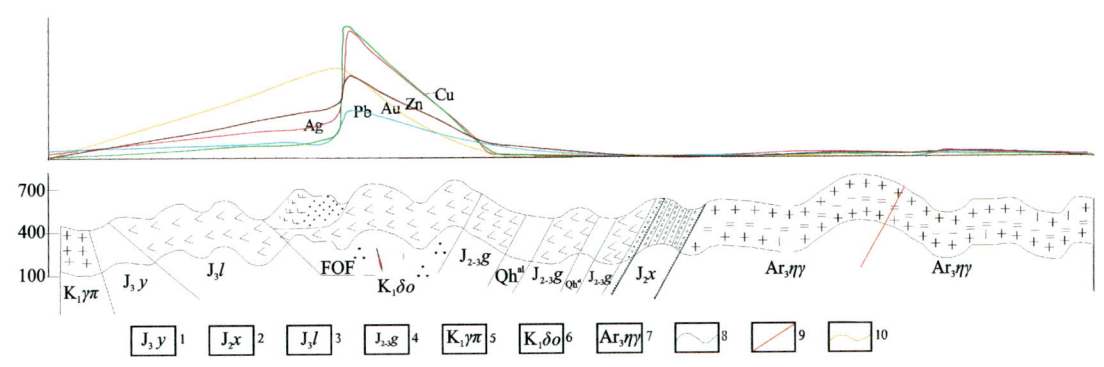

图 6-1-11 二密-老岭沟铜矿预测工作区地质、地球化学矿产预测模型

1.砂岩夹泥灰岩、页岩夹煤；2.粉砂岩夹泥灰岩、砂岩、砾岩；3.安山质集块岩、砾岩；4.安山质火山碎屑岩、砾岩；5.花岗斑岩；6.石英闪长岩；7.变二长花岗岩；8.地质界线；9.断层；10.化探异常曲线

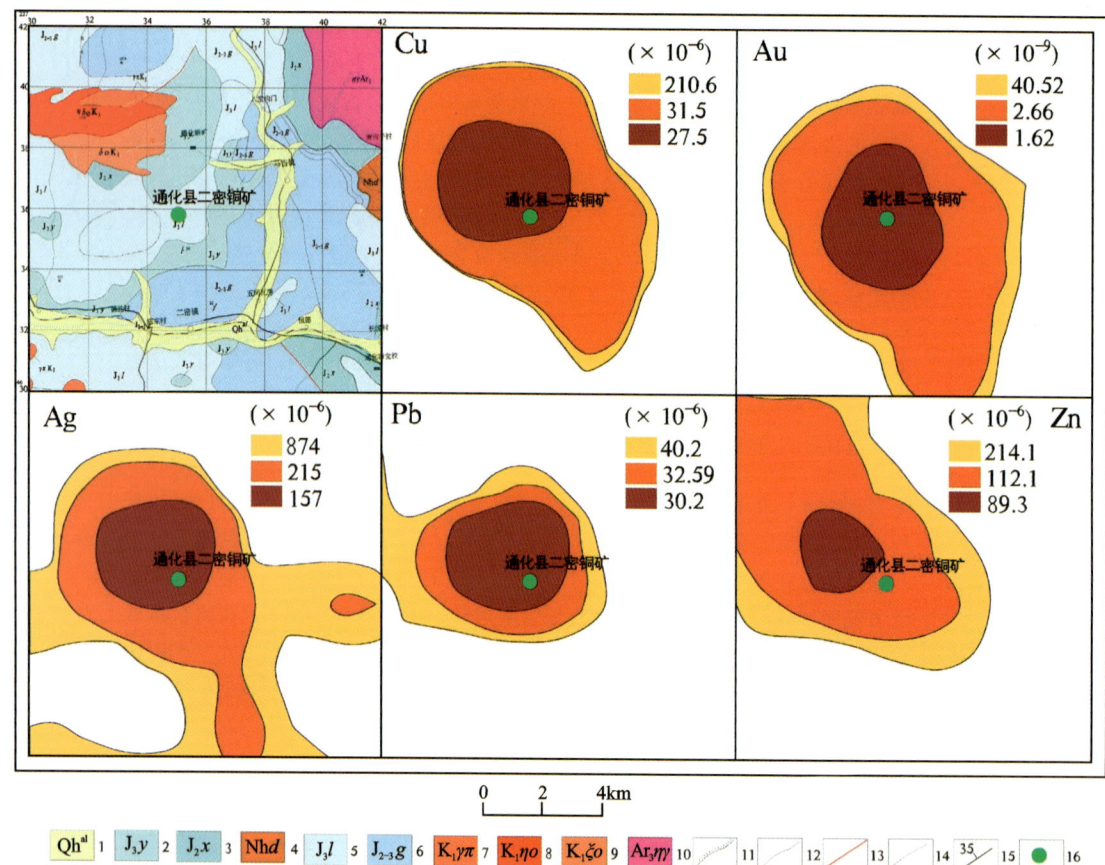

图 6-1-12 通化县二密铜矿床区域化探特征剖析图

1.全新统松散砂砾石堆积;2.上侏罗统砬子组砂岩夹泥灰岩、页岩、砾岩;3.中侏罗统小东沟组砂岩夹泥灰岩、砾岩;4.南华系细河群钓鱼台组石英砂岩、石英质角砾岩夹赤铁矿;5.南华系细河群白房子组杂色含云母粉砂岩、粉砂质页岩夹长石石英砂岩;6.上侏罗统林子头组流纹质岩屑晶屑凝灰岩、流纹质火山角砾岩夹流纹岩;7.早白垩世花岗斑岩;8.早白垩世角闪石英二长岩;9.早白垩世石英碱长岩;10.新太古代变二长花岗岩;11.角度不整合界线;12.地质界线;13.实测性质不明断层;14.相变界线;15.岩层产状;16.通化县二密铜矿

(四)赤柏松铜镍矿

1. 典型矿床

赤柏松铜镍矿床预测要素见表 6-1-9,矿产预测模型见图 6-1-13、图 6-1-14。

表 6-1-9 通化县赤柏松铜镍矿床预测要素表

预测要素		内容描述	类别
特征描述		铜镍硫化物型	
地质条件	成矿区带(全国)	Ⅱ-14 华北(陆块)成矿省	必要
	成矿区带(大区)	Ⅲ-56 辽东(隆起)Fe、Cu、Pb、Zn、Au、U、B、菱镁矿、滑石、石墨、金刚石成矿带	必要
	成矿区带(本省)	Ⅲ-56-① 铁岭-靖宇(次级隆起)Fe、Au、Ag、Cu、Pb、Zn 成矿带	必要
	岩石类型	辉绿辉长岩-橄榄苏长辉长岩-二辉橄榄岩-细粒苏长岩,含矿辉长玢岩	必要

续表 6-1-9

	预测要素	内容描述	类别
地质条件	成矿时代	2500～2484Ma(吕林素等,2006),元古宙早期;幔源岩浆锆石 SHRIMP U-Pb 年龄:164.2Ma 和 156.3Ma(李立兴等,2009)	必要
	成矿环境	前南华纪华北东部陆块(Ⅱ),龙岗-陈台沟-沂水前新太古代陆核(Ⅲ),板石新太古代地块(Ⅳ)内的二密-英额布中生代火山-岩浆盆地的南侧	必要
	构造背景	本溪-二道江断裂转弯处内侧为控制区域上基性岩浆活动的超岩石圈断裂,分布在穹状背形的核部的北东向或北北东向断裂构造是本区控岩、控矿构造	重要
矿床特征	控矿条件	岩浆控矿:分布于本区的古元古代基性—超基性岩,为有利成矿地质体。复式岩体是构造多次活动、岩浆多次侵入的产物,多形成大而富矿床,单式岩体分异完善,基性程度愈高,对形成熔离型矿床越有利。就地熔离矿体,一般位于岩体底部或下部,深源液态分离贯入型矿体多位于先期侵入岩体底部、边部或近矿围岩中。 构造控矿:本溪-浑江超岩石圈断裂为控制区域基性—超基性岩浆活动的导矿构造,区域基性岩体沿断裂古隆起一侧,分段(群)集中分布。基底穹隆核部断裂构造控制基性—超基性岩产状、形态等特征	必要
	蚀变特征	Ⅰ号岩体从不含矿岩相到含矿岩相,黑云母的含量由 1.5%～5%,在贯入型矿石中金属硫化物周围分布有黑云母等,这是一种钾化的表现,还有次闪石化,在含矿的岩体边部较为发育	重要
	矿化特征	似层状矿体,位于侵入体底部斜长二辉橄榄岩中,矿体特征与主侵入体斜长二辉橄榄岩基本一致,随其岩体北端翘起,向南东方向侧伏,侧伏角 45°,矿体长大于 1000m,厚 24.72～42.95m,主要由浸染状及斑点状矿石组成。 细粒苏长辉长岩矿体,整个岩体都是矿体,因此形态产状与细粒苏长辉长岩一致,主要由浸染状矿石及细脉浸染状矿石组成。 含矿辉长玢岩矿体,几乎全岩体都为矿体,其形态、产状与含矿辉长玢岩体完全一致,由云雾状、细脉浸染状及胶结角砾矿石组成,规模大,品位富,为主矿体。 硫化物脉状矿体,沿裂隙贯入于含矿辉长玢岩接触处,局部贯入近侧围岩中,长数十米,厚几厘米至几米。由致密块状矿石组成,规模小,品位富	重要
综合信息	地球化学	单元素铜具有清晰的三级分带和明显的浓集中心,异常强度较高,内带值达到 39×10^{-6},是直接找矿指标。与铜空间组合关系密切的元素为 Ni、Co、Mn、Au、W、Sn、Mo。主成矿元素铜在 Ni、Au、W、Sn、Mo 等元素的叠加作用下,形成较复杂元素组分富集的叠生地球化学场并富集成矿。铜甲级综合异常显示良好的成矿条件和找矿前景,赤柏松铜镍矿即分布其中,是扩大找矿规模的重要靶区。 1:1 万土壤测量显示,Ni 背景值为 50×10^{-6},Ni 最高含量 400×10^{-6},异常呈东西向分布,其峰值指示铜镍矿体存在的位置。镍/硫、m/f 和镍、硫丰度是基性程度和含矿性的重要标志	重要
	地球物理	在 1:25 万布格重力异常图上,处于近等轴状局部重力高异常边部"S"形梯度带转折处。 在 1:5 万航磁异常图上,吉 C-1987-123 强磁异常向北东低缓异常过渡部位上,该处异常突然变窄,推断北西向和北东向断裂构造在此交会。 在矿体出露部位,联合剖面出现低阻带,得到清晰的正交点,交点两侧视电阻率曲线不对称,视电阻率曲线在矿体倾斜一侧缓,交点向矿体倾斜一侧偏移;对应低视电阻率和高视极化率特征,视极化率曲线在矿体倾斜一侧梯度较缓	重要

续表 6-1-9

	预测要素	内容描述	类别
综合信息	重砂	区内圈出金重砂异常 4 处,黄铜矿重砂异常有 2 处。金、黄铜矿、辰砂、重晶石矿物组合异常 1 处,评定为Ⅱ级,规模中等,矿物含量分级Ⅲ～Ⅳ级为主。重砂异常与 Au、Cu、Ni 等化探异常有一定的吻合程度,预测金、黄铜矿、辰砂、重晶石矿物组合可为寻找中低温热液型铜镍矿提供重砂依据	重要
	遥感	位于大川-江源断裂带与四棚-青石断裂交会处,与隐伏岩体有关的复合环形构造带边部,矿区西侧遥感浅色色调异常密集区,矿区内及周围遥感铁染异常和羟基异常密集分布	次要
	找矿标志	古元古代基性—超基性岩分布区,镍/硫、m/f 和镍、硫丰度是基性程度和含矿性的重要标志;地球物理场、重力场线状梯度带或变异带存在,磁场强度 100～500nT。地球化学场,镍品位 0.01%～0.05%,高者 0.1%～0.3%,铜、镍、钴异常系数分别为＞2.2＞3.3＞2。磁异常与化探(Cu、Ni、Ag)异常重叠区	重要

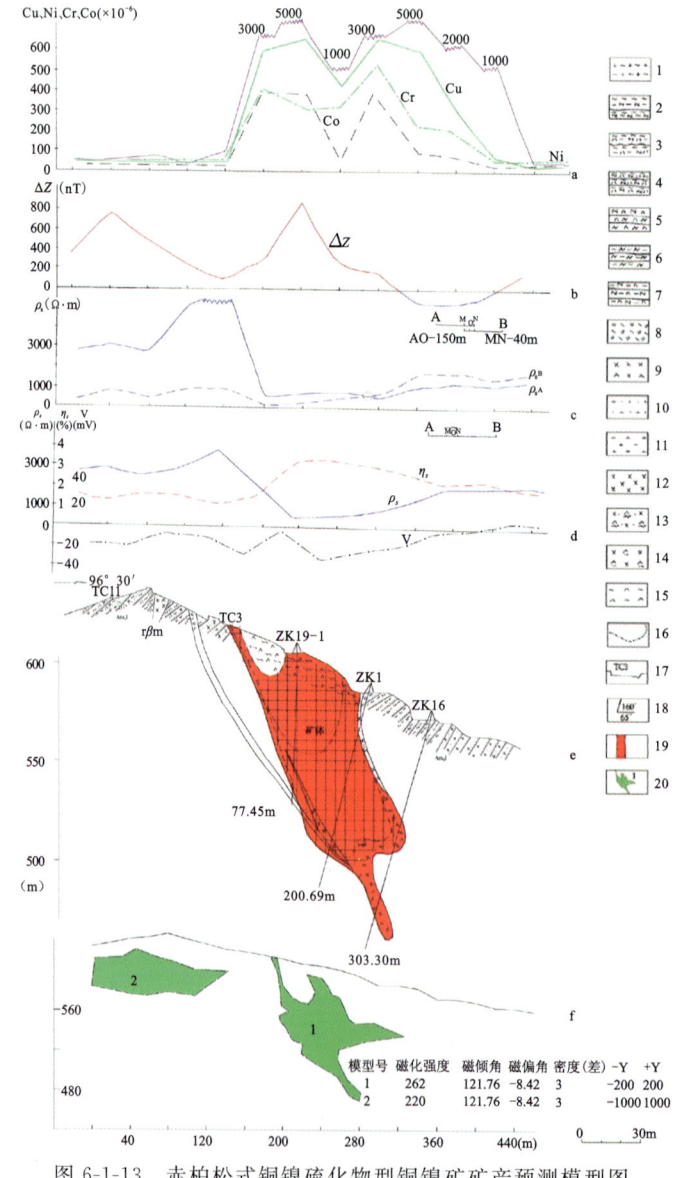

图 6-1-13 赤柏松式铜镍硫化物型铜镍矿矿产预测模型图

1.均质混合岩;2.黑云斜长片麻岩质混合岩;3.黑云角闪斜长片麻岩质混合岩;4.斜长角闪岩质混合岩;5.斜长角闪岩;6.黑云斜长片麻岩;7.黑云斜长角闪片麻岩;8.钠长斑岩;9.辉长玢岩;10.闪长斑岩;11.闪长岩;12.辉绿辉长岩;13.斑状苏长岩;14.橄榄苏长岩;15.含长斜辉橄榄岩;16.岩相界线;17.探槽及编号;18.地层产状;19.硫化铜镍矿体;20.反演地质体

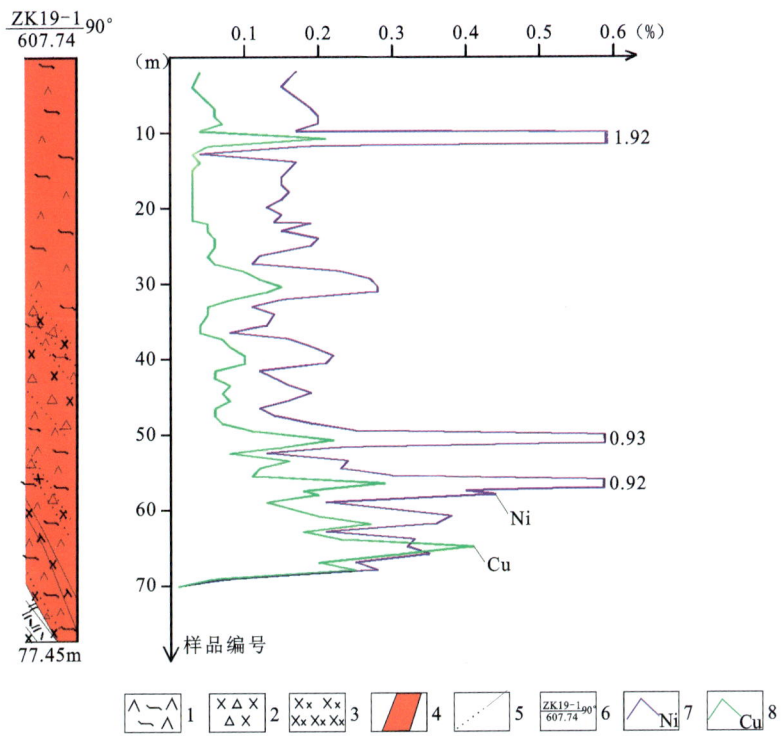

图 6-1-14　赤柏松铜镍矿床地质、化探异常综合预测模型

1.含长二辉橄榄岩；2.橄榄苏长辉长岩；3.辉绿辉长岩；4.硫化铜镍矿体；5.实测及推测地质界线；
6.钻孔编号、钻孔标高、倾角；7.原生晕 Ni 异常曲线；8.原生晕 Cu 异常曲线

2.预测工作区

赤柏松-金斗铜镍矿预测工作区预测要素见表 6-1-10，矿产预测模型见图 6-1-15。

表 6-1-10　赤柏松—金斗铜镍矿预测工作区预测要素表

预测要素		内容描述	类别
地质条件	岩石类型	变质辉长岩、橄榄苏长辉长岩、二辉橄榄岩、变质辉绿岩、正长斑岩等	必要
	成矿环境	前南华纪华北东部陆块(Ⅱ)，龙岗-陈台沟-沂水前新太古代陆核(Ⅲ)，板石新太古代地块(Ⅳ)内的二密-英额布中生代火山-岩浆盆地的南侧	必要
	构造背景	分布在穹状背形的核部的北东向或北北东向断裂构造是本区控岩、控矿构造。本溪-浑江超岩石圈断裂为控制区域基性—超基性岩浆活动的导矿构造，区域基性岩体沿断裂古隆起一侧，分段(群)集中分布。基底穹隆核部断裂构造控制基性—超基性岩产状、形态等特征	重要
矿床特征	控矿条件	岩浆控矿：分布本区的古元古代基性—超基性岩，为有利成矿地质体。复式岩体是构造多次活动、岩浆多次侵入的产物，多形成大而富矿床，单式岩体分异完善，基性程度愈高对形成熔离型矿床越有利。就地熔离矿体，一般位于岩体底部或下部，深源液态分离贯入型矿体多位于先期侵入岩体底部、边部或近侧围岩中。 构造控矿：分布在穹状背形的核部的北东向或北北东向断裂构造是本区控岩、控矿构造；本溪-浑江超岩石圈断裂为控制区域基性—超基性岩浆活动的导矿构造	必要

续表 6-1-10

预测要素		内容描述	类别
矿床特征	矿化蚀变特征	Ⅰ号岩体从不含矿岩相到含矿岩相,黑云母的含量由 1.5%变化到 5%,在贯入型矿石中金属硫化物周围分布有黑云母等,这是一种钾化的表现。其次次闪石化在含矿的岩体边部较为发育	重要
综合信息	地球化学	预测工作区具有亲石、稀有、稀土元素同生地球化学场和亲铁元素同生地球化学场的双重特征。主成矿元素 Cu 具有清晰的三级分带和明显的浓集中心,异常强度较高,内带值达到 39×10^{-6}。铜组合异常在亲铁元素同生地球化学场的基础上,由于叠加改造作用,形成较复杂元素组分的叠生地球化学场,利于铜的迁移富集和成矿。铜的综合异常具有良好的成矿条件和找矿前景,空间上与分布的矿产积极响应,是成矿的具体体现。找矿的主要指示元素有 Cu、Ni、Co、Mn、Au、W、Sn、Mo;近矿指示元素为 Cu、Ni、Au;尾部指示元素为 Co、Mn、W、Sn、Mo	重要
	地球物理	重力:赤柏松大型硫化铜镍矿床处在弧形重力高异常带东段中部南侧南北向椭圆状剩余局部重力高异常中心。在剩余重力异常图上,异常特征更为明显,矿床处于以 $2\times10^{-5}\,m/s^2$ 异常值圈定的椭圆状剩余重力高异常中心,异常长 4.4km,宽 2.5km,椭圆状剩余重力高异常最大值略大于 $3\times10^{-5}\,m/s^2$。赤柏松铜镍矿床处于北西向、北北东向重力梯度带交会部位,推断有断裂构造在此交会。新安小型铜镍矿位于赤柏松铜镍矿床西南 5.7km,处于南部重力低异常北部边缘梯度带内侧。赤柏松基性—超基性岩群,沿北西方向雁行排列和平行排列,是引起重力高异常带上的局部重力高的主要因素 磁测:预测工作区处于龙岗断块南部,出露岩层主要是龙岗群深变质岩系。对应航磁是一条高值异常带。在徐家大沟、广信村、金斗、暴家沟一带,局部异常多为南北向分布,一般值在 400~500nT,最高值大于 800nT。异常带对应太古宙片麻岩,高值部分与基性岩吻合。小赤柏松附近含铜镍矿的超基性岩体,磁场强度在 500~600nT 之间。异常带南部虎马岭村附近,局部异常呈近东西向条状及团块状分布,最高异常值 850nT。经查证,该异常带为玄武岩引起	重要
	重砂	预测工作区内圈定 1 处金、黄铜矿、辰砂、重晶石矿物组合异常,为Ⅱ级	次要
	遥感	大川-江源断裂带通过本区,有与隐伏岩体有关的复合环形构造,有浅色色调异常分布,矿区内及周围有铁染异常及羟基异常分布	次要
	找矿标志	古元古代基性—超基性岩分布区,本溪-浑江超岩石圈断裂分布区;铜的综合异常特别是甲级综合异常分布区具有良好的成矿条件和找矿前景;重力高地区;局部磁异常中的高值区	重要

(五)板石沟铁矿

1. 典型矿床

板石沟铁矿床预测要素见表 6-1-11,矿产预测模型见图 6-1-16。

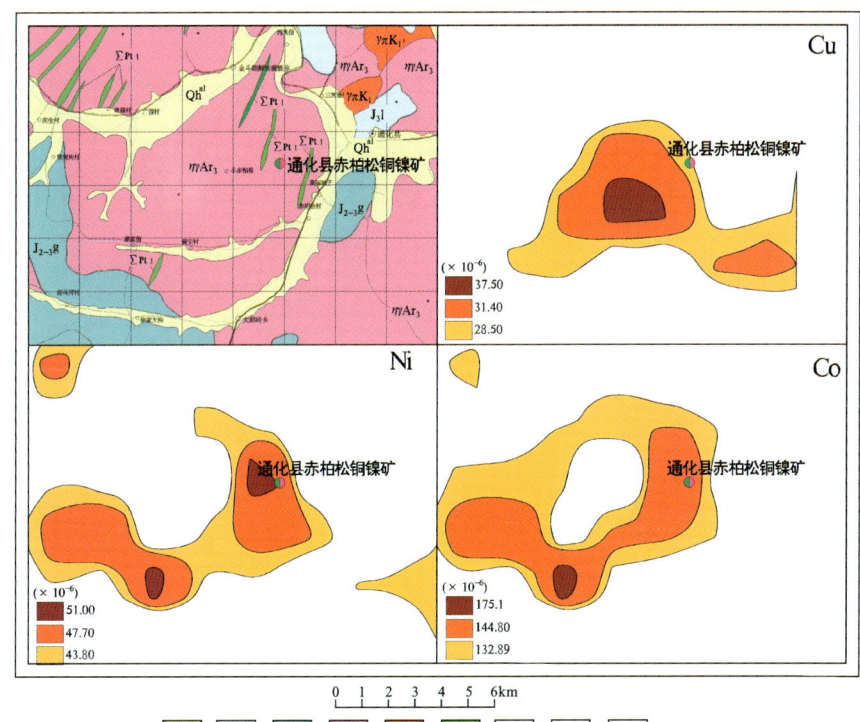

图 6-1-15　通化县赤柏松铜镍矿床区域化探异常特征剖析图

1.第四系全新统Ⅰ级阶地及河漫滩堆积;2.上侏罗统林子头组砂岩、火山碎屑岩、安山岩;3.中侏罗统果松组安山质火山碎屑岩、安山岩;4.新太古代变二长花岗岩;5.吉南-辽东段花岗斑岩;6.吉南-辽东段辉长岩、二辉橄榄岩;7.地质界线;8.角度不整合界线;9.通化县赤柏松铜镍矿

表 6-1-11　白山市板石沟铁矿床预测要素表

预测要素		内容描述	类别
特征描述		沉积变质型	
地质条件	成矿区带（全国）	Ⅱ-14 华北（陆块）成矿省	必要
	成矿区带（大区）	Ⅲ-56 辽东（隆起）Fe、Cu、Pb、Zn、Au、U、B、菱镁矿、滑石、石墨、金刚石成矿带	必要
	成矿区带（本省）	Ⅲ-56-①铁岭-靖宇（次级隆起）Fe、Au、Ag、Cu、Pb、Zn 成矿带	必要
	岩石类型	片麻岩类、斜长角闪岩、黑云变粒岩、黑云片岩,夹磁铁矿层组合	必要
	成矿时代	2700～2500Ma 之间,新太古代	必要
	成矿环境	新太古代绿岩地体内的褶皱构造核部及翼部	必要
	构造背景	前南华纪华北东部陆块（Ⅱ）,龙岗-陈台沟-沂水前新太古代陆核（Ⅲ）的板石新太古地块（Ⅳ）	重要
矿床特征	控矿条件	含铁岩系的岩石类型主要有片麻岩类、斜长角闪岩、黑云变粒岩、黑云片岩,褶皱构造控制矿体的空间产出位置	必要
	矿化特征	在褶皱翼部矿体被拉长或拉断,形成扁豆体或似层状矿体,而转折端部位的矿体则强烈加厚	重要
	地球物理	重力高异常是该类型矿床重要区域间接找矿标志;1:5 万航磁图中有十分明显的异常反映,异常强度大(190～888nT)指示矿段的空间分布;1:1 万航磁图中 10 000～20 000nT 单峰状狭窄的带状异常为出露地表矿体引起,尖陡的双峰或多峰异常带多为隐伏或埋深矿体	重要
	遥感	有较宽的糜棱岩带通过矿区;多方向断裂构造交会部位;环形构造发育且集中分布;老变质岩形成带状要素;硅化、绿泥石化等形成浅色色调异常	次要

图6-1-16 浑江市板石沟铁矿598勘探线综合剖面图

2. 预测工作区

板石沟铁矿预测工作区预测要素见表 6-1-12,矿产预测模型见图 6-1-17。

表 6-1-12　板石沟铁矿预测工作区预测要素表

预测要素		内容描述	类别
地质条件	岩石类型	一是黑云角闪斜长片麻岩、斜长角闪岩、黑云斜长片麻岩夹角闪片岩、黑云变粒岩、磁铁石英岩组合;二是黑云角闪斜长片麻岩夹角闪黑云片岩、斜长角闪岩、绢云石英片岩、磁铁石英岩组合	必要
	成矿时代	新太古代	必要
	成矿环境	新太古代边缘裂陷,新太古代绿岩地体内的褶皱构造的核部及翼部	必要
	构造背景	前南华纪华北东部陆块(Ⅱ),龙岗-陈台沟-沂水前新太古代陆核(Ⅲ)的板石新太古代地块(Ⅳ),夹皮沟新太古代地块(Ⅳ)和龙新太古代残块(Ⅳ)内	重要
矿床特征	控矿条件	完全受基底构造的控制,即完全受新太古代边缘裂陷控制。 地层控矿:鞍山式铁矿完全受新太古代绿岩地体控制,不同构造部位、不同时段的绿岩建造控制的矿床规模亦不相同。 分布于海龙、桦甸、抚松、靖宇一带的早期绿岩地体的下部主要为斜长角闪岩、角闪斜长片麻岩,局部夹角闪石岩组合,相当于原鞍山群四道砬子河岩组和杨家店岩组(部分)。仅分布有小而贫的矿点;早期绿岩地体的上部主要为斜长角闪岩、黑云斜长片麻岩、细粒黑云变粒岩、浅粒岩、二云片岩夹有超镁铁质岩(角闪石岩、滑石岩、透闪石岩),局部有磁铁石英岩组合。大体上相当于原鞍山岩群杨家店岩组,是区域上的重要赋矿层位。 分布于吉中桦甸三道沟-夹皮沟以及和龙一官地一带的晚期绿岩地体大体上相当于原夹皮沟岩群老牛沟岩组和三道沟岩组,主要为斜长角闪岩、条带状角闪磁铁石英岩、绢云石英片岩、绿泥石英岩、绿泥角闪片岩夹磁铁石英岩组合,是区域上的重要赋矿层位。 区域变质变形作用控制矿体的空间产出部位和矿体形态,一般表现为翼部矿体长而厚,转折端矿体厚度大,经拉伸作用形态发生变异	必要
	矿化特征	区域上磁铁矿化、闪锌矿化、方铅矿化、黄铁矿化点或蚀变带	重要
综合信息	地球物理	1:20 万区域重力场中重力高异常是该类型矿床重要区域间接找矿标志;1:5 万航磁 167～3270nT 异常具有直接圈定矿带和划分矿段的找矿效果;1:5000 地面磁测 5000～1000nT 可以直接圈定出露或近地表规模较大的铁矿体,异常强度小于 5000nT 的低缓异常为一定埋深和规模的盲矿体;1:2000～1:1 万地面磁测强度 1000～10 000nT 的单峰状狭窄的带状异常为出露地表矿体,尖陡的双峰或多峰异常带多为隐伏或埋深矿体。低缓异常(100～300nT)指示了该矿床深部找矿的潜在远景;低缓异常(300～500nT),具有寻找深部盲矿体的潜在价值	必要
	遥感	沿华北地台北缘断裂带台缘一侧分布;多分布于北东向或近东西向区域性规模较大的断裂构造带内;不同方向、不同规模断裂构造密集分布区及其交会部位;预测工作区多发育脆韧性变形构造带;预测工作区内环形构造发育,由隐伏岩体形成的环形构造在不同方向断裂交会部位成群出现;预测工作区内多有遥感浅色色调异常	次要

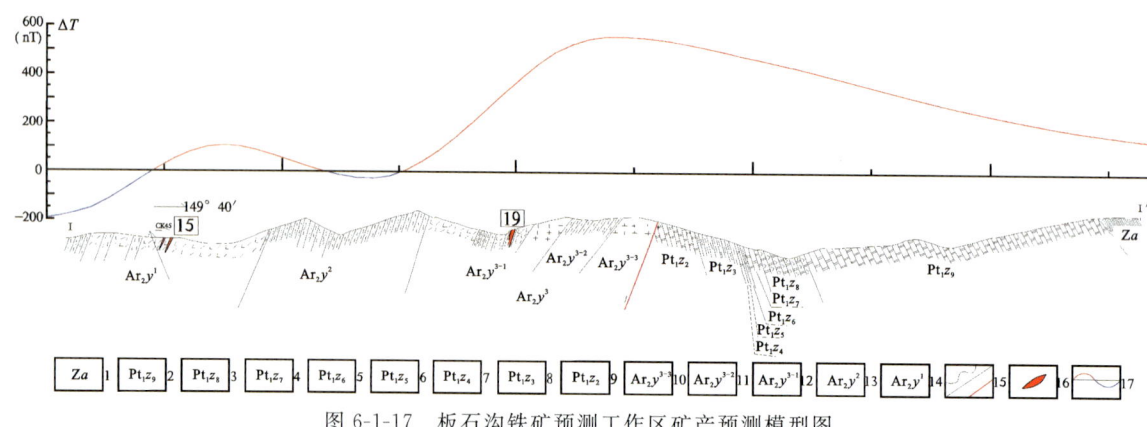

图 6-1-17 板石沟铁矿预测工作区矿产预测模型图

1.石英岩铁质石英角砾岩;2.大理岩;3.厚层块状白云石大理岩;4.铁质白云石角砾状大理岩赋磷(灰)矿层;5.碳质大理岩;6.碳质板岩;7.硅化白云石大理岩;8.千枚岩绢云片岩;9.绢云母碳质白云石大理岩;10.第四层黑云斜长片麻岩;11.第三层斜长角闪岩夹磁铁矿层;12.第二层黑云斜长片麻岩;13.第一层斜长角闪岩、含磷斜长角闪岩;14.角闪斜长片麻岩、黑云斜长片麻岩;15.地质界线/断层;16.矿体;17.航磁异常曲线

五、多矿种综合预测区特征

1. 夹皮沟-金银别综合预测区 23A

该综合预测区位于 V25 夹皮沟 Au、Fe、Ni 找矿远景区(V级成矿带)内,其成矿特征如下。

(1)地质特征:出露地层为新太古界,其由表壳岩(花岗-绿岩地体)和 TTG 岩系(英云闪长岩、奥长花岗岩、花岗闪长岩)组成。表壳岩岩性主要有斜长角闪岩、黑云变粒岩、角闪磁铁石英岩及少量超镁铁质变质岩。原岩为镁铁质火山岩、长英质火山岩及硅铁质和碎屑沉积,并有少量超镁铁质侵入岩。侵入岩较为发育,并且具有多期多阶段性特点,由老至新分别为早侏罗世石英闪长岩、花岗闪长岩、二长花岗岩,中侏罗世花岗闪长岩、二长花岗岩,早白垩世二长花岗岩。区域上构成大致呈近北东向展布的构造岩浆岩带。区内构造主要以韧性变质变形构造为主,构成夹皮沟大型韧性走滑型剪切带,总体呈北西向、局部呈近东西向展布。其次为脆性断裂构造,按照断裂构造在区内总体展布方向划分,主要有北东向和北西向,其次为近东西向。区域韧性变质变形构造对含矿层起到控制作用。

(2)矿产特征:大型金矿 2 处,中型金矿 4 处,小型金矿 10 处,金矿点 5 处,大型镍矿 1 处,镍矿点 1 处,银矿点 1 处,铅锌矿点 1 处。

(3)物探、化探、遥感、自然重砂特征:以区内中部向北东向凸起呈起伏状的弧形梯度带为界,其内侧为相对重力高异常分布区,与太古代表壳岩、TTG 组合出露区相对应,为老牛沟铁矿的赋矿层位。弧形梯度带外侧,为相对重力低异常分布区,是低密度大面积侏罗纪花岗闪长岩的重力异常反映。

区内航磁异常走向为北西向或北北西向。中部苇厦子—菜抢子—老牛沟—夹皮沟一线是一条北西向的负异常带,分布若干高值异常为老牛沟铁矿异常。南西侧清水河村、老金厂—东北岔、郎家店一带,是一片呈北西向分布,局部异常方向不一的异常带,局部异常多数与斜长角闪岩有关。北东侧的低缓正异常及负异常,由成片出露的中侏罗世花岗闪长岩引起。

区域为亲铁族元素同生地球化学场。Au 异常规模大,具有明显的分带和浓集中心。主要找矿指示元素为 Au、Cu、Ag、W、Mo、Sn、Bi、As、Sb、Hg。近矿指示元素为 Au、Ag;远程找矿指示元素为 As、Sb、Hg;评价成矿的尾部指示元素为 W、Sn、Mo、Ni、Co、Mn。

区内遥感解译小型断裂比较发育,并且以北西向和北东向为主,次为近南北向断裂,局部见近东西向断裂。不同方向断裂交会部位以及北西向弧形断裂是重要的铜成矿地段。区内的脆韧性变形趋势带比较发育,为区域性规模脆韧性变形构造。其中总体呈北西走向的脆韧性变形构造与华北板块北缘断裂带相伴生,形成一条北东向韧性变形构造带,该带与铜矿均有较密切的关系。

区内重砂矿物发育,有金、白钨矿、独居石、黄铁矿、方铅矿、黄铜矿、泡铋矿等。与成矿空间关系紧密的有金、黄铁矿、白钨矿、独居石。金-白钨矿、黄铁矿、独居石及金-方铅矿、黄铜矿、泡铋矿重砂组合,可成为寻找夹皮沟式金矿的找矿模式之一。

2.38A 赤柏松-二密综合预测区

该综合预测区位于V28二密-赤柏松Cu、Ni、Fe找矿远景区(Ⅴ级成矿带)内,其成矿特征如下。

(1) 地质特征:区内地层主要以新太古代表壳岩为主,主要岩性为黑云斜长片麻岩、斜长角闪岩夹浅粒岩、透闪石岩及麻粒岩,变质程度较深,属高级角闪岩相—麻粒岩相,多被太古宙云英闪长岩侵入,仅以包体形式存在于云英闪长岩中。湾湾川一带表壳岩以片状斜长角闪岩、浅粒岩为主,多被钾长花岗岩侵入。

在区内北东向三源堡-三棵榆树拉分-张裂盆地和北西向通化-二密构造岩浆带的交会部位有强烈的晚燕山期(166~95Ma)岩浆活动。岩石类型有石英闪长岩、石英二长闪长岩和花岗斑岩体,均呈小岩株或小岩滴状产出的浅层或超浅成(次火山岩)侵入体。燕山晚期石英闪长岩、花岗斑岩岩体控制斑岩铜矿。

赤柏松基性—超基性岩体群,呈北西走向,长21km,宽11km。区内有11个(条)基性—超基性岩体。岩体分异作用不明显,岩体的不同部位岩性、岩相有差异。赤柏松基性—超基性岩是铜矿床的载体。

二密地区北西向、东西向断裂交会的破火山口处,或近南北向的继承性构造,它们不但控制了区域的构造岩浆活动,而且控制了含矿流体的区域分布和就位空间。赤柏松地区北东向或北北东向断裂构造在本区十分发育,多被古元古代以来的基性岩、超基性岩充填,呈多期活动特点,是本区控岩、控矿构造。东西向断裂构造是本区发育最早的构造,由于受后期岩浆构造改造、叠加,表现不够连续,多数为较大逆断层或逆掩断层。

(2) 矿产特征:中型铜镍矿1处,小型铜镍矿2处,铜镍矿点3处,中型铜矿1处,小型铁矿2处,铁矿点4处。

(3) 物探、化探、遥感、自然重砂特征:赤柏松地区北部1:25万布格重力异常为一向北凸起的近弧形重力高异常带,南部为重力低异常分布区。重力高异常带梯度陡,赤柏松大型硫化铜镍矿床处在弧形重力高异常带东段中部南侧的北西向、北北东向重力梯度带交会部位的南北向椭圆状剩余局部重力高异常中心。新安铜镍矿床位于南部重力低异常北部边缘梯度带内侧。二密地区以大面积重力负背景场区为特征。二密中型铜矿床位于局部重力低异常边部。

龙岗岩群深变质岩对应航磁是一条高值异常带。局部异常为玄武岩引起。自黎明村—三河堡村—河夹信,向北至西趟子附近,异常带大体上呈北北西向分布,主要是侏罗纪安山岩的反映。二密地区东部是平缓弱磁场,西部是跳变的强磁场。东部大片弱磁场区主要是新元古代地层和部分新太古代弱磁性变质岩的反映。

区域为亲石、稀有、稀土元素同生地球化学场,南部赤柏松地区具有亲铁元素同生地球化学场的双重特征。赤柏松地区主成矿元素Cu、Ni。找矿的主要指示元素为Cu、Ni、Co、Mn、Au、W、Sn、Mo。近矿指示元素为Cu、Ni、Au;尾部指示元素为Co、Mn、W、Sn、Mo。二密地区主成矿元素为Cu,近矿指示元素为Cu、Pb、Zn、Ag、Au;远程找矿指示元素为As、Sb、Hg;评价成矿的尾部指示元素为W、Sn、Mo、Ni、Bi。

赤柏松地区遥感解译小型断裂以北东向和北西向为主,北北东向和东西向次之,局部见北西西向、北北东向、北东东向和北北西向小型断裂,北西向小型断裂多表现为张性特征,其他各方向断裂多表现为压性特征,铜-多金属矿多分布于小型断裂的交会部位。二密地区遥感解译小型断裂比较发育,以北东向和北西向为主,北北东向和北北西向次之,局部见北西西向、东西向、北东东向和近南北向。不同方向小型断裂的交会部位,是重要的铜成矿区。脆韧性变形构造形成于中生代以前的地层及岩体中,与兴华-白头山断裂带为同期形成,与铜矿有密切的关系。区内的环形构造比较发育,主要集中于不同方向断裂交会部位,隐伏岩体形成的环形构造与铜、金、多金属矿床(点)的关系均较密切。

重砂异常矿物有金、黄铜矿、辰砂、黄铁矿、毒砂、重晶石。

3.39A 四方-板石综合预测区

(1)地质特征:位于辽吉古陆块(Ⅱ级),龙岗古陆(Ar—Pt$_2$)与浑江坳陷盆地(Nh—P)接壤地带。区域出露地层主要为中太古界四道砬子河岩组斜长角闪岩与黑云变粒岩互层夹磁铁石英岩,杨家店岩组黑云片麻岩夹斜长角闪岩及磁铁石英岩,呈残块保存于变质英云闪长质片麻岩之中,是沉积变质型铁矿的重要载体。新太古界老牛沟岩组斜长角闪岩、黑云变粒岩原岩为中基性—酸性火山(碎屑)岩、硅铁质沉积岩,是吉林省铁、金矿产的重要赋存层位。

侵入岩只有六道江镇北西分布的花岗斑岩类,在桥头组与万隆组之间呈脉状(似层状)产出,长约4km。其SHRIMP锆石U-Pb年龄为31.6±13Ma。本区在区域应力作用下形成具有一定规模的多种变形构造,以脆性变形构造发育为特点,有韧性剪切带、断层(逆冲、走滑、正滑)、褶皱等构造。

(2)矿产特征:大型沉积变质型铁矿1处,中型铁矿1处,小型铁矿5处,铁矿点5处,金矿点1处,铜矿点1处。代表性的矿床为白山市板石沟铁矿床、通化县四方山铁矿床。

(3)物探、化探、遥感、自然重砂特征:板石沟大型铁矿床、四方山中型铁矿床一般处于由太古宙表壳岩引起的规模较小的局部重力高异常上,局部正磁异常,规模不大,处于低缓正、负异常区背景中。

浑江板石沟铁矿形成于大川-江源断裂带最宽处向北东收敛部位,有晚期的北西向断裂、北东向脆韧性变形构造带通过矿区,矿区内环形构造集中分布,遥感浅色色调异常区,中太古代英云闪长片麻岩形成的带要素内,板石块状构造边部、矿区及周围,羟基异常、铁染异常集中分布。

本成矿带其他的综合预测区19B、20B、21C、22B、25C、36B、37C成矿地质特征详见表6-1-13。

表6-1-13 铁岭-靖宇Ⅳ级成矿带综合预测区成矿特征表

Ⅳ级成矿(区)带	综合预测区编号及名称	综合预测区面积/km²	矿种	矿产预测类型	成矿地质	代表性矿床
Ⅲ-56-①	19B 香炉碗子	62	金	香炉碗子式火山热液型	香炉碗子次火山岩,岩性为流纹质含角砾岩屑晶屑凝灰岩及流纹质熔结凝灰岩出露区	香炉碗子金矿
	20B 安口镇-柳树河子	411	金	夹皮沟式绿岩型、香炉碗子式火山热液型	新太古代表壳岩;流纹质凝灰岩。岩性为斜长角闪岩、超镁铁质变质岩,夹黑云变粒岩和条带状磁铁石英岩,金矿床赋存于镁铁质火山岩之中	
			铁	鞍山式沉积变质型	中太古界杨家店岩组变质建造	
			铜	红透山式沉积变质改造型	新太古界鸡南岩组、官地岩组斜长角闪岩、浅粒岩、变粒岩或深成侵入体英云闪长质片麻岩	

续表 6-1-13

Ⅳ级成矿(区)带	综合预测区编号及名称	综合预测区面积/km²	矿种	矿产预测类型	成矿地质	代表性矿床
Ⅲ-56-①	21C 石棚沟- 石门子	408	金	夹皮沟式绿岩型	新太古代表壳岩(也称花岗-绿岩地体)中的斜长角闪岩、黑云变粒岩、角闪磁铁石英岩及少量超镁铁质变质岩组合	
			铁	鞍山式沉积变质型	中太古界杨家店组变质建造	
	22B 天合兴- 松树川	661	钼	天合兴式斑岩型	晚侏罗世花岗闪长岩、早白垩世花岗斑岩	天合兴钼矿
			铁	鞍山式沉积变质型	中太古界四道砬子河岩组下段变质建造太古代变质建造	
			铜	二密式斑岩型	石英斑岩、花岗斑岩	天合兴铜矿
	23A 夹皮沟- 金银别	966	金	夹皮沟式绿岩型	新太古代表壳岩(也称花岗-绿岩地体)中的斜长角闪岩、黑云变粒岩、角闪磁铁石英岩及少量超镁铁质变质岩组合	夹皮沟金矿、二道沟金矿、六匹叶金矿
			镍	赤柏松式基性—超基性岩浆熔离-贯入型	控矿岩体有中太古代变辉长—辉绿岩,新太古代变辉长岩、变辉长辉绿岩、角闪石岩,古元古代变质辉绿岩、变质辉长—辉绿岩	
			铁	鞍山式沉积变质型	三道沟组上段黑云斜长片麻岩、斜长角闪岩和磁铁石英岩、黑云片岩夹多层磁铁石英岩	老牛沟铁矿
			铜	红透山式沉积变质改造型	新太古界夹皮沟岩群之老牛沟岩组和三道沟岩组的斜长片麻岩、黑云变粒岩、绢云石英片岩、斜长角闪岩、角闪片岩、绢云绿泥片岩夹角闪磁铁石英岩、石榴二辉麻粒岩英云闪长质片麻岩、变二长花岗岩、变钾长花岗岩、紫苏花岗岩是主要的含矿建造	
	25C 西林河- 湾沟	110	金	海沟式岩浆热液型	中元古界色洛河岩群红光岩组含砾黑云斜长角闪片麻岩、斜长角闪岩、绢云片岩夹镁质大理岩-磁铁石英岩、斜长角闪岩夹变粒岩、含石榴石斜长变粒岩、黑云斜长片岩、二云片岩、绢云绿泥片岩、变凝灰质板岩、变质砂岩夹钙质板岩、含碳泥质板岩组合。中生代花岗岩类、闪长玢岩	

续表 6-1-13

Ⅳ级成矿（区）带	综合预测区编号及名称	综合预测区面积/km²	矿种	矿产预测类型	成矿地质	代表性矿床
Ⅲ-56-①	25C 西林河-湾沟	110	银	西林河式岩浆热液型	矿体赋存于珍珠门岩组大理岩与太古宙花岗质糜棱岩接触带上。燕山期五道溜河侵入岩体与成矿关系密切，为主要控矿岩体	西林河银矿
	36B 古洞河-官地	455	金	夹皮沟式绿岩型	新太古代表壳岩（也称花岗-绿岩地体）中的斜长角闪岩、黑云变粒岩、角闪磁铁石英岩及少量超镁铁质变质岩组合	
			镍	红旗岭式基性—超基性岩浆熔离-贯入型	赋矿岩体主要为基性—超基性岩体	
			铁	鞍山式沉积变质型	新太古界三道沟岩组地层控制，岩性组合为角闪长英片麻岩、长英片麻岩、黑云母长英片麻岩及黑云母角闪长英片麻岩	官地铁矿
			铜	红透山式沉积变质改造型	新太古界鸡南岩组、官地岩组斜长角闪岩、浅粒岩、变粒岩或深成侵入体英云闪长质片麻岩是主要含矿层	
	37C 三道林场-百里坪	506	铁	鞍山式沉积变质型	新太古界鸡南岩组斜长角闪岩-黑云变粒岩	
			银	百里坪式岩浆热液型	斜长花岗岩和二长花岗岩、似斑状二长花岗岩中酸性侵入岩与成矿关系最为密切	百里坪银矿
	38A 赤柏松-二密	308	镍	赤柏松式基性—超基性岩浆熔离-贯入型	古元古代基性—超基性岩	赤柏松铜镍矿
			铜	赤柏松式铜镍硫化物型	古元古代基性—超基性岩，燕山期石英斑岩、花岗斑岩	赤柏松铜镍矿、二密铜矿
	39A 四方-板石	247	金	夹皮沟式绿岩型	新太古代表壳岩（也称花岗-绿岩地体）中的斜长角闪岩、黑云变粒岩、角闪磁铁石英岩及少量超镁铁质变质岩组合	
			铁	鞍山式沉积变质型	新太古界老牛沟岩组变质建造	板石铁矿、四方山铁矿

第二节 营口-长白成矿带

一、区域地质背景

该成矿带晚三叠世—新生代构造单元分区位于华北陆块（I2），华北东部陆块（II3），胶辽吉裂谷（III7）内。

该成矿带前南华构造单元分区位于华北陆块（I2），华北东部陆块（II3），辽吉古元古裂谷带（III5）内。

1. 构造特征

沿珍珠门岩组与花山岩组接触带上分布一条规模巨大的韧性剪切带，这一剪切带是一条北东向"S"形构造带，长百余千米；松树-错草沟韧性剪切带，位于浑江市荒沟山铅锌矿区的珍珠门岩组和太古宙地层接触部位，走向北东，长60km，宽1~2km；银子沟-刘家趟子韧性剪切带，位于珍珠门岩组与太古宙岩层接触部位，长7~8km，宽300~400m，南北向展布；板庙-双岔韧性剪切带，位于珍珠门岩组大理岩中，长5km，宽50~100m，南北向展布，与金及多金属矿关系比较密切。古元古代裂谷中韧性剪切带多分布于不同岩石单元接触带上。

2. 地层

北东段出露的地层主要由中元古界集安岩群和老岭岩群组成。集安岩群为一套以含石墨、含硼、高铝为特征的火山-沉积建造，属裂谷早期建造。老岭岩群珍珠门岩组厚层白云质大理岩、条带状角砾状大理岩；花山岩组云母片岩、大理岩；临江岩组二云片岩、黑云变粒岩夹灰白色中厚层石英岩；大栗子岩组千枚岩夹大理岩及石英岩，分布于老岭背斜两翼，出露于南岔、大横路、荒沟山、临江、大栗子一带；大栗子以东被新近纪玄武岩覆盖。长度大于150km，宽50km左右，面积约7500km^2，出露面积约4000km^2。这套中浅变质岩系是由碳酸盐岩-碎屑岩建造组成，其原岩是镁质碳酸盐岩、浊积岩及富铁铝沉积岩类。南西段主要为中生代岩浆活动区，出露的地层主要为中生代火山沉积建造，古元古界、下古生界零星分布于其中。

在该成矿带北部通化—抚松一带出露青白口系，底部与珍珠门岩组接触带及附近发现厚度大、矿化体稳定、品位较高的特殊类型金矿，该类金矿与青白口系钓鱼台组富赤铁矿层有关（图6-2-1）。

3. 侵入岩

在该带中分布由中生代花岗岩类岩石组成的龙头岩体、幸福山岩体、梨树沟岩体、草山岩体和老秃顶子岩体，它们的金含量高出地壳克拉克值（龙头岩体0.0012×10^{-6}~135×10^{-6}），与成矿有较大的关系。

4. 大型变形构造

该带构造复杂，中生代岩浆活动强烈。变质岩系经历多期变质变形，第1期褶皱变形控制"检德"式铅锌矿，第2期变形控制大横路铜钴矿的矿体形态。著名的控矿断裂是南岔-荒沟山-小四平S型构造带，总体上沿珍珠门岩组与大栗子岩组接触带发生、发展和演化。长度大于80km，宽0.1~0.5km。沿该构造带发生显著的岩溶作用，形成较大规模的岩溶角砾岩带。

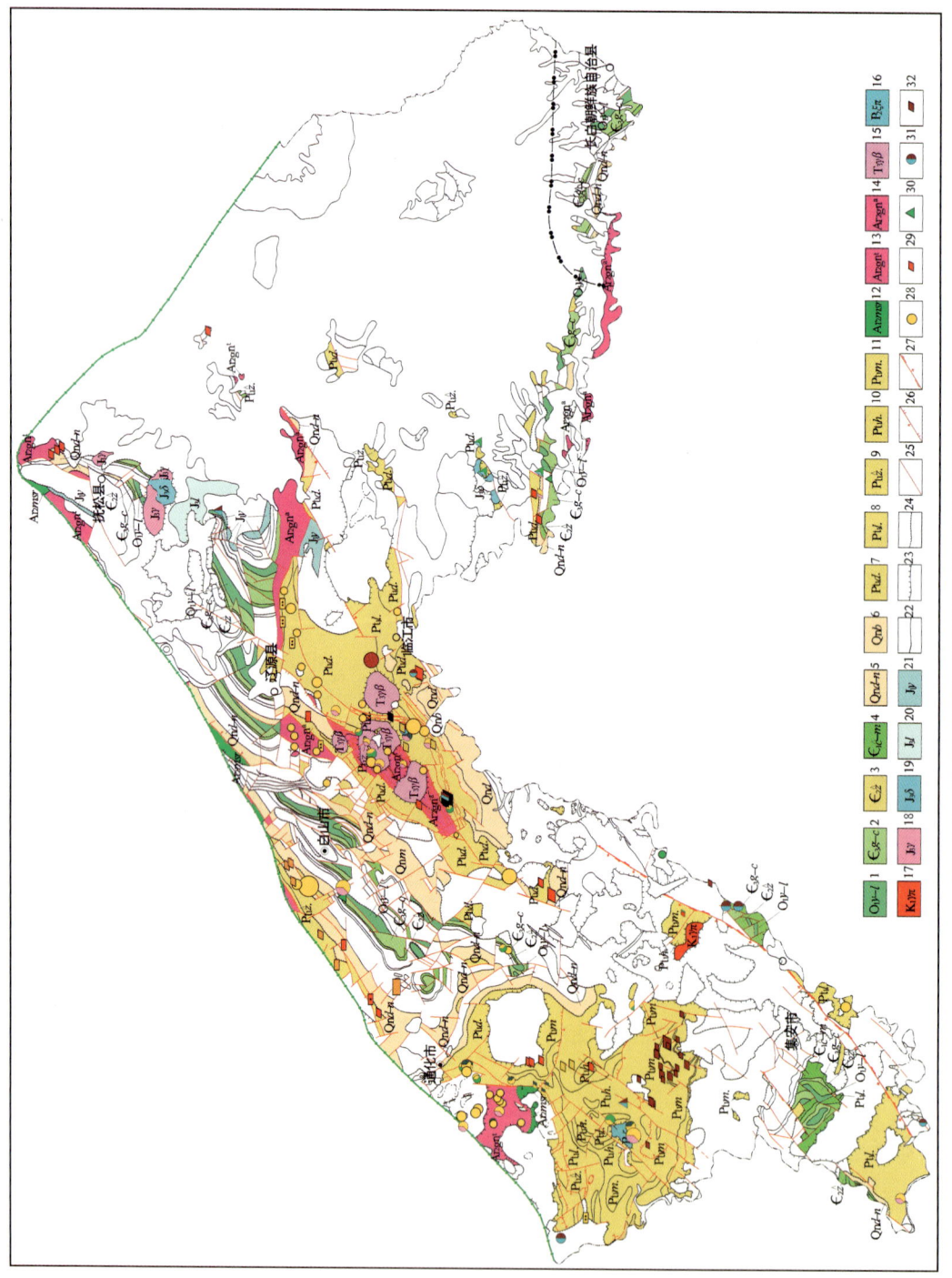

图6-2-1 Ⅲ-56-②营口-长白Ⅳ级成矿带区域矿产地质图

1. 冷里组、亮甲山组并层；2. 菌山组、炒米店组并层；3. 张夏组；4. 昌平组；5. 钓鱼台组并层；6. 白房子组；7. 大栗子岩组；8. 临江岩组；9. 珍珠门岩组；10. 荒岔沟岩组；11. 鳎蚁河岩组；12. 变质表壳岩；13. 英云闪长质片麻岩；14. 钾长花岗质片麻岩；15. 黑云母花岗岩；16. 正长岩岩斑；17. 花岗斑岩；18. 花岗岩；19. 闪长岩；20. 林子头岩；21. 又和组；22. 整合岩层界线；23. 超动接触界线；24. 角度不整合界线；25. 性质不明断层；26. 逆断层倾向及倾角；27. 左行走滑断层；28. 金矿；29. 铁矿；30. 铁矿；31. 铅锌矿；32. 硼矿

二、区域矿产特征

1. 区域矿产特征

本区为吉林省主要成矿带,已知重要矿产大、中、小型矿床共148处,涉及的重要矿种有金、银、铜、铁、铅锌、钼、硼、磷、硫铁矿等(图6-2-2)。

本带存在的成矿系列有集安地区与古元古代裂谷火山沉积变质作用有关的Au、Pb、Zn、Fe、B、石墨矿床成矿亚系列,代表性矿床为高台沟式沉积变质型硼矿;吉南地区与古元古代沉积-侵入岩浆作用有关的Au、Fe、Cu、Pb、Zn、Ni、Co、S、P、滑石矿床成矿系列,代表性矿床为青城子式沉积-改造型荒沟山铅锌矿、大横路式沉积变质型大横路铜钴矿、大栗子式沉积变质型大栗子铁矿。老岭岩群珍珠门岩组薄层—微层硅质及碳质条带状或含燧石结核的白云岩或白云岩化的碳酸盐岩;大栗子岩组云母片岩、大理岩、千枚岩夹大理岩;花山岩组云母片岩、大理岩、千枚岩夹大理岩控矿。

浑北地区与新元古代沉积-热液改造作用有关的Au、Cu矿床成矿亚系列,代表性矿床为金英式热液改造型金英金矿。钓鱼台组石英砂岩、含海绿石石英砂岩、厚层状中粒石英砂岩、赤铁石英砂岩控矿。

浑江地区与新元古代沉积作用有关的Fe矿床成矿亚系列,代表性矿床为浑江式沉积型白房子铁矿。白房子组、钓鱼台组铁质砂岩夹鲕绿泥石,赤铁矿岩-菱铁矿岩建造控矿。

吉南地区与燕山期岩浆热液作用有关的Au、Pb、Zn、Sb、Ag矿床成矿亚系列,代表性矿床为荒沟山式岩浆热液改造型荒沟山金矿、青沟子式岩浆热液型青沟子锑矿。老岭岩群珍珠门岩组的厚层(块状)白云石大理岩顶部的碎裂化、构造角砾岩化、硅化白云石大理岩组合,中生代花岗岩类侵入体控矿。锑矿主要矿体赋存在临江岩组、大栗子岩组泥质碎屑岩,以及印支期草山单元黑云母花岗岩中。

吉南地区与燕山晚期中酸性次火山侵入岩浆热液作用有关的Au、Cu、Ag、Mo、Pb、Zn矿床成矿亚系列,代表性矿床为六道沟式矽卡岩型铜山铜钼矿。

吉南地区与古生代沉积作用有关的P矿床成矿系列,代表性矿床为水洞式沉积型水洞磷矿。

中元古界集安岩群蚂蚁河(岩)组斜长角闪岩、黑云变粒岩、钠长浅粒岩、电气石英岩、白云质大理岩、蛇纹石化橄榄大理岩等;荒岔沟岩组石墨变粒岩、含石墨透辉变粒岩、大理岩夹斜长角闪岩;大东岔岩组含夕线石榴变粒岩、片麻岩夹含石榴黑云斜长片麻岩与热液型西岔-金厂沟中型金银矿、沉积变质型集安高台沟中型硼矿、矽卡岩型集安县正岔小型铅锌矿等已知矿床成矿有关。赋存矿产主要有沉积变质型硼镁石矿、硼镁铁矿、金银矿、铅锌矿,其次有石棉矿、金云母矿、透辉石矿、水镁石矿、硫铁矿、铁矿等。

该成矿带向北东折向南东与朝鲜惠山-利原金多金属成矿带相接,在朝鲜境内有云兴铜矿、检德铅锌矿等大型和特大型矿床,南西则与辽南青城子-盖县金、多金属成矿带毗连。2000年吉林省地质调查院在大松树工作区发现资源远景达特大型金矿。本成矿带矿产地特征见表6-2-1。

表6-2-1 营口-长白Ⅳ级成矿带矿产地特征表

序号	矿种	共(伴)生矿产	矿产地名称	成因类型	成矿时代	主矿产规模
1	金	铅锌	通化市后刀条背金矿点	热液型	侏罗纪	矿点
2	金	铜、铅	通化市跃进金矿	热液型	侏罗纪	小型
3	金		通化市宋家街金矿点	热液型	侏罗纪	矿点
4	金		通化市江沿四队金矿点	热液型	侏罗纪	矿点
5	金		通化市江沿三队金矿点	热液型	侏罗纪	矿点

续表 6-2-1

序号	矿种	共(伴)生矿产	矿产地名称	成因类型	成矿时代	主矿产规模
6	金		通化市金厂江沿金矿点	热液型	侏罗纪	矿点
7	金	铅	通化市刀条背金矿点	沉积变质型	侏罗纪	矿点
8	金	铅、锌、铜	通化市石家铺子金矿	热液型	侏罗纪	小型
9	金	铅	通化市南二庙地金矿点	热液型	侏罗纪	矿点
10	金		吉林省通化南金矿	热液型	侏罗纪	小型
11	金		通化县砬古角区金矿	热液型	侏罗纪	矿点
12	金		通化县复兴村金矿	热液型	中侏罗世	矿点
13	金	银	通化县河口金矿	热液型	侏罗纪	小型
14	金	铜、铅	通化县先锋金矿	热液型	中元古代	矿点
15	金		通化县南岔金矿(南岔和Ⅰ号矿段2号矿组)	热液型	中元古代	小型
16	金	银	通化县西北天金矿床	热液型	中侏罗世	矿点
17	金	铜、铅	通化县大旺金矿点	热液型	中元古代	矿点
18	金	铅	通化县郭家沟金矿点	热液型	侏罗纪	矿点
19	金	银、铅、铜、锌	通化县龙胜金矿	热液型	侏罗纪	小型
20	金		通化市马鞍山金矿点	热液型	侏罗纪	矿点
21	金		吉林省通化县南岔金矿	热液型	侏罗纪	中型
22	金	铜	通化县泉源沟金矿点	热液型	侏罗纪	矿点
23	金		通化县马当沟金矿	热液型	侏罗纪	小型
24	金	银	通化县西北天金矿	热液型	侏罗纪	小型
25	金	银	通化县河口金矿	热液型	侏罗纪	小型
26	金		通化县新农砂金矿	砂矿型	中新世	小型
27	金		通化市梨树沟门金矿点	热液型	侏罗纪	矿点
28	金	铅	集安市金厂沟金矿	热液型	侏罗纪	小型
29	金	银、铅	集安县西岔金矿床	热液型	侏罗纪	矿点
30	金		集安市下活龙金矿	热液型	中侏罗世	小型
31	金	银	集安市古马岭金矿	热液型	中侏罗世	小型
32	金	铅	集安市马家东沟金矿点	沉积变质型	古元古代	矿点
33	金	铅	集安市板房沟金矿点	沉积变质型	古元古代	矿点
34	金	铅	集安市委子沟金矿点	沉积变质型	古元古代	矿点
35	金	银、汞、锌	浑江市乱泥塘金矿	沉积变质型	古元古代	小型
36	金	铜、铅、锌	白山五道阳岔4号金矿	热液型	三叠纪	小型
37	金		白山大青沟金矿(氧化矿)	热液型	古元古代	小型
38	金		白山市金英金矿	热液型	新太古代	大型
39	金		白山市五道阳岔金矿点	热液型	三叠纪	矿点
40	金	银	白山市老秃顶子金银矿点	热液型	侏罗纪	矿点
41	金		白山市湾沟镇平川砂金矿	砂矿型	中新世	小型

续表 6-2-1

序号	矿种	共(伴)生矿产	矿产地名称	成因类型	成矿时代	主矿产规模
42	金		白山市小四平砂金矿点	砂矿型	中新世	矿点
43	金		湾沟镇小干沟金矿点	热液型	古元古代	矿点
44	金		白山市天桥金矿点	热液型	侏罗纪	矿点
45	金		白山市板庙子金矿	热液型	白垩纪	小型
46	金		江源县大阳岔金矿(Ⅳ矿段和大阳岔)	热液型	白垩纪	矿点
47	金		江源县榆木桥子河砂金矿	砂矿型	中新世	小型
48	金		白山市汤河矿区砂金矿	砂矿型	中新世	小型
49	金		浑江市双顶岭金矿化点	热液型	中侏罗世	矿化点
50	金	铜、铅、汞	浑江市大横路金矿	热液型	中侏罗世	矿点
51	金		江源县西川金矿	热液型	侏罗纪	矿点
52	金		江源县小四平金矿	热液型	侏罗纪	小型
53	金		江源县天桥村金矿	热液型	侏罗纪	矿点
54	金		江源县小石人金矿	热液型	侏罗纪	矿点
55	金		江源县石青沟金矿	热液型	侏罗纪	矿点
56	金	银	江源县五道阳岔金矿(1、2、4号金矿体)	热液型	侏罗纪	小型
57	金		江源县六道阳岔金矿	热液型	侏罗纪	矿点
58	金		临江市高丽沟金矿	热液型	侏罗纪	小型
59	金	铜、铅	临江市干饭盆金矿点	热液型	侏罗纪	矿点
60	金	铜、铅	临江市三道沟门金矿点	热液型	元古宙	矿点
61	金		临江市花山镇老三队金矿	热液型	侏罗纪	小型
62	金		临江市八里沟金矿(包括前八里沟)	热液型	侏罗纪	矿点
63	金		临江市银子沟金矿点	热液型	侏罗纪	矿点
64	金	银	临江市错草沟金矿	热液型	侏罗纪	小型
65	金		临江市花山乡臭松沟金矿点	热液型	侏罗纪	矿点
66	金		临江市二道阳岔金矿点	热液型	侏罗纪	矿点
67	金		临江市前八里沟金矿点	热液型	古元古代	矿点
68	金		临江市聂家沟金矿点	热液型	侏罗纪	矿点
69	金		临江市大松树金矿点	热液型	侏罗纪	矿点
70	金	铜	通化市小米营金矿点	—	前寒武纪	矿点
71	金		集安市天桥沟金及多金属矿	陆相火山岩型	古元古代	小型
72	铜、金		集安复兴屯铜金矿	热液型	侏罗纪	小型
73	金	银、铜	集安县水清沟金、银矿点	热液型	古元古代	矿点
74	金	银、铅	集安市西岔-金厂沟金矿	热液型	白垩纪	中型
75	金、银		刘家堡子-狼洞沟金银矿	热液型	白垩纪	中型
76	金		临江市荒沟山金矿	热液型	侏罗纪	中型
77	金	银	临江市花山镇淘金沟金矿	热液型	侏罗纪	小型

续表 6-2-1

序号	矿种	共(伴)生矿产	矿产地名称	成因类型	成矿时代	主矿产规模
78	磷		通化水洞磷矿	海相沉积型	寒武纪	中型
79	磷		通化干沟磷矿	海相沉积型	寒武纪	小型
80	磷		白山市板石沟磷矿	沉积变质型	古元古代	小型
81	磷		浑江砟窑沟磷矿	沉积变质型	古元古代	小型
82	磷		浑江市大顶子磷矿	沉积变质型	古元古代	小型
83	磷		临江市珍珠门磷矿	沉积变质型	古元古代	小型
84	硫铁		集安市红石砬子硫铁矿	沉积变质型	前寒武	小型
85	硫铁		集安市红石砬子硫铁矿	沉积变质型	前寒武	小型
86	硫铁		临江银子沟西坡硫铁矿	海相沉积型	前寒武	小型
87	硫铁		临江迎门沟含铜硫铁矿	海相沉积型	前寒武	小型
88	硫铁		临江荒沟山硫铁矿	海相沉积型	前寒武	小型
89	钴	铜、锌、银、镍	白山市大横路铜钴矿	沉积变质型	古元古代	中型
90	硼		集安市谭家沟硼矿	沉积变质型	古元古代	矿点
91	硼		集安-参场庙后沟硼矿	沉积变质型	古元古代	矿点
92	硼		集安市四道沟硼矿	沉积变质型	古元古代	矿点
93	硼		集安市靳家炉沟硼矿	沉积变质型	古元古代	矿点
94	硼		集安市东岔硼矿	沉积变质型	古元古代	小型
95	硼		集安市二驴子沟硼矿	沉积变质型	古元古代	矿点
96	硼		集安市梨树沟硼矿	沉积变质型	古元古代	矿点
97	硼		集安市头道阳岔硼矿	沉积变质型	古元古代	矿点
98	硼		集安市五-四硼矿	沉积变质型	古元古代	矿点
99	硼		集安市二道阳岔硼矿	沉积变质型	古元古代	小型
100	硼		集安市高台沟硼矿	沉积变质型	古元古代	中型
101	硼		集安市小西岔硼矿	沉积变质型	古元古代	矿点
102	硼		集安市小爷岭硼矿	沉积变质型	古元古代	矿点
103	硼		集安市文字沟岭硼矿	沉积变质型	古元古代	矿点
104	硼		集安市丘家沟硼矿	沉积变质型	古元古代	矿点
105	硼		集安市小东沟硼矿	沉积变质型	古元古代	矿点
106	硼		集安市宝堂沟-东葫芦硼矿	沉积变质型	古元古代	小型
107	硼		集安市獾子窑硼铁矿	沉积变质型	古元古代	小型
108	硼		集安市四道河子硼矿	沉积变质型	古元古代	矿点
109	硼		集安市小阳岔-小朝阳沟硼矿	沉积变质型	古元古代	矿点
110	铅、锌	银、硫	通化县爱国铅锌矿	热液型	侏罗纪	小型
111	铅、锌		集安市矿洞子铅锌矿	热液型	侏罗纪	小型
112	铅、锌		集安市郭家岭铅锌矿	热液型	侏罗纪	小型
113	铅、锌		集安市石厥铅锌矿	热液型	侏罗纪	矿点

续表 6-2-1

序号	矿种	共(伴)生矿产	矿产地名称	成因类型	成矿时代	主矿产规模
114	铅、锌		集安市正岔铅锌矿	矽卡岩型	侏罗纪	小型
115	铅、锌		抚松县大营2号铅锌矿（八九二铅锌矿伴生铜）	矽卡岩型	侏罗纪	小型
116	铅、锌	银	临江市天湖沟铅锌矿	热液型	侏罗纪	小型
117	铅、锌	硫铁、自然硫	临江市荒沟山铅锌矿（包含天湖沟）	热液型	侏罗纪	小型
118	铅、锌		临江市当石沟铅锌矿	热液型	古元古代	矿点
119	锑		临江市青沟子锑矿	热液型	中生代	中型矿床
120	铁		通化二道江铁矿	沉积变质型	元古宙	小型
121	铁		通化七道沟铁矿	沉积变质型	元古宙	中型
122	铁		通化二道河子铁矿	沉积变质型	元古宙	小型
123	铁		通化南岔铁矿	沉积变质型	元古宙	小型
124	铁		通化县冰沟铁矿	沉积变质型	古元古代	小型
125	铁		通化县国宝顶子赤铁矿	海相沉积型	渐近纪	小型
126	铁		通化县大安西岔赤铁矿	陆相沉积	渐近纪	小型
127	铁		集安市清河铁矿	沉积变质型	元古宙	小型
128	铁		集安市砬子沟铁矿	沉积变质型	元古宙	小型
129	铁		集安市南砬子铁矿	沉积变质型	元古宙	小型
130	铁		集安砬子沟铁矿（4矿组、5矿组）	沉积变质型	元古宙	小型
131	铁		浑江老岭铁矿	海相沉积型	元古宙	小型
132	铁		白山市大青沟铁矿	沉积变质型	太古宙	小型
133	铁		抚松县松山铁矿	沉积变质型	元古宙	小型
134	铁		抚松县大方铁矿	沉积变质型	太古宙	小型
135	铁		抚松县仁义铁矿	沉积变质型	太古宙	小型
136	铁		抚松县大方铁矿	沉积变质型	太古宙	小型
137	铁		浑江市大栗子铁矿	沉积变质型	元古宙	中型
138	铁		浑江市夹皮沟铁矿	沉积变质型	元古宙	小型
139	铁		浑江市乱泥塘铁矿	沉积变质型	元古宙	小型
140	铁		集安市阳岔乡范家房前铁矿	沉积变质型	元古宙	矿点
141	铜		集安市望江楼铜矿	热液型	白垩纪	矿点
142	铜		白山市六道江铜矿	矽卡岩型	白垩纪	小型
143	铜		长白县八道沟套圈铜矿	矽卡岩型	志留纪	矿点
144	铜、钼		临江县六道沟铜山铜钼矿	矽卡岩型	中生代	小型
145	铜、钼		临江市铜山镇铜钼矿	矽卡岩型	侏罗纪	小型
146	铜、钼		临江市六道沟铜钼矿	矽卡岩型	侏罗纪	小型
147	钴	铜、锌、银、镍	白山市大横路铜钴矿	矽卡岩型	古元古代	中型
148	钴	铜镍	临江市杉松岗钴矿	沉积变质型	古元古代	小型

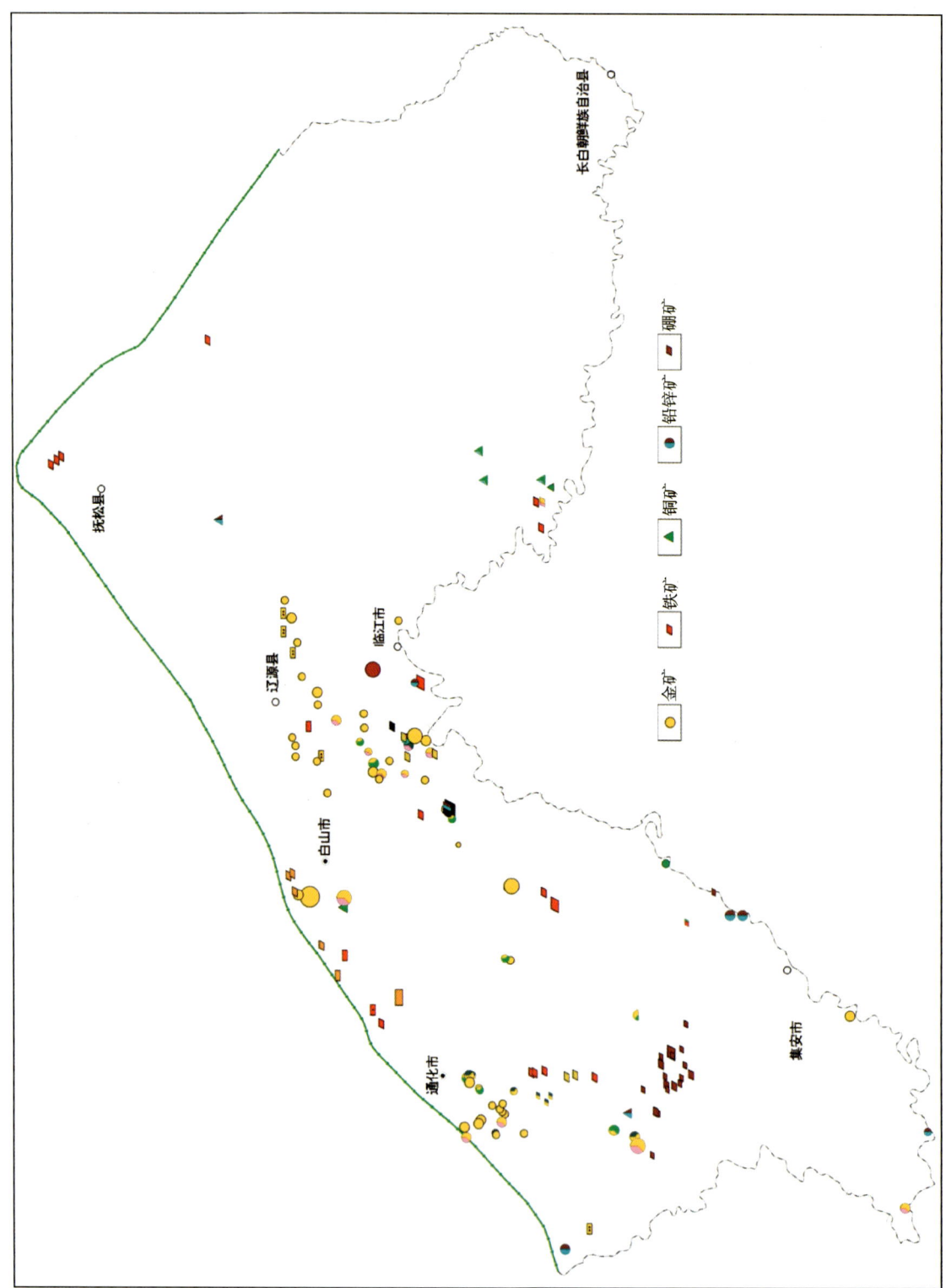

图6-2-2 营口-长白Ⅳ级成矿带矿产图

2. 矿产预测类型的划分及预测工作区分布

本成矿带区分布有金、银、铜、铁、镍、铅、锌、钼、硫铁矿、磷共10个矿种30个预测工作区,其矿产预测类型及典型矿床见表6-2-2。

表6-2-2 营口-长白成矿带矿产预测类型及预测工作区统计表

序号	矿种	预测工作区名称	矿产预测类型	典型矿床	备注
1	金	冰湖沟	荒沟山式岩浆热液改造型		引用荒沟山式
2	金	长白-十六道沟	荒沟山式岩浆热液改造型		引用荒沟山式
3、4	铅、锌	大营-万良	万宝式矽卡岩型	大营铅锌矿	引用万宝式
5	铜		六道沟式矽卡岩型		引用六道沟式
6	硼	高台沟	高台沟式沉积变质型	高台沟硼矿	
7	金	古马岭-活龙	荒沟山式岩浆热液改造型	下活龙金矿	引用荒沟山式
8	金	荒沟山-南岔	荒沟山式岩浆热液改造型	南岔金矿、荒沟山金矿	
9、10	铅、锌		青城子式沉积-改造型	荒沟山铅锌	引用辽宁青城子式
11	铜钴		大横路式沉积变质型	大横路铜钴矿	
12	镍		杉松岗式沉积变质型	杉松岗铜镍矿	
13	锑		青沟子式岩浆热液型	青沟子锑矿	
14	铁	荒沟山-南岔	大栗子式沉积变质型	大栗子铁矿、七道沟铁矿	
15	金	浑北	金英式热液改造型	金英金矿	
16	铁	浑江南	浑江式沉积型	青沟铁矿、白房子铁矿	
17、18	铅、锌	矿洞子-青石镇	万宝式矽卡岩型	郭家岭铅锌矿	引用万宝式
19	钼		铜山式矽卡岩型	铜山铜钼矿	与六道沟式相同
20	金	六道沟-八道沟	荒沟山式岩浆热液改造型		引用荒沟山式
21	铁		大栗子式沉积变质型	乱泥塘铁矿	引用大栗子式
22	硫铁	热闹-青石	狼山式沉积变质型		
23	银		西岔式热液改造型	西岔金银矿	
24	硫铁	上甸子-七道岔	狼山式沉积变质型	荒沟山硫铁矿	
25	银		刘家堡子-狼洞沟式热液充填型	狼洞沟银矿	
26	磷	鸭园-六道江	水洞式沉积型	水洞磷矿	
27	金		西岔式岩浆热液改造型	西岔金矿	
28、29	铅、锌	正岔-复兴	正岔式沉积-改造型	正岔铅锌矿	
30	铜		二密式斑岩型		引用二密式

三、区域物探、化探、遥感、重砂特征及推断解释成果

1. 航磁特征

区内大面积出露负磁异常，对应元古宙老地层。负磁异常背景区上有几处醒目的局部正磁异常零散分布，如大营地区、荒沟山地区、南岔地区，异常主要呈北东走向，为本区主要成矿部位，与地表出露寒武纪灰岩及燕山期中酸性岩体、梨树沟岩体、老秃顶子岩体、草山岩体和元古宙变质岩等分布范围相当。集安地区、长白地区大面积出露正磁异常。

2. 重力特征

区内布格重力异常呈现西部高东部低的分布特征。临江以西局部重力高、低异常交错分布，多呈条带状、椭圆状、团块状场区特征，走向以北东向为主，其次为北西西向及东西向。

3. 地球化学特征

集安岩群和老岭岩群 Au、Pb、Zn 丰度高。Au、Ag、Cu、Pb、Zn、Sb、Hg、As、W 等化探异常规模大，强度高，元素组合复杂，套合好。区域异常以 Cu、Pb、Zn 为主，元素组合主要为 Au、Cu、Pb、Zn、Ag、Sb 等。地质、化探异常见图 6-2-3。

4. 自然重砂特征

区内主要重砂矿物有自然金、铜族、铅族、白钨矿、重晶石，有时有辉钼矿，其异常含量水平较低，空间上存在套合现象，并与分布的矿产存在响应关系，具备矿致异常性质，找矿指示效应明显。

5. 遥感影像特征

区域中展布荒沟山"S"形大型变形构造主体，白山市大横路铜钴矿、临江市荒沟山金矿等矿床均分布在此带内。北东向、北西向及近东西向断裂交会部位，多个环形构造集中分布区，遥感浅色色调异常区，金、多金属矿床(点)均有分布。

四、重要矿种预测评价模型

该成矿带典型矿床有正岔铅锌矿、高台沟硼矿、西岔金银矿、金厂沟金矿、矿洞子铅锌、金英金矿、刘家堡子-狼洞沟金银矿、水洞磷矿、大营铅锌矿、古马岭金矿、下活龙金矿、荒沟山金矿、南岔金矿、荒沟山铅锌矿、大横路铜钴矿、大栗子铁矿、青沟铁矿、七道沟铁矿、白房子铁矿、杉松岗铜钴矿、荒沟山硫铁矿、郭家岭铅锌矿、青沟子锑矿、临江铜山铜钼矿、乱泥塘铁矿床。本成矿带矿产预测模型主要选择具代表性的西岔金银矿、金英金矿、荒沟山金矿、荒沟山铅锌矿、大横路铜钴矿、大栗子铁矿、高台沟硼矿。

(一) 西岔金银矿

1. 典型矿床

西岔金银矿床预测要素见表 6-2-3，矿产预测模型见图 6-2-4。

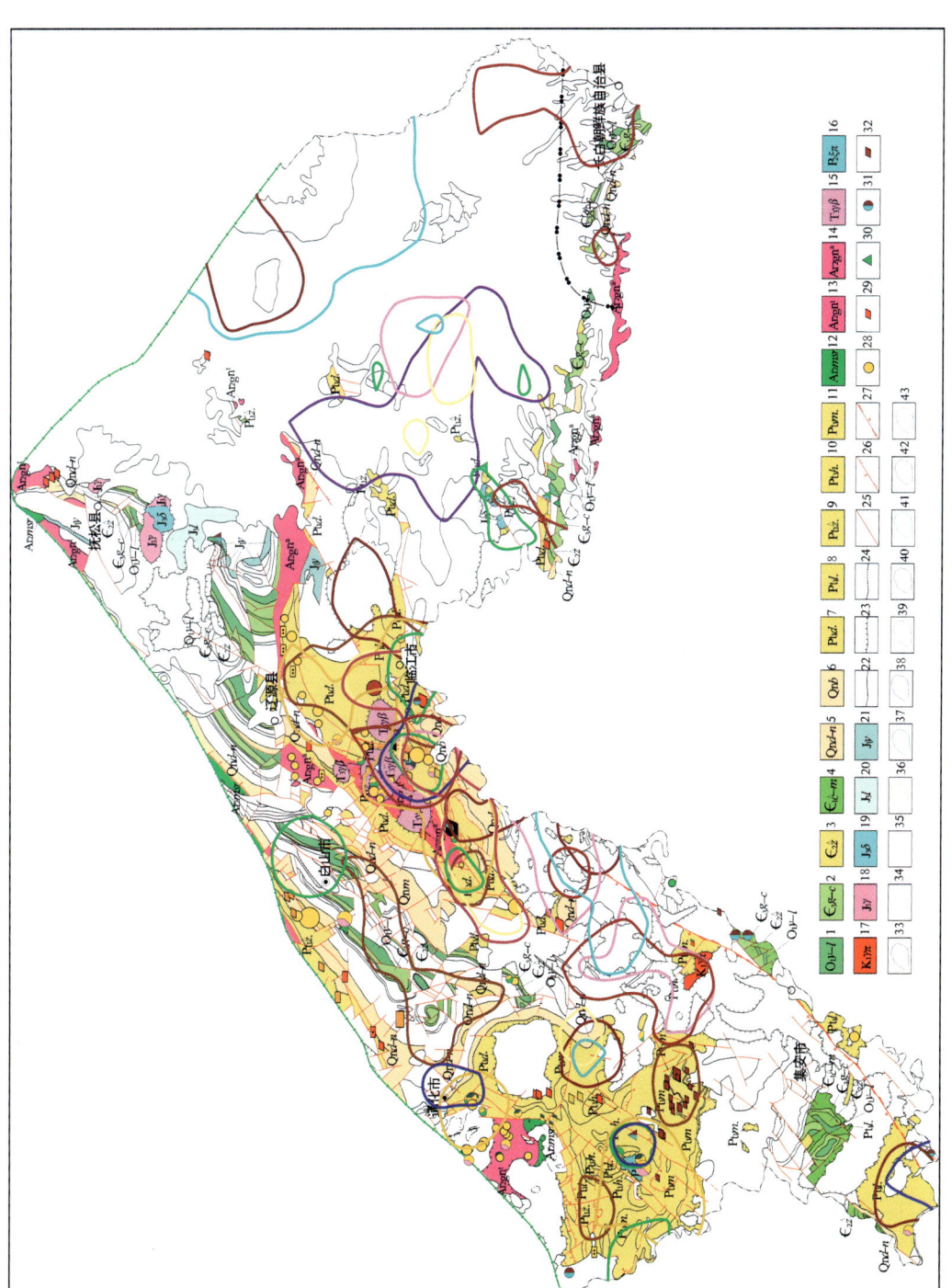

图6-2-3 营口-长白Ⅳ级成矿带综合地质矿产图

1.冶里组、亮甲山组并层；2.崮山组、炒米店岩组；3.张夏组；4.昌平组、馒头组组并层；5.钓鱼台组、南芬组组并层；6.白房子组；7.大栗子岩组；8.临江岩组；9.珍珠门岩组；10.荒岔沟岩组；11.蚂蚁河岩组；12.变质表壳岩；13.英云闪长质片麻岩；14.钾长花岗质片麻岩；15.黑云母花岗岩；16.正长斑岩；17.花岗斑岩；18.花岗岩；19.闪长岩；20.林子头岩；21.叉利组；22.鞍山岩组界线；23.超动接触岩层界线；24.角度不整合岩层界线；25.性质不明断层；26.逆断层倾向及倾角；27.左行走滑断层；28.金矿；29.铁矿；30.铜矿；31.铅锌矿；32.硼矿；33.铅异常；34.银异常；35.砷异常；36.金异常；37.铜异常；38.铅异常；39.锑异常；40.锌异常；41.钼异常；42.镍异常；43.硼异常

表 6-2-3　集安市西岔金银矿床预测要素表

预测要素		内容描述	类别
特征描述		热液改造型	
地质条件	成矿区带（全国）	Ⅱ-14 华北（陆块）成矿省	必要
	成矿区带（大区）	Ⅲ-56 辽东（隆起）Fe、Cu、Pb、Zn、Au、U、B、菱镁矿、滑石、石墨、金刚石成矿带	必要
	成矿区带（本省）	Ⅲ-56-② 营口-长白（次级隆起、Pt_1 裂谷）Pb、Zn、Fe、Au、Ag、U、B、菱镁矿、滑石成矿带	必要
	岩石类型	石墨透辉变粒岩、石墨黑云变粒岩、黑云斜长片麻岩、斜长角闪岩	必要
	成矿时代	印支期—燕山期	必要
	成矿环境	矿床位于辽吉裂谷的中段，横切"背斜"北北东向主干断裂略向东突出的弧形地段控制矿床，其次级的分支断裂和平行断裂以及南北向断裂或主干断裂本身是容矿构造。中生代中酸性侵入岩和古元古代变质岩与成矿关系密切	必要
	构造背景	矿床位于华北东部陆块（Ⅱ），胶辽吉古元古裂谷带（Ⅲ），集安裂谷盆地（Ⅳ）内。辽吉裂谷中段北部边缘，北东—北北东向花甸子-头道-通化断裂带横切"背斜"中段的交会部位	重要
矿床特征	控矿条件	集安岩群荒岔沟岩组变粒岩层为赋矿层位；印支期及燕山期中酸性的侵入岩为控矿岩体；横切"背斜"北北东向主干断裂略向东突出的弧形地段控制矿区，主干断裂在该地段的次级分枝断裂和平行断裂以及南北向断裂或主干断裂，本身是容矿构造	必要
	蚀变特征	硅化、碳酸盐化、毒砂、黄铁矿化、绢云母化、重晶石化绿泥石化，毒砂黄铁矿化、硅化与金成矿关系密切	重要
	矿化特征	金银矿体赋存于主干断裂（F_7）上盘及分支断裂、平行断裂中，矿体处于隐伏-半隐伏状态，只有 3 号矿体中部露出地表，由 TC496 探槽控制。矿体呈扁豆状、脉状分支复合。矿体倾向南东 $127°$，倾角 $60°\sim 75°$。矿体长 $100\sim 572m$，厚 $0.5\sim 7.3m$，厚度变化系数 68%。最大延深 $550m$。Au 平均品位 3.3×10^{-6}，品位变化系数 107%。Ag 平均品位 30.55×10^{-6}，Au：Ag=1：11。赋矿标高 $529\sim 21m$	重要
综合信息	地球化学	矿床所在区域 Ag 的 1：5 万化探异常没有反映，而主要伴生组分 Au 异常具有非常清晰的三级分带和显著的浓集中心，异常强度很高，达到 193×10^{-9}，是直接找矿标志。与 Au 空间上紧密套合的元素有 Ag、Cu、Pb、Zn、W、Bi、(Mo)、As、(Sb)。组合异常具有复杂元素组分富集特点，是成矿中心。综合异常显示的成矿条件优良，为找矿重要靶区。本区域 Cu、Pb、Zn 的异常与已知矿（化）体位置相当吻合，并且矿（化）体大小与异常值和范围有正相关关系。在土壤地球化学异常中，Au、As 以 0.02×10^{-6}、10×10^{-6} 为异常下限，圈定的异常多数是由已知矿（化）体引起；在岩石地球化学异常中，同样是以 Au 异常为直接找矿标志，As 异常为指示标志	重要
	地球物理	在 1：25 万布格重力异常图上，矿床处于大泉附近北北东走向椭圆状重力低异常西南边缘梯度带上；在剩余重力异常图上，该椭圆状重力低异常三面被重力高异常包围，向东与正岔铅锌矿所在的重力低局部异常相邻，在深部有相连趋势；在 1：5 万航磁异常图上，西岔金银矿床位于向南凸起的弧形磁力高异常的西侧边缘，该处异常值为 $-90nT$，异常中心最大值为 $60nT$；负磁场区和重力高异常与集安岩群荒岔沟岩组有关，正磁异常、重力低异常叠加区与中酸性侵入体及周边蚀变带有关。重力低局部异常和磁力高异常的边部等值线密集，梯度陡，北东向线性梯度带和等值线北西向错动带在矿床边部相交，线性梯度带出现扭曲、错动，反映出断裂构造在此交叉、会合	重要

续表 6-2-3

预测要素		内容描述	类别
综合信息	重砂	重砂矿物组合复杂,主要为金、辰砂、黄铁矿、黄铜矿、方铅矿,次要矿物为金银矿、白钨矿、锐钛矿、雄黄、重晶石,少见矿物为银黝铜矿、辉银矿、深红银矿、毒砂、碲金矿。复杂的银矿物是矿物组合特征。扩散晕为 1.0～1.5km,金 20 粒以上异常为近矿异常	次要
	遥感	沿头道-长白山断裂带一侧分布,不同方向小型断裂密集分布区及其交会部位,闪长岩类引起的环形构造边缘,与隐伏岩体有关的环形构造集中分布,遥感浅色色调异常区,矿区及其周围遥感羟基异常、铁染异常零星分布	次要
找矿标志		荒岔沟岩组变粒岩层出露区,荒岔沟岩组变粒岩层内蚀变破碎带;断裂附近的褐铁矿化、黄铁矿化石英脉及铁帽转石;胶状黄铁矿化、硅化、灰黑色碳酸盐化的构造角砾岩和碎裂岩为金银的矿化岩石或金银矿石。荒岔沟岩组变粒岩层硅化、碳酸盐化、黄铁矿化、毒砂化、黄铜矿化等蚀变是重要的找矿标志。1∶5 万化探异常分布区,孤立的弱化探异常,Au 异常可以作为直接找矿标志,As、Ag 异常可以作为找矿的指示元素	重要

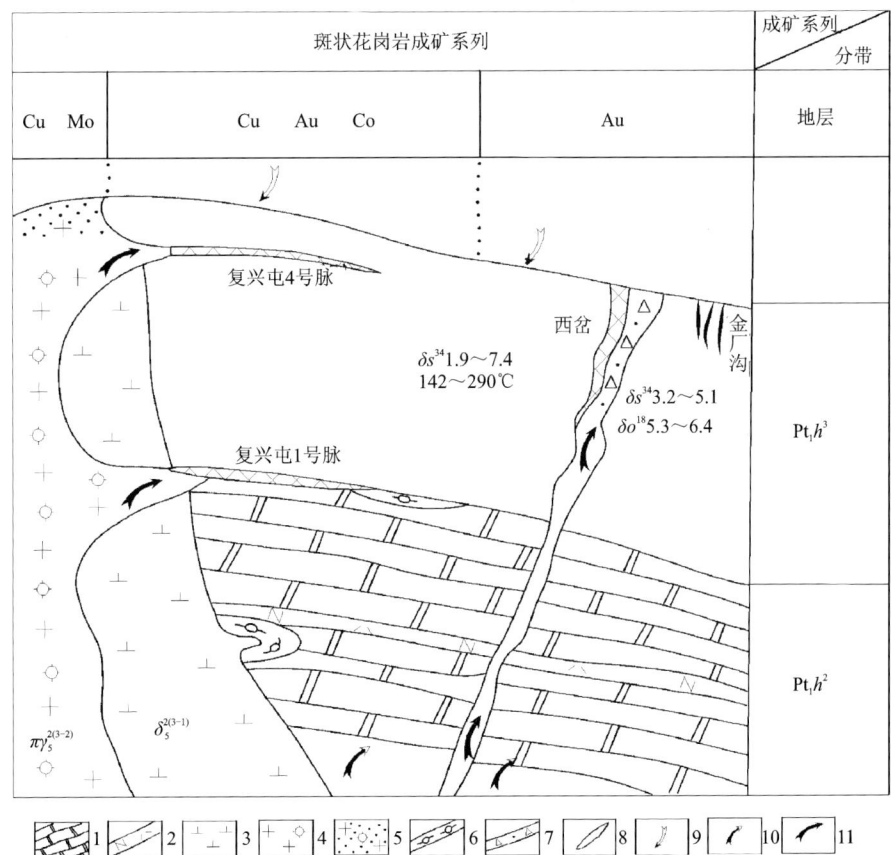

图 6-2-4 西岔金银矿床矿产预测模型

1.大理岩;2.斜长角闪岩;3.闪长岩;4.斑状花岗岩;5.斑状花岗岩铜钼矿化;6.矽卡岩带;7.破碎带;8.金矿体;9.大气降水渗入方向;10.地下水运移方向;11.岩浆水汇同地下水-矿液运移方向

2. 预测工作区

热闹-青石预测工作区预测要素见表 6-2-4,矿产预测模型见图 6-2-5、图 6-2-6。

表 6-2-4　热闹-青石银矿预测工作区预测要素表

预测要素		内容描述	类别
地质条件	岩石类型	石墨透辉变粒岩、石墨黑云变粒岩、黑云斜长片麻岩、斜长角闪岩、石英闪长岩、闪长岩、花岗岩	必要
	成矿时代	印支期—燕山期	必要
	成矿环境	位于辽吉裂谷的中段,矿床均赋存于老岭变质核杂岩核中。北东—北北东向花甸子-头道-通化断裂带横切"背斜"主干断裂略向东突出的弧形地段控制矿床,其次级的分枝断裂和平行断裂以及南北向断裂是容矿构造	必要
	构造背景	华北东部陆块(Ⅱ),胶辽吉古元古裂谷带(Ⅲ),集安裂谷盆地(Ⅳ)内。北东—北北东向花甸子-头道-通化断裂带横切"背斜"中段的交会部位	重要
矿床特征	控矿条件	矿床赋存于老岭变质核杂岩中;北东-北北东向花甸子-头道-通化断裂带为控矿构造,次级分支断裂和平行断裂以及南北向断裂是容矿构造;荒岔沟岩组变粒岩层为赋矿层位;印支期及燕山期中酸性岩类的侵入岩为控矿岩体	必要
	矿化蚀变特征	硅化、碳酸盐化、毒砂化、黄铁矿化、绢云母化、重晶石化、绿泥石化,其中毒砂化、黄铁矿化、硅化与金关系密切	重要
综合信息	地球化学	应用1:5万补充1:20万化探数据圈出Ag异常24处。其中,矿床所在区域的Ag异常具有较好的异常分带和浓集中心,异常强度较高,规模较大,是成矿异常。与Ag空间套合紧密的元素有Au、Pb、Zn、Mo、W、Sn、Bi、As、Hg,圈出的组合异常是找矿预测的重要场所	重要
	地球物理	集合岩群荒岔沟岩组内靠近燕山中酸性侵入体一侧,即重力高异常与重力低异常过渡带的重力高一侧,磁力高异常与磁力低异常、负磁异常过渡带的低磁异常一侧,是热液改造型银矿成矿有利部位	重要
	重砂	自然银异常对西岔金银矿不支持,自然金异常与西岔金银矿积极响应,是矿致重砂异常,具有重要的找矿指示作用。分布在外围的重砂对预测外围找矿区域有指示意义	次要
	遥感	矿区受北东向大川-江源断裂带、大路-仙人桥断裂带控制,分布在头道-长白山断裂带与北东向与北西向小断裂交会部位,有中生代花岗岩类引起的环形构造、与隐伏岩体有关的环形构造、闪长岩类引起的环形构造密集分布形成环状构造群,遥感浅色色调异常区主要为侵入岩体内外接触带及残留顶盖。矿区及周围有高度集中羟基异常及零星铁染异常分布	次要
	找矿标志	荒岔沟岩组变粒岩层出露区;荒岔沟岩组变粒岩层内蚀变破碎带;断裂附近的褐铁矿化、黄铁矿化石英脉及铁帽转石;胶状黄铁矿化、硅化、灰黑色碳酸盐化的构造角砾岩、碎裂岩。硅化、碳酸盐化、黄铁矿化、毒砂化、黄铜矿化等蚀变是重要的找矿标志。1:5万化探异常分布区,孤立的弱化探异常,Au、Ag异常可以作为直接找矿标志,As、Sb异常可以作为指示元素异常	重要

第六章 辽东(隆起)成矿(区)带预测成果

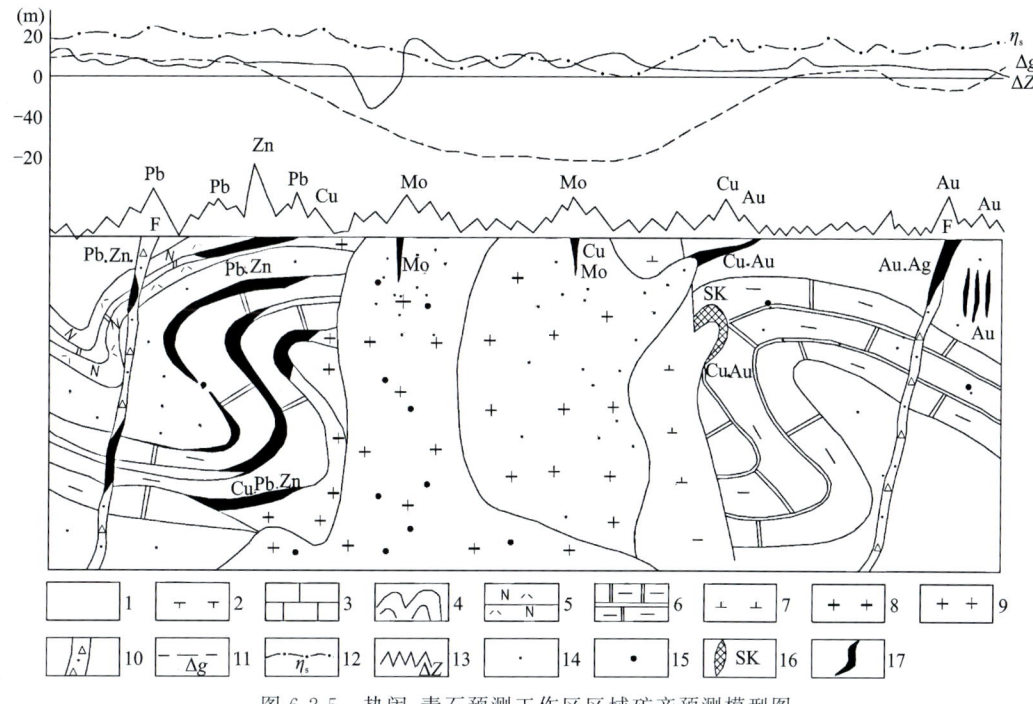

图 6-2-5 热闹-青石预测工作区区域矿产预测模型图

1.中酸性火山岩-变粒岩类；2.碱性玄武岩；3.灰岩；4.变质变形构造；5.斜长角闪岩；6.石墨大理岩；7.闪长岩；8.斑状花岗岩；9.花岗斑岩；10.断裂带；11.重力曲线；12.视极化率曲线；13.磁场曲线；14.金成矿元素；15.铅锌成矿元素；16.矽卡岩；17.矿体

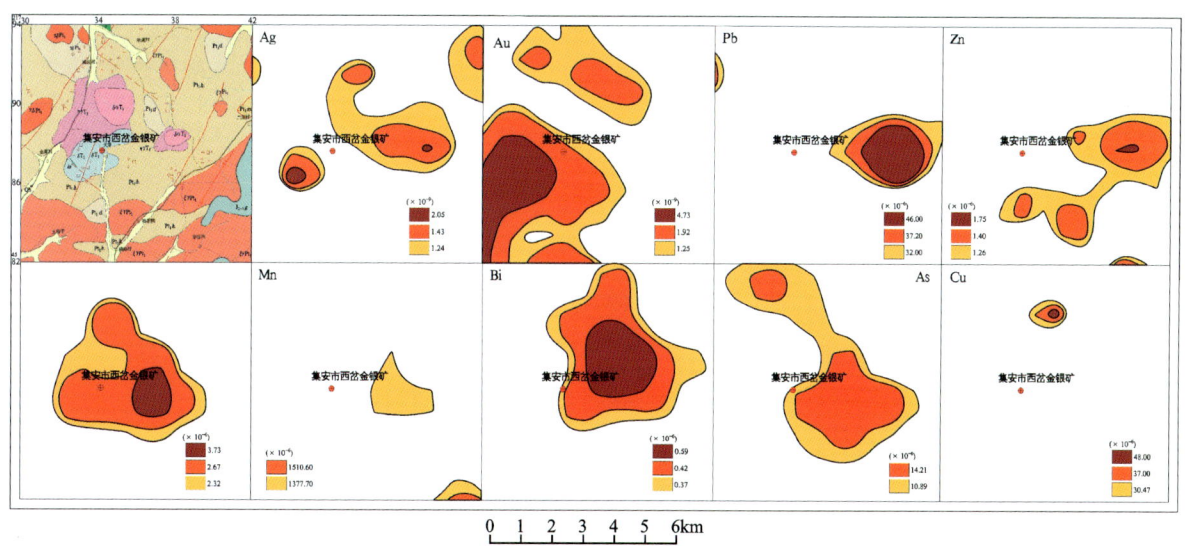

图 6-2-6 集安市西岔金银矿床区域地质及化探剖析图

1.全新统松散砂砾石堆积；2.中侏罗统果松组安山质火山碎屑岩、安山岩、砾岩；3.晚三叠世中细粒二长花岗岩；4.晚三叠世石英闪长岩；5.晚三叠世闪长岩；6.古元古代花岗闪长岩；7.古元古代正长花岗岩；8.大东岔岩组黑云变粒岩夹石榴斜长片麻岩；9.荒岔沟岩组变粒岩-斜长角闪岩夹大理岩；10.蚂蚁河岩组黑云变粒岩-浅粒岩夹大理岩、斜长角闪岩；11.闪长斑岩脉；12.辉长岩脉；13.角度不整合界线；14.地质界线；15.实测性质不明断层/推测断层；16.平移断层；17.硅化；18.黄铁矿化；19.碳酸盐化；20.绢云母化；21.绿泥石化；22.高岭土化；23.钾长石化；24.集安市西岔金银矿

(二)金英金矿

1. 典型矿床

金英金矿床预测要素见表 6-2-5,矿产预测模型见图 6-2-7。

表 6-2-5　白山市金英金矿床矿产预测要素表

预测要素		内容描述	类别
特征描述		热液改造型	
地质条件	成矿区带	(全国)Ⅱ-14 华北(陆块)成矿省	必要
	成矿区带	(大区)Ⅲ-56 辽东(隆起)Fe、Cu、Pb、Zn、Au、U、B、菱镁矿、滑石、石墨、金刚石成矿带	必要
	成矿区带	(本省)Ⅲ-56-② 营口-长白(次级隆起、Pt_1 裂谷)Pb、Zn、Fe、Au、Ag、U、B、菱镁矿、滑石成矿带	必要
	岩石类型	褐红-紫红-紫灰色构造角砾岩,角砾成分主要有赤铁石英砂岩、石英砂岩、少量赤铁矿,石英岩和石英大理岩的角砾	必要
	成矿时代	推测成矿时代为燕山期	必要
	成矿环境	矿区位于前南华纪华北东部陆块(Ⅱ),胶辽吉元古代裂谷带(Ⅲ),老岭坳陷盆地(Ⅳ)内	必要
	构造背景	主要受区域性的断裂 F_{102} 以及局部性的断裂 F_{100} 的联合控制。F_{100} 断层迭加在先期存在的钓鱼台组石英砂岩与珍珠门岩组硅化白云质大理岩间的不整合面附近,表现为宽窄不一的硅化构造角砾岩带	重要
矿床特征	控矿条件	钓鱼台组褐红-紫红-紫灰色构造角砾岩带,是金矿的主要赋矿层位;北东向 F_{100} 断裂是区域上的重要控矿和容矿构造	必要
	蚀变特征	围岩蚀变以上盘围岩赤铁石英砂岩最为明显。硅化黄铁矿化较为发育,有时星点状黄铁矿化范围可达数十米宽。下盘围岩大理岩中主要发育硅化,但范围明显较上盘窄。下盘围岩为泥灰岩时可见星点状及脉状黄铁矿化,这些黄铁矿化蚀变不构成工业矿体	重要
	矿化特征	金矿体赋存于硅化构造角砾岩带中的局部地段	重要
综合信息	地球化学	规模较大的带状金次生晕异常与硅化构造角砾岩带相吻合;构造原生晕异常元素组合为 Au、Ag(Cu、Pb、Zn)、As、Sb、Hg、V、Mo、Co、Ni 共 12 种元素,其中 As、Sb、Hg、V 异常为矿体的前缘晕	重要
	地球物理	区域重力高异常,航磁宽缓低异常、负异常,规则带状的、柱状的高阻和高极化率(3%)综合异常	重要
	重砂	重砂异常主要以黄铁矿和磷灰石表现突出,有较弱的金、黄铜矿重砂异常分布	次要
	遥感	位于大川-江源断裂带附近,脆韧性变形构造带分布密集,与隐伏岩体有关的环形构造比较发育,白山块状构造边部,遥感浅色色调异常区,青白口系和中元古界形成的带要素之间,矿区及周围遥感羟基异常密集,铁染异常零星分布	次要
	找矿标志	硅化构造角砾岩的标志;颜色为褐红-紫红-赤红-紫灰色;蚀变为强硅化、褐铁矿化和重晶石化发育(局部黄铁矿化发育);裂隙、孔穴、晶洞发育的强硅化构造角砾岩带	重要

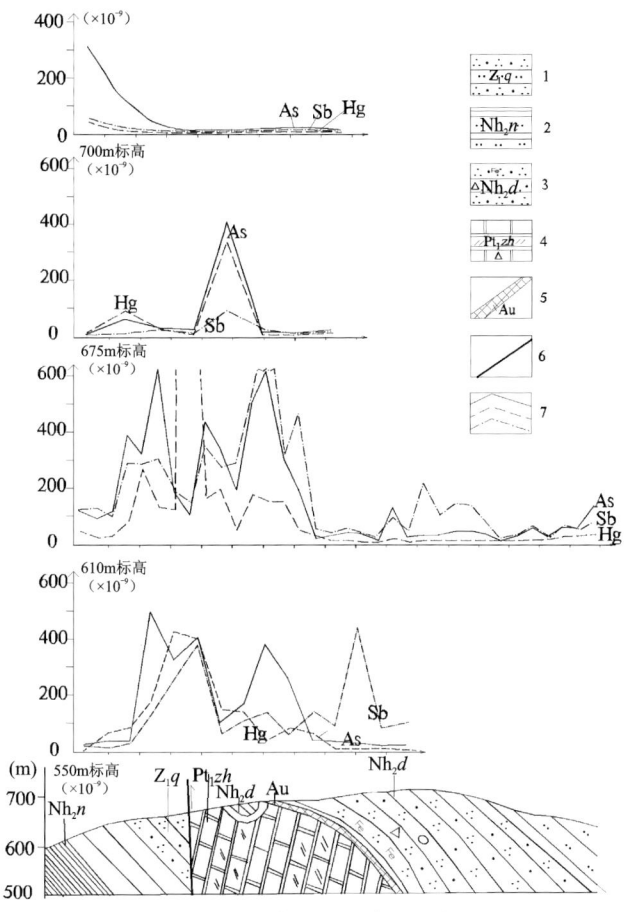

图 6-2-7 金英金矿矿产预测模型

1.灰白色中细粒石英砂岩,夹黄绿色灰黑色粉砂岩;2.紫色、黄绿色、灰色粉砂岩、页岩,局部夹泥灰岩;3.下部夹赤铁矿层、局部具(角)砾岩,中部为石英砂岩,上部为厚层状石英砂岩;4.灰白色大理岩、白云质大理岩,夹角砾状大理岩;5.金矿体位置及编号;6.性质不明断层位置;7.元素异常曲线

2. 预测工作区

浑北预测工作区预测要素见表 6-2-6,预测工作区矿产预测模型见图 6-2-8。

表 6-2-6 浑北预测工作区(金英式层控内生型金矿)矿产预测要素表

预测要素	内容描述	类别
特征描述	热液(改造)型	
岩石类型	钓鱼台组石英砂岩、含海绿石石英砂岩、厚层状中粒石英砂岩、赤铁石英砂岩组合	必要
成矿时代	推测成矿时代为燕山期	必要
成矿环境	有北东向和北西向两组,其中北东向的规模较大,与成矿关系密切;北西向的多横切地层和北东向断裂	必要
构造背景	矿区位于前南华纪华北东部陆块(Ⅱ),胶辽吉元古代裂谷带(Ⅲ),老岭坳陷盆地(Ⅳ)内	重要
矿化蚀变	硅化、黄铁矿化较为发育	重要
控矿条件	钓鱼台组石英砂岩、含海绿石石英砂岩、厚层状中粒石英砂岩、赤铁石英砂岩组合;北西向断裂多横切地层和北东向断裂	必要

续表 6-2-6

预测要素	内容描述	类别
化探特征	主成矿元素 Au 具有比较清晰的异常分带和浓集中心,且异常连续性较好。主要的找矿指示元素有 Au、Cu、Pb、Ag、As、Sb、Hg,其中 Au、Cu、Pb、Ag 是近矿指示元素,As、Sb、Hg 为远程指示元素	重要
物探特征	区域重力高异常,航磁宽缓低异常、负异常,规则带状的、柱状的高阻和高极化率(3%)综合异常	重要
遥感特征	位于大川-江源断裂带附近,脆韧性变形构造带分布密集,与隐伏岩体有关的环形构造比较发育,白山块状构造边部,遥感浅色色调异常区,青白口系和中元古界形成的带要素之间,矿区及周围遥感羟基异常密集,铁染异常零星分布	重要
重砂特征	重砂异常主要以黄铁矿和磷灰石表现突出,有较弱的金、黄铜矿重砂异常分布	重要
找矿标志	硅化构造角砾岩的标志,颜色为褐红-紫红-赤红-紫灰色,蚀变为强硅化、褐铁矿化和重晶石化发育(局部黄铁矿化发育);裂隙、孔穴、晶洞发育的强硅化构造角砾岩带;钓鱼台组石英砂岩	重要

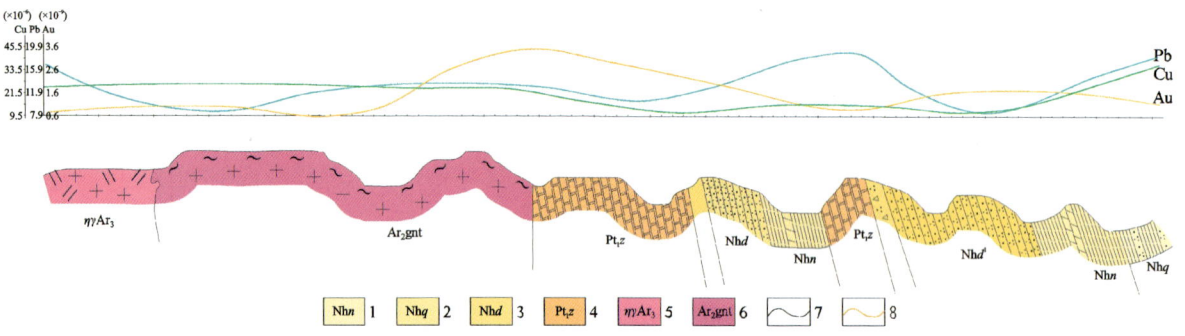

图 6-2-8　浑北预测工作区区域地质、地球化学矿产预测模型图

1. 桥头组石英砂岩与页岩互层;2. 南芬组页岩夹泥灰岩;3. 钓鱼台组石英质角砾岩夹赤铁矿岩;4. 珍珠门岩组厚层大理岩;
5. 变二长花岗岩;6. 英云闪长质片麻岩;7. 地质界线;8. 化探异常曲线

(三) 荒沟山金矿

1. 典型矿床

荒沟山金矿床预测要素见表 6-2-7,矿产预测模型见图 6-2-9、图 6-2-10。

表 6-2-7　白山市荒沟山金矿床矿产预测要素表

预测要素		内容描述	类别
特征描述		岩浆热液型	
地质条件	成矿区带(全国)	Ⅱ-14 华北(陆块)成矿省	必要
	成矿区带(大区)	Ⅲ-56 辽东(隆起)Fe、Cu、Pb、Zn、Au、U、B、菱镁矿、滑石、石墨、金刚石成矿带	必要
	成矿区带(本省)	Ⅲ-56-②营口-长白(次级隆起、Pt_1 裂谷)Pb、Zn、Fe、Au、Ag、U、B、菱镁矿、滑石成矿带	必要
	岩石类型	厚层(块状)白云石大理岩顶部的碎裂化、构造角砾岩化、硅化白云石大理岩	必要

续表 6-2-7

	预测要素	内容描述	类别
地质条件	成矿时代	蚀变闪长玢岩 Rb-Sr 法等时线年龄为 1 313.06±7.93Ma,岩脉中石英硫化黄铁矿普通铅模式年龄为 1 244.35Ma;矿化蚀变闪长岩及老秃顶子岩体 K-Ar 法年龄为 215～197Ma,属印支期—燕山早期。因此该矿床成矿期可分为两期,早期为中元古代;晚期为印支期—燕山早期,以后者为主(陈尔臻等,2001)	必要
	成矿环境	花山岩组片岩与珍珠门岩组大理岩接触构造带,即"S"形构造带	必要
	构造背景	前南华纪华北东部陆块(Ⅱ),胶辽吉元古代裂谷带(Ⅲ),老岭坳陷盆地(Ⅳ)	重要
矿床特征	控矿条件	珍珠门岩组第三段巨厚层(块状)白云石大理岩顶部的碎裂化、构造角砾岩化、硅化白云石大理岩,含矿层厚 80～240m;区域内的印支期花岗质岩浆活动及后期脉岩侵入为成矿物质的迁移富集提供了热源;花山岩组片岩与珍珠门岩组大理岩接触构造带为区域内的导矿和容矿构造	必要
	蚀变特征	矿区内围岩蚀变类型以硅化、黄铁矿化、褐铁矿化为主,其次有毒砂化、绢云母化及碳酸盐化、黄铜矿化、辉锑矿化、方铅矿化、闪锌矿化等,偶见重晶石化。毒砂与金矿关系密切,可作为本区找金的矿物学标志	重要
	矿化特征	矿体赋存于距石灰沟-荒沟山-杉松岗断裂 30～150m 范围内碎裂化、角砾岩化、硅化白云石大理岩中。各矿体产状基本一样,与断裂带近似平行,矿体形态为柱状、脉状、透镜状。矿体与围岩界线清楚,以隐伏矿体为主	重要
综合信息	地球化学	应用 1:20 万、1:5 万水系沉积物测量数据圈定的异常具有清晰的三级分带和明显的浓集中心,强度达到 $313×10^{-9}$,带状分布,多为北东向延伸。金组合异常组分复杂,构成复杂元素组分富集区,是成矿的重要场所。金综合异常具备优良的成矿地质条件,是进一步找矿的重要靶区。土壤化探异常,其元素组合有两种系列:Au-Ag-As-Sb-Hg 和 Pb-Zn-Cu,分别代表不同的成矿组合,即以金为主的矿化系列及以铅锌、铜为主的矿化系列。原生晕异常亦表现出两种系列元素组合,即 Au、Ag、As、Sb、Hg 和 Cu、Pb、Zn、Sn、Mo,显示的地球化学意义与土壤化探异常相同	重要
	地球物理	局部重力高异常边部。航磁异常宽缓的低磁场区、负磁场区过渡带上;珍珠门岩组为平稳负磁场;珍珠门岩组大理岩为高阻低极化率,大栗子岩组片岩为低阻高极化率	重要
	重砂	矿物组合主要为金、辰砂、泡铋矿、毒砂、方铅矿、黄铁矿;次要为赤铁矿、白钨矿、重晶石、刚玉。泡铋矿分布普遍,为标型矿物。针状、板条状毒砂与金成矿关系密切,成正消长关系	重要
	遥感	分布在果松-花山断裂带边部,有北西向断裂通过,北东向脆韧性变形构造带通过矿区;8 个与隐伏岩体有关的环形构造集中分布,老秃顶块状构造边部,绢云母化、硅化引起的遥感浅色色调异常区,古元古界老岭岩群形成的带要素中,矿区及其周围遥感羟基异常、铁染异常零星分布	次要
	找矿标志	珍珠门岩组厚层角砾状大理岩是有利的找矿层位;珍珠门岩组与大栗子岩组韧脆性构造接触带及其次级构造是找矿的构造标志;有重熔型花岗岩体及派生各类脉岩是找矿的岩浆岩标志;围岩蚀变,即从矿体到围岩其分带是硅化→碳酸盐化→绢云母化。矿体为强硅化蚀变岩,具有棕红色、黄褐色、灰黑色、杂色多孔洞粗细角砾的硅化蚀变岩是找矿直接标志;化探异常是重要找矿标志,1:20 万、1:5 万水系沉积物异常、土壤化探异常,其元素组合为 Au、Ag、As、Sb、Hg 套合异常	重要

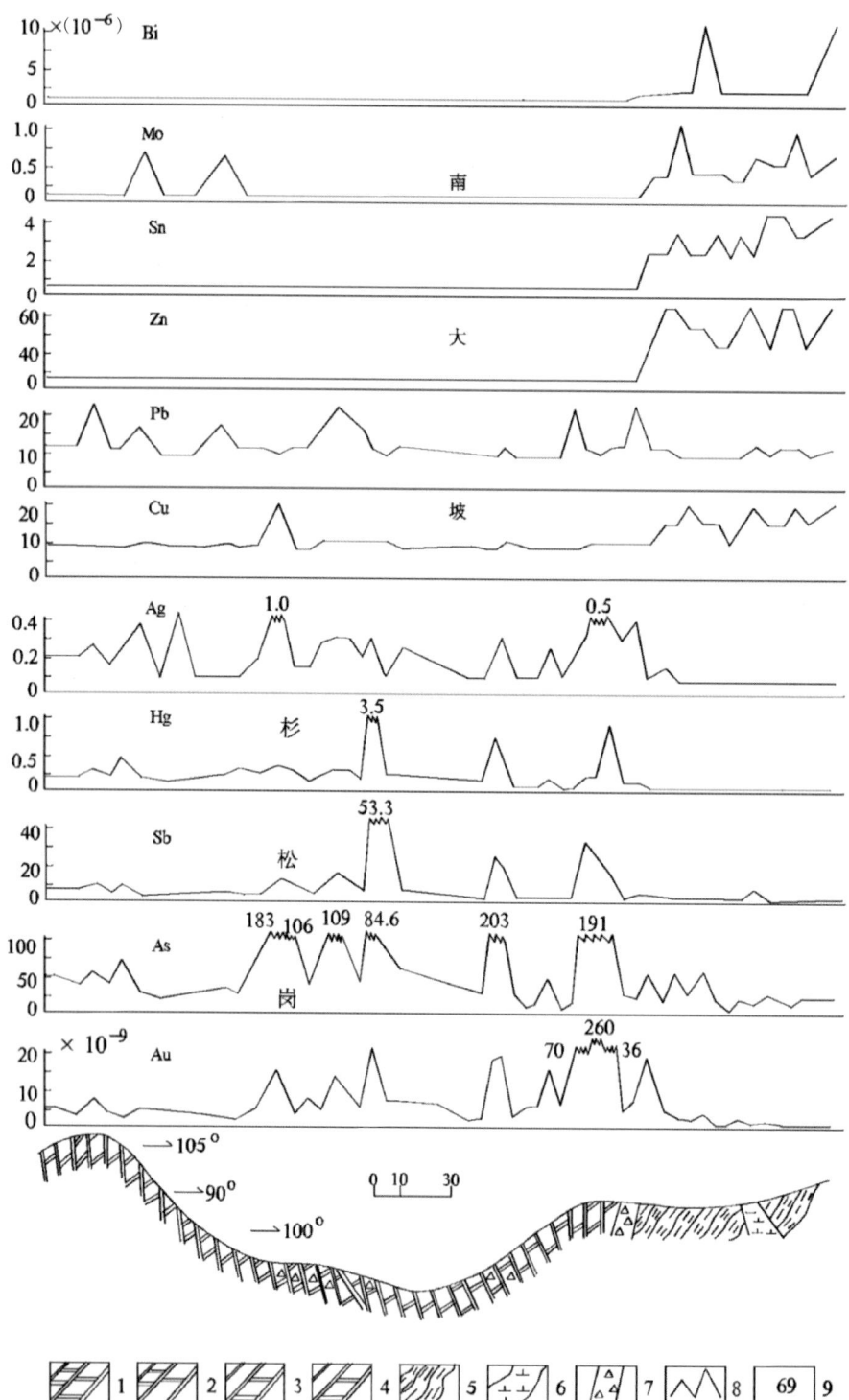

图 6-2-9 南岔金矿 16 号线典型矿床勘探剖面图

a.地磁异常曲线;b.激电中梯视充电率、视电阻率曲线;c.化探金异常曲线;d.激电测深视电阻率、视极化率断面图;e.地质剖面图;1.老岭岩群花山岩组:钙质绢云片岩、绢云片岩、绢云千枚岩;2.老岭岩群珍珠门岩组:大理岩、白云质大理岩;3.大理岩;4.霏细岩、霏细斑岩;5.闪长岩;6.金矿体;7.铁矿体;8.片岩;9.钻孔编号及孔深;10.地磁 ΔZ 异常曲线;11.激电中梯视充电率、视电阻率曲线;12.激电测深视电阻率/激电视充电率等值线

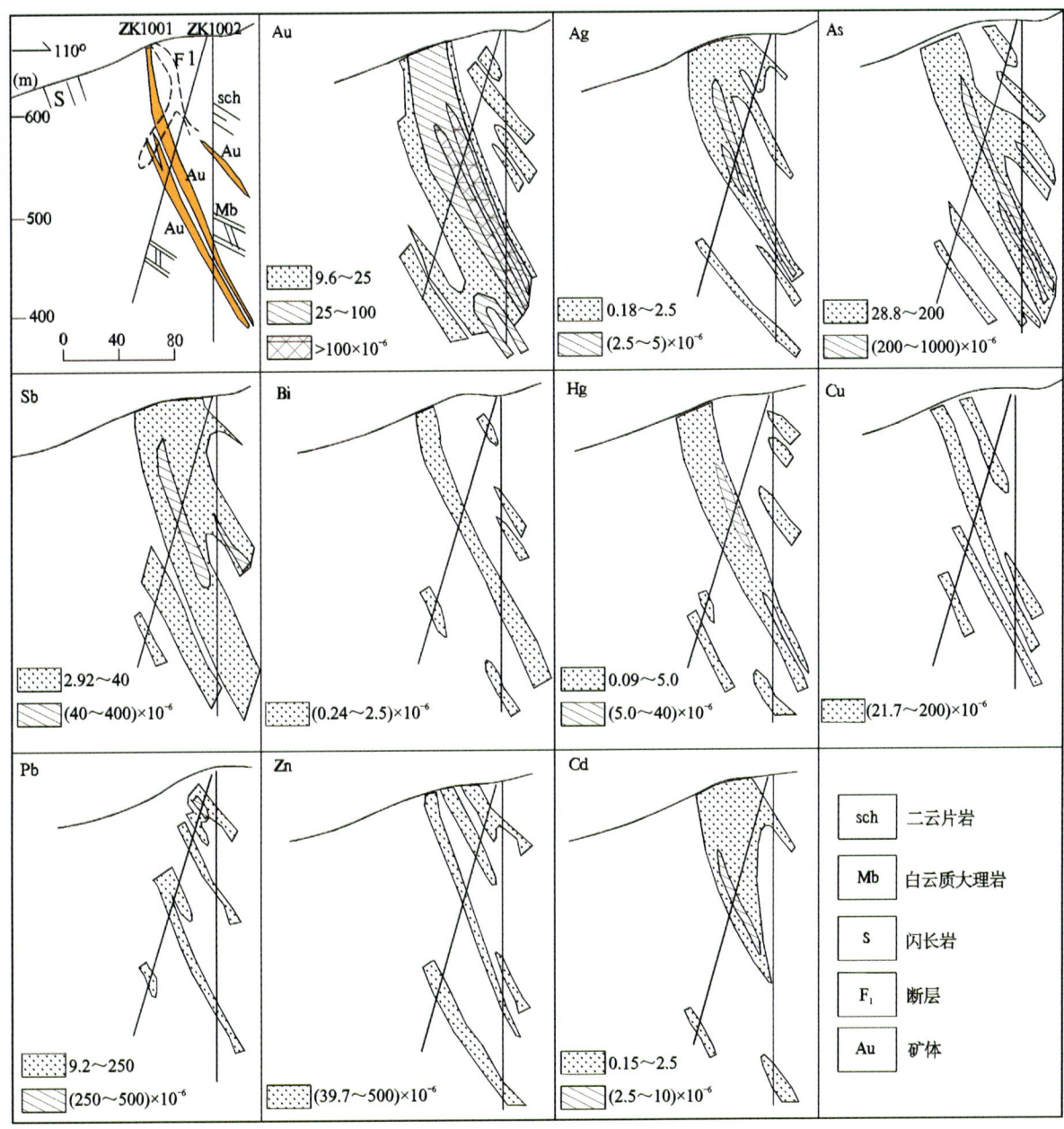

图 6-2-10　荒沟山金矿岩石异常勘探剖面图（陶文宏,1997）

2. 预测工作区

荒沟山-南岔金矿预测工作区预测要素见表 6-2-8,预测工作区矿产预测模型见图 6-2-11、图 6-2-12。

表 6-2-8　荒沟山-南岔金矿预测工作区矿产预测要素表

预测要素	内容描述	类别
特征描述	中低—中温热液矿床	
岩石类型	老岭岩群珍珠门岩组的厚层(块状)白云石大理岩顶部的碎裂化、构造角砾岩化、硅化白云石大理岩组合；中生代花岗岩类侵入体	必要
成矿环境	花山岩组片岩与珍珠门岩组大理岩接触构造带,即"S"形构造带	必要
构造背景	前南华纪华北东部陆块(Ⅱ),胶辽吉元古代裂谷带(Ⅲ),老岭坳陷盆地(Ⅳ)	重要

续表 6-2-8

预测要素	内容描述	类别
矿化蚀变	蚀变类型以硅化、黄铁矿化、褐铁矿化为主,其次有毒砂化、绢云母化及碳酸盐化、黄铜矿化、辉锑矿化、方铅矿化、闪锌矿化等,偶见重晶石化;毒砂化与金成矿关系密切	重要
控矿条件	老岭岩群珍珠门岩组的厚层(块状)白云石大理岩顶部的碎裂化、构造角砾岩化、硅化白云石大理岩组合。中生代花岗岩类侵入体。花山岩组片岩与珍珠门岩组大理岩接触构造带,即"S"形构造带。平行于"S"形构造带在断裂带珍珠门岩组大理岩一侧,岩石多碎裂化和角砾岩化,形成构造角砾岩和碎裂岩,大栗子岩组片岩一侧,岩石多表现为片理化,形成片理化带。构造具多期活动和被晚期断裂构造叠加、改造的特征。局部见硅化蚀变,为本区控矿、容矿构造	必要
化探特征	主要的成矿元素为 Au,具有分带清晰,浓集中心明显的基本特征,强度值达到 313×10^{-9}。主要的伴生元素 Cu、Pb、Zn、W、Sn、Mo、Ag、As、Hg 在后期的岩浆侵入活动中,对 Au 进行了强烈的叠加改造作用,共同构成复杂组分富集的叠生地球化学场,利于金的迁移、富集。主要的成矿指示元素为 Au、Cu、Pb、Zn、W、Sn、Mo、Ag、As、Hg,近矿指示元素为 Au、Cu、Pb、Zn;远程指示元素为 Ag、As、Hg,评价成矿的尾部指示元素为 W、Sn、Mo	重要
物探特征	局部重力高异常边部。航磁异常宽缓的低磁场区、负磁场区过渡带上。珍珠门岩组为平稳负磁场。珍珠门岩组大理岩为高阻低极化率,大栗子岩组片岩为低阻高极化率	重要
遥感特征	分布在果松-花山断裂带边部,有北西向断裂通过,北东向脆韧性变形构造带通过矿区;8 个与隐伏岩体有关的环形构造集中分布,老秃顶块状构造边部,绢云母化、硅化引起的遥感浅色色调异常区,古元古界老岭岩群形成的带要素中,矿区及其周围遥感羟基异常、铁染异常零星分布	重要
重砂特征	矿物组合主要为金、辰砂、泡铋矿、毒砂、方铅矿、黄铁矿,次要为赤铁矿、白钨矿、重晶石、刚玉。泡铋矿分布普遍,为标型矿物。针状、板条状毒砂与金成矿关系密切,成正消长关系	重要
找矿标志	珍珠门岩组厚层角砾状大理岩是有利的找矿层位;珍珠门岩组与大栗子岩组韧脆性构造接触带及其次级构造是找矿的构造标志;重熔型花岗岩体及派生各类脉岩是找矿的岩浆岩标志;围岩蚀变,即从矿体到围岩其分带是硅化→碳酸盐化→绢云母化。矿体为强硅化蚀变岩,具有棕红色、黄褐色、灰黑色、杂色多孔洞粗细角砾的硅化蚀变岩是找矿直接标志;化探异常是重要的找矿标志,1∶20 万、1∶5 万水系沉积物异常	重要

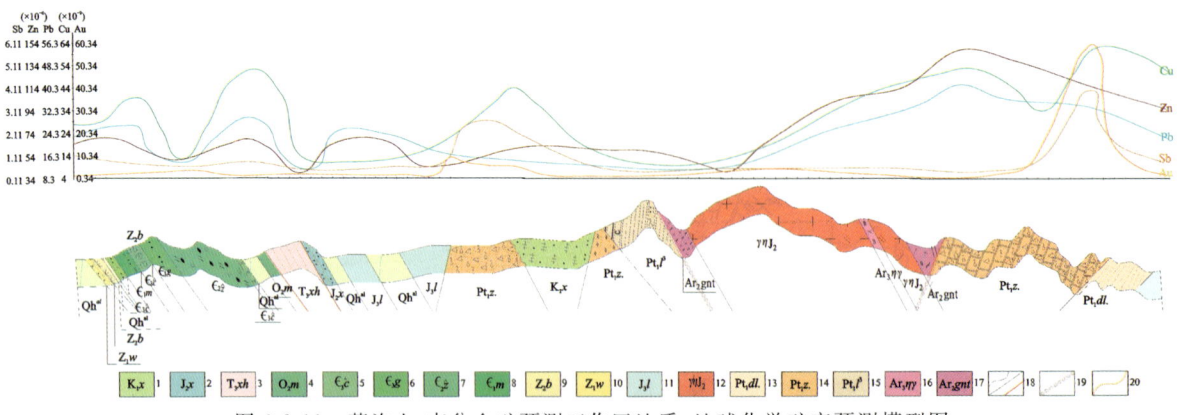

图 6-2-11　荒沟山-南岔金矿预测工作区地质、地球化学矿产预测模型图

1.砂砾岩;2.粉砂岩夹页岩;3.砂岩夹煤、砾岩;4.白云质灰岩含燧石结核灰岩;5.薄层灰岩夹页岩;6.粉砂岩-页岩夹灰岩;7.生物屑灰岩、鲕状灰岩夹页岩;8.粉砂岩-页岩夹灰岩、蒸发岩;9.灰岩夹硅质岩;10.灰岩;11.流纹质火山碎屑岩夹流纹岩;12.中粒二长花岗岩;13.千枚岩夹大理岩;14.厚层大理岩;15.黑云变粒岩夹大理岩;16.变二长花岗岩;17.英云闪长质片麻岩;18.地质界线/断层;19.韧性剪切带;20.化探异常曲线

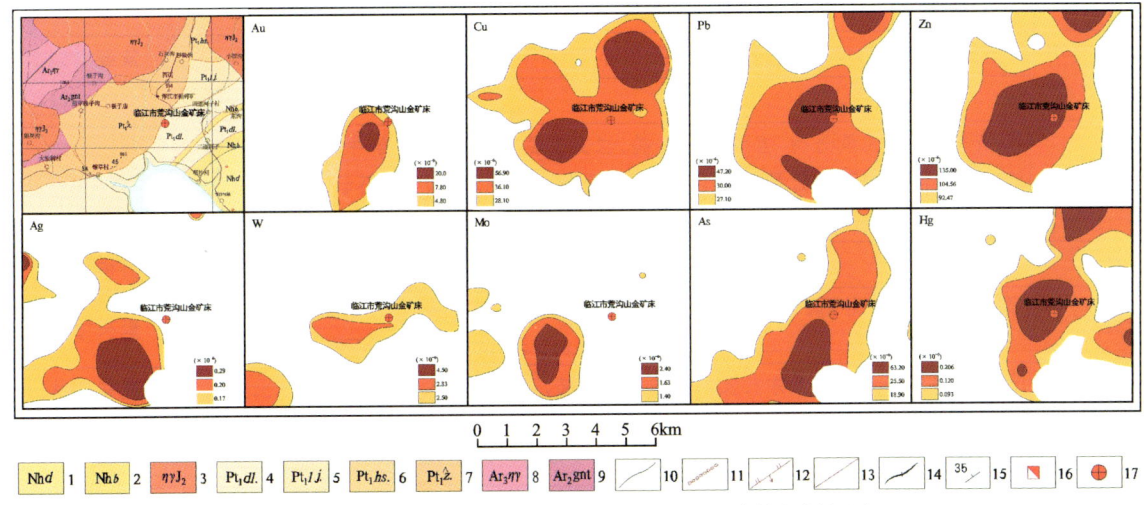

图 6-2-12 临江市荒沟山金矿床区域化探异常特征剖析图

1.南华系细河群钓鱼台组石英砂岩、含海绿石石英砂岩、含赤铁矿石英砂岩;2.南华系细河群白房子组杂色含云母粉砂岩、粉砂质页岩夹长石石英砂岩;3.中侏罗世中粒二长花岗岩;4.古元古界滹沱系老岭岩群大栗子岩组千枚岩夹大理岩;5.古元古界滹沱系老岭岩群临江岩组二云片岩夹长石石英岩;6.古元古界滹沱系老岭岩群花山岩组云母片岩夹大理岩;7.古元古界滹沱系老岭岩群珍珠门岩组厚层大理岩;8.新太古代变二长花岗岩;9.中太古界英云闪长质片麻岩;10.地质界线;11.韧性剪切带;12.实测逆断层;13.实测性质不明断层;14.背斜;15.岩层产状;16.褐铁矿化;17.临江市荒沟山金矿

(四)荒沟山铅锌矿

1. 典型矿床

荒沟山铅锌矿床预测要素见表 6-2-9,矿产预测模型见图 6-2-13。

表 6-2-9 白山市荒沟山铅锌矿床预测要素表

预测要素		内容描述	类别
特征描述		沉积-岩浆热液改造型	
地质条件	成矿区带（全国）	Ⅱ-14 华北(陆块)成矿省	必要
	成矿区带（大区）	Ⅲ-56 辽东(隆起)Fe、Cu、Pb、Zn、Au、U、B、菱镁矿、滑石、石墨、金刚石成矿带	必要
	成矿区带（本省）	Ⅲ-56-②营口-长白(次级隆起,Pt_1裂谷)Pb、Zn、Fe、Au、Ag、U、B、菱镁矿、滑石成矿带	必要
	岩石类型	厚层(块状)白云石大理岩顶部的碎裂化、构造角砾岩化、硅化白云石大理岩	必要
	成矿时代	方铅矿铅同位素模式年龄为 1890~1800Ma(陈尔臻等,2001),古元古代	必要
	成矿环境	花山岩组片岩与珍珠门岩组大理岩接触构造带,即"S"形构造带。走向北北东压扭性层间断裂为矿区内主要含矿构造,南北向断裂主要见于主矿带两侧,被矿体或岩脉充填	必要
	构造背景	矿床位于前南华纪华北东部陆块(Ⅱ),胶辽吉元古代裂谷带(Ⅲ),老岭坳陷盆地内	重要
矿床特征	控矿条件	区域内的铅锌矿、铜矿、黄铁矿等硫化物型矿床(点)以及原生矿化类型不明的硫化物铁帽,绝大多数赋存在古元古界老岭岩群珍珠门岩组薄层-微层硅质及碳质条带状或含燧石结核的白云岩或白云岩化的碳酸盐岩中,受压扭性层间破碎带控制的后生矿床	必要
	蚀变特征	围岩蚀变主要有碳酸盐化、硅化、黄铁矿化、滑石化、透闪石化、蛇纹石化等,其中以黄铁矿化、硅化及围岩的褪色化与矿化的关系比较密切,一般出现在近矿体几米以内的大理岩中,此外区域性的蚀变主要为滑石化和透闪石化	重要

续表 6-2-9

预测要素		内容描述	类别
矿床特征	矿化特征	荒沟山铅锌矿已发现矿体76个,其中铅锌矿体14个,铅矿体5个,黄铁矿体54个,含锌黄铁矿体3个。矿体产状普遍较陡,倾向南东,个别向北西倾斜。矿体呈似层状顺层产出,但在走向或倾向上与围岩都有5°左右的交角。矿体总体呈北东向展布,走向5°~30°,倾角50°~90°。矿体规模大小不等,一般长120~360m,最长达400m,厚0.5~5m,最厚达8.6m,平均厚度0.5~1m。每一矿系由一条或数条矿脉构成。各矿体或矿脉之间在平面上和剖面上均呈雁行式排列,具有尖灭侧现或尖灭再现特点	重要
综合信息	地球化学	Pb、Zn单元素异常具有清晰的三级分带和明显的浓集中心。以Pb、Zn为主体的组合异常有3种表现形式:Pb-Zn、Au、Ag;Pb-Zn、Ag、Hg;Pb-Zn、W、Sn、Mo,表现为复杂元素组分富集的叠生地球化学场特征以及高—中—低温的成矿地球化学环境,利于铅、锌的迁移和富集。 土壤异常和原生晕异常显示的特征元素组合为Pb、Zn、Cu、Ag、Au、As、Sb、Hg,其中Pb、Zn、Cu、Ag、Au为主要的近矿指示元素,Pb、Zn、Cu、Ag、Au与As、Sb、Hg呈正消长关系	重要
	地球物理	矿床位于七道沟-临江老岭背斜基底隆起所引起的相对重力高异常带转折部位,局部重力高异常与珍珠门岩组大理岩有关,北侧重力低局部异常与燕山期老秃顶子及草山似斑状黑云母花岗岩体有关;矿床位于燕山期老秃顶子岩体磁异常边缘,地表出露珍珠门岩组地层	重要
	重砂	异常好的重砂矿物为白钨矿,自然金,方铅矿显示较弱的重砂异常,黄铜矿未见异常	重要
	遥感	分布在果松-花山断裂带边部,有晚期的北西向断裂通过,北东向脆韧性变形构造带通过矿区;中生代花岗岩类引起和与隐伏岩体有关的复合环形构造集中分布,老秃顶块状构造边部,绢云母化、硅化引起的遥感浅色色调异常区,古元古界老岭岩群形成的带要素中,矿区及其周围遥感羟基异常、铁染异常零星分布	次要
找矿标志		珍珠门岩组大理岩富含Zn、Pb、Cu、Fe以及Ag、Sb、Hg、Cd等亲硫元素,区域上应注意寻找与变质热液成因有关的各种金属硫化物矿床;珍珠门岩组中的薄层-微层硅质或碳质条带状或含燧石结核的白云石大理岩是形成和寻找Pb、Zn等硫化物矿床的最有利岩层;继承性构造破碎的黄铁矿层或其邻近地段是Pb、Zn矿化的有利场所;利用氧化带铁帽中的Zn、Pb、As、Cd、Sb、Hg等元素含量判断原生硫化物矿体类型;根据矿脉组成出现和具有雁行式侧列的特点,应注意已知矿体(床)的延长部位和平行系统的找矿工作;化探Pb、Zn、As、Sb、Cd、Hg异常的存在;物探高阻高激化异常	重要

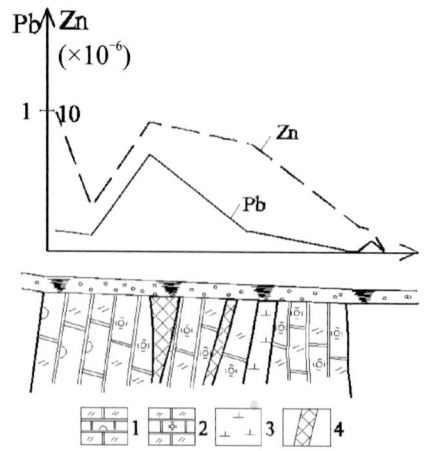

图 6-2-13 荒沟山铅锌矿床岩石地球化学异常剖面图
1.滑石化大理岩;2.硅化大理岩;3.细粒闪长岩;4.矿体

2. 预测工作区

荒沟山-南岔预测工作区预测要素见表6-2-10,预测工作区矿产预测模型见图6-2-14。

表6-2-10 荒沟山-南岔铅锌矿预测工作区预测要素表

预测要素	内容描述	类别
岩石类型	薄层-微层硅质及碳质条带状或含燧石结核的白云石大理岩	必要
成矿时代	方铅矿铅同位素模式年龄为1890~1800Ma(陈尔臻等,2001),古元古代	必要
成矿环境	花山岩组片岩与珍珠门岩组大理岩接触构造带,即"S"形构造带。走向北北东压扭性层间断裂为矿区内主要含矿构造,南北向断裂主要见于主矿带两侧,被矿体或岩脉充填	必要
构造背景	矿床位于前南华纪华北东部陆块(Ⅱ),胶辽吉元古代裂谷带(Ⅲ),老岭坳陷盆地内	重要
控矿条件	区域内的铅锌矿、铜矿、黄铁矿等硫化物型矿床(点)以及原生矿化类型不明的硫化物铁帽,绝大多数赋存在古元古界老岭岩群珍珠门岩组薄层—微层硅质及碳质条带状或含燧石结核的白云岩或白云岩化的碳酸盐岩中,受压扭性层间破碎带控制的后生矿床。花山岩组片岩与珍珠门岩组大理岩接触构造带,即"S"形构造带	必要
蚀变特征	围岩蚀变主要有碳酸盐化、硅化、黄铁矿化、滑石化、透闪石化、蛇纹石化等,其中以黄铁矿化、硅化及围岩的褪色化与矿化的关系比较密切,一般出现在近矿体几米以内的大理岩中,此外区域性的蚀变主要为滑石化和透闪石化	重要
矿化特征	矿化具有明显的层位性。由压扭性作用造成的围岩次级张性层间剥离和挠曲的地段,矿体厚度大,往往成为铅锌矿矿体所在部位	重要
地球化学	矿床岩石化探异常特征显示两种元素组合,一组是Cu、Pb、Zn、Sn、Mo等多金属元素,多在片岩或脉岩中发育,另一组是Au、Ag、As、Sb、Hg组合,在靠近"S"断裂大理岩一侧为强烈富集,与次生晕异常显示的完全一致。原生晕横向分带表现为矿体上方为高峰异常,其构成内带,而在矿体两侧形成低缓异常,构成外带;轴向分带由上至下为Hg→As→Sb→Ag→Au→Cu→Pb→Zn→Sn→Mo。由此可见,矿上元素为Hg,偏上元素为As、Sb等,近矿元素为Ag、Cu、Pb、Zn,尾部元素为Sn、Mo,同时说明矿床处于较浅的剥蚀程度。硫同位素特征为矿区地层中硫同位素具重硫特点,反映半封闭浅海岩相古地理环境。土壤化探异常特征显示的元素组合为Au、Ag、As、Sb、Hg和Pb、Zn、Cu,其中Au、Pb、Zn的浓集系数均大于1,显示较强的富集能力,异常规模亦较大,利于成矿	重要
地球物理	重力:①南岔—临江—贾家营,有一带状布格重力高异常分布,与老岭背斜基底隆起有关。②重力低局部异常区主要是侏罗系果松组、林子头组火山沉积盆地及梨树沟花岗岩体、草山花岗岩体、蚂蚁河花岗岩体的反映,两者分布范围大体一致。③重力高异常边缘梯度带,与老岭岩群老地层有关的矿产和重力高异常的密切关系。④北东向、东西向梯度带为断裂构造所在。 磁法:大面积平稳负值区主要反映了中新元古界白云质大理岩、砂岩、页岩、石英岩及古生界的碳酸盐、无磁性等地层的磁场特征。局部异常在700nT以上,与异常带对应的是太古代变质岩及侏罗系的侵入岩体,即梨树沟岩体、老秃顶岩体,在航磁图上很醒目,尤其是老秃顶子岩体,因有脉岩侵入,异常更高。而在其东部的草山岩体,则处于负磁场中。正异常带东侧负异常梯度带反映了老岭岩群珍珠门岩组大理岩磁场与地质上确定的荒山"S"形构造带相对应,是区内一条重要的成矿构造带	重要
重砂	异常好的重砂矿物为白钨矿,自然金、方铅矿显示较弱的重砂异常	重要

续表 6-2-10

预测要素	内容描述	类别
遥感	分布在果松-花山断裂带边部,有晚期的北西向断裂通过,北东向脆韧性变形构造带通过矿区;中生代花岗岩类引起与隐伏岩体有关的复合环形构造集中分布,老秃顶块状构造边部,绢云母化、硅化引起的遥感浅色色调异常区,古元古界老岭岩群形成的要素中,矿区及其周围遥感羟基异常、铁染异常零星分布	次要
找矿标志	珍珠门岩组大理岩富含 Zn、Pb、Cu、Fe 以及 Ag、Sb、Hg、Cd 等亲 S 元素,区域上应注意寻找与变质热液成因有关的各种金属硫化物矿床;珍珠门岩组地层中的薄层—微层硅质或碳质条带状或含燧石结核的白云石大理岩是形成和寻找铅、锌等硫化物矿床的最有利岩层;继承性构造破碎的黄铁矿层或其邻近段是铅、锌矿化的有利场所;利用氧化带铁帽中的 Zn、Pb、As、Cd、Sb、Hg 等元素含量判断原生硫化物矿体类型;根据矿脉组成出现和具有雁行式侧列的特点,应注意已知矿体(床)的延长部位和平行系统的找矿工作;化探 Pb、Zn、As、Sb、Cd、Hg 异常的存在;物探高阻高激化异常	重要

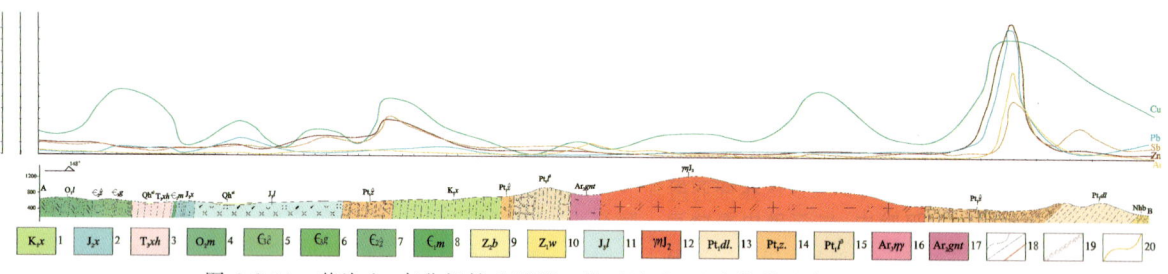

图 6-2-14　荒沟山-南岔铅锌矿预测工作区地质、地球化学矿产预测模型图

1.砂砾岩;2.粉砂岩夹页岩;3.砂岩夹煤、砾岩;4.白云质灰岩夹含燧石结核灰岩;5.薄层灰岩夹页岩;6.粉砂岩-页岩夹灰岩;7.生物屑灰岩、鲕状灰岩夹页岩;8.粉砂岩-页岩夹灰岩、蒸发岩;9.灰岩夹硅质岩;10.灰岩;11.流纹质火山碎屑岩夹流纹岩;12.中粒二长花岗岩;13.千枚岩夹大理岩;14.厚层大理岩;15.黑云变粒岩夹大理岩;16.变二长花岗岩;17.英云闪长质片麻岩;18.地质界线/断层;19.韧性剪切带;20.化探异常曲线

(五)大横路铜钴矿

1. 典型矿床

大横路铜钴矿床预测要素见表 6-2-11,矿产预测模型见图 6-2-15。

表 6-2-11　白山市大横路铜钴矿床预测要素表

预测要素		内容描述	类别
特征描述		沉积变质型	
地质条件	成矿区带(全国)	Ⅱ-14 华北(陆块)成矿省	必要
	成矿区带(大区)	Ⅲ-56 辽东(隆起)Fe、Cu、Pb、Zn、Au、U、B、菱镁矿、滑石、石墨、金刚石成矿带	必要
	成矿区带(本省)	Ⅲ-56-②营口-长白(次级隆起、Pt_1 裂谷)Pb、Zn、Fe、Au、Ag、U、B、菱镁矿、滑石成矿带	必要
	岩石类型	富含碳质的千枚岩	必要
	成矿时代	1.8Ga 左右,古元古代(陈尔臻等,2001)	必要

续表 6-2-11

预测要素		内容描述	类别
地质条件	成矿环境	华北东部陆块（Ⅱ），胶辽吉元古代裂谷带（Ⅲ），老岭坳陷盆地内	必要
	构造背景	矿区处于复式向斜内，矿区的轮廓受这一复式向斜控制，次级褶皱主要为第二期褶皱的转折端控制了富矿体（厚大的鞍状矿体）的展布。区内以北东向断裂与成矿关系最为密切，这组断裂多属逆掩性质的层间断裂，受其影响，断层两侧，尤其是下盘岩层发生强烈破碎和片理化，并伴随有强烈的矿化作用	重要
矿床特征	控矿条件	地层控矿：矿体严格受富含碳质的千枚岩层位的控制； 褶皱控矿：矿区正处于复式向斜内，矿区的轮廓受这一复式向斜控制，次级褶皱主要为第二期褶皱的转折端控制了富矿体（厚大的鞍状矿体）的展布； 断裂控矿：北东向断裂与成矿关系最为密切	必要
	蚀变特征	矿区内围岩蚀变属中—低温热液蚀变，总体上蚀变较弱，蚀变明显受花山岩组及北东向褶皱控制，蚀变呈北东向带状展布，蚀变与围岩没有明显的界线，呈渐变过渡关系。主要蚀变类型有硅化、绢云母化、绿泥石化、钠长石化、碳酸岩化	重要
	矿化特征	矿体主要赋存在花山岩组第二岩性段含碳绢云千枚岩中。矿体主要受三道阳岔-三岔河复式背斜北西翼次一级褶皱构造控制，该褶皱由5个紧密相连褶曲组成，3个向形，2个背形，每个褶曲宽约200m。褶曲轴呈北东-南西向，枢纽产状215°∠30°，轴面近直立，顶端歪斜，矿体形态受复式褶皱控制，矿体与地层同步褶皱，褶皱向北东翘起，向南西倾伏，倾伏角17°~22°，沿走向呈舒缓波状。矿区共圈出3层矿体，矿体均呈层状、似层状、分枝状或分枝复合状，矿体均赋存在同一含矿层内，与围岩呈渐变关系，并同步褶皱，矿体连续性好	重要
综合信息	地球化学	1:5万化探数据圈出1处Cu元素异常，具备二级分带，异常强度达到$59×10^{-6}$，接近地壳均值，高出省均值近3倍，椭圆状，面积$0.7km^2$，大横路铜钴矿床即分布其中。围绕大横路铜钴矿床分布的伴生元素有Au、Ag、Pb、Zn、As、W，空间上与铜套合紧密的是Ag、Pb、Zn、W，而Au、As与铜呈局部套合状。分布在矿床北侧的两组铜组合异常显示的元素组分较多，有Au、Ag、Pb、Zn、W、Sb、As，显示出此处铜组合异常可形成较复杂元素组分富集的叠生地球化学场，利于铜进一步富集成矿。与大横路铜钴矿积极响应的铜综合异常评定为乙级，具有较好的成矿条件，是扩大找矿的有望靶区	重要
	地球物理	在1:25万重力异常图上，老岭岩群地层引起的局部重力高异常边部梯度带内侧，外侧有燕山期花岗岩体引起重力低局部异常带（区）。 在1:5万航磁异常图上，大横路铜钴矿床位于梨树沟岩体产生的正磁异常和老岭岩群地层产生的负磁异常的正负过渡带上等值线突然发散及梯度带沿走向突然变缓部位。 1:1万电法异常特征：绢云千枚岩、绿泥绢云千枚岩为低激电率，可形成低激化背景场，黄铁矿化、含碳绢云千枚岩激电率明显高于其他岩石，能引起激电率异常，大理岩显高阻低激化率，铜、钴矿石表现明显低阻高激化率特征。 1:1万综合物探扫面后，将本区划分3个区，即大栗子岩组激电率高背景区、珍珠门岩组激电率中等背景区、太古宇地体激电率低背景区	重要
	重砂	异常好的重砂矿物为白钨矿，其次为自然金、方铅矿，黄铜矿未见异常	重要
	遥感	位于果松-花山断裂带与大路-仙人桥断裂带之间，脆韧性变形构造带分布密集，与隐伏岩体有关的环形构造比较发育，老秃顶子块状构造边部，遥感浅色色调异常区，古元古界老岭岩群形成的带要素中，矿区内及周围遥感铁染异常集中分布	次要
	找矿标志	老岭岩群花山岩组地层中含碳质绢云千枚岩；经多期变质变形的构造核部；在1:20万水系沉积物地球化学测量中，面积比较大的区域异常，形成异常的元素种类较多，异常结构复杂，并且在异常中亲铁元素族和亲硫元素族的异常套合好；物化探异常在成矿带有利层位及构造位置	重要

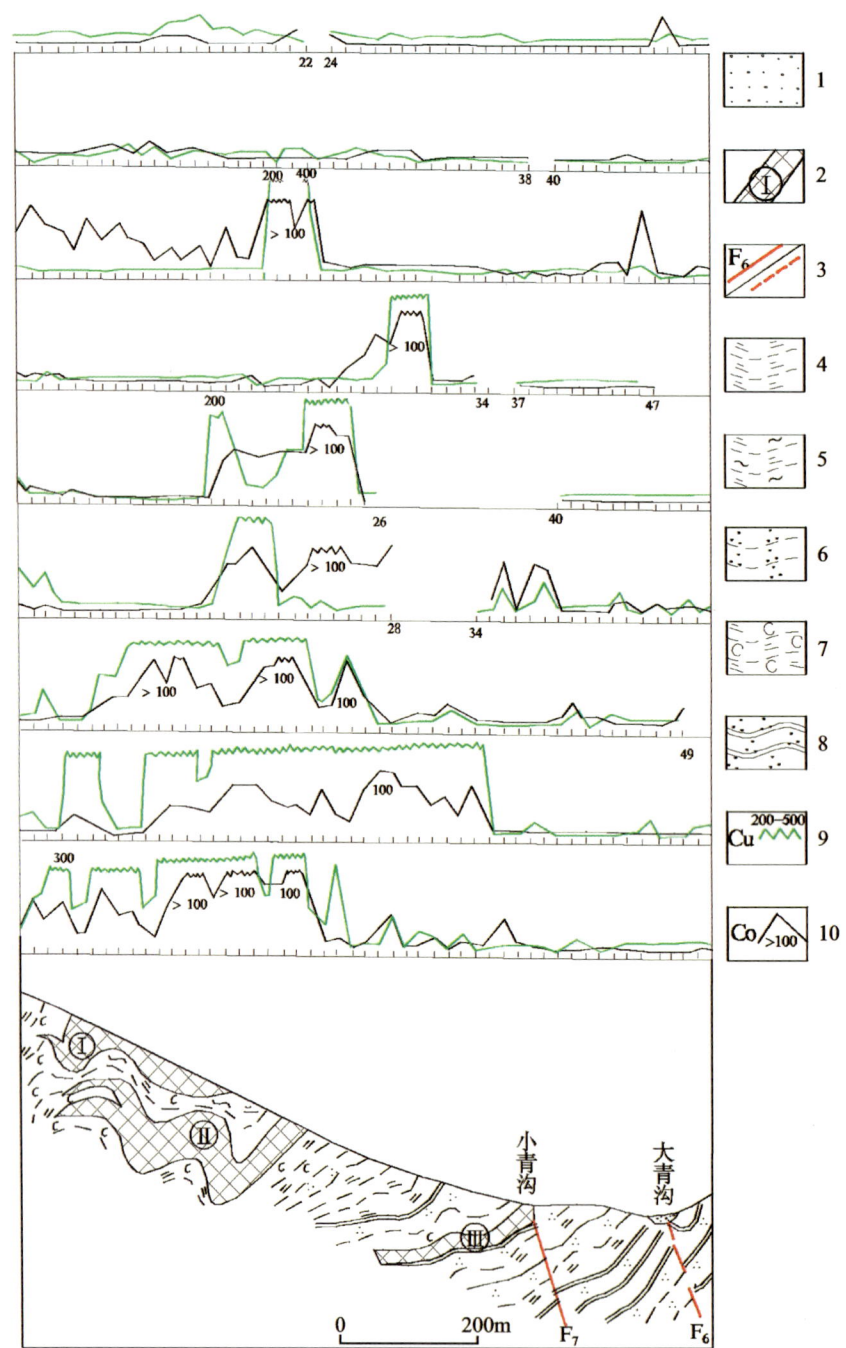

图 6-2-15 大横路铜钴矿土壤异常曲线图

1.第四系冲积砂砾石;2.铜钴矿体及编号;3.实测/推测断层及编号;4.绢云千枚岩;5.绿泥绢云千枚岩;6.石英千枚岩;7.含碳绢云千枚岩;8.石英岩;9.化探铜异常曲线(1mm=10×10^{-6});10.化探钴异常曲线(1mm=10×10^{-6})

2. 预测工作区

荒沟山-南岔预测工作区预测要素见表 6-2-12,矿产预测模型见图 6-2-16。

表 6-2-12　荒沟山-南岔铜钴矿预测工作区预测要素表

预测要素		内容描述	类别
地质条件	岩石类型	云母片岩、大理岩、千枚岩夹大理岩	必要
	成矿时代	1.8Ga 左右，古元古代（陈尔臻等，2001）	必要
	成矿环境	前南华纪华北东部陆块（Ⅱ），胶辽吉元古代裂谷带（Ⅲ），老岭坳陷盆地内	必要
	构造背景	矿区位于小四平-荒沟山-南岔"S"形断裂带与大横路沟断裂、大青沟断裂所围限的区域内。矿区正处于复式向斜内，其轮廓受这一复式向斜控制，次级褶皱主要为第二期褶皱的转折端控制了富矿体的展布。区内以北东向断裂与成矿关系最为密切，这组断裂多属逆掩性质的层间断裂，受其影响，断层两侧，尤其是下盘岩层发生强烈破碎和片理化，并伴随有强烈的矿化作用	重要
矿床特征	控矿条件	地层控矿：矿体严格受大栗子岩组云母片岩、大理岩、千枚岩夹大理岩变质建造控制； 褶皱控矿：矿区正处于复式向斜内，其轮廓受这一复式向斜控制，次级褶皱主要为第二期褶皱的转折端控制了富矿体的展布； 断裂控矿：区内以北东向断裂与成矿关系最为密切，这组断裂多属逆掩性质的层间断裂，受其影响，断层两侧，尤其是下盘岩层发生强烈破碎和片理化，并伴随有强烈的矿化作用	必要
	矿化蚀变	矿区内围岩蚀变属中—低温热液蚀变，总体上蚀变较弱，蚀变明显受花山岩组及北东向褶皱控制，蚀变呈北东向带状分布，蚀变与围岩没有明显的界线，呈渐变过渡关系。主要蚀变类型有硅化、绢云母化、绿泥石化、钠长石化、碳酸盐化	重要
综合信息	地球化学	区内铜异常显示多处浓集中心。与铜空间紧密套合的元素多且复杂，有 Au、Pb、Zn、Ag、W、Sn、Mo、As、Hg。其中，W、Sn、Mo 主要构成铜的内带，Au、Pb、Zn、Ag 构成铜的中带，而且 Pb、Zn 以较大的异常规模分布；As、Hg 则构成铜的外带，形成复杂元素组分富集的叠生地球化学场，有利于铜的迁移、富集和成矿。从铜组合异常的分布规律可知，工作区由北向南，以铜为主体的元素组分显示出简单→复杂→简单的特征，表明在该工作区的中段应以寻找铜矿为主	重要
	地球物理	重力：在1∶5万布格重力异常图上，区内从西南部到东部，有一带状布格重力高异常分布，异常强度从西向东逐渐降低。重力高异常带南、北两侧梯度带为老岭岩群与青白口系、印支期和燕山期侵入花岗岩体及侏罗系、白垩系火山沉积盆地的断层接触带的反映。这些重力高异常边缘梯度带上，分布有沉积变质型铜钴矿等，反映了这些与老岭岩群老地层有关的矿产和重力高异常的密切关系。 磁测：预测工作区西部，为大面积平稳负值区，异常值在－200～－100nT 之间。负磁场主要反映了中新元古界及古生界无磁性地层的磁场特征。在其东部为宽 8～12km 的正异常带，异常值一般在 200～300nT 之间。局部异常在 700nT 以上。与异常带对应的是太古宙变质岩及侏罗系的侵入岩体。而在其东部的草山岩体，则处于负磁场中。异常带东侧负异常梯度带反映了老岭岩群珍珠门岩组大理岩磁场与地质上确定的荒山"S"形构造带相对应，是区内一条重要的成矿构造带	重要
	重砂	预测工作区内重砂组合矿物异常显示弱，无法圈定	次要
	遥感	本预测工作区内解译出1条大型断裂带，为集安-松江岩石圈断裂，该断裂带附近的次级断裂是重要的多金属矿产的容矿构造。大路-仙人桥断裂带与其他方向断裂交会部位，为多金属矿产形成的有利部位。区内的脆韧变形趋势带比较发育，为一条总体走向北东的"S"形变型带，该带与铜矿产有密切的关系。区内的环形构造比较发育，铜矿点多分布于环形构造内部或边部	次要
	找矿标志	大栗子岩组千枚岩夹大理岩变质建造；经多期变质变形的构造核部；在1∶20万水系沉积物地球化学测量中，面积比较大的区域异常，铜异常浓集中心；重力高异常分布区；磁场中负异常梯度带	重要

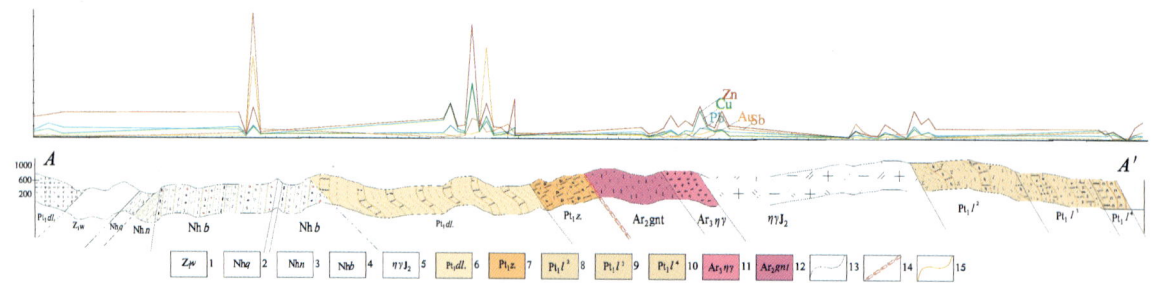

图 6-2-16　荒沟山-南岔铜钴矿预测工作区地质、地球化学矿产预测模型图

1.灰岩;2.石英砂岩与页岩互层;3.页岩夹泥灰岩;4.粉砂岩夹长石石英砂岩、长石石英砂岩;5.中粒二长花岗岩;6.千枚岩夹大理岩;7.厚层大理岩;8.板岩夹大理岩;9.黑云变粒岩夹大理岩;10.钠长变粒岩夹白云质大理岩;11.变二长花岗岩;12.英云闪长质片麻岩;13.地质界线;14.韧性剪切带;15.化探异常曲线

（六）大栗子铁矿

1. 典型矿床

大栗子铁矿床预测要素见表 6-2-13,矿产预测模型见图 6-2-17。

表 6-2-13　临江市大栗子铁矿床预测要素表

预测要素		内容描述	类别
特征描述		沉积变质型	
地质条件	成矿区带（全国）	Ⅱ-14 华北(陆块)成矿省	必要
	成矿区带（大区）	Ⅲ-56 辽东(隆起)Fe、Cu、Pb、Zn、Au、U、B、菱镁矿、滑石、石墨、金刚石成矿带	必要
	成矿区带（本省）	Ⅲ-56-②营口-长白（次级隆起、Pt_1 裂谷）Pb、Zn、Fe、Au、Ag、U、B、菱镁矿、滑石成矿带	必要
	岩石类型	含铁碳酸盐岩、泥质岩;经区域变质形成绿泥石-大理岩	必要
	成矿时代	古元古代	必要
	成矿环境	矿床位于华北东部陆块(Ⅱ),胶辽吉古元古裂谷带(Ⅲ)的老岭坳陷盆地(Ⅳ)内	必要
	构造背景	大栗子岩组地层经区域构造作用尤其是向斜褶皱的空间分布起到对矿体展布的控制作用	重要
矿床特征	控矿条件	古元古代辽吉裂谷老岭岩群大栗子岩组地层控矿,含铁碳酸盐岩与泥质岩石组合呈现出岩性的控矿作用;大栗子岩组地层经区域构造作用尤其是向斜褶皱的空间分布起到对矿体展布的控制作用	必要
	矿化特征	铁矿产于大栗子岩组上部以千枚岩为主夹透镜状大理岩层系中,赋存赤铁矿,磁铁矿及菱铁矿组合的矿体以薄层条带状大理岩层多且厚,分布稳定,千枚岩与大理岩互层为特征。矿体赋存于大栗子岩组向斜中,常与层间断层破碎带伴生。铁矿体空间上总体走向由北东至东西转向南东。在平、剖面上呈不连续的似层状和扁豆状矿体,平行排列,尖灭再现,呈舒缓波状的总体分布特征。 大栗子式铁矿在 5 个含矿层系中,矿体呈平行,多层次产出,沿走向、倾向断续分布。矿体呈似层状和扁豆状,少数其他形状如囊状体。矿体集中成群出现,如西部矿体群,呈一定等距数百米的矿体群特征	重要

续表 6-2-13

预测要素		内容描述	类别
综合信息	地球物理	重力高异常是该类型铁矿成矿远景区(段)的重要划分标志；1：5万航空磁测在北东向负磁场线性梯度带边部出现的规则似椭圆状强度较弱的低缓异常（$\Delta T_{max} \approx 80nT$）为特征，这种负磁场中的低值弱异常是此类型矿床较典型的找矿标志；地磁异常均属强度一般不超过1000nT的呈串珠状有规律分布的低缓异常，地面磁测是寻找经过岩浆热液蚀变改造的大栗子式富铁矿的一种最有效手段	必要
	遥感	北东向与北西向断裂交会部位局部有近南北向及近东西向断裂通过，4个隐伏岩体形成的环形构造在此区集中分布；遥感浅色色调异常区；矿体产在北东向韧性剪切带上；矿区附近零星分布遥感羟基异常及铁染异常	次要

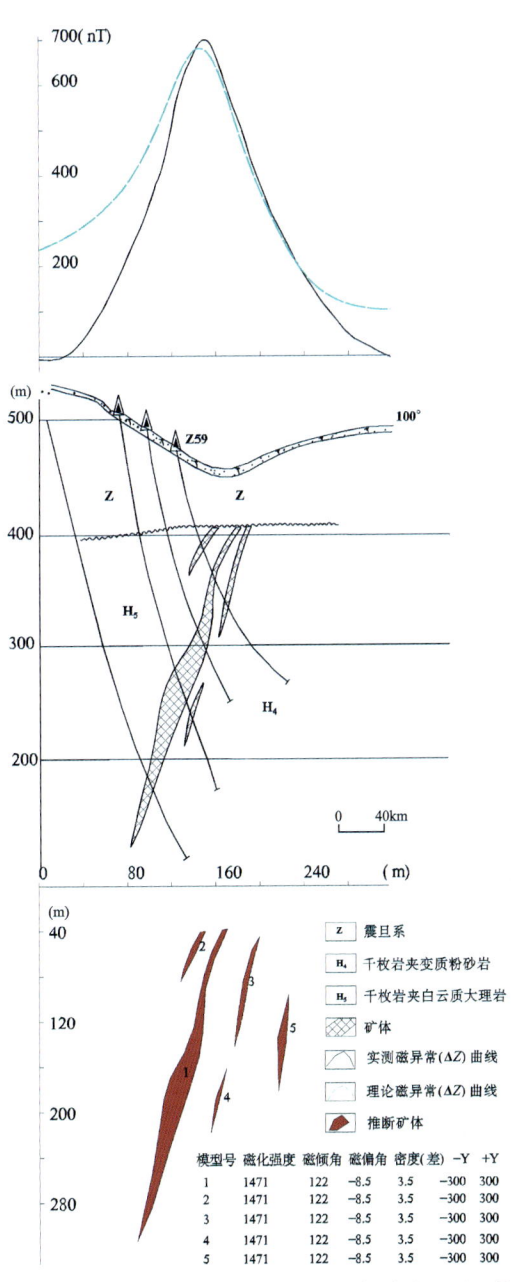

图 6-2-17　临江市大栗子铁矿床物探找矿模型图（小栗子二区 0 号勘探线剖面图）

2. 预测工作区

荒沟山-南岔铁矿预测工作区预测要素见表 6-2-14。

表 6-2-14 荒沟山-南岔铁矿预测工作区预测要素表

预测要素		内容描述	类别
地质条件	岩石类型	大栗子岩组千枚岩为主夹透镜状大理岩层	必要
	成矿时代	古元古代	必要
	成矿环境	老岭坳陷盆地基底构造控制该类型铁矿的空间分布;后期变质变形形成的褶皱构造控制矿体的形态	必要
	构造背景	前南华纪华北东部陆块(Ⅱ),胶辽吉古元古裂谷带(Ⅲ)的老岭坳陷盆地(Ⅳ)内	重要
矿床特征	控矿条件	地层控矿:区域上所有大栗子式铁矿全部受老岭岩群大栗子岩组地层控制; 构造控矿:①基底构造——老岭坳陷盆地控制该类型铁矿的空间分布;②后期变质变形形成的褶皱构造控制矿体的形态;③后期的断裂构造对矿体的破坏	必要
	蚀变特征	硅化、绿泥石化、方解石化	重要
	矿化特征	矿床空间上依存于老岭岩群大栗子岩组的展布,受走向北东的背斜控制,矿体分布在背斜的南翼西端,即大栗子岩组背斜、构造要素控制了铁矿床的三维空间分布。铁矿产于大栗子岩组上部以千枚岩为主夹透镜状大理岩层系中,赋存赤铁矿、磁铁矿及菱铁矿组合的矿体以薄层、条带状大理岩与千枚岩互层为特征。铁矿体空间上总体走向北东,局部北西—东西转向北东。在平、剖面上呈不连续的似层状和扁豆状,矿体近平行排列,尖灭再现,呈舒缓波状的总体分布特征	重要
综合信息	遥感	北东向、北西向及近东西向断裂交会部位,3 个环形构造在矿区集中分布,遥感解译的浅色色调异常区,矿区附近有零星的遥感铁染异常	次要

(七)高台沟硼矿

1. 典型矿床

高台沟硼矿床预测要素见表 6-2-15,矿产预测模型见图 6-2-18。

表 6-2-15 集安市高台沟硼矿床预测要素表

预测要素		内容描述	类别
特征描述		沉积-变质型	
地质条件	成矿区带(全国)	Ⅱ-14 华北(陆块)成矿省	必要
	成矿区带(大区)	Ⅲ-56 辽东(隆起)Fe、Cu、Pb、Zn、Au、U、B、菱镁矿、滑石、石墨、金刚石成矿带	必要
	成矿区带(本省)	Ⅲ-56-② 营口-长白(次级隆起、Pt_1 裂谷)Pb、Zn、Fe、Au、Ag、U、B、菱镁矿、滑石成矿带	必要
	岩石类型	蛇纹岩、菱镁蛇纹岩、镁质大理岩、电气石变粒岩、钾长花岗岩、斜长花岗岩、伟晶岩脉	必要
	成矿时代	古元古代,1900Ma(陈尔臻,2001)	必要

续表 6-2-15

预测要素		内容描述	类别
地质条件	成矿环境	辽吉古元古代裂谷内集安岩群蚂蚁河岩组含硼岩系受两期叠加褶皱构造控制。晚期褶皱，一般表现为宽缓向斜及较紧密背斜，硼矿床保留在晚期宽缓向斜构造中。成矿带位于集安-长白 Au、Pb、Zn、Fe、Ag、B、P 成矿带(Ⅳ17)，正岔-复兴 Au、B、Pb、Zn、Ag 找矿远景区(Ⅴ55)	必要
	构造背景	大地构造位置位于华北陆块(Ⅰ2)，华北东部陆块(Ⅱ7)，胶辽吉裂谷(Ⅲ7)，老岭隆起(Ⅳ10)。褶皱构造控矿，北北东向或北东向、北西向及近东西向3组断裂构造均为成矿后构造，对矿体起破坏作用，特别是小断层往往成为矿体边界	重要
矿床特征	控矿条件	矿体受蚂蚁河岩组地层控制；北北东向或北东向、北西向及近东西向3组断裂构造均为成矿后构造，对矿体起破坏作用，特别是小断层往往成为矿体边界；古元古代花岗岩类控矿	必要
	蚀变特征	长英质伟晶岩脉或其他脉岩穿切矿体或矿体顶底板时，发生明显蚀变作用，主要有金云母化、电气石化、镁橄榄石化、透闪石化、蛇纹石化、滑石化，局部见透辉石化，在空间上表现带状分布特点	重要
	矿化特征	矿区矿化面积大，矿体分布广且比较零散。矿体均产于含矿层内，赋存于中上部蛇纹岩、菱镁矿蛇纹岩中。矿体多为盲矿体，成群出现，平行叠置的矿体最多层数可达3层，产于含矿层厚度膨大、蛇纹石化强烈地段，含矿层厚与矿体厚度大致成正比。绝大多数矿体赋存在含矿层厚度大于30m地段。一般规律是厚40~50m的含矿层，赋存有厚10~15m的矿体。矿体形态受含矿层控制，呈似层状或扁豆状产出，矿体与含矿层顶、底板大致平行，随含矿层褶皱而褶皱，其产状与含矿层、地层一致。在空间上含磁铁矿硼镁矿多居于矿体中部，向边缘磁铁矿减少，逐渐过渡到硼镁石矿石	重要
综合信息	地球化学	矿床所在区域可圈出分带清晰，浓集中心明显的 P 元素异常，峰值达到 125.15×10^{-6}，面积为 $155km^2$，近椭圆状，异常轴向东西。该异常与高台沟硼矿床积极响应，是优良的矿致异常。有益组分 MgO、Na_2O 与 B 空间套合紧密，其组合信息是重要的找矿依据。Fe_2O_3 在硼矿所在区域异常反映很弱，表明高台沟硼矿相对贫铁；As、Sb、Hg 异常主要围绕 B 呈环状分布，表明相对酸性的地球化学环境	重要
	地球物理	在1:5万航磁异常等值线图上，硼矿床普遍分布在正磁异常及边部上，正磁异常与蚂蚁河岩组中含磁铁矿硼镁矿有关。硼矿床所在位置磁异常等值线密集、梯度陡，并有扭曲、错动，整体走向北东，反映出硼矿床受元古宙裂谷内北东向线性断裂构造活动控制的特点	重要
	重砂	主要指示矿物硼镁铁矿没有重砂异常，与之紧密共生的磁铁矿、橄榄石有较好的重砂异常，面积分别为 $0.87km^2$、$3.54km^2$，矿物含量分级较高，与高台沟硼矿积极响应，是硼富集成矿的产物，对硼矿具有重要的间接指示作用	次要
	遥感	头道-长白断裂带穿过矿区，矿区北西有北东东走向的大川-江源断裂带，东南分布大路-仙人桥断裂带，矿区处在不同方向小型断裂密集交会部位；与隐伏岩体有关的环形构造呈串珠状分布；矿区有侵入岩体内外接触带及残留顶盖分布；遥感羟基、铁染异常较密集分布	次要
	找矿标志	①古元古界集安岩群蚂蚁河岩组分布区，蛇纹石化大理岩、暗绿色蛇纹岩分布区，蚂蚁河岩组有3个含矿层，其中上层含矿性最好。②矿床主要分布褶皱构造核部，核部含矿层变厚，矿体也变厚。③被后期断裂构造切割断块，向斜分布区，矿体保留好，有可能发现新矿体。④标志层荒岔沟岩组以下130m左右，电气石变粒岩之下几十米见含硼层。⑤混合伟晶岩脉富集区。⑥蛇纹石化、金云母化、透闪、透辉石化、电气石化、镁橄榄石化等蚀变标志	重要

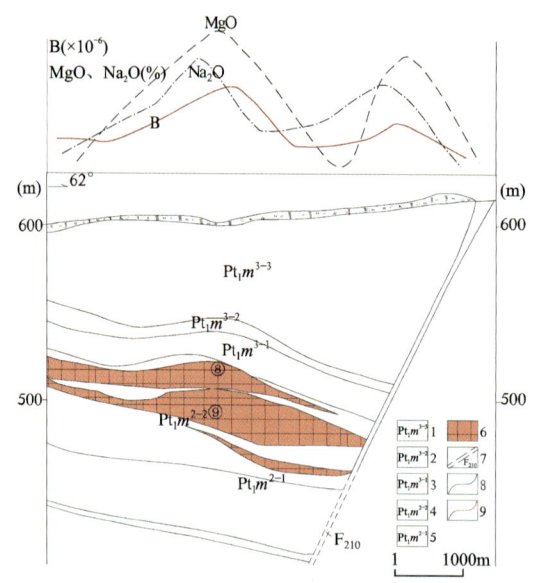

图 6-2-18　高台沟硼矿床矿产预测模型

1.混合岩夹斜长角闪岩；2.电气石变粒岩；3.磁铁均质混合岩；4.含矿蛇纹岩；
5.磁铁均质混合岩；6.矿体；7.断层；8.地质界线；9.化探异常曲线

2. 预测工作区

高台沟预测工作区预测要素见表 6-2-16，预测工作区矿产预测模型见图 6-2-19。

表 6-2-16　高台沟硼矿预测工作区预测要素表

预测要素	内容描述	类别
岩石类型	蛇纹岩、菱镁蛇纹岩、镁质大理岩、电气石变粒岩、钾长花岗岩、斜长花岗岩、伟晶岩脉	必要
成矿时代	古元古代，1900Ma（陈尔臻，2001）	必要
成矿环境	成矿带位于集安-长白 Au、Pb、Zn、Fe、Ag、B、P 成矿带（Ⅳ17），正岔-复兴 Au、B、Pb、Zn、Ag 找矿远景区（Ⅴ56）	必要
构造背景	大地构造位置位于华北陆块（Ⅰ2），华北东部陆块（Ⅱ7），胶辽吉裂谷（Ⅲ7），老岭隆起（Ⅳ10）	重要
控矿条件	①矿体受蚂蚁河岩组地层控制；②褶皱构造控矿，北北东向或北东向、北西向及近东西向 3 组断裂构造均为成矿后构造，对矿体起破坏作用，特别是小断层往往成为矿体边界；③古元古代花岗岩类控矿	必要
蚀变特征	长英质伟晶岩脉或其他脉岩穿切矿体或矿体顶底板时，发生明显蚀变作用，主要有金云母化、电气石化、镁橄榄石化、透闪石化、蛇纹石化、滑石化，局部见透辉石化，在空间上表现带状分布特点	重要
矿化特征	集安地区矿化面积大，密集分布中小型矿床 20 多处，其中中型硼矿集安高台沟、集安小西岔硼矿 2 处，小型有集安梨树沟硼矿、文字沟岭硼矿 20 余处，矿体均产于含矿层内，赋存于中上部蛇纹岩、菱镁矿蛇纹岩中。矿体多为盲矿体，成群出现，平行叠置的矿体最多层数可达 3 层，产于含矿层厚度膨大、蛇纹石化强烈地段，含矿层厚与矿体厚度大致成正比。绝大多数矿体赋存在含矿层厚度大于 30m 地段。一般规律是 40～50m 厚的含矿层，赋存有 10～15m 厚的矿体。 矿体形态受含矿层控制，呈似层状或扁豆状产出，矿体与含矿层顶、底板大致平行，随含矿层褶皱而褶皱，其产状与含矿层、地层一致。在空间上含磁铁矿硼镁矿多居于矿体中部，向边缘磁铁矿减少，逐渐过渡到硼镁石矿石	重要

续表 6-2-16

预测要素	内容描述	类别
地球化学	应用 1:20 万化探数据可圈出具有清晰的三级分带和明显的浓集中心的 B 异常,异常强度为 139×10^{-6},面积较大,呈不规则面状分布,北东向延伸的趋势	重要
地球物理	较强磁异常及中等强度剩余重力高异常	重要
重砂	区内主要指示矿物硼镁铁矿没有重砂异常反映,与之紧密共生的磁铁矿、橄榄石重砂异常反映较好,与高台沟硼矿有响应趋势	次要
遥感	头道-长白断裂带穿过矿区,矿区北西有北东东走向的大川-江源断裂带,东南分布大路-仙人桥断裂带,矿区处在不同方向小型断裂密集交会部位。与隐伏岩体有关的环形构造呈串珠状分布。矿区侵入岩体内外接触带及残留顶盖分布区,遥感羟基、铁染异常较密集分布	次要
找矿标志	①古元古界集安岩群蚂蚁河岩组分布区,蛇纹石化大理岩、暗绿色蛇纹岩分布区,蚂蚁河岩组有 3 个含矿层,其中上层含矿性最好。②矿床主要分布褶皱构造核部,核部含矿层变厚,矿体也变厚。③被后期断裂构造切割断块,向斜分布区,矿体保留好,有可能发现新矿体。④标志层荒岔沟岩组以下 130m 左右,电气石变粒岩之下几十米见有硼层。⑤混合伟晶岩脉富集区。⑥蛇纹石化、金云母化、透闪、透辉石化、电气石化、镁橄榄石化等蚀变标志	重要

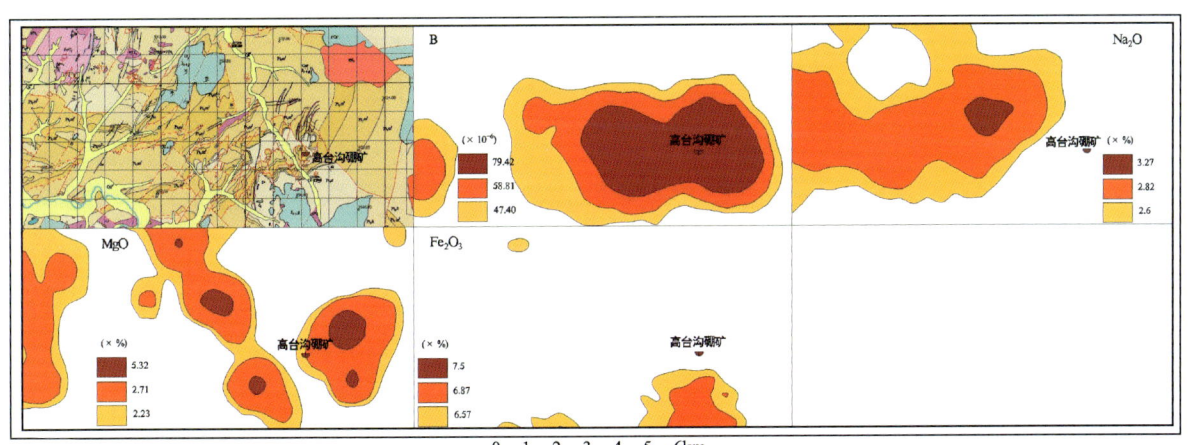

图 6-2-19 集安市高台沟硼矿预测工作区区域化探异常特征剖析图

1.第四系全新统冲积层;2.中侏罗统果松组安山质火山碎屑岩;3.晚侏罗世中粒二长花岗岩;4.晚三叠世中细粒二长花岗岩;5.晚三叠世石英闪长岩;6.古元古代巨斑状花岗岩;7.古元古界滹沱系集安岩群大东岔岩组黑云变粒岩夹石榴斜长片麻岩;8.古元古界滹沱系集安岩群荒岔沟岩变粒岩-斜长角闪岩夹大理岩;9.古元古界滹沱系集安岩群蚂蚁河岩组黑云变粒岩-浅粒岩夹大理岩、斜长角闪岩;10.闪长岩;11.超基性岩;12.辉绿岩;13.闪长斑岩;14.花岗斑岩;15.流纹、石英斑岩脉;16.地质界线;17.实测断层;18.绿泥石化;19.碳酸盐化;20.黄铁矿化;21.硅化;22.岩层产状;23.集安市高台沟硼矿

五、多矿种综合预测区特征

1. 40A 综合预测区

该综合预测区位于 V31 大安 Au、Fe、Cu、P 找矿远景区(五级成矿带)内(图 6-2-20)。其成矿特征如下。

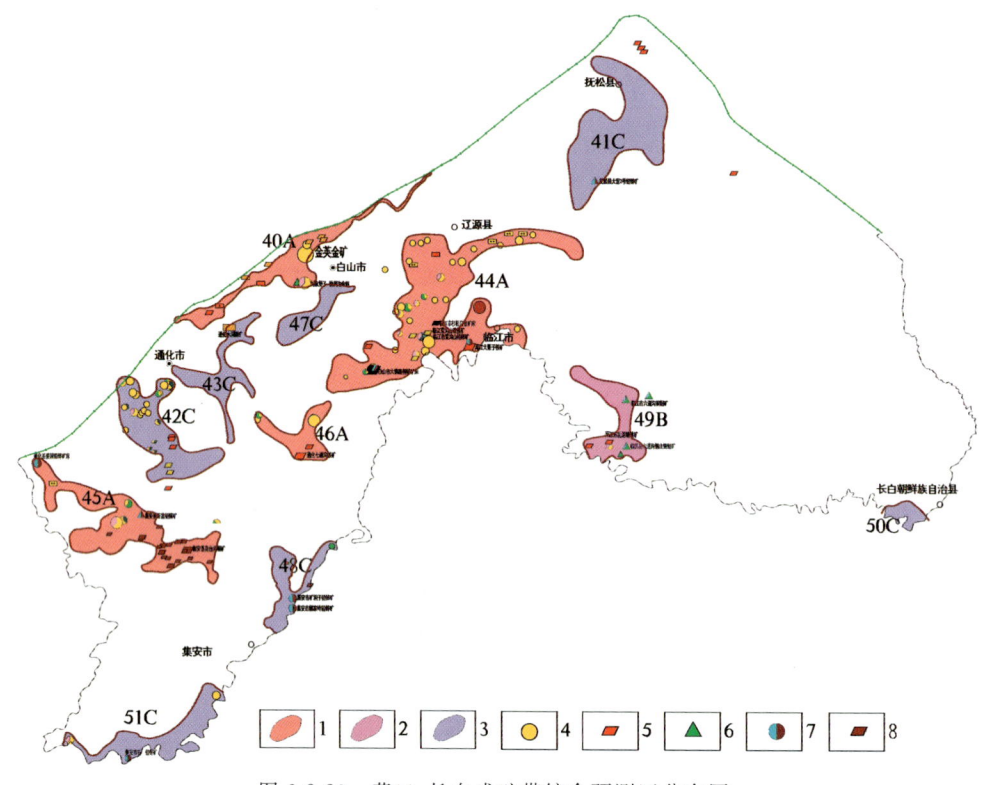

图 6-2-20　营口-长白成矿带综合预测区分布图

1. A 类综合预测区；2. B 类综合预测区；3. C 类综合预测区；4. 金矿；5. 铁矿；6. 铜矿；7. 铅锌矿；8. 硼矿

(1) 地质特征：位于浑江坳陷盆地北部边缘，出露地层有新太古代表壳岩，珍珠门岩组厚层大理岩，大栗子岩组千枚岩夹大理岩，南华系钓鱼台组石英角砾岩、石英砂岩夹赤铁矿，为金、铅锌、铁主要含矿层位；寒武系灰岩为狼洞沟式热液充填型银主要赋矿层位；寒武系水洞组含砾粉砂岩、中薄层状胶磷砾岩为磷矿矿源层。

区内岩浆活动微弱，在六道江镇北西分布的花岗斑岩类，在桥头组与万隆组之间呈脉状（似层状）产出，长约 4km。燕山期石英闪长斑岩及次流纹岩为银矿主要的控矿岩体。区内火山活动发生于晚中生代和新生代。

区内断层发育，主要有北东向，同褶皱轴向断层，北西向横切褶皱轴向的断层。前者多属逆冲断层，后者属走滑或斜冲断层。

(2) 矿产特征：区内的主要矿产以沉积型金、铁、磷、石膏矿产为主，有少量的铅、锌等层控矿点出现。大型金矿 1 处，金矿点 2 处，小型铁矿 4 处，铁矿点 2 处。

(3) 物探、化探、遥感、自然重砂特征：区内马当—大安—板石—八道羊岔—爱林一线有一条总体北东走向并略向南东凸起的相对重力高异常带，主要出露有中太古代表壳岩（四道砬子河岩组与杨家店岩组）、古元古界珍珠门岩组、新元古界青白口系和震旦系。重力低异常区主要与太古宙变质花岗岩、中生代火山沉积盆地分布区相吻合。

在南部孤砬子村—高丽沟子—新民屯—吊水壶村一带，为一片平稳负磁场区，主要反映了古元古界的白云质大理岩、砂岩、页岩、石英岩及新元古界石英砂岩、页岩、灰岩等岩性的磁性特征，场值 $-50 \sim 100 \mathrm{nT}$。北部是四方山-板石沟-爱林铁矿异常带，异常呈北东向不连续分布在太古宇龙岗岩群变质岩中，异常强度较高，一般在 $500 \sim 1000 \mathrm{nT}$ 之间。

区域主要为铁族元素同生地球化学场，同时东南局部具有亲石、碱土金属元素同生地球化学场性质。主成矿元素 Au 具有比较清晰的异常分带和浓集中心，且异常连续性较好。主要的找矿指示元素有 Au、Cu、Pb、Ag、As、Sb、Hg。其中 Au、Cu、Pb、Ag 是近矿指示元素，As、Sb、Hg 为远程指示元素。

区内遥感解译小型断裂比较发育,以北东向、北北东向和北西向为主,局部见近东西向小型断裂,其中北西向断裂多表现为张性特点,其他方向断裂多表现为压性特征。区内的铁矿、金多金属矿床。(点)多分布于不同方向小型断裂的交会部位。区内的环形构造比较发育,主要集中于不同方向断裂交会部位。

2. 44A、46A、48C 综合预测区

这3个综合预测区均位于Ⅴ34南岔-荒沟山Au、Ag、Fe、Cu、Pb、Zn、S找矿远景区(五级成矿带)内,成矿特征如下。

(1)地质特征:出露的地层主要有古元古界老岭岩群珍珠门岩组、花山岩组、临江岩组,分布于老岭背斜两翼,为一套碳酸盐岩-碎屑岩建造,其原岩是镁质碳酸盐、浊积岩及富铁铝沉积岩类,为金、铜、镍、铅锌、锑矿矿源层。古元古界大栗子岩组、新元古界白房子组控矿。奥陶系冶里组灰岩为铅锌矿和银矿控矿地层。

区内侵入岩不发育,具有多期多阶段性,主要为燕山期黑云母花岗岩体及脉岩,侏罗纪中粒二长花岗岩、中细粒闪长岩、中细粒石英闪长岩,白垩纪中细粒碱性花岗岩、花岗斑岩等。

区内南岔-荒沟山-小四平"S"形构造带,总体上沿珍珠门岩组与大栗子岩组接触带发生、发展和演化。长度大于80km,宽0.1~0.5km。沿该带发生显著的岩溶作用,形成较大规模的岩溶角砾岩带。区域变质岩系经历两期变质变形,第一期褶皱变形控制"检德"式铅锌矿,第"二"期变形控制大横路钴矿的矿体形态。

(2)矿产特征:区域内铅锌矿中型矿床1处,小型矿床1处,矿点4处,矿化点2处。

(3)物探、化探、遥感、自然重砂特征:南岔—临江—贾家营段,有一处带状1∶5万布格重力高异常分布,异常强度从西向东逐渐降低。南岔—临江段北东东走向,与老岭背斜基底隆起有关,南北两侧梯度带较陡,局部重力高异常特征明显,多为椭圆状,规模逐渐变小。南北两侧重力低局部异常区主要与火山沉积盆地及花岗岩类岩体分布一致。重力高异常边缘梯度带上,分布有沉积变质型铁矿、铜钴矿,岩浆热液改造型金矿。

西部大青沟—三道湖—护林村—石人镇一线以西,为大面积平稳负值区,异常值-200~-100nT。负磁场主要反映了中元古代白云质大理岩、砂岩、页岩、石英岩,及古生界的碳酸盐岩、砂页岩等无磁性地层的磁场特征。东部银子沟—大黑松沟—前进沟—陆桩子村一带,是一宽8~12km的正异常带,异常值一般在200~300nT之间,局部异常在700nT以上。与异常带对应的是太古宙变质岩及侏罗纪侵入岩。异常梯度带反映了老岭岩群珍珠门岩组大理岩磁场与地质上确定的荒沟山"S"形构造带相对应,是区内一条重要的成矿构造带。

工作区属于亲石、碱土金属元素同生地球化学场。主要的成矿元素为Au、Cu、Pb、Zn,具有分带清晰、浓集中心明显的基本特征。主要成矿指示元素为Au、Cu、Pb、Zn、W、Sn、Mo、Ag、As、Hg,近矿指示元素为Au、Cu、Pb、Zn,远程指示元素为Ag、As、Hg,评价成矿的尾部指示元素为W、Sn、Mo。

区内遥感解译大中型断裂(带)、小型断裂比较发育,并且以北北西向和北西向为主,北东向次之,局部见近南北向和近东西向小型断裂,不同方向小型断裂的交会部位,是重要的金、多金属成矿区。区内的环形构造比较发育,它们在空间分布上有明显的规律,主要分布在不同方向断裂交会部位,区内的金矿点多分布于环形构造内部或边部。

自然重砂:金矿物含量分级低,分布零散,异常表现较弱。黄铜矿、方铅矿没有圈出异常,是白钨矿含量分级较好。

42C、45A、43C、41C、51C、50C等综合预测区成矿特征见表6-2-17。

表 6-2-17 营口-长白成矿带综合预测区成矿地质特征表

Ⅳ级成矿(区)带	综合预测区编号及名称	综合预测区面积/km²	矿种	矿产预测类型	成矿地质	代表性矿床
Ⅲ-56-②	42C 通化-先锋	274	金	西岔式岩浆热液改造型	集安岩群荒岔沟岩组的变粒岩-斜长角闪岩类含石墨大理岩组合,中生代花岗岩类侵入体	
			硫铁	狼山式沉积变质型	集安岩群蚂蚁河岩组变质岩系碎屑岩-碳酸盐岩为主要的赋矿层位	
			银	西岔式热液改造型	集安岩群荒岔沟岩组变粒岩层为赋矿层位;印支期及燕山期中酸性岩类的侵入岩为控矿岩体	
	45A 西岔-高台沟	378	金	西岔式岩浆热液改造型	集安岩群荒岔沟岩组的变粒岩-斜长角闪岩类含石墨大理岩组合,中生代花岗岩类侵入体	西岔金矿
			硫铁	狼山式沉积变质型	集安岩群蚂蚁河岩组变质岩系碎屑岩-碳酸盐岩为主要的赋矿层位	
			硼	高台沟式沉积变质型	辽吉古元古代裂谷内集安岩群蚂蚁河岩组含硼岩系	高台沟硼矿
			铅	正岔式沉积改造型	集安岩群形成含胚胎型矿体的矿源层;燕山期花岗斑岩体的侵位	正岔铅锌矿
			铜	二密式斑岩型	控矿岩体主要是早白垩世花岗斑岩,还有较发育的钠长斑岩、闪长斑岩、闪长玢岩等脉岩及早白垩世花岗斑岩	
			锌	正岔式沉积改造型	集安岩群荒岔沟岩组形成含胚胎型矿体的矿源层;燕山期花岗斑岩体的侵位	正岔铅锌矿
			银	西岔式热液改造型	集安岩群荒岔沟岩组变粒岩层为赋矿层位;印支期及燕山期中酸性岩类的侵入岩为控矿岩体	西岔金矿
	40A 刘家堡子-金英	208	金	金英式热液改造型	新太古代表壳岩、钓鱼台组石英砂岩、含海绿石石英砂岩组合	白山金英金矿
			磷	水洞式沉积型	寒武系水洞组含砾粉砂岩、中薄层状胶磷砾岩	
			铅	青城子式沉积-改造型	老岭岩群珍珠门岩组薄层—微层硅质及碳质条带状或含燧石结核的白云岩或白云岩化的碳酸盐岩	
			铁	浑江式沉积型	钓鱼台组石英质角砾夹赤铁矿岩建造	
			锌	荒沟山式沉积-改造型	老岭岩群珍珠门岩组薄层—微层硅质及碳质条带状或含燧石结核的白云岩或白云岩化的碳酸盐岩	
			银	狼洞沟式热液充填型	寒武系灰岩为主要赋矿层位;燕山期石英闪长斑岩及次流纹岩为主要的控矿岩体	狼洞沟银矿
	43C 水洞-二道江	144	磷	水洞式沉积型	寒武系水洞组的紫红色含砾粉砂岩、中薄层状胶磷砾岩	水洞沉磷矿
			铁	浑江式沉积型	钓鱼台组石英砂砾岩建造(前),赤铁矿岩-菱铁矿岩建造	

续表 6-2-17

Ⅳ级成矿(区)带	综合预测区编号及名称	综合预测区面积/km²	矿种	矿产预测类型	成矿地质	代表型矿床
Ⅲ-56-②	41C 大营-万良	423	铅	万宝式矽卡岩型	寒武系徐庄组页岩、灰岩,张夏组厚层灰岩,崮山组页岩灰岩;燕山期花岗岩类岩体及脉岩	大营铅锌矿
			铜	六道沟式矽卡岩型	寒武系厚层灰岩、叠层石灰岩、藻屑灰岩、硅质灰岩与燕山期中性和中酸性(钙碱性)侵入岩控矿	
			锌	万宝式矽卡岩型	寒武系灰岩、燕山期花岗岩类岩体及脉岩	大营铅锌矿
	51C 古马岭-下活龙	188	金	下活龙式岩浆热液改造型	大东岔岩组含矽线石、石榴黑云变粒岩为主,夹浅粒岩、黑云变粒岩及长石石英岩、墨黑云矽线变粒岩组合;燕山期花岗岩类	集安下活龙金矿
	44A 大横路-荒沟山	761	金	荒沟山式岩浆热液改造型	老岭岩群珍珠门岩组的厚层(块状)白云石大理岩顶部的碎裂化、构造角砾岩化、硅化白云石大理岩组合;中生代花岗岩类侵入体	荒沟山金矿
			磷	水洞式沉积型	寒武系水洞组的紫红色含砾粉砂岩、中薄层状胶磷砾岩	
			硫铁	狼山式沉积变质型	老岭岩群珍珠门岩组为控矿层位	荒沟山硫铁矿
			镍	杉松岗式沉积变质型	矿体严格受花山岩组云母片岩、大理岩、千枚岩夹大理岩变质建造控制	大横路铜钴矿、杉松岗镍矿
			铅	青城子式沉积-改造型	老岭岩群珍珠门岩组薄层—微层硅质及碳质条带状或含燧石结核的白云岩或白云岩化的碳酸盐岩	荒沟山铅锌矿
			锑	青沟子式岩浆热液型	主要矿体赋存在临江岩组、大栗子岩组泥质碎屑岩的中浅变质岩系的云母片岩、石英岩、千枚岩中,印支期草山单元黑云母花岗岩控矿	青沟子锑矿
			铁	大栗子式沉积变质型	古元古界大栗子岩组、新元古界白房子组控矿	大栗子铁矿、青沟铁矿、白房子铁矿
			铜	大横路式沉积变质型	受大栗子岩组云母片岩、大理岩、千枚岩夹大理岩变质建造控制	大横路铜钴矿
			锌	荒沟山式沉积-改造型	老岭岩群珍珠门岩组薄层—微层硅质及碳质条带状或含燧石结核的白云岩或白云岩化的碳酸盐岩	荒沟山铅锌矿
			银	狼洞沟式热液充填型	寒武系灰岩为主要赋矿层位;燕山期石英闪长斑岩及次流纹岩为主要的控矿岩体	
	46A 七道沟-南岔	108	金	荒沟山式岩浆热液改造型	老岭岩群珍珠门岩组的厚层(块状)白云石大理岩顶部的碎裂化、构造角砾岩化、硅化白云石大理岩组合;中生代花岗岩类侵入体	南岔金矿
			铁	大栗子式沉积变质型	古元古界大栗子岩组	七道沟铁矿

续表 6-2-17

Ⅳ级成矿(区)带	综合预测区编号及名称	综合预测区面积/km²	矿种	矿产预测类型	成矿地质	代表型矿床
Ⅲ-56-②	47C 五道江-七道江	95	磷	水洞式沉积型	寒武系水洞组的紫红色含砾粉砂岩、中薄层状胶磷砾岩	
			铅	青城子式沉积-改造型	老岭岩群珍珠门岩组薄层—微层硅质及碳质条带状或含燧石结核的白云岩或白云岩化的碳酸盐岩	
			锌	荒沟山式沉积-改造型	老岭岩群珍珠门岩组薄层—微层硅质及碳质条带状或含燧石结核的白云岩或白云岩化的碳酸盐岩	
	48C 矿洞子-望江楼	123	铅	万宝式矽卡岩型	奥陶系冶里组灰岩和燕山期黑云母花岗岩体及脉岩	郭家岭铅锌矿
			锌	万宝式矽卡岩型	奥陶系冶里组灰岩和燕山期黑云母花岗岩体及脉岩	郭家岭铅锌矿
	49B 六道沟	162	金	荒沟山式岩浆热液改造型	老岭岩群珍珠门岩组的厚层(块状)白云石大理岩顶部的碎裂化、构造角砾岩化、硅化白云石大理岩组合	
			钼	铜山式矽卡岩型	古生界碎屑岩-碳酸盐岩与燕山期闪长岩、花岗闪长岩、二长花岗岩	铜山钼矿
			铁	大栗子式沉积变质型	大栗子岩组的出露面积叠加航磁异常	乱泥塘铁矿
	50C 金华-沿江	39	金	荒沟山式岩浆热液改造型	老岭岩群珍珠门岩组的厚层(块状)白云石大理岩顶部的碎裂化、构造角砾岩化、硅化白云石大理岩组合;中生代花岗岩类侵入体	

第七章 煤炭成矿预测

第一节 煤炭成矿地质

一、区域地质背景

1. 构造

吉林省经历了多次地壳运动,在各个地质发展阶段和各个时期的地壳运动中,均相应形成了一系列规模不等、性质不同的断裂。尤其是深大断裂,经历了长期的、多旋回的发展过程,它们对吉林省地质构造的发展、演化及煤炭成矿作用有着密切的联系。以下仅阐述构造对煤成矿的影响。

大地构造:聚煤盆地的形成与演化是受大地构造控制的,聚煤盆地是构造演化阶段的产物,富煤带的分布直接受聚煤盆地构造的控制,但从根本上说,是盆地基底性质、板块运移和相互作用的结果。

基底构造:泥炭沼泽是一种极为特殊的地貌单元,泥炭的堆积速率和盆地的沉降速率需要达到平衡,否则泥炭沼泽将会消亡,聚煤作用终止。因此,泥炭沼泽的持续、稳定发育需要长期稳定的构造环境,而基底构造是稳定构造环境形成的根本因素。

盆地构造:聚煤盆地构造及其演化不同程度地控制着沉积相带的展布和古地理的演化以及富煤带的分布,并直接影响到煤层的厚度和结构。

浑江煤田基底构造属于华北地台稳定的克拉通基底,而含煤岩系的盆地构造为较为稳定的奥陶系海相碳酸盐岩,并且沉积体系逐渐过渡到障壁潟湖—三角洲沉积环境,这些都是研究区有利聚煤的良好条件。

2. 地层

晚古生代石炭纪—二叠纪煤层:吉林省晚古生代石炭纪—二叠纪煤层主要分布在吉林南部赋煤带的浑江煤田、长白煤田,含煤地层为上石炭统太原组和下二叠统山西组。砂岩、粉砂岩、灰岩、泥岩、煤是组成煤系的主要岩石类型。

早中生代晚三叠世—早中侏罗世煤层:大兴安岭赋煤带早中侏罗世煤层主要分布于白城-万红煤田,含煤地层主要为中侏罗统万宝组;吉林中部赋煤带晚三叠世—中侏罗世煤层主要分布于双阳煤田,含煤地层为上三叠统大酱缸组和中侏罗统太阳岭组;吉林南部赋煤带晚三叠世—早侏罗世煤层主要分布于浑江煤田和三棵榆树-杉松岗煤田,含煤地层为上三叠统北山组(小营子组)和下侏罗统杉松岗组(冷家沟组)。煤系岩石类型主要为陆源碎屑岩类,包括砾岩、砂岩、泥岩。

晚中生代早白垩世煤层:吉林省晚中生代早白垩世含煤地层在松辽盆地西部赋煤带、松辽盆地东部赋煤带的下白垩统沙河子组、营城子组;在吉林中部赋煤带的辽源煤田称为安民组、长安组,在双阳煤田称为二道梁子组,在蛟河煤田称为奶子山组;在吉林东部赋煤带统称为长财组;在吉林南部赋煤带的浑江煤田称为石人组,梅河-桦甸煤田称为五道沟组、苏密沟组,三棵榆树-杉松岗煤田称为三源浦组。主要为陆源碎屑岩类,包括砾岩、砂岩、泥岩,砂岩占比较大。

古近纪煤层:伊舒断陷赋煤带中含煤地层以古近系舒兰组为主;梅河-桦甸煤田内古近纪含煤地层为梅河组,分布在梅河口市的红梅镇、新合堡镇和桦甸市的公郎头等地;敦化煤田内含煤地层为古近纪珲春组,分布于黑石—大山一带;吉林东部赋煤带古近纪煤层分布在珲春煤田、凉水煤田、春化煤田、三合煤产地等,含煤地层均称珲春组。各煤田(或煤产地)煤的物理性质、煤岩类型及显微组分有所不同,以珲春煤田、凉水煤田具有代表性。主要为陆源碎屑岩类,包括砾岩、砂岩、泥岩,砂岩、泥岩占比较大。

3. 岩浆岩

对煤田的煤系、煤层、煤质有联系和有直接影响的岩浆岩从晚古生代开始,可分为海西期、印支期、燕山期、喜马拉雅期的侵入岩。岩浆活动形成侵入和喷出,对已形成的煤田煤层、煤质均有不同程度的影响,破坏了煤田的完整性,掩盖了煤田对煤质的影响。

二、区域矿产特征

吉林省煤炭资源在全省均有分布,具体划分为8个赋煤带、28处煤田(或煤产地)、57个矿区,吉林省煤炭区域矿产分布见图7-1-1,涉煤矿产地特征见表7-1-1,赋煤带范围、带内煤田(或煤产地)如下。

大兴安岭赋煤带:大部分位于内蒙古自治区东部的乌兰浩特市,小部分位于吉林省白城市以西。主要煤田有白城-万红煤田。

松辽盆地西部赋煤带:位于松辽盆地西部,西邻大兴安岭赋煤带。初步认为在镇赉—洮南、瞻榆—通榆、双辽存在赋煤盆地和坳陷,带内暂确定一个煤田,即瞻榆煤田。

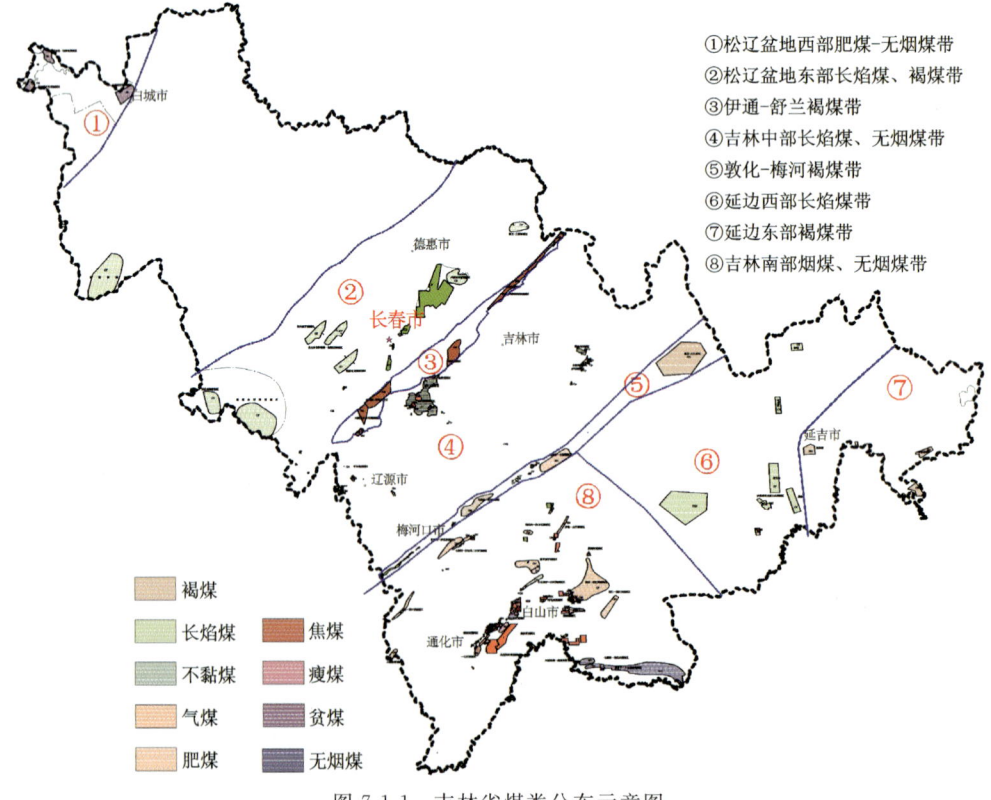

图7-1-1 吉林省煤类分布示意图

表 7-1-1 吉林省涉煤矿产地特征表

序号	产地名称	矿床成因	规模	成矿时代
1	舒兰市平安煤矿	沉积型	小型	古近纪
2	舒兰市水曲柳煤矿	沉积型	小型	古近纪
3	舒兰市舒兰街煤矿	沉积型	小型	古近纪
4	舒兰市东富煤矿(勘探区二井)	沉积型	小型	古近纪
5	九台市营城煤矿(竖井)	沉积型	中型	早白垩世
6	九台市羊草沟煤矿(区二井)	沉积型	中型	早白垩世
7	舒兰市二道河子煤矿	沉积型	中型	古近纪
8	蛟河市蛟河煤矿(乌林竖井)	沉积型	小型	早白垩世
9	蛟河市蛟河煤矿(奶子山立井)	沉积型	小型	早白垩世
10	公主岭市刘房子煤矿	沉积型	小型	早白垩世
11	伊通县大孤山煤矿(二井)	沉积型	小型	早白垩世
12	双阳区长岭煤田深部	沉积型	小型	早白垩世
13	双阳区八面石煤矿	沉积型	小型	早白垩世
14	蛟河市蛟河煤矿(三井)	沉积型	小型	早白垩世
15	图们延边凉水煤矿(亭岩井)	沉积型	小型	古近纪
16	吉林省辽源煤田(太信、平岗、白泉报废井)	沉积型	小型	早白垩世
17	辽源煤矿(西安竖井)	沉积型	中型	早白垩世
18	梅河煤矿(三井)	沉积型	小型	古近系
19	梅河煤矿四井(长胜区)	沉积型	小型	古近系
20	桦甸市桦甸煤矿普查区	沉积型	小型	古近系
21	靖宇煤田马当区新宇煤矿	沉积型	小型	早白垩世
22	靖宇煤田马当勘探区龙马煤矿	沉积型	小型	早白垩世
23	和龙市和龙煤矿(松下坪斜井)	沉积型	小型	早白垩世
24	珲春市珲春矿区(英安煤矿英安井)	沉积型	中型	古近纪
25	珲春市珲春矿区(城西井)	沉积型	中型	古近纪
26	珲春市珲春煤田(八连城精查区)	沉积型	大型	古近纪
27	珲春市珲春煤田(板石第一精查区)	沉积型	中型	古近纪
28	白山市浑江煤田八道江煤矿(二井)	沉积型	小型	石炭纪—二叠纪
29	白山市浑江煤田八道江煤矿(三井)	沉积型	小型	石炭纪—二叠纪
30	白山市浑江煤田道清煤矿(北斜井)	沉积型	小型	石炭纪—二叠纪
31	通化市二道江区五道江煤矿	沉积型	小型	石炭纪—二叠纪
32	白山市浑江煤田道清煤矿	沉积型	小型	石炭纪—二叠纪
33	通化市浑江煤田头道沟	沉积型	小型	石炭纪—二叠纪
34	白山市江源县新宇煤矿(二井)	沉积型	小型	石炭纪—二叠纪
35	江源县浑江煤田(苇塘煤矿一井)	沉积型	小型	石炭纪—二叠纪
36	江源县浑江煤田湾沟煤矿	沉积型	小型	石炭纪—二叠纪
37	江源县浑江煤田八宝深部勘探区	沉积型	小型	石炭纪—二叠纪
38	江源县浑江煤田砟子煤矿(竖井)	沉积型	中型	石炭纪—二叠纪
39	临江市大湖煤矿(平硐井)	沉积型	小型	石炭纪—二叠纪

松辽盆地东部赋煤带:位于松辽盆地东部,东临伊舒断陷带,自北向南有榆树煤田、营城-羊草沟煤田、双城堡-刘房子煤田、四平-双辽煤田。

伊舒断陷赋煤带:位于吉林省中部的伊通—舒兰一线,呈狭长条带状,主要有伊通煤田、舒兰煤田。

吉林中部赋煤带:位于伊舒断陷带与敦密断陷带之间,主要有辽源煤田、双阳煤田及蛟河煤田。

敦密断陷赋煤带:位于吉林省中部的梅河、辉南、桦甸及敦化一线,呈狭长条带状,主要有梅河-桦甸煤田及敦化煤田。

吉林东部(延边)赋煤带:位于东北赋煤区东南部,西起敦密断陷带,东至国界,南临华北赋煤区,北到黑龙江省。主要有安图煤田、延吉煤田、和龙煤田、屯田营-春阳煤田、凉水煤田、珲春煤田、春化煤田、敬信煤田、三合煤产地等。

吉林南部赋煤带:位于吉林省的东南部,西北部、北部分别与东北赋煤区的敦密断陷赋煤带、吉林东部(延边)赋煤带相邻,西南接辽宁省,东南部、南部与朝鲜隔江相望。该区分布有多个时代的煤系地层,主要有边沿-后沈家煤田、三棵榆树-杉松岗煤田、新开岭-三道沟煤田、浑江煤田、烟筒沟-漫江煤田、长白煤田。

三、区域地球物理特征及推断解释

1. 航磁特征

吉林省含煤盆地的磁场特征主要为负磁场,根据不同的沉积环境可分为狭长线状、短线状、近等轴状或开阔状,一般为平静场形,但受到各种场形磁性体干扰时,干扰场叠加其上,通过各种数据处理消除干扰场而突出含煤盆地的磁场特征,因而可用磁法配合推断含煤盆地。

2. 重力特征

位于台区的古生代煤盆地,重力场主要表现为相对低值场,在槽区则主要表现为相对高值场。中新生代盆地则为明显的线状负重力条带,松辽、珲春等中新生代沉降带中则为高重力场中的相对低重力场。

第二节 吉林省煤炭矿产预测

一、煤炭预测区确定

1. 确定预测区的基本原则

预测区圈定:原则上在1:5万以上比例尺的煤田地质图或其他地质图件上进行,工作程度低的地区尽量采用较大比例尺地质图件,充分利用物探、遥感资料分析和煤炭资源赋存规律研究成果结合生产矿井、勘探资料,通过多元地质信息综合分析确定。

预测区煤层的赋存形态:编制垂直主要构造方向的剖面图,如有可能则勾画主要煤层底板等高线图。

确定煤层厚度及其稳定性,尽量编制主要煤层累计厚度等值线图。

反映主要可采煤层煤质特征和变质规律,编制煤类分布图,必要时编制硫分、灰分等煤质参数的等值线图。

2. 预测要素确定

预测深度：本次煤炭资源潜力预测评价吉林省埋深 2000m 以浅的煤炭资源，起算深度统一定为当地侵蚀基准面。为便于利用和统计，进一步划分为 0～600m，600～1000m，1000～1500m，1500～2000m 4 个深度级。

评价层系：本次资源潜力预测评价的重点层系为晚古生代晚石炭世—早二叠世含煤地层、中生代早白垩世含煤地层和新生代古近纪含煤地层。

预测单元：预测区是本次煤炭资源潜力预测评价的基本单元，划分原则如下。

(1) 预测区边界以地质、地理要素来确定：① 地质要素，如重要构造线、煤层（露头、尖灭、2000m 埋深）线和井田（勘查区）边界等；② 地理要素，如铁路、大的河流等。

(2) 如果含煤地层赋存状态、煤类等具有较大差异时，分别划分预测基本单元。

(3) 预测区面积不作具体规定。

3. 潜在资源量估算

比例尺：资源量估算在煤炭资源分布图上进行，比例尺为 1∶5 万。

1) 基本方法

地质块段：根据预测区和邻区资料能够确定估算参数的地区，均采取地质块段法进行估算，计算公式：

$$Q_k = SMd$$

式中，Q_k 为资源量（$\times 10^4$ t）；S 为块段面积（$\times 10^4$ m^2）；M 为块段煤层平均厚度（m）；d 为煤视密度（t/m^3）。

2) 资源量原始估算值的校正

根据预测区地质构造复杂程度和煤层稳定程度，采用校正系数 β 对原始估算量进行校正。校正公式为：

$$Q = \beta * Q_k$$

校正系数 β 取值见表 7-2-1，预测区地质构造复杂程度和煤层稳定程度的确定以《煤、泥炭地质勘查规范》(DZ/T 0215—2002) 中的附录 D 为依据，当地质构造复杂程度和煤层稳定程度等级不一致时，取二者中 β 值较小者。

表 7-2-1　校正系数 β 取值表

地质条件	β 取值
简单构造、稳定煤层	0.8～1.00
中等构造、较稳定煤层	0.6～0.8
复杂和极复杂构造、不稳定和极不稳定煤层	0.4～0.6

4. 估算指标要求

原则上采用《煤、泥炭地质勘查规范》确定的资源储量估算指标要求。鉴于我国煤炭资源的赋存特点、煤质特征、实际开发利用状况，在预测资源量估算时，硫分和发热量不作为限制条件。

5. 潜在的资源量分级

预测可信度反映预测依据的充分程度，根据预测可信度将潜在的煤炭资源量分为预测可靠的 (334-1)、预测可能的 (334-2) 和预测推断的 (334-3) 3 级，界定如下。

预测可靠的(334-1):位于控煤构造的有利区块,浅部有一定密度的山地工程或矿点揭露,以及少量钻孔控制;或有效的地面物探工程控制;或位于生产矿区、已发现资源勘查区的周边;或进行了1∶25 000及以上大比例尺煤炭地质填图的地区,结合地质规律分析,确定有含煤地层和煤层赋存。资源量主要估算参数可直接取得,煤类、煤质可以基本确定。

预测可能的(334-2):位于控煤构造的比较有利区块,进行过小于1∶25 000煤田地质填图;或少量山地工程、矿点揭露和个别钻孔控制;或有较有效的地面物探工作了解;或可靠级预测区的有限外推地段,结合地质规律分析,确认含煤地层存在,可能有煤层赋存,地质构造格架基本清楚,估算参数与煤类、煤质是推定的。

预测推断的(334-3):按照区域地质调查或物探、遥感资料或可能级预测区的有限外推地段,结合聚煤规律推断有含煤地层、可采煤层赋存,估算参数和煤类、煤质等均为推测。

二、煤炭潜力评价工作部署

从潜在的经济意义、煤质和生态环境等方面,进行预测资源量的分级分类研究,对煤炭资源勘查、开发利用前景做出初步评估,提出煤炭资源勘查开发利用建议。

吉林省预查、普查、详查、勘探共26处,其中预查区和普查区13处。13处中可供进一步勘查的6处(表7-2-2),即饮马河东区普查、饮马河区预查、骆驼河子区普查、五家子区西部普查、龙井市三合区普查、水曲柳-平安预查。勘查区合计勘查面积324.7km²。

表7-2-2 吉林省现有勘查区勘查开发建议表

煤田(煤产地)名称	矿区名称	勘查区简称	现勘查程度	勘查面积/km²	勘查开发建议
营城-羊草沟	营城矿区	饮马河东区	普查	50.46	远期
		饮马河区	预查	43.11	近期
珲春煤田	珲春矿区	骆驼河子区	普查	59.70	近期
		五家子西部区	普查	90.20	近期
三合煤产地	三合矿区	龙井市三合区	普查	14.70	中期
舒兰煤田	舒兰矿区	水曲柳-平安	预查	66.53	近期
合 计				324.7	

在分级分类的基础上,从潜在资源的数量、质量、开采条件和生态环境等方面,进行潜在资源开发利用优度的综合评价,将预测资源的勘查开发利用前景划分为3等:优(A)等、良(B)等、差(C)等。全省圈定61个预测区,预测煤炭资源勘查开发利用前景划分如下。

1. 优(A)等

地质条件和开采技术条件好,外部条件和生态环境优越,埋藏在1000m以浅(或大部分资源量埋藏在1000m以浅部位),煤质优良,共9个。分别为:舒兰矿区的缸窑北预测区、亨通山矿区的亨通山-后沈家预测区、杉松岗矿区的七棵树-杉松岗二井西预测区、喇咕夹矿区的喇咕夹-景山屯预测区、浑江矿区的一心村、梨树沟、环懋一井二井外围、头道沟外围预测区、漫江矿区的漫江预测区。优(A)等预测区安排近期勘查。

2. 良(B)等

地质条件和开采技术条件较好,外部条件和生态环境较优越,埋藏在1500m以浅煤质较优良,共31

个预测区。良(B)等预测区安排中期勘查。

3. 差(C)等

地质及开采技术条件复杂、外部开发条件差,资源量小,或生态环境脆弱、煤质差、煤层埋藏在1500m以深,共21处预测区。差(C)等预测区安排远期勘查。

三、煤炭资源潜力预测成果

本次煤炭资源潜力预测工作,在吉林省8个赋煤带中,划分煤田(或煤产地)28个,在其中的26个煤田中圈定预测区62个,预测区总面积6 292.49km^2。

第八章　重要矿产勘查建议部署

第一节　小兴安岭-张广才岭 Fe、Pb、Zn、Cu、Mo、W 成矿带

一、Ⅲ-52-④ 兰家-上河湾 Au、Fe、Cu、Ag 成矿带

1. 工作部署建议区

根据多矿种综合预测区的地质条件和资源量确定工作部署建议区范围，共圈出 2 个工作部署建议区，B 类兰家地区 1 处，C 类综合区八台岭地区 1 处。主攻矿种为金矿和银矿。矿产预测类型为兰家式矽卡岩型金矿和八台岭式构造蚀变岩型银矿。

2. 工作部署建议

对兰家地区新安堡 100km² 面积的 1∶5 万空白区优先开展矿产调查，查明区域基础地质及构造情况。兰家地区 1∶5 万化探空白区泉眼、新安堡等 1∶5 万图幅 240km² 面积开展水系沉积物测量及 1∶5 万高精度磁测，圈出综合异常区。对区内已发现的矿体、矿化带深部继续控制，开展评价验证。对已经发现的矿体加大钻探控制（表 8-1-1）。

对八台岭地区涉及上河湾、其塔木、沐石河、舍岭、土们岭等 1∶5 万图幅面积约 350km² 进行 1∶5 万高精度磁测，圈出异常区。

表 8-1-1　兰家-上河湾成矿带勘查区勘查开发建议表

工作部署建议区编号及名称	矿种	矿产预测类型	1∶5 万矿产调查面积/km²	1∶5 万高精度磁测面积/km²	1∶5 万化探水系测量面积/km²	勘查开发建议	预测深度/m	备注
2B 兰家	金	兰家式矽卡岩型	100	240	240	中期	800	加强 600m 以下勘查
2B 兰家	铜	六道沟式矽卡岩型	100	240	240	中期	600	加强 600m 以下勘查
1C 八台岭	萤石	牛头山式火山热液型		350		远期	110	加强 700m 以下勘查
1C 八台岭	银	八台岭式构造蚀变岩型		350		远期	700	加强 700m 以下勘查

二、Ⅲ-52-⑥福安堡-塔东 Mo、Fe、W、Cu、Au、Pb、Zn、Ag 成矿带

1. 工作部署建议区

根据多矿种综合预测区的地质条件和资源量确定工作部署建议区范围,该带内共圈定 A 类季德屯地区、大石河地区,B 类塔东地区,C 类小绥河地区、金家屯地区 5 个工作部署建议区。主攻矿种为钼矿和铁矿。矿产预测类型为季德屯地区大黑山式斑岩型、大石河地区大石河式斑岩型、塔东地区塔东式沉积变质型、小绥河地区小绥河式侵入岩体型、金家屯地区金家屯式热液充填交代型。

2. 工作部署建议

对季德屯地区小城子、水曲柳、保安屯 3 幅 1∶5 万空白区优先开展矿产调查,查明区域基础地质及构造情况。1∶5 万化探空白区小城子、水曲柳 2 幅化探水系沉积物测量及小城子、水曲柳、保安屯 3 幅 1∶5 万高精度磁测,圈出综合异常区。由于季德屯钼矿预测深度为 537m,因此应对已经发现的矿体加大钻探深度及平面范围控制。

对大石河地区大溪沟林场、秃顶子、西北岔屯、北大秧 4 幅 1∶5 万空白区优先开展矿产调查,查明区域基础地质及构造情况。1∶5 万化探空白区大溪沟林场、秃顶子、胜利河 3 幅化探水系沉积物测量及秃顶子、西北岔屯、北大秧、胜利河 4 幅 1∶5 万高精度磁测,圈出综合异常区。由于季德屯钼矿最大勘探深度为 537m,因此应对已经发现的矿体加大钻探深度及平面范围控制。

对塔东地区扶育站幅省内 200km² 的 1∶5 万空白区优先开展矿产调查,查明区域基础地质及构造情况。在上述区域的 1∶5 万化探空白区做水系沉积物测量及 1∶5 万高精度磁测,圈出综合异常区。

小绥河地区、金家屯地区已探明和预测量均很小,找矿潜力不大,不做重点研究及部署。详见表 8-1-2,图 8-1-1。

表 8-1-2 福安堡-塔东成矿带勘查区勘查开发建议表

工作部署建议区及编号	矿种	矿产预测类型	1∶5 万矿产调查面积/km²	1∶5 万高精度磁测面积/km²	1∶5 万化探水系测量面积/km²	勘查开发建议	预测深度/m	备注
8C 小绥河	铬铁	小绥河式侵入岩体型				远期	800	加强 800m 以下勘查
9C 金家屯	萤石	金家屯式热液充填交代型				远期	180	
6A 季德屯	钼	大黑山式斑岩型	小城子、水曲柳、保安屯 3 幅 1∶5 万	小城子、水曲柳、保安屯 3 幅 1∶5 万	小城子、水曲柳、保安屯 3 幅 1∶5 万	近期	1000	加大钻探 1000m 以下勘查深度及矿体外围平面范围控制

续表 8-1-2

工作部署建议区及编号	矿种	矿产预测类型	1:5万矿产调查面积/km²	1:5万高精度磁测面积/km²	1:5万化探水系测量面积/km²	勘查开发建议	预测深度/m	备注
7A 大石河	钼	大石河式斑岩型	大溪沟林场、秃顶子、西北岔屯、北大秧 4 幅 1:5万	大溪沟林场、秃顶子、胜利河 1:5万	秃顶子、西北岔屯、北大秧、胜利河 1:5万	近期	1000	加大钻探1000m以下勘查深度及矿体外围平面范围控制
18B 塔东	铁	塔东式沉积变质型	200	200	200	中期	1000	加强1000m以下勘查

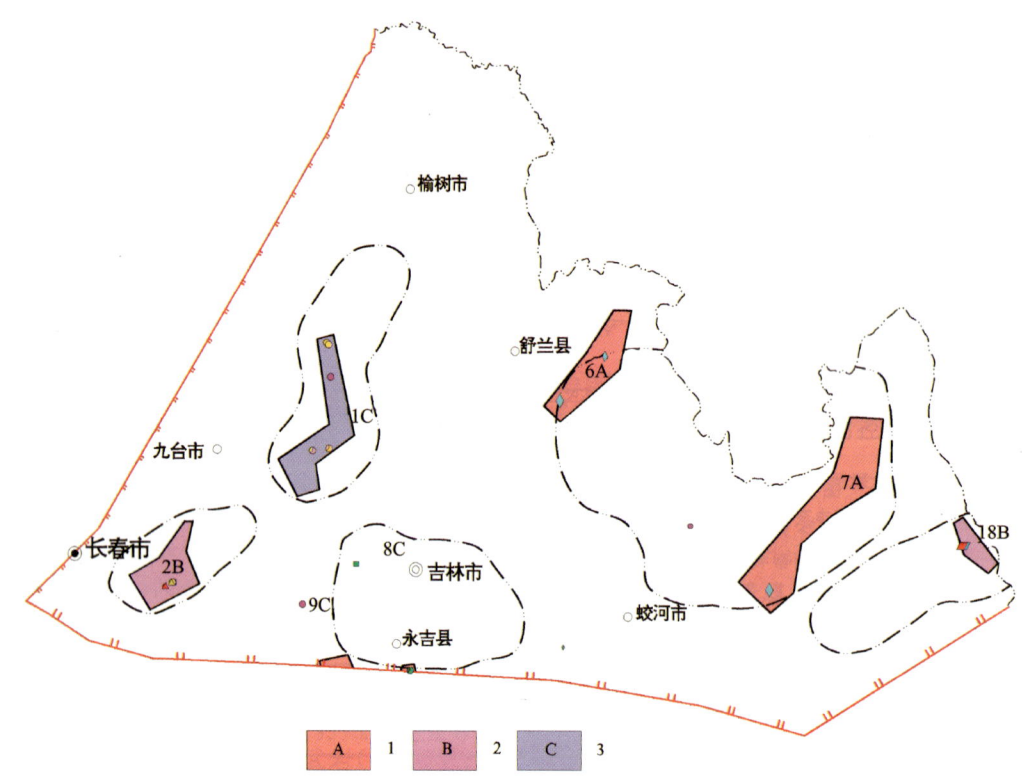

图 8-1-1　Ⅲ-52 小兴安岭-张广才岭勘查建议部署区分布
1.近期勘查建议部署区；2.中期勘查建议部署区；3.远期勘查建议部署区

三、Ⅲ-52 小兴安岭-张广才岭 Fe、Pb、Zn、Cu、Mo、W 成矿带

本成矿带找矿方向为大黑山式斑岩型、大石河式斑岩型钼矿。

大黑山式斑岩型钼矿床的形成主要受深断裂带所在的北东向、南北向与东西向等主断裂控制，主要定位在多组次级断裂交会部位，成矿为沿延吉—敦化—永吉—吉林—舒兰弧形分布的延吉—敦化—永吉段，燕山期断裂活动引起了大规模的岩浆活动，并伴随有成矿流体活动良好的成矿潜力和找矿前景，特别是燕山期与中酸性小岩体有关的钼成矿作用。深度 1000～2000m，矿体深部及外围是下一步找矿方向。

Mo 在中酸性岩体中化探异常反映最明显，其次为 W、Sn、Cu，亦有较好的异常显示，可作为寻找钼矿的重要伴生指示元素。外侧围岩中 Pb、Zn、Ag 异常，可作为斑岩型钼矿的前缘指示元素。椭圆状高磁异常为物探找矿标志。辉钼矿-白钨矿-铜族组合异常释放的综合信息是重砂找矿依据（图 8-1-2）。

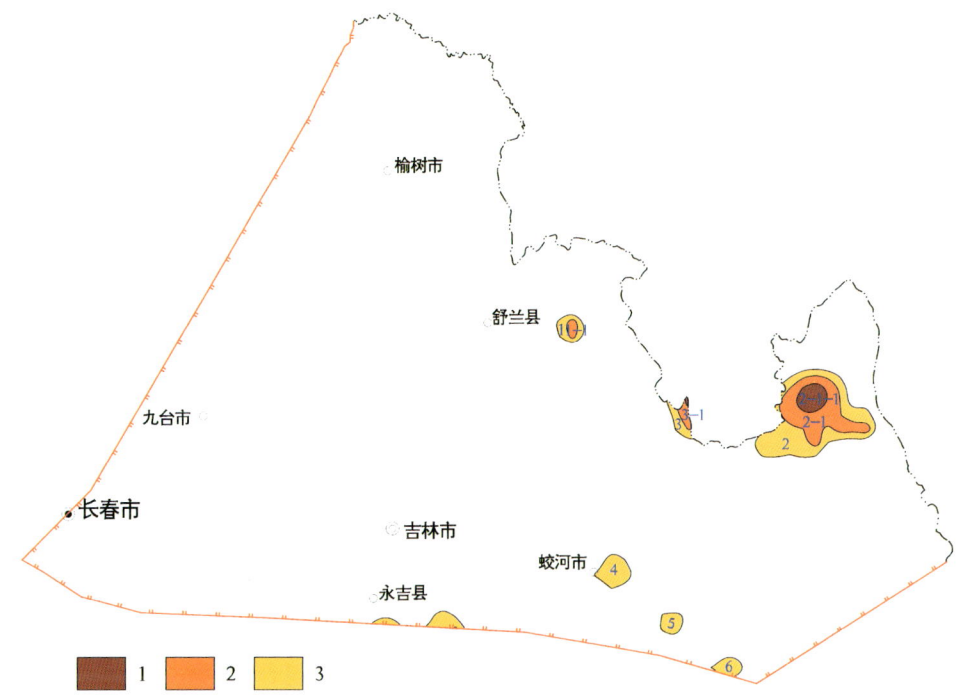

图 8-1-2　Ⅲ-52 小兴安岭-张广才岭（造山带）Fe、Pb、Zn、Cu、Mo、W 成矿带 Mo 地球化学异常图
1.内带；2.中带；3.外带

第二节　Ⅲ-55 吉中-延边（活动陆缘）Mo、Au、As、Cu、Zn、Fe、Ni 成矿带

一、Ⅲ-55-① 山门-乐山 Ag、Au、Cu、Fe、Pb、Zn、Ni 成矿带

1. 工作部署建议区

该带内共圈定 A 类山门地区，B 类马架子-前张家沟地区、放牛沟地区共 3 个工作部署建议区，主攻矿种为银矿和铅锌矿。矿产预测类型为山门式热液型、放牛沟式火山热液型等矿产预测类型。

2. 工作部署建议

对山门地区涉及半拉山门、石岭街、下二台子、叶赫等图幅面积 166km² 开展 1∶5 万物探高精度磁测，最大勘探深度 574m，对已经发现的矿体加大钻探深度及矿体外围平面范围控制，查明区域内深部地质及构造情况。

对马架子-前张家沟地区郭家店镇图幅面积 93km² 的 1∶5 万空白区优先开展矿产调查，查明区域基础地质及构造情况。1∶5 万化探空白区涉及郭家店镇、四台子等图幅面积 146km²，应进行 1∶5 万化探水系沉积物测量及1∶5万高精度磁测,圈出综合异常区。

对放牛沟地区怀德县幅右下角面积29km²的1∶5万空白区优先开展矿产调查,查明区域基础地质及构造情况。上述区域进行1∶5万化探空白区水系沉积物测量及1∶5万高精度磁测,圈出综合异常区(表8-2-1)。

表8-2-1 山门-乐山成矿带勘查区勘查开发建议表

工作部署建议区及编号	矿种	矿产预测类型	1∶5万矿产调查面积/km²	1∶5万高精度磁测面积/km²	1∶5万化探水系测量面积/km²	勘查开发建议	预测深度/m	备注
4B 马架子-前张家沟	金	兰家式矽卡岩型	93	146	146	中期	800	
	银	山门式热液型					1000	
5A 山门	金	兰家式矽卡岩型	166	166		近期	800	加大钻探1000m以下勘查深度及矿体外围平面范围控制
	镍	红旗岭式基性—超基性岩浆熔离-贯入型					1500	
	银	山门式热液型					1000	
3B 放牛沟	硫铁	放牛沟式海相火山岩型	29	25	25	中期	800	加强800m以下勘查
	铅	放牛沟式火山热液型					800	
	锌	放牛沟式火山热液型					800	

二、Ⅲ-55-②那丹伯-一座营 Au、Mo、Ag、Pb、Zn、Cu、Ni 成矿带

1. 工作部署建议区

根据多矿种综合预测区的地质条件和资源量确定工作部署建议区范围,该带内共圈定C类二道岭-弯月地区、普安村-董家屯地区2个工作部署建议区,主攻矿种为钼矿和镍矿。矿产预测类型为大黑山式斑岩型、红旗岭式基性—超基性岩浆熔离-贯入型。该区域有找中型钼、镍矿潜力。

2. 工作部署建议

对二道岭-弯月地区夹信子幅1∶5万空白区面积130km²优先开展矿产调查,查明区域基础地质及构造情况。1∶5万化探空白区夹信子幅面积130km²开展化探水系沉积物测量及营城子、夹信子等幅面积270km²开展1∶5万高精度磁测,圈出综合异常区。

对普安村—董家屯地区牛心顶幅1∶5万空白区面积60km²优先开展矿产调查,查明区域基础地质及构造情况。1∶5万化探空白区兴华、牛心顶2幅面积121km²开展水系沉积物测量及1∶5万高精度磁测,圈出综合异常区(表8-2-2)。

表 8-2-2 那丹伯-一座营成矿带勘查区勘查开发建议表

工作部署建议区及编号	矿种	矿产预测类型	1:5万矿产调查面积/km²	1:5万高精度磁测面积/km²	1:5万化探水系测量面积/km²	勘查开发建议	预测深度/m	备注
14C 二道岭-弯月	钼	大黑山式斑岩型	130	270	130	远期	1000	
53C 普安村-董家屯	镍	红旗岭式基性—超基性岩浆熔离-贯入型	60	121	121	远期	1500	

三、Ⅲ-55-③ 山河-榆木桥子 Au、Ag、Mo、Ni、Cu、Fe、Pb、Zn 成矿带

1. 工作部署建议区

根据多矿种综合预测区的地质条件和资源量确定工作部署建议区范围,该带内共圈定大黑山-头道沟1个A类工作部署建议区,头道川-民主屯、三道岗-吉昌、四方甸子-倒木河3个B类工作部署建议区,主攻矿种为钼矿,矿产预测类型为大黑山式斑岩型。该区域有找特大型钼矿潜力(表8-2-3)。

2. 工作部署建议

对大黑山-头道沟地区涉及永吉县、旺起屯、大石头3幅面积约370km²的1:5万空白区优先开展矿产调查,查明区域基础地质及构造情况。1:5万化探空白区永吉县、旺起屯、大石头、五里河子、贺家屯5幅面积约370km²开展化探水系沉积物测量,旺起屯、大石头河子、贺家屯3幅面积约180km²开展1:5万高精度磁测,圈出综合异常区。

对头道川-民主屯地区无矿产调查空白区,布置1:5万化探空白区涉及大三家子、土顶子、大岗子3幅面积约667km²水系沉积物测量。

对三道岗-吉昌地区无矿产调查空白区,布置1:5万化探空白区三硼1幅面积约180km²化探水系沉积物测量。对涉及吉昌、烟筒山、三硼、石咀镇、盘石县、呼兰镇6幅面积约630km²开展1:5万高精度磁测,圈出综合异常区。

对四方甸子-倒木河地区无矿产调查空白区,1:5万化探空白区五里河子、贺家屯2幅面积约180km²开展化探水系沉积物测量,圈出综合异常区。

四、Ⅲ-55-④ 红旗岭-漂河川 Ni、Au、Cu 成矿带

1. 工作部署建议区

根据多矿种综合预测区的地质条件和资源量确定工作部署建议区范围,该带内共圈定A类红旗岭、二道甸子—漂河川2个工作部署建议区,西台子1个C类工作部署建议区,主攻矿种镍、金矿,矿产预测类型为红旗岭式基性—超基性岩浆熔离-贯入型、二道甸子式变质火山岩型。该区域有找特大型镍及金矿的潜力(表8-2-4)。

表 8-2-3 山河-榆木桥子成矿带勘查区勘查开发建议表

工作部署建议区及编号	矿种	矿产预测类型	1∶5万矿产调查面积/km²	1∶5万高精度磁测面积/km²	1∶5万化探水系测量面积/km²	勘查开发建议	预测深度/m	备注
12B 头道川-民主屯	金	头道川式变质火山岩型			667	中期	700	
	铁	吉昌式矽卡岩型					1000	
	银	民主屯式火山热液型					150	
13B 三道岗-吉昌	萤石	南梨树式热液充填交代型		630	180	中期	250	
	金	头道川式变质火山岩型					700	
	钼	大黑山式斑岩型					1000	
	镍	红旗岭式基性—超基性岩浆熔离-贯入型					1500	
	锑	青沟子式岩浆热液型					1000	
	铁	吉昌式矽卡岩型					500～1000	
	铜	闹枝式火山岩型					1500	
10A 大黑山-头道沟	铬铁	小绥河式侵入岩体型	370	180	370	近期	800	加大1000m以下钼矿钻探控制及钼矿床外围验证
	硫铁	头道沟式矽卡岩型					1000	
	钼	大黑山式斑岩型					1000	
	铅	放牛沟式火山热液型					500	
	铜	闹枝式火山岩型					550	
	锌	放牛沟式火山热液型					500	
	银	民主屯式火山热液型					150	
11B 四方甸子钼-倒木河	金	刺猬沟式火山热液型			180	中期	700	
	钼	四方甸子式石英脉型					1000	
	铅	放牛沟式火山热液型					500	
	铜	闹枝式火山岩型					550	
	锌	放牛沟式火山热液型					500	
	银	民主屯式火山热液型					150	

2. 工作部署建议

对红旗岭地区面积 370km² 开展 1∶1 万矿产调查,查明区域基础地质及构造情况。1∶5 万化探空白区红旗岭镇、桦甸县 2 幅面积 370km² 开展化探水系沉积物测量及 1∶5 万高精度磁测,圈出综合异常区。

对二道甸子-漂河川地区涉及二道甸子、桦树林子、横道子、富尔岭 4 幅 1∶5 万面积 475km² 进行 1∶5 万高精度磁测及化探水系沉积物测量。

在西台子地区无矿产调查空白区,开展 1∶5 万化探空白区中心街幅面积 90km² 开展水系沉积物测量。对涉及榆木桥子、桦甸县、中心街 3 幅面积 171km² 的区域开展 1∶5 万高精度磁测,圈出综合异常区。

表 8-2-4　红旗岭-漂河川成矿带勘查区勘查开发建议表

工作部署建议区及编号	矿种	矿产预测类型	1∶5万矿产调查面积/km²	1∶5万高精度磁测面积/km²	1∶5万化探水系测量面积/km²	勘查开发建议	预测深度/m	备注
15A 红旗岭	镍	红旗岭式基性—超基性岩浆熔离-贯入型	370	370	370	近期	1500	加大钻探1500m以下勘查验证，控制外围
	铜	红旗岭式基性—超基性岩浆熔离-贯入型					1500	
16C 西台子	硫铁	西台子式湖相沉积型	171	90		远期	500	
	钼	大黑山式斑岩型					1000	
	镍	红旗岭式基性—超基性岩浆熔离-贯入型					1500	
17A 二道甸子-漂河川	金	二道甸子式变质火山岩型	475	475		近期	1000	加大钻探800m以下勘查验证，尤其是铜镍矿勘查验证
	镍	红旗岭式基性—超基性岩浆熔离-贯入型					800	
	铜	红旗岭式基性—超基性岩浆熔离-贯入型					800	

五、Ⅲ-55-⑤海沟-红太平 Au、Fe、Cu、Pb、Zn、Ag、Mo、Ni 成矿带

1. 工作部署建议区

根据多矿种综合预测区的地质条件和资源量确定工作部署建议区范围，该带内共圈定沿江-海沟1个A类工作部署建议区，官瞎沟-刘生店、东清-小西北岔、大山咀子、红太平4个C类工作部署建议区，主攻矿种为金矿。矿产预测类型为海沟式岩浆热液型。该区域有找大型金矿的潜力(表8-2-5)。

2. 工作部署建议

沿江-海沟地区无1∶5万矿产调查空白区，对已经发现的矿体加大钻探控制及深部验证，寻找隐伏矿体。在综合区300km²面积内开展1∶5万高精度磁测工作，圈出综合异常区。

官瞎沟-刘生店地区无1∶5万矿产调查空白区，仅对1∶5万寒葱沟和三岔图幅内工作部署建议区面积220km²空白区开展水系沉积物测量；涉及石门子、寒葱沟、三岔、大蒲柴河镇、大甸子5幅内综合区面积674km²开展1∶5万高精度磁测，圈出综合异常区。

东清—小西北岔地区无1∶5万矿产调查空白区，涉及大蒲柴河、大甸子、朝阳屯、大沙河4幅1∶5万工作部署建议区面积180km²开展1∶5万高精度磁测，圈出综合异常区，进一步加强寻找矽卡岩型金矿和风化壳型稀土矿工作程度。

在大山咀子地区大山咀子、滴达咀、四方台3幅综合区面积180km²的1∶5万空白区开展矿产调查，进一步勘查深部隐伏辉长岩类、斜长辉岩类基性岩体。并在该区进行1∶5万化探水系沉积物测量，圈出综合异常区。

红太平地区涉及立新林场、大犁树沟、烟筒砬子3幅工作部署建议区面积350km²的1∶5万区域地质调查空白区开展矿产调查，对红太平式火山岩型火山碎屑岩、灰岩、凝灰岩、砂岩为主要含矿层进行深入研究，对1∶5万立新林场、大兴沟镇工作部署建议区面积内化探空白区进行水系沉积物测量，圈出综合异常区，找出多金属矿新线索。

表 8-2-5　海沟-红太平成矿带勘查区勘查开发建议表

工作部署建议区及编号	矿种	矿产预测类型	1:5万矿产调查面积/km²	1:5万高精度磁测面积/km²	1:5万化探水系测量面积/km²	勘查开发建议	预测深度/m	备注
24A 沿江-海沟	金	海沟式岩浆热液型		300		近期	1000	加大钻探控制及深部验证
	铁	鞍山式沉积变质型					1500	
26C 官瞎沟-刘生店	钼	大黑山式斑岩型		674	220	远期	1000	
	铜	六道沟式矽卡岩型					600	
	银	红太平式火山岩型					550	
52C 东清-小西北岔	独居石磷钇矿	东清式风化壳型		180		远期	3	
	金	兰家式矽卡岩型					800	
27C 大山咀子	镍	红旗岭式基性—超基性岩浆熔离-贯入型	180	180		远期	1500	
28C 红太平	铅	红太平式火山热液型	350	476		远期	150	
	铜	红太平式火山沉积型					550	
	锌	红太平式火山热液型					150	
	银	红太平式火山岩型					550	

六、Ⅲ-55-⑥五凤-百草沟 Au、Cu、Ag、Pb、Zn、Fe 成矿带

1. 工作部署建议区

根据多矿种综合预测区的地质条件和资源量确定工作部署建议区范围,该带内共圈定茶条沟-刺猬沟 1 个 A 类工作部署建议区,主攻矿种为金矿,矿产预测类型为刺猬沟式火山热液型金矿、闹枝式火山热液型铜矿、红太平式火山岩型银矿。该区域有找中大型金矿的潜力(表 8-2-6)。

2. 工作部署建议

对茶条沟-刺猬沟地区明月镇 1 幅工作部署建议区面积 50km² 的 1:5 万空白区优先开展矿产调查,工作部署建议区范围内 723km² 开展 1:5 万高精度磁测,圈出综合异常区。

表 8-2-6　五凤-百草沟成矿带勘查区勘查开发建议表

工作部署建议区及编号	矿种	矿产预测类型	1:5万矿产调查面积/km²	1:5万高精度磁测面积/km²	1:5万化探水系测量面积/km²	勘查开发建议	预测深度/m	备注
30B 茶条沟-刺猬沟	金	刺猬沟式火山热液型	50	723		中期	700	加强 600m 以下勘查
	铜	闹枝式火山热液型					550	
	银	红太平式火山岩型					550	

七、Ⅲ-55-⑦ 天宝山-开山屯 Pb、Zn、Au、Ag、Ni、Mo、Cu、Fe 成矿带

1. 工作部署建议区

该带内共圈定长仁-獐项1个A类工作部署建议区、天宝山-老头沟1个B类工作部署建议区和后底洞-开山屯1个C类工作部署建议区。主攻矿种为铜镍及铅锌矿。矿产预测类型为红旗岭式基性—超基性岩浆熔离-贯入型、天宝山式多成因叠加型。该区域有找大型铜镍矿和铅锌矿的潜力(表8-2-7)。

2. 工作部署建议

对长仁-獐项地区头道沟幅工作部署建议区面积50km²的1∶5万空白区优先开展矿产调查,查明区域基础地质及构造情况。1∶5万化探空白区头道沟幅工作部署建议区面积50km²开展水系沉积物测量;涉及卧龙湖、头道沟1∶5万图幅工作部署建议区面积137km²进行1∶5万高精度物探测量工作,进一步查明隐伏岩体范围,最后圈出综合异常区。

对天宝山-老头沟地区老头沟镇幅工作部署建议区面积75km²的1∶5万空白区优先开展矿产调查,查明区域基础地质及构造情况。涉及天宝山镇、老头沟镇2幅1∶5万图幅工作部署建议区面积225km²进行1∶5万物探高精度航测、化探水系沉积物测量工作,圈出综合异常区。

对后底洞-开山屯地区崇明幅工作部署建议区面积30km²1∶5万化探空白区优先开展水系沉积物测量;崇明、大拉子2幅工作部署建议区面积85km²进行1∶5万高精度物探测量工作,进一步查明隐伏岩体、安山质角砾凝灰熔岩和次火山岩范围,查证金、铬异常区,查明区域基础地质及构造情况。

表8-2-7 天宝山-开山屯成矿带勘查区勘查部署建议表

工作部署建议区及编号	矿种	矿产预测类型	1∶5万矿产调查面积/km²	1∶5万高精度磁测面积/km²	1∶5万化探水系测量面积/km²	勘查开发建议	预测深度/m	备注
33B 天宝山-老头沟	钼	大黑山式斑岩型	75	225	225	中期	1000	
	铅	天宝山式多成因叠加型					1400	
	锌	天宝山式海相火山沉积型					1400	
	银	红太平式火山岩型					550	
34A 长仁-獐项	钼	大黑山式斑岩型	50	137	50	近期	1000	加大500m以下铜镍钻探控制及深部验证
	镍	红旗岭式基性—超基性岩浆熔离-贯入型					500	
	铜	红旗岭式基性—超基性岩浆熔离-贯入型					500	
35C 后底洞-开山屯	铬铁	小绥河式侵入岩体型		85	30	远期	800	
	金	刺猬沟式火山热液型					700	

八、Ⅲ-55 吉中-延边（活动陆缘）Mo、Au、As、Cu、Zn、Fe、Ni 成矿带找矿方向

该成矿带主攻矿种为刺猬沟式火山热液型金矿、海沟式岩浆热液型金矿、二道甸子式变质火山岩型金矿、红旗岭式基性—超基性岩浆熔离-贯入型铜镍矿、大黑山式斑岩型钼矿、山门式热液型银矿、天宝山式多成因叠加型铅锌矿（图 8-2-1）。

1. 刺猬沟式火山热液型金矿

三叠系托盘沟组、屯田营组及下白垩统刺猬沟组安山岩、英安岩、含角砾安山岩、次安山岩，金沟岭组次安山岩和次玄武岩为主要含矿层位及控矿层位，火山口构造的辐射状断裂和环状断裂、北东向辐射状断裂和北西向环状断裂控矿。预测深度 700m，应加强深度为 700~1600m 的勘查程度。化探 Au 异常三级分带、浓集中心是主要的找矿条件。金组合异常 Cu、Pb、Zn、Ag、As、Sb、Hg、W、Sn、Bi、Mo 分布区是金成矿的主要场所。重力低异常边部，正、负重力异常的过渡带上；低磁异常中心部位，不同走向磁异常梯度带交会处，电性低阻、高激化异常为物探找矿标志。

海沟式岩浆热液型金矿与元古宇色洛河岩群红光岩组斜长角闪岩、二云片岩、黑色板岩夹大理岩，燕山期二长花岗岩、闪长玢岩成群成带，槽台边界超岩石圈断裂与北东向深断裂交会处关系密切。预测深度 1600m。化探异常浓集中心是主要的找矿条件，化探异常主要指示元素为 Au、U、Pb、Bi、Mo，次要指示元素为 Ag、Cu、Zn、Sn、Ni、Co、V、As、Sb 异常区，异常内带为 Au、U、Pb。重力高异常分布区、局部磁异常的边部及梯度带上线性梯度带交会位置为找矿有利区。

2. 二道甸子式变质火山岩型金矿

寒武纪—奥陶纪变质岩系（黄莺屯岩组?）黑云母片麻岩、黑云母片岩、长石角闪石角岩夹薄层石英角页岩、碳质云英角页岩与长石角闪石角页岩互层组合，北西向冲断层控矿。预测深度 700m，应加强深度为 700~1600m 的勘查程度。化探异常三级分带、浓集中心是主要的找矿条件，与金套合较好的伴生指示元素为 Ni、Cr、Co、As、Sb，置于金的外带，异常规模较大。W、Bi、Mo 以较小规模构成内带，Cu 异常表现零散，与 Au、Ni 共同构成成矿的主体。次生晕异常特征元素组合 Au-Ag-As-Sb，是化探次要的找矿条件。局部重力高异常边部梯度带转折处，重力高与重力低过渡带；航磁负异常边缘，异常梯度略陡。重力异常梯度带及航磁异常梯度带交会部位或转折处为物探找矿有利部位。

3. 红旗岭式基性—超基性岩浆熔离-贯入型铜镍矿

找矿标志为与辉发河-古洞河超岩石圈断裂有成因联系的次一级北西向断裂，辉长岩-辉石岩-橄榄岩型与斜方辉石岩-苏长岩型岩体。

地球物理场重力线状梯度带，异常存在或中等强度磁异常。地球化学场，铜、镍、钴高异常区，三级分带浓集中心为化探主要找矿标志，Cu、Ni、Co、Cr、Au 为近矿指示元素；Mo、Bi 为评价矿床的尾部指示元素；As、Sb、Hg、Ag 为找矿远程指示元素。铜甲、乙级综合异常具备优良的成矿地质条件，是类比找矿的重要靶区，详见图 8-2-2。

土壤、原生晕化探异常显示特征元素组合为 Cu-Ni-Co。在 B_2 层土壤中异常表现最好；Cu、Ni、Co 在橄榄岩相中处于较强的富集状态，说明橄榄岩是主要的赋矿岩体。

4. 大黑山式斑岩型钼矿

燕山期花岗闪长岩、二长花岗岩，北东向与北西向糜棱岩化带交会部位，次级北西向断裂构造控矿。预测深度 1000m，应加强深度为 1000~2000m 的勘查程度。化探异常三级分带、浓集中心为主要找矿标志；椭圆状弱小正磁异常为物探找矿标志；辉钼矿-白钨矿-铜族重砂组合异常为重砂找矿标志（图 8-2-3）。

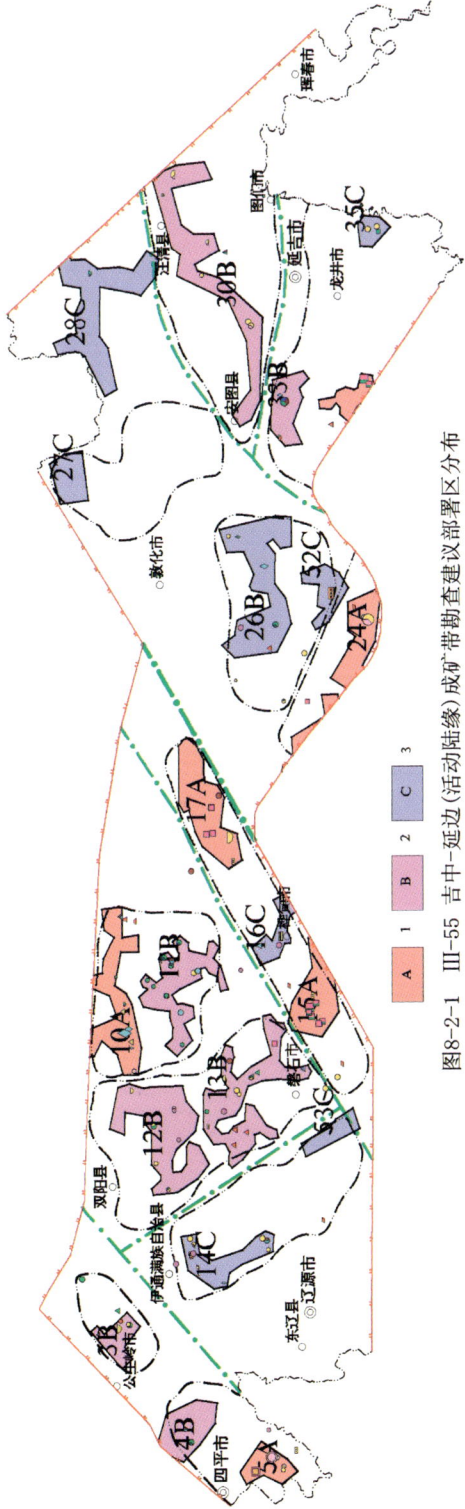

图8-2-1 Ⅲ-55 吉中-延边（活动陆缘）成矿带勘查建议部署区分布
1. 远期勘查建议部署区；2. 中期勘查建议部署区；3. 远期勘查建议部署区

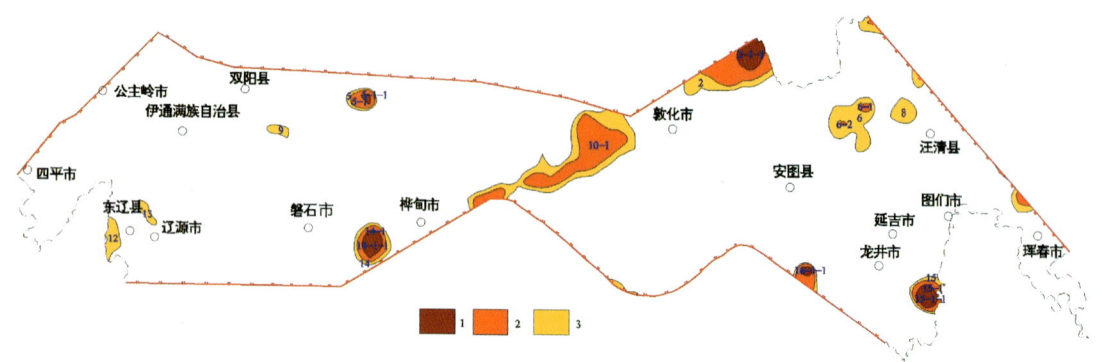

图 8-2-2　Ⅲ-55 吉中-延边（活动陆缘）Mo、Au、As、Cu、Zn、Fe、Ni 成矿带 Ni 地球化学异常图

1. 内带；2. 中带；3. 外带

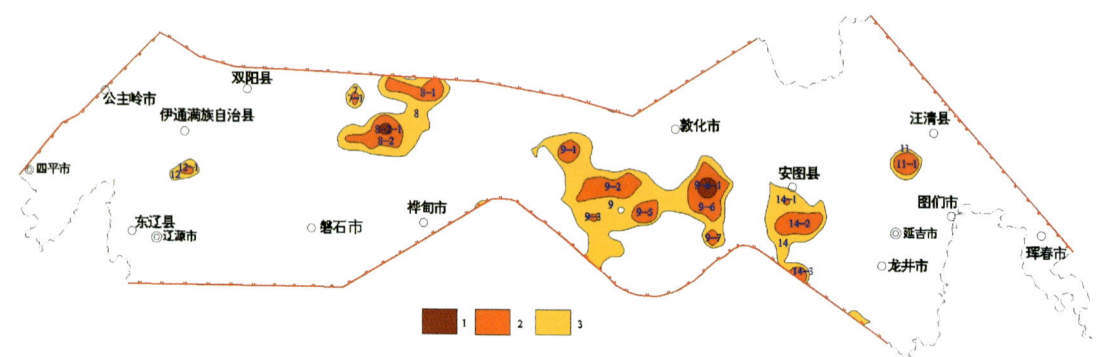

图 8-2-3　Ⅲ-55 吉中-延边（活动陆缘）Mo、Au、As、Cu、Zn、Fe、Ni 成矿带 Mo 地球化学异常图

1. 内带；2. 中带；3. 外带

5. 山门式热液型银矿

奥陶系黄莺屯岩组变质粉砂质、泥质、钙质板岩、大理岩为赋矿层位，燕山期中酸性侵入岩为主要的控矿岩体。深大断裂两侧断块隆起边缘北北东向次级平行断裂带及与北西向断裂带交会部位，黄铁绢云岩化、强硅化蚀变破碎带、含硫化物石英脉，以及含黄铁矿、闪锌矿、方铅矿化的蚀变破碎带与成矿关系密切。预测深度 1000m，应加强深度为 1000~2000m 的勘查程度。化探异常二级分带、浓集中心为主要找矿标志，土壤化探异常元素组合为 Ag-Au-Cu-Pb-Zn，岩石化探异常元素组合为 Ag-Au-Cu-Pb-Zn-As-Sb-Hg，可指示找矿。

重力高异常、磁力高异常为物探找矿标志。自然金、白钨矿、黄铁矿组合异常可释放综合找矿信息。线性构造带及环形构造交会部位为找矿有利地段。

6. 天宝山式多成因叠加型铅锌矿

石炭系（天宝山组）与二叠系（红叶桥组）砂板岩、灰岩、中酸性火山岩为赋矿层位；海西期—印支期花岗闪长岩、英安斑岩、石英闪长岩与成矿关系密切；北东向两江断裂与北西向明月镇断裂带交会部位为成矿有利部位。预测深度 1400m，应加强深度为 1400~2000m 的勘查程度。化探异常三级分带、浓集中心是主要的找矿标志。土壤异常元素组合 Pb-Zn-Ag-Cd-Mn-Cu-Hg 是重要的找矿信息，矿床原生晕元素组合 Pb-Zn-Ag-Cd-Mn 指示铅锌矿体的存在；梯度带交会处，梯度变化部位为物探找矿指示信息。主要的重砂矿物有黄铜矿、方铅矿、白钨矿、辰砂，与 Pb、Zn、Cu、Ag 化探异常吻合程度高，可为区域找矿提供重要的重砂信息。

第三节　Ⅲ-53佳木斯-兴凯(地块)Fe、Au、P、石墨、夕线石成矿带

一、Ⅲ-53-⑤新华村-小西南岔Au、Cu、W、Pb、Zn、Ag、Fe、Mo、Pt、Pd成矿带

1. 工作部署建议区

该成矿带内共圈定32A小西南岔-杨金沟1个A类工作部署建议区、31B十里坪-杜荒子1个B类工作部署建议区和29C新华1个C类工作部署建议区。主攻矿种为金、钨矿，矿产预测类型为小西南岔式斑岩型金矿、杨金沟式岩浆热液型钨矿，该区域有找大型金、钨矿的潜力。

2. 工作部署建议

对小西南岔-杨金沟地区西土门子、中桥2幅1∶5万所包含工作部署建议区面积250km²，其中的1∶5万空白区优先开展矿产调查，查明区域基础地质及构造情况。1∶5万化探空白区涉及中桥、大西南岔、西土门子、五道沟、马滴答5幅1∶5万工作部署建议区面积为900km²，进行水系沉积物测量；大西南岔、西土门子、三道沟、五道沟、松林、马滴答6幅工作部署建议区面积为1148km²，进行1∶5万高精度物探测量工作，进一步查明隐伏岩体范围，最后圈出综合异常区。

对十里坪-杜荒子地区面积190km²开展1∶1万矿产调查，查明区域基础地质及构造情况。对新华地区新华村1幅工作部署建议区面积40km²内1∶5万空白区优先开展矿产调查及1∶5万化探水系沉积物测量，圈出综合异常区(表8-3-1)。

表8-3-1　新华村-小西南岔成矿带勘查区勘查开发建议表

工作部署建议区及编号	矿种	矿产预测类型	1∶5万矿产调查面积/km²	1∶5万高精度磁测面积/km²	1∶5万化探水系测量面积/km²	勘查开发建议	预测深度/m	备注
29C 新华	银	红太平式火山岩型	40		40	远期	550	
31B 十里坪-杜荒子	金	刺猬沟式火山热液型	190			中期	700	
	铜	闹枝式火山岩型					550	
32A 小西南岔-杨金沟	钨	杨金沟式岩浆热液型	250	1148	900	近期	1500	小西南岔式斑岩型铜金、杨金沟式岩浆热液型金1000m以下钻探控制及深部验证
	金	小西南岔式斑岩型、杨金沟式岩浆热液型、黄松甸子式砾岩型、珲春河式沉积型					1000	
	铜	小西南岔式斑岩型					400	

二、Ⅲ-53 佳木斯-兴凯(地块)Fe、Au、P、石墨、夕线石成矿带找矿方向

该成矿带主攻矿种为小西南岔式斑岩型铜金矿,主要与燕山早期火山-深成杂岩晚期中酸性次火山岩有关,尤其是中基性次火山岩与成矿关系密切。找矿标志为燕山期闪长玢岩、花岗斑岩及次火山岩;北西向断裂与北北东向断裂交会处;化探 Au 浓集区可作为直接找矿标志。原生晕高异常边部出现 Hg、Pb、Sb,可作为找矿标志。激电异常为物探找矿标志。详见图 8-3-1、图 8-3-2。

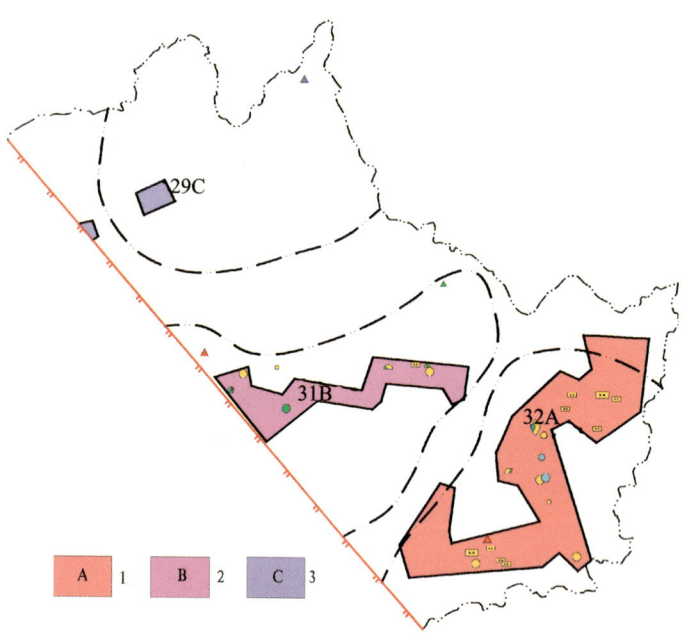

图 8-3-1　Ⅲ-53 佳木斯-兴凯(地块)成矿带勘查建议部署区分布
1.近期勘查建议部署区;2.中期勘查建议部署区;3.远期勘查建议部署区

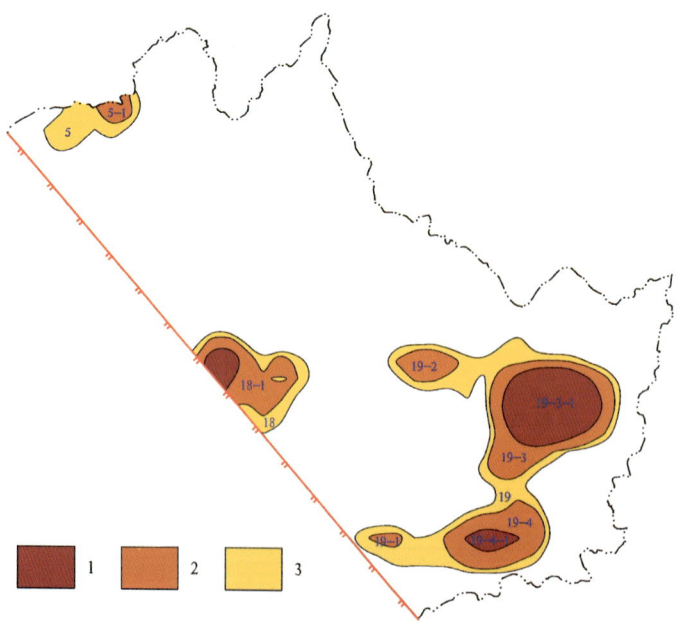

图 8-3-2　Ⅲ-53 佳木斯-兴凯(地块)Fe、Au、P、石墨、夕线石成矿带 Au 地球化学异常图
1.内带;2.中带;3.外带

第四节　Ⅲ-56 辽东 Fe、Cu、Pb、Zn、Au、U、B、菱镁矿、滑石、石墨、金刚石成矿带

一、Ⅲ-56-① 铁岭-靖宇（次级隆起）Fe、Au、Ag、Cu、Pb、Zn 成矿带

1. 工作部署建议区

该成矿带内共圈定 10 个工作部署建议区，有 23A 夹皮沟-金银别、38A 赤柏松-二密、39A 四方-板石 3 个 A 类工作部署建议区，19B 香炉碗子、20B 安口镇-柳树河子、22B 天合兴-松树川、36B 古洞河-官地 4 个 B 类综合区和 21C 石棚沟-石门子、25C 西林河-湾沟、37C 三道林场-百里坪 3 个 C 类综合区。主攻矿种为金、铁、铜镍及铅锌矿，矿产预测类型为夹皮沟式绿岩型金矿、赤柏松式基性—超基性岩浆熔离-贯入型铜镍矿、鞍山式沉积变质型铁矿等，该区域有找大型金、铜镍、铁和铅锌矿的潜力，是吉林省主要成矿带（图 8-4-1）。

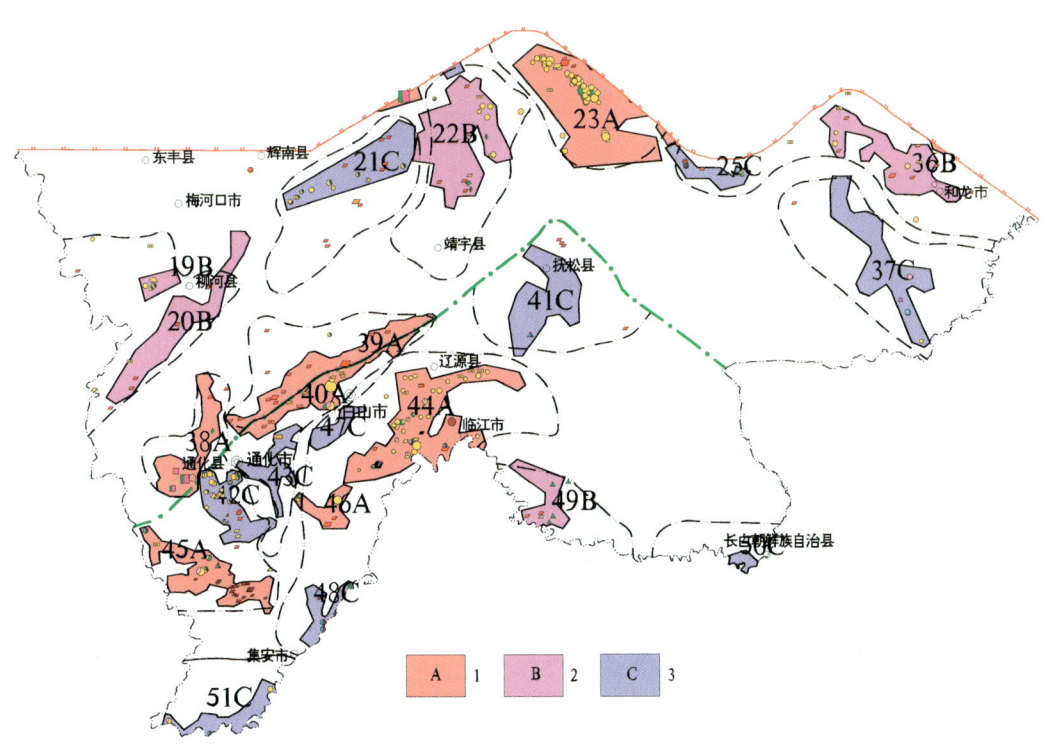

图 8-4-1　Ⅲ-56 辽东（隆起）勘查建议部署区分布
1. 近期勘查建议部署区；2. 中期勘查建议部署区；3. 远期勘查建议部署区

2. 工作部署建议

对夹皮沟-金银别地区黄泥河子、三道碴子河等幅工作部署建议区面积 10km² 的 1∶5 万空白区优先开展矿产调查，查明区域基础地质及构造情况。1∶5 万化探空白区涉及大红石碴子、夹皮沟镇、黄泥河子、三道碴子河等幅综合区面积 390km² 开展水系沉积物测量；工作部署建议区面积 1187km² 开展

1∶5万高精度物探测量工作,进一步查明隐伏岩体范围,开展深部钻探验证工作,最后圈出新的找矿远景区。

对赤柏松-二密地区英戈布幅工作部署建议区面积110km² 的1∶5万空白区优先开展矿产调查,查明区域基础地质及构造情况。1∶5万化探空白区小荒沟、英戈布、大泉眼等幅综合区面积300km² 开展水系沉积物测量;小通沟、小荒沟、英戈布、通化市、大泉眼等幅综合区面积370km² 进行1∶5万高精度物探测量工作,进一步查明隐伏岩体范围,最后圈出综合异常区。

对四方-板石地区东风林场、燕平等幅工作部署建议区面积10km² 的1∶5万空白区优先开展矿产调查,查明区域基础地质及构造情况。涉及东风林场、燕平、大荒沟、板石沟铁矿、三岔子、小荒沟、四方山7幅综合区面积465km² 开展水系沉积物测量,最后圈出综合异常区。

对香炉碗子地区在已有1∶5万区域地质调查的基础上,进一步加强工作程度,在工作部署建议区面积91km² 范围内开展1∶5万大比例尺矿产调查、化探水系沉积物测量、高精度物探测量工作。

对安口镇-柳树河子地区涉及享通山子、南山城、边沿、小通沟4幅工作部署建议区面积100km² 的1∶5万空白区优先开展矿产调查,查明区域基础地质及构造情况,并在上述区域1∶5万化探空白区开展水系沉积物测量。柳树河子、柳河县等幅工作部署建议区面积110km² 进行1∶5万高精度物探测量工作,进一步查明隐伏岩体范围,最后圈出综合异常区。

对天合兴-松树川地区1∶5化探空白区中心街、砬子幅综合区面积95km² 开展化探水系沉积物测量,圈出异常区。

对古洞河-官地地区和龙县幅工作部署建议区面积20km² 的1∶5万空白区优先开展矿产调查,查明区域基础地质及构造情况。1∶5万化探空白区三道林场、和龙煤矿2幅工作部署建议区面积230km² 开展水系沉积物测量;古洞河、卧龙湖、三道林场、和龙煤矿、和龙县5幅工作部署建议区面积550km² 进行1∶5万高精度物探测量工作,进一步查明隐伏岩体范围,最后圈出综合异常区。

对石棚沟-石门子地区驮佛鳖、石道河子2幅综合区面积80km² 的1∶5万化探空白区开展水系沉积物测量,圈出异常区。

对西林河-湾沟地区露水河林业局幅工作部署建议区面积80km² 的1∶5万空白区优先开展矿产调查,查明区域基础地质及构造情况。1∶5万化探空白区露水河林业局、两江幅综合区面积140km² 开展水系沉积物测量及1∶5万高精度物探测量工作,进一步查明隐伏岩体范围,最后圈出综合异常区。

对三道林场-百里坪地区长山岭、百里坪、广坪3幅工作部署建议区面积362km² 的1∶5万空白区优先开展矿产调查,查明区域基础地质及构造情况。1∶5万化探空白区三道林场、和龙荒沟林场、青山里、长山岭、百里坪、广坪6幅工作部署建议区面积622km² 开展水系沉积物测量及1∶5万高精度物探测量工作,进一步查明隐伏岩体范围,最后圈出综合异常区(表8-4-1)。

二、Ⅲ-56-②营口-长白(次级隆起、Pt_1 裂谷)Pb、Zn、Fe、Au、Ag、U、B、菱镁矿、滑石成矿带

1. 工作部署建议区

该带内共圈定12个工作部署建议区,其中45A 西岔-高台沟、40A 刘家堡子-金英、44A 大横路-荒沟山、46A 七道沟-南岔4个A类工作部署建议区,49B 六道沟1个B类综合区,42C 通化-先锋、43C 水洞-二道江、41C 大营-万良、51C 古马岭-下活龙、47C 五道江-七道江、48C 矿洞子-望江楼、50C 金华-沿江7个C类综合区。主攻矿种为金矿、铁矿、铜矿、铅锌矿、硼矿,矿产预测类型为金英式热液改造型金矿、大横路式沉积变质型铜钴、大栗子式沉积变质型铁矿等。该区域有找大型金矿、铜镍矿、铁矿、铅锌矿和硼矿的潜力,是吉林省主要的成矿带。

表 8-4-1 铁岭-靖宇成矿带勘查区勘查开发建议表

工作部署建议区及编号	矿种	矿产预测类型	1:5万矿产调查面积/km²	1:5万高精度磁测面积/km²	1:5万化探水系测量面积/km²	勘查开发建议	预测深度/m	备注
19B 香炉碗子	金	香炉碗子式火山热液型	91	+0	90	中期	1000	
20B 安口镇-柳树河子	金	夹皮沟式绿岩型、香炉碗子式火山热液型	100	110	100	中期	1000	
	铁	鞍山式沉积变质型					1000	
	铜	红透山式沉积变质改造型					650	
21C 石棚沟-石门子	金	夹皮沟式绿岩型			80	远期	100	
	铁	鞍山式沉积变质型					1000	
22B 天合兴-松树川	钼	天合兴式斑岩型			95	中期	1000	
	铁	鞍山式沉积变质型					1000	
	铜	二密式斑岩型					1000	
23A 夹皮沟-金银别	金	夹皮沟式绿岩型	10	1187	390	近期	1500	加大钻探控制及深部验证
	镍	赤柏松式基性—超基性岩浆熔离-贯入型					1500	
	铁	鞍山式沉积变质型					1500	
	铜	红透山式沉积变质改造型					650	
25C 西林河-湾沟	金	海沟式岩浆热液型	80	140	140	远期	1500	
	银	西林河式岩浆热液型					350	
36B 古洞河-官地	金	夹皮沟式绿岩型	20	550	230	中期	1000	
	镍	红旗岭式基性—超基性岩浆熔离-贯入型					500	
	铁	鞍山式沉积变质型					1300	
	铜	红透山式沉积变质改造型					650	
37C 三道林场-百里坪	铁	鞍山式沉积变质型	362	622	622	远期	1300	
	银	百里坪式岩浆热液型					300	
38A 赤柏松-二密	镍	赤柏松式基性—超基性岩浆熔离-贯入型	110	370	300	近期	1500	加大钻探控制及深部验证
	铜	赤柏松式铜镍硫化物型					1500	
39A 四方-板石	金	夹皮沟式绿岩型	10		465	近期	1000	加大钻探控制及深部验证
	铁	鞍山式沉积变质型					1500	

2. 工作部署建议

对西岔-高台沟地区热闹、阳岔村 2 幅工作部署建议区面积 63km² 的 1:5 万空白区优先开展矿产调查及深部钻探验证工作,查明区域基础地质及构造情况。1:5 万化探空白区热闹幅综合区面积 20km² 开展水系沉积物测量,最后圈出新的找矿远景区。

刘家堡子-金英地区无 1:5 万空白区矿产调查。仅对 1:5 万化探空白区四方山、浑江市、三岔子 3 幅综合区面积 320km² 开展水系沉积物测量,最后综合地质、物探及化探圈出异常区。

对大横路-荒沟山地区湾沟镇、松树镇等幅工作部署建议区面积 20km² 的 1:5 万空白区优先开展矿产调查及深部钻探验证工作,查明区域基础地质及构造情况。工作部署建议区涉及的1∶5万花山、红土崖等幅综合区面积200km² 化探空白区进行水系沉积物测量,涉及湾沟镇、松树镇、石人镇、花山、桦树、红土崖、苇沙河、临江镇8幅1∶5万工作部署建议区面积1922km² 最后开展1∶5万高精度磁测工作。

对七道沟-南岔地区先锋村幅工作部署建议区面积的20km²的1∶5万空白区优先开展矿产调查,查明区域基础地质及构造情况。上述区域内开展1∶5万水系沉积物测量,最后圈出综合异常区。

对六道沟地区涉及蚂蚁河、东北岔、六道沟公社、林江铜矿等幅工作部署建议区面积226km²的1∶5万空白区优先开展矿产调查及1∶5万高精度磁测工作,最后圈出综合异常区。

对通化-先锋地区涉及先锋村和热闹幅工作部署建议区面积62km²的1∶5万空白区开展矿产调查及1∶5万水系沉积物测量工作,最后圈出综合异常区。

对水洞-二道江地区涉及先锋村幅工作部署建议区面积40km²的1∶5万空白区优先开展矿产调查,查明区域基础地质及构造情况。涉及二道江、先锋村幅综合区面积200km²的1∶5万空白区开展水系沉积物测量,最后圈出新的找矿远景区。

对大营-万良地区涉及抽水洞、万良、仙人桥、抚松县、松树镇、东岗面积525km²的1∶5万空白区优先开展矿产调查及高精度磁测工作,查明区域基础地质及构造情况,圈出隐伏的地层与岩体接触带范围。涉及抽水洞、万良幅工作部署建议区面积70km²的1∶5万化探空白区开展水系沉积物测量,最后圈出新的找矿远景区。

对古马岭-下活龙地区马架子面积80km²的1∶5万空白区优先开展矿产调查,查明区域基础地质及构造情况。

对五道江-七道江地区涉及浑江市、红土崖面积113km²的1∶5万化探空白区开展水系沉积物测量,最后圈出新的找矿远景区。

对矿洞子-望江楼地区涉及阳岔村、黄柏村面积150km²的1∶5万空白区优先开展矿产调查、高精度磁测工作及化探空白区水系沉积物测量,最后圈出新的找矿远景区。圈出隐伏的地层与岩体接触带异常范围,查明区域基础地质及构造情况。

对金华-沿江地区长白朝鲜族自治县面积44km²的1∶5万空白区优先开展矿产调查及高精度磁测工作,1∶5万化探空白区开展水系沉积物测量,查明区域基础地质及构造情况,圈出隐伏岩体异常范围。希望在玄武岩区建立新矿产基地(表8-4-2)。

表 8-4-2 营口-长白成矿带勘查区勘查开发建议表

工作部署建议区及编号	矿种	矿产预测类型	1∶5万矿产调查面积/km²	1∶5万高精度磁测面积/km²	1∶5万化探水系测量面积/km²	勘查开发建议	预测深度/m	备注
42C 通化-先锋	金	西岔式岩浆热液改造型	62		62	远期	1300	
	硫铁	狼山式沉积变质型					800	
	银	西岔式热液改造型					1300	
45A 西岔-高台沟	金	西岔式岩浆热液改造型	63		20	近期	1300	加大钻探控制及深部验证
	硫铁	狼山式沉积变质型					800	
	硼	高台沟式沉积变质型					400	
	铅	正岔式沉积改造型					1200	
	铜	二密式斑岩型					1200	
	锌	正岔式沉积改造型					1200	
	银	西岔式热液改造型					1300	

续表 8-4-2

工作部署建议区及编号	矿种	矿产预测类型	1:5万矿产调查面积/km²	1:5万高精度磁测面积/km²	1:5万化探水系测量面积/km²	勘查开发建议	预测深度/m	备注
40A 刘家堡子-金英	金	金英式热液改造型			320	近期	1000	加大钻探控制及深部验证
	磷	水洞式沉积型					1000	
	铅	青城子式沉积-改造型					1300	
	铁	浑江式沉积型					1500	
	锌	荒沟山式沉积-改造型					1300	
	银	狼洞沟式热液充填型					500	
43C 水洞-二道江	磷	水洞式沉积型	40		200	远期	1000	
	铁	浑江式沉积型					1200	
41C 大营-万良	铅	万宝式矽卡岩型	525		70	远期	1000	
	铜	六道沟式矽卡岩型					600	
	锌	万宝式矽卡岩型					1000	
51C 古马岭-下活龙	金	下活龙式岩浆热液改造型	80			远期	900	
44A 大横路-荒沟山	金	荒沟山式岩浆热液改造型	20	1922	200	近期	1000	加大钻探控制及深部验证
	磷	水洞式沉积型					1000	
	硫铁	狼山式沉积变质型					800	
	镍	杉松岗式沉积变质型					1500	
	铅	青城子式沉积-改造型					1300	
	锑	青沟子式岩浆热液型					1000	
	铁	大栗子式沉积变质型					1250	
	铜	大横路式沉积变质型					500	
	锌	荒沟山式沉积-改造型					1300	
	银	狼洞沟式热液充填型					500	
46A 七道沟-南岔	金	荒沟山式岩浆热液改造型	20		20	近期	1000	加大钻探控制及深部验证
	铁	大栗子式沉积变质型					1000	
47C 五道江-七道江	磷	水洞式沉积型			113	远期	1000	
	铅	青城子式沉积-改造型					1300	
	锌	荒沟山式沉积-改造型					1300	
48C 矿洞子-望江楼	铅	万宝式矽卡岩型	150	150	150	远期	1000	
	锌	万宝式矽卡岩型					1000	
49B 六道沟	金	荒沟山式岩浆热液改造型	226	220		中期	1000	加强1000m以下勘查
	钼	铜山式矽卡岩型					800	
	铁	大栗子式沉积变质型					1500	
50C 金华-沿江	金	荒沟山式岩浆热液改造型	44	44	44	远期	1000	

三、Ⅲ-56 辽东(隆起)Fe、Cu、Pb、Zn、Au、U、B、菱镁矿、滑石、石墨、金刚石成矿带找矿方向

该成矿带主攻矿种为夹皮沟式绿岩型金矿、荒沟山式岩浆热液改造型金矿、金英式热液改造型金矿；鞍山式沉积变质型铁矿、赤柏松式基性—超基性岩浆熔离-贯入型铜镍、青城子式沉积-改造型铅锌矿、高台沟式沉积变质型硼矿。

1. 夹皮沟式绿岩型金矿

新太古代表壳岩(也称花岗-绿岩地体)中的斜长角闪岩、黑云变粒岩、角闪磁铁石英岩及少量超镁铁质变质岩组合，深大断裂、韧性剪切带；预测深度1500m，应加强1500～2000m深度的勘查程度。

化探浓集中心是主要找矿信息。组合异常构成的复杂元素组分富集叠生地球化学场有利于主成矿元素的进一步迁移、富集、成矿。金综合异常是区内进一步找矿的重要靶区(图8-4-2)。

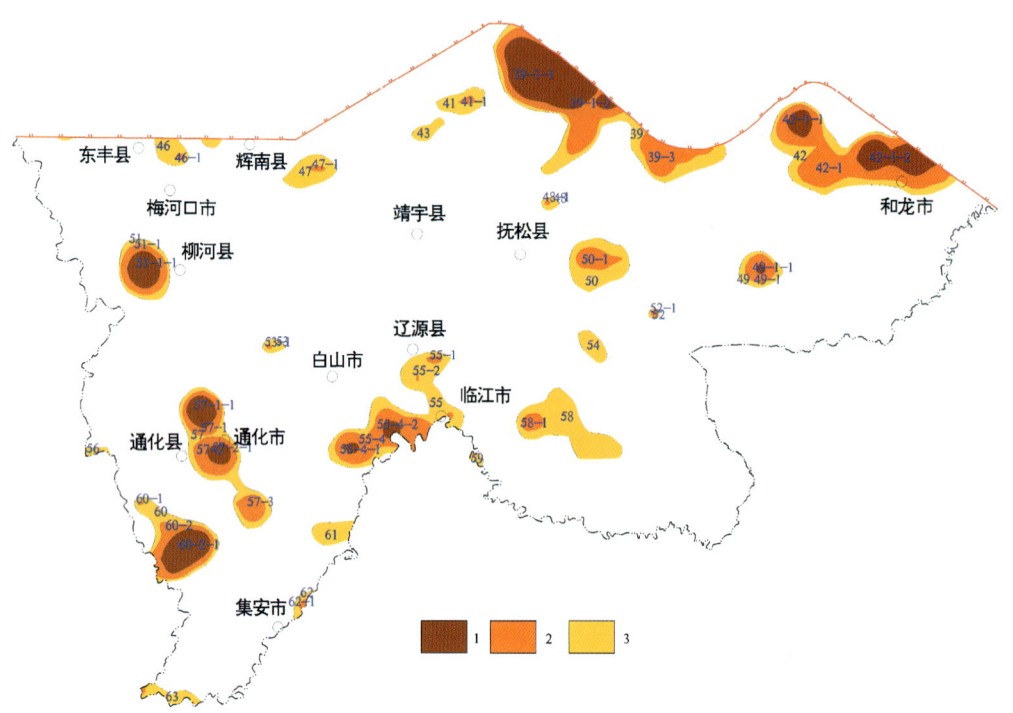

图8-4-2　Ⅲ-56 辽东(隆起)Fe、Cu、Pb、Zn、Au、U、B、菱镁矿、滑石、石墨、金刚石成矿带Au地球化学异常图
1.内带；2.中带；3.外带

1∶5万水系沉积物异常，1∶1万土壤化探异常，主要以Au、Ag、Pb、Zn、Cu、Bi等元素异常为主。其组合异常为指示矿体的存在部位提供依据。

负(弱)磁场带控制了已知夹皮沟金矿带的产出。金、白钨矿、独居石、黄铁矿构成的重砂组合异常是重要找矿标志。

2. 金英式热液改造型金矿

钓鱼台组石英砂岩、含海绿石石英砂岩、厚层状中粒石英砂岩、赤铁石英砂岩组合，构造角砾岩带；预测深度1400m，应加强1400～2000m深度的勘查程度。带状金次生晕异常是主要化探找矿信息，区域重力高异常，航磁宽缓低异常、负异常带(柱)状的高阻($>300Q$)、高极化率(3%)综合异常为物探找

矿信息。

3. 鞍山式沉积变质型铁矿

太古宙斜长角闪岩、黑云片麻岩、黑云斜长片麻岩、二云片麻岩变质建造；新太古代边缘裂陷，新太古代绿岩地体内的褶皱构造的核部及翼部；预测深度1500m，应加强1500~2000m深度的勘查程度。

重力高异常是该类型矿床重要区域间接找矿标志；航磁167~3270nT异常具有直接圈定矿带和划分矿段的找矿效果；1:5000地面磁测异常强度小于5000nT的低缓异常为一定埋深和规模的盲矿体；1:2000—1:1万地面磁测强度1000~10 000nT的单峰状狭窄的带状异常为出露地表矿体，尖陡的双峰或多峰异常带多为隐伏或埋深矿体。低缓异常（100~300nT）指出了该矿床深部找矿的潜在远景；低缓异常（300~500nT），具有寻找深部盲矿体的潜在价值。

4. 荒沟山式岩浆热液改造型金矿

珍珠门岩组厚层角砾状大理岩是有利的找矿层位；珍珠门岩组与大栗子岩组韧脆性构造接触带及其次级构造是找矿的构造标志；有重熔型花岗岩体及派生各类脉岩是找矿的岩浆岩标志；围岩蚀变，即从矿体到围岩其分带是硅化→碳酸盐化→绢云母化。矿体为强硅化蚀变岩，具有棕红色、黄褐色、灰黑色、杂色多孔洞粗细角砾的硅化蚀变岩是找矿直接标志；化探异常是重要找矿标志，1:20万、1:5万水系沉积物异常、土壤化探异常，其元素组合是Au、Ag、As、Sb、Hg套合异常。珍珠门岩组大理岩为高阻低极化率，大栗子岩组片岩为低阻高极化率。

5. 赤柏松式基性—超基性岩浆熔离-贯入型铜镍矿

控矿岩体有中太古代变辉长-辉绿岩，新太古代变辉长岩、变辉长辉绿岩、角闪石岩，古元古代变质辉绿岩、变质辉长-辉绿岩，本溪-浑江超岩石圈断裂为控制区域基性—超基性岩浆活动的导矿构造；铜三级分带和明显的浓集中心是直接的化探找矿指标。1:1万次生晕峰值指示铜镍矿体存在的位置。镍/硫、m/f和镍、硫丰度是基性程度和含矿性的重要标志（图8-4-3）。

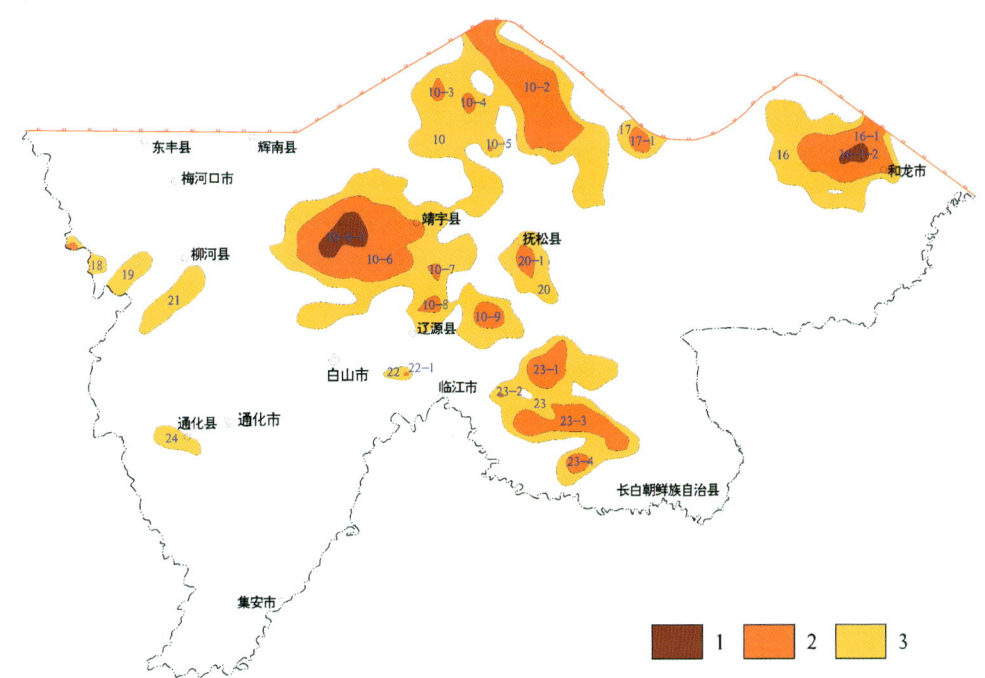

图8-4-3　Ⅲ-56辽东（隆起）Fe、Cu、Pb、Zn、Au、U、B、菱镁矿、滑石、石墨、金刚石成矿带Ni地球化学异常图

1.内带；2.中带；3.外带

重力高异常边部"S"形梯度带转折处、航磁异常突变部位为物探重要找矿标志。

6. 青城子式沉积-改造型铅锌矿

古元古界老岭岩群珍珠门岩组薄层—微层硅质及碳质条带状或含燧石结核的白云岩或白云岩化的碳酸盐岩；构造破碎带；预测深度1300m，应加强1300～2000m深度的勘查程度。

三级分带、浓集中心是直接的化探找矿指标。以 Pb、Zn 为主体组合异常 Pb-Zn、Au、Ag；Pb-Zn、Ag、Hg；Pb-Zn、W、Sn、Mo，表现为复杂元素组分富集的叠生地球化学场特征以及高—中—低温的成矿地球化学环境，利于铅、锌的迁移、富集。

土壤异常和原生晕异常显示的特征元素组合为 Pb、Zn、Cu、Ag、Au、As、Sb、Hg。其中 Pb、Zn、Cu、Ag、Au 是主要的近矿指示元素。Pb、Zn、Cu、Ag、Au 与 As、Sb、Hg 呈正消长关系。相对重力高异常带转折部位为物探找矿标志。

7. 高台沟式沉积变质型硼矿

古元古界集安岩群蚂蚁河岩组蛇纹石化大理岩、暗绿色蛇纹岩分布区。褶皱构造控矿，北北东向或北东向、北西向及近东西向3组断裂构造均为成矿后构造，对矿体起破坏作用，特别是小断层往往成为矿体边界。古元古代花岗岩类控矿。

化探浓集中心为直接找矿标志，异常与高台沟硼矿积极响应，是优良的矿致异常。有益组分 MgO、Na_2O 与 B 空间套合紧密，其组合信息是重要的找矿依据。Fe_2O_3 在硼矿所在区域异常反映很弱，表明高台沟硼矿相对贫铁；As、Sb、Hg 异常主要围绕 B 呈环状分布，表明相对酸性的地球化学环境。

正磁异常边部等值线密集、梯度陡，并有扭曲、错动为硼矿物探找矿标志。

第九章 结 语

第一节 主要成果

本书系统地对吉林省 73 个典型矿床、116 个预测工作区进行总结,最后选取了吉林省重要的最具代表性的 30 个典型矿床,对成矿地质背景、成矿规律、物探、化探、遥感、自然重砂、矿产预测等做了进一步详细综合研究,建立了典型矿床的矿产预测模型及区域矿产预测模型,归纳总结了 58 个矿产预测类型,28 个全国评价模型。根据吉林省铁、铬、铜、铅、锌、镍、钨、钼、锑、金、银、稀土、萤石、磷、硫铁矿、硼矿 16 个矿种 609 个最小预测区预测资源量统计分析和资源分布研究,建立了吉林省矿产预测谱系,圈定了综合预测区 53 个,其中 A 类 16 个、B 类 15 个、C 类 22 个。同时,还对吉林省重要矿种下一步勘查开发部署提出了建议,并编制了相应的图件。建立吉林省矿产资源潜力评价预测资源量汇总,统计相关的地质、矿产图件及空间数据库。

第二节 质量评述

吉林省重要矿种资源量汇总,是按照全国项目统一的技术要求所规定的工作程序、技术方法及工作内容进行,提交的报告和图件资料比较齐全,成果报告内容较全面,基本符合全国矿产资源潜力评价的技术质量要求和验收标准。

所应用的重要矿种预测成果均通过验收,等级在良好及以上,所有预测成果全部做到三级质量检查,虽然还存在一定的问题,但成果质量是可信的,是几十年来最全面系统的科研成果。

第三节 存在的问题及建议

一、存在的问题

1. 综合预测区圈定

综合预测区圈定个别面积较大或特别小,主要是考虑成矿地质背景与成矿时代等因素,不能将其分开或距离较远不能归并等问题。综合预测区确定按有色金属、贵金属、黑金属、稀有金属划分比较困难,例如荒沟山-南岔地区为吉林省金、银、铜、铅、锌等的多金属矿集区,无法将其割离开,本次仅按综合预测区内时空分布进行划分。

2. 找矿问题

理论研究与实际勘查工作不能有效衔接,致使有色金属矿产找矿一直没有较大的突破。

(1)火山岩型金矿的找矿问题:位于延边中生代构造岩浆岩带上的海沟-小西南岔地区,除发现刺猬沟、闹枝等几处小型中低温火山岩型金矿外,十几年未能实现找矿的实质性突破,如何突破该类型矿床的找矿,开拓新的找矿靶区,是研究的重点和急需解决的问题。

(2)铁矿的找矿问题:吉林省与西南部辽宁的鞍本地区、东南部朝鲜茂山地区具有相同的铁矿成矿地质条件,但吉林省仅发现了桦甸老牛沟、白山板石沟2个上亿吨的铁矿。解决该类型铁矿的大型变形构造控矿,实现找矿突破,是必须研究解决的重点问题。

(3)镍矿的找矿问题:镍矿是吉林省的优势矿种,吉林是全国镍矿资源大省。吉林省目前发现基性—超基性岩体1087个,划分了47个岩体群,目前仅有双凤山岩群、红旗岭岩群、长仁-獐项岩群的个别岩体开展了镍矿找矿评价工作,需进一步开展吉林省镍矿的成矿规律和找矿方向研究,实现找矿的新突破。

(4)吉南老岭地区找矿方向问题:吉南老岭地区与辽宁青城子、朝鲜检德处于相同的古元古代裂谷大地构造背景,具有相同的成矿条件,目前吉林省除发现荒沟山中型铅锌矿外,未能实现找矿的实质性进展,如何突破该类型矿床的找矿,寻找最有利的成矿地段和成矿部位,是当前要亟待解决的问题。

3. 工作程度问题

无法开展基础地质工作,矿带(或矿田)一定深度的找矿开展较少。吉林省近年发现了一系列的大中型矿床和新的矿床类型,如新元古代砾岩型金矿、色洛河岩群中韧性剪切带型金矿,在区域上具有相同成矿地质条件地区圈定成矿的有利地段,发现新的找矿线索,开展1∶5万矿产资源调查工作已经成为急需解决的问题。

二、工作建议

根据吉林省重要矿种资源勘查开发现状及资源量分布情况,为尽快改变吉林省资源状况,建议如下。

(1)加强吉林省东部山区夹皮沟式绿岩型、荒沟山式岩浆热液改造型金矿、金英式热液改造型金矿成矿规律研究及1000m以下深部找矿工作,预计金矿远景911t。

加强吉林省红旗岭-漂河川Ni、Au、Cu成矿带,铁岭-靖宇(次级隆起)Fe、Au、Ag、Cu、Pb、Zn成矿带,天宝山-开山屯Pb、Zn、Au、Ag、Ni、Mo、Cu、Fe成矿带,红旗岭式、赤柏松式基性—超基性岩浆熔离-贯入型铜镍矿1000m以下深部找矿勘查力度,预计铜、镍矿前景分别为239×10^4t和116×10^4t。

加强吉林省大黑山-头道沟地区、季德屯地区、大石河地区斑岩型钼矿找矿勘查力度,对钼矿主要进行800m以下深部找矿。预计钼矿前景664×10^4t。

加强青城子式沉积-改造型铅锌矿找矿1000m以下勘查程度。预计铅、锌矿各103×10^4t和388×10^4t。争取找出可供开发利用的重要矿产资源。

加强高台沟式沉积变质型硼矿找矿1300m以下勘查程度。预计铅矿103×10^4t,锌矿388×10^4t。争取找出可供开发利用的重要矿产资源。

(2)加强危机矿山外围及深部接替资源勘查工作,力争延长矿山服务年限。

(3)加强吉林省东南部玄武岩下找重要矿种基础理论研究工作,指导重要矿种资源勘查,争取开辟出新的重要矿产开发基地。

(4)加大对上述勘查工作的投资力度,解决深部找矿资金困难,加强与地方融资矿产勘查与成矿研究。

主要参考文献

陈毓川,裴荣富,王登红,等,2006.三论矿床的成矿系列问题[J].地质学报,80(10):1501-1508.

陈毓川,王登红,2010.重要矿产和区域成矿规律研究技术要求[M].北京:地质出版社.

陈毓川,王登红,2010.重要矿产预测类型划分方案[M].北京:地质出版社.

程裕淇,陈毓川,赵一鸣,等,1983.再论矿床的成矿系列问题[J].中国地质科学院院报(6):1-63.

范正国,黄旭钊,熊胜青,等,2010.磁测资料应用技术要求[M].北京:地质出版社.

邸新,毕小刚,贾海明,等,2011.蛟河地区前进岩体锆石U-Pb年龄及其与吉中—延边地区钼成矿作用的关系[J].吉林地质(4):25-28.

陈刚,付友山,聂立军,等,2011.敦化市大石河钼矿床地球化学及矿物学特征[J].吉林地质,30(1):65-69.

董南庭,吴水波,1982.密山—抚顺深断裂带及其牵引构造对成矿的控制作用[J].吉林地质,(1)1-11.

董耀松,范继璋,杨言辰,等,2004.吉林红旗岭铜镍矿床的地质特征及成因[J].现代地质(2):197-222.

冯守忠,1998.吉林二密铜矿床地质特征及矿床成因[J].桂林工学院学报,18(4):3-5.

冯守忠,2001.吉林放牛沟多金属矿床成矿物质来源[J].火山地质与矿产,22(1):55-62.

冯守忠,1999.吉林海沟金矿床地质特征及成矿模式[J].地质与勘探,35(1):3-5.

冯守忠,孙超,黄林日,等,2005.吉林荒沟山铅锌矿地质特征及矿床成因探讨[J].地质与资源,14(1):37-42.

冯守忠,2000.西岔、金厂沟金矿床地质特征及成矿机理[J].黄金科学技术,8(3):29-35.

冯守忠,1999.香炉碗子金矿床成矿物质来源及矿床成因[J].桂林工学院学报,19(2):3-5.

龚一鸣,1996.造山带沉积地质与圈层耦合[M].武汉:中国地质大学出版社.

郭朝洪,皇文俊,崔养权,等,1997.我国钼矿资源及开发[J].中国钼业,21(2):41-44.

何镜宇,1987.沉积岩和沉积相模式及建造[M].北京:地质出版社.

陈志明,于洁,侯奎冀,1982.西北宣龙地区菱铁矿的成因[J].地质科学(4):395-402.

贺高品,叶慧文,1998.辽东—吉中地区早元古代变质地体的组成及主要特征[J].长春科技大学学报,28(2)152-162.

侯镰,杨桐国,张继武,等,2004.吉林六批叶沟金矿地质特征及成因探讨[J].黄金(12):14-17.

胡墨田,王培君,1993.辽东—吉南地区硼矿床地质特征及成矿规律[J].化工地质(3):161-168.

黄凡,陈毓川,王登红,等,2011.中国钼矿主要矿集区及其资源潜力探讨[J].中国地质(5)1111-1134.

黄圭成,1997.闹枝金矿与中生代火山岩系的成因关系探讨[J].矿产与地质(1):32-38.

黄熏德,刘树田,朴寿成,等,1992.吉林放牛沟硫多金属矿床地球化学及地球化学找矿模型[M].长春:吉林科学技术出版社.

黄云波,2002.吉林金厂沟金矿石英的标型特征及应用[J].黄金地质(4):56-60.

霍孟申,杨建业,张晰,2007.中国钼矿开发现状及其尾砂的处理[J].矿业快报,8(8):1-3+54.

吉林省地质矿产局,1988.吉林省区域地质志[M].北京:地质出版社.
吉林省地质矿产局,1997.吉林省岩石地层[M].武汉:中国地质大学出版社.
叶天竺,姚连兴,董南庭,1984.吉林省地质矿产局普查找矿总结及今后工作方向[J].吉林地质(3):74-78.
贾大成,1988.吉林中部地区古板块构造格局的探讨[J].吉林地质(3):58-63.
贾大成,孙鹏惠,徐志勇,等,1998.吉林省永吉县倒木河金矿控矿构造特征[J].吉林地质,17(2):3-5.
贾大成,胡瑞忠,冯本智,等,2001.吉林延边地区中生代火山岩金铜成矿系列及区域成矿模式[J].长春科技大学学报,31(3):224-229.
贾建秀,丁雷,杨复顶,等,2008.物探方法技术在吉林省铁矿勘查中的应用[J].吉林地质,27(3):38-51.
贾汝颖,1988.吉林省的矿产资源[J].吉林地质(2):50-59.
姜春潮,1957.东北南部震旦纪地层[J].地质学报,37(1):33-56.
蒋国源,沈华悌,1981.辽吉地区太古界的划分对比[J].中国地质学会:中国地质科学院院报沈阳地质矿产研究所文集,1(1):46-68.
金伯禄,张希友,1994.长白山火山地质研究[M].延吉:东北朝鲜民族教育出版社.
金艳峰,刘凤英,郎伟民,2007.延边三岔钼矿床地质特征及找矿方向[J].吉林地质(3):22-28.
金艳峰,张传乐,寇秀峰.2004.延边中西部地区钼矿成矿地质特征[J].吉林地质(3):53-59.
鞠楠,任云生,王超,等,2012.吉林敦化大石河钼矿床成因与辉钼矿Re-Os同位素测年[J].世界地质(1):68-76.
李长顺,于文卿,1996.香炉碗子金矿床稳定同位素特征[J].吉林地质(1):46-53
李春昱,汤耀庆,1983.古亚洲板块划分以及有关问题[J].地质学报,57(1):1-9.
李东津,车仁顺,1982.密山—抚顺大陆裂谷的新生代沉积建造和火山岩特征[J].吉林地质(3):28-38.
李东津,万庆有,许良久,等,1997.吉林省岩石地层[M].武汉:中国地质大学出版社.
李锦铁,1999.长白山北段地壳的形成与演化[M].北京:地质出版社.
李立兴,松权衡,王登红,等,2009.吉林福安堡钼矿中辉钼矿铼-锇同位素定年及成矿作用探讨[J].岩矿测试(3):283-287.
李之彤,李长庚,赵春荆,1994.吉林磐石—双阳地区金硫铁矿多金属矿床地质特征成矿条件和找矿方向[M].长春:吉林科学技术出版社.
刘尔义,龚庆彦,石新增,等,1982.吉林省三源堡盆地"长流村组"时代探讨兼论白垩系层序[J].吉林地质(1):35-43.
刘洪文,邢树文,周永昶,2002.吉南地区斑岩—热液脉型金多金属矿床成矿模式[J].地质与勘探,(2):28-32.
刘嘉麒,1989.论中国东北大陆裂谷系的形成与演化[J].地质科学(3):209-216.
刘嘉麒,1999.中国火山[M].北京:科学出版社.
刘茂强,米家榕,1981.吉林临江附近早侏罗世植物群及下伏火山岩地质时代讨论[J].长春地质学院学报(3):18-29.
刘兴桥,刘俊斌,张俊影,2009.吉林省敦化市大石河钼矿地质特征及找矿方向[J].吉林地质,28(3):39-42.
卢秀全,胡春亭,钟国军,等,2005.吉林珲春杨金沟白钨矿床地质特征及成因初探[J].吉林地质,24(3):18-23.
孟祥化,1979.沉积建造及其共生矿床分析[M].北京:地质出版社.

孟祥金,侯增谦,2007.江西金溪熊家山钼矿床特征及其Re-Os年龄[J].地质学报,81(7):946-950.
欧祥喜,马云国,2000.龙岗古陆南缘光华岩群地质特征及时代探讨[J].吉林地质(3):16-25.
彭玉鲸,苏养正,1997.吉林中部地区地质构造特征[J].沈阳地质矿产研究所所刊,5(6):335-376.
彭玉鲸,王友勤,刘国良,1982,等.吉林省及东北部临区的三叠系[J].吉林地质(3):1-19.
彭玉鲸,2005.吉黑造山带古生代地层与混杂岩[J].世界地质,(01):24-29.
彭玉鲸,翟玉春,张鹤鹤,2009.吉林省晚印支期—燕山期成矿事件年谱的拟建及特征[J].吉林地质(3):1-5+14.
朴清龙,孙淑云,2000.天宝山多金属矿床地球化学模式[J].吉林地质(1):37-46.
朴寿成,刘树田,1992.吉林放牛沟硫铁多金属矿床原生地球化学异常特征[J].长春地质学院学报,22(2):187-192.
朴英姬,张忠光,李国瑞,2010.吉林省安图县刘生店钼矿地质特征及找矿远景[J].吉林地质,29(4):54-58.
钱大都,1996.中国矿床发现史(吉林卷)[M].北京:地质出版社.
邵济安,唐志东,1995.中国东北地体与东北亚大陆边缘演化[M].北京:地震出版社.
邵建波,范继璋,2004.吉南珍珠门组的解体与古—中元古界层序的重建[J].吉林大学学报地球科学版,34(20):161-166.
邵克忠,王宝德,李洪阳,1985."华北地台"斑岩钼矿"成矿"侵入体地质特征[J].河北地质学院学报,(1):1-18.
沈保丰,李俊建,毛德宝,等,1988.吉林夹皮沟金矿地质与成矿预测[M].北京:地质出版社.
翟安民,沈保丰,杨春亮,等,2005.辽吉古裂谷地质演化与成矿[J].地质调查与研究,28(4):213-220.
施俊法,2010.世界找矿模型与矿产勘查[M].北京:地质出版社.
史致元,周志恒,2008.吉林省中部大中型钼矿发现过程中勘查地球化学方法的应用效果[J].吉林地质(2):90-96.
松权衡,李景波,于城,等,2002.白山市大横路铜钴矿床找矿地球化学模式[J].吉林地质(Z1):56-64.
松权衡,魏发,2000.白山市大横路铜钴矿区稀土元素地球化学特征[J].吉林地质(1):47-50.
松权衡,魏发,罗琛,2000.白山市大横路铜钴矿区含矿岩系大栗子组原岩性质及沉积环境地球化学特征[J].吉林地质,19(3):55-60.
松权衡,刘忠,杨复顶,等,2008.国内外铁矿资源简介[J].吉林地质,27(3):5-7+12.
孙超,1997.吉林延边地区浅成热液型金(铜)矿床稳定同位素组成特征[J].黄金,18(1):8-13.
孙景贵,邢树文,郑庆道,等,2006.中国东北部陆缘有色贵金属矿床的地质地球化学[M].长春:吉林大学出版社.
陶南生,刘发,武世忠,等,1975.吉中地区石炭二叠纪地层[J].长春地质学院学报(1):31-75.
王登红,应汉龙,骆耀南,等,2002.试论与布什维尔德杂岩体有关的铂族元素-铬铁矿矿床成矿系列及其对中国西南部的意义[J].地质与资源(4):243-249.
王东方,1992.中朝地台北侧大陆构造地质[M].北京:地震出版社.
王辉,任云生,侯鹤楠,2011.延边大石河钼矿床成因及成矿时代[J].矿物学报(S1):96-97
王集源,吴家弘,1984.吉林省元古宇老岭群的同位素地质年代学研究[J].吉林地质(1):11-21.
王建业,1983.斑岩铜矿与斑岩钼矿的地质特征及成因[J].矿产与地质,(3):75-82.
王景德,陈惠鹏,赵娟,2007.安图县刘生店钼矿床地质特征及找矿标志[J].吉林地质(2):6-9.
王奎良,包延辉,张业春,等,2006.吉林省桦甸火龙岭钼矿床地质特征及其成因[J].吉林地质(3):11-14.
王显武,韩雪,1989.吉林省集安地区硼矿成矿规律研究[J].吉林地质(1):72-76.
王鑫春,于锡伟,刘媛媛,等,2010.伊通县新立屯钼矿床地质特征及找矿方向[J].吉林地质,29

(3):47-49+65.

王友勤,苏养正,刘尔义,等,1997.全国地层多重划分对比研究东北区区域地层[M].武汉:中国地质大学出版社.

王友勤,1997.全国地层多重划分对比研究东北区区域地层[M].武汉:中国地质大学出版社.

韦延光,王可勇,杨言辰,等,2002.吉林白山市大横路Cu-Co矿床变质成矿流体特征[J].吉林大学学报(地球科学版),3(2):128-133.

郝爱华,顾连兴,李绪俊,等,2005.吉林红旗岭铜镍硫化物矿床的成矿时代讨论[J].矿床地质(5):54-59.

向运川,任天祥,牟绪赞,等,2010.化探资料应用技术要求[M].北京:地质出版社.

谢贵明,1997.吉林延边金矿区金矿成矿地质背景和成矿规律[J].黄金科学技术,5(1):7-13.

熊先孝,薛天兴,商朋强,等,2010.重要化工矿产资源潜力评价技术要求[M].北京:地质出版社.

徐志刚,陈毓川,王登红,等,2008.中国成矿区带划分方案[M].北京:地质出版社.

杨合群,李英,杨建国,等,2006.北山造山带的基本成矿特征[J].西北地质,39(2):78-95.

杨庆洪,王翠娟,赵明悦,2008.吉林省磐石三个顶子钼锌矿床地质特征及找矿标志[J].地质与资源(3):186-189+228.

杨言辰,冯本智,刘鹏鹗,2001.吉林老岭大横路式热水沉积叠加改造型钴矿床[J].长春科技大学学报,31(1):40-45.

杨言辰,王可勇,冯本智,2004.大横路式钴(铜)矿床地质特征及成因探讨[J].地质与勘探,40(1):7-11.

殷长建,2003.吉林南部古—中元古代地层层序研究及沉积盆地再造[D].长春:吉林大学.

殷长建,1995.吉林省中部早二叠世菊石动物群的发现及石炭二叠系界线讨论[J].吉林地质(2):51-56.

于学政,曾朝铭,燕云鹏,等,2010.遥感资料应用技术要求[M].北京:地质出版社.

苑清杨,武世忠,苑春光,1985.吉中地区中侏罗世火山岩地层的定量划分[J].吉林地质(2):70-74.

翟裕生,1999.区域成矿学[M].北京:地质出版社.

张德英,高殿生,1988.吉林省中部上三叠统南楼山组火山岩初议[J].吉林地质(1):63-69.

张秋生,李守义,1985.辽吉岩套—早元古宙的一种特殊化优地槽相杂岩[J].长春地质学院学报,39(1):1-12.

张文博,侯树桓,2006.吉林六批叶沟金矿床流体包裹体研究[J].地质与勘探,42(4):36-40.

张文博,1998.吉林省大黑山条垒北东段金、银成矿系列的划分[J].黄金,19(1):3-5.

张兆昆,1988.吉林省有色金属矿床类型及其典型矿床的地质特征[J].吉林地质(2):102-114.

赵冰仪,周晓东,2009.吉南地区古元古代地层层序及构造背景[J].世界地质,28(4):424-429.

周伶俐,曾庆栋,刘建明,等,2010.吉林大黑山斑岩型钼矿床成矿阶段及含矿裂隙分布规律[J].地质与勘探(3):448-454.

刘文达,万玉胜,1984.吉林延边北部火山岩型金矿地质特征和成矿规律[J].吉林地质(4):1-13.

刘尔义,徐公榆,李云,1984.吉林省南部晚元古代地层[J].中国区域地质(1):33-50.

刘尔义,李耘,1982.细河群、浑江群在青白口系、震旦系中的位置[J].吉林地质(4):39-46.

内部参考资料

张天国,郑传久,刘春爱,等,1989.吉林省东南部地区老岭群铅锌及金矿找矿方向研究[R].通化:吉林省地质矿产局第四地质调查所.

潘桂棠,肖庆辉,2008.中国大地构造单元划分[R].北京:中国地质科学院矿产资源研究所.

范正国,2007.磁异常解释与磁性矿产预测[R].北京:中国国土资源航空物探遥感中心.

吉林省地质科学研究所,1990.吉林省南部早太古宙地质特征及找矿方向研究[R].长春:吉林省地质科学研究所.

叶天竺,1985.吉林省有色金属主要成矿建造及找矿方向的初步探讨[R].长春:吉林省地质局.

吉林省地质局通化地质大队,1959.吉林通化四方山铁矿最终储量勘探报告[R].通化:吉林省地质局通化地质大队.

曹俊臣,1984.中国萤石矿床分类及其成矿规律[R].贵阳:中国科学院地球化学研究所.

陈尔臻,张宁克,2001.中国主要成矿区(带)研究(吉林省部分)[R].长春:吉林省地质矿产勘查开发局.

陈尔臻,2007.吉林省重点矿山资源潜力研究[R].长春:吉林省地质矿产勘查开发局.

黄崇珂,2007.磁测资料应用基本方法[R].北京:中国国土资源航空物探遥感中心.

丁雷,2006.电磁法在地质勘查中的应用[R].长春:吉林省勘查地球物理研究院.

蒋荣清,1992.吉林省金矿类型及找矿方向[R].长春:吉林省地质科学研究所.

刘宝成,1992.吉林省珲春市黄松甸子砾岩型金矿床勘探地质报告[R].延吉:吉林省地质矿产局第六地质调查所.

刘长安,1983.华北板块北缘东金多金属成矿远景区划—成矿规律及找矿方向研究[R].长春:吉林省地质局.

封文友,1993.吉林省永吉县金家屯萤石矿详查地质报告[R].长春:吉林省地质局第一地质调查所.

王绪忠,1985.吉林省敦化县官瞎子沟铜钼矿区初步普查地质报告[R].长春:吉林省第五地质调查所.

吉林省第四地质调查所,1989.1∶5万区域地质调查报告清河幅(K-51-96-D)[R].通化:吉林省第四地质调查所.

地质部地球物理探矿局904队—中苏合作航磁队,1957.1∶100万松辽平原及周围山区航空磁测总结报告[R].长春:吉林省地质资料馆.

地质部地球物理探矿局航磁大队906队,1958.1∶10万和1∶20万长白山南部地区航空物探结果报告[R].长春:吉林省地质资料馆.

地质部航测大队906队,1960.1∶10万和1∶20万延边及其以北地区航空物探结果报告[R].长春:吉林省地质资料馆.

地质部航空物探地质总队,1980.1∶2.5万内蒙古东部莲花山地区航空硬架综合站(电磁)试生产结果报告[R].长春:吉林省地质资料馆.

吉林省区域地质调查大队,1977.1∶20万白山市幅地质图及说明书[R].长春:吉林省区域地质调查大队.

吉林省地质局直属专业综合地质大队,1974.1∶20万白头山幅区域地质调查报告[R].长春:吉林省地矿局区域地质矿产调查所.

吉林省地质局区域地质测量第四分队,1966.1∶20万长春市幅区域地质测量报告书[R].长春:吉林省地质局区域地质测量队.

吉林省地矿局区域地质矿产调查所,1976年.1∶20万海龙县幅区域地质调查报告[R].长春:吉林省地矿局区域地质矿产调查所.

地质部地球物理探矿局航测大队906队,1959.1∶20万和1∶10万吉林、黑龙江张广才岭南部地区航空物探(磁及放射性)工作结果报告[R].长春:吉林省地质资料馆.

吉林省地质局直属专业综合大队,1972.1∶20万桦树林子幅区域地质测量报告书[R].长春:吉林省地质局直属专业综合大队.

吉林省地质局直属专业综合大队,1972.1∶20万桦树林子幅区域地质测量报告书(矿产部分)[R].长春:吉林省地质局直属专业综合大队.

吉林省地质局直属专业综合大队,1972.1∶20万桦树林子幅区域地质调查报告[R].长春:吉林省地质局直属专业综合大队.

吉林省地质矿产局区域地质调查大队,1983.1∶20万珲春县幅、春化公社幅、敬信公社幅区域地质调查报告[R].长春:吉林省地质矿产局区域地质调查大队.

地质部吉林省地质局区域地质测量第四分队,1966.1∶20万浑江市幅区域地质测量报告书[R].长春:地质部吉林省地质局区域地质测量队.

吉林省地矿局区域地质矿产调查所,1976.1∶20万浑江市幅区域地质调查报告[R].长春:吉林省地矿局区域地质矿产调查所.

地质部航空物探大队903队,1962.1∶20万吉林省白城地区航空物探(磁测、放射性)工作成果报告[R].长春:吉林省地质资料馆.

吉林省区域地质矿产调查所,1988.1∶20万吉林市幅地质测量报告书[R].长春:吉林省区域地质矿产调查所.

吉林省地质局区域地质调查大队,1979.1∶20万靖宇县幅地质矿产图及普查报告[R].长春:吉林省地质局区域地质调查大队.

吉林省地质局区域地质调查大队,1979.1∶20万靖宇县幅区域地质测量报告书(矿产部分)[R].长春:吉林省地质局区域地质调查大队.

吉林省地质局区域地质调查大队,1966,1976.1∶20万柳河县幅区域地质图及区域地质测量报告书[R].长春:吉林省地质局区域地质调查大队.

地质部吉林省地质局区域地质测量第四分队,1∶20万漫江、长白县幅区域地质测量报告书[R].长春:地质部吉林省地质局区域地质测量队.

吉林省地质局直属专业综合大队,1∶20万明月镇幅地质矿产图及说明书[R].长春:吉林省地质局直属专业综合大队.

吉林省区域地质矿产调查所,1986.1∶20万磐石县幅地质测量报告书[R].长春:吉林省区域地质矿产调查所.

地质矿产部航空物探总队成果部,1973.1∶20万松辽盆地高精度构造航磁成果报告[R].北京:地质矿产部航空物探总队成果部.

吉林省地矿局区域地质矿产调查所,1977.1∶20万通化市幅区域地质调查报告[R].长春:吉林省地矿局区域地质矿产调查所.

吉林省地矿局区域地质调查大队,1977.1∶20万延吉市幅区域地质调查报告[R].长春:吉林省地矿局区域地质调查大队.

吉林省地质局第四地质队,1967.1∶20万延吉市幅区域地质调查报告[R].长春:吉林省地质局第四地质队.

吉林省区域地质矿产调查所,2002.1∶25万辽源市幅、靖宇县幅、通化幅区域地质调查报告[R].长春:吉林省区域地质矿产调查所.

吉林省区域地质矿产调查所,2006.1∶25万白山市幅地质图及说明书[R].长春:吉林省区域地质矿产调查所.

吉林省区域地质矿产调查所,2006.1:25万长白县幅区域地质图及说明书[R].长春:吉林省区域地质矿产调查所.

吉林省区域地质矿产调查所,2006.1:25万长春市幅地质图及说明书[R].长春:吉林省区域地质矿产调查所.

吉林省区域地质矿产调查所,吉林省地质调查院,2006.1:25万春化幅区域地质图及说明书[R].长春:吉林省区域地质矿产调查所、吉林省地质调查院.

吉林省区域地质矿产调查所,吉林省地质矿产勘查开发研究院,2004.1:25万和龙市幅区域地质调查报告[R].长春:吉林省区域地质矿产调查所、吉林省地质矿产勘查开发研究院.

吉林省区域地质矿产调查所,2006.1:25万吉林市幅地质图及说明书[R].长春:吉林省区域地质矿产调查所.

吉林省地质调查院,2004.1:25万汪清县幅区域地质调查报告[R].长春:吉林省地质调查院.

吉林省区域地质矿产调查所,吉林省地质调查院,2004.1:25万延吉市幅区域地质调查报告[R].长春:吉林省区域地质矿产调查所、吉林省地质调查院.

吉林省地质调查院,吉林省区域地质矿产调查所,2004.1:25万延吉市幅区域地质调查报告[R].长春:吉林省地质调查院、吉林省区域地质矿产调查所.

吉林省地矿局区域地质矿产调查所,1991.1:5万白山镇幅、会全栈幅、金银别幅、杨树河子幅区域地质调查报告[R].长春:吉林省地矿局区域地质矿产调查所.

吉林省地矿局区域地质矿产调查所,1991.1:5万百草沟幅区域地质调查报告[R].长春:吉林省地矿局区域地质矿产调查所.

吉林省区域地质矿产调查所,1999.1:5万大蒲才河幅、大甸子幅区域地质图及说明书[R].长春:吉林省区域地质矿产调查所.

吉林省地质矿产局第六调查所,1995.1:5万杜荒子幅区域地质调查报告[R].延吉:吉林省地质矿产局第六调查所.

吉林省区域地质矿产调查所,1988.1:5万复兴村幅、榆林镇幅、集安县幅、江口村幅区域地质调查报告[R].长春:吉林省区域地质矿产调查所.

吉林省地质矿产局第六地质调查所,1988.1:5万古洞河幅、卧龙幅区域地质调查报告[R].延吉:吉林省地质矿产局第六地质调查所.

国家地质总局航物探大队901队,1977.1:5万和1:10万吉林省东南部地区航空磁测结果报告[R].长春:吉林省地质资料馆.

地质矿产部航空物探总队,1987.1:5万和1:10万吉林省鸭绿江沿岸地区航磁磁测成果报告[R].长春:吉林省地质资料馆.

地质矿产部航空物探遥感中心,1991.1:5万和1:10万辽盆地南部长春—榆树地区航空物探(磁)勘查成果报告[R].北京:地质矿产部航空物探遥感中心.

吉林省地矿局区域地质矿产调查所,1999.1:5万红石镇幅、夹皮沟镇幅区域地质调查报告[R].长春:吉林省地矿局区域地质矿产调查所.

吉林省区域地质矿产调查所,1994.1:5万辉南镇幅、样子哨幅、金川镇幅区调报告[R].长春:吉林省区域地质矿产调查所.

地质矿产部航空物探遥感中心物探部,1994.1:5万吉林珲春地区航空物探(磁)勘查成果报告[R].北京:地质矿产部航空物探遥感中心物探部.

地质矿产部航空物探遥感中心908队,1990.1:5万吉林集安—辽宁桓仁地区航空物探(磁)勘查成果报告[R].北京:地质矿产部航空物探遥感中心.

国家计委地质局航空物探大队905队,1974.1:5万吉林省白城西部地区航磁力和放射性测量成果报告[R].北京:国家计委地质局航空物探大队.

地矿部物化探研究所,1989.1∶5万吉林省四平—长春地区航空物探(电/磁)综合测量成果报告[R].廊坊:地矿部物化探研究所.

国家地质总局航空物探大队905队,1975.1∶5万吉林省通化西部地区航空磁测成果报告[R].长春:吉林省地质资料馆.

黑龙江省地质物探队航空综合测站分队,1982.1∶5万吉林省永吉—磐石地区航空物探综合普查成果报告[R].长春:吉林省地质资料馆.

国家地质总局航空物探大队901队,1978.1∶5万吉林延边北部地区航空磁力测量成果报告[R].长春:吉林省地质资料馆.

国家计委地质局航空物探大队905队,1972.1∶5万吉中地区航空物探结果报告[R].长春:吉林省地质资料馆.

吉林省区域地质调查所,1985.1∶5万马滴达幅、五道沟幅、大西南岔幅区域地质调查报告[R].长春:吉林省区域地质调查所.

黑龙江省地矿局物探大队航测队,1974.1∶5万牡丹江南部航空物探报告[R].长春:吉林省地质资料馆.

吉林省地矿局第四地质调查所,1994.1∶5万三岔子幅、湾沟镇幅区域地质调查报告[R].长春:吉林省地矿局第四地质调查所.

吉林省区域地质矿产调查所,1989.1∶5万三道沟幅区域地质调查报告[R].长春:吉林省区域地质矿产调查所

吉林省地质矿产局第二地质矿产调查所,1995.1∶5万三道林场幅、和龙煤矿幅、荒沟林场幅区域地质调查报告[R].吉林:吉林省地质矿产局第二地质矿产调查所.

吉林省地质矿产局第二地质矿产调查所,1995.1∶5万三道林场幅、和龙煤矿幅、荒沟林场幅区域地质调查报告[R].吉林:吉林省地质矿产局第二地质调查所.

吉林省地质局第六地质调查所,1993.1∶5万十里坪幅区域地质调查报告[R].延吉:吉林省地质局第六地质调查所.

吉林省区域地质矿产调查所、吉林地质调查院,2001.1∶5万石砚区域地质调查报告[R].长春:吉林省区域地质矿产调查所、吉林地质调查院.

吉林地矿局区域地质矿产调查所,1994.1∶5万通化市幅、小荒沟幅、四方山幅、浑江市幅区域地质调查报告[R].长春:吉林地矿局区域地质矿产调查所.

吉林省地质局第六地质调查所,1993.1∶5万汪清县幅区域地质调查报告[R].延吉:吉林省地质局第六地质调查所.

吉林地矿局第三地质调查所,1995.1∶5万五道沟幅、孤山子幅、平岗幅区域地质调查报告[R].四平:吉林地矿局第三地质调查所.

吉林省地勘局区域地质矿产调查所,1996.1∶5万西下坎区域地质调查报告[R].长春:吉林省地勘局区域地质矿产调查所.

吉林省地矿局区域地质矿产调查所,1989.1∶5万杨家店幅、那尔轰幅区域地质调查报告[R].长春:吉林省地矿局区域地质矿产调查所.

吉林省地矿局区域地质矿产调查所,1998.1∶5万样子哨幅、金川镇幅区域地质调查报告[R].长春:吉林省地矿局区域地质矿产调查所.

陈玉达,李德文,李造岩,等,1964.吉林省桦甸县夹皮沟金矿区1963年地质总结报告书[R].桦甸:吉林省有色金属第四勘探队.

迟吉山,1975.吉林省汪青县刺猬沟矿床脉金矿地质详细普查报告[R].延吉:吉林省地质局延边地区综合地质大队.

崔翼万,1984.吉林省蛟河—桦甸县漂河川基性岩带镍矿普查总结报告(1976—1983年)[R].吉林:

吉林省地质矿产局第二地质调查所.

崔翼万,1980.吉林省蛟河县漂河川镍矿4号岩体初勘及5号岩体普查评价报告(1978—1979年)[R].吉林:吉林省地质局第二地质大队.

冶金工业部鞍钢地质勘探公司,1960.大栗子铁矿床地质勘探总结报告书(1957—1959年)[R].长春:吉林省地质资料馆.

董学才,2007.吉林省磐石市加兴顶子—永吉县杏山屯地区(加兴顶子杏山屯太平屯大乔屯)钼矿普查报告[R].长春:吉林省第五地质调查所.

董荫田,1987.吉林省集安县活龙矿区金矿详细普查地质报告[R].长春:吉林省地质矿产局第五地质调查所.

郭洪生,1972.吉林省永吉县小绥河铬铁矿详查评价报告[R].吉林:吉林省地质局吉林地区综合地质大队.

郭建中,1977.吉林省桦甸县夹皮沟矿区三道岔金矿床地质总结报告(1965—1976年)[R].长春:吉林省地质资料馆.

郭连生,刘宝成,周忠民,等,1987.吉林省珲春河砂金矿四道沟段详查地质报告[R].延吉:吉林省地质矿产局第六地质调查所第三调查队.

郭喜军,于政涛,1993.吉林省永吉县八台岭金银矿区普查地质报告[R].长春:吉林省第五地质调查所.

侯启满,1984.吉林省集安县金厂沟矿区西岔金矿床详细普查地质报告[R].通化:吉林省地质矿产局第四地质调查所.

侯启满,1993.吉林省双阳县兰家金矿床勘探报告(1992—1993年)[R].长春:吉林省地质矿产局第一地质调查所.

吉林省地质矿产局物探大队,1990.华北地台北缘区域重磁场综合解释报告[R].长春:吉林省地质矿产局物探大队.

吉林省第五地质调查所,2006.桦甸市火龙岭钼矿床详查地质报告[R].长春:吉林省第五地质调查所.

金丕兴,1992.吉林东部山区贵金属及有色金属矿产成矿预测报告[R].长春:吉林省地质矿产局.

吉林冶金地质勘探公司,1971.吉林省抚松县松山铁矿普查评价报告[R].长春:吉林省地质资料馆.

吉林省通化地质矿产勘查开发院,2001.吉林省抚松县西林河银矿说在地质报告[R].通化:吉林省通化地质矿产勘查开发院.

吉林省第五地质调查所,2002.吉林省和龙市百里坪银矿普查报告[R].长春:吉林省第五地质调查所.

吉林吉恩镍业股份有限公司,2007.吉林省和龙市长仁矿区4号岩体镍矿床补充详查报告[R].磐石:吉林吉恩镍业股份有限公司.

吉林省冶金地质勘探公司六○五队,1971.吉林省和龙县官地铁矿床勘探报告[R].长春:吉林省地质资料馆.

吉林省冶金地质勘探公司第七勘探队,1961.吉林省红旗岭矿区1961年地质勘探总结报告[R].长春:吉林省地质资料馆.

吉林省第五地质调查所,2009.吉林省桦甸市八道河子钼矿补充详查报告[R].长春:吉林省第五地质调查所.

吉林省有色金属地质勘查局六○四队,2007.吉林省桦甸市老牛沟矿区小苇厦子矿段铁矿详查报告[R].吉林:吉林省有色金属地质勘查局六○四队.

吉林省地质矿产局第二地质调查所,1983.吉林省桦甸县老牛沟铁矿区及矿区外围1∶5万区域地质调查报告[R].吉林:吉林省地质矿产局第二地质调查所.

吉林省地质局吉中地区综合地质大队第三分队,1973.吉林省桦甸县西台子硫铁矿区勘探总结报告[R].吉林:吉林省地质局吉中地区综合地质大队.

吉林省地质矿产局第四地质调查所,1984.吉林省浑江市板石沟铁矿818矿组详细勘探报告[R].通化:吉林省地质矿产局第四地质调查所.

通化地质大队板石沟地质队,1963.吉林省浑江市板石沟铁矿地质勘探最终报告[R].通化:通化地质大队板石沟地质队.

吉林省地质局通化地质大队苇沙河地质队,1962.吉林省浑江市荒沟山铅锌黄铁矿床1961年度储量报告说明书[R].通化:吉林省地质局通化地质大队.

吉林省地质局通化地质大队苇沙河地质队,1960.吉林省浑江市苇沙河—珍珠门多金属黄铁矿区1960年度普查勘探地质报告[R].通化:吉林省地质局通化地质大队苇沙河地质队.

吉林省地质科学研究所,1980.吉林省及西部邻区铁矿成矿规律和成矿远景预测报告[R].长春:吉林省地质科学研究所.

吉林省地矿局6101队,1966.吉林省集安市高台沟硼矿床地质勘探报告[R].通化:吉林省地矿局6101队.

通化市矿产勘查开发中心,2005.吉林省集安市高台沟硼矿资源储量核实报告[R].通化:通化市矿产勘查开发中心.

吉林省第四地质调查所,1984.吉林省集安县金厂沟西岔金矿床详细普查地质报告[R].通化:吉林省第四地质调查所.

吉林省地质局第二地质大队,1980.吉林省蛟河县漂河川4号岩体初勘及5号岩体普查报告[R].吉林:吉林省地质局第二地质大队.

吉林省冶金局地质勘探公司第五勘探队,1959.吉林省林江县老岭铁矿区总储量计算地质总结报告书[R].长春:吉林省地质资料馆.

吉林省有色金属地质勘查局六〇二队,2005.吉林省临江市杉松岗钴矿详查报告[R].长春:吉林省地质资料馆.

吉林省通化地质矿产勘查开发院,2006.吉林省磐石市石门子铁矿东段详查报告[R].通化:吉林省通化地质矿产勘查开发院.

吉林省地质矿产局物探大队,1984.吉林省深部构造研究报告[R].长春:吉林省地质矿产局物探大队.

吉林省地质矿产局第三地质调查所,1991.吉林省四平市山门银矿区龙王矿段详查地质报告[R].四平:吉林省地质矿产局第三地质调查所.

吉林省地质矿产局第三地质调查所,1991.吉林省四平市山门银矿区卧龙矿段勘探地质报告[R].四平:吉林省地质矿产局第三地质调查所.

吉林省地质矿产局第三地质调查所,1993.吉林省四平市山门银矿外围普查报告[R].四平:吉林省地质矿产局第三地质调查所.

吉林省冶金地质勘探公司,1972.吉林省通化地区铁矿资源简况[R].长春:吉林省地质资料馆.

吉林省地质矿产局物探大队,1991.吉林省通化市浑江市桓仁市和集安市幅区域重力调查成果解释报告[R].长春:吉林省地质矿产局物探大队.

吉林省地质局第四地质大队,1980.吉林省通化四方山—板石沟一带鞍山式铁矿地质调查报告[R].通化:吉林省地质局第四地质大队.

吉林省地质局通化地区综合地质大队,1976.吉林省通化县赤柏松硫化铜镍矿床Ⅰ号矿体地质勘探报告[R].通化:吉林省地质局通化地区综合地质大队.

通化市矿产开发勘查中心,2004.吉林省通化县大安西岔赤铁矿(水泥辅助原料)详查报告[R].通化:通化市矿产开发勘查中心.

吉林省地质局通化地区综合地质大队,1977.吉林省通化县四方山铁矿地质报告[R].通化:吉林省地质局通化地区综合地质大队.

吉林省通化地质太矿产勘查开发院,2001.吉林省通化县园宝顶子赤铁矿床详查阶段性报告[R].通化:吉林省通化地质太矿产勘查开发院.

吉林省地质科学研究所,2005.吉林省汪清县红太平地区多金属矿普查报告[R].长春:吉林省地质科学研究所.

吉林省地质局第三地质大队,1979.吉林省伊通县放牛沟多金属硫铁矿床总结勘探报告[R].四平:吉林省地质局第三地质大队.

吉林省第五地质调查所,2006.吉林省永吉县官马钼矿工作总结[R].长春:吉林省第五地质调查所.

吉林省第二地质调查所,2010.吉林省永吉县芹菜沟钼矿详查报告[R].吉林:吉林省第二地质调查所.

吉林省吉中队,1964.吉林省永吉县头道沟地区铬铁矿普查评价报告[R].吉林:吉林省吉中队.

吉林省地质局吉中地区综合地质大队,1977.吉林省永吉县头道沟硫铁矿地质勘探报告[R].吉林:吉林省地质局吉中地区综合地质大队.

姜顺信,1959.吉林临江八道江青沟铁矿地质普查—勘探报告书[R].通化:吉林省地质局通化地质大队.

金顿镐,1983.吉林省中生代火山岩型金矿成矿地质特征及区域成矿规律研究报告[R].长春:吉林省地质科学研究所.

金逢洙,1980.吉林省和龙县獐项—长仁地区铜镍矿区划说明书[R].延吉:吉林省地质局第六地质调查所.

金丕兴,1992.吉林东部山区贵金属及有色金属矿产成矿预测报告[R].长春:吉林省地质科学研究所.

金艳峰,2003.和龙市石人沟Ⅰ号矿段补充详查报告[R].延吉:吉林省第六地质调查所.

金艳峰,2002.吉林省安图县双山多金属(钼铜)矿体(0—8勘探线矿段)详查报告[R].延吉:吉林省第六地质调查所.

金艳峰,2011.吉林省安图县双山钼铜矿详查报告[R].延吉:吉林省第六地质调查所.

李成,2010.吉林省永吉县乱木桥沟钼矿详查报告[R].吉林:吉林省第二地质调查所.

李德威,1990.吉林省四平—梅河地区金硫铁矿铜铅锌锑锡中比例尺成矿预测报告[R].四平:吉林省地质矿产局第三地质调查所.

李军,2007.吉林省通化市二密铜矿普查报告[R].长春:吉林省地质调查院.

李庆森,1983.辽东—吉南硼铁矿成矿区成矿远景区划[R].长春:吉林省地质局.

李素能,1979.吉林省伊通县放牛沟多金属硫铁矿床总结勘探报告[R].四平:吉林省地质局第三地质大队/吉林省化工矿山地质大队.

李文贵,洪京柱,李将德,等,1990.吉林省通化县南岔金矿Ⅰ矿段详查地质报告[R].通化:吉林省地质矿产局第四地质调查所.

李玉林,1984.吉林省永吉县杏山钼矿普查评价报告[R].吉林:吉林省第二地质调查所.

李占浩,1969.吉林省延吉县五凤山金矿区地质报告[R].延吉:吉林省地质局延边地质大队.

刘劲鸿,松权衡,1997.吉林省延边地区天宝山—天桥岭铜矿带矿源及靶区优选[R].长春:吉林省地质科学研究所.

刘士毅,2007.利用磁测资料进行矿产资源潜力预测中的两个问题[R].北京:中国地质调查局发展研究中心.

卢秀全,1996.吉林省珲春市小西南岔矿区北山北延金铜矿普查地质报告[R].延吉:中国有色金属工业总公司吉林地质勘查局六〇三队.

铝宗凯,侯启满,1971.吉林省集安县正岔铅锌矿区西山储量报告[R].通化:吉林省革命委员会地质局通化地区综合地质大队革命委员会第七连.

骆忠良,1976.吉林省永吉县硫铁矿地质勘探报告[R].吉林:吉林地区综合地质队.

牟振江,贾拴虎,1959.珲春河砂金地质普查报告书[R].延吉:吉林省地质局延边地区地质大队珲春地质队.

宁奇生,1979.中国斑岩型铜(钼)矿的主要特征及分布规律[R].北京:中国地质科学院地质研究所.

宁世刚,张文义,2004.吉林省桦甸市六匹叶金矿区普查报告[R].长春:吉林省地质资料馆.

邱玉民,2007.吉林省白山市金英金矿床勘探报告(中外合作)[R].长春:吉林省地质资料馆.

宋殿富,1974.磐石铁汞山钼矿床初步总结报告[R].长春:吉林省地质资料馆.

苏洪举,1994.吉林省磐石县明城镇南梨树萤石矿床Ⅰ号矿带详查地质报告[R].吉林:吉林省第二地质调查所.

孙信,金革,王宝田,等,1991.吉林省延边地区金银铜铅锌锑锡中比例尺成矿预测报告[R].延吉:吉林省地质矿产局第六地质调查所.

汤石林,1961.吉林浑江苇沙河地区铁矿1961年度地质普查报告[R].通化:吉林省地质局通化地质大队苇沙河地质队.

陶胜辉,2000.吉林省靖宇县天合兴矿区铜矿普查报告(1998—2000)[R].长春:吉林省第五地质调查所.

王恩德,1983.吉林省永吉县头道川金矿床及外围普查评价报告[R].吉林:吉林省地质矿产局第二地质调查所.

王宏光,1987.吉林省区域矿产总结报告[R].长春:吉林省地质矿产局区域地质调查所.

王敬.韩光亚,1993.吉林省临江县黄沟山金矿床勘探报告[R].通化:吉林省地质矿产局第四地质调查所.

王启志,赵俊才,1999.吉林省桦甸市四方甸子钼矿南段详查及外围普查报告[R].吉林:吉林省第二地质调查所.

王有志,1964.吉林省延吉县天宝山矿区1963年年度地质报告[R].长春:吉林省地质资料馆.

王玉祥,1987.吉林省龙井县天宝山矿区东风北山钼矿地质评价报告[R].长春:吉林省地质资料馆.

王元德,1986.吉林省永吉县大黑山钼矿床地质研讨报告[R].吉林:吉林省地质矿产局第二地质调查所.

王志新,1991.吉林省通化—浑江地区金银铜铅锌锑锡比例尺成矿预测报告[R].通化:吉林省地矿局第四地质调查所.

王子鸣,庄伟芳,李家厚,等,1964.吉林永吉县头道沟地区铬铁矿普查评价报告[R].吉林:吉林地质局吉中大队.

吉林省地质局通化地质大队苇沙河地质队,1961.苇沙地区铁矿1961年度地质普查报告[R].通化:吉林省地质局通化地质大队苇沙河地质队.

温运德,芦继才,庄慕韩,等,1973.吉林省桦甸县二道甸子金矿地质勘探总结报告[R].长春:吉林省地质资料馆.

许以衡,1978.吉林省永吉县头道沟Ⅰ号超基性岩体铬铁矿普查评价报告[R].吉林:吉林省吉中队.

吉林省地质局第四地质队,1967.延吉市幅1:20万区域地质调查报告[R].通化:吉林省地质局第四地质队.

养东鸿,1961.吉林省九台县牛头山萤石矿勘探最终报告[R].九台:吉林省九台县工业局地质队.

吉林省地质局通化地质队八道江地质队,1959.1985年度吉林林江青沟—太平铁矿地质普查勘探报告[R].通化:吉林省地质局通化地质队八道江地质队.

殷长建,2007.吉林省敦化市大石河钼矿区Ⅰ号矿段勘探报告[R].长春:吉林省区域地质矿产调查所.

朱穗龙,1951.延吉县开山屯(草坪彩秀洞)铬铁矿矿区调查报告[R].沈阳:东北地质调查所.

于德国,1985.吉林省铁矿资源总量预测报告[R].长春:吉林省地质科学研究所.

于宏伟,王玉增,2008.吉林省舒兰市季德钼矿勘探报告[R].长春:吉林省地质资料馆.

于宏伟,2007.吉林省永吉县一心屯钼矿(大黑山钼矿床南部)补充勘探报告[R].吉林:吉林省第二地质调查所.

于陕吉,2005.吉林省东辽县椅山乡弯月东山金矿8号矿体资源储量核实报告[R].四平:吉林省第三地质调查所.

于文卿,1989.吉林省梅河口市水道乡香炉碗子金矿八九年度详细普查地质报告[R].长春:吉林省地质资料馆.

张大山,杨振华,1990.吉林省磐石县民主屯银矿普查报告[R].长春:吉林省第一地质调查所.

张克奇,杜希明,1972.吉林省和龙县官地铁矿区初步勘探地质报告书[R].长春:吉林省地质资料馆.

赵学金,朱兴利,罗新忠,等,1975.吉林省安图县东清矿区独居石砂矿地质详查报告[R].延边:延边地区综合地质大队.

郑贵春,2008.吉林省长春市二道区兰家金矿床资源储量核实报告[R].长春:长春恒利黄金矿业有限责任公司.

钟国君,1999.吉林省白山市刘家堡子—狼洞沟金银矿床地质普查报告[R].白山:白山市利源矿业责任公司.